Kohlhammer
Studienbücher Theologie

Herausgegeben von
Gottfried Bitter
Ernst Dassmann
Helmut Merklein
Herbert Vorgrimler
Erich Zenger

Band 11,2

Ernst Dassmann

Kirchengeschichte II/2

Theologie und innerkirchliches Leben
bis zum Ausgang der Spätantike

Verlag W. Kohlhammer

Die Deutsche Bibliothek – CIP-Einheitsaufnahme

Dassmann, Ernst:
Kirchengeschichte / Ernst Dassmann. – Stuttgart ; Berlin ; Köln : Kohlhammer

2. Theologie und innerkirchliches Leben bis zum Ausgang der Spätantike, 1999
   (Kohlhammer Studienbücher Theologie ; Bd. 11,2)
   ISBN 3-17-012845-0

Alle Rechte vorbehalten
© 1999 W. Kohlhammer GmbH
Stuttgart Berlin Köln
Verlagsort: Stuttgart
Umschlag: Data Images GmbH
Gesamtherstellung:
W. Kohlhammer Druckerei GmbH + Co. Stuttgart
Printed in Germany

Inhaltsverzeichnis

Vorwort 11

I. Glaube und Dogma 14

1. Aufgaben und Grenzen der Theologie 14
   - *Simplicitas fidei* 14
   - Notwendigkeit der Theologie 16
   - Dogma und Häresie 17
2. Gotteslehre und Christologie vor Nizäa 19
   2.1 Biblische und philosophische Ausgangspunkte 19
   - Evangelien 19
   - Taufliturgie 20
   - Paulus 20
   - Johannesevangelium und Mittelplatonismus 21
   2.2 Judenchristliche Lösungen 22
   - Namenschristologie 22
   - Engelchristologie 23
   2.3 Trinitarisch-christologische Kontroversen im 2./3. Jh. 24
   - Subordinatianismus 24
   - Monarchianismus 26
     - Adoptianismus 26
     - Modalismus 27
3. Nizäa (325) 29
   3.1 Theologische Positionen 29
   - Vorgeschichte 29
   - Die Parteien auf dem Konzil 30
   - Arius 31
   - Athanasius 35
   3.2 Die Lehrentscheidung 38
   - Struktur des Symbolums 38
   - Literarische Vorlage 39
   - Herkunft des *homousios* 40
   - Bewertung 41
   3.3 Nachwehen 43
   - Bis zum Tode Konstantins 43
   - Erstarken und Aufweichung des Arianismus 44
     - Serdica 343 44
     - Rimini-Seleukia 359/60 45
   - Überwindung des Arianismus 46
4. Konstantinopel (381) 47
   4.1 Die Trinitätstheologie der Kappadokier 48
   - Basilius der Große 48
   - Gregor von Nazianz 51
   - Gregor von Nyssa 52
   - Dogmatischer Ertrag 53

4.2 Das Konzil	54
– Aufgaben	54
– Herkunft des Symbolums	55
– Inhalt des Symbolums	57
– „Und an den Heiligen Geist …"	57
4.3 Ergebnis und Bewertung	60
5. Abendländische Trinitätslehre	62
5.1 Rom	63
5.2 Tertullian	65
5.3 Augustinus	66
– Einheit Gottes	67
– Trinitarische Analogien	69
6. Ephesus (431)	71
6.1 Die Zuspitzung der christologischen Frage	72
– Das Grundproblem	72
– Christus: Gott oder Mensch?	73
– Vermischung oder Trennung?	73
– Nachapostolische Zeit	74
– Ignatius	74
– Irenäus	75
– Apollinaris von Laodicea und die Einheitschristologie	75
– Das Problem der Seele Christi	75
– Apollinaristische Zuspitzung	76
– Antiochenische Trennungschristologie	78
– Diodor von Tarsus	78
– Theodor von Mopsuestia	78
6.2 Anlaß und Verlauf des Konzils	80
– Nestorius	80
– Person	80
– Lehre	80
– Beurteilung	82
– Cyrill von Alexandrien	83
– Person	83
– Theologischer Standpunkt	83
– Bündnis mit Rom	84
– Die Anathematismen	85
– Verlauf und Ergebnis des Konzils	86
– Die Union von 433	87
6.3 Folgen	88
– Weiterleben des Nestorianismus	88
– Auf dem Weg nach Chalkedon	89
7. Chalkedon (451)	90
7.1 Vorspiel	90
– Dioskur und der Monophysitismus des Eutyches	90
– Die Räubersynode 449	92
7.2 Konzilsbeginn und die Epistula dogmatica ad Flavianum	93
– Einberufung und Organisation	93
– Der Tomus Leonis	94

7.3 Die Entstehung der chalkedonensischen Formel	96
– Beginn der dogmatischen Diskussion	96
– Verhandlungskrise	96
– Einigung	98
7.4 Die christologische Formel von Chalkedon	99
– Text und Analyse	99
– Theologische und historische Bedeutung	100
8. Die Zeit nach Chalkedon	101
8.1 Dogmatische Kontroversen und politische Gefahren	102
– Henotikon und Akacianisches Schisma	102
– Monophysitische Sonderlehren	104
– Entstehung der monophysitischen Sonderkirchen	105
8.2 Der Dreikapitelstreit und das fünfte allgemeine Konzil in Konstantinopel (553)	106
– Der Streit um Origenes	107
– Verurteilung der Drei Kapitel	107
– Die Konzilsentscheidung	108
8.3 Der Monotheletismus und das sechste allgemeine Konzil in Konstantinopel (680–681)	109
– Versuch eines Auswegs	109
– Widerspruch	110
– Die Konzilsentscheidung	111
– Die Honoriusfrage	111
– Das *Quinisextum*	112
8.4 Monophysitismus als bleibende Gefahr	112
9. Der Bilderstreit und das siebte allgemeine Konzil in Nizäa (787)	114
9.1 Epochenwandel	114
9.2 Bilderverbot und Bildergebrauch	115
– Bedenken und Verbote	115
– Nutzen und Motive	117
– Die religiöse Problematik der Bilder	118
9.3 Der Bilderstreit	119
– Ausbruch und Eskalation	119
– Das Konzil und seine Beschlüsse	120
– Nachspiel im Abendland	121
– Auswirkungen	123
II. Innerkirchliches Leben	124
1. Liturgie und religiöses Leben	124
1.1 Eucharistie	124
– Theologisches Verständnis	124
– Vielfalt der Liturgien	126
– Elemente der Gestaltung	126
– Grundform	126
– Verändernde Einflüsse	127
– Predigt und Gesang	128

	– Predigt	128
	– Psalmen, Hymnen und Lieder	130
	– Pastorale Aspekte	132
1.2	Feste und Kirchenjahr	133
	– Festtage und Festzeiten	133
	– Sonntag und Osterfestkreis	133
	– Weihnachten und Epiphanie	134
	– Märtyrer- und Heiligenfeste	135
	– Festkalender und Kirchenjahr	136
1.3	Liturgische Räume und Einrichtungen	136
	– Kirchbau	136
	– Gewänder und Insignien	137
	– Liturgische Geräte	138
	– Einflüsse aus Kaiserkult und paganer Umwelt	138
1.4	Taufe und Buße	140
	– Katechumenat	140
	– Tauffeier	143
	– Taufaufschub und Bußpraxis	144
	– Buße und Rekonziliation	145
1.5	Die übrigen Sakramente	146
	– Krankensalbung	146
	– Eheschließung	146
	– Ordination	147
	– Stufen und Aufnahmebedingungen	147
	– Zölibat	147
1.6	Gebet und Askese	149
	– Gebet	149
	– Ort, Zeit und Umstände des Gebets	149
	– Gebetsformen	150
	– Kirchliches Stundengebet	151
	– Askese	152
	– Motivation	152
	– Fasten	153
2.	Mönchtum	154
2.1	Askese und Jungfräulichkeit in vormonastischer Zeit	155
	– Früheste Nachrichten	155
	– Monastische Vorformen	157
	– Außerchristliche Vorbilder?	159
2.2	Das Mönchtum im Osten	159
	– Antonius und die Anachoreten	159
	– Vita Antonii	159
	– Dämonenkampf	161
	– Ausbreitung	163
	– Pachomius und die Koinobiten	164
	– Leben des Pachomius	164
	– Kloster und Klosterleben	165
	– Ausbreitung	166
	– Basilius von Caesarea	167

- Die asketische Bewegung des Eustathius 167
- Basilius' asketischer Beginn 168
- Monastische Innovationen 169
- Die Regeln 170
- Mönchtum und Kirche 171
- Syrisches Mönchtum – Extreme und Gefahren 172
  - Messalianer 172
  - Styliten 173
  - Akoimeten 175
  - Beurteilungskriterien 175
2.3 Das Mönchtum im Westen 176
- Vorbenediktinisches Mönchtum 176
  - Rom 176
  - Italien 177
  - Nordafrika 179
  - Spanien 180
  - Gallien 180
- Benedikt und seine Regel 183
  - Leben Benedikts 183
  - Die Regel 185
  - Der Abt 187
  - Arbeit 187
  - *Discretio* 188
  - Zusammenfassung 189
2.4 Asketinnen und weibliches Mönchtum 190
- Anfänge 190
- Frauenklöster 190
2.5 Monastische Spiritualität 192
- Nachfolge und *imitatio* 192
- Martyrium und Zweite Taufe 193
- *Vita angelica* 193
- *Anticipatio paradisi* 195
- Verdienst und Lohn 195
- Sozialer Aspekt 197
3. Volksfrömmigkeit 198
3.1 Was bedeutet Volksfrömmigkeit? 199
3.2 Märtyrer- und Heiligenverehrung 200
- Dogmatische Klärungen 200
- Entstehung 200
- Elemente der Verehrung 203
  - Märtyrer und Grab 203
  - Inventionen 205
  - Translationen 208
3.3 Reliquien 210
- Reliquienbedarf 210
- Reliquienteilung? 211
- Berührungsreliquien und Phylakterien 211
- Ausblick 214

- 3.4 Wallfahrten 215
  - Das Phänomen 215
  - Außerchristliche Wallfahrten 216
    - Heidnische Antike 216
    - Israel 217
  - Christliche Wallfahrten 217
    - Wallfahrten zu den biblischen Stätten 218
    - Wallfahrten zu lebenden Personen 220
    - Wallfahrten zu Heiligengräbern und Reliquien 221
  - Wallfahrtsmotive und Wallfahrtskritik 224
4. Kirche und Gesellschaft 225
  - 4.1 Karitas 226
    - Reichtum und Besitz als Problem 226
    - Praktische Fragen 227
    - Karitative Maßnahmen und Einrichtungen 229
      - Zahl der Hilfsbedürftigen 229
      - Bereitstellung der Mittel 230
      - Xenodochien und Hospitäler 232
  - 4.2 Ehe und Familie 233
    - Synodale Regelungen 234
      - Eheschließung 234
      - Ehescheidung und Ehebruch 235
    - Ethische Forderungen und paränetische Unterweisung 235
      - Christlicher Lebensstil 235
      - Eltern und Kinder 237
      - Religiöses Leben 239
    - Zeugnisse der Papyri und Inschriften 240
  - 4.3 Bildung und Kultur 240
    - Stellung der Kirchenväter 240
      - Kulturkritische Grundstimmung 240
      - Verhältnis zur Literatur 242
      - Bibelkultur und Schriftfrömmigkeit 243
    - Schule und Erziehung 244
      - Verzicht auf christliche Schulen 245
      - Christliche Hochschulen oder Katechetenschulen? 246
    - Theater und Musik 246
    - Bildende Kunst 247
      - Entstehung und Verbreitung 247
      - Herkunft und Abhängigkeiten 248
      - Themen und Gestaltungsmerkmale 249
    - Fazit 250

Vorwort

Der hier vorliegende zweite Teil des zweiten Kirchengeschichtsbandes in der Reihe der „Studienbücher Theologie" ergänzt den kirchengeschichtlich und kirchenpolitisch ausgerichteten ersten Teil um die dogmengeschichtlichen und frömmigkeitsgeschichtlichen Aspekte der frühchristlichen Entwicklung vom 4. Jahrhundert bis zum Ausgang der Spätantike.

Durch zahlreiche Querverbindungen und Hinweise auf die entsprechenden Abschnitte in den beiden vorangegangenen Bänden I und II/1 wurde versucht, die im vorliegenden Band geschilderten innerkirchlichen Vorgänge in ihren historischen Kontext einzuordnen. Erst die Zusammenschau der Bände ergibt ein ausgewogenes Bild – nicht zuletzt was den Anteil von West und Ost an der kirchlichen Entwicklung angeht. Stand im ersten Teil mit seinen kirchenpolitischen Themen und der Papstgeschichte die abendländische Kirche im Vordergrund, so lenkt die Konzilien- und Mönchsgeschichte des zweiten Teils den Blick verstärkt auf die östlichen Kirchen.

Der vorgegebene Umfang dieses Bandes hat eine Auswahl des Stoffes notwendig gemacht. Vor allem die vielen Namen von Personen, Orten und Entscheidungen in den nacharianischen Wirren und in den Auseinandersetzungen nach Chalkedon mußten reduziert werden. Es konnten nur die wichtigsten Kräfte, die an der Ausformung des kirchlichen Glaubensverständnisses beteiligt waren, hervorgehoben werden. Wurde im Vorwort zu Band II/1 vermerkt, er ersetze bei seiner kirchengeschichtlichen Ausrichtung keine Patrologie, so muß für II/2 gesagt werden, er bietet keine umfassende Dogmen- oder Liturgiegeschichte.

Kirchenpolitische Ereignisse und dogmengeschichtliche Entscheidungen markieren häufig einen Abschluß und können auch als solcher dargestellt werden. Das konkrete kirchliche Leben dagegen bleibt im Fluß. Deshalb wurden in den Abschnitten über das „innerkirchliche Leben" häufiger Hinweise auf die gegenwärtige Praxis im Bereich von Liturgie, Volksfrömmigkeit und Ethik gegeben. Dabei ließ sich die persönliche Meinung des Verfassers nicht ausschalten, die als solche hoffentlich deutlich genug zu erkennen ist und von der Dokumentation der Fakten getrennt werden kann. Ziel auch dieses Bandes ist eine sachgerechte Darstellung der kirchlichen Vergangenheit, welche den Glauben an die göttliche Stiftung der Kirche nicht zerstört, sondern stärkt.

Wiederum habe ich vielfältigen Dank abzustatten: meinen Kollegen H. Brakmann, G. Schöllgen und C. Scholten für wertvolle Anregungen, W. Eckerskorn und Frau I. Reimer für sorgfältiges Korrekturenlesen und G. Müller für unermüdliche Hilfe bei der Herstellung der Druckvorlage und des Registers. J. Schneider, Frau A. Siebert und den übrigen beteiligten Mitarbeiterinnen und Mitarbeitern im Kohlhammer-Verlag danke ich für die bewährte Betreuung der Drucklegung.

Ernst Dassmann, Bonn

Zeittafel

um 256–356	Antonius
um 260–336	Arius
um 263–339	Eusebius von Caesarea Maritima
um 292–346	Pachomius
um 300–380	Eustathius von Sebaste
295–373	Athanasius
306–373	Ephraem der Syrer
313–398	Didymus der Blinde
um 315–392	Apollinaris von Laodicea
um 316–397	Martin von Tours
325	Konzil von Nizäa
325–410	Marcella, römische Adelige und Asketin
um 335–394	Gregor von Nyssa
um 329–379	Basilius von Caesarea in Kappadokien
um 329–390	Gregor von Nazianz
um 341/2	Melania die Ältere geboren
343	Synode von Serdica
um 345–411/2	Rufinus von Aquileia
um 347–419	Hieronymus
um 349–407	Johannes Chrysostomus
um 350–428	Theodor von Mopsuestia
354–430	Augustinus
359–360	Synode von Rimini-Seleukia
360–381	Meletius Bischof von Antiochien
um 360–432/5	Johannes Cassianus
366–403	Epiphanius Bischof von Salamis
374–397	Ambrosius Bischof von Mailand
379–395	Theodosius I. Kaiser
381	Konzil von Konstantinopel I
um 390–459	Symeon Stylites der Ältere
um 393–466	Theodoret von Cyrus
399–453	Pulcheria, 414 zur Augusta erhoben
404	Paula in Bethlehem gestorben
408–450	Kaiser Theodosius II.
412–444	Cyrill Bischof von Alexandrien
428	Nestorius wird Patriarch von Konstantinopel
431	Konzil von Ephesus
433	Unionsformel
440–461	Leo I. Bischof von Rom
441/2	Johannes, Bischof von Antiochien, gestorben
444–451	Dioskur Bischof von Alexandrien
446–449	Flavian Bischof von Konstantinopel
449	Räubersynode von Ephesus
451	Konzil von Chalkedon
um 480–547	Benedikt von Nursia
482	Kaiser Zenon erläßt das Henotikon
484–519	Akacianisches Schisma
um 500	Dionysius Areopagita
529(?)	Gründung des Klosters Monte Cassino
527–565	Justinian Kaiser
537–555	Vigilius Bischof von Rom
553	Konzil von Konstantinopel II
590–604	Gregor I. Bischof von Rom
610–641	Kaiser Heraklius
625–638	Honorius I. Bischof von Rom
680–681	Konzil von Konstantinopel III
741–775	Konstantin V. Kaiser
um 750–803	Kaiserin Irene
754	Synode von Hiereia
787	Konzil von Nizäa II
794	Synode von Frankfurt

Allgemeine Bibliographie

A. ADAM, Lehrbuch der Dogmengeschichte, Bd. 1: Die Zeit der alten Kirche (Gütersloh 1965).
C. ANDRESEN, Die Kirchen der alten Christenheit = Die Religionen der Menschheit 29,1/2 (Stuttgart 1971).
C. ANDRESEN / A.M. RITTER / K. WESSEL / E. MÜHLENBERG / M.A. SCHMID, Die Lehrentwicklung im Rahmen der Katholizität = HDTh 1 (Göttingen 1982).
K. BAUS / E. EWIG, Die Reichskirche nach Konstantin d. Gr. Erster Halbbd.: Die Kirche von Nikaia bis Chalkedon = HKG 2,1 (Freiburg 1973; Sonderausgabe 1985).
K. BEYSCHLAG, Grundriß der Dogmengeschichte, Bd. 1: Gott und Welt = Grundrisse 2 (Darmstadt ^{2}1988).
K. BEYSCHLAG, Grundriß der Dogmengeschichte, Bd. 2, Teil 1: Gott und Mensch. Das christologische Dogma = Grundrisse 3/1 (Darmstadt 1991).
W.A. BIENERT, Dogmengeschichte: Grundkurs Theologie 5,1 = Urban Taschenbücher 425,1 (Stuttgart 1997).
P.-TH. CAMELOT, Ephesus und Chalcedon = Geschichte der ökumenischen Konzilien 2 (Mainz 1963).
Conciliorum oecumenicorum decreta. Bd. 1: Konzilien des ersten Jahrtausends. Hrsg. von J. WOHLMUTH (Paderborn 1998).
Das Entstehen der einen Christenheit (250–430). Hrsg. von CH./L. PIETRI; deutsche Ausgabe bearbeitet von CH. MARKSCHIES u.a. = Die Geschichte des Christentums 2 (Freiburg 1996).
G. DUMEIGE, Nizäa II = Geschichte der ökumenischen Konzilien 4 (Mainz 1985).
K.S. FRANK, Lehrbuch der Geschichte der Alten Kirche (Paderborn 1996).
Geschichte der Konzilien. Vom Nicaenum bis zum Vaticanum II. Hrsg. von G. ALBERIGO. Mit Beiträgen von G. ALBERIGO / A. MELLONI / L. PERRONE / U. PROCH / M. VENARD / J. WOHLMUTH / P.A. YANNOPOULOS (Düsseldorf 1993).
A. GRILLMEIER, Mit ihm und in ihm (Freiburg ^{2}1977).
A. GRILLMEIER, Jesus der Christus im Glauben der Kirche, Bd. 1: Von der Apostolischen Zeit bis zum Konzil von Chalcedon (451) (Freiburg 1997).
A. GRILLMEIER, Jesus der Christus im Glauben der Kirche, Bd. 2/1: Das Konzil von Chalcedon (Freiburg 1986).
S.G. HALL, Doctrine and practice in the early church (London ^{3}1994).
W.-D. HAUSCHILD, Lehrbuch der Kirchen- und Dogmengeschichte, Bd.1: Alte Kirche und Mittelalter (Gütersloh 1995).
H. JEDIN, Kleine Konziliengeschichte = Theologisches Seminar (Freiburg ^{4}1983).
J.N.D. KELLY, Altchristliche Glaubensbekenntnisse (Göttingen 1972).
Lexikon der antiken christlichen Literatur. Hrsg. von S. DÖPP / W. GEERLINGS (Freiburg 1998).
J. LIÉBAERT, Christologie. Von der Apostolischen Zeit bis zum Konzil von Chalcedon (451) = HDG 3,1a (Freiburg 1965).
F.X. MURPHY / P. SHERWOOD, Konstantinopel II und III = Geschichte der Ökumenischen Konzilien 3 (Mainz 1990).
I. ORTIZ DE URBINA, Nizäa und Konstantinopel = Geschichte der ökumenischen Konzilien 1 (Mainz 1964).
A.M. RITTER, Alte Kirche = Kirchen- und Theologiegeschichte in Quellen 1 (Neukirchen-Vluyn ^{6}1994).
H.J. SIEBEN, Die Konzilsidee der Alten Kirche = Konziliengeschichte B (Paderborn 1979).
H.J. SIEBEN, Sola traditione? Zur Rolle der Heiligen Schrift auf den Konzilien: Stimuli. FS E. DASSMANN = JbAC Erg.-Bd. 23 (1996) 270/83.
R. STARK, Der Aufstieg des Christentums (Weinheim 1997).
D. STIERNON, Konstantinopel IV = Geschichte der ökumenischen Konzilien V (Mainz 1975).
B. STUDER, Gott und unsere Erlösung im Glauben der Alten Kirche (Düsseldorf 1985).
B. STUDER, Schola christiana. Die Theologie zwischen Nizäa und Chalcedon (Paderborn 1998).
M. WOJTOWYTSCH, Papsttum und Konzile von den Anfängen bis zu Leo I. (440–461) = Päpste und Papsttum 17 (Stuttgart 1981).

I. Glaube und Dogma

1. Aufgaben und Grenzen der Theologie

Literatur:

B. HÄGGLUND, Die Bedeutung der „regula fidei" als Grundlage theologischer Aussagen: StTh 12 (1958) 1/44; H. BACHT, Einfalt: RAC 4 (1959) 821/40; W. BAUER, Rechtgläubigkeit und Ketzerei im ältesten Christentum (Tübingen ²1964); N. BROX, Der einfache Glaube und die Theologie: Kairos 14 (1972) 161/87; DERS., Häresie: RAC 13 (1986) 248/97; T.A. ROBINSON, The Bauer thesis examined (Lewiston 1988); A.M. RITTER, „Orthodoxie", „Häresie" und die Einheit der Kirche in vorkonstantinischer Zeit: DERS., Charisma und Caritas (Göttingen 1993) 249/64.

Die frühchristliche Theologie ist nicht im abgeklärten Raum stiller Gelehrtenstuben entstanden; sie war massiv mit kirchenpolitischen und staatlichen Interessen verbunden. Nicht nur Ideen haben miteinander gerungen, sondern Personen und Parteien wollten mit der Durchsetzung dogmatischer Sätze zugleich öffentlichen Einfluß gewinnen. Beim Studium der frühchristlichen Konzilien kann der beklemmende Eindruck entstehen, als ob nicht das Gewicht biblischer Argumente, sondern die zufällige Verteilung der Machtpositionen den Sieg dogmatischer Definitionen verursacht hat.

Die frühchristliche Theologie ist nicht nur das Ergebnis einer innerkirchlichen Reflexion der biblischen Botschaft, sondern sie erwächst aus der Konfrontation mit den geistig-philosophischen Strömungen der Zeit. Damit kommt ein zweites, fremdes bzw. zufälliges Element in die Glaubensaussagen hinein, das niemand zu kümmern brauchte, wenn es allein darum gegangen wäre, mit Hilfe der Philosophie damaligen Menschen die biblische Botschaft verständlich zu machen. Die Theologie wird immer die Aufgabe haben, eine zeitgemäße Verkündigung zu ermöglichen. Die Brisanz des Vorgangs besteht darin, daß damaliges philosophisches Denken in dogmatische Definitionen eingeflossen ist, die verpflichtend geworden sind bis auf den heutigen Tag. Damit scheinen die Glaubensaussagen der Kirche bis in die Gegenwart hinein mit den Zufälligkeiten von Zeit und Raum belastet zu sein, in denen sie zuerst formuliert worden sind.

Darum müssen im Folgenden neben der Darstellung des Konzilsverlaufs und der Erläuterung der Konzilsdokumente auch die politischen und philosophischen Hintergründe der Entscheidungen erfaßt werden. Nur dann kann gezeigt werden, daß sich nicht nur äußere Einflüsse ausgewirkt haben, sondern der theologischen Entfaltung der biblischen Offenbarung eine sachbezogene Folgerichtigkeit innewohnt und die Glaubenssätze nicht nur von Zufälligkeiten, sondern von ihrem Wahrheitsgehalt bestimmt sind. Dabei müssen die Grenzen des historisch Beweisbaren klar gesehen werden. Nicht der Heilige Geist als Garant der Wahrheit bildet den Gegenstand der historischen Bemühungen; weniger das Ewige als vielmehr das Kontingente der Dogmen gilt es zu erfassen. Damit wird eine Vorarbeit geleistet, auf der die im eigentlichen Sinn dogmatische Entfaltung des Glaubensinhaltes aufbauen kann.

– Simplicitas fidei

Was bei der frühchristlichen Dogmenbildung geschah, wird häufig die hellenistische Verfremdung der biblischen Botschaft genannt. Sie wird nicht erst heute kritisiert; die

Klage ist alt. Sie beruft sich auf Paulus, der die Botschaft vom Kreuz in scharfen Gegensatz zur Weisheit der Welt stellt (1Kor 1,18/31). Eineinhalb Jahrtausende später meinte Luther in seinem Römerbriefkommentar dazu: „Wenn der Apostel irgendeine Philosophie als gut und nützlich hätte erkannt haben wollen, dann hätte er sie wahrlich nicht schlechthin verdammt." *„Non regnat spiritus Christi, ubi dominatur spiritus Aristotelis",* stellt Absalon von St. Viktor (12. Jh.) lakonisch fest. Und Nietzsche hat das Schlagwort geprägt, Christentum sei nichts anderes als „Platonismus für's ‚Volk'"[1].

Derselben Meinung war schon Tertullian (gest. nach 212). Gegen die Häretiker polemisiert er:

„Du armer Aristoteles! Du hast sie die Dialektik gelehrt, die Meisterin im Aufbauen und Zerstören, die so verschmitzt ist in ihren Sätzen, so gezwungen in ihren angeblichen Schlüssen, so hart in ihren Beweisen, so geschäftig im Wortstreit, die sogar sich selbst zur Last fallend, alles behandelt, um schließlich gar nichts behandelt zu haben ... Was hat Athen mit Jerusalem zu schaffen, was die Akademie mit der Kirche? Unsere Lehre stammt aus der Säulenhalle Salomos [d.h. nicht aus der Halle der Stoa], der selbst gelehrt hatte, man müsse den Herrn in der Einfalt seines Herzens suchen. Mögen sie meinethalben, wenn es ihnen so gefällt, ein stoisches und platonisches und dialektisches Christentum aufbringen! Wir indes bedürfen seit Jesus Christus des Forschens nicht mehr, auch nicht des Untersuchens, seitdem das Evangelium verkündet worden ist. Wenn wir glauben, so wünschen wir über den Glauben hinaus weiter nichts mehr. Denn das ist das erste, was wir glauben: Es gebe nichts mehr, was wir über den Glauben hinaus noch zu glauben hätten"[2].

Man könnte die Klagen über eine philosophisch-theologische Verfremdung der christlichen Botschaft noch um viele, auch zeitgenössische Stimmen vermehren. Muß nicht an irgendeinem Punkt die theologische Reflexion abgebrochen werden, wenn der Glaube handlungsfähig bleiben soll? Das Infragestellen alles Überkommenen lähmt den Mut zur Verkündigung. Solange schlicht geglaubt wurde, daß die Taufe rettet und ewig selig macht, die Ungetauften aber verlorengehen, sind Missionare ausgezogen, um zu taufen und zu retten. Heute sieht man den Sachverhalt komplexer (und zutreffender), verwoben mit Fragen der Entwicklungshilfe, dem Recht der Völker auf kulturelle und religiöse Identität, differenzierter auch, was Soteriologie und Sakramentenlehre angeht. So richtig solche Überlegungen sein mögen, am Ende erlischt jeder missionarische Eifer, wenn alles genügend problematisiert worden ist. Kann ein Christ in einer pluralistischen Gesellschaft seinen Glauben bewahren und ihm gemäß leben, wenn er ihn fortwährend in Frage stellen läßt – durch die Geschichte, die Wissenschaften und alternative Sinnentwürfe? Genügt es nicht, bei der *regula fidei* zu bleiben und ihr *simplicitate cordis* anzuhängen? Schon Tertullian wußte:

„Bei einem einzelnen und bestimmten Lehrsystem kann es kein endloses Forschen geben. Man muß suchen, bis man findet, und glauben, wenn man gefunden hat, und dann ist weiter nichts mehr zu tun als festzuhalten, was man im Glauben erfaßt hat"[3].

Das Lob der *simplicitas,* der Einfachheit des Glaubens, durchzieht die ganze frühe Kirche, vor allem als viele behaupteten, durch Gnosis erlöst worden zu sein. Ob es sich bei dieser Gnosis um ein Geheimwissen handelte, das auf dem Weg spezieller Offenbarungen Eingeweihten zugekommen sein sollte, oder um eine besondere spekulative Auslegung der Heiligen Schrift, mag hier dahingestellt bleiben. Die kirchlichen Lehrer jedenfalls haben aller Kompliziertheit der gnostischen Lehre die Schlichtheit des Glaubens und des aus dem Glauben erwachsenden Tuns entgegengehalten. Nach Irenäus (um 177–178 Bischof in Lyon), adv. haer. 2,26,1, ist es besser, wenig zu wissen und durch die

Liebe – statt durch Gnosis – Gott nahezukommen, als sich für gelehrt zu halten. Natürlich gibt es – auch nach Tertullian – in gewissen Grenzen ein vernünftiges Forschen in theologischen Fragen:

Aber „schließlich ist es besser, unwissend zu sein, um nicht kennen zu lernen, was man nicht soll; denn was du wissen mußt, weißt du ja. Dein Glaube, heißt es, hat dir geholfen (Lk 18,42). Die Wißbegierde weiche dem Glauben ... Nichts gegen die Glaubensregel zu wissen heißt alles zu wissen"[4].

Einfacher Glaube anstelle philosophischer Dialektik ist nicht nur eine Forderung der Frühzeit, weil es der Kirche noch an philosophisch gebildeten Lehrern gefehlt hätte. Zur Zeit der trinitarischen und christologischen Auseinandersetzungen im 4. Jh. finden sich im Osten wie im Westen von hervorragenden Theologen eindringliche Warnungen vor vorwitzigem Fragen. Ambrosius von Mailand z.B. verurteilt aufs schärfste eine Haltung, welche die Geheimnisse Gottes zu lüften sucht und dabei in die Irre geht. Der *dialectica disputatio* stellt auch er die *simplicitas fidei* gegenüber, den *argumenta philosophorum* die apostolische *veritas piscatorum* (fid. 1,13,84). Er beruft sich dabei auf das Wort des Apostels, der seine Leser mahnt, sich nicht in den Schlingen der Philosophie zu fangen, da das Reich Gottes in der Schlichtheit des Glaubens und nicht im Streit der Worte gründet (1Kor 14,10). Im Osten mahnt Basilius von Caesarea:

„Wer seinen Verstand nicht erniedrigt und nicht wie der Apostel bekennt: ‚Brüder, ich rechne nicht damit, es erfaßt zu haben' (Phil 3,13), wer sich vielmehr einbildet, Gottes Sein (*usia*) zu begreifen und mit seinen eigenen Spekulationen das Unerreichbare auszumessen, wer damit rechnet, daß Gott gerade so groß sei, als er ihn mit seinem Denken erfaßt, wer überhaupt seinen eigenen Verstand zum Maß der Dinge macht und nicht bedenkt, daß es leichter ist, mit einem kleinen Becher das ganze Meer auszumessen, als mit dem menschlichen Geist die unaussprechliche Größe Gottes zu umfassen, ... wer nicht aus dem Glauben, sondern von sich aus zu reden beginnt, wer sich anmaßt, mit menschlichem Kalkül die Wahrheit zu erfassen, der ist ein Lügner und verfehlt die Wahrheit völlig" (hom. in Ps. 115).

– Notwendigkeit der Theologie

Die Forderung nach einfachem Glauben statt anmaßenden Wissens klingt einleuchtend. Die Ausfälle Tertullians und anderer Kirchenväter gegen die philosophische Durchdringung des Glaubens werden allerdings dadurch abgewertet, daß sie sich selbst nicht daran gehalten haben und als Theologen wohl auch nicht halten konnten. Das Ideal der *simplicitas fidei* ist nur ein relatives. Es gilt, insofern die Anstrengung des Denkens verbunden sein muß mit der Demut des Glaubens, nicht jedoch wenn einfacher Glaube – aus Angst oder Trägheit – intellektuelles Bemühen ersetzen soll.
Simplicitas hat auch einen negativen Beiklang. *Simplex* bekommt in der christlichen Latinität die Bedeutung von einfältig, dumm[5]. Ungenügende Glaubenskenntnis kann ein Mangel sein, dem abgeholfen werden muß. Zwar wird es immer *simplices* unter den Gläubigen geben; schon Paulus rechnet damit, daß er Milch austeilen muß statt fester Speise wegen der Unmündigen (1Kor 3,1/3). Aber das ist kein Ideal. Und derselbe Tertullian, der so bewegend vor der Gefahr des Wissens und Wissenwollens gewarnt hatte, mußte erleben, daß die vielgepriesene Einfachheit in der Form von Arglosigkeit und Naivität eine gefährliche Kehrseite hatte. Die „einfachen" Gläubigen waren zugleich die geistig Schwachen, Irrtümern und Verführungen schutzlos preisgegeben. Tertullian ging

auf, daß die unerträgliche Vereinfachung der Gotteslehre bei Praxeas in Nordafrika nur Fuß fassen konnte, „weil die Vielen in der Einfalt der Lehre schliefen" (adv. Prax. 1,6) (vgl. S. 65).

Darum kann der *simplex*-Glaube keinen exklusiven Anspruch auf Orthodoxie erheben. Glaube ist nicht allein deswegen richtig, weil über ihn nicht nachgedacht wurde. Gerade wenn ein Glaubenssatz in die Auseinandersetzung geraten ist, bedarf er der theologischen Erörterung, weil ein Rückzug auf einen nicht durchdachten Glauben zu einem zufälligen Glaubensverständnis führen müßte. So haben denn auch die Theologen, die so beredt den Vorzug des Glaubens vor dem Wissen hervorzuheben wußten, ihren ganzen Scharfsinn aufgeboten, um – gestützt auf ihre philosophische Bildung – das richtige Glaubensverständnis zu sichern.

Allerdings mit den Einschränkungen, daß ihre theologische Arbeit aus der Notwendigkeit der Auseinandersetzung mit der Philosophie und den Häresien erwuchs, nicht aus der Freude an der theologischen Spekulation als solcher, und daß der einfache Gläubige nicht weniger galt als der „wissende" Theologe. Anders als in der Gnosis, in der Wissen und Erlösung zusammenfielen, hing für die Kirchenväter das Heil des Menschen nicht an der Erkenntnis, sondern an dem in der Liebe tätigen Glauben. Einfacher Glaube und Theologie sind keine Gegensätze, sondern ergänzen einander.

Man hat sich angewöhnt, die Diskussion der trinitarischen und christologischen Frage, die in der östlichen Kirche erfolgte, mit der griechischen Neigung zur Theorie und zum spekulativen Denken zu erklären, die Erörterung der Gnadenlehre dagegen mit der praktischen Veranlagung der Abendländer, die daher von Augustinus und der westlichen Kirche geleistet worden sei. Das mag in groben Zügen stimmen. Man darf allerdings nicht vergessen, daß nicht nur die Gnadenlehre, sondern auch Trinität und Christologie einen praktisch-soteriologischen Hintergrund haben. Die Unterscheidung von östlichem und westlichem Denken wird erst insofern wirksam, als die Griechen fragen, wer Gott sein muß in Vater, Sohn und Heiligem Geist, wenn er Erlösung schenken will, die Abendländer dagegen mehr daran interessiert sind, wie die Erlösung vom Menschen ergriffen, bewahrt und fruchtbar gemacht werden kann. Heute wird gern betont, daß der Glaube in erster Linie nicht aus Sätzen besteht, die für wahr zu halten sind, sondern liebende Antwort des Menschen auf den Anruf Gottes ist. Dem würden die östlichen Väter beipflichten; aber sie würden hinzufügen, daß man nur zutreffend antworten kann, wenn man weiß, wer der ist, der gerufen hat. Handeln setzt Erkenntnis voraus, wie Erkennen Handeln fordert.

– Dogma und Häresie

So unausweichlich es war, daß der einfache Glaube durchdacht und in Sätze gefaßt werden mußte, es bleibt eine bemerkenswerte Tatsache, daß allein die christliche Religion in erheblichem Maß dogmatisch geprägt ist und auf einem satzhaft formulierten Glaubensbekenntnis aufruht, auf das die Kirche ihre Gläubigen exklusiv verpflichtet. Neben dem Christentum kennen nur noch die beiden anderen Offenbarungsreligionen, Judentum und Islam, ein Glaubensbekenntnis, das sich allerdings auf einen einzigen Punkt reduzieren läßt: das Bekenntnis zu dem einen und einzigen Gott, neben dem es keinen anderen gibt, und sein Verhältnis zur Schöpfung und zu den Menschen. Abgesehen von diesem Grunddogma hat das Judentum eine erhebliche Breite an Glaubensauffassungen zugelassen – erinnert sei nur an die unterschiedliche Stellung von Sadduzäern und Pharisäern in der Auferstehungsfrage (Apg 23,8). Auch der Islam reduziert die Säulen, auf denen die Zugehörigkeit zu ihm basiert, auf fünf: das Bekenntnis zu Allah, das tägliche Gebet, Almosengeben, Fasten im Monat Ramadan und die Wallfahrt nach Mekka. Für manche Muslime kommt noch der Djihad hinzu, d.h. die besondere Anstrengung für die Ausbreitung des Glaubens, was den sogenannten Heiligen Krieg einschließen kann[6]. Bis auf das monotheistische Bekenntnis handelt es sich bei den anderen Säulen aber nicht eigentlich um Glaubenssätze, sondern um religiöse Lebensgestaltung. Damit bleibt das Christentum die einzige Religion, in der die Gottesoffenbarung von Anfang an in Sätzen formuliert wurde, die im Verlauf der Geschichte durch eine Vielzahl von Dogmen abgesichert worden sind.

Die Kirche hat die Entfaltung und Sicherung der Offenbarung vorgenommen in Treue gegenüber der göttlichen Offenbarung. Nichts kann zum Dogma erhoben oder Gegenstand verpflichtenden Glaubens werden, was nicht in der Heiligen Schrift grundgelegt ist. So gesehen sind Glaubensbekenntnisse und Dogmen nichts anderes als eine Interpretation der Heiligen Schrift. Sie entspringen nicht kirchlicher oder theologischer Willkür; sie entstanden in der Regel auch nicht spontan, sondern dienten der Abwehr häretischer Meinungen. Erst wenn Falschlehrer auftraten und irrige Meinungen sich breitmachten, wurde festgelegt, was falscher und was richtiger Glaube ist. Auch positiv formulierte Dogmen entstanden in frühchristlicher Zeit zum Zwecke der negativen Abgrenzung gegenüber Häresien.

Der Vorteil dieser lehrmäßigen Festlegung bestand in einer beeindruckenden Geschlossenheit der Glaubensüberzeugung aller Kirchenmitglieder. Schon Irenäus rühmt, daß die Kirche überall auf der Welt wie mit einer Stimme spricht, mögen die Sprachen und Kulturen in den einzelnen Ländern noch so verschieden sein (adv. haer. 1,10,2). Der Nachteil dagegen bestand darin, daß sich durch Abweichungen von der verbindlichen Glaubensnorm zahlreiche Gruppen, Sonderkirchen und Konfessionen bildeten. Jedes Konzil hat Spaltungen hervorgebracht, wenn sich die Anhänger der verworfenen Interpretation eines Glaubenssatzes nicht unter die „siegreiche" Meinung gebeugt, sondern weiter auf ihrem Glaubensverständnis beharrt haben.

Bedenklich erscheint ebenfalls, daß viele Gläubige sich nur mit einem Teil der kirchlichen Glaubenssätze identifizieren. An Gott, den Vater des Himmels und der Erde, glauben wohl alle Christen, an Christus als den Sohn Gottes die größere Zahl der aktiven Kirchenmitglieder, an die Unbefleckte Empfängnis und die Himmelfahrt Mariens, die Auferstehung des Fleisches und die Unfehlbarkeit des Papstes sicher sehr viel weniger. Und die Zustimmung nimmt ab, je kleinteiliger die Glaubensdetails werden, zu denen schließlich auch ethische Normen und Verlautbarungen des kirchlichen Lehramtes gerechnet werden. Massive Schwierigkeiten, die eine partielle Glaubensverweigerung eigentlich nach sich ziehen müßte, werden heute dadurch vermieden, daß das Glaubensverständnis des einzelnen Christen ungeprüft und unbeanstandet bleibt, solange er seine persönlichen Ansichten – falls er sich seiner Abweichungen und Defizite überhaupt bewußt ist – nicht öffentlich propagiert. So geraten eigentlich nur (schreibende) Theologen mit dem kirchlichen Lehramt in Konflikt.

Schließlich muß zugegeben werden, daß die christlichen Kirchen in der Öffentlichkeit das Bild vielfachen Streites bieten und ihnen der Vorwurf mangelnder Toleranz gemacht wird. Wobei allerdings zu beachten ist, daß die innerkirchlichen und interkonfessionellen Differenzen selten einmal bis in die Substanz des Credo und der großen trinitarischen und christologischen Dogmen der ersten vier Konzilien hineinreichen. Besonders die Glaubensbekenntnisse von Nizäa und Konstantinopel haben sich segensreich ausgewirkt.

Deshalb sollte von der Dogmatisierung neuer Glaubenssätze nur sparsam Gebrauch gemacht werden. Das haben schon die Väter auf den Konzilien von Ephesus und Chalkedon betont, als sie sich weigerten, neue Glaubenssätze zu formulieren. Die Lehrentscheidung von Nizäa sollte genügen, haben sie gemeint (vgl. S. 86; 96).

2. Gotteslehre und Christologie vor Nizäa

Literatur:

W. MARCUS, Der Subordinatianismus als historisches Problem (München 1963); J. DANIÉLOU, Das Judenchristentum und die Anfänge der Kirche = Arbeitsgemeinschaft für Forschung des Landes Nordrhein-Westfalen, Geisteswiss. 121 (Köln 1964); F. RICKEN, Das Homousios von Nikaia als Krisis des altchristlichen Platonismus: Zur Frühgeschichte der Christologie = QD 51 (Freiburg 1970) 74/99; H.CH. BRENNECKE, Zum Prozeß gegen Paul von Samosata: ZNW 75 (1984) 270/90; R.M. HÜBNER, Melito von Sardes und Noët von Smyrna: Oecumenica et Patristica. FS W. SCHNEEMELCHER, hrsg. von D. DAMASKINOS / W. BIENERT / K. SCHÄFERDIEK (Chambésy/Genf 1989) 219/40; DERS., Die antignostische Glaubensregel des Noët von Smyrna: MThZ 40 (1989) 279/311; J. HAMMERSTAEDT, Der trinitarische Gebrauch des Hypostasebegriffs bei Origenes: JbAC 34 (1991) 12/20; W.A. BIENERT, Sabellius und Sabellianismus als historisches Problem: Logos. FS L. ABRAMOWSKI = BZNW 67 (1993) 124/39; R.M. HÜBNER, *Heis theos Iēsous Christos*. Zum christlichen Gottesglauben im 2. Jahrhundert – ein Versuch: MThZ 47 (1996) 325/44.

2.1 Biblische und philosophische Ausgangspunkte

Es ist schon häufig bedauert worden, daß die Kirche, nachdem sie den äußeren Frieden erlangt hatte, ihre ganze Kraft nicht auf Mission und Glaubensvertiefung gelenkt, sondern den theologischen Streit um die Gottheit Christi und das Geheimnis der Trinität vom Zaum gebrochen habe. Eine solche Beurteilung ist falsch. Die im 4. Jh. aufbrechenden Auseinandersetzungen sind keine Erfindungen der Kirche des konstantinischen Friedens, sondern so alt wie die christliche Verkündigung selbst. Die Not der Verfolgung – vor allem unter Diokletian – mag die Schwierigkeiten zurückgedrängt haben; als Zeit und Kraft für theologische Reflexionen vorhanden waren, wurde das Wiederauftauchen der ungelösten Probleme unvermeidlich.

– Evangelien

Warum unvermeidlich? Ging aus der Heiligen Schrift nicht unzweideutig hervor, wer Jesus war? Nicht unbedingt. Apg 2,36 heißt es: „Gott hat ihn zum Herrn und Messias gemacht". Ist er es nicht von Ewigkeit her? Jesus ist *pais theou*, Knecht oder Sohn Gottes, der ihn mit Heiligem Geist und Kraft gesalbt hat (Apg 3,13; 4,27; 10,38). Solche Wendungen des urchristlichen Kerygmas konnten durchaus unterschiedlich gedeutet werden[7]. So setzte bereits im Neuen Testament ein Klärungsprozeß ein, der eine wachsende Vertiefung des Christusverständnisses erkennen läßt.

Im Logion vom kommenden Menschensohn sagt Jesus Mk 8,38: „Wer sich ... meiner und meiner Worte schämt, dessen wird sich auch der Menschensohn schämen, wenn er ... kommt". Sind Jesus und der Menschensohn zwei verschiedene Personen, und kommt es weniger auf ihn als auf seine Botschaft an? Denn wer sich seiner Worte schämt, dessen wird sich auch demnächst der Menschensohn schämen? Dasselbe Logion lautet bei Lk 12,8: „Wer sich vor den Menschen zu mir bekennt, zu dem wird sich auch der Menschensohn ... bekennen". Das Verhältnis zwischen Jesus und dem Menschensohn bleibt auch hier noch in der Schwebe. Deutlicher wird, daß es nicht nur auf Jesu Botschaft, sondern ebenso auf das Bekenntnis zu seiner Person ankommt. Jede Unklarheit über die Beziehung zwischen Jesus und Menschensohn beseitigt dann das Logion Mt 10,32f, in dem der irdische Jesus und der endzeitliche Richter unmißverständlich identifiziert werden[8]. „Wer sich nun vor den Menschen zu mir bekennt, zu dem werde ich mich vor meinem Vater im Himmel bekennen. Wer mich aber vor den Menschen verleugnet, den werde auch ich vor meinem Vater im Himmel verleugnen".

Es gibt verschiedene neutestamentliche Ansätze für den Schritt vom historischen Jesus zum Christus des Glaubens: die Funktionschristologie aramäisch sprechender Judenchristen, die Praeexistenz- und Wesenstheologie griechisch sprechender Hellenisten, Kreuz und Auferweckung bei Paulus oder Inkarnation und Erhöhung bei Johannes. Das sind nur Andeutungen, die verdeutlichen sollen, daß die späteren dogmatischen Auseinandersetzungen durch das Neue Testament nicht verhindert, sondern unausweichlich geworden sind[9].

– Taufliturgie

Was ergibt sich aus der Praxis der Taufspendung? Haben die Gemeinden nicht von Anfang an dem matthäischen Taufbefehl entsprechend auf den „Namen des Vaters und des Sohnes und des Heiligen Geistes" getauft und damit eine trinitarische Vorentscheidung getroffen? Vielleicht nicht sofort und überall, aber doch sicher schon sehr früh. Bereits die Didache 7,1 bestimmt am Beginn des 2. Jh.s: „Was die Taufe angeht, ... tauft auf den Namen des Vaters, des Sohnes und des Heiligen Geistes in lebendigem Wasser". Was diese Neben- bzw. Gleichordnung der Namen – in einer rituellen Taufformel unbefangen ausgesprochen – aber bedeutet, wenn man sie ontologisch wertet, bleibt ungeklärt. Auch die religiös-liturgische Praxis bedarf weiterer theologischer Nachdenkens.

– Paulus

Ähnliche Beobachtungen lassen sich bei Paulus machen. Er lehrt eine unüberbietbare Verwandtschaft zwischen Jesus und dem Vater. Christus, der Herr (*kyrios*), wird Gott (*theos*) möglichst angenähert, ohne daß es zu einer direkten Behauptung der göttlichen Wesenheit Christi käme. Zum Schluß wird die christologische Entfaltung wieder zurückgenommen in dem Gedanken, daß am Ende der Sohn sich selbst und alles dem Vater unterwirft, „damit Gott herrscht über alles und in allem" (1Kor, 15,28). Diese Zurückhaltung erklärt sich aus der jüdischen Herkunft des Paulus, die ganz und gar monotheistisch bestimmt ist.

Heis theos lautete das Programm, unter dem die frühchristliche Mission die Auseinandersetzung mit dem heidnischen Polytheismus aufgenommen hat. Mochte es sich mit den christologischen Hoheitsaussagen verhalten wie auch immer, keineswegs durften sie den Monotheismus beeinträchtigen. Ein Gott! Das war ein klares Bekenntnis, in dem sich neben dem Judentum auch die Überlegenheit der christlichen Religion über den zerfallenden heidnischen Götterhimmel unmißverständlich ausdrückte.

– Johannesevangelium und Mittelplatonismus

Warum blieb man trotzdem nicht beim schlichten Bekenntnis zu dem einen Gott? Die Religionswissenschaft hat darauf aufmerksam gemacht, daß es in den antiken Religionen zahlreiche Götterdreiheiten gab: Demeter, Kore und Triptolemus in Eleusis, Zagreus, Phanes und Dionysus im Dionysuskult, Jupiter, Juno und Minerva in Rom, in Ägypten Osiris, Isis und Anubis, in Germanien der Kult der drei Matronen[10]. Mußte die Kirche sich trinitarisch vervollständigen, um konkurrenzfähig zu sein? Eher das Gegenteil ist der Fall. Trinitätsspekulationen machten die kirchliche Verkündigung den heidnischen Religionen nicht ebenbürtig, sondern gaben eher den Vorsprung auf, den sie mit ihrem Bekenntnis zu dem einen und einzigen Gott besaß.

Trotzdem konnten philosophisch geschulte Theologen auf die Dauer einer spekulativen Durchdringung der trinitarischen Hinweise in der Heiligen Schrift nicht aus dem Wege gehen. Anfangs scheinen sie am Rande der Gemeinden gestanden zu haben und müssen wohl in gnostischen Kreisen gesucht werden. Als sie begannen, mit fremdartig erscheinenden Begriffen und Metaphern das Verhältnis des Sohnes zum Vater zu beschreiben und sich dabei bibelferner philosophischer Gedankengänge über göttliche Emanationen (Hervorgänge) zu bedienen, schreckten die Bischöfe zunächst zurück. Solange sie der gefährlichen Umarmung durch die gnostischen Lehren nicht auf gleicher, philosophischer Ebene begegnen konnten, hielten sie um so unnachgiebiger an einem undifferenzierten monotheistischen Bekenntnis fest.

Doch war das, was einzelne Theologen im 2. Jh. versuchten, wirklich so neu? Hatte nicht schon das Johannesevangelium den Schritt in die begriffliche Aufarbeitung der Christologie gewagt, als es im Prolog Christus als den präexistenten Logos bezeugte (Joh 1,1/3)? Doch damit entstand sofort ein neues Problem, denn mit dem *logos* kam – noch dazu autorisiert durch ein Evangelium – die ganze philosophische Spekulation über den Logosbegriff ins Spiel, auch wenn das Evangelium selbst das göttliche „Wort" nicht philosophisch, sondern biblisch-alttestamentlich verstanden hatte[11]. Aber wer wollte verhindern, daß die mit dem philosophischen Logosbegriff assoziierten Vorstellungen in die Christologie einflossen und die neutestamentlichen Aussagen, die verschiedener Interpretationen fähig waren, in eine bestimmte Richtung drängten – und zwar in die einer Unterordnung Christi unter den Vater. Galt der Logos doch im zeitgenössischen philosophischen Denken als Ausfluß aus dem absolut Höchsten und Ureinen, gleichsam als ein *deuteros theos*, ein zweiter Gott.

Als solcher besaß er die Funktion, die Weltschöpfung zu vermitteln. Aber auch das war ein gefährlicher Gedanke, denn die trinitarische Stellung Christi läßt sich nicht kosmologisch, sondern nur soteriologisch beschreiben. Nicht als demiurgischer Weltschöpfer, sondern nur als Erlöser sind Funktion und Wesen Christi als Mittler zutreffend zu erfassen. Wenn man im philosophischen Kontext jedoch sagte: Jesus ist das Wort (*logos*) *Gottes,* war nahezu unvermeidlich ein doppeltes Mißverständnis damit verbunden. Zum einen ist Christus dem Vater unterstellt, zum anderen wurde er hervorgebracht, weil Gott nicht selbst schafft, sondern durch einen Mittler, eben sein Wort.

Es läßt sich zeigen, wie seit Justin und den übrigen Frühchristlichen Apologeten das kosmologische Verständnis auf die Logoschristologie eingewirkt hat. Der die Schöpfung – philosophisch gewendet die Vielheit – vermittelnde *logos, nus* oder Demiurg gehört einem Bereich zwischen Gott und der sichtbaren Welt an; er ist eine göttliche Kraft nach dem höchsten Gott[12]. Wie Gott sich zum Logos verhält, so verhält sich dieser zu den übrigen Vernunftwesen. Diese Zwischenstellung des Schöpfungsmittlers ist das Glied, das die zahlreichen Ausformungen der mittelplatonischen und später der neuplatonischen Kosmologien seit Platons Timaios verbindet. Daher verwundert es nicht, daß sich die diesem vielfältig benutzten und abgewandelten Denkschema innewohnende Plausibilität auch dann auswirkte, wenn es zur Deutung des geoffenbarten Kerygmas herangezogen wurde – zumal das Johannesevangelium mit seinem Prolog sozusagen den Startschuß dazu gegeben hatte[13].

Soweit dieses Seinsverständnis von der vornizänischen Theologie übernommen worden war, mußte es in die Krise führen und sogar falsch werden, wenn es nicht durch die soteriologischen Sohnesaussagen der Heiligen Schrift korrigiert wurde. Denn die biblische Kosmologie und Schöpfungstheologie geht nicht von vermittelnden Kräften aus, sondern von einer vollständigen Disjunktion zwischen dem Geschaffenen und dem Ungeschaffenen. Für sie trennt ein Abgrund Schöpfer und Geschöpf. Wenn Gott nach Joh 1,3 alles durch das Wort geschaffen hat, dann nicht, weil der Logos Christus der Mittler, sondern als Sohn selbst Gott ist.

Theoretisch wäre eine Korrektur der philosophischen Vorstellungen durch die biblische Schöpfungstheologie möglich gewesen, in der Praxis war sie jedoch wenig wahrscheinlich. Viel größer war die Gefahr, daß die philosophisch begründete Mittlerstellung des Logos in der Schöpfung auf die Stellung Christi als Erlöser abfärbte. Stellte man nämlich einen platonisch gebildeten christlichen Theologen vor die Frage: Wohin gehört der Mittler, Demiurg und *deuteros theos* oder wie immer man ihn nennt, Logos, Sohn oder Christus, auf die Seite des absolut transzendenten Gottes oder auf die Seite des Geschaffenen, war die Antwort unvermeidbar: Christus gehört zur Schöpfung. Die in der Logoschristologie enthaltene Spannung wirkte sich im Subordinatianismus des 2./3. Jh.s aus (vgl. S. 24/6), ehe sie sich im 4. Jh. mit Arius und den Auseinandersetzungen um Nizäa voll entlud.

2.2 Judenchristliche Lösungen[14]

Die Deutung neutestamentlicher Aussagen mit Hilfe zeitgenössischer philosophischer Vorstellungen war der eine Weg, der zur theologischen Erhellung des urchristlichen Kerygmas beschritten worden ist. Darüber sollten judenchristliche Versuche, in angemessener Weise Christus zu verkündigen, ohne die Monarchie und Transzendenz des einen Gottes anzutasten, nicht vergessen werden. Sie sind schwer zu identifizieren und nur wenig bekannt geblieben, weil sie nicht die Wirkungsgeschichte der „hellenistischen" Versuche gehabt haben, die stärker in die späteren Konzilsentscheidungen eingegangen sind. Auch das Weiterleben einer abseits von Nizäa entstandenen judenchristlich geprägten Trinitätslehre und Christologie bei Aphrahat, dem Persischen Weisen (gest. nach 345), und Ephraem (gest. 373) ist außerhalb der ostsyrischen Kirche kaum wahrgenommen worden[15].

– Namenschristologie

Aus judenchristlicher Sicht gab es verschiedene Möglichkeiten, Wesen und Handeln Christi sowie sein Gottesverhältnis zu charakterisieren. Möglicherweise spiegelt sich eine im Hirten des Hermas wider, in dem Christus als der Name Gottes bezeichnet wird, dem göttliche Ehre zukommt. Er trägt den ganzen Kosmos und ist Ausdruck für die

Mittlerrolle des Gottessohnes in der Schöpfung. Der Name besitzt aber auch eine soteriologische Bedeutung. Es heißt dort:

„Wenn nun die ganze Schöpfung vom Gottessohn gehalten wird, was denkst du dann von denen, die von ihm gerufen sind, die den Namen des Gottessohnes tragen und die seine Gebote befolgen? Siehst du nun, welche er unterstützt? Die, die aus ganzem Herzen seinen Namen tragen. Er selbst wurde ihr Grund, und liebevoll hält er sie, da sie sich nicht schämen, seinen Namen zu tragen"[16].

Andere judenchristliche Vorstellungen identifizieren Jesus mit dem göttlichen Gesetz und dem Bund. Wie für den Juden die Thora die Inkarnation der göttlichen Weisheit ist, so Jesus für den Judenchristen. Nach Hermas, sim. 8,3,2, nennt Justin Christus den „Sohn Gottes, der als ewiges Gesetz (vgl. Jes 2,3; 51,4; Mich 4,2) und als neuer Bund (vgl. Jer 31,31; Jes 54,3) für die ganze Welt kommen sollte" (dial. 43,1). Solche Sätze können durchaus im Sinn der späteren großkirchlichen Christologie verstanden werden, wenn sie Jesus nicht nur als den Erfüller des Gesetzes oder Stifter des Bundes betrachten, sondern wenn sie ihn im Sinne der alttestamentlichen und nachbiblischen jüdischen Hypostasenvorstellung als Gottessohn in eins setzten mit Gesetz und Bund; wenn sie ausdrücken wollen, Christus ist dies alles in göttlicher Fülle, die durch Jesus in der Welt sichtbar geworden ist.

Eine weitere Bezeichnung für Christus war im Zusammenhang mit jüdisch-gnostischen Spekulationen über Gen 1,1 *archē* (der Anfang). Mit *archē* sollte nicht nur die vorweltliche Existenz des Logos, sondern vor allem seine Eigenständigkeit ausgedrückt werden. Was gemeint ist, erläutert Theophilus von Antiochien (um 180):

„Es zeugte also Gott mit seiner Weisheit sein Wort, das er in seinem eigenen Inneren beschlossen trug, indem er es vor allen Dingen aus sich hervortreten ließ. Dieses Wort nun gebrauchte er als Mittler aller seiner Schöpfungen und erschuf alles durch dasselbe. Dieses Wort heißt ‚der Anfang', weil es das Prinzip und der Herr aller Dinge ist, die durch dasselbe geschaffen worden sind. Dieses Wort also, das da ist der Geist Gottes, das Prinzip (aller Dinge), die Weisheit und Kraft des Allerhöchsten, war es, das auf die Propheten herabkam"[17].

– Engelchristologie

Den wichtigsten Versuch, Sendung und Wesen Christi judenchristlich zu formulieren, stellt die sogenannte Engelchristologie dar. Sie geht von der Funktion Christi aus, für welche die Bezeichnung Engel, d.h. Gesandter oder Bote, ein ausgezeichnetes Interpretament lieferte. Schon im 2. Jh. wurden alttestamentliche Theophanien, in denen ein Engel Gottes auftritt, als Offenbarungen des Logos gedeutet. Eine Reduzierung Christi auf einen geschaffenen Engel mußte damit nicht verbunden sein, weil es sich um Theophanien handelt. Wohl wird eine mehr oder weniger starke Unterordnung des Sohnes unter den Vater mit der Engelchristologie verbunden gewesen sein. Entsprechend erklärt Justin im Rahmen seiner Logoschristologie dem Juden Tryphon die Erscheinung der drei Männer (Engel) vor Abraham (Gen 18,2). Einer der drei ist für ihn ein vom Weltenschöpfer verschiedener Gott:

„Es gibt und es wird gesagt [in der Heiligen Schrift], daß es ihn gibt, einen anderen Gott und Herrn, nämlich unter dem Schöpfer aller Dinge. Er wird auch Engel genannt, weil der Schöpfer aller Dinge, über dem es keinen anderen Gott gibt, durch ihn den Menschen alles mitteilt, was er ihnen melden will"[18].

Christus wird Engel genannt, insofern er Botendienste versieht, seiner Natur nach ist er Gott wie der Vater, wenn auch ihm untergeordnet. Diese Unterordnung ergibt sich bereits aus der Botenfunktion; jeder Bote handelt nicht in seinem eigenen Auftrag, sondern in dem eines Höheren.

Hippolyt von Rom erkennt in der vierten Gestalt im Feuerofen, die den drei Jünglingen Kühlung verschaffte, den Logos (Dan 3,49f):

„Es war kein anderer ... als der, welcher auch die Ägypter im Wasser gerichtet hatte ... Dieser war es, welcher die Macht des Gerichtes vom Vater empfangen hatte, der auch in Sodoma Feuer und Schwefel geregnet hatte und diese wegen ihrer Gesetzlosigkeit und bösen Gottlosigkeit verderbt hatte ... Von diesem spricht Isaias: ‚Sein Name wird genannt: Engel des großen Rates' (Jes 9,6 [LXX]). Diesen tut die Schrift kund als Engel Gottes. Denn er war es, der uns die Geheimnisse des Vaters verkündete. Er kam herab in den Ofen zusammen mit denen um Azarias. Als es diesen Engel erblickte, erkannte das Feuer seinen Herrn, und voller Furcht floh es hinaus aus dem Ofen"[19].

Hippolyt selbst ist Vertreter einer subordinatianisch gestimmten Logoschristologie (vgl. S. 64). Aber indem er sich um ein heilsgeschichtliches Verständnis des Alten Testamentes bemüht, bedenkt er – judenchristliche Traditionen aufnehmend – die Bedeutung des Engelnamens für Christus. Auch Tertullian kennt die Überlieferung, die Christus Engelsnatur annehmen läßt, um die Engel zu retten, aber er markiert zugleich scharf die Grenze, welche die kirchliche Theologie respektieren muß, wenn sie die judenchristlich geprägte Engelchristologie übernehmen will.

„Zwar wird Christus ‚Engel des großen Ratschlusses' genannt, d.h. Bote, aber das ist nur eine Amtsbezeichnung, nicht eine Kennzeichnung seiner Natur (*officio, non naturae vocabulo*). Er sollte den großen Gedanken des Vaters über die Wiederherstellung der Menschen der Welt verkünden. Deshalb ist er aber noch nicht als ein Engel anzusehen wie Gabriel und Michael"[20].

Zahlreichen Beobachtungen läßt sich entnehmen, daß es im 2. und Anfang des 3. Jh.s eine – vor allem in der Widerspiegelung durch die Väter faßbare – judenchristlich geprägte Christologie gegeben hat. In ihr ist Christus der in der Welt gegenwärtige Name Gottes, die personhafte Verwirklichung des göttlichen Gesetzes, Anfang und Engel des großen Rates. Mit diesen Bezeichnungen verbinden sich andere Ausdrücke, die bewußt an alttestamentliche Vorstellungen anknüpfen: Jesus als Sohn Davids, Knecht Gottes, Prophet und Messias. Sie sind alle mehr an Jesu Wirken in dieser Welt als an seinem Wesen interessiert. Zwar ergibt sich schon aus einer umfassenden Beschreibung der Funktionen Jesu ein Bild dessen, wer er gewesen sein muß. Aber die biblischen Aussagen blieben doch für Mißdeutungen offen. Im aramäischen Sprachraum mochte es genügen, Jesu Sein und Wesen durch sein Tun zu bestimmen. Anders im Griechischen, das die sprachliche Abstraktionsfähigkeit besaß, die Frage nach dem Wesen einer Sache oder Person stellen zu können. Eine Theologie, die diesen Namen wirklich verdiente, mußte daher, wenn sie sich griechisch artikulierte, präzisieren, nicht nur was Jesus getan hat, sondern wer er ist als Anfang, Wort, Engel und Sohn Gottes.

2.3 Trinitarisch-christologische Kontroversen im 2./3. Jh.[21]

– Subordinatianismus

Die Frage, die sich immer unausweichlicher stellte, lautete: Wie lassen sich die biblischen und die in Liturgie und Gebetspraxis verwurzelten Aussagen über die Gottessohnschaft Jesu mit dem Bekenntnis zu dem einen und einzigen Gott in Übereinstimmung bringen? Es gab zwei Lösungsmöglichkeiten. Die eine war subordinatianisch, die andere monarchianisch; die eine ordnete die göttlichen Personen vertikal unter-, die andere horizontal nebeneinander. Die erstere – für die Hippolyt, Tertullian, Novatian, Origenes und andere stehen (vgl. S. 63/6) – besaß den Vorzug, daß sie den Unterschied zwischen Vater und Sohn – die Stellung des Heiligen Geistes spielte zunächst noch keine große Rolle – klar festhalten konnte. Ihr Mangel bestand darin, daß sie den Sohn in irgendeiner Weise dem Vater unterordnen mußte. Der Sohn mußte vom Vater abhängig, geworden, gezeugt oder geschaffen sein, sollte ein Rückfall in den Ditheismus, der Vater und Sohn als zwei Götter betrachtete, vermieden werden.

Origenes (gest. 254), der in seinem Werk De principiis (*Peri archōn*) zum ersten Mal so etwas wie einen Gesamtentwurf der Theologie gewagt hat, lehrt mit allem Nachdruck, daß Vater, Sohn und Geist sich von allen Geschöpfen unterscheiden. Sohn und Geist sind nicht nur Wirkkräfte des Vaters, sondern von ihm unterschiedene Hypostasen (princ. 1,3,2; 2,4,3; comm. Ioh. 10,75; contra Celsum 8,12). Vater und Sohn unterscheiden sich durchaus der Zahl nach; sie werden nicht nur unter verschiedenen Blickwinkeln „Vater" und „Sohn" genannt, sondern gemäß der Wirklichkeit (comm. Ioh. 10,37). Um solche Aussagen nicht polytheistisch zu verstehen, muß Origenes eine Stufung wahren, die nicht nur einen Unterschied, sondern auch eine Unterordnung des Sohnes unter den Vater erlaubt und den Vater allein *ho theos*, den Sohn aber *deuteros theos* sein läßt (contra Celsum 5,39). Origenes erläutert diese Unterordnung anhand der Bezeichnungen, die er in der Heiligen Schrift für Christus findet. So interpretiert er z.B. den Ausdruck ‚das Bild seiner Güte' aus Weish 7,2:

„Die Ur-Güte ist ohne Zweifel der Vater; aus ihr ist der Sohn geboren, der in allen Stücken das Bild des Vaters ist; und so halte ich es denn auch für richtig, daß man vom Erlöser sagt, er sei ‚das Bild der Güte Gottes', aber nicht das Gute selbst. Wohl ist auch der Sohn gut, aber nicht schlechthin gut. Und ebenso wie er das ‚Bild des unsichtbaren Gottes' ist (Kol 1,15) und insofern Gott, nicht aber (identisch mit) dem, von dem Christus selbst sagt: ‚Damit sie dich, den einzig wahren Gott erkennen' (Joh 17,3), so ist er auch das ‚Bild der Güte', aber nicht wie der Vater unwandelbar gut"[22].

Gott selbst steht jenseits von Vernunft und Sein. Als Urgrund allen Seins teilt er sich mit in überströmender Güte. Wie das Licht den Glanz aussendet, so entläßt Gott aus sich den Logos, gleichen Wesens, doch niederer Ordnung, ein Vorgang, den die Philosophen Emanation genannt hatten. Er qualifiziert auch Gottes Wesen selbst, insofern es durch die ewige Zeugung des Logos vor der Zeit zur *essentia patris* wird; durch die Zeugung des Sohnes offenbart sich Gott als Vater. Noch unter dem Sohn steht der Heilige Geist als dritter in der Gottheit (comm. Ioh. 2,10). Er fügt sich in Origenes' philosophisches System nur schwer ein, doch da die Heilige Schrift von ihm spricht, muß er entsprechend der *regula fidei* genannt werden.

„Wir sind überzeugt, daß [in Gott] drei Personen (*hypostaseis*) sind: der Vater, der Sohn und der Heilige Geist. Und wir glauben, daß nichts anderes ungezeugt ist als der Vater. Wir nehmen es als etwas überaus Ehrwürdiges und Wahres an, daß von allem, was durch das Wort geworden ist, der Heilige Geist das Würdigste ist und den Vorrang hat vor allem, was vom Vater durch Christus geworden ist. Vielleicht ist das auch der Grund, warum nicht auch er [der Heilige Geist] Sohn Gottes genannt wird, da der Einziggeborene allein Sohn von Natur ist von Anbeginn her. Der Heilige Geist scheint zu seinem Personsein den Dienst des Sohnes zu brauchen, und zwar nicht nur zu seiner Existenz, sondern auch zu seinem Weise-, Vernünftig- und Gerechtsein ..."[23].

Origenes lehrt eine Dreifaltigkeit, die keine volle Dreieinigkeit ist. Auch wenn Vater, Sohn und Heiliger Geist eine „angebetete Dreiheit" bilden, sie bleiben doch hinsichtlich der Machtfülle und Ehre einander untergeordnet. Origenes verwendet als erster den Begriff der Hypostase, der schon vom allgemeinen Sprachgebrauch her eine deutliche Abstufung in das Gottesbild einträgt. Die philosophischen Logosspekulationen boten zwar viele Vorstellungsmodelle, die es erlaubten, den Unterschied in der göttlichen Qualität zwischen Vater, Sohn und Heiligem Geist auf ein Minimum zu reduzieren, eine Differenz blieb gleichwohl bestehen.

Den subordinatianisch denkenden Theologen fiel es schwer, ihr Anliegen verständlich zu machen. Ständig drohten Mißverständnisse, zumal man zwischen *usia, essentia, substantia* sowie *hypostasis* und *persona* nicht genug zu unterscheiden wußte[24]. Man konnte verschieden formulieren und dasselbe meinen und umgekehrt. Die subordinatianischen Aussagen mußten immer ein wenig in der Schwebe bleiben, jederzeit offen für eine dialektische Korrektur. Nur so konnten die untergeordneten Personen in der *trias* davor bewahrt werden, aus der Sphäre des Göttlichen in die des Kreatürlichen abzustürzen.

– Monarchianismus

Die zweite, traditionellere Lösung bot den Vorteil, die göttliche Einheit ohne Abstriche wahren zu können, mußte dafür aber die Eigenständigkeit der göttlichen Personen abschwächen. Bedeutsam geworden sind zwei Spielarten: der dynamistische bzw. adoptianistische sowie der modalistische Monarchianismus[25].

– – Adoptianismus

Für den dynamistischen Monarchianismus ist Christus nichts anderes als ein Mensch, in dem die *dynamis* Gottes als unpersönliche Kraft gewirkt hat. Der *logos* des Vaters wohnt in dem von Maria geborenen Jesus wie in einem Tempel, ähnlich wie er in Mose und den Propheten gewohnt hat, nur in intensiverer Weise. Dieser Monarchianismus ist theologisch eingängiger, aber auch flacher als der Subordinatianismus. Bei ihm wird nicht die Göttlichkeit des Sohnes feinfühlig und behutsam der Göttlichkeit des Vaters untergeordnet, sondern der Mensch Jesus kommt allein gnadenhaft mit dem *logos* des Vaters in Kontakt. Er selber ist nicht Gott nach oder neben und mit dem Vater.

Der dynamistische Monarchianismus wurde in der Form des Adoptianismus – Jesus ist nicht Gottes Sohn von Ewigkeit, sondern wurde in der Zeit bei der Taufe Jesu im Jordan als Sohn Gottes angenommen (Mk 1,11) – bereits gegen Ende des 2. Jh.s in Rom vertreten (vgl. S. 63). Als Hauptzeuge gilt jedoch Bischof Paul von Samosata (am Oberlauf des Euphrat), der um 259–260 Bischof in Antiochien wurde. Seine Mitbischöfe warfen ihm vor, er vertrete niedrige und unwürdige Anschauungen über Christus und behaupte, dieser sei seiner Natur nach ein gewöhnlicher Mensch gewesen. Die Bischöfe kamen zusammen, um „seine Häresie und Lästerung gegen Christus zu enthüllen", was ihnen allerdings erst 268 auf einer Synode in Antiochien mit Hilfe des Leiters einer Rhetorenschule und Presbyters Malchus gelang, der fähig war, „den heimtückischen und betrügerischen Menschen zu entlarven" (Eusebius, Kirchengeschichte 7,27/9). Aus dem Bericht über die Synode, den die Bischöfe an Dionysius von Rom und Maximus von Alexandrien schickten, erfährt man wenig über den dogmatischen Streitpunkt, um so mehr über Pauls Lebensführung, welche die Bischöfe überaus anstößig fanden. Aus ärmlichen Verhältnissen stammend, war Paul als Minister der Königin Zönobia von Palmyra – einem kurzlebigen Oasenreich zwischen Antiochien und Euphrat – zu Reichtum und Ansehen gelangt. Die Bischöfe warfen ihm vor,

„daß er nach Hohem trachtet und aufgeblasen ist, weltliche Ehrenstellen bekleidet und sich lieber Ducenarius nennen läßt als Bischof, stolz auf den Marktplätzen einherschreitet, öffentlich im Gehen Briefe liest und diktiert, von zahlreichem Gefolge umgeben, das ihm teils vorangeht, teils nachfolgt, so daß unser Glaube wegen seines Dünkels und Hochmuts scheel angesehen und gehaßt wird ... [Er ließ sich] eine Tribüne und einen hohen Thron errichten. Auch hat er ein ‚Sekretum' und nennt es so. Er schlägt [bei der Predigt?] mit der Hand an den Schenkel und stampft mit den Füßen auf die Tribüne. Und diejenigen, die ihm nicht Beifall spenden und mit den Tüchern zuwinken wie in den Theatern ..., beschimpft er"[26].

Des weiteren tadelten die Bischöfe die Begünstigung des Syneisaktentums (vgl. S. 156) durch Paulus. Wenig Konkretes wissen sie über seine Christologie. Als einziges Wort von ihm zitieren sie den Ausspruch „Iēsoun Xriston katōthen" („Jesus Christus ist von unten") (Eusebius, Kirchengeschichte 7,30,11). Was Paul sonst noch unterstellt wird, insbesondere die Behauptung, der Logos sei – weil ihm keine Eigenständigkeit zukommt – wesensgleich (homousios) dem Vater, entstammt erst Nachrichten aus dem 4. Jh.[27]. Die Ablehnung von Pauls Christologie muß also nicht bedeuten, der Ausdruck homousios sei bereits ungefähr fünfzig Jahre vor Nizäa 268 auf einer kirchlichen Synode verurteilt worden.

– – Modalismus

Für den modalistischen Monarchianismus gibt es ebenfalls nur einen Gott. Vater, Sohn (und Heiliger Geist) sind seine Erscheinungsweisen. Als Schöpfer ist Gott der Vater, als Erlöser der Sohn, als Heiligmacher der Geist. D.h. die göttlichen Personen sind nicht eigenständig, sondern Modalitäten (Erscheinungsweisen) des einen Gottes. Je nachdem welches Wirken Gottes man betrachtet, zeigen sich – ähnlich wie bei einer Münze – die verschiedenen Seiten seines Wesens.

Nach Hippolyt geht diese Lehre auf Noët aus Smyrna (um 180) zurück; sie sei dann von dessen Schüler Epigonus nach Rom gebracht worden, wo sich Kleomenes ihr angeschlossen habe. Mit Zustimmung der römischen Bischöfe Zephyrin und Kallistus habe sie starken Zulauf gehabt. Weitere Vertreter seien Sabellius und Praxeas gewesen, der später in Nordafrika aktiv wurde.

Da keine Originalzeugnisse erhalten sind, lassen sich die modalistischen Aussagen nur aus ihren Widerlegungen bei Hippolyt und Tertullian rekonstruieren, denen natürlich daran gelegen war, den Widersinn der modalistischen Position aufzudecken. Hippolyt vergleicht sie mit dem Dunkel der Philosophie Heraklits (etwa 544–484 v.Chr.):

„Allen ist deutlich, daß die unverständigen Nachfolger Noëts und Vorsteher der Häresie, auch wenn sie sagen wollen, sie seien niemals Schüler Heraklits gewesen, dadurch daß sie die Lehrmeinungen Noets übernommen haben, doch offenkundig dasselbe bekennen; denn sie reden folgendermaßen: Ein und derselbe Gott sei aller Dinge Schöpfer und Vater. Als es ihm gefiel, sei er den Gerechten der alten Zeit erschienen, obwohl er unsichtbar ist; wenn er nämlich nicht gesehen wird, ist er unsichtbar, wenn er aber gesehen wird, ist er sichtbar; er ist unfaßbar, wenn er nicht gefaßt werden will; faßbar aber, wenn er gefaßt wird; so ist er im selben Sinn ungreifbar und greifbar, unerzeugt und gezeugt, unsterblich und sterblich. Wie würden solche Leute nicht als Schüler Heraklits erwiesen, auch wenn der Dunkle früher seine Philosophie nicht in eben diesen Worten vorgetragen hat"[28].

Der eine und derselbe Gott ist unerzeugt und gezeugt, sichtbar und unsichtbar, unsterblich und sterblich, eben Vater und Sohn. *Hyopater*, Sohnvater, soll Sabellius ihn mit Vorliebe genannt haben, denn Vater und Sohn seien eins wie Körper, Seele und Geist im Menschen, wie Sonne, Licht und Wärme. In der Konsequenz dieser Identifizierung lag die Auffassung, daß im Sohn auch der Vater gelitten habe und der unsterbliche Gott am Kreuz gestorben sei. Wegen der Ungeheuerlichkeit dieser Vorstellung haben die Gegner des Sabellius den „Patripassianismus", der sich aus dem Modalismus ergab, besonders herausgestellt[29].

Der trinitarische Modalismus dürfte weit verbreitet gewesen sein und nicht zuletzt schlichte Gemüter wegen seiner religiösen Tiefe angezogen haben, mehr jedenfalls als der rationalistische dynamistische Monarchianismus und der spekulativ anspruchsvolle, schwierige Subordinatianismus. Tertullian – obwohl lebhafter Befürworter einer *simplicitas fidei* (vgl. S. 15) – klagt:

„Sie [die einfachen Gläubigen] sehen nicht ein, daß Gott im Glauben zwar als der einzige erfaßt werden muß, aber eben in seiner Ökonomie [in der soteriologischen Entfaltung von Vater, Sohn und Heiligem Geist]. Die Zahl und Ordnung in der Trinität halten sie für eine Zerreißung der Einheit ... Dabei kommen sie uns immer damit, wir lehrten zwei oder drei Götter. Sich selber aber geben sie für die Verehrer des einen und einzigen aus, als ob nicht auch die Einheit, wenn sie widersinnig eingeschränkt wird, zu einer Häresie führt, und die Dreiheit, wenn sie richtig verstanden wird, die Einheit begründet" (adv. Prax. 3,1).

Die Vorstellung des Patripassianismus schreckte viele nicht. Daß Gott selbst am Kreuz für die Menschen gestorben war, vertiefte nur die Anbetungswürdigkeit des Geschehens. In Christus Gott selbst zu begegnen war die Sehnsucht aller Frommen. Die religiöse Faszination des Modalismus kann nicht bezweifelt werden. Eine andere Frage ist es, ob er nur dem naiven Volksglauben entsprach oder nicht auch als Ergebnis einer durchdachten Theologie gelten kann, die neben Noët auch von anderen bedeutenden Theologen – z.B. von Irenäus von Lyon und Meliton von Sardes – vertreten worden ist. Die scharfen Paradoxien in Noëts Thesen: sichtbar – unsichtbar, sterblich – unsterblich usw. verraten die klare Absicht, Gottheit und Menschheit von einem und demselben zu bekennen. Es soll eine Christologie abgewehrt werden, die den Erlöser in einen nichtleidensfähigen göttlichen und einen leidensfähigen irdischen aufteilt. Die mit dem Modalismus verbundene trinitarische Aporie ist unauflösbar. Sie verschwindet genau so wenig, wenn Gottheit und Menschheit nur von Christus ausgesagt werden. Apollinarismus und Monophysitismus, die im 4./5. Jh. virulent wurden, sind Modalismus in christologischem Gewand[30]. Auch Augustinus vermag die Frage, warum man Menschwerdung und Leiden nicht vom Vater aussagen dürfe, nicht spekulativ, sondern nur autoritativ mit Berufung auf die Heilige Schrift zu beantworten (vgl. S. 69).

Ob Modalismus oder Subordinatianismus ein zutreffendes trinitarisches Glaubensverständnis stärker fördern oder gefährden, ist eine müßige Frage. Viele der führenden Theologen und östlichen Bischöfe neigten den Subordinatianisten zu. Nicht ohne Einfluß des Origenes kam es zur kirchlichen Ablehnung und Verurteilung des Modalismus unter dem Namen des Sabellianismus. Gleichwohl blieb das modalistische Anliegen, die Einheit Gottes zu wahren, vor allem in der abendländischen Trinitätstheologie weiterhin spürbar – wie umgekehrt die im Subordinatianismus lauernde Gefahr die östliche Kirche bald darauf in eine tiefe Krise stürzte, die sich in Nizäa entlud und noch einen langwährenden Streit nach sich ziehen sollte.

3. Nizäa (325)

Literatur:

H.G. OPITZ, Urkunden zur Geschichte des Arianischen Streites 318–328 = Athanasius Werke 3,1 (Berlin 1934/35); M. SIMONETTI, Studi sull'Arianismo (Rom 1965); E. BOULARAND, L'hérésie d'Arius et la „foi" de Nicée (Paris 1972); M. TETZ, Markellianer und Athanasios von Alexandrien: ZNW 64 (1973) 75/121; Politique et théologie chez Athanase d'Alexandrie. Ed. CH. KANNENGIESSER = Théol. Hist. 27 (Paris 1974); M. SIMONETTI, La crisi ariana nel IV seculo = Stud. Aug. 2 (Rom 1975); F. RICKEN, Zur Rezeption der platonischen Ontologie bei Eusebeios von Kaisareia, Areios und Athanasios: PhTh 53 (1978) 321/52; G.C. STEAD, The Thalia of Arius and the testimony of Athanasius: JThS NS 29 (1978) 20/52; TH. A. KOPECEK, A History of Neo-Arianism, 2 Bde. = PMS 8 (Philadelphia 1979); R. LORENZ, Arius judaizans? Untersuchungen zur dogmengeschichtlichen Einordnung des Arius = FKDG 31 (Göttingen 1979); R.C. GREGG/D.F. GROH, Early Arianism – A View of Salvation (London 1981); L.W. BARNARD, The Council of Serdica 343 A.D. (Sofia 1983); CH. KANNENGIESSER, Athanase d'Alexandrie. Évêque et écrivain (Paris 1983); H.CH. BRENNECKE, Hilarius von Poitiers und die Bischofsopposition gegen Konstantius II. Untersuchungen zur dritten Phase des arianischen Streites (337–361) = PTS 26 (Berlin 1984); M. TETZ, Glaubensfragen auf der Synode von Serdica (342): ZNW 76 (1985) 243/69; W.A. LÖHR, Die Entstehung der homöischen und homöusianischen Kirchenparteien. Studien zur Synodalgeschichte des 4. Jh.s (Diss. Bonn 1986); R. WILLIAMS, Arius. Heresy and Tradition (London 1987); H.CH. BRENNECKE, Studien zur Geschichte der Homöer. Der Osten bis zum Ende der homöischen Reichskirche = BHTh 73 (Tübingen 1988); R.P.C. HANSON, The Search for the Christian Doctrine of God. The Arian Controversy 318–381 (Edinburgh 1988); S.G. HALL, The Creed of Sardica: StPatr 19 (1989) 173/84; A.M. RITTER, Arius redivivus? Ein Jahrzwölft Arianismusforschung: ThR 55 (1990) 153/87 [Lit.]; TH. BÖHM, Die Christologie des Arius. Dogmengeschichtliche Überlegungen unter besonderer Berücksichtigung der Hellenisierungsfrage = Studien zur Theologie und Geschichte 7 (St. Ottilien 1991); Arianism after Arius, ed. by M.R. BARNES / D.H. WILLIAMS, (Edingburgh 1993); M. DURST, Studien zum „Liber de Synodis" des Hilarius von Poitiers (Habil. Bonn 1993); CH. KANNENGIESSER, Athanasius von Alexandrien: Alte Kirche 1 = Gestalten der Kirchengeschichte. Hrsg. von M. GRESCHAT (Stuttgart 1993) 266/83; A.M. RITTER, Arius: ebd. 215/23; DERS., Arianismus: TRE 3 (1978 [1993]) 692/719; G.CH. STEAD, Homousios: RAC 16 (1994) 364/433.

3.1 Theologische Positionen

– Vorgeschichte

Nicht nur verschiedene theologische Schulrichtungen und Lehrmeinungen, sondern offener Streit währte schon lange, als Kaiser Konstantin im Mai 325 ein Reichskonzil nach Nizäa berief[31]. Der Termin war nicht von der Dringlichkeit der anstehenden Glaubensfrage bestimmt, sondern von der politischen Auseinandersetzung Konstantins mit Licinius, dem Augustus des Ostens. Erst als diese 324 durch den Sieg Konstantins bei Adrianopel (Edirne) bereinigt worden war, dann aber möglichst bald, trat das Konzil zusammen[32]. Das erste öffentliche Zusammenprallen zwischen Arius und seinem Bischof Alexander lag damals schon etliche Jahre zurück. Bereits 319 hatte Alexander auf einer Synode von annähernd einhundert ägyptischen Bischöfen Arius und seine Anhänger abgesetzt. In einer Enzyklika hatte er ihnen vorgeworfen:

„Sie haben sich ausgedacht: ‚Gott war nicht immer Vater; vielmehr gab es eine Zeit, da Gott nicht Vater war: [Auch] der Logos Gottes ist nicht immer gewesen, sondern aus dem Nichts entstanden. Denn der [unwandelbar] Gott ist, hat den, der [dies] nicht ist, aus dem Nichts erschaffen. So gab es denn eine Zeit, da er nicht war. Denn der Sohn ist ein Geschöpf *(ktisma)* und Gemächte *(poiēma)*. Weder ist er seinem Wesen *(usia)* nach dem Vater gleich *(homoios)*, noch ist er in Wahrheit und von Natur *(physei)* Logos des Vaters, noch seine wahre Weisheit … Er ist um unseretwillen geschaffen worden, auf daß uns Gott durch ihn wie durch ein Werkzeug erschüfe. Und es hätte ihn gar nicht gegeben, wenn Gott nicht uns hätte erschaffen wollen.‘ Als einer die Frage an sie richtete, ob sich der göttliche Logos ebenso wandeln könne, wie es der Teufel vermochte, hatten sie keinerlei Bedenken zu erwidern: ‚Ja, das kann er; ist er doch von wandelbarer Natur, eben weil er geworden und geschaffen ist'"[33].

Alexander drang mit seinen Maßnahmen nicht durch. Arius versuchte, sich durch ein Glaubensbekenntnis, das er an Alexander sandte, zu rechtfertigen (vgl. S. 33), und vermochte in Alexandrien wieder Fuß zu fassen. Nachdem das Synodenverbot des Licinius durch seine Niederlage 324 unwirksam geworden war, bestätigten Synoden in Bithynien und Palästina Arius und mahnten Alexander, seinen exkommunizierten Presbyter wieder aufzunehmen.

Woher kommt diese unterschiedliche Beurteilung? Auf den ariusfreundlichen Synoden saßen nicht wenige Mitschüler des Arius, die in Antiochien bei Lukian (gest. 312), dem späteren hochverehrten Märtyrer, studiert hatten[34]. Sie waren inzwischen Bischöfe auf wichtigen Stühlen im antiochenischen und palästinischen Raum geworden und hielten natürlich zusammen. Der Streit schwelte also schon lange; jetzt endlich konnte er öffentlich diskutiert und ausgetragen werden.

Konstantin schickte 324 durch seinen Vertrauten, Bischof Ossius von Corduba, ein gemeinsames Vermittlungsschreiben nach Alexandrien an Alexander und Arius, das aber nichts erreichte, weil es den eigentlichen Streitpunkt so herunterspielte und verharmloste, daß beide nur noch mehr verstimmt wurden. Im selben Jahr oder Anfang 325 brachte Ossius in Antiochien eine Synode zustande, die Arius zwar verurteilte, aber auch Alexander nicht völlig recht gab, die extremsten Sätze des Arius verwarf, auf einer einzigen göttlichen Hypostase bestand und zwischen Zeugung und Schöpfung unterschied. Drei Lukianfreunde, die nicht zustimmten – darunter der Kirchenhistoriker Eusebius –, wurden exkommuniziert, allerdings mit Bedenkzeit bis zum großen Konzil von Ankyra (Ankara), das dann aber nach Nizäa verlegt wurde[35]. Antiochien war so etwas wie eine Generalprobe dafür gewesen, wie es auf dem Reichskonzil laufen sollte.

– Die Parteien auf dem Konzil

An die 300 Bischöfe dürften in Nizäa zusammengekommen sein. Der Kirchenhistoriker Eusebius spricht von über 250, Athanasius von über 300; erhalten sind die – sicher nicht vollständigen – Namen von 220 Teilnehmern; spätere nennen 318, entsprechend der Zahl der Knechte Abrahams (Gen 14,14)[36].

Die Meinungen waren weit gespannt. Am äußersten Rand des einen Flügels befanden sich Arius und seine Anhänger, unterstützt von den Syllukianisten unter Führung des Bischofs Eusebius von Nikomedien. An sie schlossen sich die gemäßigten Subordinatianer origenistischer Couleur unter Eusebius von Caesarea (dem Kirchenhistoriker) an. Im

Zentrum befand sich die große Mehrheit der Ratlosen und Furchtsamen, die mehr auf Einigkeit in biblischen Wendungen denn auf das Durchstehen der Probleme bedacht waren. Man kann im Verlauf des arianischen Streites noch häufiger auf solche Versuche treffen, mit Bibelworten die Gegensätze zuzudecken und begriffliche Schärfe und Genauigkeit, die die Gegensätze offenlegen würden, durch fromm klingende Sprüche zu ersetzen.

Auf die unentschlossene Mitte folgte eine kleine Gruppe von Bischöfen, die den Kernpunkt der arianischen Lehre theologisch erfaßt hatten und bekämpften. Unter ihnen sind vor allem Alexander und wahrscheinlich auch sein Diakon und späterer Nachfolger Athanasius zu nennen[37]. Schließlich gab es noch ein paar Extremisten auf der anderen äußersten Seite, vielleicht Eustathius von Antiochien (gest. vor 337), sicher jedoch Markell von Ankyra (gest. um 374), der leidenschaftlich antiarianisch gesinnt war und dem Monarchianismus modalistischer Prägung nahestand. D.h. man müßte genauer differenzieren. Markell z.B. war kein extremer Modalist im Sinne des Patripassianismus. Für ihn entfaltete sich die *monas* Gottes in Schöpfung und Erlösung zuerst zur *dyas*, später zur *trias*. Oder anders gesagt: Sohn und Geist sind das energetisch-wirksame Hervorgehen aus der vorher – und hinterher wieder – ruhenden ewigen Dynamis Gottes: „Damit Gott herrscht über alles und in allem" (1 Kor 15,28). Da diese Dynamis von der Heilsökonomie selbst unberührt bleibt, handelt es sich streng genommen um keinen Modalismus, denn der meint ja das verschiedenartige Erscheinen Gottes in den einzelnen Phasen der Heilsgeschichte. Doch hob sich die Markellsche Spekulation nur so subtil vom Modalismus ab, daß er leicht als Modalist abgestempelt werden konnte und abgestempelt worden ist[38].

Parlamentarisch betrachtet, ergab die Konstellation auf dem Konzil deutlich eine antiarianische Mehrheit, wenn die kaiserlichen Wünsche auf eine Ablehnung des Arius tendierten, denn die größere Gruppe von Bischöfen der unentschiedenen Mitte war weder dem Arianismus zugeneigt noch bereit, gegen den kirchenpolitischen Trend aufzustehen und Kopf und Kragen zu riskieren. Ist damit das Ergebnis von Nizäa in seinem Zustandekommen erklärt? Historisch gesehen mehr oder weniger ja, denn Konstantin entschied sich auf dem Konzil gegen Arius. Da sich unter theologischem Gesichtspunkt jedoch nicht nur die Frage nach dem Faktum der nizänischen Entscheidung stellt, sondern noch dringlicher die nach ihrem Wahrheitsgehalt, müssen Anliegen und Argumente der Parteien geprüft werden. Natürlich beruht das Ergebnis von Nizäa letztlich auf einer dogmatischen Entscheidung, welche die Zustimmung des Glaubens erfordert; doch davon unbeschadet kann und muß nach den theologischen Argumenten gefragt werden, die auf diese Entscheidung eingewirkt haben. Sie werden faßbar im Lebenswerk der beiden Hauptgestalten Arius und Athanasius.

– Arius

Arius stammte aus Libyen, wo er um 260 geboren wurde. Obwohl er sich als Schüler Lukians von Antiochien bezeichnet, scheint er seine theologische Bildung in Alexandrien erfahren zu haben, wo er um 311 die Weihe zum Diakon empfing und schon bald darauf zum Presbyter befördert wurde. Er besaß das Vertrauen seines Bischofs Alexander (312–328), der ihn zum Leiter der Baukalis-Kirche in Alexandrien bestellte. Als solcher erwarb sich der redegewandte und eifrige Arius mit seiner Schriftauslegung hohes Ansehen (Sozomenus, Kirchengeschichte 1,15,2f; Theodoret, Kirchengeschichte 1,1,9/11).

Er stand schon in vorgerücktem Alter – Epiphanius, haer. 69,3,1, nennt ihn einen Greis –, als der Streit mit Alexander offen ausbrach.

Worum kam es zum Streit, welches Anliegen ließ Arius gegen seinen Bischof aufstehen, welches sind seine geistig-religiösen Wurzeln? Die Antwort auf diese Fragen fällt bei seinen Zeitgenossen ebenso extrem gegensätzlich aus wie in der dogmengeschichtlichen Forschung. Bischof Alexander läßt Arius von Ebion, Artemas, Paul von Samosata und Lukian abstammen und unterstellt ihm damit eine häretisch gefärbte antiochenische Herkunft und judenchristliche Intentionen. Epiphanius und Hieronymus wiesen auf Dionysius von Alexandrien und Origenes hin und verweisen damit auf alexandrinischen Einfluß. Die Kirchenhistoriker Sokrates und Sozomenus betonen Arius' Gewandtheit in der Dialektik, was an Aristoteles erinnern könnte. Am negativsten urteilt Athanasius. Für ihn stammt Arius von Juden, polytheistischen Heiden, Adoptianern, Manichäern, Valentinianern und Markioniten ab; damit werden nahezu alle Kirchenfeinde und Häretiker zu seinen Stammvätern gezählt.

Gegensätzlich urteilt auch die Dogmengeschichte. Sie hält – ein wenig vereinfacht – Arius entweder für judenchristlich, monarchianisch/adoptianisch, lukianisch antiochenisch oder philosophisch, subordinatianisch, origenistisch alexandrinisch beeinflußt, wobei sein religiöses Anliegen als christologisch, soteriologisch (antiochenisch) oder trinitarisch (alexandrinisch) bestimmt wird[39].

In der jüngsten Vergangenheit ist das christologische Anliegen des Arius besonders hervorgehoben worden, das weniger philosophisch als vielmehr soteriologisch motiviert gewesen sein soll: Christus wurde um seines von Gott vorhergesehenen Gehorsams willen als Sohn angenommen, als Vorbild der *adoptio filiorum* aller Christen[40]. Arius stünde damit in einem Traditionsstrom, dem es um eine genaue, dem Wortsinn verpflichtete Erfassung der Heiligen Schrift und im Zusammenhang damit um ein lebendiges, mit den Farben der Schrift gezeichnetes unverkürztes Christusbild ging. Die Betonung der Menschheit Christi entsprach einem guten und berechtigten Anliegen. Der sittliche Anspruch der christlichen Verkündigung, der Gedanke der Nachfolge – unersetzlich für die Begründung des christlichen Ethos – brauchte Jesus als unseren Bruder und unser Vorbild, nicht ein göttliches Logoswesen, dessen Menschheit sich im Glanz der Gottheit verflüchtigte. Die in der gegenwärtigen Theologie betonte *exemplum*-Christologie, die Christi exemplarisches Menschsein stärker betont als seine Gottheit, hat die Neuinterpretation des Arius möglicherweise mitbeeinflußt. Christi Menschheit war bei Arius in der Tat bestens aufgehoben. Christus steht an der Spitze als das große Beispiel für alle, die bereit sind, ihm zu folgen. Wohl jede Häresie beginnt damit, daß ein richtiger, aber unvollständiger Aspekt der Offenbarung aufgegriffen und einseitig propagiert wird.

Ein besonderes Anliegen soll Arius die uneingeschränkte Leidensfähigkeit Christi gewesen sein. Da der vollkommene und unveränderliche Gott nicht leiden kann, muß Christus von der Gottheit des Vaters unterschieden werden, wenn Kreuz und Leiden des Herrn ernstgenommen werden sollen. Da sich wegen der mangelhaften Quellenlage dieser Aspekt nicht aus Arius selbst nachweisen ließ, griff man auf die Homilien eines Asterius Sophistes (angeblich 270–345) zurück, d.h. eines Arianers der ersten Generation, um zu beweisen, daß nicht die Gotteslehre, sondern die Leidensfähigkeit des arianisch verstandenen Gottessohnes Ausgangspunkt der Irrlehre gewesen sei. Diese christologisch-soteriologische Interpretation des arianischen Ausgangspunktes leidet allerdings daran, daß die Homilien des „Asterius ignotus"[41] undatierbar sind und das scharf betonte monotheistische Anliegen des Arius marginalisiert werden muß, will man die Neuinterpretation aufrechterhalten.

Arius' leidenschaftlich vertretenes Anliegen, die Einzigartigkeit des Vaters zu sichern, ist dagegen eindeutig nachzuweisen. Der Vater allein ist *agennētos,* d.h. ungeworden und ungezeugt, er allein ist ewig, ohne Anfang und damit Ursprung all dessen, was nicht er selbst ist. Die im Griechischen fast ausschließlich mit dem *a-privativum* (dem deutschen un-) beginnenden Prädikationen Gottes lassen erkennen, daß die arianische Rede von Gott nicht nur biblisch fundiert ist, sondern in starkem Maße in der sogenannten Negativen Theologie des Platonismus wurzelt. Man sagt, Gott ist ungeworden, ungezeugt, ohne Anfang, unsterblich, unveränderlich und unwandelbar und verzichtet darauf zu erklären, wer oder wie er ist. Man begnügt sich damit, jede kreatürliche Qualität als dem göttlichen Wesen unangemessen zu bezeichnen. „Unveränderlich" und „unwandelbar" sind typisch philosophische Negativbegriffe, die unverzichtbar sind, wenn Gott als das vollkommene Wesen gedacht wird, das in sich die Möglichkeit jeglicher Veränderung ausschließt. Mit dieser philosophischen Voraussetzung ist das christliche Bittgebet kaum zu vereinbaren, wenn es davon ausgeht, daß sich Gott durch das Flehen des Menschen bewegen läßt.

Von Arius ist – wie von anderen Häretikern – nicht viel Schriftliches erhalten geblieben. Neben einem um 318 an Eusebius von Nikomedien gerichteten Brief, zwei weiteren Briefen, Fragmenten der Thalia (Gastmahl) sowie einem 327 verfaßten Rechtfertigungsbrief an Konstantin hat Athanasius ein um 320 – also noch vor dem Konzil von Nizäa – entstandenes Glaubensbekenntnis überliefert. Arius hatte es mit einigen Anhängern an Alexander gerichtet. Es lautet:

„Wir kennen nur einen Gott, den allein ungeschaffenen, den allein ewigen, allein ursprungslosen, allein wahren, allein Unsterblichkeit besitzenden, allein weisen, allein guten, den Alleinherrscher, den Richter aller, den Ordner und Verwalter, unwandelbar und unveränderlich, gerecht und gut, den Gott des Gesetzes, der Propheten und des Neuen Bundes".

Bis hierhin ergibt sich kein Widerspruch; hier wird groß und erhaben von Gott gedacht. Mit Ausnahme der letzten Zeile könnte das allerdings auch ein heidnischer Philosoph und bis auf das letzte Wort (vom Neuen Testament) auch ein Jude unterschreiben. Jetzt aber muß es christlich weitergehen und von Christus gesprochen werden, wobei von vornherein feststeht, daß es nur einen Gott gibt und die Heilige Schrift zugleich von Vater, Sohn und Heiligem Geist spricht. Das Bekenntnis fährt fort:

Wir kennen nur einen Gott, „der den eingeborenen Sohn vor ewigen Zeiten hervorgebracht hat, durch den er auch die Äonen und das All schuf; er hat ihn hervorgebracht nicht dem Scheine nach, sondern in Wahrheit ..., als Gottes vollkommenes Geschöpf, aber nicht wie eines der [anderen] Geschöpfe; hervorgebracht, aber nicht wie eines der Hervorgebrachten. Nicht wie Valentin, der den vom Vater Hervorgebrachten hingestellt hat als Emanation; nicht wie der Manichäer das Hervorgebrachte eingeführt hat als wesensgleichen Teil *(meros homousion)* des Vaters, nicht wie Sabellius die Einheit *(monas)* geteilt und sie Sohnvater genannt hat ..."

Wenn Arius drei Hypostasen annimmt, um gegen den Modalismus an der Wirklichkeit von Vater, Sohn und Heiligem Geist festhalten zu können, so ist für ihn doch nur die erste Hypostase Gott im eigentlichen Sinn; die beiden anderen gehören in die Sphäre des Kreatürlichen; Arius erklärt seine Auffassung an dieser Stelle nicht positiv philosophisch, sondern durch die Abweisung häretischer Deutungen, in deren Ablehnung er sich mit Alexander einig weiß. Zum Schluß wird Arius deutlich:

„Gott ist ganz allein ohne Ursprung, der Sohn aber, vom Vater zeitlos [d.h. bevor es die Zeit gab] hervorgebracht und vor den Äonen geschaffen und gegründet, war nicht *(ouk ēn)* bevor er hervorgebracht wurde ... Denn er ist nicht ewig oder gleich ewig oder gleich ungeworden mit dem Vater ..."[42].

Das Anliegen dieser Sätze ist klar: Arius glaubt die absolute Einheit und Einzigartigkeit Gottes nur wahren zu können, wenn er Christus dem Vater unterordnet. Das hatte auch Origenes getan, nur viel differenzierter, dialektischer, indem eine Aussage die andere korrigierte, der Logos in der Sphäre des Göttlichen verblieb und über dem Verhältnis von Vater und Sohn ein Schleier des Geheimnisses ruhte. Mit seinem Subordinatianismus ist Arius daher nicht nur Schüler des Origenes, sondern selektiv auswählend auch von adoptianistischen Vorstellungen und den demiurgischen Logosauffassungen des Mittelplatonismus beeinflußt.

Der Sohn ist vom Vater aus dem Nichts erschaffen worden zum Zweck der Weltschöpfung. Spr 8,22 ist das vielstrapazierte Schriftwort und damit die judenchristliche Klammer für diese arianische Lehre: „Der Herr hat mich geschaffen als Anfang seiner Wege, vor seinen Werken in der Urzeit." Im Alten Testament wird an dieser Stelle unter hellenistisch-philosophischem Einfluß von der Weisheit gesprochen, die gleichsam als Person neben Jahwe gedacht wurde. Arius übertrug die hypostasierte *sophia* auf den *logos*-Christus. Aus Spr 8,22 ergab sich: Es hatte eine Zeit gegeben, da es den Logos noch nicht gab, denn der Herr hatte ihn „geschaffen als Anfang seiner Wege, vor seinen Werken". An diesem Detail konnte Arius seine Lehre publikumswirksam aufhängen. Und Arius scheint etwas von *public relations* verstanden zu haben. Er goß seine Hauptthesen in kleine rhythmische Merkverse um, die man singen und pfeifen konnte. „Einst ist er nicht gewesen – und nicht war der Geschaffene." *Ēn pote, hote ouk ēn*, lautete die griechische Fassung, nach der die Ruderknechte die Riemen bewegt haben sollen[43].

So simpel, wie es hier klingt, hat natürlich Arius das zeitliche Verhältnis zwischen Vater und Sohn nicht gesehen. Der Logos ist nicht einfach das erste Geschöpf des Vaters, sondern er ist geworden vor bzw. außerhalb der Zeit; mit ihm beginnt erst die Zeit. Vorher und nachher ist nicht allein eine Zeitkategorie, allerdings auch mehr als ein nur logisches Verhältnis. Was Arius meint, ist jedenfalls eine Aufeinanderfolge und damit eine wesentliche Unterordnung des Sohnes unter den Vater. Solche Feinheiten konnte Arius in seinen Merkversen nicht unterbringen; sie interessierten das Volk wohl auch nicht. Wenngleich man das leidenschaftliche Interesse der Leute an dogmatischen Formulierungen in jener Zeit nicht unterschätzen darf. Für den alexandrinischen Bereich war die dogmatische Ausformulierung des Glaubens nicht die weltfremde Neigung einiger Spezialisten, sondern eine Notwendigkeit der allgemeinen Glaubensverkündigung. Das theologische Ringen vollzog sich in Form von Predigten und Bibelerklärungen und besaß die volle Aufmerksamkeit der Gemeinden. Ähnliches wiederholte sich im Vorfeld des Konzils von Ephesus. Da entbrannte der Streit, als Nestorius sich weigerte, auf der Kanzel Maria Gottesgebärerin *(theotokos)* zu nennen (vgl. S. 80f).

Mit welcher Leidenschaft die subtilsten Fragen des innergöttlichen Lebens auf der Straße diskutiert wurden, berichtet im Vorfeld des Konzils von Konstantinopel (381) Gregor von Nyssa. In seinem Traktat über die Göttlichkeit des Sohnes und des Heiligen Geistes bemerkt er mit Sarkasmus:

„Fragt man nach dem Wechselgeld, hält der Ladenbesitzer einen theologischen Vortrag über den Gezeugten und den Ungezeugten; wenn man nach dem Preis für einen Laib Brot fragt, lautet die Antwort: ‚Der Vater ist größer denn der Sohn'; und wenn man fragt: ‚Ist das Bad fertig?', so antwortet der Diener, daß der Sohn aus dem Nichts gezeugt sei"[44].

Die Vorliebe des griechischen Menschen für scharfsinniges Argumentieren, in heidnischer Zeit zwischen den Fronten der einander befehdenden philosophischen Schulen gepflegt und vervollkommnet, war inzwischen auf das Gebiet der christlichen Dogmatik übertragen worden.

Auch Arius zögert nicht, Christus Gott zu nennen. Aber er ist Gott durch Teilhabe *(metusia)*, nicht wesensgemäß *(kat'usian)*. Athanasius wirft Arius vor, er behaupte in der Thalia, „das Wort sei in allem dem Wesen und der Eigenart des Vaters fremd und unähnlich" (contra Arianos 1,6). Mit dieser negativ formulierten Charakterisierung „unähnlich" *(anomoios)* war der entscheidende Begriff gefunden, unter dem die Arianer ihre Überzeugung verfechten konnten. Er enthält zugleich einen Hinweis auf die Wahl des *homousios* im nizänischen Bekenntnis. Wollte man das „unähnlich im Hinblick auf das Wesen" *(anomoios kat'usian)* eindeutig abweisen, blieb nur übrig, Christus als *homoios kat'usian = homousios* zu bekennen.

Versucht man, dem Anliegen des Arius gerecht zu werden, wird man sagen dürfen, Arius hat nicht klein und abfällig von Christus gedacht. Er hat ihn so hoch erhoben, wie nur ein Geschöpf zu Gott erhoben werden kann. Aber diese Erhebung ist von unten gedacht; Christus steht wesentlich auf der Seite der Schöpfung, wie weit er auch durch vollkommenen Gehorsam und Tugend über Menschenvermögen hinausragt und rangmäßig sogar die Engel übertrifft. Nicht ausreichend wird deutlich – weil entsprechende Aussagen fehlen –, in welchem Maße Arius' Christusbild soteriologisch motiviert ist. Fürchtete er, die enge Verbindung zwischen Christus und den Gläubigen ginge verloren, wenn Christus in die nur negativ zu beschreibende Sphäre der reinen, unanschaulichen, unaussprechbaren, unbegreifbaren Göttlichkeit entschwand? Wie anders aber sollte Erlösung sich vollziehen, wenn nicht im Aufschwung des Menschen zu Gott in der Nachfolge Christi, der den Weg zum Vater vorangegangen war? Welche Bedeutung der vollen Menschheit Christi gerade auch im Rahmen der Soteriologie zukam, sollten erst spätere Konzilien ganz erfassen und in ihre Glaubensentscheidungen einbringen.

Neben der möglichen soteriologischen Fruchtbarkeit des arianischen Ansatzes läßt sich allerdings auch der schwere Irrtum nicht übersehen, der im arianischen System steckte. So hoch Arius Christus auch stellte, er blieb ein Mittelwesen und wie die Menschen durch einen Abgrund von Gott getrennt. Das aber widersprach eindeutig dem Neuen Testament, in dem der Logos nicht nur als der kosmologische, sondern auch als der soteriologische Mittler verkündet wird. Hier liegt der schwerste Einwand gegen die Soteriologie des Arius, die das trinitarische Mißverständnis einschloß. Nur als Schöpfungsmittler verstanden, geriet Christus in den Sog der philosophischen Logoslehre und wurde selbst zum Geschöpf.

– Athanasius

Was Erlösung bedeutet, das hat für seine Zeit Athanasius sehr viel tiefer erfaßt. Sie vollzieht sich für ihn nicht im Aufschwung von unten nach oben als *mimēsis* (Nachahmung) Christi, sondern als Heimholung, indem der göttliche Logos selbst in die Menschennatur hinabsteigt und sich mit ihr verbindet, um sie zu vergöttlichen. Dieser prinzipielle Unterschied zu Arius scheint Athanasius – im Gegensatz zu vielen anderen – von Anfang an klar gewesen zu sein. Die arianische Lehre vom Geschaffensein des Erlösers, von der nicht wesenhaft göttlichen Natur Christi, war für Athanasius nicht nur die verkehrte Lösung einer theologisch-systematischen Streitfrage, sondern das Ende der christlichen

Verkündigung schlechthin, der Verrat all dessen, was die Kirche von Anfang an gepredigt hatte. Die vielgepriesene Vernunft des Menschen hatte den Menschen ebensowenig retten können wie das von den Gegnern verfochtene Pathos moralischer Läuterung. Wenn aber Gnosis und Ethos nicht retten konnten, wer dann? Um den Menschen zu retten, dazu mußte Christus kommen, „der Logos, der durch sich selbst Logos war" (contra gentes 40). Er mußte unser Fleisch annehmen und so unsere Natur mit Gott und mit Gottes ewigem Leben in Verbindung bringen. Das entscheidende Datum der Heilsgeschichte ist daher die Inkarnation. In ihr hat Gott selbst gehandelt und die Scheidewand zur gefallenen Kreatur eingerissen. Ein Halbgott, wie Arius ihn sich dachte, hätte diesen Dienst nicht leisten können. Athanasius kennt keine Selbsterlösung. Nur wenn Christus im Christen Gestalt gewinnt, gelingt die Vergöttlichung des Menschen. Sie stellt die Wiederherstellung des von Anfang an bestehenden Heilsplanes Gottes dar. „Deshalb kam der Logos persönlich zu uns, um als Bild des Vaters den ebenbildlich erschaffenen Menschen wiederherzustellen" (incarn. 13).

Inkarnation und Erlösung sind die bestimmenden Themen der athanasianischen Theologie, in der das theologische Pathos des Irenäus wieder auflebt[45]. Für manche Interpreten bekommt die Menschwerdung bei Athanasius ein soteriologisches Gewicht, das die Gefahr heraufbeschwört, das andere Heilsereignis, Tod und Auferstehung Jesu, zurückzudrängen, eine Neigung, der die griechische Theologie insgesamt nicht immer entgangen sein soll. Und an der Inkarnation interessierte vor allem die göttliche Komponente, die Tatsache, daß Gott herabgestiegen, nicht so sehr, daß er Mensch geworden sei.

Es mag sein, daß Athanasius die Menschheit Christi ein wenig aus dem Blick gerät, was noch Folgen haben sollte, als von Apollinaris und seinen Nachfolgern versucht wurde, das Inkarnationsgeschehen begrifflich aufzuschlüsseln (vgl. S. 76f). Aber für den Augenblick hat Athanasius doch den gefährdeteren Teil des Glaubensbekenntnisses gerettet. Es machte ihm zwar Schwierigkeiten, die Menschheit – vor allem die Seele – Christi in seine Christologie einzuordnen. Dessen ungeachtet hat er immer an der vollen Menschheit des inkarnierten Logos festgehalten. Mehr noch, sie war für das Zustandekommen der Erlösung genauso unentbehrlich wie die Göttlichkeit des Logos. Auch wenn Athanasius nur vom „Fleisch" spricht, meint er die ganze menschliche Natur, die Leib, Seele und Geist umfaßt. Die volle Gottheit und Menschheit Christi sind konstitutiv für die Erlösung.

„Wie wir von der Sünde und dem Fluche nicht befreit worden wären, wenn das Fleisch, welches das Wort anzog, nicht von Natur das eines Menschen wäre – denn mit dem, was uns fremd ist, haben wir nichts gemein –, so wäre der Mensch nicht vergöttlicht worden, wenn das fleischgewordene Wort nicht seiner Natur nach aus dem Vater stammte und sein wahres und eigenes Wort wäre. Deshalb hat eine solche Verbindung stattgefunden, damit es mit der göttlichen Natur den natürlichen Menschen in Verbindung brächte und dessen Heil und Vergöttlichung gesichert wären"[46].

Doch bei aller Konzentrierung beschränkt sich Athanasius' Interesse nicht auf die Soteriologie. Nicht nur ihretwegen verteidigt er die wahre Gottheit des Sohnes, sondern zuerst in ehrfürchtiger Anbetung des trinitarischen Gottes, dessen Einheit trotz terminologischer Schwankungen für Athanasius von Anfang an unzweifelhaft feststeht. Gott ist für ihn eines Wesens (*usia*) und einer Substanz (*hypostasis*). Der ewige Gott ist ewiges Licht mit ewigem Glanz, eine Sonne, die von Ewigkeit her „aus sich, d.h. aus ihrer Substanz" den Glanz erzeugt, der ihr als Wesenseigenschaft zukommt. In solchen Bildern wie Sonne und Glanz, Feuer und Hitze läßt sich das Verhältnis zwischen Vater und Sohn im Sinne eines Verhältnisses zwischen Substanz und Wesenseigenschaft unter Wahrung des göttlichen Geheimnisses am besten beschreiben[47].

Athanasius' Soteriologie darf auch nicht als eine physische Erlösungslehre mißverstanden werden in der Weise, daß ein sakramentaler Automatismus den Menschen vergottet, indem er ihn mit der Göttlichkeit des Logos verbindet. Ein bemerkenswerter Rückgriff auf die ethischen Imperative des Paulus, die Betonung des Christwerdens als ein Prozeß, der bis zum Tod bzw. bis zum eschatologischen Gericht fortdauert, schließlich Athanasius' Sympathie für Antonius und das Charisma des anachoretischen Mönchslebens (vgl. S. 160) verbieten einen solchen Kurzschluß.

Athanasius war kaum dreißig Jahre alt, als er zum Bischof von Alexandrien gewählt wurde; als er sieben Jahre später in die Verbannung nach Trier gehen mußte (vgl. S. 44), schien seine kirchliche Laufbahn zu Ende zu sein. Doch es blieben ihm noch fast vierzig Jahre, in denen er seine kirchenpolitischen und dogmatischen Ziele verwirklichen konnte. Wesentliche Schwankungen oder auch Veränderungen sind in dieser langen Zeit nicht festzustellen. Obwohl philosophisch hochgebildet, scheint ihm die griechische Geistesart immer fremd geblieben zu sein. Manches spricht für seine koptische Herkunft. Mit dem Eremiten Antonius, der kein Griechisch sprach, war er freundschaftlich verbunden. In der koptischen Bevölkerung besaß er einen starken Rückhalt; er konnte jederzeit untertauchen, wenn er sich dem Zugriff der Behörden entziehen mußte. Auch seine hierarchische Unnachgiebigkeit sowie die katechetische Einfachheit seiner Theologie sind seiner koptischen Herkunft zugeschrieben worden. Möglicherweise gehen terminologische Schwankungen – wie z.B. der Wechsel von *homoiusios* zu *homousios* in der Beschreibung des Verhältnisses zwischen Vater und Sohn – ebenfalls auf ein koptisches Desinteresse an solchen begrifflichen Nuancierungen zurück. Termini können gewechselt werden, wenn es die kirchenpolitischen Verhältnisse nahelegen (vgl. S. 47), ohne daß sich die gemeinte Sache ändert.

Aus einem urchristlichen Glaubensinstinkt heraus hat Athanasius in einem ungemein kritischen Augenblick der Kirchengeschichte dem philosophischen Rationalismus des Arius widerstanden und die Kirche davor bewahrt, ein brauchbares Instrument kaiserlicher Einheitspolitik zu werden. Ohne ihn wäre die Kirche wahrscheinlich in die Hände der Philosophen geraten und ihr Bekenntnis entweder „verwildert" oder „kaiserliches Dienstreglement" eines synkretistisch verflachten Gottesglaubens geworden[48]. Dieser grundsätzliche Unterschied zwischen Arius und Athanasius muß gesehen werden, wenn man das Ringen auf dem Konzil und hinterher gerecht beurteilen will; es war nicht nur das auf beiden Seiten halsstarrige Pochen und Bestehen auf einigen Schriftworten samt ihrer gewaltsamen Exegese, nicht nur das Feilschen um ein bißchen mehr oder weniger göttlicher Ehre für den Gottessohn. Das grundlegende Verständnis der göttlichen Offenbarung als Botschaft von der Erlösung durch die Tat Gottes selbst stand für Athanasius auf dem Spiel. Man kann ihm seine hierarchische Selbstherrlichkeit verübeln, man kann ihm die Monotonie seiner Beweisführung oder auch die Sorglosigkeit und die Schwankungen seiner theologischen Terminologie ankreiden, in der Sache selbst konnte er nicht nachgeben.

3.2. Die Lehrentscheidung

– Struktur des Symbolums

Hauptergebnis des Konzils, das im Frühsommer 325 in der kaiserlichen Palastaula von Nizäa (Iznik) tagte, war neben zwanzig disziplinären Kanones ein deutlich gegen Arius gerichtetes Glaubensbekenntnis. Es lautete:

„Wir glauben an einen Gott, Vater, Allherrscher, Schöpfer alles Sichtbaren und Unsichtbaren;
und an einen Herrn Jesus Christus, den Sohn Gottes, geboren aus dem Vater als Einziggeborener, das heißt aus dem Wesen des Vaters,
Gott aus Gott, Licht aus Licht, wahrer Gott aus wahrem Gott,
geboren, nicht geschaffen, wesensgleich dem Vater, durch den alles geworden ist im Himmel und auf der Erde,
er, der wegen uns Menschen und um unseres Heiles willen herabgekommen ist, Fleisch wurde und Mensch, gelitten hat und auferstanden ist am dritten Tag, aufgestiegen ist in die Himmel und kommt, zu richten Lebende und Tote;
und an den Heiligen Geist.
Welche aber sagen: ‚Es war einst, da er nicht war', und: ‚Bevor er geboren wurde, war er nicht', und er sei aus nicht Seiendem geworden oder aus einer anderen Hypostase oder einem anderen Wesen, und behaupten, der Sohn Gottes sei entweder geschaffen oder verändert oder verwandelt, diese belegt die katholische und apostolische Kirche mit dem Anathem"[49].

Das nizänische Symbol ist weder aus einem Guß noch zur Gänze von den Konzilsvätern geschaffen worden. Nur wenige Sätze dürften aus aktuellem Anlaß zur Abwehr des Arianismus formuliert worden sein. Es handelt sich vor allem um drei Wendungen: „Einziggeborener *(monogenē)*, „aus dem Wesen *(usia)* des Vaters", „geboren *(gennēthenta)* nicht geschaffen *(poiēthenta)*, eines Wesens mit dem Vater *(homousion tō patri)*". Läßt man sie weg, bleibt ein Glaubensbekenntnis übrig, das dem Symbol der Kirche von Caesarea Maritima ähnelt (vgl. S. 39). Es bestehen aber auch auffällige Unterschiede. So verdeutlicht Nizäa die christologische Aussage noch um den Zusatz „wahrer Gott aus wahrem Gott" anstelle des farblosen „Leben vom Leben" in Caesarea. Verstärkt wird ebenfalls das soteriologische Moment im Bekenntnis der Inkarnation: „der wegen uns Menschen und um unseres Heiles willen herabgekommen ist, Fleisch wurde und Mensch". Die Formulierung klingt härter und umständlicher als die elegantere Wendung im Symbol Caesareas: „Der um unseres Heiles willen Fleisch geworden ist und unter den Menschen gewohnt hat *(en anthrōpois politeusamenon).*"

Auffällig im caesareischen Symbol ist die Wendung „Gott von Gott, Licht vom Licht, Leben vom Leben", deren erste beiden Glieder sich in Nizäa wiederfinden. Sie befinden sich bereits in einem Glaubensbekenntnis Gregors des Wundertäters (gest. um 270), der ein begeisterter Origenesschüler war. Der Schluß liegt nahe, daß das „Gott aus Gott …" eine Formel aus der Logostheologie des Origenes darstellt[50]. Mit dem Bekenntnis an den „einen Herrn Jesus Christus, das Wort Gottes" im Symbol von Caesarea war ja das Stichwort gefallen, das diesen origeneischen Zusatz nahelegte. Origenes war – nachdem er Alexandrien verlassen mußte – viele Jahre in Caesarea tätig gewesen, so daß in dieser Stadt die Kenntnis seiner Theologie besonders lebendig geblieben war. Mit der Übernahme der origeneischen Formulierung gewann Nizäa Anschluß an die alte, im Osten weit verbreitete Logoschristologie, indem es zugleich durch kleine Veränderungen (Sohn statt Wort; wahrer Gott statt Leben) einem arianischen Mißverständnis vorbeugte.

Streicht man aus dem nizänischen Bekenntnis die aktuellen antiarianischen und die mit Caesarea übereinstimmenden Zusätze, bleibt ein kurzes, dreiteiliges, trinitarisch gegliedertes Glaubensbekenntnis übrig, das auf Symbola aufruht, die bis in die nachapostolische Zeit zurückgehen. Allein der christologische Teil erscheint theologisch durchformter und läßt eine Tendenz erkennen, die sich anfänglich wohl gegen doketische und gnostische Irrlehren gerichtet hatte, welche die wirkliche Menschwerdung Christi leugneten.

– Literarische Vorlage

Viel und kontrovers diskutiert wird seit langem die Frage, wie die inhaltliche und sprachliche Nähe zwischen den Symbola von Caesarea und Nizäa zu erklären ist. Die Lösung erscheint auf den ersten Blick einfach. Bischof von Caesarea war der Kirchenhistoriker Eusebius, ein gemäßigter Subordinatianist und Ariussympathisant. Auf der Synode von Antiochien war er verurteilt worden mit der Maßgabe, sich auf dem geplanten Reichskonzil in Nizäa zu rehabilitieren (vgl. S. 30). Das tat er dann auch, indem er sein Glaubensbekenntnis vorlegte. Eusebius bekannte:

„Wie wir es von den früheren Bischöfen im ersten christlichen Unterricht vernommen haben, wie wir es aus den göttlichen Schriften gelernt haben und wie wir dann selbst in unserem priesterlichen und bischöflichen Amte geglaubt und gelehrt haben, so glauben wir auch jetzt und legen diesen unseren Glauben zur Bestätigung vor. Derselbe ist folgender:
‚Wir glauben an einen Gott, den allmächtigen Vater, den Schöpfer aller sichtbaren und unsichtbaren Dinge; und an einen Herrn Jesus Christus, das Wort Gottes, Gott von Gott, Licht vom Licht, Leben vom Leben, den eingeborenen Sohn, den Erstgeborenen, der vor allen Zeiten aus dem Vater gezeugt ist, durch den auch alles geworden ist, der um unseres Heiles willen Fleisch geworden ist und unter den Menschen gewohnt hat, der gelitten hat und am dritten Tage wieder auferstanden ist und aufgefahren zum Vater und in Herrlichkeit wiederkommen wird, zu richten die Lebendigen und die Toten. Wir glauben auch an einen Heiligen Geist.'"

Über das Symbolum hinaus erklärte er:

„Wir glauben ferner, daß von diesen jeder ist und existiert, der Vater in Wahrheit Vater, der Sohn in Wahrheit Sohn und der Heilige Geist in Wahrheit Heiliger Geist, wie auch unser Herr sprach, als er seine Jünger zur Predigt aussandte: ‚Gehet hin und lehret alle Völker und tauft sie auf den Namen des Vaters und des Sohnes und des Heiligen Geistes'"[51].

Die Erwähnung des Taufbefehls Mt 28,19 könnte darauf hinweisen, daß es sich bei dem von Eusebius vorgelegten Glaubensbekenntnis um ein Taufsymbolum gehandelt haben wird. Der Kaiser soll von dem schlichten, ganz biblisch formulierten Text sehr angetan gewesen sein. Eusebius versichert später in einem Brief, Konstantin habe nicht nur zugestimmt, sondern alle aufgefordert, dem Bekenntnis beizutreten und zu unterschreiben. Obwohl Eusebs Mitteilung den Eindruck erwecken kann, als sei das caesareische Taufbekenntnis die unmittelbare Vorlage für die Glaubensdefinition von Nizäa gewesen, unterscheiden sich beide Texte doch in etlichen Punkten, so daß auch ein Jerusalemer Symbolum[52] oder ein entsprechendes Glaubensbekenntnis jerusalemisch-palästinisch-antiochenischen Typs[53] als Vorlage erwogen worden ist. Selbstverständlich wurde Eusebius aufgrund seines Bekenntnisses wieder in die Kirchengemeinschaft aufgenommen.
Welcher Text auch immer vorgelegen haben mag, dem Wunsch des Kaisers folgen und einfach unterschreiben konnten die Bischöfe nicht. Die antiarianischen Wortführer werden eingewandt haben, daß noch so biblisch klingende Wendungen nicht mehr ge-

nügten. „Gott von Gott, Licht vom Licht, Leben vom Leben", so schön und fromm die Aneinanderreihung klang, sie ließ sich ohne Zwang arianisch auslegen. Die Diskussionen vor und während des Konzils hatten einen Reflexionsstand erreicht, bei dem der biblische Vorrat von Umschreibungen nicht mehr ausreichte, genausowenig wie irgendein altehrwürdiges Symbolum, das zwar in der Taufliturgie hervorragende Dienste tun konnte, aber nicht mehr standhielt, wenn man genauer nach dem Inhalt des im Symbolum bekannten Glaubens fragte. Zu weit hatte man sich längst auf philosophische Hilfskonstruktionen eingelassen. Sich jetzt biblisch zu geben oder auch fromm-liturgisch, hätte nichts geklärt, sondern alles nur vertuscht und aufgeschoben.

– Herkunft des *homousios*

So mußten die Verhandlungen weitergehen. Das bezeugt auch Eusebius. In dem bereits erwähnten Brief schreibt er:

„Gegenüber diesem von uns vorgelegten Glaubensbekenntnis war kein Grund zum Widerspruch vorhanden. Im Gegenteil, unser gottgeliebtester Kaiser selbst bezeugte als der erste die Richtigkeit desselben; er gestand, daß er ebenfalls so denke, und knüpfte daran die Aufforderung, alle möchten diesem Bekenntnis beitreten, die Glaubenssätze unterschreiben und auf eben diese sich einigen, nur sollte noch das eine Wort ‚gleichwesentlich (*homousios*)' hinzugefügt werden. Aber auch dieses Wort erklärte er selbst wieder, indem er sagte, daß der Sohn nicht in derselben Weise gleichwesentlich genannt werde wie die Körper infolge ihrer Entwicklung und daß er weder durch eine Teilung noch durch irgendeine Abtrennung von dem Vater sein Dasein habe; denn die immaterielle, geistige und körperlose Natur könne unmöglich einer körperlichen Veränderung unterworfen sein; es gezieme sich vielmehr, derartige Dinge im göttlichen und geheimnisvollen Sinn zu verstehen. So suchte also unser überaus weiser und gläubigfrommer Kaiser derartige Schwierigkeiten philosophisch zu lösen"[54].

Die Bemerkung über die Einfügung des *homousios* ist rätselhaft; Eusebius erweckt den Eindruck, als sei dieser Ausdruck dem Kaiser eingefallen und auf seinen besonderen Wunsch hin in das Symbolum aufgenommen worden. Aber konnte Konstantin von sich aus den Terminus vorgeschlagen haben? Der Kaiser mag weise und fromm gewesen sein, aber er war philosophischer und theologischer Laie. Eusebius' Bericht ist an dieser Stelle auch nicht ganz zu trauen. Der Bischof informiert nämlich in seinem Brief nicht nur seine Gemeinde in Caesarea bzw. einige ihm befreundete Ariusanhänger, sondern er muß sich rechtfertigen, warum er, bisher eher ein Anhänger als Gegner des Arius, ihn jetzt in Nizäa mitverurteilt hat. Eusebius beruft sich für das *homousios* auf den Kaiser selbst. Was blieb ihm da anderes übrig als zuzustimmen?

Spekulationen darüber, wer dem Kaiser das Wort souffliert haben könnte, sind schwierig. War es Ossius von Corduba, der *homousios* im abendländischen Sinn als *unius substantiae* verstand, wobei man sich daran erinnern mochte, daß *homousios* bei der Vermittlung im trinitarischen Streit zwischen den beiden Bischöfen Dionysius von Rom und Dionysius von Alexandrien im 3. Jh. schon einmal diskutiert worden war[55]? Oder hatten syrische Bischöfe Konstantin auf den Begriff aufmerksam gemacht, weil er ihren theologischen Ansichten besonders entsprach[56]? Ambrosius von Mailand nennt später Eusebius von Nikomedien als *auctor* (fid. 3,15,125). Man kann auch auf alle Herleitungen verzichten; *homousios* ist dann „das Wort des Heiligen Geistes"[57].

Letzteres soll nicht bestritten werden; doch auch der Heilige Geist spricht durch den Mund von Menschen. Und das dürfte in Nizäa eine ganze Gruppe von Bischöfen gewesen sein, die mit diesem Begriff dem arianischen Christusverständnis eindeutig widersprechen wollte. Wie anders hätte man die Versuche arianischer Umdeutungen besser abwehren sollen? Sagte man: Der Logos ist „Gott aus Gott", dann hätten Eusebius von Nikomedien und seine Anhänger zugestimmt und im Stillen getuschelt: „Laßt uns dem zustimmen; denn auch wir sind ja aus Gott; denn es ist nur ein Gott, aus dem alles ist" (1 Kor 8,6; Theodoret, Kirchengeschichte 1,8). Auch die Formel: Christus ist „gezeugt, nicht geschaffen", genügte allein nicht mehr. Die Arianer würden akzeptieren und stillschweigend ergänzen: nicht geschaffen wie die übrigen Geschöpfe; trotzdem wohl geschaffen vor den anderen Geschöpfen. Wollte man Arius eindeutig widersprechen, blieb eigentlich nur das *homousios* übrig. Arius selbst hatte den Begriff in seinem Glaubensbekenntnis bei der Ablehnung der manichäischen Auffassung verworfen (vgl. S. 35); so bildete er den schärfsten Gegenbegriff zum arianischen *anomoios*. Allerdings ist zuzugeben, daß *homousios* allein nach Ansicht der Bischöfe nicht genügte, Arius abzuwehren – darum die Zusätze im nizänischen Symbol, die *homousios* ergänzen und bildhaft erläutern. Umgekehrt war es möglich, das nizänische Bekenntnis auch ohne *homousios* zu verteidigen – sogar Athanasius hat den Ausdruck in den ersten zwanzig Jahren nach dem Konzil kaum gebraucht. Erst viel später entschied sich an ihm die Zustimmung oder Ablehnung Nizäas.

– Bewertung

Das Konzil stand vor der Aufgabe zu präzisieren, was mit der Aussage: Jesus Christus ist Gottes Sohn, gemeint ist. Dahinter verbarg sich die Frage, wie die Funktion Christi im Erlösungswerk begründet werden kann. Bedeutsam nicht nur für das Konzil selbst, sondern auch für die weitere Entwicklung wurde der Umstand, daß sich die Väter gezwungen sahen, die notwendig gewordenen Präzisierungen im christologischen Teil des Bekenntnisses mit Hilfe bibelfremder Ausdrücke zu formulieren. Erst mit Hilfe philosophischer Begriffe schien es ihnen möglich zu sein, den Sinn bestimmter Stellen in der Heiligen Schrift in einem eindeutigen Sinn festzulegen. Der normale Weg ist das nicht. Eigentlich weiß die mündliche Tradition um die Bedeutung und zutreffende Auslegung bestimmter Schriftstellen. Doch dieser lebendigen Glaubensüberlieferung fehlte es in Nizäa angesichts der arianischen Einwände an der notwendigen sprachlichen Präzision. Daher benutzten die Väter die Fachsprache der Philosophie, in der geistige Auseinandersetzungen geführt wurden. Es geschah nicht zufällig und ahnungslos. Den Konzilsvätern dürfte sehr wohl klar gewesen sein, welche Verantwortung sie mit der Verwendung philosophischer Termini auf sich geladen hatten.

Nicht von ungefähr hat sich der Widerspruch gegen Nizäa sogleich hinter dem Argument verschanzt, das Konzil gebrauche Ausdrücke, die nicht in der Heiligen Schrift stünden. Sachlich zu Recht, der Begriff *homousios* z.B. war tatsächlich der Bibel fremd. Spätere pronizänische Synoden, die an Nizäa festhalten, zugleich aber eine Übereinkunft mit Arius nahestehenden Gruppen erzielen wollten, vermieden daher tunlichst den inkriminierten Ausdruck. Proarianische Synoden wurden noch deutlicher. Sie sagten einfach, der Sohn sei dem Vater „ähnlich in allem" oder „gemäß der Schrift". Damit war das umstrittene *homousios* umgangen, allerdings um den Preis, daß sich jeder unter dem „ähnlich in allem gemäß der Schrift" denken konnte, was er wollte.

Der nach dem Konzil entbrannte Streit um das *homousios* gründete aber nicht nur in der philosophischen Herkunft des Begriffes, sondern ebenso in der auch ihm anhaftenden mangelnden Klarheit. Er vermochte noch nicht zu leisten, was von ihm erwartet wurde. Gleichwohl beweisen die nachfolgenden Wirren: *Homousios* wurde im Laufe der Zeit immer mehr zum *casus stantis et cadentis*, an dem die Parteien sich schieden. Es nutzte nichts, den Begriff zu umgehen oder ihn zu diffamieren. Die Klärung des trinitarischen und christologischen Glaubensverständnisses gelang erst, als in theologischer Kleinarbeit und durch philosophisches Nachdenken der Inhalt von *usia* präziser bestimmt und von anderen Begriffen – vor allem von *hypostasis* – abgegrenzt werden konnte.

Der Begriff *homousios* taucht in gnostischen Schriften des 2. Jh.s auf und dringt im 3. Jh. in das Vokabular der theologischen Schule Alexandriens ein. Er bedeutet soviel wie gemeinsame Zugehörigkeit zu elementaren Substanzen oder Wesenheiten, ohne aber die numerische, d.h. die zahlenmäßige Einheit der als *homousioi* bezeichneten Vergleichspunkte miteinzuschließen. Isaak und Jakob z.B. sind wesensgleich im Hinblick auf das beiden zukommende menschliche Wesen, sie besitzen aber die Menschheit nicht in numerischer Einheit; sie sind zwei Menschen, nicht ein Mensch[58].

In der Trinitätstheologie ergab sich daraus folgende Schwierigkeit: Wenn der Sohn als dem Vater *homousios* bezeichnet wurde, war klar, daß der Sohn auf die Seite Gottes gehörte, nicht auf die der Menschen. Er war wahrer Gott, durfte aber nicht ein zahlenmäßig Zweiter sein – hier versagte die Parallelität zu Isaak und Jakob und zu allen irdischen Wirklichkeiten –, sonst hätte es nicht mehr einen Gott, sondern zwei Götter gegeben. Faßte man die Wesensgleichheit zwischen Vater und Sohn dagegen als eine numerische Einheit auf, d.h. Vater und Sohn sind wesensgleich, weil sie ein Gott sind, konnte man den Irrtum des Sabellius nicht mehr abwehren, der Vater und Sohn als zwei Erscheinungsweisen des einen und einzigen Gottes betrachtet hatte.

Wie schwierig das *homousios* in die Trinitätslehre einzubauen war, beweist folgende Beobachtung: Im 3. Jh. hatte man Bischof Dionysius von Alexandrien Vorhaltungen gemacht, er habe es abgelehnt, den Begriff *homousios* zur Klärung des Verhältnisses zwischen Gott und Logos zu gebrauchen (vgl. S. 40). Dionysius hatte abgelehnt, weil er mit „wesenseins" die modalistische Gleichsetzung von Vater und Sohn fürchtete. Ungefähr um die gleiche Zeit hatten Bischöfe auf einer Synode in Antiochien Paul von Samosata verurteilt, weil er – wenn nicht selbst, so doch nach dem Urteil seiner späteren Kritiker – den Logos als *homousios* dem Vater bezeichnet hatte (vgl. S. 26f). Wenn Dionysius gerügt wird, weil er *homousios* vermeidet, und Paul verurteilt wird, weil er *homousios* gebraucht haben soll, welche Vorstellung verbindet sich mit dem Begriff in Nizäa?

Wahrscheinlich ist er – wie schon angedeutet (vgl. S. 35) – ein negativer Ausdruck, mit dem in einer für möglichst viele Bischöfe akzeptablen Form Arius abgelehnt wird. *Homousios* drückt nicht positiv aus, wie das Verhältnis des Vaters zum Sohn zu denken ist, sondern sagt ganz einfach: Nicht so, wie Arius es verstanden wissen will. Wie der ursprungslose Vater und der gezeugte Sohn zwei sind, nicht nur zwei Seiten des einen Gottes, sondern wirklich zwei und doch nur eines göttlichen Wesens, vermag Nizäa nicht zu sagen. Es kann nur auf dem nicht Zusammenschaubaren beharren.

Einsichtiger, logischer ist da schon die von Arius vorgeschlagene Lösung: ein Gott und Vater, ursprungsloser Ursprung, der Logos dem Vater ähnlich, wahrhaftiger Sohn, doch so wie Menschen auf dem Gipfel der Tugend Gott ähnlich sind und Söhne Gottes genannt werden können. Das ließ sich im Rahmen spätantiker Metaphysik ohne Schwierigkeit vorstellen. (Ein Bonmot sagt: Ist die *anima naturaliter christiana*, so die *ratio naturaliter ariana*.) Der Preis für die glatte Lösung wäre allerdings die Aufgabe der wahren Gottheit Christi gewesen, wie sie von der Kirche seit langem geglaubt und bekannt wurde. Nizäa hielt an der Homousie Christi fest, ohne das Geheimnis auflösen zu können, wie Vater und Sohn als zwei Selbständige ein Gott sein können. Das nicht aufgeklärte Geheimnis, der Verzicht darauf, über das innergöttliche Leben letzte Aussagen zu machen, war die religiöse Stärke Nizäas.

Natürlich kann man diese Zurückhaltung auch disqualifizieren und als religiösen Irrationalismus bezeichnen, der immer dann helfend einspringt, wenn das logische Denken aussetzt. Die Entscheidung von Nizäa ist gewiß nicht aus Freude am Irrationalen getroffen worden, aber es wurde ein logisch unauflösbarer Widerspruch in Kauf genommen, um das seit jeher Geglaubte und Bekannte bewahren zu können. Die Bischöfe hielten ebenso an der wahren Gottheit Christi fest wie an dem Bekenntnis des einen Gottes. Wie beides zusammenpaßt – Christus wahrer Gott wie der Vater und beide doch nur ein Gott – wurde nicht geklärt. Nizäa hat die Ausgangsfrage, wie Christologie und Monotheismus zusammenpassen, nicht gelöst, das Problem vielmehr verschärft, insofern es alle vernünftigen Erklärungsversuche, die auf Kosten der wahren Gottheit Christi gegangen wären, abgelehnt hat. Diese Entscheidung, die sagt, was ist, und in Kauf nimmt, nicht sagen zu können, wie es möglich ist, ist das Bemerkenswerte an Nizäa und hat unübersehbare Auswirkungen gehabt. Nizäa hat das christliche Gottesbild dem Zugriff logischer Erklärbarkeit ein für allemal entzogen. Eine Sternstunde der Theologie! Man merkt dem Symbolum von Nizäa noch die Mühe an, die seine Formulierung gemacht hat. Es klingt viel spröder als das aus der Liturgie bekannte, sprachlich geschliffenere Glaubensbekenntnis von Konstantinopel (vgl. S. 56). Es ist deswegen nicht weniger ehrwürdig.

3.3 Nachwehen[59]

In den Auseinandersetzungen, die auf Nizäa folgten und die folgenden Jahrzehnte mit ihrem Lärm erfüllten, waren kirchenpolitische Ereignisse und dogmatische Streitigkeiten unlöslich miteinander verknüpft. Für die Kirche verband sich mit dem Ringen um die Sicherung des nizänischen Glaubens der Kampf gegen die Eingriffe des Staates in die Glaubensfreiheit. Die dogmengeschichtliche Entwicklung bis zum Konzil von Konstantinopel ist äußerst verwickelt, in ihrem Ergebnis aber nicht so neu im Vergleich mit dem in Nizäa bereits erreichten Stand, als daß sie hier *in extenso* ausgebreitet werden müßte. In einem kurzen Überblick lassen sich folgende Stadien markieren:

– Bis zum Tode Konstantins

Für Konstantin war die Glaubensentscheidung von Nizäa Fundament der Glaubenseinheit im gesamten Imperium. Darum hat er sie durchgesetzt und bis zu seinem Lebensende keinen Widerspruch gegen sie geduldet. Arius und opponierende Bischöfe wurden in die Verbannung geschickt. Konstantins Autorität als Alleinherrscher war so groß, daß jeder Widerstand gegen Nizäa niedergehalten werden konnte. Kirchenpolitisch steht mit dem Eintreten für Nizäa nicht im Widerspruch, daß Arius und ariusfreundliche Bischöfe rehabilitiert und hartnäckige Nizäner in die Verbannung geschickt wurden. Konstantin forderte eine Zustimmung zu Nizäa, die möglichst allen offenstehen sollte. Konstantin versuchte Nizäa personalpolitisch, nicht dogmatisch durchzusetzen. So erklären sich die später eintretenden Ereignisse: Eusebius von Nikomedien und sogar Arius wurden rehabilitiert, weil sie Glaubensbekenntnisse vorlegten, von denen sie behaupteten, daß sie

Nizäa nicht widersprächen. Umgekehrt wurden Bischöfe, die das nizänische Glaubensbekenntnis in einer Weise interpretieren, daß Kompromißler vom Schlage des nikomedischen Eusebius ausgegrenzt werden, in die Verbannung geschickt.

Neben einigen sonst wenig bekannten Bischöfen wie z.B. Asklepius von Gaza traf es Eustathius von Antiochien und Markell von Ankyra. Prominentestes Opfer wurde Athanasius, der Verteidiger des Nizänums schlechthin[60]. Mit solchen Maßnahmen gelang es Konstantin ohne sonderliche Mühe, die Einheit in Staat und Kirche zu wahren. Eine Diskussion über das Symbolum des Konzils selbst fand bis zu seinem Tod nicht statt.

– Erstarken und Aufweichung des Arianismus

Das änderte sich, als das Reich unter Konstantins Söhnen aufgeteilt wurde, die auf die vorherrschenden Glaubensauffassungen in ihrem Herrschaftsgebiet Rücksicht nehmen mußten. Pronizänische Bischöfe im Westen und antinizänische Bischöfe im Osten fanden jetzt auch politischen Rückhalt. Das Erstarken des Arianismus kam aber vor allem dadurch zustande, daß – von Ausnahmen abgesehen – ein sogenannter Semiarianismus vertreten wurde, der zwar deutlich gegen Nizäa, aber durchaus nicht vorbehaltlos für Arius war. Er ließ die eigenen Glaubensvorstellungen in der Schwebe und zog sich unter Vermeidung des *homousios* auf Ausdrücke wie *homoiusios* (wesensähnlich) – zuerst verwendet auf einer Synode in Ankyra 358 – oder *homoios* (ähnlich) – zuerst in der Formel „Makrostichos" von 344 auftauchend (vgl. S. 45) – zurück. Dieser vor allem im Osten vertretene Mittelkurs erklärt sich – zum Teil – aus dem – ebenfalls zum Teil – begründeten Argwohn der Orientalen gegenüber dem zwar eindeutigen, aber zu undifferenzierten nizänischen Verständnis des Westens. Je nachdem mit welchen Vorstellungen man *homousios* verknüpfte – ob mehr mit *substantia* oder mehr mit *persona* – witterten viele östliche Bischöfe die Gefahr des Sabellianismus, bei dem die drei Hypostasen in der einen *usia* aufgesaugt, oder die westlichen die des Tritheismus, in dem drei wesensgleiche Gottheiten unterschieden werden.

– – Serdica 343

Nach der sogenannten Kirchweih-Synode in Antiochien 341, welche drei Glaubensformeln bestätigte, die alle nicht arianisch, aber doch tendenziös antinizänisch, zumindest antimarkellisch (vgl. S. 31) waren, und nach der Übergabe eines vierten, sehr irenisch formulierten Bekenntnisses an den westlichen Kaiser Konstans in Trier kam es 343 zur Synode von Serdica (Sofia). Sie war auf Betreiben des römischen Bischofs Julius und des Konstans zusammengetreten, der von seinem Bruder Konstantius die Zustimmung zu einer Gesamtsynode beider Reichshälften erhalten hatte. Serdica lag an der Grenze der beiden Reichshälften, noch im Westen. Hier sollte auf höchster Ebene versucht werden, die dogmatisch auseinanderdriftenden Reichsteile wieder enger aneinander zu binden. Der Versuch scheiterte. Da man sich nicht auf die Zulassung des Athanasius – der den Orientalen als rechtmäßig auf einer Synode in Tyros 335 verurteilt galt –, des Asklepius von Gaza sowie des Markell von Ankyra zur Synode einigen konnte, verließen die Orientalen Serdica und tagten in Philippopel in Thrakien. Die getrennten Synodalschreiben machen die unterschiedlichen Positionen deutlich, ebenso die Irrtümer, die man bei der anderen Partei annehmen zu müssen glaubte. Deutlich wird aber auch, wie

Sprachschwierigkeiten und Übersetzungsnöte gegenseitiges Mißtrauen schürten. Die Okzidentalen identifizierten *hypostasis* mit *usia*, folglich auch mit *substantia*. Dann aber mußte der Sohn *homousios*, d.h. von gleicher Substanz wie der Vater sein. Besäße Christus eine andere Hypostase, wäre er nicht wesensgleich, *consubstantialis patri*. Umgekehrt wehrten sich die Orientalen gegen die Unterstellung, ihr Sprechen von mehreren Hypostasen zerreiße die Einheit Gottes. Sie argwöhnten im Gegenteil, das Reden von derselben göttlichen Substanz ebne alle innertrinitarischen Strukturen ein, nehme Schriftworte wie die, daß der Vater größer ist als der Sohn, nicht ernst und sei letztlich sabellianischer Modalismus. Beide Synodalschreiben berufen sich auf Nizäa, beide aber vermeiden das Wort *homousios*, doch wohl ein Zeichen dafür, wie wenig es in dieser Phase der Auseinandersetzung geeignet war, klärend zu wirken.

Die Doppelsynode endete mit der gegenseitigen Verurteilung und Exkommunikation der führenden Bischöfe. Damit wurde zum ersten Mal ein kirchlicher Bruch zwischen Ost und West offenbar, der sich mehrmals wiederholte, bis er sich 1054 im großen Schisma verfestigte. Nach Serdica konnte eine längere Trennung noch vermieden werden. Eine Gesandtschaft überbrachte schon bald Kaiser Konstans und den westlichen Bischöfen eine Kompromißformel, die sogenannte Ekthesis Makrostichos, in der der Arianismus erneut verurteilt und umstrittene Formulierungen vermieden wurden. Um dieselbe Zeit intervenierten die westlichen Bischöfe Euphrates von Köln und Vincentius von Capua in Antiochien bei Konstantius zugunsten des Athanasius, der nach dem Tod des Gegenbischofs Gregor tatsächlich nach Alexandrien zurückkehren durfte. Dafür distanzierten sich die westlichen Bischöfe und auch Athanasius von Markell von Ankyra und vor allem von seinem Schüler Photinus, deren Gotteslehre nun doch als sabellianisch eingeschätzt wurde.

– – Rimini-Seleukia 359/60

Leider hielt der damit erreichte „Waffenstillstand" nicht lange. Nach der Ermordung des Kaisers Konstans 350 wurde Konstantius Alleinherrscher. Er war willens, den dogmatisch aufgeweichten homöischen Semiarianismus als politisch geforderten Einheitsglauben mit allen Mitteln durchzusetzen. Auf Synoden in Arles 353 und Mailand 355 war von Theologie kaum die Rede; dafür wurde die erneute Exkommunikation des Athanasius durchgesetzt.

Theologie betrieben in dieser Zeit neben den sogenannten Jungnizänern (vgl. S. 53) auch einige Jungarianer, der dialektisch geschulte Aëtius von Antiochien (gest. 366) und Eunomius, späterer Bischof von Cyzicus (gest. 394). Als rationale Denker allen Mystifikationen abhold, lehnten sie die verwaschenen Mischformen ab und bemühten sich, die arianische Lehre auf ihren ursprünglich intendierten Kern zurückzuführen. Sie lehrten mit aller Deutlichkeit: Christus ist dem Vater nicht *homousios* oder *homoiusios* oder *homoios* oder irgend etwas in dieser Art. Es gibt nur einen Gott und Vater, und Christus ist ihm durchaus *anomoios* (unähnlich). Neben die strengnizänischen Homousianer – Athanasius und seine Anhänger –, die vermittelnden Homoiusianer – zu ihnen gehörten zahlreiche origenistisch denkenden Bischöfe, Eustathius von Sebaste, Meletius von Antiochien, auch Basilius von Caesarea wird von ihnen ausgehen (vgl. S. 48/51) – und die Homöer – unter ihnen vor allem die Hofbischöfe Ursacius und Valens – traten damit die antinizänischen Anhomöer, welche die theologische Debatte neu entfachten. Die kaiserliche Politik ließ sich auf den extrem anhomöischen Flügel nicht ein; sie verfolgte weiterhin die homöische Mittellinie.

Auf Druck des Kaisers entstanden nacheinander die vier sirmischen Formeln – genannt nach Sirmium, dem Tagungsort mehrerer dort abgehaltener Synoden –, die Serdica überwinden sollten. Das Glaubensbekenntnis der vierten sirmischen Formel ist ein recht armseliges Gebilde, das auf ihre Verfasser kein gutes Licht wirft. Es war von Konstantius als Grundlage für die Glaubenseinigung ausersehen worden, die auf der Doppelsynode von Rimini-Seleucia zustandekommen sollte – und äußerlich unter Zwang auch zustande kam. Es heißt da:

„Wir glauben an einen einzigen und wahren Gott, den Vater, den Allmächtigen, Schöpfer und Bildner aller Dinge. Und an einen einzigen eingeborenen Sohn Gottes, der leidlos von Gott gezeugt wurde vor allen Zeiten und vor allem Anfang und vor aller denkbaren Zeit und vor allem begreifbaren Sein, durch welchen die Zeiten geformt wurden und alle Dinge ins Dasein kamen: geboren als Eingeborener, allein vom Vater allein, Gott von Gott, ähnlich *(homoios)* dem Vater, der ihn zeugte nach der Schrift; dessen Zeugung niemand kennt als allein der Vater, der ihn zeugte."

Das klingt fromm und friedlich. Die Heilige Schrift soll genügen, und über die Zeugung des Sohnes soll nicht weiter gestritten werden; sie bleibt Gottes Geheimnis. Nach weiteren christologischen und pneumatologischen Ausführungen folgt noch eine Schlußbemerkung:

„Weil das Wort ‚Wesen' *(usia)* von den Vätern in Einfalt angenommen wurde, dem Volk jedoch unbekannt und auch nicht in der Schrift enthalten ist und darum Ärgernis erregt, ist es uns als richtig erschienen, es zu entfernen, und es soll auch in bezug auf Gott das Wort ‚Wesen' nicht weiter erwähnt werden, weil die heiligen Schriften auch niemals von dem Wesen des Vaters und des Sohnes sprechen. Aber wir sagen, der Sohn ist ähnlich dem Vater in allen Dingen *(homoios kata panta)*, wie die heiligen Schriften selbst erklären und lehren"[61].

Diese Formel gibt nicht nur Nizäa auf, sie versucht auch nach Kräften, die Differenzen innerhalb des Arianismus zwischen Homöern und Homoiusianern zu verdecken. Vor allem die Synodalen des Westens in Rimini weigerten sich anfänglich, sie zu unterschreiben. Schließlich gaben sie klein bei und akzeptierten wie die Bischöfe in Seleukia (Silifke) eine Formel, die in dem kleinen Städtchen Nike – unweit von Adrianopel (Edirne) – den Abgesandten beider Synoden aufgezwungen worden war. Die Nike-Formel war gegenüber der vierten Sirmischen noch undeutlicher, indem sie bei *homoios* das *kata panta* (in allem) gestrichen hatte.

Äußerlich gesehen hatte der semiarianische Arianismus mit Hilfe der Polizeigewalt des Konstantius in Rimini-Seleucia gesiegt. Nachdem die entsprechenden Verbannungsurteile durchgeführt worden waren, saßen Arianer auf allen wichtigen Bischofsstühlen. Der Sieg war aber zugleich der Anfang vom Ende des kirchlich organisierten Arianismus.

– Überwindung des Arianismus

Nach dem Tode des Konstantius hob Kaiser Julian alle Verbannungsdekrete auf. Der Westen unter Kaiser Valentinian I. (364–376) blieb von weiteren dogmatischen Wirren weithin verschont. Vor allem Gallien konnte unter der klugen Führung des Hilarius von Poitiers sehr schnell nizänisch geeint werden – von den erneut auftretenden Unruhen durch die homöischen Germanen der Völkerwanderungszeit einmal abgesehen. Länger arianisch dominiert blieb Norditalien mit Mailand, wo erst Ambrosius letzte Spuren beseitigen konnte. Vom staatlichen Druck befreit, waren viele Bischöfe froh, auch öffentlich zu dem Glaubensbekenntnis zurückkehren zu können, dem sie innerlich immer angehangen hatten.

Mühsamer gestaltete sich die Rückkehr zu Nizäa im Osten – wenn man einmal von der syrischen Kirche absieht, in der der bedeutende Theologe Ephraem geradezu instinktiv den von ihm als rationalistisch empfundenen Arianismus abgelehnt und seiner Kirche die Glaubensüberzeugungen Nizäas – wenngleich ohne Formeltreue und im syrischen Sprachgewand – vermittelt hatte[62].

Ein Beispiel für die Schwierigkeiten bei der Liquidierung der arianischen Altlasten bietet Antiochien, wo zeitweise drei Bischöfe, der – vereinfacht ausgedrückt – homoiusianisch gesonnene orthodoxe Meletius, der arianische Euzoius und der sabellianisch-nizänische Paulinus um Anhänger stritten[63]. Eine von Athanasius 362 in Alexandrien abgehaltene Synode vermochte zwar die verworrene Lage in Antiochien nicht zu bereinigen, war aber für die dogmatische Weiterentwicklung insofern von Bedeutung, als sie in dem auf ihr beschlossenen Tomus ad Antiochenos nur noch die Absage an den Arianismus und die Annahme Nizäas als Voraussetzung für die kirchliche Gemeinschaft forderte. Auf eine strikte Sprachregelung des trinitarischen Bekenntnisses wurde dagegen verzichtet. Man kann richtig glauben, gleich ob man von einer Hypostase oder drei Hypostasen in Gott ausgeht; wer – wie die Homousianer – nur eine Hypostase annimmt, muß nicht Sabellianer, wer – wie die Homoiusianer – von drei Hypostasen spricht, muß nicht Tritheist sein. Eine klare Abgrenzung vollzog die Synode gegenüber den sogenannten Pneumatomachen (vgl. S. 54). Der Tomus verurteilte alle, die den Heiligen Geist als Geschöpf bezeichnen[64].

Kaiser Valens (364–378) verschärfte unter dem Einfluß des Bischofs Eudoxius von Konstantinopel noch einmal die arianisierende Kirchenpolitik und versuchte, das Bekenntnis einer Synode von Konstantinopel 360, das noch Konstantius zur Grundlage einer homöisch geeinten Reichskirche bestimmt hatte, überall durchzusetzen. Sein Vorgehen gegen mißliebige Bischöfe scheint aber nicht rigoroser gewesen zu sein als dasjenige seines Vorgängers Konstantius oder seines Nachfolgers Theodosius. Jedenfalls konnte sich die jungnizänische Theologie in Kappadokien entfalten, ohne daß ihre bischöflichen Vertreter mundtot gemacht worden wären. Nachdem Valens 378 im Kampf gegen die Goten gefallen war, proklamierte Kaiser Gratian Bekenntnisfreiheit im ganzen Reich, von der nur die vollarianischen Eunomianer, die sabellianische Restgruppe der Photinianer und die Manichäer ausgeschlossen sein sollten (Sokrates, Kirchengeschichte 5,2).

Wirksamer als alle kirchenpolitischen Maßnahmen der Kaiser, als Verbannungen und Anordnungen von Synodenbeschlüssen erwies sich die theologische Arbeit einiger Theologen, unter denen die drei Kappadokier besonders herausragen. Sie schufen die Voraussetzungen für einen glücklichen Abschluß der nizänischen Wirren auf dem Konzil von Konstantinopel.

4. Konstantinopel (381)

Literatur:

G. KRETSCHMAR, Studien zur frühchristlichen Trinitätslehre = BHTh 21 (Tübingen 1956); H. DÖRRIES, De Spiritu Sancto. Der Beitrag des Basilius zum Abschluß des trinitarischen Dogmas = AAWG Phil.-hist. Klasse 3,39 (Göttingen 1956); A.M. RITTER, Das Konzil von Konstantinopel und sein Symbol = FKDG 15 (Göttingen 1965); E. MÜHLENBERG, Die Unendlichkeit Gottes bei Gregor von Nyssa = FKDG 16 (Göttingen 1966); G.L. DOSSETTI, Il simbolo di Nicea e di Constantinopoli. Edizione critica (Rom 1967); W.-D. HAUSCHILD, Die Pneumachen (Diss. Hamburg 1967); H. DÖRRIES, Basilius und das Dogma vom hl. Geist: Wort und Stunde 1 (Göttingen 1968) 118/44; W.-D. HAUSCHILD, Gottes Geist und der Mensch. Studien zur frühchristlichen Pneumatologie (München 1972); R.M. HÜBNER, Die Einheit des Leibes Christi bei Gregor von Nyssa = PhP 2 (Leiden 1974); W.D. HAUSCHILD, Basilius von Caesarea: TRE 5 (1979) 301/13; A.M. RITTER, Zum Homousios von Nizäa und Konstantinopel: Kerygma und Logos. FS C. ANDRESEN (Göttingen 1979) 404/23; A. DE HALLEUX, La profession de l'Esprit-Saint dans le symbole de Constantinople: RTL 10 (1979) 5/39; P. LUISLAMPE, Spiritus vivificans. Grundzüge einer Theologie des Heiligen Geistes nach Basilius von Caesarea = MBTh 48 (Münster 1981); La signification et l'actualité du IIe concile oecuménique pour le monde chrétien d'aujourd'hui = Études Théol. 2 (Chambèry 1982); W.-D. HAUSCHILD, Eustathius von Sebaste: TRE 10 (1982) 547/50; A. DE HALLEUX, „Hypostase" et „personne" dans la formation du dogme trinitaire (ca. 375–381): RHE 79 (1984) 313/69.625/70; D. RAMOS-LISSÓN, Die synodalen Ursprünge des *Filioque* im römisch-westgotischen Hispanien: AHC 16 (1984) 286/99; J. MOSSAY, Gregor von Nazianz: TRE 14 (1985) 164/73; D.L. BALÁS, Gregor von Nyssa: TRE 14 (1985) 173/81; H.CH. BRENNECKE, Studien zur Geschichte der Homöer. Der Osten bis zum Ende der homöischen Reichskirche = BHTh 73 (Tübingen 1988); DERS., Erwägungen zu den Anfängen des Neunizänismus: Oecumenica et Patristica. FS W. SCHNEEMELCHER (Chambésy / Genf 1989) 241/57; R. STAATS, Die römische Tradition im Symbol von 381 (C) und seine Entstehung auf der Synode von 379: VigChr 44 (1990) 209/21; L. ABRAMOWSKI, Was hat das Nicaeno-Constantinopolitanum (C) mit dem Konzil von Konstantinopel 381 zu tun?: ThPh 67 (1992) 481/513; A.M. RITTER, Noch einmal: Was hat das Nicaeno-Constantinopolitanum (C) mit dem Konzil von Konstantinopel zu tun?: ThPh 68 (1993) 553/60; R.M. HÜBNER, Basilius von Caesarea und das Homoousios: Christian Faith and Greek Philosophy. FS G.Ch. STEAD. Ed. L.R. WICKHAM / C.P. BAMMEL = Suppl.VigChr 19 (Leiden 1993) 70/91; W.-D. HAUSCHILD, Nicäno-Konstantinopolitanisches Glaubensbekenntnis: TRE 24 (1994) 444/56; V.H. DRECOLL, Die Entwicklung der Trinitätslehre des Basilius von Cäsarea FKDG 66 (Göttingen 1996); R. STAATS, Das Glaubensbekenntnis von Nizäa – Konstantinopel (Darmstadt 1996); R,M. HÜBNER, Zur Genese der trinitarischen Formel bei Basilius von Caesarea: Für euch Bischof – mit euch Christ. FS F. KARDINAL WETTER. Hrsg. von M. WEITLAUFF / P. NEUNER (München 1998) 123/56.

4.1 Die Trinitätstheologie der Kappadokier

– Basilius der Große[65]

Es ist nicht leicht zu entscheiden, wer der Bedeutendste unter den drei Kappadokiern gewesen ist: Basilius (um 330–379), sein Freund Gregor von Nazianz (329/30 – um 390) oder der etwas jüngere Bruder des Basilius, Gregor von Nyssa (um 335–394). Basilius hat von der Geschichte den Beinamen „der Große" bekommen. Er war auch wohl in kirchlicher Beurteilung die überragende Gestalt. Andere stellen dagegen die poetische und rhetorische Kraft Gregors von Nazianz oder die theologisch-spekulative Begabung Gregors von Nyssa über die mehr praktischen und kirchenpolitischen Aufgaben zugewandte Arbeit des Basilius.

Dabei mag offenbleiben, ob Basilius nicht auch die literarische Höhe seines Freundes und Bruders erreicht hätte, wenn das Amt des Bischofs von Caesarea und des Metropoliten von Kappadokien in den schwierigen Jahren der arianerfreundlichen Regierung des Kaisers Valens nicht so zeit- und kraftraubend gewesen wäre und Basilius bis zur Erschöpfung gefordert hätte. Basilius hat nicht – wie die beiden anderen – den Raum seiner persönlichen Entfaltung sorgsam verteidigt, sondern sich in der Stellung, die er nicht gewollt und angestrebt hatte, aufgerieben. Basilius war seiner innersten Neigung nach

Asket und Mönch. Nach kurzer Tätigkeit als Rhetoriklehrer hatte er das damals aufblühende Mönchtum in Syrien, Palästina und Ägypten persönlich kennengelernt und sich in die Einsamkeit am Irisfluß in der Provinz Pontus zurückgezogen. Auf ihn gehen zwei Mönchsregeln zurück, die das östliche Mönchtum bis heute geprägt haben (vgl. S. 170f). Die asketische Spiritualität des Basilius war auf eine kompromißlose Nachfolge Christi ausgerichtet und schloß das Aufgeben eigener Pläne und Lebensentwürfe mit ein. Als daher seine Fähigkeiten für den Dienst in der Kirche eingefordert wurden, hat er sich nicht versagt.

Nicht nur dank seiner Begabung, auch von seiner Herkunft her war Basilius für die auf ihn zukommenden Aufgaben bestens geeignet. Vornehme Herkunft und Wohlstand hatten ihm den Besuch der berühmtesten Lehrer und Schulen seiner Zeit ermöglicht; ebenso war seine Familie seit Generationen im christlichen Glauben verwurzelt. Seine Großmutter Makrina galt als Schülerin des Bischofs Gregor des Wundertäters, der noch bei Origenes in die Schule gegangen war. So war Basilius bestens gerüstet für die kirchenpolitischen, theologischen und seelsorglich-karitativen Herausforderungen, denen er sich zu stellen hatte.

Obwohl Basilius' vielfältige Tätigkeiten eine umfassende Würdigung verdienten, kann hier nur auf seinen Beitrag zur Trinitätslehre eingegangen werden. Für die Verteidiger Nizäas bestand die Hauptaufgabe darin, die mit dem Bekenntnis von der numerischen Einheit von Vater und Sohn in dem einen göttlichen Wesen gegebene Gefahr des modalistischen Sabellianismus zu bannen, indem die *mia usia* Gottes durch die drei *hypostaseis* ergänzt wurde; zugleich mußte präzisiert werden, worin die Merkmale bestehen, welche die drei Hypostasen (oder Personen) unterscheiden. Umgekehrt mußte gegen den Argwohn subordinatianistischer Zerteilung gezeigt werden, daß es in dem einen göttlichen Wesen reale Unterschiede geben kann, die nicht die Qualitäten betreffen, welche das göttliche Wesen auszeichnen. *Mia usia – treis hypostaseis*, d.h. ein göttliches Wesen in drei Personen, in dieser Formel wird am Ende das Ergebnis der denkerischen Anstrengungen des Basilius und seiner Mitstreiter zusammengefaßt werden. Wie schwierig die Übertragung dieser Formel in die abendländische Theologie werden würde, wird deutlich, wenn man sich klarmacht, daß *hypostasis* im Lateinischen *substantia* bedeutet und *persona* viel mehr individuelle Selbständigkeit einschließt, als mit dem griechischen Hypostase ausgedrückt wird. Augustins Trinitätstheologie wird diese Übersetzungsnöte aufdecken (vgl. S. 67/9).

In dem notwendigen Klärungsprozeß machte Basilius den Anfang auch insofern, als er bewußt und ausdrücklich die Person des Heiligen Geistes in die Überlieferung einbezog. Das war nur folgerichtig und schloß eine Lücke, die das Nizänum offengelassen hatte, indem es lediglich den Glauben an den Heiligen Geist bekundete, ohne ihn inhaltlich auszufüllen. Inzwischen war jedoch die Partei der sogenannten Pneumatomachen (der Geistbekämpfer) entstanden, die in diese Lücke gepreßt war und die Gottheit des Heiligen Geistes leugnete.

Basilius nahm den Kampf gegen sie auf, allerdings widerwillig und ohne innere Freude. Das dogmatische Gezänk widerstrebte im tiefsten seinem mönchisch-asketischen Wesen, dem es mehr um die Anbetung als um die spekulative Ergründung Gottes ging. Für Basilius war Anbetung das Ziel aller Theologie; ein Grundsatz, den Ambrosius von Mailand, der eine profunde Kenntnis der Werke des Basilius besaß, aufgegriffen hat[66]. Er ist bis auf den heutigen Tag aktuell geblieben, denn Theologie und Anbetung (Frömmigkeit) dürfen zu keiner Zeit auseinanderfallen. Eine Theologie, die nicht in Anbetung mündet, bleibt formalistisch tot. Aber auch die Frömmigkeit kann und darf auf Theologie nicht verzichten. Ideal ist nicht das Gebet, bei dem nur das Gemüt sich regen darf und der Kopf schweigen muß. Beten sollte nicht allein aus einem irrationalen Impuls heraus geschehen. Andererseits gibt es eine Grenze des Zergliederns. Ist der Glaube theologisch einsichtig gemacht, muß er einmünden in Gehorsam und Anbetung. Basilius hat noch weitere Grenzen dogmatischen Spekulierens deutlich gesehen: Man muß sich noch bei den subtilsten dogmatischen Aussagen etwas vorstellen können und vor allem, sie müssen biblisch begründbar bleiben[67].

Wenn auch nicht begeistert, Basilius stellt sich der unvermeidlichen dogmatischen Auseinandersetzung, denn nicht ein Ausweichen in den Bereich der bloßen *praxis pietatis* war das Gebot der Stunde, sondern die Sicherung des Grundes, auf dem die Anbetung Gottes aufruhen konnte. Basilius' theologische Leistung besteht darin, daß er im Laufe intensiver denkerischer Bemühungen – erstmalig faßbar in der ep. 38 um 369–370 – zu einer klaren Unterscheidung zwischen *usia* und *hypostasis* und damit zwischen dem göttlichen Wesen und den göttlichen Personen gelangt ist. In sermo 24 contra Sabellium et Arium schreibt er:

„Denn ich erblicke nicht eine andere Gottheit im Vater und eine andere im Sohne noch verschiedene Naturen in beiden. Damit dir also die Eigentümlichkeit der Personen (Hypostasen) klarwerde, so zähle den Vater besonders und den Sohn besonders; damit du aber nicht in Vielgötterei verfallest, so bekenne die Einheit des Wesens in beiden. Auf diese Weise stürzt Sabellius und wird zugleich der Anhomöer geschlagen".

Deutlich wird damit an die beiden Fronten erinnert, gegen die der nizänische Glaube verteidigt werden mußte, um die große, homöusianische Mittelpartei zu gewinnen, deren Trinitätsverständnis zwischen Modalismus und Arianismus angesiedelt war.

Die hypostatischen Proprietäten, d.h. das, was die göttlichen Personen konstituiert und ihre Unterscheidung in dem einen göttlichen Wesen ermöglicht, ihre *gnōristikai idiotētes,* d.h. ihre erkenntnismäßigen Eigentümlichkeiten, sind nach Basilius das *agennēton* (Ungezeugtsein, d.h. die Ursprungslosigkeit) des Vaters und das *gennēton* (Gezeugtsein, d.h. das Einen-Ursprung-haben) des Sohnes oder – was ihm noch lieber ist, weil biblisch fundiert – *patrotēs kai hyiotēs,* d.h. Vatersein und Sohnsein. Basilius begreift beide nicht nur als Namen, sondern als die die göttlichen Personen konstituierenden Eigentümlichkeiten; sie berühren nicht das göttliche Wesen, erlauben trotzdem Unterscheidungen in dem einen göttlichen Wesen, in der einen göttlichen Ewigkeit und Allmacht.

Will man die theologische Leistung des Basilius würdigen, muß man auf die neuen Vorstellungen achten, die er mit längst bekannten Terminologien verbindet. Auch Arius hatte den Vater ungezeugt und den Sohn gezeugt genannt. Doch Arius hatte daraus Unterschiede im Gottsein von Vater und Sohn gemacht, ein Mehr oder Weniger an göttlicher Qualität bei beiden. Basilius dagegen erkennt, daß es personale Unterschiede geben kann, welche die Andersartigkeit von Vater und Sohn garantieren, ohne die Gleichheit des Wesens zu gefährden. Arius hatte aus dem Vater- und Sohnsein auf eine zeitliche Abfolge geschlossen, damit auf ein Früher und Später. Für Basilius dagegen schließt das Sohnsein die Ewigkeit des Sohnes mit ein, denn ohne Sohn wäre der Vater nicht Vater; wäre der Sohn später als der Vater, wäre der Vater nicht ewig Vater, sondern Vater geworden, was bei der philosophisch geforderten Unveränderlichkeit Gottes undenkbar ist.

Augustinus hat diesen Zusammenhang später einmal mit der ihm eigenen Treffsicherheit in ein Bild gegossen, wenn er den Arianern vorhält: „Zeige mir eine Flamme ohne Licht, und ich zeige dir den Vater ohne Sohn." Schon Origenes und Athanasius hatten ähnliche Vergleiche benutzt[68]. Flamme und Licht sind nicht dasselbe und entstammen doch demselben Feuer; es gibt keine zeitliche Differenz, trotzdem ein Ursprungsverhältnis. Der Vater ist der Ursprung des Sohns, nicht umgekehrt; diese Differenz begründet die Hypostasen und teilt nicht das göttliche Wesen, dessen Unermeßlichkeit, Unbegreiflichkeit, Ungeschaffenheit, Unräumlichkeit und Zeitlosigkeit Vater und Sohn in gleicher Weise zukommt.

Basilius hat auch die Gottheit des Heiligen Geistes im Sinne der nizänischen Homousität eindeutig vertreten (ep. 233,1; Spir.s. 24,55), wenngleich er dieses Bekenntnis terminologisch nur zurückhaltend ausspricht (vgl. S. 58)[69]. Darum hat er auch gezögert, die personbegründende Eigentümlichkeit des Heiligen Geistes genau anzugeben. Die „Heiligkeit", die normalerweise genannt wird, hält er für eine Proprietät, die auch Vater und Sohn eigen ist. Wohl geht der Heilige Geist nicht wie der Sohn durch Zeugung vom Vater aus, sondern wie der Atem seines Mundes. Insgesamt scheut sich Basilius nicht, seine Unwissenheit in dieser Frage zuzugeben (contra Sab. et Ar. 24,6). Ähnlich wie Athanasius vor der Synode von Alexandrien 362 (vgl. S. 47) war er der Ansicht, daß „nicht in den Ausdrücken, sondern in der Sache das Heil" liegt (Gregor von Naz., or. 43,68). Bemerkenswert sind Basilius' Andeutungen über die Beteiligung des Sohnes bei der Hervorbringung des Heiligen Geistes. Der Heilige Geist ist nach der Heiligen Schrift ebenso Geist des Vaters wie Geist des Sohnes (contra Eun. 2,32.34; Spir.s. 18,45). Hier kündigt sich das Bekenntnis zum *filioque* an, das später im Westen in das Glaubensbekenntnis von Konstantinopel eingefügt worden ist und noch zu heftigen kirchenpolitischen Auseinandersetzungen geführt hat, die bis heute nicht ausgeräumt werden konnten.

– Gregor von Nazianz[70]

Gregors familiärer Hintergrund und Ausbildungsgang ähneln dem des Basilius, mit dem er während des gemeinsamen Studienaufenthaltes in Athen enge Freundschaft schloß. Hochbegabt und gebildet, hat er Zeit seines Lebens zwischen der Neigung zu einem zurückgezogenen Leben in philosophisch-asketischer Einsamkeit und der Pflicht, für die Gemeinschaft der Kirche wirken zu sollen, geschwankt. An dem Versuch, beides miteinander zu verbinden, ist er mehrmals gescheitert. Als sein bischöflicher Vater ihn zum Presbyter weihte, damit er ihm in der Seelsorgsarbeit zur Seite stünde, floh Gregor zu Basilius; als ihn Basilius zum Bischof von Sasima weihte, um nach der Teilung der kappadokischen Provinz unter Valens die nizänische Front zu stärken, entwich er „ins Gebirge"; als er Nachfolger seines Vaters in Nazianz werden sollte, zog er sich nach Seleukia in Isaurien zurück; als seine Ernennung zum Bischof von Konstantinopel angefeindet wurde, resignierte er und kehrte nach Nazianz zurück.

Dogmatisch wandelte Gregor in den Spuren seines Freundes Basilius. Skepsis äußerte er gegenüber Bildern und Vergleichen für die Trinität aus dem Umkreis von Natur und Schöpfung wie Quelle und Fluß, Flamme und Licht, die mehr Mißverständnisse nahelegen als Dunkelheiten aufhellen. Den Vergleich mit *nus, logos und pneuma* – Geist, Erkenntnis und Wille sind in etwa damit gemeint – läßt er noch am ehesten gelten (or. 12,1; 23,11). Er prägte klare, bekenntnishafte Formulierungen, welche die Anliegen des Basilius herausstellten. Die im Spätsommer 380 in Konstantinopel gehaltenen fünf theologischen Reden sind Meisterwerke theologischer Rhetorik.

Schrittmacher war Gregor in der Pneumatologie. Er hat zwar die Zurückhaltung des

Basilius anerkannt, für sich aber in Anspruch genommen, die Homousität des Heiligen Geistes in ihrer personalen Eigenart bestimmen zu können. Er bezeichnet sie im Anschluß an Joh 15,26 als *ekporeusis (processus*, Hervorgang).

„Der Geist ist wahrhaftig Heiliger Geist, denn er geht vom Vater aus – nicht als Sohn, weil nicht durch Zeugung, sondern durch ‚Hervorgang', wenn denn schon um der Klarheit willen ein neuer Begriff geprägt werden muß"[71].

Die hypostatischen Proprietäten der drei göttlichen Personen lauten demnach: *agenesia, genesis und ekporeusis*. Ein wenig in der Schwebe bleibt allein der Anteil des Sohnes am Hervorgehen des Geistes. Diese Frage scheint Gregor nicht sonderlich interessiert zu haben. Alle personalen Eigentümlichkeiten sind nicht Teile des göttlichen Wesens, sondern die ganze *usia* Gottes wird durch sie geformt. Wesen und Hypostasen verhalten sich zueinander wie Sein und Sosein, wie das Gemeinsame *(koinon, genus)* und das Eigentümliche *(idion, species)*. Die hypostatische Dreiheit geht nicht aus der Wesenseinheit hervor, sie besteht in ihr in einer ungetrennten Getrenntheit (or. 13,14)[72] – oder mit Gregors eigenen Worten gesagt:

„Ungezeugtsein, Gezeugtsein, Hervorgehen bezeichnen den Vater, den Sohn und den Heiligen Geist. Auf diese Weise bleibt die Selbständigkeit der drei Hypostasen innerhalb der einen Natur und der einen Würde der Gottheit gewahrt. Denn der Sohn ist nicht der Vater, da es nur einen einzigen Vater gibt; aber er ist, was der Vater ist [nämlich Gott]. Und der Geist ist nicht Sohn, da es allein den Eingeborenen gibt; aber er ist, was der Sohn ist [auch Gott]. Eins sind die Drei in ihrer Göttlichkeit, und das Eine ist drei in den eigentümlichen Wesensformen"[73].

– Gregor von Nyssa[74]

Gregor von Nazianz ist Zeit seines Lebens Rhetor geblieben, Gregor von Nyssa Zeit seines Lebens Philosoph. Daß auch er zunächst eine rhetorische Ausbildung erhielt, ehe er ins kirchliche Amt überwechselte, und nach außen hin anders wirken mußte, als es seinen innersten Neigungen entsprach, verbindet ihn mit dem Naziazenser. Auf Wunsch seines Bruders Basilius, den er als seinen Lehrer und Vater betrachtet und verehrt hat (ep. 13,4/6), mußte er, um die nizänische Front zu stärken, das Bischofsamt in dem kleinen Ort Nyssa übernehmen (Basilius, ep. 22,5). In kirchenpolitischen Dingen stellte er sich ungeschickt an, so daß ihn sein Bruder von weiteren Aktivitäten fernhalten mußte; wegen angeblich unordentlicher Kassenführung wurde er abgesetzt und ein arianischer Bischof in Nyssa eingeführt. Erst nach dem Ende der Valens-Regierung konnte Gregor, von seiner Gemeinde stürmisch begrüßt, zurückkehren. Er wurde dann mit der Visitation der Diözese Pontus betraut und soll sogar zum Metropoliten von Sebaste (Sivas) gewählt worden sein, wo er sich jedoch wie „in babylonischer Gefangenschaft" fühlte (ep. 19) und es nur wenige Monate aushielt. Als Bruder des Basilius genoß er auf dem Konzil in Konstantinopel 381 und in den Jahren danach in der gesamten Ökumene hohes Ansehen[75].

Wie die beiden anderen Kappadokier verteidigt auch Gregor von Nyssa scharfsinnig und korrekt die nizänische Trinitätslehre. Spekulativ war er vor allem an der inneren Einheit und dem dauernden Zusammenwirken der drei göttlichen Hypostasen interessiert. Bezüglich des Heiligen Geistes lag ihm besonders daran, nicht nur das Verhältnis des Geistes zum Vater, sondern auch das zum Sohn zu klären, damit *genesis* und *ekporeusis* nicht nur zwei Namen sind für den Ursprung des Sohnes und des Geistes aus dem

Vater, sondern auch zwischen Sohn und Geist eine personale Unterscheidbarkeit zustande kommt. Sonst müßte man ja annehmen, der Heilige Geist sei ein Bruder des Sohnes, und der Vater habe zwei Söhne. Für Gregor ist der Ausgang aus dem Vater durch den Sohn (*dia tu hyou*) die Proprietät des Heiligen Geistes, die ihn zugleich von dem Ursprung des Sohnes aus dem Vater allein unterscheidet. Das *idion* des Vaters liegt für ihn darin, daß er nicht aus einer Ursache ist, während es dem Sohn und dem Geist gemeinsam eigen ist, nicht ohne Ursache zu sein. Aber auch der Sohn und der Geist haben ihr von der Heiligen Schrift festgestelltes *idion*. Von dem eingeborenen Sohn heißt es, daß er aus dem Vater ist; von dem Heiligen Geist aber wird nicht bloß gesagt, daß er aus dem Vater ist, sondern zugleich bezeugt, daß er der Geist des Sohnes ist (Röm 8,9). Der Geist ist aus Gott und überdies Geist Christi, der Sohn dagegen ist wohl aus Gott, nicht aber auch Sohn des Geistes[76].

– Dogmatischer Ertrag

Worin besteht die theologische Leistung der Jungnizäner – wie sie auch genannt werden –, zu denen neben den drei Kappadokiern noch Didymus der Blinde von Alexandrien und Amphilochius von Ikonium (Konya) gezählt werden können? Was in Nizäa nur bekannt worden war, die wesentliche Gottheit des Sohnes und der noch nicht entfaltete Glaube an den Heiligen Geist, wird inhaltlich gefüllt und seiner inneren Möglichkeit nach einsichtig gemacht. Das Geheimnis des trinitarischen Gottes wird ausgesagt, soweit irrige Auffassungen abgewehrt werden müssen. Um sich verständlich zu machen, werden philosophische Begriffe benutzt, aber auch verändert. So fällt z.B. *hypostasis* als Bezeichnung für die Weise, in der sich die *usia* Gottes in drei Personen verwirklicht, aus der Kategorienlehre der antiken Metaphysik heraus, insofern sie im Verständnis der Kappadokier weder ein substantielles noch ein akzidentelles, sondern überkategoriales Sein bezeichnet[77]. Ihr hoher Bildungsstand erlaubte den Kappadokiern einen souveränen Umgang mit dem ihnen zur Verfügung stehenden Begriffsmaterial. Eine ähnliche Souveränität beweisen sie auf theologischem Gebiet. Sie erstreiten nicht geringfügige trinitarische Ergänzungen gegenüber einem vorherrschenden Monotheismus, sondern die Dreifaltigkeit Gottes ist ihnen unbezweifelbarer Kern jedes christlichen Bekenntnisses. Bei allem Bemühen um begriffliche Klarheit: Eine Rationalisierung des Glaubens wird nicht angestrebt. Es geht den Kappadokiern um die Anbetung Gottes. Die allerdings soll nicht nur dem frommen Gemüt, sondern auch auf der Ebene des Denkens möglich sein.

Konkretes Ergebnis der theologischen Anstrengung waren die Doxologien und trinitarischen Gebetsschlüsse, daneben Tauformeln im Anschluß an den matthäischen Taufbefehl, die nicht nur einfache biblische Redewendungen blieben, sondern einen gedanklichen Inhalt bekamen, der den Grundgehalt des christlichen Glaubens aussagte. Christliche Kirche ist von nun an allein die Kirche, in der die Dreieinigkeit Gottes geglaubt, bekannt und angebetet wird. Kirchliche Liturgie und christliches Beten beruhen auf dieser trinitarischen Struktur des Glaubens. Wo man sie aufgibt und durch den Glauben an einen verborgenen Gott ersetzt, der nur Chiffre ist für die geistbestimmte Wirklichkeit der Welt oder für die Vorsehung, für das Prinzip Liebe oder Hoffnung oder sonst eine Spielart der Gott-ist-tot-Theologie, da ist mit dem Glauben, wie er sich in den theologischen Auseinandersetzungen zwischen den beiden Konzilien von Nizäa und Konstantinopel herausgebildet hat, gebrochen.

4.2 Das Konzil

– Aufgaben

Das zweite ökumenische Konzil, das 381 von Mai bis Juli in Konstantinopel tagte, war eigentlich eine Synode der nizänisch gesonnenen Bischöfe der östlichen Reichshälfte. Als solche hatte sie Theodosius der Große, der damals nur den Osten regierte – Kaiser im Westen waren Gratian (375–383) und Valentinian II. (375–392) –, einberufen. Unter den etwa einhundertfünfzig versammelten Bischöfen (Sokrates, Kirchengeschichte 5,8) befand sich kein Abendländer; der römische Bischof Damasus war auch nicht durch Legaten vertreten. Die Ausstrahlung des Konzils blieb daher zunächst gering; westliche Quellen, Rufin oder Hieronymus, erwähnen es nicht. Die Berichte der östlichen Kirchenhistoriker sind knapp und ungenau. Dabei war eine nicht unerhebliche Zahl bedeutender Bischöfe auf dem Konzil zugegen, unter ihnen die beiden kappadokischen Gregore, Cyrill von Jerusalem, Amphilochius von Ikonium, Diodor von Tarsus sowie der kirchenpolitisch kompetente Meletius von Antiochien. Konzilsakten von Konstantinopel gibt es nicht; damit fehlt ebenfalls ein direkt als Konzilsdokument erhaltenes Symbolum; nur die auf dem Konzil beschlossenen Kanones sind in verschiedene Kirchenrechtssammlungen eingegangen.

Allgemeinkirchliche Geltung auch im Abendland hat Konstantinopel erst durch das Konzil von Chalkedon (451) erhalten, in dessen Glaubensdefinition das Symbolum von Konstantinopel aufgenommen worden ist (vgl. S. 55). Gestützt wird der ökumenische Charakter des weiteren durch die Tatsache, daß das Nizäno-Konstantinopolitanische Glaubensbekenntnis im Osten wie im Westen im Lauf der Zeit in die Liturgie aufgenommen und zu der Formel geworden ist, mit der die meisten christlichen Konfessionen – die römisch-katholische und die griechisch-orthodoxe Kirche ebenso wie die orientalischen und die reformatorischen Kirchen – bis auf den heutigen Tag ihren Glauben bekennen.

Die Aufgaben des Konzils waren vielfältig. Es mußte endgültig den Arianismus verurteilen, dazu die Gottheit des Heiligen Geistes definieren – nicht nur als positive Ergänzung einer in Nizäa noch unentschieden gebliebenen Glaubensfrage, sondern ebenfalls in negativer Abgrenzung zu den Pneumatomachen oder Makedonianern, wie die inzwischen aufgetretenen Bekämpfer der Gottheit des Heiligen Geistes nach ihrem Anführer Makedonius genannt wurden (vgl. S. 58).

Neben den dogmatischen Fragen standen wichtige kirchenpolitische Entscheidungen auf dem Programm, die wahrscheinlich den größeren Teil der Verhandlungszeit beanspruchten und reichlich Konfliktstoff enthielten. In can. 2 bestätigte Konstantinopel zunächst den schon in can. 4 von Nizäa geforderten metropolitanen Zusammenschluß der Kirchen einer Provinz. Im Osten sollten darüber hinaus größere Verbände entsprechend den diokletianischen Diözesen durchgesetzt werden. Als noch problematischer erwies sich can. 3, der dem Bischof von Konstantinopel den Ehrenprimat nach dem Bischof von Rom, doch vor den alten Sitzen von Alexandrien und Antiochien zuerkannte. Um das Maß an Schwierigkeiten vollzumachen, galt es, wichtige Bischofsstühle neu zu besetzen. Konstantinopel hatte seit vierzig Jahren keinen orthodoxen Bischof mehr besessen, sondern war von Arianern dominiert worden. Durch den Tod des Meletius während des Konzils ergab sich die Chance, das seit langem festgefrorene Schisma in Antiochien zu bereinigen und den Streit mit Rom zu beenden (vgl. S. 47). Leider wurde sie vertan, denn die Anhänger des Meletius folgten dem Vorschlag Gregors von Nazianz nicht, mit der Wahl bis nach dem Tod des Paulinus zu warten, sondern bestellten – wahrscheinlich auf Wunsch des Kaisers nach der Beendigung des Konzils – den Presbyter Flavian, so daß das innerantiochenische Schisma fortbestand.

Hauptopfer der kirchenpolitischen Querelen wurde Gregor selbst, der seit einiger Zeit in Konstantinopel Bischof der winzigen orthodoxen Gemeinde gewesen war; er hatte in der kleinen Anastasis-Kirche gepredigt und dort seine berühmt gewordenen fünf theologischen Reden gehalten. Jetzt auf dem Konzil sollte er nach der Absetzung des arianischen Bischofs Demophilus in seiner Wahl zum alleinigen Bischof der Hauptstadt bestätigt werden. Als ägyptische Bischöfe opponierten – und verärgert über seinen Mißerfolg bei der Beendigung des antiochenischen Schismas –, verzichtete Gregor auf den Konstantinopler Sitz und zog sich ein wenig verbittert in seine Heimat zurück (vgl. S. 51). Die Entscheidung entsprang gleichwohl einer richtigen Selbsteinschätzung. Gregor konnte predigen und schreiben; als Inhaber des schwierigen Bischofsstuhles von Konstantinopel, der einen kirchenpolitisch versierten Vertreter benötigte, war er denkbar ungeeignet.

– Herkunft des Symbolums

Auch wenn Konzilsakten fehlen, der Text eines Glaubensbekenntnisses von Konstantinopel erst auf dem Konzil von Chalkedon auftaucht und wiederholt betont wird, die Konzilsväter hätten nur den Glauben der nizänischen Väter bestätigt[78], kann davon ausgegangen werden, daß ein Symbolum angenommen worden ist. Mehrere Gründe sprechen dafür. In can. 1 von Konstantinopel wird bestimmt:

„Der Glaube der 318 zu Nizäa in Bithynien versammelten Väter darf nicht aufgehoben werden; er muß vielmehr in Kraft bleiben, und jegliche Häresie muß mit dem Anathem bestraft werden. Das gilt vor allem für die Häresien der Eunomianer oder Anhomöer, der Arianer oder Eudoxianer, der Semiarianer oder Pneumatomachen, der Sabellianer, für die Anhänger des Marcellus und des Photinus und für die der Apollinaristen"[79].

Die Sätze enthalten eine Zurückweisung der wichtigsten trinitarischen Häresien, die mit ihrer Fachbezeichnung oder dem Namen ihres zeitgenössischen bzw. historischen Hauptvertreters aufgezählt werden. Es wäre aber ungebräuchlich, wenn der negativen Abgrenzung nicht auch das positive Bekenntnis des verteidigten Glaubens beigegeben worden wäre. Diese Vermutung wird bestätigt durch einen Synodalbrief aus Konstantinopel nach Rom ein Jahr später (382), in dem auf ein schriftliches Dokument des Konzils hingewiesen wird, in dem das Symbolum enthalten gewesen sein dürfte.

„So lautet also in Kürze der von uns ohne Rückhalt und Scheu gepredigte Glaube. Ihr werdet euch darüber noch eingehender unterrichten können, wenn ihr den in Antiochien [379] von der dort versammelten Synode verfaßten und voriges Jahr in Konstantinopel von der ökumenischen Synode vorgestellten Tomus einsehen wollt, in denen wir unseren Glauben ausführlicher dargelegt und gegen die in jüngster Zeit aufgetretenen Irrlehren schriftlich das Anathem ausgesprochen haben"[80].

Siebzig Jahre später wird auf dem Konzil von Chalkedon ein Symbolum zweimal verlesen und dabei in aller Form als das Glaubensbekenntnis von Konstantinopel bestätigt, ohne daß einer der Bischöfe Einwände gegen diese Zuweisung erhoben hätte. Daß ein Symbolum in Konstantinopel vorgelegen hat und angenommen wurde, dürfte daher sicher sein. Der auf der zweiten Sitzung in Chalkedon verlesene Text lautet[81]:

„Wir glauben an einen Gott, Vater, Allherrscher, Schöpfer von Himmel und Erde, alles Sichtbaren und Unsichtbaren; und an einen Herrn Jesus Christus, den Sohn Gottes, den Einziggeborenen, aus dem Vater geboren vor allen Weltzeiten, Licht aus Licht, wahrer Gott aus wahrem Gott, geboren, nicht geschaffen, wesensgleich dem Vater, durch den alles geworden ist, er, der wegen uns Menschen und um unseres Heiles willen herabgekommen ist aus den Himmeln, Fleisch wurde aus Heiligem Geist und Maria, der Jungfrau, und Mensch, gekreuzigt wurde für uns unter Pontius Pilatus, gelitten hat, begraben wurde und auferstanden ist am dritten Tag gemäß den Schriften, aufgestiegen ist in die Himmel, zur Rechten des Vaters sitzt und kommt mit Herrlichkeit, zu richten Lebende und Tote, dessen Reich kein Ende haben wird; und an den Heiligen Geist, der mächtig (*kyrion*) und lebenspendend ist, der aus dem Vater hervorgeht, der mit dem Vater und dem Sohn mitangebetet und mitverherrlicht wird, der durch die Propheten gesprochen hat; an eine heilige katholische und apostolische Kirche; wir bekennen eine Taufe zur Vergebung der Sünden; wir erwarten Totenauferstehung und Leben der kommenden Welt. Amen".

Schwierig ist die Frage zu beantworten, ob das in Chalkedon verlesene Symbolum in Konstantinopel als Frucht intensiver Konzilsberatungen entstanden ist oder den Vätern ein Text vorgelegen hat, den sie – möglicherweise mit kleinen Überarbeitungen – nur anzunehmen brauchten. Falls letzteres zutrifft, stellt sich die weitere Frage, woher die Vorlage stammt. Die Antworten, die in einer mehr als einhundertjährigen Forschungsgeschichte versucht wurden, sind zahlreich und einander widersprechend bis auf den heutigen Tag[82]. Da im Ancoratus 118 des Epiphanius von Salamis – eine Schrift, die vor dem Konzil entstand – ein Symbolum enthalten ist, das dem Symbolum von Konstantinopel bis auf unwesentliche Details gleicht, nahm man irgendeine nachträgliche Verbindung zwischen Symbolum und Konzil an: Vielleicht habe Epiphanius ein von Cyrill von Jerusalem bearbeitetes Glaubensbekenntnis übernommen, das von diesem später zum Beweis seiner Rechtgläubigkeit dem Konzil vorgelegt worden sei[83].

Inzwischen hat sich jedoch herausgestellt, daß das Glaubensbekenntnis bei Epiphanius eine Interpolation darstellt, die das ursprünglich dort vorhandene nizänische Symbolum durch das Nizäno-Konstantinopolitanum ersetzt hat, so daß seiner originalen Formulierung in Konstantinopel nichts im Wege stand[84]. Die Väter von Konstantinopel wollten zwar nichts anderes, als den Glauben von Nizäa bestätigen, was jedoch nicht bedeutet, daß sie dazu das nizänische Symbolum nur verbaliter hätten wiederholen dürfen. Sie haben – dem Wunsche des Kaisers entsprechend – vor allem den Glauben an den Heiligen Geist dogmatisch durchaus unzweideutig, in der Form trotzdem basilianisch vorsichtig und ohne das neuralgische *homousios* zu gebrauchen, definiert. Ob sie im übrigen auf ein Jerusalemer Credo oder andere östliche Bekenntnisse zurückgegriffen haben, mag offenbleiben[85]. Daß das in Chalkedon verlesene Glaubensbekenntnis auf dem Konstantinopeler Konzil entstanden ist, sollen vor allem die polemischen Verse Gregors von Nazianz, carm. hist. 11,1703/96, beweisen[86].

In neuester Zeit sind erneut Versuche unternommen worden, das Konstantinopeler Symbol doch als Übernahme eines bereits vorhandenen Glaubensbekenntnisses zu erweisen. So hat man mit Berufung auf einen von Theodoret von Cyrus überlieferten Tomus die Entstehung des Symbols auf der von Meletius geleiteten Synode in Antiochien 379 erwogen bzw. auf eine römische Synode verwiesen, auf der nach Theodor von Mopsuestia das Nizänum um die Geistlehre erweitert worden sei. Dieses „Romano-Nizänum" habe dann auf der antiochenischen Synode von 379 die Gestalt erhalten, in der es 381 in Konstantinopel gebilligt worden sei[87]. Auf Grund der Strukturparallelität zwischen den beiden Symbola wird aber auch weiterhin an der Möglichkeit festgehalten, daß es sich bei dem Glaubensbekenntnis von Konstantinopel um eine direkte Überarbeitung des Nizänums handelt.

– Inhalt des Symbolums

Schaut man – unabhängig von Herkunft und Entstehungsgeschichte – auf den Inhalt des Glaubensbekenntnisses von Konstantinopel, zeigt sich, daß in ihm das ganze Nizänum enthalten ist, abgesehen von drei Ausnahmen, die aber keine inhaltliche Veränderung bedeuten. Bei den fehlenden Stücken: „das heißt aus dem Wesen des Vaters", „Gott aus Gott" und „was im Himmel und was auf Erden geworden ist", handelt es sich um Doppelungen, die im flüssiger formulierten Symbol von Konstantinopel dem Inhalt nach aber auch enthalten sind.

Ein anderes, kürzeres Symbol, das sich ebenfalls fast ganz im konstantinopolitanischen wiederfindet, ist das schon früh in Rom bekannte und besonders im Westen gebräuchliche sogenannte Apostolische Glaubensbekenntnis. Die Unterschiede betreffen nur geringfügige Veränderungen durch Hinzunehmen, Weglassen oder Austauschen von Beiwörtern. Im Apostolicum heißt es z.B. „Auferstehung des Fleisches", statt „Auferstehung der Toten", oder „ewiges Leben", statt „Leben der kommenden Welt". In Konstantinopel fehlt gegenüber dem Apostolischen Glaubensbekenntnis der Glaubensartikel vom Abstieg Jesu in die Totenwelt.

Eine Reihe von Einschüben im Konstantinopolitanum stimmt mit dem Symbol von Jerusalem überein, wie es Cyrill von Jerusalem um 350 erklärt hat. Von Christus z.B. heißt es dort, daß er wiederkommen wird „in Herrlichkeit" *(meta doxēs)* und „seines Reiches kein Ende sein wird". Dem Wortlaut nach handelt es sich um einen Satz aus der Verkündigung des Engels an Maria (Lk 1,33). Wahrscheinlich richtete er sich gegen die Lehre des Markell von Ankyra, der der Auffassung gewesen sein soll, daß nach dem Endgericht die Vereinigung von Gottheit und Menschheit in Christus wieder aufgelöst und damit das Ergebnis der Inkarnation rückgängig gemacht wird. Markell wurde ein sabellianisch gefärbtes ökonomisches Trinitätsverständnis vorgeworfen: Gott, der sich in seinem Heilswerk entfaltet in den Logos Christus, kehrt am Ende dieser Weltzeit zurück in eine einzig ewige *monas*, „damit Gott herrscht über alles und in allem" (1Kor 15,28) (vgl. S. 31). Dagegen bekennen die Symbola von Jerusalem und Konstantinopel die Herrschaft Christi und die Dauer der hypostatischen Union von Gottheit und Menschheit in Christus in alle Ewigkeit.

Vom Heiligen Geist bekennt das Jerusalemer Glaubensbekenntnis, daß er gesprochen hat in den Propheten. Warum nimmt Konstantinopel diesen Zusatz in leicht abgewandelter Form *(dia tōn prophetōn)* auf? Irenäus hatte die Wendung bereits gegen die Markioniten gebraucht, die das Alte Testament verworfen und behauptet hatten, der Geist, der das Neue Testament inspiriert habe, habe mit dem alttestamentlich-prophetischen Geist nichts gemein. Doch Markioniten dürften zur Zeit, als das Jerusalemer Glaubensbekenntnis entstand, keine Rolle mehr gespielt und die Pneumatomachen, gegen die man mit diesem Einschub den Rang des Heiligen Geistes hätte verteidigen können, noch keine Gefahr bedeutet haben[88]. Bleibt somit der Sitz im Leben des Prophetenzusatzes für Jerusalem unklar, läßt sich seine Einfügung in Konstantinopel gut verstehen. Hier ging es um die Präzisierung der Geistlehre. Darum hat sich das Konzil auch nicht mit diesem Zusatz begnügt, sondern ein entfaltetes Bekenntnis zum Heiligen Geist in sein Symbolum aufgenommen.

– „Und an den Heiligen Geist ..."

Die Pneumatologie, die in den ersten drei Dezennien des arianischen Streites kaum ein Rolle gespielt hatte, gewann in der zweiten Hälfte des 4. Jh.s zunehmend an Brisanz.

Schon Athanasius hatte die Gottheit des Heiligen Geistes in den Briefen an Bischof Serapion von Thmuis (358–362) mit dem Hinweis verteidigt, daß es in der Trinität nichts ihrem eigenen Wesen Fremdes geben könne; der von der östlichen Theologie inspirierte Hilarius begann in seinem Spätwerk De Trinitate neben Vater und Sohn den Heiligen Geist zu stellen und zwischen dem *spiritus* als *deus* und als *donum* zu unterscheiden (Trinit. 2,1,29/31; 12,55). Vor allem die Kappadokier erkannten, daß die Homousie des Heiligen Geistes in der Konsequenz des nizänischen Ansatzes liegt; Basilius scheint zudem neben der Notwendigkeit antihäretischer Verteidigung durch einen mönchisch inspirierten Enthusiasmus motiviert worden zu sein, seine Geistlehre auszubreiten[89].

Die Gegner der Gottheit des Heiligen Geistes kamen mehrheitlich aus dem arianischen Lager. Daß Eunomius und seine anhomöischen Anhänger dazu gehörten, liegt auf der Hand (vgl. S. 45). Wer die Wesensgleichheit des Sohnes mit dem Vater bestritt, mußte eine Homousität des Pneuma vollends unerträglich finden. Aber auch eine Anzahl homöusianischer Bischöfe weigerte sich, der vollen Gottheit des Heiligen Geistes zuzustimmen. Vielleicht wollten sie, nachdem sie dem Vermittlungsangebot des Athanasius im Tomus ad Antiochenos zugestimmt (362), den Einigungsversuchen der Kappadokier und des Meletius nachgegeben und die nizänische Logoslehre akzeptiert hatten, wenigstens pneumatologisch standhaft bleiben. Daß der 360 abgesetzte Bischof Makedonius von Konstantinopel und die ihm nahestehenden „makedonianischen" Bischöfe Mühe hatten, dem im Griechischen neutrisch vorgestellten *hagion pneuma* personale Selbständigkeit und göttliche Würde zuzuerkennen, kann man verstehen.

Der pneumatomachische Streit gewann an Schärfe, als sich Basilius von seinem langjährigen Freund und Lehrer in der Askese, Bischof Eustathius von Sebaste (vgl. S. 167), wegen dessen Geistlehre 373 lossagte[90]. Dabei gehörte Eustathius der homöusianischen Richtung an, die durchaus bereit war, Nizäa zu akzeptieren und den Arianismus zu verurteilen. Nur alle zu verdammen, die gemäßigter über den Heiligen Geist dachten und nicht seine volle Homousität bekannten, weigerte er sich. Zudem mißfiel ihm das Aufkommen einer doxologischen Formel, bei welcher der Lobpreis dem Vater nicht mehr „im Heiligen Geist", sondern „mit dem Heiligen Geist" dargebracht wurde. Er vermochte den Geist, der als Gabe Gottes im Christen lebt, nicht zu ehren wie Vater und Sohn (Basilius, Spir.s. 24,55; 25,58). *Homotimia,* die gleiche Anbetungswürdigkeit von Vater, Sohn und Heiligem Geist, aber war genau das Kennzeichen, mit dem Basilius die wahre Gottheit des Geistes glaubte sichern zu können, ohne auf das harte *homousios* zurückgreifen und die homöusianischen Pneumatomachen verprellen zu müssen.

Diesen Weg der basilianischen Pneumatologie geht auch das Konzil von Konstantinopel. In seinem Glauben „an den Heiligen Geist, der mächtig und lebenspendend ist" (vgl. S. 56), fällt das Adjektiv *kyrion* (mächtig, herrscherlich) auf[91]. Das Kyrios-Prädikat, das im Neuen Testament vorzüglich Christus zukommt, wird damit auch dem Heiligen Geist beigelegt. Doch obwohl ihm die gleiche Herrenwürde zukommt, wird er von Christus unterschieden, dem der direkte *kyrios*-Titel vorbehalten bleibt. Daß der Heilige Geist wahrhaft Herr ist, hatte die jungnizänische Theologie vor allem den Paulusbriefen entnommen. „Der Herr aber ist der Geist", zitiert Basilius 2Kor 3,17 und führt dann weiter aus:

„Eine andere Stelle ist der vorigen ähnlich. Sie lautet: ‚Euch aber lasse der Herr wachsen und reich werden in der Liebe zueinander und zu allen, wie wir sie zu euch haben, damit eure Herzen stark und untadelig werden in der Heiligkeit vor unserem Gott und Vater bei der Ankunft unseres Herrn Jesus mit allen seinen Heiligen' (1Thess 3,12f). Welchen ‚Herrn' bittet Paulus ‚vor unserem Gott und Vater', die Herzen der Gläubigen in Thessalonich ‚bei der Ankunft unseres Herrn' zu stärken, damit sie in der Heiligkeit untadelig und fest sind? Die den Heiligen Geist unter die ‚dienenden Geister' (Hebr 1,14) zählen, sollen uns antworten! Aber sie sind nicht in der Lage dazu"[92].

Ein ähnliches Schlußverfahren liegt dem Prädikat „Lebensspender" *(zōopoion)* zugrunde. Lebenspenden ist göttliches Tun. Von der aus der Schrift bewiesenen lebendigmachenden Kraft des Geistes (Röm 8,2.10f; Joh 6,63) kann also auf seine Göttlichkeit geschlossen werden (Basilius, Spir. s. 24,56). Wenn die Schrift den Heiligen Geist Lebendigmacher nennt, muß er Gott wie Gott sein.

Es fällt auf, daß die in Konstantinopel definierte Geistlehre, wenngleich gewiß auf philosophischen Überlegungen aufruhend, in ihrer Formulierung ganz biblisch bleibt. Auch die von Gregor von Nazianz eingeführte hypostatische Proprietät der *ekporeusis* (vgl. S. 52) war dem Johannesevangelium entnommen, in dem Jesus verheißt: „Wenn aber der Beistand kommt, den ich euch vom Vater aus senden werde, der Geist der Wahrheit, der vom Vater ausgeht *(para tou patros ekporeuetai)*, dann wird er Zeugnis für mich ablegen" (15,26). Was sich inhaltlich hinter dem Ausdruck „Hervorgang" verbirgt, der nichts Konkretes über das Ursprungsverhältnis zwischen Vater und Geist aussagt, will auch Gregor nicht ausklügeln. Diejenigen, die kritisch fragten, was man sich denn unter einem Hervorgang vorstellen könne, bekommen die barsche Antwort:

„Sage du mir, was das Ungezeugtsein für den Vater bedeutet, und ich werde dir sowohl die Natur der Zeugung des Sohnes als auch die des Hervorgangs des Geistes erklären. Dann werden wir beide irreden bei unserem Versuch, uns in die Geheimnisse Gottes hineinzuschleichen. Und was soll das alles? Wir sind ja nicht einmal imstande, das zu erkennen, was zu unseren Füßen liegt. Wir vermögen nicht die Sandkörner am Meeresstrand zu zählen und nicht die Regentropfen noch die Tage dieser Weltzeit. Um so weniger können wir in die Tiefen der Gottheit eindringen und die so unsagbare und unaussprechliche Natur [Gottes] beschreiben"[93].

Gregor erinnert hier noch einmal an ein Charakteristikum der griechischen Theologie des 4. Jh.s. Sie ist der Philosophie nicht aus dem Wege gegangen, soweit sie notwendig war, den Glauben dem Reflexionsstand der Zeit entsprechend verkünden zu können. Aber sie ist mißverstanden, wenn man annimmt, sie habe Glauben durch Philosophie oder auch nur Kerygma durch Theologie ersetzen wollen[94]. Gerade die Glaubensdefinition von Konstantinopel zeichnet sich dadurch aus, daß die philosophisch-theologischen Überlegungen wieder in ein biblisches Sprachgewand zurückgeführt werden. Auch die von Basilius als Ziel aller theologischen Spekulation angestrebte Anbetung prägt das Bekenntnis: Der Heilige Geist wird mit dem Vater und dem Sohn zusammen verehrt und zusammen verherrlicht (vgl. S. 49). *Proskynein* und *doxazein* sind liturgische Termini, die neben Vater und Sohn in gleicher Weise auf den Geist bezogen werden können und die Berechtigung seiner Anbetung beweisen.

Auf den letzten Satz im pneumatologischen Bekenntnis von Konstantinopel wurde schon hingewiesen: „der gesprochen hat durch die Propheten." Mag der Grund für die Einfügung in die Jerusalemer Vorlage auch unsicher sein (vgl. S. 57), in Konstantinopel sichert das Bekenntnis, der Heilige Geist habe durch die Propheten gesprochen, die bleibende Bedeutung des Alten Testaments für die Kirche. Es kann niemals als überholt abgetan werden, denn der Heilige Geist selbst spricht in ihm.

4.3 Ergebnis und Bewertung

Mit der Entscheidung von Konstantinopel, die auch dem Kaiser zur Bestätigung vorgelegt wurde, damit sie Gesetzeskraft erlangte, war die endgültige Formulierung des Trinitätsdogmas abgeschlossen. Nachwehen wie Nizäa hat das Konzil nicht gehabt. Die makedonianischen Bischöfe unter ihren Wortführern, den Bischöfen Eleusis von Cyzicus und Marcianus von Lampsacus, die auf dem Konzil nicht gewonnen werden konnten, verstummten bald. In einigen Mönchkreisen erzeugte die Pneumatologie des Konzils möglicherweise den Hang zu einer übertriebenen Geistmystik, die nicht ganz gesund war. Doch Schwarmgeister und rigorose Asketen haben sich jederzeit auf den Heiligen Geist berufen und sein Zeitalter verkündet. Da der Bekenntnistext selbst frei von Anathematisierungen blieb – sie erscheinen in can. 1 der disziplinären Entscheidungen (vgl. S. 54) –, konnte er liturgisch verwendet werden. Und die Aufnahme in die Liturgie ist wohl auch der beste Beweis für die Qualität der konstantinopolitanischen Definition, denn sie geschah nicht auf dem Verordnungsweg, sondern aufgrund freier Entscheidung der Kirchen, die kein für den Gottesdienst geeigneteres Glaubensbekenntnis gefunden haben. Durch seinen gottesdienstlichen Gebrauch in Ost und West wurde es zum Symbol der Einheit, die leider durch den Streit um das *filioque* später wieder verspielt wurde[95].

Kritik am Nizänokonstantinopolitanum ist eigentlich erst in jüngster Zeit laut geworden. Was wird beanstandet? Einen Hinweis geben vielleicht einige Sätze aus der „Blechtrommel" von Günter Grass. Oskar, der buckelige Trommler in der Herz-Jesu-Kirche, erinnert sich:

„... nach dem dritten Credo, nach Vater, Schöpfer, sichtbarer und unsichtbarer, und den eingeborenen Sohn, aus dem Vater, wahrer vom wahren, gezeugt, nicht geschaffen, eines mit dem, durch ihn, für uns und um unseres ist er von herab, hat angenommen durch, aus, ist geworden, wurde sogar für, unter hat er, begraben, auferstanden gemäß, aufgefahren in, sitzt zur des, wird in zu halten über und Tote, kein Ende, ich glaube an, wird mit dem, zugleich, hat gesprochen durch, glaube an die eine, heilige, katholische und ..."[96].

In dieser Parodie soll wohl durch sprachliche Verstümmelung auf das arithmetisch Starre und Widersprüchliche des Glaubensbekenntnisses hingewiesen werden. Moderater im Ton wird aber auch von Theologen eingewendet, das Symbolum sei zu formelhaft und kein lebendiger Ausdruck eines heute zu bestehenden Gottesglaubens; es entbehre des Engagements und reihe Bekenntnisse aneinander, die für das praktische religiöse Tun unverbindlich seien. Man wünscht sich daher ein Glaubensbekenntnis, das nicht nur sagt, was der Christ glaubt, sondern warum er glaubt. Ein Christ bekennt seinen Glauben ja nicht nur vor Gott, sondern – er sollte es wenigstens – auch vor den Menschen. Verlangt wird ein Glaubensbekenntnis, das eine Sprache spricht, die der moderne Mensch versteht, keine Theologenfachsprache mit dem ehrwürdigen Alter von mehr als 1600 Jahren.

Das Problem, ob das Glaubensbekenntnis von Konstantinopel die optimale Gestalt besitzt für eine gottesdienstliche Verwendung heute, ist hier nicht zu diskutieren. Gewiß trägt es die Last einer vielhundertjährigen Geschichte. Kennt man die Gründe und Umstände seines Entstehens, liegen seine Vorzüge ebenfalls auf der Hand:
1. Es vereinigt in glücklicher Weise Nizänum und Apostolicum.
2. Es formuliert die zugrundeliegenden theologischen Überlegungen in bibelnaher Sprache.
3. Es respektiert den Geheimnischarakter des Trinitätsglaubens.

4. Es ist nicht Selbstzweck, sondern sichert die theologischen Grundlagen der Soteriologie und der Anbetung Gottes im liturgischen Dienst.
5. Es ist seit langer Zeit das gemeinsame Glaubensbekenntnis fast aller christlichen Konfessionen.

Angesichts der dogmatischen Auseinandersetzungen von Nizäa bis Konstantinopel stellt sich noch einmal die Frage, warum sich die Kirche auf die Verkündigung eines dreifaltigen Gottes eingelassen hat, von dem sie sagen mußte, daß er ein einziger ist in drei Personen, ohne den anscheinend damit ausgesprochenen Widerspruch rational erklären zu können? Stellt sich der jüdische und islamische Monotheismus nicht überzeugender dar als der kirchliche Trinitätsglaube? Die Antwort ist mehrschichtig:

1. Das Bekenntnis zur Trinität ist der Kirche von der Heiligen Schrift vorgegeben. Nach Mt 28,19 erfolgt die Taufe „auf den Namen des Vaters, des Sohnes und des Heiligen Geistes". Das Johannesevangelium bezeugt nachdrücklich sowohl die Einheit des Sohnes mit dem Vater (Joh 10,30) als auch seine Verschiedenheit von ihm (Joh 14,28).

2. Die Theologie konnte nicht bei den scheinbar vernünftigen Erklärungen des Subordinatianismus sowie des modalistischen und adoptianistischen Monarchianismus stehenbleiben.
a) Im Subordinatianismus begegnet der Mensch nicht Gott, sondern einem von Gott verschiedenen Mittler. Ist Christus aber ein Mittler unter Gott, kann er den gefallenen Menschen nur zu sich erheben, nicht aber mit Gott versöhnen. Er kann menschliche Schuld tragen, aber nicht vergeben. Damit fällt die Erlösungslehre.
b) Im Modalismus erscheint Gott in den verschiedenen Funktionen der Schöpfung, Erlösung und Heiligung als Vater, Sohn und Geist. Er ist es nicht an sich, sondern nur in der Widerspiegelung durch den Menschen, der ihn zu Vater, Sohn und Geist macht. Die Gottwerdung Gottes wird so zu einem geschichtlichen Prozeß.
c) Im Adoptianismus erhebt Gott andere Götter oder Menschen und bestellt sie für bestimmte Funktionen als seine Stellvertreter. Das Gottesgnadentum der Kaiser und Könige hat sich mit Vorliebe auf adoptianistische Vorstellungen berufen. Man sah sich – manchmal analog zu Christus – von Gott gesalbt und berufen zum Vollstrecker der göttlichen Vorsehung. Die nizänische Trinität macht jede Analogie zwischen göttlicher und irdischer Herrschaft unmöglich und verhindert so eine falsche politische Theologie.

3. Neben der negativen Abwehr unzulänglicher Gottesbilder bekennt der Trinitätsglaube in positiver Weise den Reichtum des innergöttlichen Lebens.
a) Für die griechische Philosophie besitzt nur die Einheit göttliche Vollkommenheit. Mit Zweiheit und Vielfalt beginnen Spaltung, Minderung und Verlust. Das Geteilte besitzt nur einen Teil des ungeteilten Ganzen. Erst trinitarisch gewendet bedeutet Vielheit nicht Verlust, sondern Fülle. Die Höchstform des Seins verwirklicht sich in der Vielfalt, wenn sie durch die Liebe in Einheit verbunden wird.
b) Gottes dreipersönliche Wirklichkeit bedeutet Beziehung untereinander, Austausch und Gespräch. Trinitarisch betrachtet, wird Gott nicht durch Sprachlosigkeit, sondern durch Mitteilung charakterisiert. Er spricht mit sich selbst nicht in einem monologischen Selbstgespräch, sondern im Austausch von Ich – Du – Wir. In Schriftstellen wie Gen 1,26 oder Ps 110,1 sowie im Gebet Jesu mit seinem himmlischen Vater haben die frühchristlichen Theologen Hinweise auf diesen innergöttlichen Dialog gesehen.

c) Auch das Verhältnis zur Schöpfung ist trinitarisch bestimmt. Gott braucht nicht die Schöpfung oder den Menschen, um zu sich selbst zu kommen. Sein Sprechen ereignet sich auf göttlicher Ebene. Er ist nicht stumme Monade in einsamer Transzendenz, einer der etwas schafft, was nicht er selbst ist, um wenigstens etwas zu haben, in dem er sich spiegeln kann. Die Schöpfung ist überfließendes, gnadenhaftes, geschenktes, nicht naturnotwendiges Sein. Gott war nicht einsam, bevor er die Welt geschaffen hatte; er ist glückselig durch und in sich[97].

4. Die meisten Religionen sind pan- oder polytheistisch ausgerichtet, weil ein theologisch reflektiertes monadisch-monotheistisches Gottesbild denkerisch kaum durchzuhalten ist. Nur Judentum und Islam scheinen dieser Einschätzung zu widersprechen.
a) Hinsichtlich des jüdischen Monotheismus gilt es jedoch zu beachten, daß er lange Zeit in einem vortheologischen Zustand verbleibt. Gott wird anthropomorph gedacht als Schutz-, Stammes- bzw. Volksgott. Jahwe genügt; er ist mächtiger als alle anderen Götter. Israel brauchte daher nicht die vielen Götter, um gegen jede Eventualität gesichert zu sein. Doch bereits die beiden engelhaften Wesenheiten (Seraphim) beim himmlischen Thron (Jes 5,2f) oder messianische Verheißungen (Jes 9,5), in denen die Kirchenväter nicht grundlos trinitarische Fingerzeige gesehen haben, ergänzen schon früh den Glauben Israels an den einen Gott. Spätestens bei der Begegnung jüdischer Glaubensvorstellungen mit der griechisch-hellenistischen Philosophie erfuhr der Monotheismus auch gedankliche Aufweichungen. Gott wurde mit Engeln umgeben, die zwischen Boten und Jahwe selbst schwanken, wenn sie sich den Menschen offenbaren. Dazu wurden ihm hypostatisch vorgestellte Wesen wie die Weisheit *(sophia)* beigesellt, die vor aller Schöpfung bei Gott sind und seine Eigenschaften spiegeln[98].
b) Im vorislamischen arabischen Raum wurden die Göttinnen al-Lat, al-Mamat und al-Uzza, auch Töchter Allahs genannt, verehrt. Mohammed scheint eine Zeitlang an ihre Existenz geglaubt zu haben. In der Sure 53,19/25 wendet er sich jedoch scharf von ihnen ab: „Das sind bloße Namen, die ihr und eure Väter aufgebracht habt ..."[99]. Seitdem ist es im Islam beim Bekenntnis des einen Gottes geblieben[100].

Historisch bemerkenswert ist die Beobachtung, daß die islamisch gewordenen Araber sich im Mittelalter aus der Philosophie zurückgezogen und auch die moderne Entwicklung der Wissenschaften nicht mitgemacht haben. Ist darin eingeschlossen, daß auch der islamische Gottesglaube in einem ursprünglichen, gleichsam vortheologischen Zustand verblieben ist? Das könnte bedeuten, daß ein strenger Monotheismus nur fundamentalistisch bewahrt werden kann und auf eine denkerische Durchdringung verzichten muß.

Nachdem die griechische Theologie geklärt hatte, was richtiger und was falscher Gottesglaube ist, kamen die Trinitätsspekulationen im Osten bald zur Ruhe. Einen Schritt weiter gegangen ist Augustinus. Dogmengeschichtliche Spezialisten geben zu, daß nach ihm die Trinitätstheologie auch im Westen keine großen Fortschritte mehr gemacht hat.

5. Abendländische Trinitätslehre

Literatur:

Vgl. S. 19.; M. SCHMAUS,Die psychologische Trinitätslehre des Augustinus (Münster 1927); K. FLASCH; Augustin. Einführung in sein Denken (Stuttgart ²1994), bes. 326/68; W. BENDER, Die Lehre über den Heiligen Geist bei Tertullian = MThSt 2,18 (München 1961); R. BRAUN, Deus

Christianorum (Paris 1962); A. SCHINDLER, Wort und Theologie in Augustins Trinitätslehre (Tübingen 1965); J. MOINGT, Théologie trinitaire de Tertullien, 4 Bde. (Paris 1966/9); L.W. BARNARD, The antecedents of Arius: VigChr 24 (1970) 172/88; R.D. CROUSE, St. Augustine's De Trinitate: Philosophical Method. StudPatr 16,2 = TU 129 (Berlin 1985) 501/10; B.J. HILBERATH, Der Personbegriff der Trinitätstheologie in Rückfrage von Karl Rahner zu Tertullians „Adversus Praxean" = IThS 17 (Innsbruck 1986); R.J. TESKE, Divine immutability in Saint Augustin: ModS 63 (1986) 233/49; H. FROHNHOFEN, Gottes relationales Sein und der Beginn der Gottesherrschaft: VigChr 40 (1986) 145/52; H.R. DROBNER, Person-Exegese und Christologie bei Augustinus. Zur Herkunft der Formel ‚una persona' = PhP 8 (Leiden 1986); J.M. FERREIRA DOS SANTOS, Theologia do Espiritu Santo en Agostino de Hipona = Fundamenta 3 (Lisboa 1987); J. ULRICH, Die Anfänge der abendländischen Rezeption des Nizänums = PTS 39 (Berlin 1994); CH. MARKSCHIES, Ambrosius von Mailand und die Trinitätstheologie = BHTh 90 (Tübingen 1995); R.E. HEINE, The Christology of Callistus: JThS 49 (1998) 56/91.

Die theologische Entfaltung des Trinitätsglaubens wurde von der östlichen Kirche geleistet. Der Beitrag des Westens beschränkt sich im wesentlichen auf die nordafrikanische Kirche. Was unter kirchenpolitischen und rezeptionsgeschichtlichen Gesichtspunkten darüber hinaus bemerkenswert ist, läßt sich in aller Kürze zusammenfassen.

5.1 Rom[101]

Daß es in Rom gegen Ende des 2. Jh.s wegen der Trinitätslehre zu theologischen Auseinandersetzungen und Exkommunikationen aus der Kirchengemeinschaft kam, liegt nicht eigentlich an der Streitlust und dogmatischen Spitzfindigkeit der Gemeinde und ihrer Bischöfe, sondern an der Stellung Roms als Hauptstadt. Hier sammelten sich Menschen aus allen Provinzen des Reiches, hierhin zog es von Anfang an Theologen mit Sonderlehren, wie Markion und verschiedene gnostische Sektenhäupter. Die Römer selbst, samt ihren Bischöfen, waren theologischen Spekulationen eher abhold, mußten sich aber mit ihnen auseinandersetzen, wenn durch zugereiste Lehrer Unruhe in die Gemeinde kam.

So sind z.B. die Irrlehren, die bereits unter dem Stichwort des dynamischen Monarchianismus gestreift wurden (vgl. S. 26f), nicht in Rom ausgeheckt, aber doch dort virulent geworden. Als bloßen Menschen bezeichnete Christus ein aus Byzanz gebürtiger Theodot, genannt der Gerber. Er soll, weil er in der Verfolgung Christus verleugnet hatte, zu seiner Rechtfertigung geltend gemacht haben, er habe nicht Gott, sondern nur einen Menschen verleugnet. Erst bei der Taufe sei der Christus in Gestalt einer Taube über Jesus gekommen als Gottes Kraft.

Zu dem älteren Theodot gesellte sich ein Geldwechsler gleichen Namens und ein Mann namens Asklepiodot. Nachdem sie von Bischof Viktor (189–199) ausgeschlossen worden waren, versuchten sie vergeblich, eine eigene Gemeinde aufzubauen. Sie hatten einen Konfessor Natalius, ein schlichtes Gemüt, überredet, gegen 150 Denare Monatsgehalt ihren Bischof zu spielen. Das ging nicht lange gut, denn Natalius hatte furchtbare Alpträume, und als er auf die nicht achtete, wurde er von heiligen Engeln eine ganze Nacht lang gegeißelt und mit heftigen Schlägen bedacht. Noch grün und blau am ganzen Leibe, warf er sich am anderen Morgen Bischof Zephyrin (199–217) zu Füßen und wurde mit knapper Not wieder in die Kirche aufgenommen (Eusebius, Kirchengeschichte 5,28).

Daß diese sozusagen rationalistische Lösung – Jesus ist bloßer Mensch –, die dem

Gemeindeglauben und dem religiösen Bedürfnis der Gläubigen offen widersprach, keine Gefahr darstellte und relativ schnell überwunden werden konnte, wurde schon erwähnt (vgl. S. 26). Gefährlicher war der Modalismus des Noët, der vor allem durch Sabellius in Rom verbreitet wurde. Es ist häufig behauptet worden, die römischen Bischöfe von Viktor über Zephyrin bis Kallist seien samt und sonders Modalisten gewesen. Von Viktor ist keine Stellungnahme überliefert. Zephyrin gab die amtliche Erklärung ab: „Ich kenne nur einen Gott, Christus Jesus, und außer ihm keinen anderen. Und der ist geboren und hat gelitten" (Hippolyt, ref. 9,11,3). So ähnlich – mit einem Hang zur modalistischen Verschmelzung von Vater und Sohn – dürften viele Gläubige gedacht haben.

Deutlicher – nicht in Worten, aber in Taten – wurde Zephyrins Nachfolger Kallist (217–222), indem er Sabellius aus der Kirche ausschloß. Kallist wird zwar, wie seine Vorgänger, von Hippolyt, dem römischen Presbyter und späteren Gegenbischof, des Modalismus geziehen, aber das kann nicht stimmen und beruht auf der persönlichen Feindschaft zwischen den beiden Männern, die sich aus dem Zerwürfnis in der Bußfrage ergeben hatte. Wenn Hippolyt Kallist vorwirft, er habe sich nicht gescheut, bald in die Lehre des Sabellius, bald in die des Theodot zu fallen, so beweist das eigentlich nur, daß der römische Bischof ausgleichend wirken und das Korn Wahrheit, das in den entgegengesetzten Anschauungen stecken mochte, festhalten wollte.

Hippolyt selbst gehört zu den Theologen, die sowohl der Gefahr des Ditheismus (bzw. des Tritheismus) als auch der des Modalismus – von einer primitiven Leugnung der Gottheit Christi ganz zu schweigen – dadurch entgehen wollten, daß sie subordinatianisch dachten (vgl. S. 25f). Der Subordinatianismus, falls er sich nicht in einen rationalistischen Arianismus auflöste und Christus und den Heiligen Geist einfach zu Geschöpfen Gottes machte, war denkerisch die schwierigere Lösung. Er behauptete die Göttlichkeit des Sohnes und hielt zugleich an einer Strukturierung des göttlichen Wesens im Sinne einer Über- und Unterordnung fest, was durch den philosophischen Gottesbegriff absoluter Vollkommenheit und Unveränderlichkeit eigentlich ausgeschlossen wurde. Im Subordinatianismus lauerte immer die Gefahr, daß die feine personale Spannung, die im Geheimnis der Trinität walten darf, zerriß und zu einem Graben wurde, der Sohn und Geist von der Gottheit des Vaters abspaltete. Auch Hippolyt ist nicht dem Vorwurf entgangen, er sei solchen verhängnisvollen Vergröberungen erlegen.

Mit der Weiterentwicklung der subordinatianischen Christologie zum trinitarischen Verständnis von Nizäa-Konstantinopel hat die römische Theologie wenig zu tun. Sie hat im Rahmen des Gemeindeglaubens mit subordinatianischen Thesen wenig anfangen können. Ihre Stärke war das Bekenntnis zur Dreieinigkeit mit einem Hauch modalistischer Vereinfachung, weniger das zur Dreifaltigkeit. Die nachnizänischen Kämpfe und Wirren haben daher Rom und das Abendland nur wenig berührt. Die westliche Kirche war durch und durch nizänisch gesonnen; das Bekenntnis zur Gottheit des Sohnes und des Heiligen Geistes war ihr selbstverständlich. Aber wiederum und mit aller Vorsicht gesagt: das Nizänum wurde sehr stark im Sinn der Dreieinigkeit, weniger der Dreifaltigkeit Gottes verstanden. Basilius und die anderen Vorkämpfer des *homousios* im Osten konnten fest auf die abendländischen Bischöfe wie Damasus und Ambrosius zählen, wenn es um die Verteidigung des nizänischen Glaubens ging. Trotzdem empfanden sie sie nicht als die besten Bundesgenossen, denn die trinitarische Spannung personaler Vielfalt und Bewegung, an denen ihnen als Dialektikern und Schülern des großen Origenes so viel lag, erschien ihnen in der abendländischen Theologie zu sehr eingeebnet zu sein. Noch unheilvoller waren die kirchenpolitischen Folgen aus den dogmatisch vergleichsweise geringen Differenzen. Sie führten nämlich dazu, daß maßgebende westliche

Bischöfe den Einheitsbemühungen von Bischöfen wie Basilius und Meletius mißtrauten und z.B. weiter auf den 362 widerrechtlich von Lucifer von Calaris geweihten strengnizänischen Paulinus setzten, wodurch im einflußreichen Antiochien der Kirchenfrieden weiterhin vereitelt wurde (vgl. S. 47). So werden die bitteren Worte des Basilius über Damasus und Ambrosius verständlich, von denen er sich in seinem schweren Kampf gegen Arianer, Homöer und Pneumatomachen im Stich gelassen fühlte[102].

5.2 Tertullian

Besondere Beachtung verdient Tertullian (gest. nach 212), der in hervorragendem Maße zum Werden einer lateinischen theologischen Fachsprache beigetragen und die Begriffe bereitgestellt hat, die für die Formulierung des Trinitätsdogmas wichtig geworden sind. Dabei war er alles andere als ein trockener Gelehrter, und seine Schriften enthalten keine nüchterne Begriffsklauberei. Im Gegenteil, er ist nach den Worten des Hieronymus, vir.ill. 53, ein *vir ardens*, immer in Hitze und dem konkreten Leben zugewandt. Entsprechend sind seine Schriften engagiert, leidenschaftlich, oft sogar bissig-sarkastisch formuliert. Aber je mehr Tertullian sich in Eifer redet (und schreibt), um so geschliffener werden seine Formulierungen. Der Gegner wird kompromißlos niedergerungen, die Argumente aber bleiben präzise und klar.

Tertullian ist Sprachschöpfer aus Neigung, aber auch aus der Notwendigkeit der Zeit heraus. Er vermochte griechisch zu schreiben – bezeichnenderweise ist nichts davon erhalten –, ging dann aber zu Latein über, um auch die Leute zu erreichen, die nicht wie die wenigen Gebildeten zweisprachig waren. Daß er sich dabei über alle literarischen Konventionen hinwegsetzte, ist ihm gleichgültig. Er schrieb die lebendige Sprache des Volkes, die zur Sprache der werdenden lateinischen Kirche wurde; sie war voll von Lehnworten und Neubildungen, um die christliche Wirklichkeit angemessen ausdrücken zu können[103]. Tertullians Bemühungen um eine christliche Fachsprache entsprangen nicht philosophischen Neigungen. Die Philosophen sind für ihn die „Erzväter der Ketzer" (anima 3,1), die ein Phantasiegebilde für Gott ausgeben, den bekannten „Gott der Philosophen" (adv. Marc. 2,27,6) – eine der zahllosen Wortprägungen Tertullians. Wenn er dennoch von seiner philosophischen Bildung Gebrauch macht, dann um der Klarheit und Vernünftigkeit der Gedanken willen. *Credo, quia absurdum* ist trotz der in der Schrift De carne Christi 5,4 aufgezählten Paradoxien: „Gottes Sohn ist gekreuzigt – das ist nicht beschämend, weil es eine Schmach ist; und Gottes Sohn ist gestorben – das ist glaubwürdig, weil es eine Torheit ist; und er ist begraben worden und auferstanden – das ist gewiß, weil es unmöglich ist", keine tertullianische Maxime.

Tertullian hat seine Trinitätslehre vor allem in seiner Schrift gegen Praxeas entfaltet, der als eine wichtige Persönlichkeit in Rom lebte. Da Praxeas nur durch Tertullian bekannt ist und sich die von Tertullian bekämpfte Lehre mit der des Sabellius deckt, ist erwogen worden, ob Praxeas nur ein Pseudonym für Sabellius ist (vgl. S. 64). Gegen den sabellianischen Modalismus hat Tertullian mit aller Entschiedenheit die Eigenständigkeit des Logos behauptet. Vater und Sohn sind nicht verschiedener Substanz, wohl aber als verschiedene Personen zu bezeichnen. Sie sind *unum, non unus*, sie sind wesenseins, aber nicht ein Wesen[104].

Allerdings gibt es Unterschiede. Der Logos ist zwar schon vor der Zeit als eigene *persona* vom Vater zu unterscheiden, jedoch erst zum Zweck der Weltschöpfung aus dem Vater hervorgetreten und im eigentlichen Sinn als Sohn geboren worden. Vor der Schöpfung war er in Gott befindlicher Logos, mit der Schöpfung wird er der Sohn; Gott trägt den Logos von Ewigkeit her in seiner *ratio*; Vater und Sohn werden sie bei der Schöpfung. Ähnlich trägt der Logos die Kraft des Heiligen Geistes in sich, der dann bei der pfingstlichen Ausgießung in einem späteren Abschnitt der Heilsgeschichte in Erscheinung getreten ist (adv. Prax. 5; 30).

Tertullian versteht also wie viele andere die Trinität vornehmlich heilsökonomisch. Bei der Schöpfung tritt aus dem Vater der Sohn hervor, bei der Sammlung der Kirche sendet Gott durch seinen Sohn – *a patre per filium* – den Geist, gegenwärtig erfahrbar in den Gläubigen. Umgekehrt wird diese heilsökonomische Entfaltung überflüssig und hebt sich wieder auf, wenn die Kirche vollendet und bei Gott ist am Ende der Zeiten. Dann übergibt Christus dem Vater das Reich, „damit Gott herrscht über alles und in allem" (1 Kor 15,28).

Dieses häufiger auftauchende Schriftwort (vgl. S. 20; 31; 57) erinnert an Markell von Ankyra und sogar an den Modalismus. Trotzdem ist Tertullian Subordinatianist. Die Unterschiede in der Gottheit sind für ihn nicht nur Modalitäten, sondern wirkliche Unterschiede *non statu, sed gradu* in einer vertikalen Gliederung. Der Vater ist *tota substantia*, der Sohn *portio substantiae*; zugleich besteht eine Wesenseinheit in der Dreiheit, indem die Gottheit die Einheit darstellt, Vater, Sohn und Heiliger Geist ihre Verwirklichungsform bilden.

Dieses dürre Gerüst von trinitarischen Verknüpfungen bildet sicherlich nicht das Ziel von Tertullians Bemühungen, sondern stellt nur deren dogmengeschichtlichen Extrakt dar. Doch der ist hochbedeutsam wegen des Begriffsmaterials, das hier nicht nur zum ersten Mal verwandt wird, sondern von Tertullian überhaupt erst geprägt worden ist. Auf ihn geht es zurück, wenn von nun an in bezug auf Gott von *una substantia – tres personae* gesprochen wird. *Substantia* ist für Tertullian das existierende Seiende, die Übersetzung von *hypostasis*, die Verwirklichungsstufe der Idee; mit *persona* bezeichnet er die subordinatianisch gedachte Konkretisierung der *substantia divina* in einer bestimmten Gestalt, so wie die römische Monarchie eine bleibt und einer ihr eigentlicher Inhaber ist, auch wenn es mehrere Kaiser gibt, die an dem einen Kaisertum teilhaben[105]. Die Übersetzung des griechischen *trias* mit *trinitas* geht ebenfalls auf Tertullian zurück (adv. Prax. 3). Diese von dem ersten lateinisch schreibenden Theologen geleistete Begriffsbereitung ist aus der Tradition der westlichen Kirche nicht mehr wegzudenken. Auch Augustinus hat sich ihrer bedient.

5.3 Augustinus

Die Summe seines Nachdenkens und Meditierens über das dreifaltige Geheimnis Gottes hat Augustinus in den fünfzehn Büchern von De Trinitate niedergelegt. Zwanzig Jahre hat er an ihnen gearbeitet; 399 hatte er begonnen und 420 das Werk nach längereren Unterbrechungen zwar nicht vollendet, aber doch zu Ende gebracht (ep. 174; retr. 2,14,1). De Trinitate gehört zu den wenigen Schriften, die Augustinus nicht auf Drängen anderer *adversus* oder *contra* irgendwen oder irgend etwas, sondern aus eigenem Bedürfnis heraus geschrieben hat. Er bekennt selbst, seine Darlegungen seien äußerst schwierig, und wohl nur wenige würden sie verstehen; er weiß auch, daß er „nichts der Unaussprechlichkeit jener höchsten Dreieinigkeit Würdiges" gefunden hat (15,27,50). Den Schluß des ganzen Werkes bildet daher auch nicht eine Zusammenfassung der *disputatio*, sondern ein Gebet. Augustinus ist beklommen, wenn er an die vielen Worte denkt, die er gemacht oder auch verschwendet hat.

„Ein Weiser sagte, als er ... von dir redete, dieses: ‚Vieles sagen wir, und wir gelangen nicht zu ihm' (Koh 43,29). Wenn wir zu dir gelangen, dann wird das ‚viele', das ‚wir sagen' und zu dem ‚wir nicht gelangen' zu Ende sein, und bleiben wirst du allein, der du alles in allem bist. Ohne Ende werden wir dann das eine sagen, dich mit einer Stimme preisend, in dir eins geworden. Du, Herr, Gott, du der Eine, du Gott Dreieinigkeit, was immer ich in diesen Büchern von dir her gesagt habe, laß auch als dir gehörig gelten; wenn ich etwas von mir her gesagt habe, dann laß es nicht gelten, und auch so laß mich dein bleiben! Amen"[106].

De Trinitate zerfällt in zwei Teile. Im ersten Teil formuliert Augustinus in den Büchern eins bis vier den positiven Schriftbeweis und in fünf bis sieben das kirchliche Dogma über die Trinität; der zweite Teil bringt die spekulative Durchdringung des Glaubensgutes. Als Augustinus mit der Arbeit begann, war die Entscheidung von Konstantinopel schon fast zwei Jahrzehnte alt und allgemein akzeptiert – auch von Augustinus ohne jeden Abstrich. Das merkt man dem ganzen Werk an; es schreitet in ruhiger, wissenschaftlicher Überlegung voran. Natürlich wurde auch De Trinitate nicht voraussetzungslos geschrieben. Platonische, neuplatonische und sogar manichäische Schemata machen ihren Einfluß geltend und bedürfen der Korrektur. Aber sie sind doch mehr Denkvoraussetzungen als zu bekämpfende Widersacher.

– Einheit Gottes

Augustinus nähert sich der Interpretation des Trinitätsglaubens nicht wie die meisten anderen Väter auf heilsökonomischem, sondern auf philosophischem Wege. Ausgangspunkt ist die *una substantia* des göttlichen Wesens. Schon in der Gotteslehre[107] hatte Augustinus neben der Seinsfülle und Geistigkeit die Einheit als Wesensbestimmung Gottes betont. Sie mußte immer noch gegen den heidnischen Polytheismus verteidigt werden. Neben der Begründung aus der Heiligen Schrift beweist Augustinus ihre innere Folgerichtigkeit aus dem platonisch-philosophischen Gedanken von der Einfachheit Gottes, die seiner Seinsfülle nicht widerstreitet, sondern sie erst ermöglicht. Einheit und Einfachheit Gottes bilden zugleich den Hauptakzent in der Trinitätslehre. Die Einheit wird immer der Dreiheit vorgeordnet, nicht zuletzt in Frontstellung gegen den Manichäismus, der die Schöpfung nicht auf den einen Gott, sondern auf einen Zwiespalt in den allerersten Prinzipien des Seins zurückführen wollte.

Wie aber ließ sich in die eine, einfache, ewige und unveränderliche Wesenheit Gottes die Dreiheit einbringen? Die östliche Formel *mia usia – treis hypostaseis* war für die Abendländer nicht zu gebrauchen, denn *substantia* – die lateinische Übersetzung von *hypostasis* – bedeutete soviel wie *essentia* und schloß personale Vorstellungen aus. Die griechische Differenzierung zwischen *usia* und *hypostasis* war nicht in die lateinische Übersetzung eingegangen. Lateinisch hätte die Formel lauten müssen: *una essentia, tres substantiae*. Das hätte jedoch in die Irre geführt, denn *substantia* bezeichnet im Lateinischen das dem Vater, Sohn und Heiligem Geist gemeinsame göttliche Wesen. Der Sohn war ja *consubstantialis patri*. Darum hatte sich im Abendland die Formel eingebürgert: *una essentia vel substantia, tres personae* (5,8f,10). Auch diese Formel empfand Augustinus als ungenügend, wenngleich er sie zu entschuldigen sucht:

Die lateinischen Schriftsteller „fanden nämlich keine passendere Weise, um ihre wortlosen Erkenntnisse in Worten auszudrücken. Da nämlich der Vater nicht der Sohn, der Sohn nicht der Vater, der Heilige Geist ... nicht der Vater oder der Sohn ist, so sind es jedenfalls drei ... Wenn man jedoch fragt, was diese drei sind, dann wird die große Armut offenbar, an welcher die menschliche Sprache leidet. Immerhin hat man die Formel geprägt: Drei Personen, nicht um damit den wahren Sachverhalt auszudrücken, sondern um nicht gänzlich schweigen zu müssen"[108].

Was störte Augustinus an dem Ausdruck Person? Wie allgemein üblich, verstand Augustinus unter einer Person ein selbständiges, für sich bestehendes Individuum, eigentlich also eine Substanz. Folgerichtig hätte er Vater, Sohn und Geist zusammen „Person" nennen oder ihre tritheistische Aufspaltung in Kauf nehmen müssen.

„Warum also nennen wir nicht diese drei zusammen eine Person, wie wir von einem Wesen und von einem Gott sprechen, sondern heißen sie drei Personen, wo wir doch nicht von drei Göttern oder drei Wesen reden, warum anders, als weil wir wünschen, daß uns zur Bezeichnung der Dreieinigkeit doch wenigstens irgendein Wort zur Verfügung steht, damit wir nicht ganz schweigen müssen, wenn man uns fragt, was sind denn das für drei, wo wir bekennen, daß es drei sind"[109]?

Augustinus hatte noch andere Begriffsbestimmungen, z.B. Gattung und Art, ausprobiert, die sich aber als ebenso ungeeignet erwiesen, das Verhältnis von eins und drei in Gott zu erklären. So blieb er bei Person, die er aber anders verstehen mußte, um nicht drei Götter zu lehren. Wiederum kam ihm die Philosophie zu Hilfe[110]. Er erkannte, das Besondere an Gottes Wesen besteht darin, daß es eine Substanz ohne Akzidenzien ist (5,2,3). Versteht man nämlich unter Akzidens ein Moment des Zufälligen, das einer Substanz zukommen kann oder nicht, kann es in Gott keine Akzidenzien geben, weil es in ihm nichts Veränderliches geben kann (5,4,5). Andererseits kann nicht jede Aussage über Gott die Substanz betreffen, denn sonst entfiele jede Möglichkeit einer Differenzierung. Doch neben Substanz und Akzidens gibt es noch die aristotelische Kategorie der Relation.

„Es kann nämlich eine Aussage über Gott eine Beziehung betreffen, so die Beziehung des Vaters zum Sohn, des Sohnes zum Vater. Es handelt sich dabei nicht um ein Akzidens, weil der eine immer Vater, der andere immer Sohn ist ... Hätte der Sohn jemals angefangen, es zu sein, oder würde er jemals aufhören, es zu sein, dann wäre das Sohnsein ein Akzidens. Wenn andererseits der Vater Vater hieße in bezug auf sich selbst, nicht in bezug auf den Sohn, der Sohn Sohn hieße in bezug auf sich selbst, nicht in bezug auf den Vater, so würden die Aussagen: Der eine ist Vater, der andere Sohn, die Substanz betreffen ... Die Bestimmungen Vater und Sohn betreffen nicht die Substanz, sondern eine Beziehung *[relatio]*. Die Beziehung ist aber kein Akzidens, weil sie nicht wandelbar ist"[111].

Der Begriff der Relation also ermöglicht es Augustinus, das eine göttliche Wesen in einer dreifachen Beziehung zu sich selbst zu sehen. Die Relationen in Gott besitzen keine substantielle Selbständigkeit; sie sind ebensowenig akzidentiell veränderlich. Ein Mensch kann klein oder groß sein, die Relation des Vater- und Sohnseins dagegen gehört zum Wesen Gottes. Man könnte sie substantielle Relationen nennen, weder Substanz noch Akzidens, sondern eben die Relation in einer Substanz. Die Substanz des Vaters „ist der Vater selbst, aber nicht insofern er Vater ist, sondern insofern er ist" (7,6.11).

Mit dieser Unterscheidung glaubt Augustinus den Sinn der Formel: „ein göttliches Wesen in drei Personen", annehmbar umschrieben zu haben. Aus allen Überlegungen ergibt sich jedoch, daß der Personbegriff zur Beschreibung des Dreifaltigen in Gott ungeeignet ist. Reale Verschiedenheiten in Gott lassen sich nur relational formulieren, so wie es später das trinitarische Grundgesetz des Anselm von Canterbury, aufgenommen in die Konzilsentscheidung von Florenz (1441), formuliert hat: *In Deo omnia sunt unum, ubi non obviat relationis oppositio* (In Gott ist alles eins, wo nicht der Gegensatz der Relation obwaltet)[112]. Letztlich sind alle Unterscheidungen in Gott deswegen nicht als Tritheismus abzulehnen, weil sie nicht in Gottes Wesen, sondern in menschlichen Denknotwendigkeiten ihren Grund haben: *In meis autem vocibus separati sunt Pater, Filius et Spiritus sanctus* (4,21,30).

Die Einheit Gottes, das alte abendländische Anliegen, hat Augustinus großartig zu sichern vermocht. Notwendigerweise geriet er damit aber wieder in die Gefahr, die Einheit so stark zu betonen, daß die göttlichen Personen, die nur als Relationen, d.h. als Beziehungen, verstanden werden dürfen, zu Aspekten, Momenten oder eben Modalitäten (vgl. S. 27) innerhalb des einen göttlichen Wesens herabsinken. Der Scharfsinn Augustins, der die Schwierigkeiten der Personlösung aufgedeckt hat, beweist einmal mehr die Unlösbarkeit des trinitarischen Geheimnisses, das von Augustinus selbst nachdrücklich respektiert worden ist.

Das zeigt sich eindringlich, wenn Augustinus von dem gemeinsamen Handeln der Trinität nach außen spricht. Da Vater, Sohn und Heiligem Geist das eine göttliche Wesen zukommt, müssen auch alle göttlichen Eigenschaften wie Allmacht, Ewigkeit oder Gutheit den drei Personen in gleicher Weise zu eigen sein; es gibt keine subordinatianischen Reste mehr. Wie die drei Personen im Wesen nicht unterschieden sind, treten sie auch nach außen als ein einziges wirkendes Subjekt auf (1,4,17). Die *inseparabilis operatio trinitatis* schafft und erhält nicht nur die Schöpfung, sie zeigt sich auch im göttlichen Heilshandeln. Das Tun des Sohnes ist zugleich das Tun des Vaters, entsprechend Joh 5,19: „Der Sohn kann nichts von sich aus tun, sondern nur, wenn er den Vater etwas tun sieht. Was nämlich der Vater tut, das tut in gleicher Weise der Sohn". Konsequent durchgehalten führt solches Denken in den Patripassianismus. Augustinus hat das sehr wohl gesehen. Er formuliert sich den Einwand selbst:

„Wenn der Vater nichts ohne den Sohn tut und nichts der Sohn ohne den Vater, ist es dann nicht folgerichtig, wenn wir sagen, daß der Vater aus der Jungfrau Maria geboren worden sei, daß der Vater unter Pontius Pilatus gelitten habe, daß der Vater auferstanden und in den Himmel aufgefahren sei?"

Wie löst Augustinus das Dilemma? Theoretisch gar nicht. In einer Predigt beruft er sich einfach auf die Autorität des Glaubens.

„Das sei fern. Wir lehren so etwas nicht, weil wir so nicht glauben ... Was sagt nämlich der Glaube? Daß der Sohn aus der Jungfrau geboren worden ist, nicht der Vater ... Daß der Sohn gelitten hat unter Pontius Pilatus, nicht der Vater" (sermo 52,6).

Bemerkenswerterweise taucht die Berufung auf die Glaubensautorität aber nicht nur in einer Predigt auf, wo sie als angemessen betrachtet werden könnte, sondern wiederholt auch in der wissenschaftlichen Darstellung von De Trinitate[113]. Augustinus hat mit der eingangs des Werkes erklärten Absicht, nur das Glaubenszeugnis der Kirche entfalten zu wollen und sonst nichts, ernst gemacht. So sehr ihn diese Bescheidung ehrt, den Modalismus konnte auch er denkerisch nicht überwinden.

– Trinitarische Analogien

Seine eigentliche Leistung hat Augustinus in den letzten acht Büchern von De Trinitate erbracht, in denen er die *vestigia trinitatis* aufzuspüren sucht. Frühere Versuche, triadische Strukturen in der Schöpfung aufzudecken, wie z.B. die Ternare Feuer-Licht-Glanz oder Quelle-Fluß-Mündung, hat er dabei weit übertroffen. Augustinus suchte und fand die echten trinitarischen Analogien nicht in der Natur, sondern in der geistigen Verfaßtheit des Menschen, der nach dem Bilde Gottes geschaffen und zu göttlicher *similitudo* berufen ist. Der Geist des Menschen besitzt einen quasi-trinitarischen Charakter. Das zeigt sich bereits im Wahrnehmungsakt des menschlichen Selbstbewußtseins. Der Mensch erfährt sich gleichzeitig als ein gedachtes, denkendes und auf sich selbst gerichtetes Subjekt. Urbild des geistigen Selbstbesitzes beim Menschen ist Gott, insofern in den Relationen zwischen Vater, Sohn und Heiligem Geist ein unauflösliches Sich-selber-Wissen, Sich-selber-Erkennen und Sich-selber-Wollen gegenwärtig ist. Auch die Einheit des Liebenden, des Geliebten und der Liebe selbst enthält eine trinitarische Entsprechung[114].

In immer neuen Anläufen hat Augustinus versucht, die Struktur geistigen Seins nach allen Seiten hin zu entfalten, um daraus Einsicht in das dreifaltige Wesen Gottes zu gewinnen. Im menschlichen Geist unterscheidet er die Trias: *memoria, intelligentia* und *voluntas,* denn es ist dem Geiste eigen, daß er sich erinnern, erkennen und wollen kann. Erinnern, Erkennen und Wollen sind ein Geist, folglich nicht drei Substanzen, sondern drei Relationen eines einzigen Geistes, der zu sich selbst in Beziehung tritt. Die Glieder der Trias sind zusammen nicht größer als jedes einzelne für sich; sie fordern sich gegenseitig, und keins kann ohne das andere sein. Damit wird der menschliche Geist – wenn auch nur annäherungsweise – zu einem Abbild der Dreifaltigkeit (10,11,17/12,19). Zug um Zug kann Augustinus so im Rahmen seiner Relationenlehre, was er von der Verfaßtheit des menschlichen Geistes abliest, auf die Trinität übertragen in einer ähnlichen Unähnlichkeit und einer unähnlichen Ähnlichkeit. Neben *memoria, intelligentia, voluntas* stellt er gern das Ternar: *mens, notitia* und *amor*. Auch die Selbstliebe, die dem göttlichen Urbild der innertrinitarischen Liebe am nächsten kommt, erschöpft sich nicht in der Zweierbeziehung von Geist und Liebe, sondern wird um ein weiteres Glied erweitert durch die Selbsterkenntnis. Sie muß hinzukommen, denn niemand kann lieben, was er nicht kennt (9,3,3). Dabei sind Erkenntnis und Liebe nicht Akzidenzien des Geistes, Eigenschaften, die er haben kann oder nicht, sondern sie gehören zur Substanz des Geistes selbst.

„In diesen Dreien aber, da der Geist sich kennt und sich liebt, bleibt die Dreiheit Geist, Liebe, Kenntnis und wird durch keine Mischung vermengt, wenngleich jedes einzelne in seinem eigenen Selbst ist und in bezug auf die anderen ganz in jedem anderen als Ganzem ... Der Geist liebt sich ja ganz und kennt sich ganz und kennt seine Liebe ganz und liebt seine Kenntnis ganz, wenn diese drei in ihrem eigenen Selbst vollkommen sind. Auf wunderbare Weise sind also diese drei untrennbar voneinander, und doch ist jedes von ihnen Substanz, und zusammen sind sie alle eine Substanz oder ein Wesen, während sie in bezug auf einander Beziehungen in sich schließen"[115].

Die Analogie zur göttlichen Dreifaltigkeit wird noch dichter, wenn in der Reihe *mens, notitia* und *amor* die *notitia* mit dem *verbum* gleichgesetzt wird. Augustinus erläutert, wie das Verlangen nach Erkenntnis zur Liebe des Erkannten führt und wie sich im Wort die Erkenntnis mit dem Erkennenden verbindet:

„In jener ewigen Wahrheit also, von der alles Zeithafte geschaffen wurde, erblicken wir in geistiger Schau die Form, nach der wir sind ... Die von dorther empfangene wahrhafte Kenntnis der Dinge haben wir gleichsam als ein Wort bei uns, und indem wir sie innerlich sprechen, zeugen wir das Wort, und da es geboren wird, entfernt es sich nicht von uns[116]. Ein Wort ist also ...

eine mit Liebe verbundene Kenntnis. Wenn sich daher der Geist kennt und liebt, dann eint sich mit ihm in Liebe sein Wort. Und weil er seine Kenntnis liebt und seine Liebe kennt, ist sowohl das Wort in der Liebe wie auch die Liebe im Wort und beides im Liebenden und Sprechenden"[117].

Trinitarisch gewendet heißt das: Der Vater liebt sich, wie er sich erkennt im Wort des Sohnes; diese liebende Beziehung zwischen Vater und Sohn ist der Heilige Geist.

Das sind nur ein paar Beispiele. Die Dichte der Analogien ist verblüffend, solange man sich nicht klarmacht, daß überwiegend nur eine Seite der Ähnlichkeit berücksichtigt wird, nämlich die Einheit in der Dreiheit. Je mehr es gelingt, diese Seite der Ähnlichkeit herauszuarbeiten, um so unähnlicher wird die andere. Denn was Augustinus auf die Trinität überträgt, sind ja nur Aspekte in dem einen menschlichen Geist, der jeweils die Person jedes einzelnen Menschen konstituiert. Damit bleibt die Dreifaltigkeit der schwache Punkt auch der immer noch ganz abendländisch konzipierten augustinischen Trinitätslehre. Die Dreieinigkeit ist glänzend erfaßt. Gleichwohl hat Augustins auf subtilen psychologischen Beobachtungen aufbauende Trinitätsmetaphysik zu allen Zeiten Bewunderung erregt und ist in ihrer Art bis auf den heutigen Tag nicht übertroffen worden.

6. Ephesus (431)

Literatur:

H. LIETZMANN, Apollinaris von Laodicea und seine Schule 1 (Tübingen 1904); L. ABRAMOWSKI, Zur Theologie Theodors von Mopsuestia: ZKG 72 (1961) 263/93; E. NACKE, Das Zeugnis der Väter in der theologischen Beweisführung Cyrills von Alexandrien nach seinen Briefen und antinestorianischen Schriften (Diss. Münster 1964); A. ZIEGENAUS, Die Genesis des Nestorianismus: MThZ 23 (1972) 335/53; H.J. VOGT, Papst Coelestin und Nestorius: Konzil und Papst. FS. H. TÜCHLE. Hrsg. von G. SCHWAIGER (Paderborn 1975) 85/101; DERS, Das gespaltene Konzil von Ephesus und der Glaube an den einen Christus: TThZ 90 (1981) 89/105; TH. KLAUSER, Gottesgebärerin: RAC 11 (1981) 1071/1103; J. LIÉBAERT, Ephesus, ökumenische Synode (431): TRE 9 (1982) 753/5; B. STUDER, La recezione del concilio di Efeso del 431: La tradizione. Forme e Modi = SEAug 31 (Rom 1990) 427/42; DERS., Il concilio di Efeso (431) nella luce della dottrina mariana di Cirillo di Alessandria: La Mariologia nella catechesi dei padri = Biblioteca di scienze religiose 95 (Roma 1991) 49/67; J. LIÉBAERT, La doctrine christologique de Saint Cyrille d'Alexandrie avant la querelle nestorienne (Lille 1991); A. DE HALLEUX, La première session du Concile d'Ephèse (22 Juin 431): EThL 69 (1993) 48/87; DERS., Nestorius. Histoire et doctrine: Irén 66 (1993) 38/51; H.J. VOGT, Unterschiedliches Konzilsverständnis der Cyrillianer und der Orientalen beim Konzil von Ephesus: Logos. FS. L. ABRAMOWSKI (Berlin 1993) 429/51; A. RADDATZ, Theodor von Mopsuestia: Gestalten der Kirchengeschichte 2. Hrsg. von M. GRESCHAT (Stuttgart [Nachdruck] 1993) 167/77; G. PODSKALSKY, Nestorius: ebd. 215/25; H.J. VOGT, Cyrill von Alexandrien: ebd. 227/38; DERS., Unterschiedliche Exegese der Alexandriner und der Antiochener. Cyrillische Umdeutung christologischer Texte des Theodor von Mopsuestia: Stimuli. FS. E. Dassmann = JbAC Erg.-Bd. 23 (1996) 357/69; G. MÜNCH-LABACHER, Naturhaftes und geschichtliches Denken bei Cyrill von Alexandrien = Hereditas 10 (1996).

Während im Westen Augustinus den Gnadenstreit ausficht, ist die Theologie im Osten nicht stehengeblieben. Zu Beginn des 5. Jh.s drängen hier die Fragen der Christologie zur Klärung, wobei nicht vergessen werden darf, daß solche Lokalisierungen und zeitlichen Fixierungen die Wirklichkeit nur ungenau wiedergeben. Natürlich ist die Frage nach Christus nicht erst auf dem Konzil von Ephesus entbrannt. Sie reicht bis in die ältesten Urkunden des Christentums zurück und ist seit dem Jesuswort bei Caesarea Philippi: „Für wen halten die Leute den Menschensohn?" (Mt 16,13) nicht mehr zur Ruhe gekommen. Auch Nizäa kann nicht nur unter trinitarischen, sondern auch unter christologischen Gesichtspunkten betrachtet werden.

Ebensowenig wie zeitlich läßt sich die Christologie räumlich begrenzen. Die westliche Theologie hat sie beileibe nicht ausgeklammert. Auch ohne nähere Ausführungen dürfte klar sein, daß etwa der Gnadenlehre Augustins ein bestimmtes Christusbild zu Grunde liegt. Knüpft man in abstrakter Weise Rettung und Verwerfung des Menschen an die von jeder menschlichen Nähe entrückte Göttlichkeit des *logos*, führt das leicht zu einem starren soteriologischen System, das viel von seiner spekulativ geforderten Unerbittlichkeit und Härte verliert, wenn das Heil des Menschen an die konkrete Begegnung des einzelnen mit Christus gebunden wird. Wie Paulus es vorgemacht hat, wenn er trotz der bedrückenden Schilderung der Verlorenheit des Menschengeschlechts in Röm 1f zuversichtlich bleibt: „Wer an ihn glaubt, wird nicht zugrunde gehen" (Röm 9,33). In der persönlichen Begegnung mit dem pneumatisch gegenwärtigen Christus zerstiebt jeglicher Prädestinationsalptraum.

Ephesus – und auch Chalkedon – dürfen daher nicht isoliert betrachtet werden, sondern als geschichtlich verdichtete Augenblicke, in denen das andauernde Ringen um ein zutreffendes Christusbild höchste Intensität erlangt und zu Antworten geführt hat, welche die Fragen nach Christus zwar nicht ausschöpfen, aber doch Grenzen markieren, hinter die der reflektierte Glaube der Kirche nicht wieder zurückfallen kann.

6.1 Die Zuspitzung der christologischen Frage

– Das Grundproblem

Die kirchliche Verkündigung über Christus hat bereits gegen Ende der apostolischen Zeit in den späten neutestamentlichen Schriften einen Stand erreicht, bei dem behauptet wird, daß der Mensch Jesus zugleich Gottes Sohn ist. Das Paradoxe und Ärgerniserregende dieser Behauptung wird deutlich gesehen. Das Johannesevangelium spricht es aus in dem Vorwurf der Juden an Jesus: „Du, der du ein Mensch bist, machst dich zu Gott" (Joh 10,33). Um so schärfer betont Johannes die Wirklichkeit, aber auch den unerhörten Gegensatz von präexistenter Seinsweise des göttlichen *logos* und der menschlichen Fleischesnatur in Christus. Der Evangelist wählt mit Absicht die harte Terminologie: „Und das Wort ist Fleisch geworden" (Joh 1,14), bei der Fleisch nicht den philosophischen Gegensatz zu Geist, sondern die Sterblichkeit bzw. Vergänglichkeit der ganzen, Leib und Geist umfassenden menschlichen Natur gegenüber der Unsterblichkeit des *logos* meint. Eine ungeheure Spannung waltet zwischen *logos* und *sarx*. Trotzdem gehören beide zu Christus.

Die Aufgabe der nachapostolischen Verkündigung bestand darin, diese Spannung auszuhalten. Wird sie aufgelöst, indem der eine Spannungspol den andern negiert, so daß nur einer übrig bleibt, gleitet die Christologie ebenso ins Häretische ab, wie wenn die Verbindung oder die Eigenständigkeit der beiden Pole aufgegeben wird, so daß Jesus und *logos* entweder auseinander- oder in eins zusammenfallen. Mit den hier genannten Alternativen sind die Grundformen aller späteren christologischen Irrlehren bereits aufgezeigt. Entweder werden Gottheit oder Menschheit in Christus geleugnet, oder Gottheit und Menschheit werden soweit auseinandergerissen, daß sie sich nicht mehr in dem einen Christus verbinden, bzw. so nahe zusammengefügt, daß sie zu einer Natur verschmelzen.

– – Christus: Gott oder Mensch?

Beispiele für die erste Form der Häresie waren bereits in apostolischer Zeit die Doketen, die Christus nur einen Scheinleib zubilligten. Gegen sie richtet sich 1 Joh 1,1: „Was von Anfang an war, was wir gehört haben, was wir mit unseren Augen gesehen, was wir geschaut und was unsere Hände angefaßt, das verkünden wir: das Wort des Lebens". Das andere Extrem einer häretischen Christologie vertraten Kerinth und die judenchristlichen Ebioniten. Für sie war Christus nur ein privilegierter Mensch. In diese Gruppe gehören ebenfalls einige Ausprägungen des adoptianischen Monarchianismus, der im Zusammenhang mit den trinitarischen Kontroversen des 2. Jh.s bereits erwähnt wurde (vgl. S. 26). Er betrachtete Christus als bloßen Menschen, der nur als Gott bezeichnet wird, weil eine göttliche Kraft in ihm wirksam ist. Die modalistische Richtung des Monarchianismus identifizierte Christus mit dem Vater und unterschied lediglich die Erscheinungsweisen Gottes; hier kommt es gar nicht zu einer echten Menschwerdung des Logos (vgl. S. 27f). Später gehören die Arianer zu den Leugnern der wesenhaften Gottheit Christi. Ihre Christologie hat nur wenig Beachtung gefunden und ist durch die trinitarischen Aspekte der Auseinandersetzung so sehr überdeckt worden, daß die arianischen Quellen zur Christologie weitgehend untergegangen sind. Diese wenigen Bemerkungen genügen, um den christologischen Aspekt dieser meist als trinitarisch bezeichneten Irrlehren anzudeuten.

Eine interessante Weiterentwicklung des adoptianistischen Monarchianismus bot der ebenfalls schon erwähnte Paul von Samosata (vgl. S. 26f). Auch er betrachtete Christus als bloßen Menschen. Dann aber tauchen philosophische Kategorien zur Charakterisierung der Verbindung Christi mit der göttlichen Sphäre auf. Der göttliche Teil im Menschen Christus ist der *logos*, der in dem von Maria geborenen Jesus wohnt wie in einem Tempel. Der *logos* wird dabei als ein unpersönliches Attribut des einen Gottes betrachtet. Diese Konstruktion eröffnete in der Folge ganz neue Möglichkeiten christologischer Interpretationen. Wenn man nämlich den Menschen philosophisch faßte als eine Einheit von *nus*, *psychē* und *sarx*, den Sohn Gottes aber verstand als *logos* oder *pneuma*, konnte man darangehen, einzelne Elemente auszutauschen, um die gottmenschliche Verbindung in Christus näher zu bestimmen. Ersetzte man etwa *nus* durch *logos*, vereinigen sich in Christus *logos* (*pneuma*), *psychē* und *sarx*. Auch wenn solche Konstruktionen seltsam anmuten, sie eröffneten den Versuch, mittels philosophischer Kategorien das christologische Geheimnis zwar nicht aufzulösen, aber es doch genauer zu umschreiben.

– – Vermischung oder Trennung?

Bei der zweiten Grundform christologischer Fehlinterpretation wird die eine oder andere Komponente der gottmenschlichen Natur Christi nicht einfach geleugnet, sondern falsch gewichtet. Entweder wird die Verbindung von Gottheit und Menschheit unzulässig gelockert, nur als eine willentlich-moralische, nicht als eine wesenhaft-personale betrachtet, oder die Verbindung wird so sehr gesteigert, daß die eine Komponente die andere aufsaugt und nur eine einzige Natur übrig bleibt. Diese beiden Fehlformen werden im

Nestorianismus und Monophysitismus virulent und in den Konzilien von Ephesus und Chalkedon abgewehrt werden.

– Nachapostolische Zeit

Die kirchliche Verkündigung der nachapostolischen Zeit versucht in der Christologie beiden Irrtümern aus dem Wege zu gehen; sie hält sowohl an der unverkürzten Gottheit und Menschheit als auch an der unauflöslichen Einheit beider in Christus fest, indem sie beide behauptet und liturgisch bekennt, weniger indem sie sie in ihren Bedingungen und Folgen spekulativ durchdenkt und einsichtig macht. Das ist eine Beobachtung, die in der Dogmengeschichte häufiger getroffen werden kann: Das *depositum fidei* wird bewahrt, indem es positiv verkündet wird. Es ist dabei jedoch ungeschützt und den Angriffen häretischer Einwände preisgegeben. Daraus ergibt sich die Aufgabe der Konzilien. Sie schaffen nicht den wahren Glauben, sondern artikulieren ihn durchdacht und philosophisch unterbaut, so daß er nicht nur behauptet, sondern in Abgrenzung von häretischen Verfremdungen als der notwendig von der Kirche zu bewahrende Glaube einsichtig gemacht werden kann.

– – Ignatius

Das Bemühen, die biblisch-apostolische Grundlage zu bewahren, zeigt sich bereits bei Ignatius von Antiochien (gest. um 110)[118], bei dem johanneische und paulinische Traditionen weiterwirken. Ignatius warnt die Gemeinde in Ephesus:

„Es pflegen nämlich gewisse Leute [Häretiker] mit arger List den Namen [Christen] umherzutragen, während sie andere Dinge tun, die Gottes unwürdig sind; diesen müßt ihr wie Bestien ausweichen. Sie sind nämlich tollwütige Hunde, die tückisch beißen; vor diesen müßt ihr euch hüten, da sie schwer heilbar sind"[119].

Dieser von Ignatius gern aus der Heilkunde herangezogene Vergleich assoziiert eine christologische Aussage. Schematisiert man sie, ergeben sich zwei Reihen von Prädikaten, die am Anfang und Ende zu einem einheitlichen Satz zusammengefügt werden:

„Einer ist Arzt
aus Fleisch zugleich und aus Geist,
gezeugt und ungezeugt,
im Menschen Gott,
im Tode wahrhaftes Leben,
aus Maria sowohl wie aus Gott,
zuerst leidensfähig und dann leidensunfähig,
Jesus Christus unser Herr"[120].

Ähnliche Aussagereihen finden sich im ignatianischen Schrifttum an vielen anderen Stellen. Die Einheit beider Naturen in dem einen Christus stellt Ignatius vorzüglich dadurch her, daß er mit Hilfe der später so genannten Idiomenkommunikation[121] in einer Vertauschung der Aussagen Göttliches vom Menschen Jesus und Menschliches vom *logos* aussagt – Gottes Sohn hat gelitten; Jesus ist allmächtig – und zwar bei klarer Unterscheidung beider Seinsweisen, die ein Aufgehen der einen in der anderen nicht zuläßt.

Diese von Ignatius reich entfaltete Formeltreue bestimmt weitgehend die kirchliche Christologie des 2. Jh.s Sie mußte gegenüber den wissenschaftlicheren und komplizierteren Christologien häretischer Gegner genügen.

– – Irenäus

Das gilt auch für Irenäus, den bedeutendsten Theologen gegen Ende des 2. Jh.s, der im Anschluß an Ignatius gegen den gnostischen Dualismus für die Einheit von *logos* und *sarx* in Christus kämpfte.

„Johannes kennt nur ein und dasselbe göttliche Wort, und dieses Wort ist der eingeborene Sohn, und er ist Fleisch geworden um unseres Heiles willen ... Darum stehen sie alle außerhalb der Heilsordnung, jene, die unter dem Deckmantel der Gnosis auf die eine Seite Jesus und auf die andere Christus stellen und, von diesem verschieden, das Wort ... Sie zerteilen und zerstückeln den Gottessohn"[122].

Irenäus hat die Gefahr klar erfaßt. Darum steht für ihn die Betonung der Einheit im Mittelpunkt seiner Theologie in Übereinstimmung mit der kirchlichen Tradition. So ist es bis ins 4. Jh. hinein geblieben. Besonders die Alexandrinische Schule ist ganz auf die Einheit eingeschworen; das theologische Denken des Athanasius kreist um sie. Letztlich begnügt sich auch das Konzil von Nizäa damit, den einen Christus als Gott und Mensch zu bekennen. Wir glauben „an den einen Herrn Jesus Christus, den Sohn Gottes, ... der Mensch geworden ist".

Unbeantwortet blieb bei dieser sogenannten Einheitschristologie die Frage: Wie ist die Einheit zu verstehen? Was geschah bei der Menschwerdung? Wie wird aus zweien eins, und zwar wirklich eins, ohne aus der Vereinigung ein neues drittes Mittleres entstehen zu lassen, sondern nur ein vermittelndes Drittes, das die Verbindung ermöglicht? Trotz dieser theoretischen Schwäche kann der praktische Wert der bis in das erste allgemeine Konzil hinaufreichenden Tradition von der Einheit in Christus nicht leicht überschätzt werden. Daß es noch nicht gelungen war, die sich aufdrängenden Schwierigkeiten spekulativ zu lösen, schmälert nicht das wichtige Ergebnis: Die wesentlichen Elemente einer vollständigen Christologie wurden bewahrt und lagen für eine erneute theologische Arbeit bereit.

– Apollinaris von Laodicea und die Einheitschristologie

– – Das Problem der Seele Christi

Die spekulative Durchdringung des Inkarnationsproblems, die Frage, wie der *logos* Fleisch werden konnte, ebenso die Betonung der Einheit von *logos* und *sarx* in Christus stand vor einer großen Schwierigkeit. Was geschah mit der Seele Christi? Argumentierte man philosophisch im dichotomischen Leib-Seele-Schema, drängte sich eine Lösung geradezu auf: Der göttliche *logos* vereinigt sich mit dem menschlichen Fleisch wie die Seele mit dem Leib; d.h. wie die Seele Lebens-, Bewegungs- und Tätigkeitsprinzip für den menschlichen Leib ist, so ist es der göttliche *logos* für die menschliche Natur Christi.

Die Gefahr dieser an sich glatten Lösung liegt auf der Hand. Ist der *logos* das Lebensprinzip in Christus, dann tritt er an die Stelle der Seele. Wenn aber die menschliche Seite Christi nur Fleisch ist ohne menschliche Seele, deren Funktion vom göttlichen *logos* übernommen wird, bleibt dann die Menschheit Christi nicht ein Torso, eben doch nur Schein? Wie soll Christus leiden können, wenn er keine menschliche Seele hat? Der göttliche *logos* kann es nicht, denn Gott ist leidensunfähig; eine menschliche Seele, die Leid empfinden könnte, fehlt. Auf das johanneische Wort: „Und das Wort ist Fleisch geworden" (Joh 1,14) kann sich die Eliminierung der Seele aus der menschlichen Natur Christi und ihre Ersetzung durch den *logos* nicht berufen, denn das biblische *sarx* meint eben nicht philosophisch das Fleisch im Gegensatz zum Geist, sondern den ganzen sterblichen Menschen. „Was wir vom Fleisch aussagen, sagen wir vom Menschen aus", betont Cyrill von Alexandrien zu Recht (ep. 46).

Gelegen kam die Ersetzung der menschlichen Seele durch den Logos den Arianern. Sie brauchten der Frage nach der Leidensfähigkeit Christi nicht aus dem Wege zu gehen, denn für sie war der *logos* nicht wesenhaft Gott, darum durchaus imstande, alleiniges Lebensprinzip in Christus zu sein, das Leiden und Sterben nicht ausschloß. Das philosophisch inspirierte christologische Verständnis einer Vereinigung von *logos* und *sarx* im Sinne von Seele und Leib stützte nur ihre Auffassung, daß der *logos* in Christus nicht wesensgleich mit Gott sein konnte. Doch inzwischen hatte Nizäa anders entschieden und die volle Gottheit und Menschheit Christi bekannt, weil nur so die Erlösung gesichert erschien. Wie sah die Einigung aus, nachdem der arianische Ausweg durch Nizäa verstellt worden war?

– – Apollinaristische Zuspitzung

Einer der erbittertsten Gegner der arianischen Christologie war der schon erwähnte Apollinaris, seit etwa 361 Bischof von Laodicea. Sein umfangreiches Schrifttum ist fast ganz untergegangen. Was sich erhalten hat, verdankt es dem Umstand, daß es unter dem Namen anerkannter kirchlicher Autoritäten tradiert worden ist[123]. Apollinaris streitet gegen die Arianer, indem er bei der Verbindung von *logos* und *sarx* in Christus die Akzente umkehrt. Für die Arianer ist Christus Mensch, weil nur ein letztlich dem Menschen wesensgleicher *logos* leidensfähig ist; für Apollinaris ist Jesus wahrer Gott, weil mit Jesus der göttliche *logos* selbst leidet und stirbt. Nur wenn Christus wirklich Gott ist – und nicht ein Mensch, in dem göttliche *dynamis* wohnt –, kann er die Menschen erlösen. Das ist so etwas wie umgekehrter Arianismus und erinnert zugleich an Athanasius. Zugrunde liegt allen Auffassungen das dichotomische anthropologische Schema mit der Zweiteilung von *logos* und *sarx* – entsprechend Seele und Leib.

Die glatte Lösung, in Christus verbinden sich *logos* und *sarx* wie beim Menschen Seele und Leib, hatte die Schwierigkeit gegen sich, daß in den Evangelien deutlich eine Seele Christi bezeugt wird, die nicht ohne weiteres durch den *logos* ersetzt werden kann. „Meine Seele ist zu Tode betrübt", heißt es Mt 26,38, und in Joh 12,27 klagt Jesus: „Jetzt ist meine Seele erschüttert. Was soll ich sagen? Soll ich bitten: Vater, rette mich aus dieser Stunde." Ließ sich die Schwierigkeit vermeiden, wenn man zu einem dreigliedrigen (trichotomischen) Schema überwechselte, bei dem in der Seele *nus* und *psychē* unterschieden werden? Christologisch gewendet ersetzt der *logos* dann nicht mehr die ganze Seele, sondern nur noch ihren rationalen Teil, den *nus*.

Das Bestreben ist eindeutig: Die volle Menschheit Christi, begabt mit Leidensfähigkeit und allen seelischen Regungen, soll erhalten bleiben. Trotzdem soll Christus kein

Mensch sein wie alle anderen – die Apostel etwa, deren Geist auch von Gottes Geist erfüllt war. Christus soll als himmlischer Erlöser über die Erde schreiten in einer Übersteigerung des johanneischen Christusbildes. Im Grunde war eine solche Konzeption nicht neu. Die ganze Einheitschristologie seit Irenäus hatte ähnlich gedacht. Die bei Apollinaris zu beobachtende Unterbewertung des Menschlichen läßt sich in ähnlicher Weise auch bei anderen Theologen (z.B. Athanasius) bemerken. Nur die explizierten nicht so genau wie Apollinaris. Mag sein, daß sie mit einer menschlichen Seele Christi ebenfalls nicht viel anzufangen wußten; darum übergehen sie am liebsten das Problem.

Mit Apollinaris beginnt man nun, die Christologie in die philosophischen, stoischen oder platonischen, dicho- oder trichotomischen Vorstellungen der Zeit einzufädeln und daraus die Konsequenzen zu ziehen. Damit geriet aber die ganze *logos-sarx*-Einheitschristologie in die Krise. Das von Apollinaris erreichte Ergebnis zeigte nämlich, daß genau das eintrifft, was anfangs bereits als Gefahr signalisiert worden war. Die apollinarische Logik führt zu dem Schluß, daß die vom göttlichen Logos als Lebensprinzip herbeigeführte Einheit Christus zu einer *mia physis*, zu einer einzigen, wenn auch einzigartigen Natur macht. Dabei kann diese Natur nur als eine *mesotēs*, eine Vermischung oder Zwischenstufe zwischen Gott und Mensch, verstanden werden. Christus wird zu einem neuen Mittelwesen. Da aber kein Mittleres die beiden zu vereinenden Seiten vollständig besitzt, sondern immer nur teilweise und gemischt, ergibt sich, Christus als Mittleres zwischen Gott und Mensch ist weder ganzer Mensch noch ganzer Gott, sondern eine Mischung von beiden[124]. Diese Schlußfolgerung war kirchlicherseits nicht mehr annehmbar. Genau das, ein Mittelwesen, mußte ausgeschlossen bleiben, denn mit ihm wäre man wieder bei Arius angelangt – wenn auch auf umgekehrtem Wege.

Um die apollinarische Wendung *mia physis* (eine Natur) sollte noch erbittert gestritten werden, ehe sie endgültig abgelehnt wurde. Apollinaris hat auch eine andere Formel gebraucht, die später in das kirchliche Dogma eingegangen ist: *mia hypostasis*. Er selbst hatte beide Formeln noch gleichsinnig zur Klärung desselben Gedankenganges verwendet und konnte auch von einer Person oder einem Wesen sprechen. In jedem Fall ging es ihm um die Identität der zweiten Person der Trinität mit dem inkarnierten Christus, dem *theos ensarkos*. Natürlich hat nicht die Sprachregelung – eine Natur oder eine Hypostase – dazu geführt, daß der Bischof verurteilt wurde, sondern seine Vorstellung von Christus, die er mit diesen Begriffen ausdrücken wollte. 362 in Alexandrien, 369 in Rom und noch 381 auf dem Konzil in Konstantinopel hat die Kirche die christologischen Lösungen des Apollinaris verworfen. Das alles geschah vergleichsweise ruhig. Apollinaris konnte bis zu seinem Tode (um 390) Bischof von Laodicea bleiben. Das vorherrschende theologische Interesse war damals von den arianischen Streitigkeiten okkupiert. Immerhin, die *logos-sarx*-Konzeption einer forcierten Einheits-Christologie, damit aber auch der alexandrinische Ansatz, waren nicht mehr unangefochten. Das machte den Weg frei für einen anderen Lösungsversuch, der naturgemäß eine größere Selbständigkeit der beiden Naturen in Christus betonte und von der Antiochenischen Schule vertreten wurde. Damit kommt gegen Ende des 4. Jh.s auch in der Christologie der theologische Gegensatz zwischen Antiochien und Alexandrien ins Spiel, hinter dem zunehmend der kirchenpolitische Gegensatz zwischen Konstantinopel und Antiochien einerseits und Alexandrien andererseits schwelte.

– Antiochenische Trennungschristologie

Der theologische Gegensatz zwischen den theologischen Schulen von Antiochien und Alexandrien, die beide das Erbe des Origenes pflegten, sollte nicht überbewertet werden. Trotzdem legte Antiochien besonderen Wert auf eine nüchterne historisch-philosophische Exegese, die notwendigerweise zu einer stärkeren Betrachtung des historischen Jesus und seiner vollen Menschheit führen mußte. Welche Konsequenzen ergaben sich daraus für die Christologie?

– – Diodor von Tarsus

Anerkannter Lehrer in Antiochien war Diodor, seit 378 Bischof von Tarsus. Er dachte zwar auch im Schema von *logos* und *sarx*, unterschied aber deutlich zwischen dem Logos und dem Sohn Davids und lehnte eine Natureinheit zwischen beiden ab. Eine Vertauschung der Aussagen, eine Idiomenkommunikation zwischen göttlichen und menschlichen Prädikaten, hielt er für unzulässig. Man darf ebensowenig sagen: „Der *logos* hat am Kreuz gehangen", wie „Jesus von Nazareth ist allmächtiger Gott". Diodors Formel für Christus lautet: Gott und Mensch, und diese beiden müssen streng geschieden bleiben. Wie anders sonst soll die Göttlichkeit Gottes in Christus verteidigt werden können. Nicht der *logos* kann zunehmen an Alter, Weisheit und Gnade vor Gott und den Menschen (Lk 2,52). Der Einheitschristologie steht nunmehr die Trennungschristologie gegenüber. Wenn man aber strikt trennt und genau unterscheidet, was Jesus und was dem *logos* zugetraut werden darf, gerät die eine Person Christi leicht in die Gefahr, in zwei voneinander getrennte Wesenheiten aufgeteilt zu werden.

Die antiochenische Christologie brauchte den kirchlichen Frieden nicht zu stören und konnte seelsorglich fruchtbar werden, wenn sie einfühlsam vorgetragen wurde, wie es z.B. bei Johannes Chrysostomus, dem Schüler des Diodor, geschah. Zum Streit über die christologischen Differenzen kam es lange Zeit nicht, weil die maßgeblichen Theologen ihre Spekulationen nicht provokativ an die Öffentlichkeit brachten. Johannes Chrysostomus hatte in seinen Predigten Wichtigeres zu verkünden als dogmatische Spitzfindigkeiten. Natürlich besaß die seinen Predigten zugrundeliegende Christologie bestimmte Akzente. Aber die wurden nicht hochgespielt und kleideten sich verbaliter ganz in ein biblisches Gewand.

– – Theodor von Mopsuestia[125]

Das gilt auch für einen weiteren Vertreter der Antiochener Schule, ihren Exegeten schlechthin, den Bischof Theodor von Mopsuestia (gest. 428). Er ist später als der geistige Vater des Nestorius und des in Ephesus 431 verurteilten Nestorianismus verschrieen worden. Das fünfte ökumenische Konzil in Konstantinopel (553) hat ihn sogar formell verurteilt (vgl. S. 107f). Ebensogut könnte man ihn als Wegbereiter der rechtgläubigen christologischen Formel von Chalkedon bezeichnen.

Was Theodor aufgrund sorgfältiger Exegese über die volle Menschheit Jesu erarbeitet hat, über ihre seinsmäßige Vollkommenheit, ihre Kraft und den Reichtum ihrer Empfindungen, ist neu und hat die theologische Tradition bis heute bereichert. Mit Theodor bekommt die Menschennatur Christi ein psychologisch genau beobachtetes Innenleben und eine sorgfältig beschriebene Handlungsfähigkeit. Theodors Betonung der Menschheit Jesu ist dabei stark von einem soteriologischen Interesse geleitet. Nicht nur das menschliche Fleisch, gerade die Geist-Seele des Menschen war in die Verstrickung der Sünde geraten. Sie mußte gerettet werden, wenn der Leib von der Sündenlast befreit werden sollte. Die Integrität der menschlichen Seele war darum für Jesu Erlösungsauftrag unerläßlich. Das Motiv erinnert an Arius – der Verbindungen zur Antiochener Schule gehabt haben soll –, wenngleich es jetzt nicht mehr um die nizänische Frage ging, ob Christus beides ist, sondern wie er es ist: Gott und Mensch.

Auch das von Arius her bekannte spirituelle Motiv der Christusnachfolge und das zutiefst religiöse Verlangen, Jesus wirklich begegnen zu können, tauchen als Anliegen in der Theologie Theodors wieder auf. Die Bedenken Theodors und seiner Freunde gegenüber einer Christologie, in welcher die Menschheit Jesu verblaßt, lassen sich ein wenig zugespitzt so formulieren:

Die Gefahr besteht, „daß der Mensch sich sagt: Die Frage nach dem Gottmenschen betrifft mich nicht! ... Ich bin Mensch. Nur Mensch. Nicht zugleich Gott. Wenn sich meinem Ich die zweite Person aus der Trinität geeinigt hätte, wesenhaft geeinigt – und ich sündenlos wäre, wundermächtig, geistesgewaltig, völlig und von Herzen Gottes Sohn ... wenn! So aber, da ich Mensch bin und nichts weiter, jener aber Mensch und zugleich und in allem Gott: was geht es mich an, was er vorlebt? Kann ich es nachvollziehen, als blanker, kleiner, schwacher Mensch? Und weiter: Ist diese Menschwerdung denn gelungen? ... Wurde er wirklich und wahrhaftig voller Mensch, so wie ich mich als Menschen erlebe? Hat dieser Jesus im Geschlecht geliebt, hat er gezeugt? Hat er die abgründige Langeweile dieser Welt verkostet? Stand er unter menschlicher Leidenschaft und Sünde? ... Saß er dumm und lahm und feig vor dem wachsenden Berg von Schuld und Ekel wie ich? In allem wußte, tat und liebte er des uns unfaßlichen Gottes Ordnungen und Willen ... Was ist er dann eigentlich geworden? Mensch nicht. Gottmensch ist er geworden. Ein Sonderfall, eine Ausnahme, ein Unikum. Verehrungswürdig ohne Zweifel, auch liebenswert und hoch erhaben. Aber mit mir ... mit mir hat er nicht geteilt ... Rührend, daß Christus unser Bruder sein will. Erschütternd, daß er es nicht sein kann. Denn wieder ist Gott Gott und oben, und noch sind wir nichts als Menschen und unten"[126].

Gegen solche Resignation, welche die Frömmigkeit der Christusnachfolge lähmt, lehnen sich Theodor und die ihm Gleichgesinnten auf, wenn sie darauf bestehen: Christus, auch als Gott von Gott, ist ganz und wahrhaftig Mensch geworden; er ist kein gottmenschliches Zwitterwesen.

Die in der Dogmengeschichte häufig negativ beurteilte Christologie der Antiochener besitzt eine solide exegetische Grundlage und beachtliche spirituelle Wirkungen. Als Häretiker haben sie sich weder gefühlt, noch sind sie es gewesen. Natürlich konnte es gefährlich werden, die Menschheit Christi so stark herauszustellen, wenn man zugleich ebenso überzeugend antiarianisch seine Gottheit verteidigte: Daß nämlich am Ende Christus in zwei selbständige Personen zerfiel, die nicht mehr zusammengedacht werden konnten. Theodor selbst hat in immer neuen Anläufen unterstrichen, daß die Einheit der beiden Naturen in Christus einzigartig innig ist. Er versuchte sie zu bestimmen, indem er von dem einen *prosōpon* Christi sprach als dem bestmöglichen Ausdruck der Verbindung zwischen der menschlichen Natur Jesu und der Hypostase des göttlichen *logos*. Diese *synapheia* zwischen dem annehmenden *logos* und dem angenommenen Menschen galt ihm als unauflöslich; sie ist – auch wenn ihr ontologischer Gehalt nicht präzis angegeben werden kann – mehr als nur akzidentiell und moralisch[127]. Theodor war für seine Formulierungen auf ein noch ungeklärtes Begriffsmaterial angewiesen, das aber eher nach Chalkedon weist, als daß es zum Nestorianismus führen müßte.

6.2 Anlaß und Verlauf des Konzils

Wie bereits erwähnt, führten die Lehrunterschiede in der Christologie längere Zeit nicht zu öffentlichen Auseinandersetzungen. Abgesehen von der vergleichsweise lautlosen Abweisung der apollinarischen Irrtümer blieb alles ruhig. War man noch gewitzt durch die vielen Scherben, die der arianische Kampf hinterlassen hatte, so daß man sich hütete, die latent vorhandenen Gegensätze hochzuspielen? Streit entbrannte erst, als die theologischen Differenzen aus dem Raum behutsam ausgetragener wissenschaftlicher Kontroversen hinaustraten und auf die Kanzel gebracht wurden, noch dazu in einer Form, welche die frommen Gefühle der Leute verletzte.

– Nestorius

– – Person

Das geschah 428, als ein antiochenischer Priester mit Namen Nestorius Patriarch von Konstantinopel wurde. Von Geburt soll er Perser gewesen sein. Er war Mönch und in Antiochien zum Priester geweiht worden. Auf den Patriarchenstuhl von Konstantinopel wurde er wegen seiner kunstvollen Rhetorik berufen. Der Kaiserhof hatte immer Bedarf an Festrednern. Seiner rednerischen Begabung scheint jedoch keine gleichwertige theologische Bildung entsprochen zu haben. Jedenfalls behauptet der – allerdings nicht unparteiische – Kirchenhistoriker Sokrates:

„Da er von Natur aus schön reden konnte, galt er für gelehrt; in Wirklichkeit hatte er keinerlei Bildung und hielt es nicht für nötig, die Bücher der alten Erklärer zu studieren. Seine Beredsamkeit verblendete ihn, und so ließ er sich eine sorgfältige Lektüre der Alten nicht angelegen sein, sondern glaubte sich allen überlegen"[128].

Bemerkenswert an dieser Kritik ist der Hinweis auf die Tradition, die in den Schriften der Väter (Theologen) aufgespürt werden muß. Dogmatische Überlegungen stützen sich von nun an neben Offenbarung (Heiliger Schrift) und Vernunft (Philosophie) auch auf die Tradition (Schriften der Kirchenväter)[129].

– – Lehre

Gegen Ende 428 begann der frisch ernannte Patriarch von Konstantinopel in seiner Bischofskirche zu predigen. Das hörte sich so an:

„Nun mögen einmal jene Leute genau aufmerken, die in ihrer Blindheit für die rechte Sicht der Menschwerdung Gottes nicht verstehen, was sie reden, noch wofür sie sich ereifern. Erst neulich ist uns wieder zu Ohren gekommen, wie sie sich in unserer Mitte gegenseitig die Seele aus dem Leib fragten: ‚Ist nun Maria', wollten sie wissen, ‚Gottesgebärerin, oder ist sie Menschengebärerin.' Ja, hat denn Gott eine Mutter? Dann freilich verdient der Heide keinen Vorwurf, wenn er von Müttern der Götter redet. Und Paulus ist ein Lügner, wenn er Christi Gottheit als ‚vaterlos, mutterlos, ohne Genealogie' bezeichnet.
   Mein lieber Freund, Maria hat nicht die Gottheit geboren, ... das geschaffene Wesen [Maria] ist nicht Mutter dessen, der unerschaffen ist ... Das Geschöpf hat nicht den Schöpfer geboren, sondern den Menschen, der das Werkzeug Gottes war ... Dem Wort Gottes ist aus Maria ein Tempel gebildet worden [Jesus], in dem Gott Wohnung nehmen konnte"[130].

Das war sicher nicht zum ersten Mal so gedacht und auch gesagt worden. Aber jetzt kam es zum Streit, weil Nestorius sich öffentlich dagegen wandte, Maria *theotokos,* d.h. Gottesgebärerin, zu nennen. *Christotokos,* d.h. Christusgebärerin, könne man sie nennen, auch *theodokos, d.h. Gottesempfängerin,* keinesfalls aber Gottesgebärerin, wird von Nestorius des weiteren präzisiert. War das ein Streit um ein Wort, ja nur um einen Buchstaben, *d* statt *t*, *theodokos* statt *theotokos*? Natürlich ging es um mehr. Hinter der Wortklauberei verbarg sich die Christologie der Trennung, die schon anderwärts und seit etlicher Zeit ausprobiert worden war, jetzt aber zu öffentlicher Erregung führte, weil mit *theotokos* ein Titel angegriffen wurde, der in der Frömmigkeit des Volkes tief verwurzelt war. Er war seit langem üblich, und zahlreiche Theologen, angefangen von Origenes, hatten ihn gebraucht[131].

Ein Hauch von Tragik umgibt die Person und das Schicksal des Nestorius. Er kämpfte leidenschaftlich gegen die Irrlehren des Arius und des Apollinaris. Ihretwegen zog er gegen eine zu starke Vermischung von Gottheit und Menschheit zu Felde, als deren Ergebnis bei dem einen (Arius) die Gottheit, bei dem anderen (Apollinaris) die Menschheit des neuen Einheitsmittelwesens Christus auf der Strecke geblieben war. Doch sein theologisches Fingerspitzengefühl reichte nicht aus, um den schmalen Grat einzuhalten, auf dem die Trennungschristologie Antiochiens sich möglicherweise in akzeptablen Bahnen hätte bewegen können. Dazu wollte er in gewisser Rechthaberei das, was als theologische Schulmeinung annehmbar und weiterhin bedenkenswert war, zur allein gültigen Glaubensnorm der Kirche machen. Diese Norm muß aber meistens allgemeiner und nach verschiedenen Richtungen hin offen bleiben, vielleicht auch ein wenig unbestimmter und spekulativ unklarer, als es eine theologische Schulmeinung sein kann. Nestorius hat keine massiven Glaubensirrtümer gelehrt. Er glaubte an die Gottheit und Menschheit Jesu, ebenso an die notwendige Einheit beider in dem einen Christus. Diese Einheit verstand er jedoch mehr äußerlich als eine Art willentlicher Zueignung; er übersah die metaphysische Struktur der Inkarnation. Eine Stelle aus einem Brief des Nestorius an Cyrill verdeutlicht dieses Mißverständnis:

„Bekennen, daß der Leib der Tempel der Gottheit des Sohnes ist, geeint in einer innigen und göttlichen Verbindung, und bekennen, daß die Natur der Gottheit sich das, was dieser eigentümlich ist, zu eigen macht, das ist gut und der evangelischen Überlieferung würdig. Kraft dieser Zueignung aber auch [der Gottheit] die Eigentümlichkeiten des verbundenen Fleisches zuteilen, ich meine die Geburt, das Leiden, den Tod, das heißt in die Irre zu gehen nach Art griechischer Gedankenflüge oder ist von der Art des verrückten Apollinaris und Arius"[132].

Nestorius bleibt beim Bild vom Leib als dem Tempel, in dem die Gottheit wohnt. Die Verbindung ist jedoch nicht so intensiv, daß in der Weise der frühchristlichen Idiomenkommunikation (vgl. S. 74) das Göttliche und Menschliche in gleicher Weise von Christus ausgesagt werden darf. Noch radikaler ist eine Stelle in einem Brief des Nestorius an Alexander von Hierapolis, in der er ausführt:

„Es gibt zwei Arten von Zueignung, die erste durch natürliche Teilhabe an den Leidenschaften, wie sie zwischen Seele und Leib statthat [z.B. rot werden bei Zorn], die andere, die ohne direkt mitbeteiligt zu sein, zufolge einer teilnehmenden Geisteshaltung zu einem anderen hin statthat, wie sie die Könige zu ihren eigenen Bildern haben. Wenn wir also sagen, daß das Wort gelitten hat kraft einer Zueignung, wie sie zwischen der Seele und dem Leib statthat, so wird das Mitleiden durch diese Verbindung zugleich ein Leiden des Wortes und des Fleisches [eine für Nestorius unannehmbare Vorstellung]. Wenn wir aber die Schmach des Fleisches am Kreuz auf Gott, das Wort, beziehen nach Art des Bildes des Königs, so können wir sagen, daß die Schmach des

Fleisches infolge einer Willenshaltung auch die der Gottheit ist; und das ist wahr und macht die ganze häretische Rednerei zunichte, die das vermengt, was nicht vermengt werden darf"[133].

Wie der König Schmerz oder Trauer empfindet, wenn sein Bild verunehrt wird, so empfindet der Logos in einer willentlichen und intentionalen Hinneigung zum menschlichen Leib, was diesem widerfährt.

– – Beurteilung

Mit solchen Vergleichen glaubte Nestorius die Verbindung zwischen Gottheit und Menschheit in Christus zutreffend beschreiben zu können. Er hat gewiß keine neue Lehre einführen wollen. Inzwischen ist heftig diskutiert worden – besonders seitdem Ende des 19. Jh.s die syrische Übersetzung einer Selbstrechtfertigung entdeckt worden ist, die Nestorius in der Verbannung unter dem Decknamen des Heraklides von Damaskus verfaßt hat[134] –, ob er nicht nur seiner eigenen Einschätzung nach, sondern auch objektiv rechtgläubig gewesen und nur das Opfer von Mißverständnissen, wenn nicht gar von alexandrinischen Intrigen geworden sei. Nestorius' subjektive Rechtgläubigkeit braucht nicht bezweifelt zu werden. Die beiden zuvor zitierten Stellen aus seinen Briefen zeigen aber ebenso, daß er eine zugespitzte Form der antiochenischen Trennungschristologie vertreten hat, die dem allgemein verbreiteten Glaubensverständnis der Kirche widersprach.

Man wird bei der Beurteilung des Nestorius zwischen dogmatisch-kirchlicher Glaubensaussage und theologischer Spekulation unterscheiden müssen[135]. Theologiegeschichtlich betrachtet ist Nestorius' Bemühen durchaus positiv zu sehen. Er suchte nach einer Lösung des christologischen Problems, um sowohl der Gefahr des Arianismus als auch der des Apollinarismus argumentierend begegnen zu können. Er versuchte eine Inkarnationstheologie zu formulieren, die noch unzulänglich bleibt, aber sich durchaus auf dem richtigen Weg befindet. Kirchlich gesehen kritisierte und verwarf er dagegen einen Sprachgebrauch, der seit altersher zwar unreflektiert, aber durchaus in rechtgläubiger Weise den Glauben an die Gottheit und Menschheit Christi ausgedrückt hatte. Nestorius machte den Fehler, eine ihm unangemessen erscheinende Glaubenssprache korrigieren zu wollen, ohne auf ihren orthodoxen Inhalt zu achten. Damit erweckte er den Anschein, das Dogma von der Menschwerdung des Sohnes Gottes selber anzugreifen und den „einen Christus" zu verraten.

Es ging in Ephesus darum, die Einheit von Gottheit und Menschheit in Christus vor Mißverständnissen zu schützen. Die alexandrinische Interpretation lautete *henōsis physikē* im Sinn einer wesenhaften Einheit beider Teile zu einer einzigen Natur. Antiochien bevorzugte dagegen die Vorstellung von der *synapheia*, womit ein Zusammenhaften der beiden Teile im Sinn einer moralischen Einheit gemeint war. Ohne Zuspitzung sind beide Interpretationen an sich in der Lage, das orthodoxe Glaubensverständnis auszudrücken, das in der Mitte zwischen den beiden Grenzformulierungen stehenbleiben muß, die je für sich gesehen die äußerste Grenze des Vertretbaren bezeichnen. Ein Schritt wieter in Richtung wesenhafter Einheit oder moralischen Zusammenhaftens, und diese Grenze ist überschritten. Die Wahrheit liegt in diesem Fall wirklich in der Mitte. Darum hat später das Konzil von Chalkedon die beiden Grenzen bestehen lassen, sie dialektisch aufeinander bezogen und durchdrungen, damit gleichsam einen Zwischenraum geschaffen, in dem sich der Glaube mit einem bestimmten Spielraum an Akzentuierungen artikulieren konnte (vgl. S. 101).

Damit wird deutlich, inwiefern Nestorius' Lehre als häretisch zu betrachten ist. Er vertritt eine äußerste Position, bei der der nächste Schritt tatsächlich in den Irrtum führt; und sie ist selbst schon irrig, wenn sie exklusiv vertreten wird und – indem sie den ergänzenden Strom der christologischen Überlieferung Alexandriens verwirft – die entgegengesetzte Grenze des Problemfeldes mit der zwischen beiden christologischen Interpretationen liegenden Spannung ausdrücklich ablehnt. So gesehen könnte man sagen: Nestorius hat nicht falsch gelehrt durch das, was er positiv gesagt, sondern durch das, was er verworfen und als dialektische Korrektur seiner eigenen Position nicht hat gelten lassen wollen. Mit dieser Unterscheidung mag es gelingen, der Lehre des Nestorius Gerechtigkeit widerfahren zu lassen. Über seine persönliche Integrität sollte das historische Urteil noch zurückhaltender sein.

– Cyrill von Alexandrien

– – Person

Wie bereits erwähnt, gilt Nestorius in manchen modernen Urteilen als das Opfer von Mißverständnissen und alexandrinischen Intrigen. Eine solche Einschätzung ist überzogen und übersieht die Defizite in der Christologie des Nestorius. Möglicherweise wäre es dennoch nicht zu seiner formellen Verurteilung gekommen, wenn er nicht Alexandrien und dessen Patriarchen Cyrill (412–444) zum Gegner gehabt hätte. Cyrill war ägyptischer Papst mit ausgeprägtem hierarchischem Bewußtsein, hart, unnachgiebig und ausgestattet mit unverrückbaren dogmatischen Überzeugungen. Unter seinem Pontifikat wurde die neuplatonische Philosophin Hypatia ermordet[136]. Er ließ die Kirchen der Novatianer, einer sittenstrengen, rechtgläubigen, aber sektiererischen Gruppe schließen; Juden und Häretiker wurden ausgewiesen. Er scheute nicht davor zurück, dem Statthalter entgegenzutreten. Zur Durchsetzung seiner Ziele bediente er sich aller ihm zur Verfügung stehenden diplomatischen Mittel. Seine Autorität in Ägypten war so unangreifbar wie seine wirtschaftliche Macht als Herr über die Kornflotten und die Ländereien des koptischen Hinterlandes. Seine geistlichen Hilfstruppen, die sich auf ein Wort von ihm mobilisieren ließen, waren die Mönche, nicht die wenigen gelehrten Nachfahren des Origenes, sondern die schlichten, ungebildeten koptischen Fellachen. Wo immer der Patriarch auftauchte, waren sie zugegen, um den lautstarken Hintergrund zu bilden. Mit Konstantinopel verband Cyrill eine traditionelle Feindschaft. Seinen Vorgänger und Oheim Theophilus hatte er zu der berüchtigten Eichensynode 403 in Konstantinopel begleitet, auf welcher der fromme und gelehrte, aus Antiochien stammende Johannes Chrysostomus vom Konstantinopler Patriarchenstuhl gestürzt worden war[137]. Jetzt schien sich die Situation zu wiederholen.

– – Theologischer Standpunkt

Cyrills Hauptgewährsmann war Athanasius bzw. Apollinaris, dessen Texte er wohl für athanasianisch hielt. In ihrem Sinn bekämpfte er die Arianer. In der allegorischen Auslegung der Heiligen Schrift folgte er Origenes. Sein Osterfestbrief von 421 läßt bereits ein ausgeprägtes christologisches Interesse erkennen. So verwundert es nicht, daß ihn die Predigten des Nestorius befremdeten, von denen er 428 Kenntnis erhalten haben dürfte.

Im Osterfestbrief von 429 an die Suffraganbischöfe und die nach Tausenden zählenden Mönche Ägyptens entlarvte Cyrill den Ketzer vom Bosporus und warf ihm die Bestreitung des *theotokos*-Titels für Maria vor. Ein Brief ging ebenfalls an Nestorius, auf den dieser sofort mit einer etwas herablassenden Mahnung zu christlicher Mäßigung antwortete. Von nun an eskalierten die Auseinandersetzungen und machten ein allgemeines Konzil notwendig, das auf Betreiben des Nestorius 430 von Kaiser Theodosius II. für das Pfingstfest des kommenden Jahres nach Ephesus einberufen wurde. Über die Vorbereitungen, das Konzil selbst und seine Nachwehen läßt sich ein genaues Bild entwerfen, da alle wichtigen Nachrichten, Dokumente und Akten gesammelt worden und erhalten sind[138].

In dem dogmengeschichtlich bedeutsamen zweiten Brief an Nestorius vom Frühjahr 430 hat Cyrill in Form einer Auslegung des Symbolums von Nizäa sein christologisches Glaubensverständnis entfaltet. Wie Athanasius war er der Ansicht, daß der göttliche *logos* in der heilsökonomisch begründeten Inkarnation sich das Menschliche so zu eigen gemacht hat, daß es nunmehr auch vom Gottlogos idiomenkommunikatorisch ausgesagt werden kann. Da Maria den Leib geboren hat, der mit dem *logos kat'hypostasin,* d.h. dem Seinsstand nach, verbunden ist, hat der Gottessohn selbst gelitten und ist auferstanden. Unbefangen verbindet Cyrill mit dem göttlichen Subjekt menschliche Prädikate. Das Ärgernis des Kreuzes bleibt in seiner ganzen Schwere erhalten. Am Schluß des Briefes heißt es:

Die heiligen Väter „haben die heilige Jungfrau unbedenklich Gottesgebärerin genannt, – nicht als hätte die Natur des Wortes oder seine Gottheit aus der heiligen Jungfrau ihren Ursprung genommen, sondern weil aus ihr der heilige mit einer Vernunftseele ausgestattete Leib geboren wurde, mit dem sich das Wort der Person nach vereinigt hat, so daß man sagen konnte, es sei dem Fleisch nach geboren worden"[139].

– – Bündnis mit Rom

Die eigenen Anhänger zu überzeugen war nicht schwierig. Im Hinblick auf die zu erwartenden Auseinandersetzungen war es aber noch wichtiger, Rom und den Kaiserhof zu gewinnen. Im Sommer 430 empfing Papst Coelestin I. (422–432) ausführliche Dokumente mit einem detaillierten Bericht über die bisherigen Ereignisse, einschlägige Exzerpte aus den angesehensten griechischen Väterschriften sowie eine Beurteilung der nestorianischen Thesen aus der Sicht des Alexandriners, damit dem Empfänger die „offenbare Gotteslästerung" des Nestorius nicht verborgen bleiben konnte. Das ganze Dossier war bereits sorgfältig ins Lateinische übersetzt worden. Der römische Bischof, obwohl der Jüngere, wurde ehrerbietig als heiligster und gottgeliebtester Vater angeredet. Auch Nestorius hatte an Coelestin geschrieben, wohl sehr höflich, aber unpersönlicher und ohne die alexandrinische Unterwürfigkeit. Im übrigen war Nestorius der Meinung, der Papst sei „viel zu einfältig, um in die feinere Bedeutung der Lehrwahrheiten eindringen zu können"[140]. So gewinnt man keine Freunde und Bundesgenossen.

Daß eine römische Synode im Sommer 430 auf Grund der cyrillischen Unterlagen, vielleicht ergänzt durch eine Stellungnahme in der Schrift De incarnatione Domini des Mönchstheologen Johannes Cassianus aus Marseille und zusätzliche Erläuterungen des Alexandriner Diakons Poseidonius, Nestorius verurteilte, verwundert nicht. Nestorius besaß in Rom keinen Anwalt. Man hat – wohl nicht zu Unrecht – vermutet, Coelestin habe wegen mangelnder Griechischkenntnisse die Briefe des Nestorius überhaupt nicht oder erst viel später in unzureichenden Übersetzungen lesen können. Die Diskussion, die Augustinus kurz vorher mit dem Mönch Leporius geführt hatte und die geeignet gewesen wäre, den Blick für das christologische Anliegen des Nestorius zu schärfen, scheint in Rom unbekannt gewesen zu sein[141].

Jedenfalls macht die Korrespondenz zwischen Coelestin und Nestorius bzw. den vom Streit Betroffenen deutlich, daß der Papst Nestorius gröblich mißverstanden hat[142]. Was der Papst dem Konstantinopler Amtsbruder als Irrlehre vorwirft, war weder dessen Briefen und nicht einmal den gewiß nicht zimperlichen Auslassungen Cyrills zu entnehmen. Ebenfalls zeigt sich, daß der Papst vorwiegend soteriologisch interessiert war und den spekulativen Problemen der Christologie wenig Geschmack abzugewinnen vermochte. Indem sich der Papst für Cyrill entschied, bewährte sich noch einmal die traditionelle Achse Rom – Alexandrien aus dem arianischen Streit. Der Papst bestimmte, Cyrill solle die nestorianische Angelegenheit kräftig weiter verfolgen und für die Durchführung des römischen Synodalbeschlusses sorgen. Nach Konstantinopel schickte Cyrill Briefe an den Kaiser, aber auch an die Kaiserin und die energische Prinzessin Pulcheria. Geld und Geschenke für das Gefolge des Kaisers lockerten das Terrain weiter auf.

– – Die Anathematismen

Bevor das Konzil, zu dem der Kaiser eingeladen hatte, zusammentrat, wurde Nestorius im November 430 von einer ägyptischen Synode verurteilt und mit zwölf Anathematismen eingekreist. Sie wurden zusammen mit einem dritten Brief Cyrills Nestorius unverzüglich zugestellt. Gleich die ersten vier Anathematismen enthalten die typisch alexandrinisch formulierten Hauptpunkte der Christologie Cyrills. Eine Steigerung gegenüber den bisherigen Formulierungen enthält der dritte Anathematismus, der eine naturhafte Einigung in Christus annimmt.

1. „Wer nicht bekennt, daß der Emmanuel in Wahrheit Gott und die heilige Jungfrau deshalb *theotokos* ist, weil sie das fleischgewordene, aus Gott stammende Wort dem Fleische nach geboren hat, der sei ausgeschlossen".
2. „Wer nicht bekennt, daß das aus Gott dem Vater stammende Wort *kat'hypostasin* mit dem Fleisch vereint worden und daß Christus mitsamt seinem ihm eigenen Fleisch Einer ist, nämlich derselbe Gott und Mensch, der sei ausgeschlossen".
3. „Wer nach erfolgter Vereinigung in dem einen Christus die Hypostasen auseinanderreißt, indem er sie nur durch eine rein äußere Verbindung der Würde nach verbunden sein läßt – das heißt durch ihre Hoheit oder Macht – und nicht vielmehr durch eine Vereinigung *kat'henōsin physikēn*, der sei ausgeschlossen".
4. „Wenn einer die Aussagen der Evangelien oder der apostolischen Schriften oder das, was die Heiligen über Christus aussagen oder was er über sich selbst sagt, auf zwei *prosōpoi* oder *hypostaseis* verteilt und dabei die einen Aussagen dem Menschen beilegt, ... die anderen aber als Gottes würdig dem aus Gott Vater stammenden Wort allein zuschreibt, der sei ausgeschlossen"[143].

Nestorius hat sich gegen die Verurteilung gewehrt und seinerseits mit zwölf Anathematismen geantwortet. Nicht ganz zu Unrecht, denn der dritte Anathematismus Cyrills, der eine physische Vereinigung der Hypostasen fordert, war – wenigstens dem Wortlaut nach und auch im Licht der späteren Entscheidung von Chalkedon – genauso anfechtbar wie die nestorianische Position. Die Antiochener sahen in der von Cyrill geforderten physischen Vereinigung das Gnadengeschenk der Inkarnation auf die Ebene einer naturhaften Notwendigkeit herabgezogen. Cyrill wiederum ging es darum, Nestorius unmißverständlich als Ketzer zu brandmarken, damit auf dem bevorstehenden Konzil gar nicht mehr lange verhandelt werden mußte, sondern sofort zur Verurteilung geschritten werden konnte.

– Verlauf und Ergebnis des Konzils

Und genauso kam es. In Ephesus hatte Cyrill freie Hand. Der Ortsbischof Memnon, der auf Unabhängigkeit von Konstantinopel bedacht war – schließlich war Ephesus anders als Konstantinopel ein alter apostolischer Sitz –, hatte Cyrill, der mit großem Anhang angereist war, alle Kirchen der Stadt zur Verfügung gestellt. Nestorius wagte nicht zu erscheinen, obwohl er sich in der Stadt aufhielt. Die Volksstimmung war gegen den Lästerer der Gottesmutter so angeheizt, daß eine kaiserliche Leibwache sein Leben schützen mußte. Der Kaiser hatte persönlich Augustinus eingeladen, der jedoch in dem von den Vandalen belagerten Hippo Regius verstorben war. Auch Patriarch Johannes von Antiochien, der theologische Verbündete des Nestorius, hatte mit seinen syrischen und palästinischen Bischöfen Ephesus noch nicht erreicht. Doch Cyrill wartete nicht auf die Antiochener. Am 22.6. eröffnete er gegen den Protest des kaiserlichen Kommissars das Konzil, und sofort in der ersten Sitzung, nachdem das Symbolum von Nizäa verlesen worden war, die Väter die Übereinstimmung des zweiten Cyrill-Briefes (vgl. S. 84) mit dem nizänischen Glauben namentlich bestätigt hatten und alle weiteren Formalien erfüllt waren, wurde Nestorius feierlich verurteilt:

„Der ehrwürdige Nestorius hat unserer Ladung nicht Folge leisten und die heiligen und frommen Bischöfe, die wir zu ihm gesandt hatten, nicht empfangen wollen. Darum sahen wir uns schließlich zu einer Untersuchung seiner Gottlosigkeit gezwungen. Es sind uns seine Briefe und Schriften vorgelesen worden, sodann sind uns auch die Worte bekannt, die er vor nicht langer Zeit in dieser Stadt gesprochen hat. Daraus konnten wir entnehmen, daß er Gottloses denkt und lehrt. Da es aber die Kanones so bestimmen und auch unser hochheiliger Vater und Amtsbruder Coelestin, der Bischof von Rom, in seinem Brief ähnlich urteilt, haben wir schließlich unter vielen Tränen folgendes strenge Urteil über ihn gefällt: ‚Unser Herr Jesus Christus verfügt durch die hier gegenwärtige heilige Synode, daß Nestorius, der ihn gelästert hat, von der Bischofswürde und von jeder priesterlichen Zusammenkunft ausgeschlossen wird'"[144].

Das war alles. Wie der wahre Glaube über Christus auszusehen hat, wird nicht formuliert. Später wird auf der sechsten Sitzung nur nochmals darauf hingewiesen, daß Nizäa nichts genommen oder hinzugefügt werden darf. Die Verhandlungen hatten aller Wahrscheinlichkeit nach in der – heute ausgegrabenen – Marienkirche von Ephesus stattgefunden. Mit einem Fackelzug wurden die Bischöfe – einhundertachtundneunzig hatten unterschrieben – am Abend in ihre Quartiere geleitet. Damit war das Ziel erreicht, und Cyrill hätte das Konzil beenden können.

Doch jetzt fing der Streit eigentlich erst an. Wenige Tage nach der ersten Konzilssitzung, am 26. oder 27. Juni, erschienen dreiundvierzig orientalische Bischöfe mit ihrem Patriarchen Johannes. Der mühsame Reiseweg über Land hatte ihre Ankunft verzögert. Sie etablierten ein eigenes Konzil und exkommunizierten Cyrill und den Ortsbischof Memnon. Cyrills Konzil, das in der zweiten Sitzung die päpstlichen Legaten empfangen hatte, die einen Brief Coelestins überbrachten und den Beschlüssen der Eröffnungssitzung nachträglich zustimmten, setzte im Gegenzug Johannes ab und exkommunizierte seine Anhänger.

Der kaiserliche Kommissar, die Gruppe um Cyrill und die dem Nestorius gewogenen Bischöfe berichteten an den Kaiser auf teilweise abenteuerlichen Wegen. Die Nachrichten Cyrills sollen von einem als Bettler verkleideten Boten in einem hohlen Stock in die Hauptstadt geschmuggelt worden sein, was dort die dem Nestorius feindlich gesinnten Mönche mobilisierte und demonstrierend vor den Kaiserpalast ziehen ließ. Kaiser Theodosius reagierte entsprechend. Er bestätigte die Beschlüsse beider Versammlungen und ließ die Anführer Nestorius und Cyrill, dazu Bischof Memnon von Ephesus vorsorglich inhaftieren.

Ein neuer Kommissar höheren Ranges, Johannes, wurde nach Ephesus abgeordnet, um die Verhandlungen weiterzuführen. Die Antiochener beschuldigten Cyrill erneut, die Bischöfe der Mehrheit verführt und das Volk aufgewiegelt zu haben. Ihre eigene Position verteidigten sie durch die Aufstellung eines neuen Glaubensbekenntnisses. Der Kaiser berief nochmals zwei Abordnungen von je acht Deputierten zur Berichterstattung zu sich. Was dann folgt, bleibt ein wenig dunkel. Jedenfalls schwenkte Theodosius nach einiger Zeit auf den Kurs des Cyrill ein und ließ die antiochenische Abordnung nicht mehr vor. Cyrill wird in der Haft nicht untätig gewesen sein. Zu den wirksamen Mitteln, den Hof zu überzeugen, dürften etliche Bestechungen gehört haben.

In Härte und Hartnäckigkeit konnte es Nestorius mit dem ägyptischen Papst nicht aufnehmen. Er gab nach um des Friedens willen und zog sich in ein antiochenisches Kloster zurück. Cyrill ließ man aus der Haft entwischen. In Alexandrien verkündete er nach seiner Rückkehr den Triumph der Wahrheit und den Sieg über die häretischen Widersacher als Ergebnis der heiligen Versammlung. Es hat allerdings etliche Jahrzehnte gedauert, ehe diese Version als der Wirklichkeit entsprechend akzeptiert wurde. Die dabei gewesen waren, wußten, daß die Verhandlungen in Ephesus anders gelaufen waren und die schließliche Einigung nicht durch das Verdammungsurteil der Cyrillanhänger über Nestorius auf der ersten Sitzung, sondern auf anderem Wege zustande gekommen war.

– Die Union von 433

Die ephesinische Gegenpartei um Johannes von Antiochien fand sich verständlicherweise mit der Verurteilung des Nestorius nicht ab. Im Osten erhob sich ein Sturm des Protestes gegen die Verurteilung einer Christologie, der die meisten Bischöfe zuneigten und die ebenso rechtgläubig interpretiert werden konnte wie die zugespitzt formulierte Position Alexandriens. Durch Bemühungen des Kaisers, die Vermittlung des Bischofs Akacius von Beröa (Aleppo) und Friedensbemühungen des hochberühmten Säulensteher Symeon Stylites (vgl. S. 173) kam 433 eine Union zustande, in der Cyrill ein von den Antiochenern verfaßtes Glaubensbekenntnis annahm, das eine Ausgleichsformel darstellt, die wahrscheinlich auch von Nestorius unterschrieben worden wäre, selbst wenn es den Ausdruck *theotokos* enthielt, den Stein des Anstoßes, der den ganzen Fall ins Rollen gebracht hatte. Nestorius hatte längst zugegeben, daß auch *theotokos* richtig verstanden werden könne. Aber zur Aussöhnung mit Nestorius kam es nicht; ihm wurde keine Gelegenheit gegeben, das Unions-Symbol zu unterschreiben. An diesem Punkt blieb Cyrill unerbittlich. Eine Rekonziliation des Nestorius hätte Cyrills kirchenpolitischen Erfolg, daß er es gewesen war, der den schändlichen Lästerer entlarvt und zerschmettert hatte, zunichte gemacht. Cyrill hat sogar dafür gesorgt, daß Nestorius seinen antiochenischen Zufluchtsort verlassen mußte und in Cyrills eigenem Machtbereich in einem abgelegenen Ort am Rande der libyschen Wüste interniert wurde. Nestorius hat Cyrill dort überlebt und ist erst anderthalb Jahrzehnte später gestorben.

Nach einigem Zögern konnten die bischöflichen Anhänger Cyrills und – da der bedeutende Theologe Theodoret von Cyrus maßgeblich an der Formulierung beteiligt war – auch die orientalischen Bischöfe mit Ausnahme des Alexander von Hierapolis und seiner wenigen Anhänger für die Unionsformel gewonnen werden. Papst Sixtus III. (432–440) signalisierte ebenfalls seine Zustimmung durch Glückwunschschreiben an Cyrill und Johannes.

Warum Cyrill einschwenkte und dem Kompromiß zustimmte, ist schwer zu beurteilen. Kirchenpolitische Überlegungen, das Bemühen, einen endgültigen Bruch mit Antiochien und Konstantinopel zu vermeiden und Ägypten nicht vollends ins Abseits geraten zu lassen, können mitgespielt haben. Die Unionsformel vermied die harten Ausdrücke und Anathematismen des Nestorius, und mit der Konzidierung des *theotokos*, vor allem aber mit dem Verzicht auf die Rehabilitierung des Nestorius kam sie Cyrill ein gutes Stück entgegen. Der seinerseits bestand, auch wenn er sie nicht aufgeben mußte, nicht länger auf der allgemeinen Durchsetzung seiner Anathematismen und damit auf der Alexandriner Schulformel von der „einen Natur des fleischgewordenen Logos" in einer *henōsis physikē*. Es war ein Kompromiß, und Cyrill schluckte davon den dogmatisch größeren Teil. Aufs Ganze gesehen wurde die Unionsformel wegweisend für Chalkedon.

6.3 Folgen

– Weiterleben des Nestorianismus

Länger als Nestorius lebte der mit der ostsyrischen Kirche und dem Perserreich eng verbundene Nestorianismus. Zwischen 410 und 424 entstand eine vom byzantinischen Reich unabhängige Staatskirche. Nestorianer zogen sich zurück in die theologischen Schulen von Edessa und Nisibis; 486 wurde in Seleukia-Ktesiphon, der Hauptstadt des Sassanidenreiches am Tigris, ein eigenes Patriarchat eingerichtet, das eifrig missionierte und bis nach Indien und China vordrang. Nestorianische Gemeinden gibt es bis auf den heutigen Tag in Syrien, Irak und Iran. Auch die noch heute in Indien lebenden sogenannten Thomaschristen sind Nachfahren der Nestorianer, die sich inzwischen mehrheitlich der katholischen Kirche angeschlossen haben unter Beibehaltung ihres ostsyrischen Ritus[145].

Mit Ephesus beginnt auf diese Weise eine Entwicklung, die sich in Chalkedon fortgesetzt hat und später noch häufiger nachgeahmt worden ist: Die auf dem Konzil unterlegene Partei unterwirft sich nicht, sondern organisiert eine eigene Gruppe, eliminiert damit einzelne Länder oder Provinzen aus der Gesamtkirche und lockert zugleich die politische Verbindung mit dem Römischen Reich. Das war nach Nizäa noch anders gewesen. Sieht man einmal von den arianischen Germanenreichen ab, dann blieben vor allem im Osten nizänisch und arianisch gesinnte Regionen in enger Nachbarschaft beieinander. Das machte die theologische Auseinandersetzung so langwierig und schwierig, aber auch eine Einigung unausweichlich. Jetzt nach Ephesus und besonders dann nach Chalkedon zieht sich die unterlegene Partei zurück und konzentriert sich in bestimmten Provinzen am Rande des Reiches, auf Isolation von den anderen und nationale Eigenständigkeit bedacht. Die Notwendigkeit einer Einigung entfällt auf diese Weise. Dieser kirchliche Abkapselungsprozeß gewinnt an Stärke, wenn er sich mit nationalen Selbständigkeitsbestrebungen verbindet. Die Besonderheit im Glauben stützt dann die politische Absonderung und umgekehrt. Die theologischen Auseinandersetzungen kommen zwar schneller zur Ruhe, aber auf Kosten des endgültigen Verlustes ganzer Gebiete für die Universalkirche.

– Auf dem Weg nach Chalkedon

Ephesus ist für die kirchenhistorische Beurteilung ein schwieriges Konzil. Sein Hauptergebnis war die anfechtbare Absetzung des Nestorius auf der ersten Sitzung. Ehe die päpstlichen Gesandten und die Gegenpartei der orientalischen Bischöfe erschienen waren, wurde in Abwesenheit des Angeklagten das Verdammungsurteil ausgesprochen. Eine dogmatische Einigung über den christologischen Streitpunkt wurde nicht erreicht – weder grundsätzlich durch eine dogmatische Definition noch tatsächlich, denn ein großer Teil der Bischöfe leistete einen Widerstand, der theologisch nicht überwunden werden konnte. Die alexandrinische Interpretation der Christologie, auf Grund deren Nestorius verurteilt wurde, war ebenso einseitig wie die der Antiochener. Die Einigungsformel von 433 wiederum hätte nicht ausgereicht, Nestorius zu verurteilen.

Wie sind diese Vorgänge zu beurteilen? Der Hinweis, daß es auf den Konzilien oft menschlich zugegangen ist und der vom Heiligen Geist gewirkte Erkenntnisfortschritt nur im Glauben sichtbar wird[146], trifft nicht das eigentliche Problem. Unbefriedigend bleibt, daß Ephesus kein allgemeinkirchlich rezipiertes positives Ergebnis vorzuweisen hat. Das Einzige, was erreicht und nicht zurückgenommen wurde, besteht darin, daß in der Person des Nestorius die eine Seite einer extremen Christologie in ihrer Gefahr erkannt und abgewehrt wurde. Dieses Ergebnis gilt auch dann, wenn das Opfer der Verurteilung, Nestorius, subjektiv und objektiv rechtgläubig gewesen sein mag und die theologischen Gründe, mit denen seine Verurteilung erreicht wurde, die Gefahr einer entgegengesetzten falschen Christologie heraufbeschworen. Vergleicht man beide Extreme, war das antiochenische das gefährlichere; die christologische Lösung des Nestorius war rationaler und verträglicher für eine wissenschaftliche Theologie, aber auch flacher und gedankenblasser. Cyrills Leidenschaft für die Einheit Christi besaß ihre tiefsten Wurzeln im Glauben und in der Frömmigkeit des östlichen Christentums; das menschgewordene Wort – so wie es Cyrill verstand – war weniger das Ergebnis theologischer Reflexion als das der urchristlichen Tradition und Verkündigung. Versuchte dieser fromme Christusglaube allerdings den theologischen Anteil Antiochiens auszuscheiden, verlor er sich in einem mystischen Dunkel, das ebenfalls den wahren Christusglauben verfälschte.

Was bedeutet das Konzil von Ephesus? Positiv gewendet, und rein dogmengeschichtlich betrachtet kann man sagen: Es hat – wenngleich nicht in Form einer formellen Definition – feierlich verkündet, daß die Jungfrau Maria wahrhaft Gottesgebärerin ist. Darin ist eingeschlossen die Aussage, daß vom Gottmenschen Christus in Form der Idiomenkommunikation gesprochen werden kann. Beides war nichts Neues, sondern nur die Bestätigung der Tradition sowie die Behauptung ihrer dogmatischen Verbindlichkeit. Nicht die Heilige Schrift direkt, sondern der Glaube von Nizäa im Verständnis der als orthodox geltenden Väter diente als Maßstab für die Sicherung des wahren Glaubens. Die Einheit des Subjekts in Christus wurde festgehalten. Begrifflich genauer die Ebenen zu bestimmen, auf denen in Christus Einheit und Verschiedenheit ausgesagt werden können – was Nestorius einen Weg zur Zustimmung eröffnet hätte –, gelang nicht. Historisch-kritisch kann man sagen: Ephesus war ein noch unvollständiger, zunächst vergeblicher, mit etlichen Fehlern behafteter, geschichtlich aber wohl nicht zu umgehender Schritt auf dem Weg zum christologischen Dogma von Chalkedon.

7. Chalkedon (451)

Literatur:

V. SELLERS, The council of Chalcedon (London 1953); H.C. FREND, The rise of the monophysite movement (Cambridge 1972); W. DE VRIES, Das Konzil von Ephesus (449), eine Räubersynode?: OCP 41 (1975) 357/98; A. DE HALLEUX, La définition christologique à Chalcedoine: RTL 7 (1976) 3/23; wiederabgedruckt DERS., Patrologie et Oecuménisme. Recueil d'études = BEThL (Löwen 1990) 445/80; Das Konzil von Chalkedon 1/3, hrsg. von A. GRILLMEIER / H. BACHT (Würzburg ^{5}1979); L.R. WICKHAM, Chalkedon: TRE 7 (1980/81) 668/75; H.ARENS, Die christologische Sprache Leos des Großen (Freiburg 1982); P. STOCKMEIER, Das Konzil von Chalkedon. Probleme der Forschung: FZPhTh 29 (1982) 140/56; L.R. WICKHAM, Eutyches/ Eutychianischer Streit: TRE 10 (1982) 558/65; P.STOCKMEIER, Anmerkungen zum ,in' bzw. ,ex duabus naturis' in der Formel von Chalkedon: SP 18,1 (1985) 213/20; G. MAY, Das Lehrverfahren gegen Eutyches im November des Jahres 448: AHC 21 (1989) 1/61; W. BREUNING, Chalkedon 2: LThK 2 (^{3}1994) 999/1002.

7.1 Vorspiel

Wie vorläufig und unvollständig das Ergebnis von Ephesus war, beweist die Tatsache, daß bereits zwanzig Jahre später ein neues Konzil notwendig wurde. Nachdem man in Ephesus der Trennung der beiden Naturen in Christus widersprochen hatte, mußten jetzt die Übertreibungen, die in der alexandrinischen Theologie auf der Lauer lagen und sich nach Ephesus erneut kräftig zu Wort meldeten, zurückgeschnitten werden.

Doch die weiterbestehenden dogmatischen Differenzen allein erklären nicht, was auf Ephesus folgte. Hinzu kamen die weiterschwelenden kirchenpolitischen Konflikte, die vor allem den Alexandriner Patriarchen nicht zur Ruhe kommen ließen. Bereits auf dem Konzil von 381 war Konstantinopel als Hauptstadt des Reiches in der kirchlichen Rangordnung noch vor Alexandrien sogleich hinter Rom eingereiht worden (vgl. S. 54) – eine für Alexandrien unverwindbare Brüskierung. Nach Ephesus war Alexandrien dann vollends ins Abseits geraten, als sich Antiochien und Konstantinopel im Einvernehmen mit Rom und dem Kaiserhof gegen den ägyptischen Bischof verbündet hatten. Cyrill war nicht zuletzt deswegen zur Union von 433 veranlaßt worden (vgl. S. 88), um nicht vollständig isoliert zu werden. Es ist verständlich, daß der Alexandriner Patriarch nach Gelegenheiten spähte, sich wieder ins Gespräch zu bringen. Die Berücksichtigung des kirchenpolitischen Aspektes hob die Ernsthaftigkeit des theologischen Anliegens, um das es ging, in den nun folgenden Auseinandersetzungen nicht auf, macht aber die Härte verständlich, mit der versucht wurde, die eigene Meinung durchzusetzen. Auch Rom verfolgte neben den dogmatischen Klärungen kirchenpolitische Interessen und war unter der tatkräftigen Führung Leos I. bemüht, den primatialen Vorrang des römischen Bischofs zu stärken[147].

– Dioskur und der Monophysitismus des Eutyches

Wie kommen die Dinge in Gang? Cyrill von Alexandrien war 444 gestorben. Sein Nachfolger wurde Dioskur, ebenso streitbar wie Cyrill, den er als Archidiakon der Kirche von Alexandrien nach Ephesus begleitet hatte, aber theologisch von geringerer Qualität. Und noch ein Unterschied läßt sich zwischen den beiden nicht übersehen. Kardinal Newman hat Cyrill trotz seiner Ecken und Kanten „innere Heiligkeit" bescheinigt; ähnliches Dioskur zuzugestehen, ist bisher niemand eingefallen. Leo I. hatte ihn „den neuen Pharao Ägyptens" genannt[148]. Dioskur war Gegner der Union von 433 genauso wie sein Parteigänger in Konstantinopel, Eutyches, der die Unionsformel in offener Weise bekämpfte.

Wer war Eutyches? Seiner Personenbeschreibung nach Mönch und Archimandrit (Erzabt) eines Klosters in Konstantinopel. Daneben war er Seelenführer und Beichtvater des Chefeunuchen am Hof, Chrysaphius, der den Kaiser Theodosius II. lenkte, während Theodosius meinte, das Reich zu regieren. Nestorius hat Eutyches einmal so charakterisiert:

„In seinem Übermut nahm er, obwohl er nicht Bischof war, eine andere Rolle an dank der Gnade des kaiserlichen Herrn, nämlich die des Bischofs der Bischöfe. Er leitete die kirchlichen Geschäfte und benützte Flavian wie einen Diener"[149].

Flavian, den Bischof von Konstantinopel, hat Nestorius dagegen als einen rechtschaffenen und bescheidenen Mann beschrieben, nur bar der Gabe, öffentlich zu reden[150]. 448 forderte Flavian aufgrund von wiederholt vorgetragenen Anklagen Eutyches auf, vor der endemischen Synode (*synodos endēmusa*), d.h. einer routinemäßig stattfindenden Versammlung aller gerade in Konstantinopel anwesenden Bischöfe, zu erscheinen. Als Eutyches es ablehnte, alles zu verfluchen, was der Unionsformel widerstreite, wurde er exkommuniziert, besonders weil er erklärt hatte, der Leib Christi sei nach der Inkarnation nicht mehr dem des Menschen wesensgleich, sondern nur noch von göttlicher Art. Durch hartnäckige Fragen der Synodalen in die Enge getrieben, erklärte Eutyches:

„Ich habe bisher über die Natur meines Gottes zu disputieren mir nicht angemaßt; aber daß er gleichen Wesens mit uns sei, habe ich bisher, wie ich gestehe, nie gesagt. Bis auf den heutigen Tag habe ich nie gesagt, daß der Leib unseres Herrn und Gottes gleichen Wesens mit uns sei. Wohl aber bekenne ich, daß die heilige Jungfrau wesensgleich mit uns und daß unser Gott aus ihr Fleisch geworden ist. Wollt ihr, daß ich noch beifüge, sein Leib sei mit dem unseren gleichen Wesens, so tue ich's; aber ich nehme das wesensgleich nicht so, als leugnete ich, daß er der Sohn Gottes sei. Früher sprach ich überhaupt nicht von Wesensgleichheit, jetzt aber will ich es tun, weil Eure Heiligkeit es so verlangt ... Ich habe die Schriften der heiligen Cyrill und Athanasius gelesen [der ‚Sieger' von Ephesus und Nizäa]; vor der Vereinigung [der Gottheit und Menschheit in Christus] sprechen sie von zwei Naturen, nach der Vereinigung nur mehr von einer"[151].

Um das letztere ging es. Was geschieht bei der Inkarnation? Der Logos inkarniert ins Fleisch, Gott wird Mensch. Dem vermag die menschliche Komponente der Verbindung beider nicht standzuhalten. Nach der Vereinigung gibt es nur noch eine Natur, die man zwar die gottmenschliche nennt, bei der die menschliche Natur aber in die göttliche aufgesogen wurde. Mit dieser Auffassung bekannte sich Eutyches eindeutig zum Monophysitismus – unter diesem Namen ist die Lehre von der nur einen Natur Christi in die Dogmengeschichte eingegangen. Eutyches wiederholte damit in aller Schärfe die Lehre des Apollinaris von Laodicea, die bereits 381 in Konstantinopel verurteilt worden war.

Vielleicht war die Verwandtschaft mit Apollinaris aber doch nicht so groß, wie es auf den ersten Blick scheinen könnte, und mehr äußerlicher Art. Apollinaris hatte versucht, das Geheimnis der Inkarnation in ein philosophisch-anthropologisches Schema zu fassen, um es auf diese Weise einsichtig zu machen. Die Ersetzung des *nus* durch den *logos* hatte als Konsequenz eine verstümmelte Menschheit Christi und damit einen Quasi-Monophysitismus ergeben (vgl. S. 76f).

Dem alten, über siebzigjährigen, philosophisch nicht interessierten Mönch Eutyches dagegen ging es nicht um eine theologisch-philosophische Theorie, sondern um spirituelle Praxis. Gott ist Mensch geworden, damit der Mensch vergöttlicht werde. Das war seit jeher der Lieblingsgedanke östlicher Soteriologie gewesen; aus ihm lebte die östliche Frömmigkeit – gerade auch in den Klöstern. Von dieser Möglichkeit der Vergöttlichung hatten manche Theologen Abstriche zu machen versucht, indem sie das Göttliche in der Inkarnation dem Menschen angenähert hatten, statt – wie es die Sehnsucht der Frommen war – den Menschen mit dem dreifaltigen Gott zu verbinden. Eutyches und seinesgleichen ging es nicht um diffizile Erörterungen darüber, wie die Menschwerdung Gottes zu denken, sondern wie die Gottwerdung der Menschen zu erreichen sei[152].

Das ging apollinaristisch-monophysitisch besser als nestorianisch-dyophysitisch. Nach monophysitischer Vorstellung hat der göttliche *logos* das angenommene menschliche Fleisch vergöttlicht. Christus ist zwar aus zwei Naturen, aber nach der Vereinigung überwindet die göttliche Natur die Schwachheit der menschlichen. Dürfen die Gläubigen nicht ähnliches hoffen? Christus ist doch unser Vorbild – Vorbild hier nicht so sehr im arianisch-nestorianischen Sinn als *exemplum* verstanden, das eine willentliche, ethisch motivierte Nachfolge herausfordert, sondern im Sinn der platonischen Urbild-Abbild-Lehre. Aus der Vergottung der menschlichen Natur Christi folgt die Vergöttlichung des Menschen, sofern sich dieser mit dem göttlichen Logos verbinden läßt und Glied am Leibe Christi wird. Dafür gibt es Möglichkeiten vor allem kultischer Art, wenn man in der Taufe ein *alter Christus* wird, in der Eucharistie den Leib und das Blut des Herrn genießt, die Sakramente an sich wirken läßt. Im Monophysitismus ersehnt der Mensch die eigene gleichsam physische Vergöttlichung.

– Die Räubersynode 449[153]

Eutyches fühlte sich wegen seiner Verurteilung durch die endemische Synode ungerecht behandelt und appellierte an verschiedene Bischöfe in West und Ost, insbesondere an die Kirchenleitungen in Alexandrien und Rom. Daß Dioskur sofort reagierte und sich auf die Seite des Konstantinopler Archimandriten schlug, versteht sich. Der römische Bischof Leo, der ein anderes theologisches Format besaß als sein Vorgänger Coelestin in den Auseinandersetzungen mit Nestorius, reagierte zurückhaltend. Zunächst wollte er abwarten, bis der für die Angelegenheit zuständige Flavian in Konstantinopel sich geäußert hatte[154], schickte dann aber durch eine offizielle Gesandtschaft ein amtliches Schreiben – die sogenannte Epistula dogmatica ad Flavianum –, als nämlich klar wurde, daß Theodosius II. zum 8. August 449 ein allgemeines Konzil nach Ephesus einberufen wollte. Ursprünglich hatte Leo seinen Brief durch Boten dem Amtsbruder in Konstantinopel zukommen lassen wollen; nunmehr wurden die Boten, Bischof Julian von Puteoli, der Presbyter Renatus und der Diakon Hilarus, zu päpstlichen Legaten aufgewertet. Daß der römische Bischof nicht selbst zu einer Synode reiste, auf der er nicht den Vorsitz beanspruchen konnte, entsprach bereits altem Brauch[155].

Zum Vorsitzenden des Konzils, das eine Entscheidung über den Streit zwischen Flavian und Eutyches herbeiführen sollte, ohne durch Zusätze oder Minderungen das 431 in Ephesus bestätigte Nizänum anzutasten, wurde Dioskur bestellt – ein schwerwiegender Fehler, wie sich bald herausstellte, denn der Alexandriner Patriarch war Partei im schlimmsten Sinne des Wortes. Die kaiserlichen Kommissare brachten Truppen mit, um die Sicherheit des Konzils zu gewährleisten. Dioskur war von einer Schar ihm blind ergebener Mönche begleitet. Das alles waren keine guten Voraussetzungen für ein Gelingen der Veranstaltung.

Die Synode, an der über einhundert Bischöfe teilnahmen, war sehr einseitig zusammengesetzt, und abstimmen durften nur diejenigen, die an der Verurteilung des Eutyches nicht mitgewirkt hatten. Viele Konzilsväter fühlten sich bedroht; sie wurden so sehr unter Druck gesetzt, daß eine mißliebige Entscheidung nicht zu befürchten war. Die römische Delegation war durch den inzwischen erfolgten Tod des Presbyters Renatus auf zwei Personen geschrumpft. Sie konnten sich, da sie des Griechischen nicht mächtig waren, nur mit Hilfe eines Dolmetschers verständigen und wurden leicht ausgespielt. Trotz Verlangens der Römer verhinderte Dioskur, daß Leos Brief an Flavian verlesen wurde.

Sofort zu Beginn der 1. Sitzung wurde Eutyches hereingeführt und legte gegen seine Verurteilung Berufung ein. Daraufhin wurden die Akten der Verhandlung auf der endemischen Synode in Konstantinopel sowie die Protokolle ihrer kaiserlichen Überprüfung verlesen. Als es dann zur Abstimmung kam, fanden sich die Bischöfe bereit, der Wiederaufnahme des Eutyches zuzustimmen, mit Ausnahme der Römer, die allerdings auch nicht protestierten und sich nicht zurückzogen; sie hatten wegen ihrer mangelnden Sprachkenntnis den Vorgängen nur unzulänglich folgen können.

Die Versammlung bestimmte mit Berufung auf den ersten Satz des kaiserlichen Einberufungsdekrets und die Entscheidung in der 6. Sitzung von Ephesus die Glaubensaussagen von Nizäa und Ephesus als allein verbindlich. Damit wurde die Unionsformel von 433, die den in der christologischen Frage zerstrittenen Osten mühsam genug wieder zusammengeführt hatte, außer Kraft gesetzt. Dioskur ging aber noch einen Schritt weiter. Die von allen akzeptierte Forderung, sich mit dem Glauben der Väter zu begnügen und alle zu bestrafen, die über den Glauben von Nizäa in ihren Forschungen hinausgegangen waren, benutzte er dazu, nunmehr die Verurteilung und Absetzung des Bischofs Flavian von Konstantinopel wegen Neuerungen zu betreiben. Diese Forderung führte zu erregten Auseinandersetzungen. Viele Bischöfe erkannten endlich, daß man sie getäuscht hatte und wozu sie mißbraucht werden sollten. Man bestürmte Dioskur, nichts zu tun, was gegen die Kanones verstieße. Doch der rief die kaiserlichen *comites* herbei, welche die Kirchtüren öffnen ließen, so daß Soldaten mit gezogenem Schwert, dazu Mönche und eine große Volksmenge in die Basilika strömten.

Von den anwesenden einhundertdreißig Bischöfen konnten einhundertvierzehn dazu gebracht werden, die Verurteilung des Flavian zu unterschreiben. Abgesetzt als verkappte Nestorianer wurden auch einige einflußreiche antiochenische Bischöfe: Domnus von Antiochien, Theodoret von Cyrus und Ibas von Edessa. Die ägyptischen Mönche hatten Flavian so mißhandelt, daß er bald darauf starb. Die päpstlichen Legaten flohen bei Nacht und Nebel und erstatteten in Rom Bericht über die Vorfälle auf der Synode, die von Leo als *latrocinium* (Räubersynode) charakterisiert wurde.

7.2 Der Konzilsbeginn und die Epistula dogmatica ad Flavianum

– Einberufung und Organisation

Verständlicherweise erhob sich sofort von allen Seiten Protest gegen die Entscheidungen von Ephesus 449. Leo forderte ein neues Konzil, das im Westen stattfinden sollte. Der Kaiser – immer noch Theodosius II. – zögerte und beschied Leo abschlägig; doch am

28.7.450 stürzte er vom Pferd und starb. Kurz entschlossen nahm die etwa fünfzigjährige Schwester des Kaisers, Pulcheria, seit langem Mitregentin, die Regierung in die Hand. Um das Reich nicht ohne Kaiser zu lassen, vermählte sie sich mit dem General Marcian. Sie regierte den Palast und die Kirche, er die Armee. Im Mai 451 wurde ein neues Konzil nach Nizäa einberufen, das dann aber wegen der größeren Nähe zur Hauptstadt nach Chalkedon – den kaiserlichen Palästen gegenüber auf der anderen Seite des Bosporus gelegen – wechseln mußte. Auch wenn die Einladung überraschend kam und den Absichten Leos nicht entsprach – seine Bedenken gegen eine östliche Synode, zu der wegen der Hunnengefahr und der übrigen kriegerischen Wirren[156] kaum Bischöfe aus dem Westen kommen würden, kann man gut verstehen –, so war das geplante Konzil ganz und gar nicht antirömisch ausgerichtet. Pulcheria suchte im Gegenteil ganz bewußt gegen den sich kirchenpolitisch immer selbstbewußter gebärdenden Patriarchen aus Alexandrien theologischen Anschluß an Rom zu gewinnen.

Eine große Zahl von Bischöfen versammelte sich am 8. Oktober 451 in der Euphemia-Kirche von Chalkedon. Sechshundert werden genannt, an die drei- bis vierhundert werden tatsächlich am Konzil teilgenommen haben; Chalkedon ist das größte frühchristliche Konzil, das zahlenmäßig erst 1870 vom Ersten Vatikanischen Konzil übertroffen wurde. Eine besondere Stellung kam den fünf päpstliche Legaten, drei Bischöfen und zwei Presbytern zu; die Geschäftsführung oblag den kaiserlichen Kommissaren. Das Konzil war sorgfältig vorbereitet worden; man hatte aus dem Debakel von 449 gelernt. Bereits in der ersten Sitzung wurde gegen Dioskur Anklage erhoben; in der dritten Sitzung traf ihn die Absetzung. In der dazwischen liegenden zweiten Sitzung wurde neben den Symbola von Nizäa und Konstantinopel sowie Cyrill-Briefen die Epistula dogmatica Leos verlesen. Die Versammlung stimmte freudig zu. „Das ist der Glaube der Väter", riefen die Bischöfe, „der Apostel Petrus hat durch Leo gesprochen, so haben die Apostel gelehrt, so glauben wir alle"[157].

– Der Tomus Leonis

Wie kam es dazu, daß Leos Lehrschreiben, das auf der Räubersynode 449 so schmählich untergegangen und nicht einmal verlesen worden war, jetzt nicht nur zur Ehrenrettung des Papstes vorgetragen wurde, sondern begeisterte Zustimmung erfuhr? Waren Leos Ausführungen imstande, die tiefsinnigen, aber auch komplizierten Gedankengänge der griechischen Theologen in der umstrittenen christologischen Frage auf einen Nenner zu bringen? War die Epistula dogmatica ein theologisches Meisterwerk? In der Dogmengeschichte finden sich zum Teil recht abfällige Urteile. Das Schreiben gilt als weder neu noch originell, vielmehr als eine Zusammenfassung der abendländischen Christologie mit ihren Formeln von Tertullian und Novatian über Ambrosius bis hin zu Augustinus. Es wird bemängelt, die philosophische Erfassung und logische Darlegung des Inkarnationsdogmas, um das sich Generationen östlicher Theologen gemüht hätten, werde einfach beiseite geschoben, die Menschwerdung des *logos* als eine spekulativer Begründung weder fähige noch bedürftige Tatsache hingestellt und allein aus Bibelstellen und dem *Apostolicum*, d.h. dem alten römischen Taufbekenntnis, abgeleitet. Es werde auch nicht im Ansatz versucht, die neuralgischen Begriffe wie „göttliche und menschliche Natur" und „eine Person" auf ihre Eigenart und die Möglichkeit ihrer Verbindung hin zu untersuchen. Die autoritativ vorgetragene Lösung des christologischen Problems höre da auf, wo in der griechischen Theologie die Fragen erst begännen[158].

Diese Kritik ist zu negativ und läßt schon in ihren Anschuldigungen erkennen, worin die Vorzüge des römischen Schreibens bestanden: Es war nicht originell und verzichtete auf subjektive Neuerungen; es war nicht spekulativ, sondern respektierte – das Geheimnis wahrend – die biblischen Vorgaben. Leo folgte mit seinen zurückhaltenden Formulierungen guter abendländischer Tradition. Auch Ambrosius, dessen Schrift De incarnationis Dominicae sacramento Leo in seiner Epistula ausgiebig benutzt hat, mißbilligte zutiefst alles ungezügelte Spekulieren über die christologischen Geheimnisse. Die Berechtigung dogmatischer Bemühungen sah der Mailänder Bischof allein darin, daß nur so die Angriffe der Häretiker abgewehrt werden könnten. Letztlich muß alles Theologisieren dem schon von Basilius bekannten Ziel dienen, zu einer vertieften Anbetung Gottes zu führen (S. 49).

Trotzdem ist bemerkenswert, daß Leo den dogmatischen Aspekt des Streites überhaupt aufgegriffen hat und nicht nur – wie bisher üblich – die kirchenrechtliche Seite durch die Absetzung häretischer und die Einsetzung orthodoxer Bischöfe zu regeln suchte. Die Konzilsväter stellten freudig fest, daß Leos Ausführungen mit den vorliegenden Zeugnissen des wahren Glaubens, den Symbola und den Briefen Cyrills, voll und ganz übereinstimmten. Leos Brief verfolgte einen praktischen Zweck und literarisch gesehen war er ein Meisterstück. Seine Gedankengänge dürften allen verständlich gewesen sein. Sie wurden durch bekannte Beispiele aus der Heiligen Schrift erläutert und erhielten so Überzeugungskraft. Die vollendete Umsetzung von abstrakten Gedanken in greifbare Anschauung verdient höchste Bewunderung. Einige Sätze aus der Epistula können dieses Urteil bestätigen:

„So tritt denn der Sohn Gottes in diese niedere Welt, vom himmlischen Sitz herabsteigend, und [doch] von der Herrlichkeit des Vaters nicht lassend ... Die Geburt nach dem Fleisch ist die Bekundung der menschlichen Natur, das Gebären der Jungfrau aber Zeichen göttlicher Kraft.
Die Kindheit des Kleinen zeigt sich in der Niedrigkeit der Wiege, die Größe des Allerhöchsten kündet die Stimme der Engel. Menschlichen Anfängen gleich ist der, den Herodes zu töten trachtet, aber der Herr aller ist der, den die Magier freudig anbeten. Als er dann zur Taufe seines Vorläufers Johannes kam, da ertönt, um zu enthüllen, daß unter dem Schleier des Fleisches die Gottheit verborgen sei, die Stimme des Vaters vom Himmel: ‚Dies ist mein lieber Sohn, an dem ich Wohlgefallen habe'. Den des Teufels List als Menschen versucht, demselben dienen als Gott die Engel. Hungern, dürsten, müde werden, schlafen ist augenscheinlich menschlicher Art; aber mit fünf Broten Fünftausend speisen, der Samariterin lebendiges Wasser spenden, daß, wer davon trinkt, niemals wieder dürstet, auf dem Rücken des Meeres mit nichtsinkendem Fuß wandeln, die schwellenden Fluten durch Bedräuen des Sturmes glätten, ist unzweideutig göttlicher Art. Wie es also, um vieles zu übergehen, nicht ein und derselben Natur zugehört, mit jammernder Liebe den toten Freund zu beweinen und denselben, der vier Tage unter der Grabesdecke lag, durch einer Stimme Befehl wieder zum Leben zu erwecken; oder am Kreuze zu hängen und Tag in Nacht zu wandeln, die Elemente erzittern zu machen; oder mit Nägeln durchbohrt zu sein und die Pforten des Paradieses dem gläubigen Schächer zu öffnen, so ist es auch nicht ein und derselben Natur zugehörig zu sagen: ‚Ich und der Vater sind eins' und ‚Der Vater ist größer als ich'"[159].

Geschickt benutzt Leo das rhetorische Stilmittel der Antithetik und steuert die Aneinanderreihung der biblischen Beispiele auf wichtige Schriftstellen zu, die zu den *loci classici* der verschiedenen theologischen Richtungen gehörten. Die Argumentation ist vielleicht ein wenig simpel, mehr biblisch erzählend als begrifflich argumentierend, aber sie blies doch wie ein frischer Wind in die philosophischen Schwaden theologischer Begriffsklauberei und drang wieder bis zu den Offenbarungstexten vor, die manchen philosophierenden Theologen allzu leicht zu entschwinden drohten.

7.3 Die Entstehung der chalkedonensischen Formel

Eigentlich wäre mit der Verurteilung des Dioskur und Eutyches sowie der Rehabilitierung Flavians auf der ersten und dritten Sitzung die Aufgabe des Konzils erfüllt gewesen, und die Väter hätten nach Hause gehen können – falls nicht noch disziplinäre Kanones zu verabschieden waren und zusätzliche Rehabilitationen vorgenommen werden mußten. Die 449 auf der Räubersynode verurteilten Antiochener, Domnus, Theodoret und Ibas (vgl. S. 93), verdienten einen formellen Freispruch. Das hatten die Väter auch vor; viele sahen damit ihren Auftrag dann aber als beendet an.

– Beginn der dogmatischen Diskussion

Doch schon auf der zweiten Sitzung stellte sich heraus, daß Verurteilungen und Rehabilitationen nicht ausreichten; auch die kaiserlichen Majestäten hatten von Anfang an mehr gewollt. Sie verlangten nach einer neuen dogmatischen Formel gegen die Irrlehren der Gegenwart und nach einem neuen Symbolum, das an die Seite des Glaubensbekenntnisses von Nizäa treten sollte. Doch die Bischöfe weigerten sich. „Eine schriftliche Glaubenserklärung (*ekthesis*) machen wir nicht"[160], hieß es. Man berief sich auf verschiedene Beschlüsse, welche die Aufstellung neuer Glaubensformeln verboten. Bischof Florentius von Sardes gab zu bedenken, es sei unmöglich, eine neue Gesamtdarstellung des Glaubens unvermittelt zu Papier zu bringen; dazu sei Zeit vonnöten; es genüge doch der Brief Leos. Ein anderer Bischof bat, nochmals das nizänische Symbolum vorzulesen. Das geschah. Auf Verlangen der Kommissare wurden ebenfalls das Symbol von Konstantinopel, der sogenannte zweite Brief des Cyrill an Nestorius, der Brief Cyrills an die Antiochener mit seiner Zustimmung zur Unionsformel von 433 (vgl. S. 84; 87) und der Brief Leos verlesen. Dieses Bündel von fünf Dokumenten, zwei Konzilssymbola und drei erklärende Väterbriefe, sollte genügen, die Glaubensfrage zu entscheiden.

Die Bischöfe stimmten freudig zu; allerdings nicht alle. Einige Bischöfe aus Illyricum und Palästina, die erst tags zuvor gekommen und dem Lager Dioskurs zuzurechnen waren, nahmen Anstoß an drei Stellen des Leo-Briefes. Man versuchte in der Sitzung, ihre Bedenken zu beheben. Als das nicht zufriedenstellend gelang, bildete man auf Anraten der Kommissare einen Ausschuß unter dem Patriarchen Anatolius von Konstantinopel, dem Nachfolger Flavians, der mit den Unzufriedenen verhandeln sollte. Damit blieb die Glaubensfrage weiter auf der Tagesordnung. Und erst jetzt und gegen den Willen vieler Bischöfe kommt es nach mehreren Anläufen zur christologischen Formel von Chalkedon.

– Verhandlungskrise

Fünf Tage später, am 17. Oktober, traf man sich zur vierten Sitzung des Plenums, nachdem auf der dritten Sitzung die Absetzungsfragen entschieden worden waren. Auf die Frage der Kommissare, was die Bischöfe in Sachen des Glaubens beschlossen hätten, antwortete Paschasinus, einer der päpstlichen Legaten, man halte fest an Nizäa, Konstantinopel, den beiden Briefen Cyrills und dem Schreiben des Papstes Leo, d.h. an den bereits auf der zweiten Sitzung beklatschten Dokumenten. Bischof Sozon von Philippi, einer der illyrischen Bischöfe, die bezüglich des Tomus Leonis Bedenken geäußert hatten, erklärte, ihre Zweifel seien durch den Anatolius-Ausschuß ausgeräumt worden. Denn, so sagte er wörtlich:

„Sie verdammen jeden, der das Fleisch unseres Herrn und göttlichen Erlösers Jesus Christus, das er aus der heiligen Jungfrau und Gottesgebärerin Maria sich geeint hat, von seiner Gottheit trennt, und jeden, der nicht bekennt, daß das Göttliche und Menschliche ihm auf unvermischte und unveränderte und ungeteilte Weise zu eigen ist"[161].

Mit *asynchytōs, atreptōs* und *adiairetōs* (unvermischt, unverändert und ungeteilt) tauchen hier zum ersten Mal drei der Begriffe auf, die in der endgültigen christologischen Formel einen entscheidenden Platz einnehmen werden (vgl. S. 99). Gleichwohl dürften trotz der Ehrenerklärung der Illyrer und der von allen akzeptierten fünf Dokumente die beiden Fronten unterschwellig weiter bestanden haben. War das der Grund dafür, daß die Bischöfe für eine neu formulierte Glaubensformel, die natürlich hätte Farbe bekennen müssen, so schwer zu erwärmen waren?

Die Römer blieben gegenüber den Ausführungen des Ausschusses skeptisch, einige Orientalen erhoben Einspruch, und ägyptische Bischöfe wiesen darauf hin, zuerst müsse der Bischofsstuhl von Alexandrien wieder besetzt werden. Warum weigerten sich etliche Bischöfe, die vom Ausschuß vorgelegte Formel anzunehmen? Leider ist ihr Wortlaut nicht in die Konzilsakten aufgenommen worden, so daß der Stein des Anstoßes nicht genau bestimmt werden kann. Soviel dürfte aber feststehen: Die Anatolius-Formel vermied einige der charakteristischen Wendungen aus dem Leo-Brief und enthielt dafür die mißverständliche Formulierung, Christus sei aus zwei Naturen (*ek dyo physeōn*), die stark in die monophysitische Richtung wies. Wenn Christus nicht in, sondern aus zwei Naturen ist, dann bildet das Ergebnis der Vereinigung in der Inkarnation eben doch wieder die monophysitische, aus zwei Naturen entstandene eine gottmenschliche Natur. Es bedurfte keiner interpretatorischen Gewaltanwendung, um zu diesem Schluß zu kommen.

Anatolius wies darauf hin, daß die vorgelegte Formel vom Ausschuß einstimmig angenommen worden sei. Doch Paschasinus ließ sich nicht beirren:

„Wenn sie den Brief des seligen apostolischen Erzbischofs Leo nicht annehmen, so laßt uns eine Abschrift dieses Textes geben [gemeint ist wohl die Formel des Ausschusses]. Dann reisen wir ab, und das Konzil wird dort [im Westen] zu Ende geführt"[162].

Die schroffe Haltung der päpstlichen Legaten ist verständlich; für sie stand die Autorität des Apostolischen Stuhls auf dem Spiel. Manche Bischöfe, die nicht zu den führenden Köpfen gehörten, hätten es gern mit keiner Seite verdorben, weder mit Leo noch mit Dioskur – oder wie der nächste Alexandriner auch heißen mochte. Die Römer dagegen werden davon überzeugt gewesen sein, daß mit einem neuen Kompromiß nichts zu erreichen war. Entweder Leo oder Dioskur – beide konnte man nicht auf seiner Seite haben.

In dieser fünften Sitzung war der kritische Punkt der Verhandlungen erreicht. Was man bisher stürmisch gefeiert hatte, drohte verworfen zu werden, als die beklatschten Dokumente auf ihren harten dogmatischen Kern abgeklopft wurden. Die Gefahr eines Schismas lag in der Luft. Da griffen die Kommissare wiederum ein. Sie wiesen darauf hin, daß man nicht auf dem *ek dyo physeōn* bestehen könne, nachdem man Dioskur bereits wegen seiner *mia physis* verurteilt hatte. *Ek dyo physeōn* und *mia physis* meinten nämlich im Grunde dasselbe. Das eine sei der Ausgangspunkt, das andere der Endpunkt des inkarnatorischen Einigungsprozesses. Anatolius versuchte auszuweichen: Dioskur sei ja gar nicht wegen seines Glaubens verurteilt worden, sondern wegen seines Mißverhaltens in Ephesus und weil er jetzt auf dem Konzil nicht erschienen sei. Aber das stimmte nicht – oder doch nur zum Teil. Der Einwand wurde von den Kommissaren zu Recht ignoriert. Nochmals fragten sie, ob die Väter bereit seien, den Brief Leos anzunehmen. Als alle antworteten, sie hätten ihn doch bereits angenommen und unterschrieben, forderten die Kommissare, dann solle auch das, was in diesem Brief ausgedrückt sei, der Definition eingefügt werden.

Die Bischöfe versuchten einer eindeutigen Entscheidung zu entgehen mit der immer lauter und leidenschaftlicher vorgetragenen Bemerkung, es brauche keine neue Definition, zwischen der Anatolius-Formel und dem Leo-Brief bestehe kein Unterschied. Aber das stimmte nicht. Und die Kommissare taten gut daran, sich nicht auf die Verwischung der Gegensätze einzulassen. Sie legten die ganze Angelegenheit dem Kaiser vor, und vom Hofe kam alsbald Nachricht, man möge eine kleine Kommission von sechs antiochenischen, drei pontischen, drei (klein)asiatischen, drei thrakischen und drei illyrischen Bischöfen bilden, zu der auch Anatolius und die römischen Delegierten gehören sollten. Diese kleine Gruppe solle im Oratorium der heiligen Euphemia über den Glauben der Kirche auf orthodoxe und untadelige Weise beschließen, damit alle zustimmen könnten. Falls sie zu keiner Einigung kämen, dann sollten die ehrwürdigen Väter wissen, daß die Synode im Abendland fortgesetzt würde, weil sie nicht imstande wären, die Angelegenheit des wahren Glaubens zu einem unzweideutigen Beschluß zu bringen[163].

Noch einmal versuchten die Bischöfe auf ihrem Protest zu beharren und drohten ihrerseits, Chalkedon zu verlassen, wenn die von Anatolius vorgetragene Lösung nicht angenommen würde. Auch die bekehrten Illyrer, die doch wohl nur scheinbekehrt gewesen waren, behaupteten, alle, die der Anatolius-Formel widersprächen, seien Nestorianer. Sollten die Römer doch abreisen, wenn sie glaubten, nicht zustimmen zu können. Aber schließlich fügte man sich, und die Bischofskommission wurde gewählt. Die vierundzwanzig Vertreter, die dann im Heiligtum der heiligen Euphemia tagten und berieten, sind die eigentlichen Väter der chalkedonensischen Glaubensentscheidung.

– Einigung

Als sie nach intensiven Beratungen ins Plenum zurückkehrten, brachten sie eine Glaubensformel mit, die endlich klar und deutlich Farbe bekannte. Die Väter hörten der Verlesung schweigend zu, ohne ein Wort einzuwenden:

„Die heilige, große und ökumenische Synode, die durch Gottes Gnade und nach Weisung unserer gottesfürchtigen und christusliebenden Kaiser Valentinian Augustus und Marcian Augustus in Chalkedon, der Metropole der Provinz Bithynien, im Martyrion der heiligen und siegreichen Märtyrin Euphemia versammelt worden ist, hat die hier vorgelegte Entscheidung gefällt"[164].

Dann folgen im Wortlaut die Symbola von Nizäa und Konstantinopel, Hinweise auf die beiden Briefe Cyrills und die Epistula Leos, weitere Ausführungen und am Schluß die entscheidende Glaubensformel. Die Väter wollten sofort mit der Unterschrift beginnen. Doch zuerst mußte der Text dem Kaiser zur Begutachtung vorgelegt werden. In der sechsten Sitzung am 25. Oktober war es dann soweit. In Gegenwart des Kaiserpaares und nach der Begrüßungsansprache Marcians wurde die Glaubensentscheidung (Horos) wiederum vorgelesen und angenommen. Vierhundertzweiundfünfzig Unterschriften verzeichnen die Konzilsakten. Anschließend großer Jubel und Glückwünsche gegenseitig. Eine nähere Schilderung der Festlichkeiten, die noch folgten, kann hier fehlen. Wichtiger ist die Vorstellung des verabschiedeten Textes, eine kurze textkritische Analyse sowie eine theologische Würdigung.

7.4 Die christologische Formel von Chalkedon

– Text und Analyse

Die Schlußformel lautet:

„Wir folgen also den heiligen Vätern und lehren alle übereinstimmend: Unser Herr Jesus Christus ist als ein und derselbe Sohn zu bekennen, vollkommen derselbe in der Gottheit, vollkommen derselbe in der Menschheit, wahrhaft Gott und wahrhaft Mensch derselbe, aus Vernunftseele und Leib, wesensgleich dem Vater der Gottheit nach, wesensgleich uns derselbe der Menschheit nach, in allem uns gleich außer der Sünde, vor Weltzeiten aus dem Vater geboren der Gottheit nach, in den letzten Tagen derselbe für uns und um unseres Heiles willen [geboren] aus Maria, der jungfräulichen Gottesgebärerin, der Menschheit nach,
    ein und derselbe Christus, Sohn, Herr, Einziggeborener, in zwei Naturen unvermischt, unverändert, ungeteilt, ungetrennt zu erkennen, in keiner Weise unter Aufhebung des Unterschieds der Naturen aufgrund der Einigung,
    sondern vielmehr unter Wahrung der Eigentümlichkeit jeder der beiden Naturen und im Zusammenkommen zu einer Person und einer Hypostase, nicht durch Teilung oder Trennung in zwei Personen,
    sondern ein und derselbe einziggeborene Sohn, Gott, Logos, Herr, Jesus Christus, wie die Propheten von Anfang an über ihn lehrten und er selbst, Jesus Christus, uns gelehrt hat und wie es uns im Symbol der Väter überliefert ist".

Den Schluß bildet das Anathem.

„Nachdem dies also von uns in jeder Hinsicht mit aller Genauigkeit und Sorgfalt formuliert worden ist, hat die heilige und ökumenische Synode entschieden, daß niemand einen anderen Glauben vorbringen, niederschreiben, abfassen, denken oder anders lehren darf. Welche es aber wagen, einen anderen Glauben abzufassen, zu veröffentlichen oder zu lehren oder ein anderes Symbol denen zu übergeben, die sich aus dem hellenistischen Heidentum, aus dem Judentum oder aus welcher Häresie auch immer zur Erkenntnis der Wahrheit bekehren wollen, diese werden, wenn es sich bei ihnen um Bischöfe oder Kleriker handelt, ausgeschlossen, und zwar als Bischöfe vom Bischofsamt und als Kleriker vom Klerus; als Mönche oder Laien werden sie mit dem Anathem belegt"[165].

Eine Analyse dieses dogmengeschichtlich herausragenden Textes ergibt, daß die chalkedonensische Definition inhaltlich keine Neuschöpfung darstellt, sondern sich wie ein Mosaik aus den Teilen zusammensetzt, die in den schon zu Beginn des Konzils akzeptierten fünf Dokumenten bereitlagen. Benutzt wurde dazu noch eine *professio fidei* des Konstantinopler Patriarchen Flavian. Die Väter sind also bis zum Schluß bei ihrer Weigerung geblieben, eine neue Glaubensformel zu schaffen; Chalkedon enthält in der Tat nichts, was nicht schon in den anderen Dokumenten gesagt worden wäre. Man kann nur insofern von einer neuen Formel sprechen, als die einzelnen Elemente des vorhandenen Materials so geschickt zusammengestellt worden sind, daß eine vorher nicht gegebene Vollständigkeit erreicht und bisherige Einseitigkeiten vermieden wurden.
    Mit der Betonung der vollständigen Menschheit Christi, die neben dem Leib eine vernünftige Seele besitzt, wird jede Gefahr des Apollinarismus gebannt. Der göttliche *logos* ersetzt weder die Seele noch einen Teil von ihr. Nicht ohne Absicht wird mit dem nizä-

nischen *homousios* die unverkürzte Gottheit und Menschheit Christi unterstrichen. Immer wieder spricht der Text von einem und demselben *(hena kai ton auton)* Christus. Denn bei aller Integrität der beiden Naturen soll sich keine nestorianische Trennung einschleichen können. Auch die ephesinische Bezeichnung Marias als *theotokos* fehlt nicht.

– Theologische und historische Bedeutung

Die Eigenart der chalkedonensischen Formel besteht darin, daß sie nicht den ganzen Glauben beschreibt, wie es – mit Abstrichen – die Symbola von Nizäa und Konstantinopel versuchen, sondern nur den einen strittigen Punkt heraushebt: Wie die Einheit in Christus angesichts der beiden Naturen glaubensmäßig richtig auszusagen ist. Die Entscheidung erkennt in gleichem Maße sowohl die Einheit als auch die Unterschiede in Christus an und bejaht damit – was auch vehement ausgesprochen wird – die gesamte kirchlich-theologische Tradition. Indem die monophysitischen ebenso wie die nestorianischen Extreme abgelehnt werden, ergibt sich ein Schema negativer Abgrenzung, das den orthodoxen Kern umschließt.

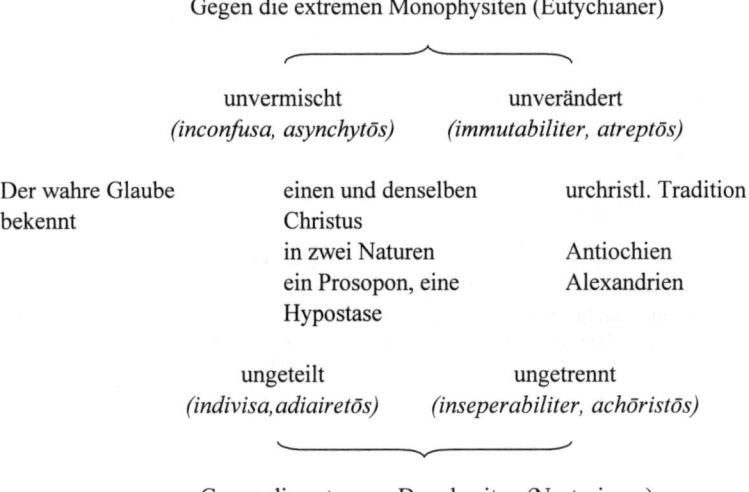

Die Formel sieht nach einem Kompromiß aus. Die beiden alten Richtungen der Christologie, die Einheitschristologie und die Trennungschristologie, das Logos-Sarx-Schema und das Gott-Mensch-Schema, Alexandrien und Antiochien, sind an ihr beteiligt. Doch diese Ausgewogenheit ist ihre Stärke, denn sie konnte von allen Richtungen angenommen werden. Von niemandem wurde verlangt, den eigenen Standpunkt aufzugeben, sondern nur, den Standpunkt der anderen theologischen Partei nicht auszuschließen. Der Glaube wird beschrieben in einer gleichsam paradoxen Formulierung, die zwei entgegengesetzte Standpunkte verbindet, die erst dann falsch werden, wenn man den einen exklusiv behauptet unter Ausschluß des anderen.

Führt eine kompromißbereite Formulierung aber nicht genau zu den Schwierigkeiten, wie sie die nacharianischen Vermittlungsformeln – z.B. *homoios kata panta* statt *homousios* – hervorgerufen hatten (vgl. S. 46)? Eine solche verhängnisvolle Wirkung konnte in

Chalkedon vermieden werden, weil die Mitte des Glaubens durchaus scharf anvisiert wurde in einer jeweils positiven Aussage, der eine negative Abgrenzung gegenüberstand. Christus existiert in zwei Naturen, bleibend und auf Dauer, aber ungeteilt und ungetrennt; er ist eine einzige Hypostase (Person), aber unvermischt und unverändert. Natur und Person werden nicht vermischt, sondern terminologisch klar getrennt. Die Verschiedenheit des Göttlichen und Menschlichen wird auf der Ebene der Naturen, die Einheit beider auf der der Hypostase (Person) angesiedelt. Die Glaubensentscheidung von Chalkedon ist ein Kompromiß, der trotzdem genau beschreibt, was den Christusglauben ausmacht und wo die Grenzen liegen, an denen der rechtmäßige Glaube verlassen wird.

Denn – und das ist der besondere Vorzug der chalkedonensischen Formel – die Mitte des Christusbekenntnisses ist nicht gleichsam ein Punkt, der fixiert, sondern ein Bereich, der umschrieben wird und dabei eine Mitte umschließt, die selbst undefiniert bleibt. Auf diese Weise wird für die Einzigartigkeit Christi ein Raum der Bezeugung gelassen, den das Dogma nur umgrenzt, nicht aber durchforscht. Chalkedon bedeutet daher nicht das Ende der dogmatischen Entwicklung, sondern im Gegenteil einen Ansporn zu immer erneuten Bemühungen um ein zutreffendes Christusverständnis. Chalkedon definiert nicht den Kern, sondern die Schale, die ihn umschließt. Damit verbietet es nicht, diesen Kern zu durchdringen und ihn mit einer jeweils anders gefärbten orts-, zeit- und sogar persönlich bedingten Christusfrömmigkeit zu füllen. Chalkedon warnt vor einer zu komprehensiven, rationalen Überwältigung des Christusglaubens und wahrt seinen Geheimnischarakter. Daß die byzantinischen Kirchen des Ostens, die Römische Kirche und auch die Kirchen der Reformation bis auf den heutigen Tag das Bekenntnis von Chalkedon anerkennen und mit ihrer je eigenen Christusfrömmigkeit füllen können, ist ein eindrucksvoller Beweis für seine Tragfähigkeit. In der Tat ist Chalkedon niemals als Ende der Christologie aufgefaßt worden. Spekulationen darüber, wie die in zwei Naturen erkannte hypostatische Union – so die spätere dogmatische Bezeichnung (vgl. S. 109) – in Christus zu verstehen sei, hören daher nicht auf, sondern gehen auch nach Chalkedon weiter.

Viele Jahrhunderte hindurch ist Chalkedon unbestrittener Ausgangspunkt für alle weiteren christologischen Überlegungen geblieben. Erst in jüngster Zeit mehren sich die Versuche, einen neuen Ansatz zu gewinnen. Der chalkedonensischen Christologie „von oben" soll eine Christologie „von unten" entgegengesetzt werden. Wie als Ziel der Erlösung nicht mehr die Vergöttlichung des Menschen, sondern seine – durchaus theologisch verstandene, nach dem Bild Gottes gestaltete – Vermenschlichung beschrieben wird, so soll die Einzigartigkeit Jesu nicht von seiner Gottheit, sondern von seiner exemplarischen Menschheit abgeleitet werden. Sie liegt dementsprechend nicht in etwas, das vor oder über ihm zu suchen wäre, in seiner Gottessohnschaft oder Präexistenz, sondern in der unüberbietbaren Weise, in der er Mensch geworden ist[166]. Soweit es sich um ernsthafte Versuche handelt, die dem christologischen Geheimnis nichts nehmen, sondern es dem heutigen Glaubensverständnis näherbringen wollen, werden sie dem Bekenntnis von Chalkedon verpflichtet bleiben müssen.

8. Die Zeit nach Chalkedon

Literatur:

W. ELERT, Der Ausgang der altchristlichen Christologie (Berlin 1957); J. SPEIGL, Der Autor der Schrift ‚De sectis' über die Konzilien und die Religionspolitik Justinians: AHC 2 (1970) 202/30; CH. VON SCHÖNBORN, Sophrone de Jérusalem (Paris 1973); R. SCHIEFFER, Das V.

ökumenische Konzil in kanonistischer Überlieferung: ZSRG.K 90 (Weimar 1973) 1/34; G. KREUZER, Die Honoriusfrage im Mittelalter und in der Neuzeit (Stuttgart 1975); J. MEYENDORFF, Christ in Eastern Christian Thought (New York [5]1975); R. SCHIEFFER, Zur Beurteilung des norditalienischen Dreikapitel-Schismas: ZKG 87 (1976) 167/201; R. CHESNUT, Three monophysite christologies: Severus of Antioch, Philoxenus of Mabbug, and Jacob of Sarug (Oxford 1976); G. EVERY, Was Vigilius a victim or an ally of Justinian?: HeyJ 20 (1979) 257/66; P.T.R. GRAY, The defence of Chalcedon in the East (451–553) (Leiden 1979); P. PIRET, Le Christ et la trinité selon Maxime le Confesseur (Paris 1983); J.A. MCGUCKIN, The Theopaschite Confession: JEH 35 (1984) 239/55; W. KASPER, „Einer aus der Trinität": Im Gespräch mit dem Dreieinigen Gott. FS W. BREUNING (Düsseldorf 1985) 316/333; H.J. VOGT, Warum wurde Origenes zum Häretiker erklärt?: Origeniana Quarta. Hrsg. von L. LIES = IThS 19 (Innsbruck 1987) 78/100; I.R. TORRANCE, Christology after Chalcedon. Severus of Antioch and Sergius the Monophysite (Norwich 1988); H.J. VOGT, Der Streit um das Lamm. Das Trullanum und die Bilder: AHC 20 (1988) 135/49; J. SPEIGL, Die Geschichte der vier ersten Ökumenischen Konzilien. Wie Kaiser Justinian sie sah: MThZ 40 (1989) 349/63; A. THANNER, Papst Honorius I. 625–638 (St. Ottilien 1989); K. SCHÄFERDIEK, III. Ökumenische Synode von 680/681: TRE 19 (1990) 527/9; E.A. CLARK, The origenist controversy (Princeton 1992); H. OHME, Das *Concilium Quinisextum*: OCP 58 (1992) 367/400; H.J. VOGT, Zur Ekklesiologie des Trullanum: AHC 24 (1992) 127/44; J. SPEIGL, Die Synode von 536 in Konstantinopel: OstKSt 43 (1994) 105/53; H.CH. BRENNECKE, Chalkedonense und Henotikon: Chalkedon. Geschichte und Aktualität. Hrsg. von J. VAN OORT/J. ROLDANUS (Leuwen 1997) 24/53; K.-H. UTHEMANN, Der Neuchalkedonismus als Vorbereitung des Monotheletismus: StPatr 29 (1997) 373/413.

8.1 Dogmatische Kontroversen und politische Gefahren

Die dogmatische Entscheidung von Chalkedon hatte sich um einen fairen Kompromiß zwischen den theologischen Parteien bemüht; sie hielt die Mitte zwischen den einseitigen Christusbildern der Nestorianer und Monophysiten; sie wollte Alexandrien und Antiochien einander annähern. Eigentlich hätte daher überall Frieden einkehren können. Daß im Osten trotzdem eine wirkliche Einigung nicht zustande kam, lag nicht nur an noch verbliebenen theologischen Differenzen, sondern vor allem an den weiter konkurrierenden politischen und kirchenpolitischen Kräften, die sich hinter den Glaubensunterschieden verschanzten. Kaiserliche Reichspolitik stand gegen nationale Selbständigkeitsbestrebungen, mit denen sich die Interessen konkurrierender Patriarchate verbanden. Vor allem Ägypten und Syrien standen als politische Provinzen, kirchliche Patriarchate und nationale Gruppen in einem mehrfachen Gegensatz zum politischen und kirchlichen Zentrum in Konstantinopel. Ins Gewicht fielen auch religiöse Mentalitätsunterschiede bei der einfachen Bevölkerung sowie ein mönchischer Enthusiasmus, der auf eine exklusive Spiritualität bedacht war und sich nur schwer in die Reichskirchenhierarchie integrieren ließ.

Vor allem Ägypten ging nach Chalkedon schweren Zeiten entgegen. Es konnte die Niederlage seines Patriarchen Dioskur nicht verwinden. Proterius, der chalkedonensisch gesinnte Nachfolger des gebannten Dioskur, wurde in einem Volksaufruhr unter dem monophysitischen Anführer Timotheus Ailuros ermordet, der neuer Patriarch wurde. Auch in Syrien, wo sich ebenfalls antibyzantinische Kräfte regten, konnte ein Monophysit auf den Patriarchenstuhl in Antiochien gebracht werden, Petrus Fullo, der Walker.

– Henotikon und Akacianisches Schisma

Die oströmischen Kaiser befanden sich in dem Dilemma, daß die Reichseinheit ohne Religionseinheit nicht denkbar, letztere jedoch durch Chalkedon nicht erreicht worden war. Sie versuchten es daher mit Kompromissen, die den Monophysiten entgegenkommen sollten. Der Usurpator Basiliscus (475–76), der für kurze Zeit Kaiser Zenon verdrängen konnte[167], erließ in eigener Machtvollkommenheit ein Enkyklion, das die Epistula dogmatica Leos und die Glaubensentscheidung von Chalkedon mit dem Anathem belegte und alle mit Strafen bedrohte, die an der Entscheidung von Chalkedon festhielten; an die fünfhundert orientalische Bischöfe unterschrieben – aus Angst, oder war ihnen an Chalkedon so wenig gelegen? Basiliscus' rabiates Vorgehen wollte den Kirchenfrieden erzwingen und war zum Scheitern verurteilt.

Kaiser Zenon (474–491), der Basiliscus beseitigen und die Herrschaft wieder antreten konnte[168], versuchte sich ebenfalls in Einigungsformeln. Im Zusammenwirken mit dem Konstantinopler Patriarchen Akacius und dem Patriarchen Petrus Mongus von Alexandrien erließ er 482 ein sogenanntes Henotikon, das nicht so brutal monophysitisch war wie das Machwerk des Basiliscus, doch ebenfalls das Ziel verfolgte, wenigstens gemäßigte monophysitische Gruppen zurückzugewinnen. Das Henotikon bestimmte:

„Wir bekennen, daß der eingeborene Sohn Gottes und Gott, unser wahrhaft Mensch gewordener Herr Jesus Christus, wesenseins mit dem Vater seiner Gottheit nach und zugleich wesenseins mit uns seiner Menschheit nach, einer ist und nicht zwei ... Die sündenlose, wahrhaftige Fleischwerdung aus der Gottesgebärerin hat ja keinen zusätzlichen Sohn beschert. Denn die [göttliche] Dreiheit ist auch dann eine Dreiheit geblieben, als der eine aus der Dreiheit, der Gott Logos, Fleisch wurde. Jeden aber, der anders gedacht hat oder denkt, jetzt oder jemals zuvor, sei es zu Chalkedon oder auf welcher Synode auch immer, den verdammen wir"[169].

Chalkedon wird zwar nicht außer Kraft gesetzt, aber durch die Betonung der Einheit Christi ohne ausdrückliche Erwähnung der beiden Naturen, dazu noch ergänzt durch die Anathematismen Cyrills, doch so interpretiert, daß einige Ägypter und Syrer zurückgewonnen werden konnten; die strengen Monophysiten schlossen sich dagegen nur noch mehr ab. In Ägypten hießen sie die Akephalen, die Kopflosen, weil sie sich sogar von ihrem durchaus monophysitisch gesinnten Patriarchen Petrus Mongus losgesagt hatten. Was ein in der Tradition Cyrills stehender monophysitischer Theologe gegen Chalkedon und alle Versuche, es zu retten, einzuwenden hatte, macht ein Text des scharfsinnigen Monophysiten Philoxenus von Mabbug (gest. 523) deutlich:

„Wir verdammen das Konzil von Chalkedon, weil es in dem einen Herrn Jesus Christus, dem einziggeborenen Sohn Gottes, eine Unterscheidung vornimmt in Naturen, Attribute und Tätigkeiten, in himmlische und irdische Merkmale, göttliche und menschliche Eigenschaften. Es sieht ihn an, als sei er zwei, und führt so die Vorstellung von vier [Personen in der Dreieinigkeit] ein.

Es betet einen gewöhnlichen Menschen an, und in jeder Einzelheit umschreibt es ihn als ein Geschöpf; es stimmt mit dem verderblichen Nestorius überein, der verflucht und zur Vernichtung bestimmt ist. Aus diesem und vielen ähnlichen Gründen haben wir das Konzil von Chalkedon verdammt und werden es verdammen"[170].

Verhängnisvoller als solche Verhärtungen war, daß Rom nicht bereit war, die an sich redlichen Bemühungen der Byzantiner anzuerkennen. Der geringste Zusatz zu Chalkedon oder die kleinste Abschwächung galten als Affront gegen den Tomus Leonis. Rom wurmte noch immer der Kanon 28 von Chalkedon, der dem Bischof von Konstantinopel dieselben Rechte eingeräumt hatte wie dem römischen[171]. Man verlangte die Zurücknahme des Henotikon, und als das nicht geschah, bannte eine römische Synode unter dem energischen Felix III. im Jahre 484 Bischof Akacius von Konstantinopel.

– Monophysitische Sonderlehren

Die nach mühsamen Verhandlungen unter Papst Hormisdas und Johannes II. von Konstantinopel 519 zustande gekommene Beendigung des Schismas führte nicht zu einer Einigung in den östlichen Kirchen. Monophysitische Theologen entwickelten immer neue Sondermeinungen und fanden mehr oder weniger zahlreiche Anhänger. Eine gemäßigte Richtung vertrat Severus, 512–518 Patriarch von Antiochien. Die Formulierung, Christus sei „in zwei Naturen", und damit die Lehrentscheidung von Chalkedon lehnt er zwar ab, ohne jedoch auf den Standpunkt des Eutyches zurückzufallen[172]. Abwegiger war die Meinung des Julian von Halikarnaß (gest. nach 527), der darauf bestand, der Leib Christi sei nicht erst nach seiner Auferstehung, sondern von Anfang an unvergänglich gewesen, weshalb er und seine Anhänger Aphthartodoketen (von *aphtharsia* = Unvergänglichkeit) genannt wurden[173].

Mehr Erfolg war den gemäßigten Monophysiten beschieden, die ihre Auffassung auch liturgisch verbreiteten. Schon um 470 hatte der alexandrinische Patriarch Petrus Fullo der beliebten Akklamation des Trishagion hinzugefügt: *ho staurōtheis di' hēmas* (der für uns gekreuzigt worden ist). Später wurde durch *Christe basileu!* die Bedeutung des Zusatzes noch weiter verstärkt. Die erweiterte Fassung lautete nunmehr: „Heiliger Gott, heiliger Starker, heiliger Unsterblicher, o König Christus, der um unseretwillen gekreuzigt worden ist, erbarme dich unser!" Der Effekt der Formel mit ihrem Zusatz bestand darin, daß aus der alten trinitarischen Anrufung eine christologische gemacht und sodann – für Chalkedonenser Ohren anstößig – Herrlichkeits- und Leidensaussagen provokativ nebeneinander gestellt wurden. Niemand anders als die zweite trinitarische Person ist der Gekreuzigte, verdeutlichten Johannes Maxentius und seine skythischen Mönche in Konstantinopel, was gemeint war. Natürlich konnte man im Sinne der Idiomenkommunikation (vgl. S. 74) auch die erweiterte Form des Trishagion dogmatisch korrekt verstehen. Das zeigte sich wenig später, als die Formel durch Kaiser Anastasius in die hauptstädtische Liturgie aufgenommen werden sollte, Unwillen erregte, von Johannes Maxentius (um 520) und seinen Mönchen – den sogenannten Theopaschiten – aber leidenschaftlich verteidigt wurde. Auf Bitten von Kaiser Justinian erhielt sie durch die Vermittlung des aus dem Osten stammenden Mönches Dionysius Exiguus sogar von Papst Johannes II (533–535) den Segen. Die christologische Akzentuierung des Trishagion war nicht so sehr ein dogmatisches Problem, sondern mehr eine Frage der Mentalität, wenn nicht nur des religiösen Geschmacks.

Dieses Atmosphärische gilt es neben den kirchenpolitischen Interessen zu begreifen, wenn man die Nachwehen von Chalkedon verstehen will. Die theologischen Unterschiede im Christusverständnis bildeten nicht den eigentlichen Trennungsgrund. Auf theoretisch-dogmatischer Ebene wurden die Streitigkeiten immer spitzfindiger und unerheblicher. Auch die Monophysiten wollten, wenn sie die Rede von den zwei Naturen in Christus ablehnten, nicht die Eigenschaften Gottes und des Menschen verwischen; schon gar nicht wollten sie die wirkliche Menschheit Christi doketisch auflösen oder ein Mittelwesen schaffen, das weder vollkommen göttlich noch vollständig menschlich war.

Warum dann aber der erbitterte Widerstand gegen Chalkedon? Die Monophysiten trachteten danach, dem einen und ganzen Christus beggnen zu können und in ihm Gott selbst. Das wird durch die Zweinaturenlehre von Chalkedon nicht verhindert, sondern dogmatisch erst ermöglicht. Die Unterscheidung von Natur im Sinn von Wesen oder Beschaffenheit und Hypostase im Sinn von Individuum oder Einzelwesen kann sogar den Eindruck erwecken, als löse sie die christologische (und trinitarische) Problematik auf geniale Weise. Sie leidet jedoch darunter, daß sie nur mit Hilfe der griechischen Begriffssprache möglich ist und von philosophisch ungebildeten und in anderen Sprachräumen beheimateten Menschen nur schwer nachvollzogen werden kann[174]. Daß der Logos sich der Hypostase nach mit der menschlichen Natur vereinigt, mit ihr demnach keine physische, sondern nur eine hypostatische Einheit bildet, die menschliche Natur nicht für sich existiert, sondern nur im Sinne einer Enhypostasie in der göttlichen Natur gründet, die volle Menschheit Christi daher ohne menschliche Individualität gedacht werden muß, weil nur die zweite Person in der Trinität die Einzigartigkeit Jesu trägt – wie Leontius von Byzanz und andere Neuchalkedonenser lehrten –, mochte zwar korrekt gedacht sein[175], entzog sich aber für normales Denken jeder Vorstellbarkeit.

Viele Gläubige in Ägypten, Syrien und Palästina wollten sich auf solche subtilen Differenzierungen nicht einlassen, sondern im Gebet und in den Sakramenten dem einen und ganzen Gottmenschen Christus begegnen – was die Inkarnationslehre des großen Cyrill immer noch am wirksamsten ermöglichte. Die Gefahr, daß sich in einem unreflektierten Glauben die wahre Menschheit Christi verflüchtigt und der Gottmensch zu einem Zauberwesen von einem anderen Stern wird, das vom Schmutz und der Enge der irdischen Welt unberührt geblieben ist, liegt natürlich immer auf der Lauer. Die extremen Richtungen des Monophysitismus demonstrieren diese Gefahr, wenn sie die Leidensunfähigkeit oder sogar Unerschaffenheit des Leibes Christi behaupteten. Sie führten letztlich an den Anfang der christologischen Irrtümer zurück und endeten im Doketismus, der Christus nur einen Scheinleib zuerkennen wollte.

– Entstehung der monophysitischen Sonderkirchen

Alle Einheitsbemühungen der Kaiser, Konstantinopler Patriarchen und byzantinischen Theologen hatten nicht den gewünschten Erfolg. Die ägyptische Kirche wurde zur monophysitischen Kirche eines Quasi-Nationalstaates, der sich dem Oströmischen Reich immer mehr entfremdete. Die Byzanz treu bleibenden und am Konzil von Chalkedon festhaltenden Christen erhielten hier und anderswo den bezeichnenden Namen Melkiten, d.h. die Königstreuen. Wie der Donatismus in Nordafrika, so ermöglichten die monophysitischen Sonderkirchen in Ägypten und in den anderen östlichen Randgebieten des Reiches den bald einsetzenden Siegeszug des Islams. Die arabischen Eroberer, die sich anfangs religiös tolerant verhielten, wurden weniger als Feinde des Glaubens denn als Befreier von der byzantinischen Herrschaft betrachtet. Die monophysitischen Gruppen in Palästina und Syrien waren zahlenmäßig zwar nicht so stark wie die nahezu geschlossen monophysitische Bevölkerung in Ägypten, doch ebenso Sammelpunkt für alle Kräfte, die mit der kaiserlichen Verwaltung im Streit lagen.

So haben die Kirchen in den meisten östlichen Provinzen und Randstaaten des Reiches – in Ägypten, Syrien, Armenien, Nubien, Äthiopien – bis heute in einer national geprägten, gemäßigt severianischen (vgl. S. 104), keineswegs rigoros eutychianischen, jedoch antichalkedonensischen Form überlebt[176]. Es gibt daher im Osten nicht nur den Unterschied zwischen dem lateinisch-römischen und griechisch-orthodoxen Bekenntnis. Die östliche Christenheit ist in sich nochmals gespalten im Bekenntnis zu Chalkedon, wenngleich die dogmatischen Differenzen inzwischen durch zahlreiche Konsenserklärungen abgebaut werden konnten[177]. Schaut man auf die Anfänge des Auseinanderlebens, wird man zugeben müssen, daß die monophysitischen Gemeinden den „reichskirchlich" gesinnten überlegen waren an Tiefe und Lebendigkeit der Frömmigkeit, Ausdruckskraft der Liturgie und missionarischem Eifer. Auch die bedeutenden Theologen und Schriftsteller kamen lange Zeit aus ihren Reihen. Man muß bis zu Maximus Confessor im 7. Jh. warten, ehe man im orthodoxen Lager Heilige und Kirchenlehrer findet, die den monophysitischen Theologen, einem Petrus dem Iberer, Petrus Fullo, Philoxenos von Mabbug, Severus von Antiochien oder Jakobus Baradai ebenbürtig sind. Die byzantinisch-chalkedonensische Kirche war die staatlich subventionierte, verbeamtete Kirche des Establishments. Die monophysitischen Kirchen hatten etwas vom Glanz der verfolgten, ungesicherten und leidensbereiten Kirche der Märtyrerzeit an sich.

Sie hatten in der Tat viel zu erdulden. Immer wieder schlug bei den Kaisern, wenn sie der Unionsbestrebungen müde geworden waren oder ihre Ratgeber gewechselt hatten, der Ärger durch, und sie versuchten mit Gewaltaktionen zu erzwingen, was sie mit Verhandlungen nicht hatten erreichen können. Vor allem die Polizeitruppen der Kaiser Justin und Justinian haben den monophysitischen Kirchen schwer zu schaffen gemacht. Ihre abgesetzten und verbannten Führer mußten sich verborgen halten; hastig und im geheimen vorgenommene Weihen konnten die Lücken in der Hierarchie kaum schließen. Die monophysitischen Kirchen schwebten eine Zeitlang in der Gefahr, ganz zu erlöschen. Gerettet wurden sie durch den Umschwung am Hof in Konstantinopel unter der Kaiserin Theodora und vor allem durch den zuvor schon erwähnten Jakobus Baradai, d.h. den in Filz – dem Asketengewand – Gekleideten. Als Bettler getarnt durchzog er – ständig auf der Hut vor der Polizei – die östlichen Gebiete, weihte Bischöfe, Priester und Mönche, versammelte Synoden und versuchte den ägyptischen Monophysitismus der Anarchie zu entreißen, in die er zeitweise zu versinken drohte. Am Ende waren alle Brücken zur Orthodoxie abgebrochen und es entstand eine eigene, stark im Mönchtum verankerte intakte Hierarchie.

8.2 Der Dreikapitelstreit und das fünfte allgemeine Konzil in Konstantinopel (553)

Wie seine Vorgänger war Justinian I. (527–565), einer der bedeutendsten oströmischen Kaiser[178], zu einer schwankenden Religionspolitik gezwungen. Zwar stand er formell auf dem Boden des Chalkedonense und auf der Seite des Papstes; er bemühte sich ebenfalls um die Einhaltung der Entscheidung von 519, die das Akacianische Schisma beendet hatte (vgl. S. 104). In der Collatio cum Severianis, einem Religionsgespräch mit den bischöflichen Anhängern des Patriarchen Severus von Antiochien, das auf sein Drängen 532 in Konstantinopel stattfand, versuchte er noch einmal, mit den Monophysiten zu einer Übereinstimmung zu kommen, weil ohne sie die Reichseinheit nicht zu bewahren war. Verfolgungen und Polizeiaktionen, die nach dem Scheitern der Gespräche aufflammten, ebbten bald wieder ab.

Religiöse Friedensbemühungen waren aber nicht nur ein politisches Gebot, sondern entsprachen auch der Neigung des Kaisers, der selbst ein leidenschaftlich interessierter Theologe war. Trotz seines kirchenpolitisch korrekten Verhaltens dürfte er persönlich dem Monophysitismus zugeneigt gewesen sein, ebenso wie seine Frau, die tatkräftige und zugleich umstrittene Kaiserin Theodora, die den Monophysitismus offen begünstigte und verfolgten Bischöfen in ihrem Palast Schutz gewährte. Die Glut der von den Mönchen geschürten monophysitischen Frömmigkeit hatte auch am Kaiserhof ihre Wirkung nicht verfehlt.

– Der Streit um Origenes

Leider trieb die theologische Fabulierkunst des Kaisers recht seltsame Blüten. Eine erste erwuchs aus dem Streit um Origenes, der schon früher z.Zt. des Hieronymus und Johannes Chrysostomus die Gemüter erregt hatte[179] und jetzt in palästinischen Mönchskreisen wieder aufgebrochen war. In einem langen Traktat griff Justinian den Streit begierig auf und erließ 543 ein Edikt, in welchem neun Sätze des Origenes aus seiner Schrift De principiis und seine Person verurteilt wurden. Origenes' Name wurde dem Verzeichnis der Häretiker beigefügt, die von den Bischöfen und Archimandriten bei ihrem Amtsantritt anathematisiert werden mußten. Alle östlichen Patriarchen stimmten zu, auch Vigilius, der römische Bischof. Vielleicht enthielt die dogmatische Schrift des Origenes tatsächlich einige Sätze – vor allem zur Kosmologie –, die im Licht der späteren theologischen Entwicklung anstößig klangen und von östlichen Mönchen unter dem Einfluß des Euagrius Ponticus in einem ungesunden mystischen Sinn verstanden wurden. Trotzdem hatte Origenes diese Behandlung nicht verdient. Er wollte mit seiner Theologie allein der Kirche dienen, wie er selbst nachdrücklich bekannt hat:

„Ich möchte ein Mann der Kirche sein und nicht nach irgendeinem Gründer einer Häresie, sondern nach Christi Namen benannt werden und diesen Namen tragen, der auf Erden gebenedeit ist. Und es ist mein Begehren so der Tat als dem Geist nach, ein Christ genannt zu werden. Wenn ich, der ich deine rechte Hand zu sein scheine, der ich den Priesternamen trage und das Wort Gottes zu verkünden habe, etwa gegen die kirchliche Lehre und die Regel des Evangeliums verstieße, so daß ich dir, Kirche, zum Ärgernis würde, so möge die gesamte Kirche in einhelligem Beschluß mich, ihre Rechte, abhauen und von sich werfen"[180].

– Verurteilung der Drei Kapitel

Der Kaiser hatte am Verurteilen offensichtlich Geschmack gefunden, denn bald darauf wurden die drei Männer angegriffen, die als die wichtigsten Repräsentanten der Antiochenischen Schule galten und schon im Streit um den auf dem Konzil von Ephesus abgesetzten Nestorius eine Rolle gespielt hatten; 449 waren die drei, Theodor von Mopsuestia, Theodoret von Cyrus und Ibas von Edessa, auf der sogenannten Räubersynode anathematisiert, in Chalkedon wieder in die Kirchengemeinschaft aufgenommen worden (vgl. S. 96). Im Grunde ging es jedoch bei dem Angriff gar nicht um diese drei Bischöfe; getroffen werden sollte die Entscheidung von Chalkedon. Weil er aber nicht gegen das Konzil direkt vorgehen konnte, ohne die Linie der Friedenspolitik gegenüber Rom zu verlassen, versuchte Justinian, den monophysitischen Kreisen gefällig zu sein, indem er die früher einmal des Nestorianismus verdächtigten Theologen nochmals verurteilen ließ. So wenigstens kalkulierten die Ratgeber des Kaisers. Was die Annäherung an die Monophysiten betraf, zu Unrecht. Die ließen sich auf solche Zugeständnisse nicht ein und bestanden weiterhin auf einer vollständigen Verurteilung Chalkedons.

544 erging ein kaiserliches Edikt, das die „Drei Kapitel" verurteilte. Mit ihnen waren die Theologie und Person des Theodor von Mopsuestia, ein Teil der Schriften des Theodoret von Cyrus und der Brief des Ibas von Edessa gemeint, in dem dieser sich geweigert hatte, einer Verurteilung Theodorets zuzustimmen. Die drei Theologen wurden – obwohl inzwischen längst verstorben – erneut aus der Kirchengemeinschaft ausgeschlossen. Das Edikt hatte keinem Konzil zur Genehmigung vorgelegen, sondern war ohne vorhergehende Beratung den östlichen Bischöfen mit der Aufforderung zur Unterschrift vorgelegt worden.

Die Bischöfe stimmten zu, einige wenige allerdings mit Bedenken und nach einigem Zögern. Wirklicher Widerstand erhob sich nur in Gallien und vor allem in Afrika, das inzwischen durch Belisar von den Vandalen befreit worden war[181]. Ein sonst nicht weiter bekannter afrikanischer Bischof schrieb dem Kaiser:

„Eure Majestät hat sich gewürdigt, uns Bischöfen der Provinz Afrika in einem eigenen Schreiben Belehrungen zu erteilen, welchen Glauben Ihr haltet und verteidigt ... Aber am Ende Eures Briefes stand etwas, was uns schwere Sorge bereitet. Ihr habt uns aufgefordert, den Theodor von Mopsuestia, die Schriften des Theodoret und einen Brief des Ibas zu verdammen. Nun sind die Schriften dieser Männer bis jetzt bei uns unbekannt geblieben. [So wichtig war für einen afrikanischen Bischof der Verhandlungspunkt!] Aber selbst wenn wir sie besäßen und darin einige dunkle oder glaubenswidrige Sätze fänden, so könnten wir diese Sätze gewiß ablehnen, aber keinesfalls die Urheber dieser Sätze, die schon längst gestorben sind, mit einem voreiligen Bannfluch verurteilen. Wären sie noch unter den Lebenden und würden sich trotz Zurechtweisung nicht selbst zur Verurteilung ihrer Sätze herbeilassen, dann träfe sie der Bann mit vollem Recht. Aber heute – wem von ihnen könnte denn die Sentenz unseres Bannes vorgelesen werden? Heute ist es unmöglich, sie zu einem Widerruf zu bringen.

Wir fürchten dagegen sehr, allerfrömmster Kaiser, daß unter dem Vorwand dieser Verdammung nur die Häresie des Eutyches [d.h. des Monophysitismus] ihr Haupt wieder erheben will. [Das hatte der Afrikaner selbst aus der weiten Entfernung hellsichtig erkannt.] Und wenn wir nicht sorgsam achtgeben auf die kleinsten Anfänge, haben wir bald eine ärgere Häresie und Verwirrung. Was sollen wir noch Krieg führen mit den Toten. Das ist kein Sieg, wo der Gegner sich nicht stellen kann. Diese Männer haben schon vor dem Tribunal jenes Richters gestanden, vor dem es keine Berufung gibt"[182].

Besser kann die Unsinnigkeit von Justinians Aktion gar nicht klargestellt werden. Fraglich ist allerdings, ob Justinian bei dem immensen täglichen Posteingang aus dem ganzen Reich den Brief des afrikanischen Bischofs jemals gelesen hat.

– Die Konzilsentscheidung

Worauf es Justinian vor allem ankommen mußte, war die Zustimmung des römischen Bischofs Vigilius, der eigentlich auf das Ersuchen Justinians um seine Unterschrift hätte prompt reagieren müssen, denn er war dem Kaiser und vor allem der Kaiserin einigen Dank schuldig. Theodora hatte dafür gesorgt, daß der zuvor als Apokrisiar in Konstantinopel weilende Vigilius römischer Papst geworden war – mit welch zweifelhaften Methoden, soll hier nicht erneut aufgerollt werden[183]. Jetzt sollte er dafür bezahlen, indem er die monophysitischen Neigungen des Kaiserpaares im Westen unterstützte. Doch Vigilius mußte erst zwangsweise nach Konstantinopel transportiert werden, ehe man ihn dazu bringen konnte, die Drei Kapitel zu verurteilen und das Verdammungsurteil zu unterschreiben, das er bald darauf widerrief, als er von den empörten Reaktionen aus dem Westen hörte. Eine afrikanische Synode hatte den Papst aus der Kirchengemeinschaft ausgeschlossen, bis er Buße getan habe. Von dem nordafrikanischen Bischof Facundus von Hermiane war eine umfangreiche Defensio der Drei Kapitel verfaßt worden.

Vigilius verlangte vom Kaiser eine Konzilsentscheidung. Auf Anraten des Abtes Theodor Askidas (gest. 588) legte Justinian jedoch zunächst ein neues Dekret vor, das die Bedeutung der ersten vier Konzilien unterstrich, zugleich aber in mehreren Anathematismen die Drei Kapitel erneut verurteilte. Erst 553 trat nach vielen Verzögerungen und gegenseitigen Verurteilungen in Konstantinopel ein vom Kaiser berufenes Reichskonzil zusammen, auf dem nur ganz wenige Bischöfe des Westens anwesend waren.

Auch der zwangsweise nach Konstantinopel gebrachte Vigilius nahm nicht teil und entschuldigte sein Fernbleiben mit Krankheit. In der 5. und 6. Sitzung wurden von den ungefähr einhundertsechzig beteiligten Bischöfen die Drei Kapitel verurteilt. Nur Vigilius und sechzehn meist abendländische Bischöfe weigerten sich zu unterschreiben. Am 2. Juni 553 ging das Konzil mit der Annahme von vierzehn Anathematismen zu Ende, die vom Kaiser zur Abstimmung vorgelegt worden waren.

Erst später, im Dezember 553, und noch einmal im März des folgenden Jahres stimmte auch Vigilius der Verurteilung der Lehrsätze, nicht der drei inkriminierten Personen zu. Er mag zu der Überzeugung gelangt sein, daß die Verurteilung der Sätze dogmatisch zu rechtfertigen war. Er wird gleichwohl gespürt haben, daß hinter dem Vorgehen des Kaisers eine Schwächung Chalkedons versteckt war, mit der nicht nur der dort definierte Glaube, sondern auch der Westen und besonders der römische Bischof getroffen werden sollten. Nachdem Vigilius unterschrieben hatte, durfte er nach Rom zurückkehren. Im Juni 555 ist er auf der Heimfahrt in Syrakus gestorben.

Bei der gestrafften Darstellung könnte man übersehen, daß 553 in Konstantinopel ein Konzil stattgefunden hat, das durch die Unterschrift des Vigilius, die später von Papst Pelagius I. bestätigt wurde, als 5. allgemeines Konzil zu den ökumenischen Konzilien der frühen Kirche gehört. Manche Kirchengeschichten streifen es nur im Kleindruck. Vergleicht man es mit den vorhergehenden vier ökumenischen Konzilien, hat es auch keine größere Beachtung verdient. Zu seinen Gunsten läßt sich eigentlich nur anführen, daß in den vierzehn von den Konzilsvätern bestätigten Anathematismen das wertvolle cyrillische Erbe einer Betonung der nicht nur voluntativen, sondern seinsmäßigen hypostatischen Einheit Christi noch einmal unterstrichen worden ist. Dogmatisch verschränkt und fast unverständlich umständlich formuliert heißt es im siebten Anathematismus:

„Wenn jemand ‚in zwei Naturen' sagt und dabei nicht bekennt, daß unser Herr Jesus Christus in der Gottheit und Menschheit erkannt werde, um dadurch [lediglich] auf den Unterschied der Naturen hinzuweisen, aus denen ohne Vermischung die unaussprechliche Einung erfolgt ist, ohne daß der Logos in die Natur des Fleisches verwandelt wurde oder das Fleisch in die Natur des Logos überging – beides bleibt nämlich, was es von Natur aus ist, auch wenn die hypostatische Einung erfolgt –, wenn er vielmehr diesen Ausdruck [in zwei Naturen] zur Teilung im Sinne einer Trennung an dem Geheimnis Christi benutzt oder, wenn er im Hinblick auf denselben unseren einen Herrn Jesus Christus, den fleischgewordenen Gott Logos, die [Zwei]zahl der Naturen bekennt, einen Unterschied zwischen dem, woraus er zusammengesetzt wurde, nicht in der Theorie allein annimmt, einen Unterschied, der auch infolge der Einung nicht aufgehoben wird – denn einer ist er aus beidem und durch einen beides –, sondern die Zahl dazu gebraucht, um anzuzeigen, daß die Naturen getrennt sind und [je] eine eigene Hypostase besitzen, der sei verdammt"[184].

Unmittelbarer Erfolg war dem Konzil nicht beschieden. Die Entstehung autokephaler Nationalkirchen mit eigener Hierarchie konnte nicht verhindert werden (vgl. S. 105f). Im Abendland kam es zu Spaltungen. Ein oberitalisches Schisma der Kirchenprovinzen Mailand und Aquileia mit Rom wurde erst unter Papst Sergius (687–701) beendet.

8.3 Der Monotheletismus und das sechste allgemeine Konzil in Konstantinopel (680–681)

– Versuch eines Auswegs

Könnte man den Versuch, die Monophysiten durch die Verurteilung von drei Theologen zu gewinnen, die tot waren und sich nicht wehren konnten, plump nennen, so wird gut fünfzig Jahre später von neuem ein Versuch gestartet, der weniger plump als spitzfindig ist. Da er ebenfalls ein allgemeines Konzil zur Folge gehabt hat, soll er wenigstens kurz erwähnt werden. Der Zusammenhang mit Chalkedon ist wiederum unverkennbar, ebenso die verständliche Absicht, die Monophysiten – vor allem in Ägypten – für die Reichseinheit zurückzugewinnen.

Der hervorragende und tapfere Kaiser Heraklius (610–641) hatte in schweren Kämpfen die zwischenzeitlich an die Perser verlorengegangenen östlichen Provinzen zurückerobern, Jerusalem befreien und das Heilige Kreuz den Ungläubigen entreißen können. Dann mußte er erleben, wie der islamische Sturm seine Erfolge wieder zunichte machte. Nach dem Tod Mohammeds 632 begann die islamische Eroberung der oströmischen Provinzen. Die Kalifen Abu Bakr und Omar eroberten in einem rasanten Siegeszug Palästina, Syrien, Ägypten und Teile Persiens. Der Versuch, die Glaubenseinheit wiederherzustellen, um so den Zusammenhalt des gefährdeten Reiches zu stärken, war angesichts der politischen Bedrängnisse kein müßiges Spiel, sondern bittere Notwendigkeit.

Der Patriarch Sergius von Konstantinopel (610–638), der dem Kaiser eng verbunden war, hatte dazu folgenden Vorschlag gemacht: Wenn man schon nicht von einer Natur in Christus reden dürfe, könne man nicht wenigstens aufgrund der auf dem fünften allgemeinen Konzil erneut bekräftigten hypostatischen Union beider Naturen und ausgehend von der doch zweifellos anzunehmenden moralischen Einheit des Handelns Christi von einer einzigen gottmenschlichen Energie oder Wirkkraft (*mia theandrikē energeia*) sprechen? Der menschliche Wille in Christus wird ja schwerlich dem göttlichen Willen zuwiderhandeln. Ähnliche Gedanken waren von Bischof Theodor von Pharan im Sinai und vor allem von Dionysius Areopagita, der sich als Paulusschüler ausgab und auf dessen Schriften sich zuerst Severus von Antiochien (vgl. S. 104; 106) berufen hatte, geäußert worden[185].

Eine Gruppe gemäßigter Monophysiten in Alexandrien ließ sich tatsächlich durch dieses Entgegenkommen 633 zu einer Union mit der Reichskirche bewegen. Urteilte man nüchtern und beharrte auf dem in Chalkedon fixierten dogmatischen Standpunkt, war das neue Zugeständnis eine Aufweichung der chalkedonensischen Konzilsentscheidung. Natürlich besteht eine moralische Einheit der Energien im Sinne von Grundkräften oder Wirkvermögen in Christus, aber eben eine moralische und keine physische. Erstere kann durchaus gewahrt werden, auch wenn in Christus Gottheit und Menschheit mit allen Kräften und ohne Abstriche bestehen bleiben, unverletzt und unvermischt, wie Chalkedon es definiert hatte. Die Einheit in Christus liegt auf der Ebene der Person, nicht der Natur, auch nicht eines Teils der Natur, der Energie, des Willens oder sonst irgendeiner Fähigkeit.

– Widerspruch

So blieb der Widerspruch nicht aus. Er kam von dem palästinischen Mönch Sophronius, der 634 Patriarch von Jerusalem geworden war und in seinem Inthronisationsschreiben die orthodoxe Lehre von den beiden Energien korrekt auseinandersetzte. Sergius gestand zu, den Ausdruck *mia energeia* aufgeben zu wollen, hielt aber grundsätzlich an seiner Auffassung fest, mit der er bei den Monophysiten einigen Erfolg gehabt hatte. Er schrieb an Papst Honorius (625–638) nach Rom, der ihm im allgemeinen zustimmte. Honorius hatte wahrscheinlich von der *una voluntas* in Christus gesprochen und damit den Monergismus auf die Vorstellung von einem Willen in Christus reduziert[186]. Jedenfalls übernahm Sergius den Ausdruck *hen thelēma* (ein Wille); er konnte den Kaiser bewegen, die nunmehr so genannte Lehre des Monotheletismus 638 durch eine Ekthesis, d.h. durch ein Reichsgesetz, vorzuschreiben. Bezog man den einen Willen nicht auf eine in der Natur begründete Energie, sondern auf das konkrete Verhalten des menschgewordenen Logos, ergab der Monotheletismus einen akzeptablen Sinn. Schaute man jedoch auf das physische Grundvermögen, aus dem die willentlichen Entscheidungen hervorgehen, war er, an den Maßstäben von Chalkedon gemessen, falsch.

Die römischen Bischöfe rückten schon bald von der durch Honorius gemachten Konzession ab. Bereits Johannes IV. (640–643) verwarf die monotheletische Formel. Noch schärfer verurteilte Papst Martin I. auf der unter dem Einfluß des Maximus Confessor stehenden Lateransynode von 649 den Monotheletismus und sprach sich für zwei natürliche Willen und Wirkungsweisen in Christus aus. Der Kaiser, Konstans II. (641–668), reagierte äußerst gereizt. Martin wurde verhaftet, nach Konstantinopel gebracht, als Hochverräter verurteilt und auf die Krim verbannt, wo er 655 starb. Auch Maximus (um 580–662), der wohl bedeutendste griechische Theologe des 7. Jh.s, beharrte auf der Zweiheit des den Naturen entspringenden Wollens und Wirkens Christi. Er wurde ebenfalls verbannt und im Exil zu Tode gebracht, weshalb er den Ehrentitel eines Confessors trägt.

– Die Konzilsentscheidung

Erst Kaiser Konstantin IV. (668–685) lenkte wieder ein. Zugeständnisse an die Monophysiten brauchten nicht mehr gemacht zu werden, denn inzwischen waren ihre Hochburgen an die Araber gefallen. Dagegen drohte durch die unfreundliche byzantinische Politik Italien dem Reich verlorenzugehen. Nach einem mühsam zustande gekommenen Friedensschluß mit Arabern und Awaren beschloß Konstantin, eine Reichssynode abzuhalten. Papst Agatho (678–681) stimmte freudig zu und forderte das Abendland auf, in Provinzialsynoden zu der umstrittenen Glaubensfrage Stellung zu nehmen. Er selbst hielt 680 eine Synode im Lateran ab und schickte Legaten mit einem ausführlichen Lehrschreiben nach Konstantinopel. Von November 680 bis in den September 681 tagte das 6. ökumenische Konzil im Kuppelsaal (*trullus*) des Kaiserpalastes. Nach dem Tagungsort wird es auch Trullanum I. genannt. In der Schlußsitzung wurde in Anwesenheit des Kaisers ein entsprechendes Glaubensbekenntnis angenommen, das die Lehre von den zwei natürlichen Willen und zwei Energien in Christus als übereinstimmend mit den bisherigen fünf Konzilien bezeichnete. Die entscheidenden Sätze lauten:

„Wir glauben, daß unser Herr Jesus Christus, unser wahrer Gott, auch nach der Fleischwerdung einer aus der heiligen Trinität ist, und sagen deshalb, daß an ihm zwei Naturen in seiner einen Hypostase durchscheinen, in der er sowohl die Wunder wie die Leiden während seines gesamten heilsgeschichtlichen Auftretens, und zwar nicht zum Schein, sondern wahrhaftig vollbracht hat, wobei der Unterschied der Naturen in der einen Hypostase daran erkannt wird, daß jede Natur in Gemeinschaft mit der anderen das ihre will und wirkt. Entsprechend dieser Lehre preisen wir zwei natürliche Willen wie Energien, die zum Heile des Menschengeschlechts in angemessener Weise zusammenwirken"[187].

– Die Honoriusfrage

Als alles vorbei war, feierte man Konstantin IV. – höfischem Brauch entsprechend – als neuen Marcian und neuen Justinian.

Ebenso wurden – wie üblich – die Widersacher der definierten Lehre verurteilt: Patriarch Sergius sowie weitere Theologen, welche seine Gedanken aufgegriffen und weitergeführt hatten, unter ihnen Honorius, weil er in seinem Schreiben an Sergius diesem in allem gefolgt sei und seine gottlosen Ansichten bestätigt habe. Das Urteil über Honorius ist sicher zu streng. Auch wenn der Papst verfängliche Ausdrücke gebraucht hat, so geht aus dem Kontext deutlich hervor, daß er immer nur die moralische Einheit der *una voluntas* in Christus aussagen wollte. Ganz gewiß hatte er nicht die Absicht, die Entscheidung von Chalkedon zurückzunehmen oder auch nur abzuschwächen. Wahrscheinlich dürfte er gar nicht begriffen haben, worum es Sergius mit der Antwort ging, die dieser ihm entlockt hatte. Zutreffender als das Konzil urteilte Papst Leo II. (682–683), der nach Agatho die Beschlüsse des Konzils noch einmal bestätigte. In einem Brief an spanische Bischöfe schrieb er über Honorius, dieser habe die häretische Flamme kraft seiner apostolischen Autorität nicht von Anfang an ausgetreten, sondern durch Nachlässigkeit angefacht[188]. Mangelnde Sorgfaltspflicht oder eine schlechte Note in Dogmatik ist das, was man dem Papst vorwerfen kann. Immerhin wurde Honorius auf die Liste der Häretiker gesetzt, die mittelalterliche Päpste eine Zeitlang bei ihrem Amtsantritt zu verurteilen hatten. Als so gravierend wurde seine durch Nachlässigkeit verursachte Schuld auch in Rom angesehen.

Der Honoriusfall ist aber erst ein Fall geworden durch das 1. Vatikanische Konzil und seine Diskussion über die päpstliche Unfehlbarkeit. Es läßt sich denken, daß der Nachweis einer dogmatischen Fehlentscheidung eines Papstes die Definition der Lehre von der Unfehlbarkeit schwer belastet hätte. Die Gegner der Infallibilität haben ihren Widerspruch daher gern mit dem Honoriusfall begründet. An sich zu Unrecht, denn die Stellungnahme des Honorius hatte, abgesehen von den Schwierigkeiten einer zutreffenden inhaltlichen Bewertung, nicht den Rang einer dogmatischen Lehrentscheidung. Immerhin bestätigt die Diskussion um Honorius, in welchem Zusammenhang die Unfehlbarkeit des Papstes zu sehen ist. Sie wurzelt im Glaubensverständnis der Kirche, nicht in der theologischen Bildung des päpstlichen Amtsträgers.

– Das *Quinisextum*

Kaiser Justinian II. berief erneut eine Kirchenversammlung, welche die Glaubensentscheidungen des fünften und sechsten allgemeinen Konzils (darum *Quinisextum*) durch disziplinäre und kirchenrechtliche Entscheidungen ergänzen sollte. Die Versammlung, die nach ihrem Tagungsort auch den Namen Zweites Trullanisches Konzil trägt, tagte 691–692 und verabschiedete einhundertzwei Kanones. Da sie nur Belange der griechischen Kirche betrafen und einige Entscheidungen im Abendland als antirömisch empfunden wurden, verweigerte Papst Sergius (687–701) – obwohl von Geburt Syrer – die Anerkennung der Synode als ökumenisches Konzil.

8.4 Monophysitismus als bleibende Gefahr

Das Konzil von Chalkedon hat zahlreiche theologische und kirchenpolitische Folgen gehabt. Jahrhundertelang ist um seine Anerkennung gerungen worden. Seine Ablehnung wurde zum Mittel kirchlicher und nationaler Selbständigkeitsbestrebungen. Manches an diesem Widerstand läßt sich verständlich machen, anderes gründet in schwer erklärbaren, emotional gefärbten Voraussetzungen. Bis heute bildet der Monophysitismus eine Gefahr, nicht als dogmatische Lehrformel oder organisierte kirchliche Gemeinschaft[189], sondern als eine einseitige und verkürzte Form theologischen oder auch allgemein religiösen Denkens und Handelns.

Das Dogma von Chalkedon umschreibt ein unbegreifliches Glaubensgeheimnis: Christus ist Gott und Mensch mit allen darin enthaltenen Konsequenzen für das christliche Gottes- und Menschenbild. Gott ist nicht nur der ganz andere und transzendente, sondern auch der dem Menschen nahe; nicht vermittelt durch Demiurgen und Mittelwesen, sondern allein durch sich selbst. Der Mensch wiederum ist nicht geschlossen in sich, sondern offen für Gott und – in einer ganz neuen Dimension erkennbar – auf ihn hin erschaffen. Die hier obwaltende Spannung ist auszuhalten, nicht nur in einem theoretischen Glaubenssatz, sondern in der alltäglichen christlichen Existenz. Frömmigkeit und Gebet sind oft geneigt, diese Spannung aufzulösen und sich einseitig auf den göttlichen Christus hin auszurichten. Das wäre an sich nicht schlimm, wenn nicht zugleich damit die Gefahr verbunden wäre, über dem Menschen Jesus auch die Menschenbrüder und -schwestern zu vergessen. Weil man von den Menschen enttäuscht ist, flüchtet man in die Arme Gottes. Christliche Frömmigkeit muß immer zwei Dimensionen haben, die horizontale und die vertikale. Nur wenn beide sich kreuzen, kommt das Kreuz in den Blick, unter dem alle christliche Frömmigkeit stehen muß. Das Kreuz selbst enthält ja diese doppelte Dimension. Seine Bedeutung liegt darin, daß es Gottes Sohn ist, der als Mensch das Todesschicksal erleidet. Fehlt die vertikale Bezogenheit, wird das Kreuz zum Zeichen sozialen und politischen Protestes. Fehlt die horizontale Ausrichtung, schrumpft es zum Symbol. In beiden Fällen fehlt ihm die Kraft zur Erlösung. Ähnlich wird die nur an den Menschen Jesus anknüpfende christliche Bruderliebe eine Aktion, die dem Mitmenschen vielleicht helfen, ihn aber nicht wirklich frei machen kann. Die Reduktion des Christlichen auf reine Menschlichkeit ist ebenso eine gleichsam monophysitische Verkürzung wie seine Beschränkung auf Kult und Anbetung.

Neben dem christologischen Monophysitismus gibt es einen ekklesiologischen. Auch die Kirche kann nach beiden Seiten hin monophysitisch mißverstanden werden; auch sie ist nur dann chalkedonensisch geprägt, wenn die Spannung erhalten bleibt, in der sie lebt: in der Welt – jedoch nicht von der Welt. Die Kirche ist nicht nur ein Kultverein zur Anbetung Gottes, sie ist ebensowenig nur ein gesellschaftspolitischer Faktor zur Humanisierung der Welt. Hier ist nicht der Ort, zu zeigen, wie das monophysitische Mißverständnis die Kirche immer bedroht und manche Aktionen in der Kirchengeschichte verdunkelt hat. Es bildet immer dann eine Gefahr, wenn der Auftrag der Kirche auf ihre gesellschaftspolitische und gesellschaftskritische Funktion reduziert werden soll oder gefordert wird, die Kirche solle sich aus den Händeln dieser Welt heraushalten, um frei zu sein für den Dienst Gottes, der allein den Menschen retten und von seiner irdischen Angst befreien kann. Allein, nur, *sola*, dahinter können sich Einseitigkeiten verbergen, die schon von der Sprache her die Gefahr monophysitischer Verengung signalisieren. In der Kirche muß das ‚Und' und ‚Sowohl als auch' gelten, weil auch Christus nicht Gott oder Mensch, sondern Gott und Mensch ist. Die chalkedonensische Struktur des ‚Und' ist auch das Kennzeichen der Kirche.

Diese Konsequenzen machen deutlich, welche Tragweite der auch in den folgenden Konzilien grundsätzlich festgehaltenen Entscheidung von Chalkedon zukommt.

Vor monophysitischen Verengungen in allen Bereichen von Lehre und Leben ist die Kirche bis heute nicht gefeit. Aber es ist doch nicht ohne Bedeutung, daß im Licht von Chalkedon monophysitische Einseitigkeiten als solche erkannt und korrigiert werden können. Darum darf die Kirche niemals den Boden von Chalkedon verlassen, nicht nur wegen der dort formulierten christologischen Formel, sondern weil alles christliche Leben Gott und zugleich dem Menschen zugewandt bleiben muß, die sich in der Gottheit und Menschheit des einen und selben Christus unvermischt und untrennbar verbunden haben.

9. Der Bilderstreit und das siebte allgemeine Konzil in Nizäa (787)

Literatur:

E. VON DOBSCHÜTZ, Christusbilder (Leipzig 1899); H. KOCH, Die altchristliche Bilderfrage nach den literarischen Quellen = FRLANT 10 (Göttingen 1917); N.H. BAYNES, The icons before Iconoclasm: HThR 44 (1951) 93/106; H. VON CAMPENHAUSEN, Die Bilderfrage als theologisches Problem der alten Kirche: Das Gottesbild im Abendland = Glaube und Forschung 15 (Witten/Berlin ²1959) 77/108; J. KOLLWITZ, Zur Frühgeschichte der Bilderverehrung: ebd. 57/76; E.EWIG: HKG III,1 (Freiburg ²1973) 3/30; H.-G. BECK, ebd. 31/61; E. DASSMANN, Sündenvergebung durch Taufe, Buße und Märtyrerfürbitte in den Zeugnissen frühchristlicher Frömmigkeit und Kunst = MBTh 36 (Münster 1973); S. GERO, Byzantine iconoclasm during the reign of Constantine V. (Louvain 1977); H.G. THÜMMEL, Bilder IV/V.1: TRE 6 (1980) 525/40; R. WARLAND, Das Brustbild Christi = RQ Suppl. 41 (Rom 1986); J. ENGEMANN, Herrscherbild: RAC 15 (1991) 966/1047; E. DASSMANN, Vom Bild zur Ikone. Zur Bildausstattung der römischen Kirche S. Maria Antiqua im 5.–8. Jh.: Streit um das Bild. Hrsg. von J. Wohlmuth = Studium Universale 9 (Bonn 1989) 131/51; M. BARASCH, Icon. Studies in the history of an idea (New York 1992); H.G. THÜMMEL, Die Frühgeschichte der ostkirchlichen Bilderlehre = TU 139 (Berlin 1992); J. ENGEMANN, Biblische Themen im Bereich der frühchristlichen Kunst: Stimuli. FS E. DASSMANN = JbAC Erg.-Bd. 23 (1996) 543/56; DERS., Deutung und Bedeutung frühchristlicher Bildwerke (Darmstadt 1997).

9.1 Epochenwandel

Schaut man allein auf das Datum, gehören die letzten beiden der sogenannten altchristlichen ökumenischen Konzilien, das siebte Konzil von Nizäa (787) und das achte Konzil von Konstantinopel (869–870), nicht mehr in die frühchristliche Periode. Zur Zeit des zweiten Konzils von Nizäa regierte im Westen Karl der Große (768–814) und war Bonifatius bereits gestorben (754); das vierte Konstantinopler Konzil fällt schon in die Zerfallszeit des Karolingerreiches. Das Abendland befand sich längst im Mittelalter. Auch die Landkarte des Römischen Reiches hatte sich erheblich verändert. Im Zuge der Völkerwanderung war der weströmische Kaiser verschwunden; germanische Stämme hatten neue Reiche gegründet: die Vandalen und Ostgoten nur kurzlebige, die Westgoten und Langobarden längerdauernde, die Franken ihr Großreich. Im Osten war der Arabersturm losgebrochen, hatte der Islam Persien, Ägypten, Syrien, Palästina und ganz Nordafrika erobert, war tief nach Spanien hineingedrungen und hatte die christlichen Länder eingeschnürt. Bei all diesen tiefgreifenden Umgestaltungen war das oströmische Reich intakt geblieben. Ein Mittelalter wie im Westen hat es nie erlebt. Das beherrschte Territorium war zwar kleiner geworden, aber dasselbe Kaisertum regierte wie in den Zeiten der großen Kaiser Konstantin und Theodosius; dieselbe Kultur und dieselben Traditionen prägten Glauben und Leben.

Ökumenische Konzilien konnten – wenn überhaupt – nur im oströmischen Reich stattfinden. Im Westen gab es zwar auch Synoden, nach den Landessynoden der Merowinger die Reichssynoden der Karolinger, die weithin mit weltlichen Reichstagen zusammenfielen, so daß die dort gefaßten Beschlüsse als Herrscherverordnungen (*Capitulare*) veröffentlicht werden konnten. Als herausragendes Beispiel kann das 743 von Bonifatius zustande gebrachte *Concilium Germanicum* gelten. Desgleichen hatten im Westgotenreich nach dem Übertritt des Königs zum Katholizismus in Toledo bis 702 insgesamt achtzehnmal Versammlungen stattgefunden, die als Reichssynoden galten. Alle diese Zusammenkünfte aber waren keine ökumenischen Konzilien und konnten es auch nicht werden.

Was Rom anbetrifft, so gehörte es zum oströmischen Reich und hatte sowohl auf die germanischen Landeskirchen als auch auf die byzantinische Kirchenpolitik keinen bestimmenden Einfluß. Ein allgemeinkirchliches Konzil konnte nur zustande kommen, wenn der byzantinische Kaiser es berief und der Papst es für den Westen rezipierte und anerkannte. Erst als die kirchliche Einheit im großen und bis heute währenden Schisma von 1054 zerbrach, entwickelte sich aus den römischen Synoden des Reformpapsttums ein neuer Typus von rein päpstlich ausgerichteten Konzilien, von denen das Laterankonzil von 1123 als erstes Lateranense und neuntes ökumenisches Konzil in die Geschichte eingegangen ist. Allerdings ist es ökumenisch nur noch im Hinblick auf die lateinische Kirche, die auf die Zustimmung der östlichen Kirche nicht mehr angewiesen war.

So sind das zweite nizänische und das vierte konstantinopolitanische Konzil die beiden letzten Kirchenversammlungen, die im vollen Sinn ökumenisch waren, insofern sie noch Morgen- und Abendland vereinten. Vom oströmischen Standpunkt aus betrachtet, schlossen sie sich – auch in ihrer theologischen Thematik – an die vorhergehenden Konzilien an, waren also „altkirchliche" Konzilien. Zugleich aber fallen sie in eine Zeit, in der die Einheit des römischen Imperiums endgültig zerbrochen war, Rom sich von Byzanz ab- und den Franken zuwandte und mit Karl dem Großen im Jahr 800 ein neuer römischer Kaiser neben und gegen den oströmischen Kaiser gekrönt wurde. Damit vertiefte sich die politische Entfremdung zwischen Ost und West, die zur kirchlichen Trennung im Schisma von 1054 beigetragen hat.

9.2 Bilderverbot und Bildergebrauch

– Bedenken und Verbote

Der dem zweiten nizänischen Konzil vorausgehende Bildersturm im byzantinischen Reich, eine Kulturrevolution schlimmsten Ausmaßes, die mit Haß, Fanatismus und unglaublichem Zerstörungswillen gewütet hat, erscheint auf den ersten Blick unverständlich. Bilder und Bilderverehrung gab es in der Kirche bereits seit Jahrhunderten; sie hatte die Frömmigkeit vieler Gläubiger zutiefst geprägt. Woher auf einmal die Auflehnung?

Gewiß war der Anfang der Kirche bilderlos gewesen – nicht zufällig oder aus künstlerischem Unvermögen, sondern mit Absicht. Ebenso hatten sich durch die Zeit immer wieder Stimmen erhoben, welche die Bilder allgemein, besonders aber Bilder in den Kirchen und ihre Verehrung ablehnten. Kanon 36 der Synode von Elvira (um 303) hatte bestimmt: „In der Kirche soll es keine Bilder geben, damit nicht verehrt oder angebetet wird (*ne colitur et* [oder *aut*] *adoratur*), was auf den Wänden gemalt ist". Man stößt auf den Grund für solche Mahnungen und Verbote, wenn man sich an die Herkunft des Christentums aus der religiösen und kulturellen Welt des Judentums und das zweite Gebot des Dekalogs erinnert: „Du sollst dir kein Gottesbild anfertigen, noch irgendein Abbild von etwas, das im Himmel oben oder auf Erden unten oder im Wasser unter der Erde ist" (Ex 20,4).

Das alttestamentliche Bilderverbot hat längere Zeit nachgewirkt. Bis zum Beginn des 3. Jh.s sind – sieht man einmal von spärlichen Nachrichten über Bilder bei den häretischen Karpokratianern ab – keine christlichen Kunsterzeugnisse bekannt. Auch nach dem Auftauchen der ersten Bilder blieb die Reserve gegenüber Darstellungen religiösen Inhalts bei manchen Kirchenführern erhalten. Bischof Epiphanius von Salamis (gest. 403) erwähnt gegenüber Bischof Johannes von Jerusalem, er habe auf einer Reise nach Bethel in dem kleinen Weiler Anablata an der Kirchentür einen farbigen und bemalten Vorhang mit dem Bild Christi oder eines Heiligen angebracht gesehen. Voller Entrüstung über den Ungehorsam gegenüber der Heiligen Schrift habe er den Vorhang heruntergerissen und den Presbytern den Rat gegeben, lieber einen toten Armen in den Stoff einzuhüllen und zu bestatten[190].

Epiphanius war ein zornmütiger Mensch, der überall Häresien witterte. Aber das allein erklärt nicht seine Reaktion. Es gibt eine Flugschrift von ihm, in der er grundsätzlich zu den Bildern Stellung nimmt. Wegwerfend spricht er darin vom „Verschmieren der Wände". Die Entschuldigung, daß die Bilder der Heiligen zu ihrem Gedächtnis angefertigt werden, läßt er nicht gelten. Bilder sind Fälschungen, die etwas darstellen, das so gar nicht vorhanden ist. Mußte er doch Bilder von einem Erzengel mit Knochen und Sehnen sehen! Darum gereichen die Bilder den Dargestellten auch keineswegs zur Ehre. Sie stehen in offenkundigem Widerspruch zu der durch Johannes (1 Joh 3,2), Paulus (Röm 8,29), und Christus selbst (Mt 22,30) ausgesprochenen Verheißung, daß die Heiligen Christus ähnlich und dem Sohne Gottes gleichgestaltet in himmlischer Herrlichkeit leuchten und wie die Engel Gottes sein werden. Wie kann man sie dann auf toten Stoff gemalt sehen wollen? Wie kann man Engel, die doch Geister sind und ewiges Leben haben, in toten Bildwerken darstellen und verehren[191]?

In verstärktem Maße galten diese Bedenken gegenüber Christusbildern. Wie kann einer sagen, er stelle den Unbegreiflichen, Unaussprechlichen und Unfaßbaren dar, dem Moses nicht ins Antlitz zu schauen vermochte (Ex 3,6; 33,20)? Der Einwand, daß Christus, der Mensch geworden sei, doch als Mensch dargestellt werden könne, ist nicht stichhaltig. Denn:

„Ist er etwa Mensch geworden, damit du den Unbegreiflichen, durch den das Weltall geworden ist, mit deinen Händen nachbilden kannst? Ist er denn seit seiner Menschwerdung nicht mehr der *homoios tou patros*, nicht mehr der, der die Toten lebendig macht? Und wo hat der auf Erden erschienene Christus verordnet, daß man ein Bild von ihm anfertigen und verehren (*proskynein*) solle? Eine solche Verordnung kann nur vom Teufel stammen, da sie zur Mißachtung Gottes anleitet. Gott hat im ganzen Alten und Neuen Testament derartiges verboten, da er klar und deutlich gesagt hat: ‚Du sollst Gott, den Herrn, verehren und ihn allein anbeten'" (Dt 6,13; Mt 4,10)[192].

Solche Anklagen machen deutlich, daß die Diskussion um die Bilder in eine ganze Reihe von Einzelfragen zerfällt: Sind unterschiedslos alle Darstellungen verboten bzw. erlaubt, gemalte und plastische Kunstwerke, szenische Erinnerungen aus dem Alten und Neuen Testament sowie aus dem Leben der Heiligen (sogenannte *historiai*), Darstellungen von Personen als Erinnerungsbilder oder als Kultbilder im engeren Sinn? In welchem Verhältnis steht das Bild zum Abgebildeten, unter welchen Bedingungen darf es Verehrung genießen im Vergleich mit oder im Unterschied zu der abgebildeten Person? Bei den Christusbildern spielt auch die chalkedonensische Zweinaturenlehre eine Rolle. Nur den historischen Jesus zu malen erscheint vielen als nestorianisch, nur den göttlichen Logos darstellen zu wollen ist monophysitisch, die hypostatische Union ins Bild zu setzen ist unmöglich.

– Nutzen und Motive

Daß die frühe Kirche in einigen ihrer offiziellen Vertreter Bilder abgelehnt hat, bedeutet nicht, es habe zur Zeit des Epiphanius und anderer Kritiker keine christlichen Kunstwerke gegeben. Ab der Mitte des 3. Jh.s mehren sich die Beispiele für bildliche Darstellungen zunächst in den Katakomben und auf Sarkophagen. Basilikale Kunstwerke fehlen noch, weil sakrale Räume aus vorkonstantinischer Zeit kaum erhalten sind. Eine Ausnahme bildet der Taufraum der Hauskirche von Dura-Europos (vor 256), und der wiederum ist ausgemalt[193]. In den nachkonstantinischen Kirchen wurden vor allem die Apsiden und Langhauswände mit Fresken oder Mosaiken geschmückt. Die Bilderfreundlichkeit der antiken Umgebung blieb nicht ohne Einfluß auf die Entstehung christlicher Denkmäler. Das alttestamentliche Verbot galt den Befürwortern christlicher Bilder als überholt oder wurde geistig verstanden. Auch die Juden hatten sich in der Diaspora nicht mehr strikt an das zweite Gebot des Dekalogs gehalten und Synagogen und Katakomben zunehmend mit Bildern geschmückt.

Völlige Bilderlosigkeit war nur schwer durchzuhalten. Anfang des 3. Jh.s hatte Klemens von Alexandrien den Christen bildliche Darstellungen auf Siegelringen erlaubt – denn ein Siegel ohne Bildprägung ist unbrauchbar. Nur sollten die Bilder nichts Götzendienerisches enthalten, vielmehr Motive zeigen – eine Taube, ein Schiff oder einen Anker –, die auch christlich gedeutet werden konnten. „Und wenn es ein Fischer ist", meint Klemens, „dann wird es stets den Apostel und die aus dem Wasser emporgezogene Kirche ins Gedächtnis rufen"[194].

Im Verlauf des 4. Jh.s mehrten sich die Stimmen, welche den Nutzen von bildlichen Darstellungen christlichen Inhalts unterstrichen. So forderte Basilius, nachdem er die Leiden des Märtyrers Barlaam geschildert hatte, das Bild dieses Helden zu malen, weil es mit Farben besser dargestellt werden könne, als er es mit Worten vermocht habe[195]. Auf dem Bild sollte auch der Kampfrichter Christus dargestellt werden. In einer Rede Gregors von Nyssa auf den Märtyrer Theodor heißt es:

„Beim Eintritt in eine Stätte wie die, wo heute unser Gottesdienst stattfindet, wo das Andenken an den Gerechten und seine heiligen Überreste aufbewahrt werden, ist man gefesselt von der Pracht dessen, was man zu schauen bekommt, wenn man ein Haus sieht wie einen Tempel Gottes, einen glänzend ausgeführten stattlichen Bau mit schönem Schmuck, wo der Bildhauer Tiergestalten aus Holz schnitzte und der Steinmetz die Blöcke so glatt wie Silber polierte. Auch der Maler hat die Blüten seiner Kunst beigetragen durch bildliche Darstellung der Heldentaten des Märtyrers, seiner Kämpfe, seiner Qualen, der wilden Gestalten der Peiniger, der Angriffe, jenes flammensprühenden Ofens, der seligsten Vollendung des Kämpfers, des Kampfrichters Christus in menschlicher Gestalt. Indem er alles wie in einem sprechenden Buch in Farben kunstvoll ausdrückte, verkündet er uns lebhaft die Kämpfe des Märtyrers und schmückte den Tempel wie eine herrliche Wiese"[196].

Offensichtlich handelt es sich bei den von Gregor beschriebenen Bildern um szenische *historiai* mit pädagogischen Absichten. Auch die Abbildung Christi erweckt keine Bedenken; allerdings stellt seine Darstellung als Kampfrichter weniger eine Person als vielmehr eine Funktion dar. Ähnlich positiv beurteilen im Westen Paulinus von Nola,

Prudentius und Augustinus christliche Kunstwerke; letzterer allerdings mit einer nachdrücklichen Mahnung zu Nüchternheit und der Warnung vor Mißbrauch[197].

Die Entwicklung ging im 5. Jh. weiter. Neben den szenisch-erzählenden Darstellungen entstanden kleine Bildnisse, die der persönlichen Frömmigkeit dienten. Angefangen haben soll es mit kleinen Ikonen des syrischen Säulenheiligen Symeon (vgl. S. 221); bald fanden sich bildliche Devotionalien gehäuft im privaten Bereich, in Wohnräumen, Werkstätten, Mönchszellen und bei Heiligengräbern; in den Schiffen hingen Heiligenbilder über den Ladeluken; schließlich erschienen sie in Augenhöhe an Wänden und Pfeilern in den Kirchen. Bilder mit Wunderkraft tauchten auf, die nicht von Menschen gemacht waren, sogenannte *acheiropoiēta* – vor allem Muttergottesbilder vom Malerevangelisten Lukas, desgleichen vom Himmel gefallene Ikonen, die weinen und Blut vergießen konnten und über besondere Heilkräfte verfügten. Manche Bilder besaßen übelabwehrende Kräfte; sie konnten Krankheiten vertreiben, Kindersegen schenken, von Besessenheit heilen, entlaufene Sklaven zurückbringen und anderes mehr. Die Bilder waren nicht mehr nur Gegenstand der Betrachtung. Die *historiai* waren zu *eikōnes* geworden und zu Objekten der Verehrung; aus dem Bildbeschauer war ein Beter geworden.

Man glaubte, im Bild sei die abgebildete Person wirkmächtig gegenwärtig. Theodor von Studion schrieb einem hohen Militärbeamten, der sich ein Bild (*eikōn*) des heiligen Demetrius von Thessalonich zum Schutzpatron für sein Kind erbeten hatte, in Anlehnung an die Wunderheilung des Sohnes des Hauptmanns von Kafarnaum:

„Dort ersetzt das göttliche Wort die leibliche Anwesenheit des Herrn, hier das körperliche Bild das Original. Dort war in seinem Wort der göttliche Logos zugegen, unsichtbar kraft seiner Gottheit das Wunder vollbringend, und hier war der ehrwürdige Märtyrer geistig in seinem Bilde zugegen, das Kind auf seinem Arm zu halten. Oder wie sollte der im Bild Geschaute nicht nach seiner Ähnlichkeit geschaut und anwesend geglaubt werden"[198]?

– Die religiöse Problematik der Bilder

Die Einschätzung der Bilder als wirkmächtige Gegenstände ist uralt. Schon die ältesten Felsbilder wurden geschaffen, um die dargestellten Wildtiere in die Hand des Jägers zu geben. Viele Götzenbilder galten als Fetische; sie sollten die heilende oder drohende Macht des Gottes bannen. Auch die ägyptischen, griechischen und römischen Götterbilder wurden ebenso wie die späteren Kaiserbilder als seinshafte Vergegenwärtigung des Abgebildeten und seiner Macht betrachtet. Unabhängig vom subjektiven Eindruck des Beschauers repräsentierten sie die Anwesenheit der abgebildeten Person.

Seit dem 3. Jh. ließen die Kaiser bei ihrem Herrschaftsantritt ihr Bild, mit Wachsfarben auf Holztafeln gemalt, in die Provinzstädte des Reiches schicken. Erreichte das Bild seinen Bestimmungsort, zogen ihm Volk und Obrigkeiten mit Lichtern und Weihrauch entgegen und geleiteten es in feierlicher Prozession in die Stadt. Dort wurde es an hervorragender Stelle – auf dem Kapitol, später auch in der Kirche – aufgestellt. Amtshandlungen mußten vor dem Kaiserbild stattfinden; Gerichtsbeschlüsse erhielten nur in seiner Anwesenheit Rechtskraft, wurden doch alle Urteile im Auftrag und Namen des Kaisers gefällt.

Die Überzeugung, daß ein Bild nicht nur Produkt des Gedächtnisses oder der Phantasie, sondern ein wirklichkeitsgefülltes Zeichen ist, hat viele Gründe entsprechend der Bedeutung, welche die darstellende Kunst zu allen Zeiten als Teil menschlicher Daseinsbewältigung besessen hat. Schon in der paganen Philosophie gab es verschiedene Urteile über die Götterbilder. Einzelne Stoiker, Epikureer und Skeptiker, Philosophen von der Art des Lukian von Samosata verspotteten die Götterbilder als eine unwürdige, anthropomorphe Entstellung der unanschaulichen göttlichen Wesenheit. Andere, wie Dio Chrysostomus, Poseidonius, Porphyrius oder Apollonius von Tyana in der Beschreibung des Philostrat, werteten sie als Erinnerungs-, Anschauungs- oder Erziehungsmittel. Noch andere wie Plotin, Jamblich und Proklus betrachteten sie als Sitz der Gottheit oder als Träger göttlicher Kräfte.

Entsprechend und in derselben zeitlichen Reihenfolge fand sich in der Kirche der Standpunkt unbedingter Ablehnung bei den frühchristlichen Apologeten, beim Konzil von Elvira sowie bei Eusebius von Caesarea oder Epiphanius. Neben ihnen erhoben sich Stimmen, die eine relative Anerkennung der Bilder als Schmuck oder als Belehrungs- und Erbauungsmittel gelten lassen wollten – so bei den zuvor schon genannten Vätern, denen man noch Chrysostomus und Gregor den Großen beigesellen könnte. Die größte Bedeutung erlangte im Osten die dritte Anschauung, die das Bild als Vergegenwärtigung des Heiligen betrachtete und ihm darum kultische Verehrung erwies. Verstärkt wurde diese Tendenz durch die Reliquien – und zwar nicht nur durch wirkliche Körperreste, sondern auch durch abgeleitete Reliquien wie z.B. Öl vom Heiligen Grab in Jerusalem oder Wasser von der Quelle am Grab des heiligen Menas, dazu Tücher, Medaillons und Amulette (vgl. S. 211/4; 221/3). Devotionalien jeder Art verstärkten als Pilgerandenken den Glauben an die Wirksamkeit der Bilder, die im byzantinischen Raum im Laufe der Zeit die Reliquien immer mehr verdrängten.

9.3 Der Bilderstreit

– Ausbruch und Eskalation

Angesichts der geschilderten Problematik der religiösen Bilder und ihrer Verehrung wird die Heftigkeit verständlich, mit welcher der Bilderstreit entbrannte. Der unaufhaltsame Siegeszug der Ikonen, der mit einer tiefinnerlich frommen Heiligen- und Reliquienverehrung, aber auch mit manch abergläubischem Mißbrauch verbunden war, stieß auf den nie verstummenden Ruf nach einer bildlosen, vergeistigten Gottesverehrung, auf die grundsätzlichen monophysitischen Bedenken gegen alle Christusbilder und – nach der Erhebung der Araber – auf die verwunderte, aber auch faszinierende Feststellung, mit welcher Unerbittlichkeit schon bald im Islam Bilderlosigkeit geübt wurde.

Die Auseinandersetzungen begannen mit Kaiser Leo III. (717–741), der aus dem syrischen Osten stammte, wo die Opposition gegen die Ikonen immer besonders stark gewesen war. Dennoch sollte die Bilderfeindlichkeit des Kaisers nicht allein seiner Herkunft angelastet werden; ikonenfeindliche Tendenzen gab es auch in kirchlichen Kreisen Kleinasiens. Leider fehlen genaue Informationen, weil das nachfolgende 2. Konzil von Nizäa die Vernichtung der bilderfeindlichen Literatur angeordnet hat. 726 erließ der Kaiser erste Exhorten gegen den Bilderkult. Um mit eigenem Beispiel voranzugehen, befahl er, eine berühmte Christusikone vom Chalketor des Palastes zu entfernen. Dabei kam es zum Tumult, bei dem einige Soldaten getötet wurden.

Der eigentliche Ikonoklasmus begann im Januar 730, als ein kaiserliches Edikt jegliche Bilderverehrung verbot. Der Patriarch von Konstantinopel, Germanus, der die Maßnahmen des Kaisers ablehnte, mußte abdanken. Weiterreichende Verfolgungen scheint es aber zunächst nicht gegeben zu haben. Folgenschwerer war die kaiserliche Reaktion auf den Widerstand des römischen Bischofs. Süditalien, das kirchlich zu Rom gehörte, militärisch und politisch aber unter byzantinischer Kontrolle stand, wurde vom Kaiser jetzt auch jurisdiktionell Konstantinopel unterstellt. Damit fielen politische und kirchliche Grenzen zusammen, die bisher noch gegenseitig verschoben waren und einander überschnitten hatten. Die kaiserlichen Maßnahmen trugen dazu bei, daß sich Rom den Franken näherte – ein weiterer Grund, der zur späteren Trennung der Kirchen beitrug.

Der Kaiser begründete den Bilderkampf mit dem Vorwurf des Götzendienstes seitens der Bilderverehrer. Bedeutende Theologen der Zeit wie der um 750 gestorbene Johannes Damascenus konnten ihn mühelos entkräften. Die Bildergegner, allen voran Leos Sohn Konstantin V. (741–75), antworteten mit neuen Argumenten. Der Streit eskalierte und verlagerte sich schon bald vom moralischen Bereich auf die höchste dogmatische Ebene. Die Bilderfeinde behaupteten: Es kann kein adäquates Christusbild geben, weil die göttliche Natur nicht darstellbar ist; jedes Bild (*eikōn*) Christi wird zum Götzenbild (*eidōlon*); das einzig wahre Bild Christi ist die Eucharistie wegen der Wesensgleichheit zwischen Vorbild und Abbild.

Zur Entscheidung der Streitfrage berief der Kaiser 754 ein Konzil in den Kaiserpalast von Hiereia am kleinasiatischen Ufer des Bosporus, auf dem ohne nennenswerten Widerstand dreihundertachtunddreißig Bischöfe die Herstellung und den Kult der Ikonen verurteilten. Vor allem Christusbilder wurden abgelehnt, denn sie setzten eine nestorianische oder eine monophysitische Christologie voraus. Das Konzil warnte andererseits davor, in unerleuchtetem Eifer alle Kunstwerke zu zerstören. Man wollte durchaus keinen Bildersturm.

Die abendländische Kirche lehnte die Beschlüsse von Hiereia ab und befürwortete in Übereinstimmung mit den Patriarchen von Jerusalem, Alexandrien und Antiochien die Bilderverehrung. Trotzdem hätte das Konzil möglicherweise mäßigend auf den Bilderkult in der Gesamtkirche wirken können, wenn der Kaiser nicht im Anschluß an Hiereia weit über die Beschlüsse hinausgegangen wäre. Reliquien-, Heiligen- und Marienkult wurden am Ende ausnahmslos verboten. Fast zwangsläufig organisierte sich der Widerstand, der vor allem von den Mönchen ausging. Der wiederum ließ die Zwangsmaßnahmen des Kaisers eskalieren, bis die Auseinandersetzungen in eine regelrechte Verfolgung der Ikonodulen (Bilderfreunde) mit Folter, Verbannung und Todesstrafe ausarteten.

– Das Konzil und seine Beschlüsse

Daß der Kaiser sich verrannt hatte, wurde schon vor seinem Tod deutlich. Sein Sohn und Nachfolger, Leo IV., der mit der bilderfreundlichen athenischen Prinzessin Irene verheiratet war, gab daher den ikonoklastischen Kurs zwar noch nicht vollständig auf, milderte aber das Vorgehen. Als er bereits 780 starb, ging die Kaiserin, die die Regentschaft für den noch minderjährigen Konstantin VI. übernommen hatte, sofort daran, die bilderfeindlichen Verordnungen vollständig zu liquidieren. Dazu war, da allen friedlichen Lösungen die – dem östlichen Anspruch nach ökumenische – Synode von Hiereia entgegenstand, ein neues Konzil erforderlich. Mit Klugheit und Takt wurde Tarasius als neuer Konstantinopler Patriarch installiert, den gutwilligen Bischöfen eine Kursänderung ermöglicht und Kontakt mit Papst Hadrian aufgenommen. Im August 787 konnte zunächst in der Apostelkirche der Hauptstadt, sodann – um Störungen aus dem Wege zu gehen – auf dem Lande, im bithynischen Nizäa, das ökumenische Konzil eröffnet werden. Vielleicht sollte durch den Ortswechsel auch etwas vom Glanz des ersten nizänischen Konzils auf das zweite fallen.

Über die Konzilsverhandlungen selbst braucht nicht ausführlich berichtet zu werden. Theologen von Rang fehlten; *ratio theologica* und Traditionsbeweis lagen arg darnieder. Mit der Bibel – vor allem dem Alten Testament – wurde in einer Weise argumentiert, daß sich früheren Vätern die Haare gesträubt hätten. Legenden, Wundergeschichten und fromme Gefühle beherrschten das Feld. Um so mehr erstaunt, daß die Konzilsentscheidung vergleichsweise nüchtern und theologisch korrekt ausgefallen ist. Ein Schreiben Hadrians, das zu Beginn der Verhandlungen verlesen und wohlwollend aufgenommen worden war, dürfte zum Erfolg der Verhandlungen beigetragen haben. Der Papst hatte im Sinn westlicher Bildertheologie die Aufmerksamkeit von den dogmatischen Spekulationen weg auf die moralischen Erwägungen hingelenkt, und dem Patriarchen Tarasius scheint es gelungen zu sein, die Konzilsväter auf die korrekte Unterscheidung zwischen *latreia (adoratio,* Anbetung), die allein Gott zukommt, und *proskynēsis (veneratio,* Verehrung), die den Heiligen und ihren Bildern entgegengebracht werden darf, einzuschwören. Im Horos des Konzils wurde entschieden:

„Wir beschließen mit aller Sorgfalt und Übereinstimmung, daß wie der Typus des ehrwürdigen und lebendigmachenden Kreuzes auch die heiligen Bilder angebracht werden sollen, mögen sie aus Farbe, aus Stein oder sonst einem zweckentsprechenden Material sein, und zwar in den heiligen Kirchen Gottes, auf den heiligen Gefäßen und Gewändern, auf Wänden und Tafeln, an Häusern und an Wegen, nämlich das Bild unseres Herrn und Gottes und Erlösers Jesus Christus, das unserer unbefleckten Herrin, der Gottesgebärerin, sowie der ehrwürdigen Engel und aller heiligen und frommen Menschen. Denn je länger man sie in Bildern anschaut, desto mehr werden die Betrachter zur Erinnerung an die Urbilder und zum sehnsüchtigen Verlangen nach ihnen angeregt und auch dazu, ihnen ihren Gruß und ihre Verehrung (*timētikē proskynēsis*) zu widmen, nicht die eigentliche Anbetung (*latreia*), die allein der göttlichen Natur zusteht, sondern daß sie ihnen wie dem Typus des ehrwürdigen und lebenspendenden Kreuzes, wie den heiligen Evangelien und den anderen gottesdienstlichen Gegenständen Weihrauch und Lichter zu ihrer Verehrung darbringen. So war es doch schon bei den Alten fromme Gewohnheit; denn die Ehre, die man dem Bild erweist, geht auf das Urbild über, und wer ein Bild verehrt, verehrt die darin dargestellte Hypostase"[199].

– Nachspiel im Abendland

Auf der Schlußsitzung des Konzils wurde diese Entscheidung nochmals verlesen und zusammen mit zweiundzwanzig disziplinären Kanones unterschrieben, welche die durch den Ikonoklasmus entstandene Situation bereinigen sollten. An den Papst erging ein kurzer Bericht; die Konzilsakten erhielt er durch seine Legaten. Sie wurden in Rom mehr schlecht als recht übersetzt, was wiederum ein Nachspiel zur Folge hatte, zu dem es allerdings auch aus politischen Gründen gekommen sein dürfte. Inzwischen hatten sich nämlich die Machtverhältnisse im Römischen Reich erheblich verschoben (vgl. S. 114), und eine theologische Einigung in Byzanz hatte längst nicht mehr die Zustimmung der ganzen Christenheit automatisch zur Folge.

Das Frankenreich war in einem glanzvollen Aufstieg zu einer Macht geworden, die sich gegen Ende des 8. Jh.s anschickte, die politische Führung des Abendlandes zu übernehmen. Das von den Arabern bedrängte und in seinen europäischen Gebieten slawisch durchsetzte Oströmische Reich war an den Rand des christlichen *orbis terrarum* gerückt. Der oströmische Kaiser betrachtete sich zwar immer noch als Herr der gesamten Christenheit, aber Anspruch und Wirklichkeit, *auctoritas* und *potestas,* stimmten nicht mehr überein.

Rom hatte der Entwicklung längst Rechnung getragen. Weil das ikonoklastisch zerstrittene und arabisch bedrängte Byzanz dem von den Langobarden heimgesuchten Italien nicht mehr zu Hilfe kommen konnte, suchten die Päpste Schutz bei den Franken. Die Reise von Papst Stephan II. im November 753 über die Alpen an den Hof Pippins kann als Signal für die Neuorientierung gewertet werden. Damals entstand die sogenannte Konstantinische Schenkung, eine der genialsten Fälschungen der Geschichte[200]. In ihr wurde ausgeführt, Konstantin der Große habe dem römischen Bischof und seinen Nachfolgern den Lateranpalast, die kaiserlichen Hoheitsabzeichen, die Stadt Rom sowie alle *provincia, loca et civitates* Italiens und des Abendlandes übertragen; er habe seine Residenz nach Byzanz verlegt und Rom und den gesamten Westen der römischen Kirche überlassen, denn es sei nicht recht, daß der irdische Kaiser dort residiere, wo der himmlische Imperator die priesterliche Herrschaft und die Hauptstadt der christlichen Religion aufgerichtet habe. Wenn die Fälschung – wie allgemein angenommen wird – in der 2. Hälfte des 8. Jh.s entstanden ist, geht sie auf Kosten von Byzanz. Denn ganz gleich, ob der Papst sich durch die Schenkung kaisergleiche Befugnisse im sogenannten *Patrimonium Petri*, dem sich herausbildenden Kirchenstaat, aneignen wollte oder ob die Schenkung im Interesse der Franken ein westliches Kaisertum gegen Konstantinopel legitimieren sollte, Byzanz war der Verlierer. Durch eine juristische Fiktion wurde versucht, als rechtens hinzustellen, was sich faktisch ereignet hatte: die Machtbegrenzung des oströmischen Kaisers auf den Ostteil des Reiches. Damit war im Westen Platz für ein weströmisches Kaisertum auf fränkischer Grundlage geschaffen worden.

Wie wirkten sich die Machtverschiebungen auf die Rezeption der Konzilsbeschlüsse aus? Der Bilderstreit und überhaupt alles, was Rom und Konstantinopel trennte, konnte Karl dem Großen (768–814) nur recht sein. Eine Versöhnung von Papst und Kaiser durch Nizäa (787) dagegen schwächte die Stellung des fränkischen Großkönigs in der Christenheit. Nicht nur wegen der schlechten Übersetzung, auch aufgrund der politischen Konstellation war eine unbefangene Bewertung Nizäas durch Karl kaum zu erwarten.

790 beauftragte Karl den Goten Theodulf von Orléans mit einer ausführlichen Widerlegung des Horos von Nizäa. Ein erster Entwurf wurde Papst Hadrian zugesandt. Dessen Einwände, die der Verteidigung des Konzils dienten, wurden zwar berücksichtigt, trotzdem erfolgte in den offiziellen Libri Carolini eine scharfe Ablehnung der Konzilsbeschlüsse als Standpunkt der fränkischen Kirche. Was anschließend als eigene Auffassung formuliert wurde, war allerdings – und hier macht sich die schlechte Übersetzung nun doch bemerkbar – von Nizäa gar nicht so weit entfernt. Denn auch die Libri Carolini lehnen die Bilder nicht ab. Im Anschluß an Gregor den Großen wird die abendländische Unterscheidung zwischen Bildergebrauch und Götzendienst unterstrichen. Anbetung gebührt allein Gott, Verehrung den Heiligen und ihren Reliquien. Eine direkte Verehrung der Bilder wird abgelehnt, weil die neuplatonische Bildauffassung, die im Abbild das Urbild verehrt, nicht geteilt wird. Die bildende Kunst wird viel nüchterner als Handwerk betrachtet, das Kunstwerk als ein Gegenstand, dessen Wert nicht vom dargestellten Inhalt abhängig ist, sondern von der Kostbarkeit des Materials bzw. der Kunstfertigkeit des Künstlers. Das Bild erinnert an Vergangenes; den religiösen Inhalt vermag es im Gegensatz zum geoffenbarten Wort nicht adäquat wiederzugeben. Die Synode von Frankfurt 794 bestätigte diese Bewertung.

Nur kurz sei noch erwähnt, daß mit dem 2. Konzil von Nizäa auch in Byzanz der Streit noch nicht restlos beendet war. Unter den Kaisern Leo V. bis Theophilus flammten die Auseinandersetzungen bis in die Mitte des 9. Jh.s immer wieder auf. Diesmal aber hatten die Bilderfreunde in Theodor von Studion einen überlegenen geistigen Führer, der durch sein Vorbild und seine literarische Tätigkeit den Zusammenhalt der Verfolgten stärkte. Nach Theophilus' Tod (842) führte seine Gattin Theodora den Bilderkult wieder ein. Sanktioniert wurde der endgültige Sieg der Ikonen durch das 843 eingeführte „Fest der Orthodoxie", das noch heute als Sieg der Orthodoxie über die Häresie schlechthin gefeiert wird. Ikonenfrömmigkeit und Bilderkult sind in der Ostkirche seitdem unangefochten in Geltung geblieben.

– Auswirkungen

Die Konsequenzen der verschiedenen Bildauffassungen in Ost und West zeigen sich bis auf den heutigen Tag. In den östlichen Kirchen besitzt das Bild eine größere Wirklichkeitsdichte als im Abendland. Entsprechend werden die Bilder im Osten ehrfürchtig hergestellt, verehrt und liturgisch verwendet. Ikonenmalerei ist eine quasi liturgische Tätigkeit und vollzieht sich nach strengen Regeln; Inhalt und Form der Bilder unterliegen einem verbindlichen Kanon. Plastische Kunstwerke sind bis heute verpönt; die Kraftfülle, die bereits dem flächigen Bild innewohnt, soll durch räumliche Körperlichkeit nicht noch mehr gesteigert werden. Im Westen dagegen erscheint die religiöse Kunst insgesamt viel weniger theologisch-dogmatisch aufgeladen. Entsprechend stellt sich die abendländische religiöse Kunst abwechslungsreicher, modischer, aber auch unverbindlicher dar. Sie konnte jede Kunstrichtung mitmachen, zeitweise sogar neue Stile hervorbringen.

Im Abendland ist das ganze Mittelalter hindurch die Kritik an der mißbräuchlichen Verehrung religiöser Bilder immer wieder aufgeflammt. Sie wird z.B. greifbar bei Bernhard von Clairvaux und Bilderstürmern in den verschiedenen Armutsbewegungen. Die von vielen als veräußerlicht empfundene Renaissancekunst hat die Kritik weiter verschärft und in nachreformatorischer Zeit zu neuen Zerstörungen geführt. Für die katholische Kirche hat das Konzil von Trient 1563 in der 25. und letzten Sessio Wert und Grenzen der religiösen Bilderverehrung geregelt. Heute stellt die religiöse Kunst insofern ein Problem dar, als das Fehlen qualitätsvoller und anerkannter zeitgenössischer Werke beklagt werden muß. Viele moderne Kirchen sind bilderlos, nicht aus Überzeugung, sondern aus Mangel an guten Kunstwerken.

II. Innerkirchliches Leben

1. Liturgie und religiöses Leben

Literatur:

G. KUNZE, Die gottesdienstliche Schriftlesung 1 (Göttingen 1947); A. STENZEL, Die Taufe. Eine genetische Erklärung der Taufliturgie = Forschungen zur Geschichte der Theologie und des innerkirchlichen Lebens 7/8 (Innsbruck 1958); J.A. JUNGMANN, Missarum Sollemnia. Eine genetische Erklärung der römischen Messe (Freiburg ⁵1962); TH. KLAUSER, Kleine abendländische Liturgiegeschichte (Bonn 1965); R. ARBESMANN, Fasten, Fastenspeisen, Fasttage: RAC 7 (1969) 447/524; G. KRETSCHMAR, Die Geschichte des Taufgottesdienstes in der Alten Kirche: Leiturgia 5 (Kassel 1970) 1/348; E. VON SEVERUS, Gebet I: RAC 8 (1972) 1134/1258; J. QUASTEN, Musik und Gesang in den Kulten der heidnischen Antike und christlichen Frühzeit = Liturgiegesch. Quellen u. Forschungen 25 (Münster ²1973); TH. KLAUSER, Der Ursprung der bischöflichen Insignien und Ehrenrechte: DERS., Gesammelte Arbeiten = JbAC Erg.-Bd. 3 (Münster 1974) 195/211; J. BETZ, Eucharistie. In der Schrift und Patristik = HDG IV/4a (Freiburg 1979); P.F. BRADSHAW, Daily prayer in the early church (London 1981); H. AUF DER MAUR, Feiern im Rhythmus der Zeit 1 = Gottesdienst der Kirche 5 (Regensburg 1983); E. DASSMANN, Zur Entstehung von liturgischen Gewändern und Geräten: Schwarz auf Weiß 16 (1984) 16/30; J. FONTAINE, Les origines de l'hymnodie chrétienne latine. D'Hilaire de Poitiers à Ambroise: La Maison Dieu 161 (1985) 33/74; R. TAFT, The Liturgy of the Hours in East and West (Collegeville 1986); H. BRAKMANN, Der Gottesdienst der östlichen Kirchen: ALW 30 (1988) 303/410; B. KLEINHEYER, Sakramentliche Feiern 1 = Gottesdienst der Kirche 7,1 (Regensburg 1989); H.B. MEYER, Eucharistie = Gottesdienst der Kirche 4 (Regensburg 1989); Preaching in the patristic age. FS W.J. BURGHARDT. Hrsg. von D.G. HUNTER (New York 1989); H. BRAKMANN, Jahr (kultisches) B: RAC 16 (1994) 1106/18; PH. HARNONCOURT / H. AUF DER MAUR, Feiern im Rhythmus der Zeit 2,1 = Gottesdienst der Kirche 6,1 (Regensburg 1994); Stimuli. Exegese und ihre Hermeneutik in Antike und Christentum. FS E. DASSMANN, Hrsg. von G. SCHÖLLGEN / C. SCHOLTEN = JbAC Erg.-Bd. 23 (Münster 1996); ST. HEID, Zölibat in der frühen Kirche (Paderborn 1997).

1.1 Eucharistie

– Theologisches Verständnis

Zentrum und Herzstück innerkirchlichen Lebens bildete von Anfang an die Feier der Eucharistie. Dabei blieb die schon in vorkonstantinischer Zeit entstandene Grundgestalt einer Verbindung von Wortgottesdienst und eucharistischer Mahlfeier in der Friedenszeit ebenso erhalten wie das Grundverständnis dieser Feier als eine an Gott gerichtete Danksagung, in der in Erinnerung (Anamnese, *memoria*) an die durch Christus gewirkte Erlösung eine Darbringung (Anaphora, *oblatio/sacrificium*) von Brot und Wein stattfindet, die durch die Herabkunft des Heiligen Geistes (Epiklese) in Leib und Blut des Herrn verwandelt und als Speise und Trank genossen werden[201]. In dem in seinem Grundbestand von Ambrosius bezeugten und in frühchristliche Zeit zurückreichenden sogenannten „Römischen Kanon" läßt sich dieses komplexe Geschehen in einem einzigen Satz etwa so beschreiben: In Wahrheit ist es würdig und recht, dir, heiliger Vater, Dank zu sagen durch Jesus Christus, der am Abend vor seinem Leiden Brot und Wein nahm und sprach: Das ist mein Leib und Blut, weshalb wir das Gedächtnis deines Sohnes verkünden und dir das Brot des Lebens und den Kelch des ewigen Heiles als makellose Opfergabe dabringen und dich bitten, du mögest versöhnt und gütig darauf niederblicken und sie annehmen, denn durch Christus ist dir in der Einheit des Heiligen Geistes alle Herrlichkeit und Ehre jetzt und in Ewigkeit. Amen. Allein die epikletische Herabrufung des Heiligen Geistes zur Wandlung der Gaben als Voraussetzung ihrer Annahme als Opfer wird im römischen Kanongebet nicht so deutlich artikuliert, was damit zusammenhängen mag, daß in der römischen Liturgie die Wandlung von Brot und Wein stärker als in den östlichen Kirchen auf die Worte Christi im Einsetzungsbericht konzentriert wird. Daß die Wandlung kein punktuelles Geschehen ist und sich nicht auf die Konsekrationsworte beschränkt, weiß aber auch der „Römische Kanon"; anders ergäbe es keinen Sinn, wenn in ihm noch nach der Wandlung Gott um die Annahme des Opfers gebeten wird[202].

Das Verständnis von Wandlung und Opfer erfuhr ab dem 4. Jh. eine präzisierende Vertiefung. Im Osten vertraten insbesondere Gregor von Nyssa, Johannes Chrysostomus und Cyrill von Alexandrien in unterschiedlicher Begrifflichkeit eine Verwandlung der eucharistischen Gaben, die später durch die Transformationslehre des Johannes von Damaskus ihre abschließende Form erhielt[203]. Im Westen lehrte Ambrosius von Mailand als erster unmißverständlich die Wesensverwandlung von Brot und Wein. In seinen Unterweisungen an die Katechumenen heißt es:

„Schau auf die Einzelheiten: ‚Am Tag vor seinem Leiden', heißt es, ‚nahm er das Brot in seine heiligen Hände'. Bevor die Konsekration vollzogen wird, ist es Brot. Sobald aber die Worte Christi hinzugekommen sind, ist es der Leib Christi. Höre ihn nämlich *[denique]* sagen: ‚Nehmt und eßt alle davon; denn das ist mein Leib'. Ebenso ist vor den Worten Christi der Kelch mit Wein und Wasser gefüllt. Sobald aber die Worte Christi gewirkt haben, entsteht dort Blut, welches das Volk erlöst"[204].

Die Möglichkeit der Verwandlung erklärt der Bischof mit der schöpferischen Allmacht Christi:

„Wenn schon die Segnung durch einen Menschen [Elija] eine solche Kraft besaß, daß sie die Natur verwandeln konnte, was sagen wir dann von der göttlichen Konsekration, bei der die Worte des Herrn und Erlösers selbst ihre Wirksamkeit ausüben? ... Wenn nun aber das Wort des Elija eine derartige Macht besaß, Feuer vom Himmel herabzurufen (1Kön 18,36/8), soll dann das Wort Christi nicht die Macht haben, die Elemente in ihrer Art zu verändern"[205]?

In der Folgezeit hat sich Ambrosius' realistische Wandlungsauffassung gegen ein mehr symbolisches Verständnis bei Augustinus durchgesetzt. Auch das Opferverständnis der Eucharistie wurde vertieft, indem man das Kreuzesopfer Christi, die Darbringung von Brot und Wein und die Hingabe der Gläubigen in wechselvolle Beziehung zueinander setzte. Für östliche Theologen vergegenwärtigte sich in der Eucharistiefeier Christi Opfer in liturgischer Weise; westliche Väter, vor allem Gregor der Große, betonten in ihr das Versöhnung wirkende Opfer der Kirche, das auch den Verstorbenen zugute kommen kann[206]. Daß einige Zeit vergehen mußte, ehe das Opferverständnis der Eucharistie voll ausgebildet war, wird angesichts der blutigen Opfer in den heidnischen Tempeln verständlich, von denen sich der christliche Kult distanzieren mußte. Sein Opfer war eine *thysia logikē*, ein *sacrificium rationabile*[207].

– Vielfalt der Liturgien

Über die Feier der Eucharistie geben zahlreiche liturgische Textsammlungen Auskunft, die bei gleicher Grundstruktur einen großen Reichtum an regionalen Unterschieden aufweisen; sie gehen zumeist auf den Einfluß kirchlicher Hauptstädte zurück. Im Westen sind die wichtigsten Sakramentare mit Meßtexten nach den Päpsten Leo (440–461), Gelasius (492–496) und Gregor (590–604) benannt. Das Leonianum (Grundbestand 5./6. Jh.) enthält aus dem Lateranarchiv stammende Meßformulare von April bis Dezember für Heiligenfeste und Weihnachten; das Gelasianum (7. Jh.) war für den Gebrauch in Presbytermessen bestimmt, während das Alt-Gregorianum für den päpstlichen Gottesdienst geschaffen wurde – wie aus der Nennung der römischen Stationsgottesdienste ersichtlich wird – und unter dem Namen Hadrianum zu Kaiser Karl nach Aachen kam. Viele Orationen und Präfationen des Gregorianum sind bis heute im Gebetsgut des Römischen Missale erhalten. Über die Gestalt der liturgischen Feiern geben die ab dem 7. Jh. entstandenen Ordines Romani mit Anweisungen für den Ablauf der Papstmesse, die Feier der Karwoche, der Weiheliturgie und anderer gottesdienstlicher Anlässe Auskunft.

Unverkennbar hat die römische Kirche mit ihren Sammlungen die Liturgien der anderen westlichen Kirchen in Nordafrika, Gallien, Spanien, Britannien und Oberitalien (Mailand) zu beeinflussen versucht. Einheitstiftende Kraft entfaltete vor allem das im Westen weithin als einziges in Gebrauch befindliche eucharistische Hochgebet, der Römische Kanon, der in seinem Grundbestand gegen Ende des 4. Jh.s festlag und nur durch Zusätze (Gedächtnis der Lebenden und Verstorbenen, Heiligenanrufungen) in den einzelnen Kirchenprovinzen differierte. Größere Unterschiede wiesen dagegen die Leseordnungen auf.

Weitaus vielgestaltiger stellt sich die liturgische Landschaft im Osten dar, wo neben zahlreichen Leseordnungen, Hymnen und Gebeten eine Vielzahl von Anaphoren (Hochgebeten) entstand. Nicht nur einzelne Provinzen bzw. Patriarchate entwickelten eigene liturgische Texte und Formen, sondern auch die nestorianischen, jakobitischen und koptischen Spaltungen[208] sorgten für weitere Differenzierungen (vgl. S. 105f). Liturgische Zentren waren Kappadokien (Basilius), das die Liturgie Konstantinopels beeinflußte, sowie Antiochien und Jerusalem, welche ebenfalls auf Konstantinopel und weiter auf Armenien und Georgien einwirkten. Edessa (Mesopotamien) prägte die ostsyrische Liturgie, während der Einfluß Alexandriens bis Nubien und Äthiopien reichte[209]. Nach Chalkedon[210] laufen die liturgischen Verbindungen von Syrien zu den Kopten in Ägypten sowie von Konstantinopel zu den melkitischen Liturgien im gesamten vorderen Orient, in Antiochien, Jerusalem und Alexandrien, und ebenfalls nach Armenien und Georgien.

– Elemente der Gestaltung

– – Grundform

Schon in den kurzen Beschreibungen bei Justin um die Mitte des zweiten und in der Traditio Apostolica Hippolyts am Beginn des 3. Jh.s werden Grundelemente der Eucharistiefeier erkennbar, die nie mehr aufgegeben worden sind. Als wichtigste Gottesdienstform der Kirche atmet die Eucharistiefeier den Geist einer zweitausendjährigen Geschichte. Sie nahm im 4. Jh. in Rom etwa folgenden Verlauf: Nach dem Einzug des Klerus und der Begrüßung der Gemeinde wurden in der Regel zwei oder drei Lesungen vorgetragen, die dem Alten Testament, den Apostelbriefen und dem Evangelium entnommen waren, jeweils unterbrochen von verschieden gestalteten Zwischengesängen und Allelujaversen. Nach der Homilie und der Entlassung der Katechumenen erfolgten Fürbittgebete, welche die Gläubigen mit dem Ruf *Kyrie eleison* beantworteten. Später wurden noch ein *Pax*-Ritus sowie das Credo angeschlossen. Nachdem Brot und Wein – zusammen mit den für die Armenfürsorge bestimmten Spenden – herbeigebracht worden waren, leitete ein Gebet über die Gaben zum eucharistischen Hochgebet über, das mit der Präfation begann, an die sich später das aus dem Osten stammende *Trishagion (Sanctus)* anschloß. Das Hochgebet endete mit einem feierlichen Lobpreis (Doxologie), der vom Volk mit dem *Amen* bekräftigt wurde. Der Kommunionteil blieb schlicht gestaltet. Nach dem Brechen des Brotes, dem Friedenskuß und dem Vaterunser – als dem eucharistischen Tischgebet – empfingen Klerus und Gläubige die heilige Kommunion, wobei der Diakon den Kelch reichte. Nach dem Kommunionempfang folgten nur noch ein Dankgebet (*Postcommunio*), das „Gebet über das Volk" sowie die Entlassung der Gemeinde mit einem Ruf wie dem *Ite missa est,* welches später der ganzen Feier den Namen Messe (*missa*) gegeben hat. Die *oratio super populum* wurde im Lauf der Zeit von dem beliebteren bischöflichen (oder priesterlichen) Segen abgelöst.

– – Verändernde Einflüsse

Diese Grundform der Eucharistiefeier wurde durch zahlreiche lokale Besonderheiten aufgelockert, die für eine Anzahl bedeutender Kirchen aus liturgischen Büchern und anderen Nachrichten bekannt sind. So hat die Pilgerin Egeria ausführlich die Liturgie Jerusalems beschrieben; die Eucharistiefeier in Antiochien läßt sich aus den Predigten des Johannes Chrysostomus rekonstruieren; über Nordafrika und Mailand berichten Augustinus und Ambrosius. Welche konkreten Einflüsse örtliche Besonderheiten hervorgebracht haben, läßt sich nicht immer klären. Gewiß haben gesellschaftliche, theologische und politische Entwicklungen liturgische Veränderungen herbeigeführt. Als Beispiele kann auf den Übergang von der griechischen zur lateinischen Liturgiesprache im Westen oder auf die durch die arianischen Auseinandersetzungen hervorgerufenen Gebetsveränderungen hingewiesen werden.

Um das Jahr 300 war die Volkssprache in Rom Latein, die Liturgiesprache jedoch noch Griechisch. Daß sich gegen die Aufgabe des Griechischen, der Sprache des Neuen Testaments, Bedenken erhoben haben mögen, läßt sich nachvollziehen. Um so bemerkenswerter ist es, daß die römische Kirche den Widerstand gegen die Volkssprache aufgegeben und auf den Gebrauch einer im täglichen Leben nicht mehr verwendeten Mysteriensprache verzichtet hat. Während im Osten die Liturgie bei fortschreitender Mission sich weiterhin problemlos der jeweiligen Landessprache bediente, wurde von der römischen Liturgie nach der Übernahme des Latein der Übergang in neue Sprachräume kaum mehr gewagt. Vor allem die gallischen und germanischen Idiome erschienen ihr nicht fähig, die erhabenen Inhalte der liturgischen Texte unbeschädigt zu transportieren. Es hat bis zur Liturgiereform des 2. Vatikanums gedauert, bevor die christlichen Völker weltweit die Liturgie in ihrer Muttersprache feiern durften. Auf der anderen Seite haben die begriffliche Klarheit und rechtliche Genauigkeit der lateinischen Sprache Gebetstexte von unerreichter sprachlicher Prägnanz und Schönheit geschaffen.

Alle Gebete der Frühzeit sind zunächst dadurch bestimmt, daß sie sich durch Christus an den Vater wenden. Die stereotype Formel lautet: „O Gott, der du ... (es folgt eine lobpreisende Prädikation), gewähre, verleihe ... (es folgt die Bitte) durch unseren Herrn Jesus Christus, der mit dir lebt und herrscht in der Einheit des Heiligen Geistes ..."[211]. Erst später wird Christus auch direkt angesprochen. Die Gebete enden dann mit der Formel: „Der du lebst und herrschest mit Gott, dem Vater ...". Manches spricht dafür, daß der Kampf gegen den Arianismus um die wesensgleiche Gottheit des Sohnes zum Wechsel im Gebetsschema geführt hat. Christus sollte nicht nur als hoherpriesterlicher Mittler, sondern als gleichewiger Gottessohn das Gebet erhören. Daß die Veränderung keine belanglose Gebetsvariante darstellt, haben nordafrikanische Synoden z.Zt. Augustins noch deutlich empfunden, wenn sie kategorisch fordern: „Beim Dienst am Altar soll das Gebet immer an den Vater gerichtet werden"[212].

– Predigt und Gesang

Beträchtliche Teile der Eucharistiefeier, die ihr bei aller Gleichförmigkeit Abwechslung und Farbigkeit verleihen, machen Lesungen, Predigt und Gesänge aus. Auch in den nichteucharistischen gottesdienstlichen Feiern sind sie wichtige Gestaltungselemente.

– – Predigt

Auf die Lesungen folgte von Anfang an ihre Auslegung. Wie Jesus und die Apostel in der Synagoge gepredigt und die Erfüllung der in den Lesungen vernommenen göttlichen Verheißung verkündet hatten (Lk 4,16/30; Apg 13,5.44/53), so erklärten und aktualisierten die ersten christlichen Prediger das in der Liturgie verlesene Gotteswort. Sie standen dabei in prophetischer oder schriftgelehrter Tradition, je nachdem ob sie sich für ihre Auslegung auf geistgewirkte Eingebung oder Schrifttexte beriefen. Schon Justin bezeugt um die Mitte des 2. Jh.s, daß der Vorsteher (*proestōs*), nachdem der Vorleser geendet hatte, eine Ansprache hielt und zur Nachahmung des soeben vernommenen Guten aufrief (apol. 1,67). Beispiele früher Predigten aus dem 2./3. Jh. bieten der sogenannte 2. Klemensbrief, die Paschahomilie des Bischofs Meliton von Sardes oder der Traktat des Klemens von Alexandrien Quis dives salvetur über Mk 10,17/31.

In späterer Zeit folgte die sonntägliche Predigt (*homilia, sermo*) häufig einer vorgegebenen Leseordnung. Sah diese den fortlaufenden Vortrag bestimmter Abschnitte aus einzelnen Schriften des Neuen oder Alten Testaments vor (*lectio continua*), entwickelten sich die Predigten zu fortlaufenden Reihen, die sich entsprechend der theologischen Herkunft und Neigung des Predigers entweder mehr um die historisch-philologische Auslegung des Textes oder um die allegorische Deutung seines geistlichen Inhaltes bemühten. Doch immer folgte der wörtlichen die geistliche Erklärung, der Exegese *secundum historiam* die Auslegung *secundum prophetiam* (Augustinus, Gen. c. Manich. 2,2,3). Allen Predigten gemeinsam war ein moralischer Impetus, der die Konsequenzen des Gehörten für die christliche Lebensgestaltung aufzudecken suchte.

Zahlreiche gepredigte Schriftauslegungen sind erhalten geblieben: im Osten von Basilius, Gregor von Nazianz, Johannes Chrysostomus, Cyrill von Alexandrien, Severian von Gabala, Asterius von Amasea, im Westen von Hilarius, Ambrosius, Hieronymus, Chromatius, Augustinus und Petrus Chrysologus von Ravenna. Insgesamt sind etwa 3000 Predigten aus dem 4./5. Jh. bekannt, die allerdings von nur etwa dreißig Autoren stammen, unter denen Augustinus und Johannes Chrysostomus für mehr als die Hälfte verantwortlich zeichnen[213]. Bei der heutigen Lektüre ist man erstaunt über die theologische und spirituelle Höhe, die den Gottesdienstbesuchern zugemutet wurde. Erst Gregors des Großen Homilien zu Ezechiel oder Hiob sind nicht mehr an ein normales Kirchenpublikum, sondern an besonders asketisch interessierte Kreise gerichtet[214]. Der Predigt kam bei der Glaubensverkündigung eine entscheidende Rolle zu, da Unterricht außerhalb des Gottesdienstes und Buchlektüre für die Mehrzahl der Gläubigen ausfielen.

Zu bestimmten Jahreszeiten, besonders in der Fastenzeit, fanden auch an den Werktagen fortlaufende Predigten statt, die zugleich als Katechumenenunterricht dienten. Predigtrecht und -pflicht kamen zunächst dem Bischof zu als dem Verantwortlichen für die Verkündigung und Bewahrung des Glaubens in seiner Gemeinde; er konnte aber auch Presbyter und Diakone beauftragen, in seiner An- oder Abwesenheit, in der Hauptkirche oder an entlegenen Orten den Predigtdienst zu versehen.

Einer anderen Ordnung als der sonntäglichen *lectio continua* folgten die Festpredigten, die sich an Lesungen anlehnten, die für Ostern, Himmelfahrt, Weihnachten und andere festliche Ereignisse ausgewählt wurden. Predigten an Märtyrergedenktagen, Kirchweihen und Totengedächtnissen bezogen sich häufig zwar ebenfalls auf einen vorher verlesenen Schrifttext, übernahmen vor allem in formaler Hinsicht aber auch Stilmittel antiker Rhetorik und ahmten Panegyricus (Lobrede) sowie Trost- und Leichenrede nach. Abhängigkeit und selbstauferlegter Verzicht, was rhetorische Regeln angeht, sind bei frühchristlichen Predigern ein häufig erörtertes Thema, wobei alle beteuern, daß nicht rhetorische Pracht, sondern Schlichtheit der Rede der Verkündigung des Evangeliums angemessen ist. Trotzdem konnten viele ihre rhetorische Bildung nicht verleugnen. Entsprechend finden sich beliebte Stilmittel wie Antithese, Hyperbole, Bilder und Vergleiche in den kirchlichen *sermones*. Bischöfe wie Augustinus konnten, wenn sie vor einem verständigen Publikum sprachen, durch Veränderung und bewußte Mißachtung rhetorischer Figuren die Aufmerksamkeit der Zuhörer fesseln und zu Beifallskundgebungen hinreißen. Auch Wort- und Klangspiele, allen voran Reime, entzückten die Zuhörer[215].

Zufällige Bemerkungen in Augustins Predigten gewähren einen Einblick in den frühchristlichen Predigtalltag. Der Bischof saß bei der Predigt, die Zuhörer konnten sitzen oder stehen. Diakone sorgten für Ordnung, wenn einzelne Besucher schwätzten, lachten oder untereinander Zeichen gaben. Manche verließen vor der Predigt die Kirche. Viele lauschten aber auch aufmerksam und verhielten sich ruhig, um die schwache Stimme ihres Bischofs zu schonen. Zwischenbemerkungen, Mißfallensäußerungen oder zustimmender Beifall waren nicht selten.

Prediger in den großen Städten hatten ein sehr gemischtes Publikum vor sich, das alle gesellschaftlichen Schichten, Berufe, Bildungsstufen und Glaubensüberzeugungen einschloß. Auch Kaiser und Mitglieder der kaiserlichen Familie nahmen an der Predigt teil. Daß Kaiser Julian (361–363)[216] erwog, in den heidnischen Tempeln Predigten halten zu lassen, beweist die Wirksamkeit, die sie für die Bildung und Erziehung der Kirchenbesucher besaßen[217]. Ab dem 5. Jh. entstanden Sammlungen (Homiliare) vorbildlicher Predigten, die von Presbytern oder Diakonen vorgelesen werden konnten, wenn sie selbst zu freier Rede nicht fähig waren. Auch in den trinitarischen und christologischen Auseinandersetzungen sowie im Pelagianischen Streit spielten Predigten eine Rolle, insofern sich mit der Schriftauslegung dogmatische Standpunkte verbinden ließen.

– – Psalmen, Hymnen und Lieder

Seit jeher gehörte der Gesang zu den belebenden Elementen in der Liturgie. Das mehr oder weniger melodisch untermalte responsorische oder antiphonale (wechselnde oder durch Zwischenverse unterbrochene bzw. eingerahmte) Rezitieren der Psalmen, alt- und neutestamentlicher *Cantica*, besonders des *Benedictus* (Lk 1,68/79) und des *Magnificat* (Lk 1,46/55), sowie der Gesang eigens gedichteter Hymnen und Lieder förderten das gemeinsame Gebet. Und darauf kam es an. Die ganze frühchristliche Kirchenmusik sollte nicht unterhalten; sie verfolgte auch kein ästhetisches Ziel, sondern diente allein der Sammlung und dem vertieften Verständnis der Texte. Mehrstimmiger Gesang und instrumentale Begleitung fehlten in frühchristlicher Zeit vollständig. Es gab auch keine Orgel; allein *campana* (Glocken bzw. glockenähnliche Metallgefäße oder Klanghölzer) tauchen im 5./6. Jh. im monastischen Bereich auf und rufen zum Gottesdienst.

Die ersten Nachrichten über gottesdienstlichen Gesang finden sich bereits im Neuen Testament. Eph 5,19 fordert die Gemeinde auf: „Laßt in eurer Mitte Psalmen, Hymnen und Lieder erklingen, wie der Geist sie eingibt. Singt und jubelt aus vollem Herzen zum Lob des Herrn"! Zu Beginn des 2. Jh.s erfuhr der römische Statthalter Plinius in Bithynien beim Verhör von angeklagten Christen, sie kämen an einem bestimmten Tag der Woche vor Tagesanbruch zusammen, um „im Wechselgesang *carmen Christo quasi deo*" zu singen (ep. 10,96,7). Viele Schriftsteller, Justin (1.apol. 13; 65), Irenäus (adv. haer. 2,30,9; 3,16,6), Tertullian (spect. 29), Klemens von Alexandrien (strom. 7,49,3), Origenes (contra Celsum 8,67) erwähnen religiöse Gesänge nicht nur in der Liturgie, sondern ebenso im Tagesverlauf und bei den Mahlzeiten. Es scheint jedoch auch Kritik aufgekommen zu sein. Von Paul von Samosata berichtet Eusebius:

„Die Lieder zu Ehren unseres Herrn Jesus Christus schaffte er ab als zu neu und von zu wenig alten Männern verfaßt; zu seiner eigenen Verherrlichung dagegen ließ er am ersten Ostertag mitten in der Versammlung durch Frauen Lieder vortragen, bei deren Anhören man sich entsetzen möchte"[218].

Vielleicht hatte Paul als Vertreter eines krassen christologischen Adoptianismus (vgl. S. 26) nur Bedenken gegen Christushymnen, nicht gegen Lieder im Gottesdienst allgemein. Der häufig anzutreffende Vorwurf der Neuerung und die Tatsache, daß außerhalb des Neuen Testaments nur wenige Christuslieder bekannt sind, könnten im 2./3. Jh. auf Reserven gegen den Hymnengesang als Konkurrenz zum Psalmengebet hindeuten. Wahrscheinlich wurde in christlichen Randgruppen und gnostischen Kreisen, in denen die Oden Salomos und ähnliche Hymnensammlungen entstanden sind, mehr gesungen als in den großkirchlichen Gemeinden. Das würde bedeuten, daß der Hymnengesang im 4. Jh. gleichsam neu entdeckt und im Gottesdienst wieder heimisch gemacht werden mußte, was im Osten mit Ephraem und Basilius eher erfolgte als im Westen, wo Ambrosius als der Erneurer des Kirchengesangs gilt.

Zwar erwähnt Hieronymus einen Liber Hymnorum des Hilarius von Poitiers[219], aus dem noch drei Gesänge bekannt sind, aber ins helle Licht der Geschichte tritt der Kirchengesang erst anläßlich der dramatischen Kämpfe um die Basiliken, die der Mailänder Bischof 386 mit dem Kaiserhof ausfechten mußte[220]. In den Confessiones erinnert sich Augustinus:

„Vor gar nicht langer Zeit erst hatte die Kirche von Mailand diese Art von Erbauung und Erhebung, wobei die Brüder in heiligem Eifer wie aus einer Kehle, einer Seele zusammen sangen, in ihren Brauch genommen... Damals [bei der Besetzung der Basilika durch die kaiserlichen Soldaten] ward das Singen von Hymnen und Psalmen nach der Weise der Ostkirche (*secundum morem orientalium partium*) eingeführt, damit das Volk im Übermaß seiner Niedergeschlagenheit sich nicht erschöpfe. Seither, bis auf diesen Tag, hat sich der Brauch erhalten und ist bereits von vielen, ja fast allen deinen [Gott ist angesprochen] Kirchengemeinden auch sonst auf dem Erdkreis übernommen worden"[221].

Man wird aus diesen Worten nicht schließen dürfen, der Hymnengesang sei damals spontan und aus dem Stegreif entstanden. Er dürfte in der Mailänder Kirche schon länger bekannt gewesen sein, wurde jetzt aber von Ambrosius gezielt zur Stärkung des Widerstandswillens des Volkes eingesetzt und begann sich von nun an überall im Westen zu verbreiten. Ambrosius nutzte die suggestive Kraft der Musik. Das gemeinsame Singen dämpfte die Unruhe in der Kirche, erhöhte das Zusammengehörigkeitsgefühl der Gläubigen und löste soziale Spannungen. In den elf von Ambrosius sicher selbst verfaßten Hymnen vermochte er seine spirituellen, moralischen und dogmatischen Anliegen den Gläubigen nahezubringen. Wenn sie sangen, wurden aus Schülern Meister, die sich gegenseitig ihren Glauben und guten Vorsatz bezeugten[222].

Auf Augustinus haben die Hymnen des Ambrosius einen tiefen Eindruck gemacht. Als er nach dem Tod seiner Mutter wie versteinert war, löste sich seine Trauer in einem Strom von Tränen, als ihm die Verse des Ambrosius in den Sinn kamen:

> „Du Gott und Schöpfer allen Seins,
> Du führst die Himmel ihre Bahn,
> Du kleidest uns den Tag in Licht,
> Du schenkst die Nacht so ruhesam,
>
> Daß stille Rast den müden Leib
> Erquicke für die neue Müh,
> Das Herz aufatme von der Last
> Und lasse von der Traurigkeit"[223].

Ambrosianische Hymnen wurden auch in Augustins Kirche in Hippo Regius gesungen. In einer Weihnachtspredigt erinnert der Bischof an den soeben in der Basilika gesungenen Hymnus *Intende, qui regis Israel*, der noch heute als „Komm, der Völker Heiland du" zu den beliebtesten Adventsliedern gehört. Allerdings behauptet Augustinus auch, Angst davor gehabt zu haben, die Schönheit der Melodien und der Schmelz einer geschulten menschlichen Stimme könnten ihn vom Ernst des Gotteswortes ablenken. Er hat sich dann aber doch nicht durchringen können, den Gesang zu verbieten und nur noch einen von Athanasius bevorzugten spröden Psalmenton zuzulassen[224].

Als Liebhaber der Kirchenmusik im Osten gilt Kaiser Justinian (527–565); zu seiner Zeit sollen fünfundzwanzig Psalmisten und an die einhundertsechzig Lektoren an der Hagia-Sophia-Kirche in Konstantinopel beschäftigt gewesen sein. Als besonderer Förderer im Westen hat Papst Gregor der Große 595 die Zuständigkeiten im Kirchengesang geregelt: Das Evangelium soll vom Diakon vorgetragen werden, niedere Kleriker und in der Folgezeit die *Schola cantorum* singen die Psalmen und übrigen liturgischen Texte. Der „Gregorianische Gesang" wurde zwar nicht von Gregor selbst geschaffen, weist aber durch die Namensgebung auf die Bedeutung dieses Papstes für die Kirchenmusik hin[225].

– Pastorale Aspekte

Unter kirchengeschichtlichem Aspekt interessiert vor allem die Frage nach der liturgischen Praxis. Welche Rolle spielte die Eucharistiefeier im Leben der Gemeinde? Was weiß man über die Teilnahme am sonntäglichen Gottesdienst? Wie intensiv war die Beteiligung an Kommunionempfang und Predigtunterweisung? Aus mehreren großen Gemeinden wie Rom, Mailand, Antiochien, Karthago, Jerusalem und von bedeutenden Bischöfen wie Ambrosius, Augustinus, Johannes Chrysostomus oder Papst Gregor sind genügend Nachrichten bekannt, die es erlauben, ein farbiges Bild der liturgischen und pastoralen Praxis in den wichtigsten Städten des Imperiums zu zeichnen[226].

Was den Besuch von Gottesdienst und Predigt angeht, klagen viele Väter über mangelnde Beteiligung. Vor allem die Konkurrenz durch den Theaterbesuch, den viele Christen dem Gang in die Kirche vorzogen, hat sie nicht wenig geärgert. Noch leerer war der Gottesdienst, wenn ein Pferderennen die Massen ins Stadion zog. Als Gastprediger in Bulla Regia bemerkt Augustinus nicht ohne Bitterkeit:

„Da sehe ich euch sitzen, nur eine Handvoll. Und bald kommt der Tag der Leiden Christi, bald ist Ostern da. Dann ist es hier [in der Kirche] voll, und es sind dieselben Leute, die soeben das Theater füllten. Vergleicht die beiden Orte und schlagt an eure Brust"[227].

In seiner eigenen Kirche in Hippo Regius verkürzte Augustinus die Predigt, wenn die Mehrzahl seiner Gläubigen im Theater hockte, um sie am folgenden Sonntag in voller Länge nachzuholen, wenn die Kirche wieder voll war. Andere Bischöfe mußten ähnliche Erfahrungen machen. Mit Lob und Tadel beginnt Ambrosius eine seiner Homilien zum Exameron (Sechstagewerk):

„Der dritte Schöpfungstag wird uns im heutigen Vortrag geboren..., an dem Gott sprach: *Es sammle sich das Wasser, das unter dem Himmel ist, an einem Sammelort.* Hiervon nun mag die Einleitung ihren Ausgang nehmen. *Es sammle sich das Wasser,* so ward gesprochen, und es sammelte sich. So wird auch oftmals gesprochen: *Es sammle sich das Volk,* und es sammelt sich nicht. Es ist keine kleine Schande, daß die Elemente, die keinen Verstand haben, dem Befehle Gottes gehorchen, und die Menschen, denen der Schöpfer den Verstand verliehen hat, nicht folgen. Nun, vielleicht war diese Schande Anlaß, daß ihr heute besonders zahlreich euch eingefunden habt, damit nicht auch am heutigen Tage, da *das Wasser an einem Sammelort sich sammelte,* das Volk nicht gesammelt erscheine zur Kirche"[228].

Johannes Chrysostomus klagt häufig darüber, daß es unmöglich ist, es mit der Predigtdauer allen recht zu machen:

„Was soll ich tun? Wenn ich auf die große Menge der Anwesenden schaue, so fürchte ich mich, die Predigt in die Länge zu ziehen. Denke ich aber an euren großen Eifer, so scheue ich mich, den Unterricht abzukürzen. So weiß ich nicht, was ich tun soll. Einerseits möchte ich durch Kürze verhindern, daß ihr müde werdet, andererseits durch Ausführlichkeit euer Verlangen [nach Belehrung] befriedigen. Oft versuchte ich das eine oder das andere, aber nie bin ich eurem Tadel entronnen. Wenn ich aufhörte zu predigen, bevor das Thema zu Ende war, beschwerten sich die Unersättlichen..., wenn ich aber vor Furcht vor ihnen die Predigt in die Länge zog, stellten mich die Freunde der Kürze zur Rede und sagten, ich solle ihre Schwachheit schonen und mich kürzer fassen"[229].

Viele Gläubige kamen gewiß nicht gezwungen zum Gottesdienst. Abgesehen von einem nicht nachweis- und quantifizierbaren echten religiösen Bedürfnis führten sie das

Verlangen nach liturgischem Gepränge, das Gemeinschaftserlebnis einer alle sozialen Klassen umfassenden Versammlung und die Freude an glänzenden rhetorischen Darbietungen in die Kirche. Die großen frühchristlichen Prediger betonen zwar, daß es ihnen nicht auf eine geschliffene Rede ankomme, trotzdem beherrschten sie die Kunst, Menschen zu belehren und zu bewegen. Über die Predigtqualität in kleinen, unbekannten Gemeinden gibt es verständlicherweise keine Nachrichten.

In die Basiliken der großen Städte strömten viele Menschen zum Gottesdienst, nicht nur Vollchristen, sondern auch Katechumenen, Büßer, Juden und Heiden, denn in der Regel gab es keine besonderen Veranstaltungen für verschiedene Gruppen[230]. Schwer abzuschätzen bleibt, wie viele der Zuhörer getauft waren und nach Beendigung des Wortgottesdienstes in der Kirche bleiben konnten. Die um sich greifende Gewohnheit des Taufaufschubs, die viele Sympathisanten und Katechumenen zögern ließ, Vollmitglied der Gemeinde zu werden (vgl. S. 144), leerte die Kirchen, bevor die Eucharistiefeier begann.

Einfluß auf den Besuch dürfte auch die Zahl der Kirchen und die Organisation der Gottesdienste gehabt haben. Beide wiesen erhebliche Unterschiede auf. In Mailand scheint es z.Zt. des Ambrosius am Sonntag nur eine Eucharistiefeier gegeben zu haben, in welcher der Bischof predigte und die von ihm geleitet wurde. In Rom gab es zur gleichen Zeit über zwanzig Titelkirchen, deren eucharistische Feiern durch das sogenannte *fermentum*, d.h. durch die Beimischung von Brot und Wein, die der Bischof im Hauptgottesdienst konsekriert hatte, mit der zentralen Papstmesse verbunden waren. In Antiochien könnte es bereits zur Zeit des Johannes Chrysostomus mehrere gleichzeitige sonntägliche Eucharistiefeiern gegeben haben. Johannes kann als Presbyter bei der Ab- oder auch Anwesenheit des Bischofs mit der Predigt beauftragt werden. Fraglich ist, ob in Alexandrien mehrere Gottesdienste zeitlich versetzt in der Bischofskirche stattgefunden haben[231]. Diese zeitlich und örtlich beschränkten punktuellen Nachrichten dürfen natürlich nicht verallgemeinert werden. Nicht nur die dogmatische, auch die liturgische Entwicklung schritt im 4. und 5. Jh. rasch voran, um der sich schnell wandelnden pastoralen Situation gerecht zu werden.

1.2 Feste und Kirchenjahr

– Festtage und Festzeiten

– – Sonntag und Osterfestkreis

Kristallisationspunkt der Eucharistiefeier war von apostolischer Zeit an die sonntägliche Versammlung der Ortsgemeinde zur Erinnerung an die Auferstehung des Herrn am Morgen des ersten Tages der Woche (1Kor 16,2; Mk 16,2). Diese Ordnung bezog sich anfangs auf die jüdische Woche mit dem Sabbat, erst später wurden Übereinstimmungen mit dem *dies solis* der Planetenwoche erkannt. Die Stellung des Sonntags wurde gestärkt, nachdem Kaiser Konstantin ihn 321 privilegiert und mit Gerichts- und Arbeitsruhe ausgestattet hatte, um die ungestörte Teilnahme am Gottesdienst zu ermöglichen[232].

Verständlicherweise ragte ein Sonntag im Jahreskreis besonders hervor: der Ostersonntag, der aus der jüdischen Pesachfeier herausgewachsen war. Um ihn vom jüdischen Anlaß abzuheben, feierten ihn die christlichen Gemeinden – nicht ohne heftige Auseinandersetzungen um das richtige Datum[233] – im Verlauf des 3. Jh.s nicht mehr am 14.

Nisan, sondern am ersten Sonntag nach Frühlingsvollmond. Dieser Termin wurde endgültig vom Konzil von Nizäa durch ein eigenes Dekret festgelegt; der Patriarch von Alexandrien sollte für seine genaue Berechnung sorgen und ihn der ganzen Christenheit in einem Osterfestbrief mitteilen. Um 550 verbesserte der Mönch Dionysius Exiguus die alexandrinischen Berechnungen und machte sie mit seiner *tabula paschalis* auch für Rom akzeptabel[234].

Die Berechnung des Ostertermins hatte die jederzeit mögliche mysterienhafte und zeitenthobene Feier des Gedächtnisses von Tod und Auferstehung Christi wieder an das historische Ereignis von Golgotha gebunden. Was lag näher, als auch die anderen Stationen des österlichen Geschehens zeitlich festzulegen? So begann man gegen Ende des 4. Jh.s die Erinnerung an Kreuzigung, Grabesruhe und Auferstehung auf Karfreitag, Karsamstag und Ostersonntag zu verteilen. Bald darauf hob sich eine regional unterschiedlich gestaltete Karwoche (*hebdomada sancta, megalē hebdomas*) aus der seit dem 3. Jh. üblichen Vorbereitungszeit auf Ostern heraus. In Mailand z.B. gewann der Donnerstag mit Fußwaschung und Büßeraussöhnung eine herausragende Bedeutung[235].

In Jerusalem lag es nahe, weitere in den neutestamentlichen Schriften erwähnte und örtlich fixierbare Ereignisse an Ort und Stelle besonders zu begehen. So ist eine eigene Feier der Himmelfahrt Christi gegen Ende des 4. Jh.s in Jerusalem und bald darauf überall in der östlichen und westlichen Kirche bezeugt[236]. Als nach einer Großoktav von sieben mal sieben Tagen am fünfzigsten Tag nach Ostern *Pentecoste* (Pfingsten) als Tag der Geistausgießung und Ende der österlichen Freudenzeit gefeiert sowie die seit langem übliche Taufvorbereitung auf vierzig Tage *(quadragesima)* ausgedehnt wurden, war ein Osterfestkreis entstanden, der von nun an den Höhepunkt des liturgischen Jahres bildete[237].

– – Weihnachten und Epiphanie

Mit der Ausbildung des Osterfestkreises war das Bedürfnis nach feierlichen gottesdienstlichen Begehungen nicht gestillt. Die schnell wachsenden Gemeinden, ebenso die Rolle der Kirche als staatstragende Religion und nicht zuletzt die Konkurrenz heidnischer und jüdischer Feste verlangten nach einer Ausweitung des christlichen Festkalenders. Es lag nahe, nach der Feier von Jesu Tod und Auferstehung, d.h. dem Ende seines irdischen Lebens, nunmehr auch den Beginn seines Lebens und öffentlichen Wirkens eigens zu begehen. So entstand um die Mitte des 4. Jh.s das Weihnachtsfest, dessen Datum sicher nicht unabhängig vom solaren Kalender und einem Fest des *sol invictus*/Mithras auf den 25. Dezember, den Tag der Wintersonnenwende, gelegt wurde. Doch auch der 25. März als Tag der Weltschöpfung kann eine Rolle gespielt haben, von dem aus man auf den Geburtstag Christi neun Monate später schließen konnte. Im Osten wurde am 6. Januar die *epiphania Domini* begangen als christliches Pendant zu heidnischen Aion- bzw. Dionysusfesten[238]. Weihnachten und Epiphanie, die von der westlichen und östlichen Kirche übernommen wurden, besaßen ursprünglich einen komplexen Inhalt, der die Geburt des Herrn, die Anbetung der Könige, den Kindermord von Bethlehem, Taufe Christi und Hochzeit zu Kana umfaßte. Später verlagerten sich im Westen die Geburt des Herrn als Hauptfestgegenstand auf das Weihnachts-, im Osten die Magieranbetung und die Taufe Jesu auf das Epiphaniefest.

Auch das Weihnachtsfest erhielt mit dem Advent eine Vorbereitungszeit und einige von seinem Datum abhängige Begleitfeste: Beschneidung des Herrn am 1. Januar, Darstellung des Herrn (Lichtmeß, *hypapantē*[239]) am 2. Februar und Mariä Verkündigung, die Botschaft des Engels an Maria bzw. die Empfängnis des göttlichen Logos durch die jungfräuliche Gottesmutter neun Monate vor Weihnachten am 25. März. Es ist der astronomisch vollkommenste Tag des Jahres, das Frühlingsäquinoktium, an dem die Helligkeit des Tages das Dunkel der Nacht zu übertreffen beginnt[240].

– – Märtyrer- und Heiligenfeste

Auch wenn die Zahl der Herrenfeste bis zum Ausgang der Spätantike noch um einige steigt – z.B. das Fest der Verklärung des Herrn (*transfiguratio*)[241] –, seine volle Farbigkeit und Faszination für die Bevölkerung empfing der christliche Festkalender als Folge der aufblühenden Märtyrerverehrung (vgl. S. 205/10) durch die gegen Ende des 4. Jh.s aufkommenden Märtyrer- und Heiligenfeste. Über sie geben die Festpredigten vieler Kirchenväter, Hymnen und Gedichte (Prudentius und Paulinus von Nola) sowie die Lektionare verschiedener Kirchen Auskunft. Die *memoria* der Märtyrer wurde am Todestag *(dies natalis* oder *natale)* auf dem Friedhof am Grab, in einem besonderen Martyrion (Grabkapelle), in der Friedhofskirche *(basilica ad corpus)*, später, nachdem die Reliquienübertragung Brauch geworden war, auch in den normalen Gemeindekirchen begangen. Bestandteile der Märtyrergedächtnisse konnten Totenmähler *(refrigeria)*, Eucharistiefeiern und Vigilien mit Lesungen, Gesängen, Predigt und Anrufung der Märtyrer sein[242].

Märtyrer- und Heiligenfeste waren zunächst lokale, an ein Grab oder Reliquien gebundene Veranstaltungen. Doch schon bald kam es zum Austausch von verehrten Personen. Bereits die römische *Depositio martyrum* im sogenannten Chronographen von 354 verzeichnet am 14. September neben dem römischen Bischof Kornelius auch Cyprian von Karthago, ebenfalls die karthagischen Märtyrinnen Perpetua und Felizitas, die alle auch im eucharistischen Hochgebet des Römischen Kanons aufgeführt werden; sogar zwischen Ost und West fand ein Austausch statt[243]. Neben ihnen gab es Heilige – Petrus und Paulus, Stephanus und viele andere –, die überall gefeiert wurden. Oft trugen die Märtyrerverzeichnisse bedeutender Bischofskirchen und überregionale Martyrologien, später auch Wallfahrten und Kirchweihen zur Verbreitung bestimmter Märtyrer- und Heiligenfeste bei.

Entsprechend der Ausweitung der Heiligenverehrung von den Märtyrern auf Bischöfe, Asketen, Jungfrauen, Kaiser und Könige (vgl. S. 214f) vermehrten sich auch die Feste; hinzu kamen noch Personen aus der alt- und neutestamentlichen Heilsgeschichte – allen voran Johannes der Täufer, der Erzengel Michael und andere Engel. Vom 5. bis zum 7. Jh. entstanden auch die wichtigsten Marienfeste – oft als besondere Aspekte von Herrenfesten. So wurde aus dem Fest der *hypapantē* im Bewußtsein der Gläubigen „Mariä Lichtmeß". Am 15. August feierte man in Jerusalem das Fest der *koimēsis* (Entschlafung) Mariens, am 8. September ebenfalls zuerst in Jerusalem, dann in Byzanz ihre Geburt, am 8. Dezember auf Kreta ihre Empfängnis. Wegen der Fülle der Heiligen entstanden Feste für einzelne Gruppen von Heiligen (Apostel und Märtyrer) und schließlich solche für alle Heiligen. Ephraem der Syrer kennt im 4. Jh. ein Fest aller Märtyrer, das am 13. Mai in Nisibis begangen wurde; im Westen fand das von Papst Bonifaz IV. (608–615) im römischen Pantheon gestiftete Fest *Natale s. Mariae ad martyres* als Allerheiligenfest allgemeine Verbreitung.

– Festkalender und Kirchenjahr

Die große Zahl von Festen und Festzeiten erforderte eine kalendarisch genaue Festlegung der Termine und eine Ordnung der zu begehenden Feiern beim Zusammentreffen mehrerer Feste. So entstanden zahlreiche Verzeichnisse, Kalendarien, Menologien (Monatsverzeichnisse), Martyrologien und Sanctorale, in denen sich regionale Verschiedenheiten, kirchenpolitische Ansprüche und sich wandelnde liturgische oder auch volksfromme Vorlieben widerspiegeln. Neben dem bürgerlichen Jahr entstand auf diese Weise ein Kirchenjahr, das den Zeitablauf strukturierte. Da es nicht von einer übergeordneten Autorität geplant und verordnet wurde, sondern sich in einzelnen bedeutenden Gemeinden des Westens und Ostens und durch Austausch zwischen den Gemeinden herausbildete, weist das Kirchenjahr etliche Unebenheiten auf. So stehen z.B. die beiden Festkreise von Ostern und Weihnachten unverbunden nebeneinander, jeweils gefolgt von Wochen ohne besondere heilsgeschichtliche Inhalte. Das Datum vieler Feste geht auf Kirchweihen zurück, die willkürlich über das Jahr verteilt sind. Versuche, einen Achtwochenzyklus nach Pfingsten einzurichten oder sogar einen Sieben-mal-sieben-Wochenrhythmus über das Jahr zu legen, der sich alt- und neutestamentlich heilsgeschichtlich füllen ließ, blieben erfolglos[244]. Die Parallelisierung von weltlichem und kirchlichem Jahr ist ebensowenig gelungen wie die Einbeziehung des jährlichen Naturgeschehens in den liturgischen Ablauf – trotz des solaren Hintergrunds des Weihnachtsdatums sowie der jahreszeitlich bestimmten Termine von Quatembertagen und Flurprozessionen. Insgesamt ist – von paraliturgischen und volksfrommen Bräuchen (Tier- und Kräutersegnungen, Erntedank) abgesehen – die Schöpfung neben der Heilsgeschichte nicht zum Thema liturgischen Feierns geworden.

1.3 Liturgische Räume und Einrichtungen

– Kirchbau

Unübersehbaren Einfluß auf die Ausgestaltung der Liturgie haben die politischen Veränderungen nach Konstantin ausgeübt. Der sofort auf Anordnung des Kaisers in Rom und im Heiligen Land einsetzende Kirchbau, der ohne Verzögerung und intensiv gefördert bald auf alle Provinzen des Reiches übergriff, erforderte und ermöglichte neue Elemente in der Gestaltung des Gottesdienstes im Vergleich mit den beschränkten Verhältnissen in den christlichen Häusern und Hauskirchen während der Verfolgungszeit. Zwar mehren sich bereits im 3. Jh. Nachrichten, die auf ansehnliche kirchliche Versammlungsräume schließen lassen[245]. Sie konnten aber bei weitem nicht mit der Monumentalität der jetzt entstehenden christlichen Basiliken konkurrieren, für die die Laterankirche und S. Peter in Rom oder die Grabeskirche mit der Anastasis in Jerusalem beeindruckende Beispiele boten. Auch die bischöfliche Bautätigkeit erreichte bereits im 4. Jh. eine beachtliche Größe, wie die in ambrosianischer Zeit in Mailand entstehenden Kirchen, vor allem die 82 mal 45 m große *Basilica nova* samt dem zugehörigen Baptisterium beweisen[246].

Dabei hatten die ersten Kirchenbaumeister mit dem aus dem antiken Bereich übernommenen Grundriß einer Marktbasilika, die längsgerichtet und mit einer Apsis abgeschlossen wurde, auf Anhieb eine Bauform gefunden, welche der Struktur des christlichen Gottesdienstes kongenial entgegenkam und bis heute nicht übertroffen worden ist. Die ein- oder mehrschiffig auf eine Chorapsis ausgerichtete basilikale Halle lenkte die

Aufmerksamkeit der Gemeinde zum Altarraum, trennte Versammlungsraum und sakralen Bereich und gewann durch die bald Übung werdende, auf die Himmelsrichtung des wiederkehrenden Christus ausgerichtete Ostung der Kirche eine zusätzliche symbolische Bedeutung. Später entstanden aus Repräsentationsbedürfnis und dem Verlangen nach architektonischen Neuerungen bewundernswerte kirchliche Zentralbauten – man denke an S. Vitale in Ravenna oder die Hagia Sophia in Konstantinopel –, aber sie entsprachen nur unvollkommen dem Bedürfnis einer liturgisch geforderten Ausrichtung und Gliederung des Kirchenraumes und blieben daher eine Mode.

Die bisher nicht gekannte Größe der Räume, ihre Aufteilung in Schiffe und Apsis, die Gestaltung von Altarraum, Nebenräumen, Sanktuarien und Baptisterien, Orte für Schola und Lektoren (Bemata und Ambonen), die Möglichkeit, Bewegungen, Umzüge und Prozessionen in das liturgische Geschehen einzubeziehen, verlangten nach zeremonieller Ausgestaltung der liturgischen Feiern, was wiederum das Entstehen liturgischer Gewänder und Geräte förderte.

– Gewänder und Insignien

In vorkonstantinischer Zeit gab es noch keine liturgische Gewandung. Heidnische oder alttestamentliche Priesterkleidung wurden von den Vorstehern und Dienern des christlichen Gottesdienstes nicht nachgeahmt. Gefordert wurde lediglich, sauber gewaschen und gekleidet zum Gottesdienst zu erscheinen[247]. Noch im 4. Jh. finden sich zahlreiche Appelle, die festliche Kleidung, verbunden mit einem reinen Herzen, nicht aber eine eigene liturgische Kleidung für den Gottesdienst fordern. So verlangt Hieronymus,

„daß wir nicht in den alltäglichen oder in sonst welchen durch das gewöhnliche Leben und Treiben beschmutzten Gewändern in das Allerheiligste eintreten, sondern mit reinem Herzen und reinen Kleidern an den Geheimnissen des Herrn teilnehmen sollen"[248].

An die Adresse der Pelagianer gerichtet, die prunkvolle Kleider als gottwidrig bezeichnet hatten, meint Hieronymus:

„Was soll das für ein Unrecht gegen Gott sein, wenn ich eine reine Tunika habe und wenn der Bischof, der Presbyter, der Diakon und der übrige Klerus bei der Darbringung des Opfers glänzend in weißem Gewand erscheinen"[249]?

Daß es im 5. Jh. dann doch zu liturgischen Gewändern und klerikalen Rangabzeichen kam, hängt nicht zuletzt mit der gewandelten Stellung der Kirche zusammen, die zunehmend öffentlich-politische Funktionen übernahm. Der Gottesdienst blieb keine rein innerkirchliche Angelegenheit; ihm kam die Aufgabe zu, die staatliche Wohlfahrt zu garantieren. Folgerichtig wurden die Kleriker entsprechend der Wichtigkeit ihres Amtes in die Hierarchie staatlicher Würdenträger eingereiht[250]. Die Bischöfe wurden wie andere hohe Beamte durch Rangabzeichen ausgezeichnet. Zu ihnen gehörte das Pallium, das zunächst vom Kaiser, später vom Papst als besondere Auszeichnung an Bischöfe verliehen wurde[251]. Auch Stab, Mitra und die – heute in der römischen Liturgie abgeschafften – Manipel (*mappula*) und Pontifikalschuhe (*campagi*) dürften ihre Vorbilder in den Rangabzeichen staatlicher Würdenträger gehabt haben[252]. Rangabzeichen von Presbytern und Diakonen war die Stola, meist *orarium* genannt. Bei der Eucharistiefeier trugen Bischof und Priester die aus der *paenula/planeta* hervorgegangene Kasel, die Diakone die Dalmatik. Anschauliche Beispiele für die klerikale Gewandung im 6. Jh. bieten die Mosaiken von S. Vitale in Ravenna.

– Liturgische Geräte

Die Herstellung kostbarer liturgischer Geräte, vor allem von Kelchen und Schalen (Patenen), begann wie die aufwendige Ausstattung der Kirchenräume ebenfalls im 4. Jh. und wurde ähnlich wie das Aufkommen der Gewänder nicht selten mit kritischen Mahnungen begleitet. Nach allgemeiner Überzeugung konnten die goldenen Gefäße der Kirche verkauft werden, wenn es die Armenpflege erforderte[253]. Einer Predigt des Johannes Chrysostomus lassen sich neben der Kritik des Seelsorgers an einer übertriebenen Prachtentfaltung interessante Hinweise auf die tatsächliche Ausschmückung der Kirche in Antiochien entnehmen. Nach der eindringlichen Mahnung, Witwen und Waisen und die Armen nicht zu vergessen, heißt es:

„Das sage ich aber nicht, um euch davon abzuhalten, Weihegeschenke darzubringen. Nur bitte ich euch, daß ihr zugleich, ja noch früher als das, euer Almosen spendet ... Oder was nützt es dem Herrn, wenn sein Tisch voll ist von goldenen Kelchen, er selber dagegen vor Hunger stirbt? Stille zuerst seinen Hunger, dann magst du auch seinen Tisch schmücken, soviel du kannst ... Wenn du einen siehst, der in Lumpen gehüllt ist und vor Kälte erstarrt, und, anstatt ihm Kleider zu geben, würdest du ihm goldene Bildsäulen errichten und sagen, es geschehe ihm zu Ehren, würde er nicht sagen, du triebest Spott mit ihm ...? Geradeso denke auch bei Christus, wenn er verlassen und fremd umhergeht und um ein Obdach bittet; denn anstatt ihn aufzunehmen, schmückst du den Fußboden seines Hauses, die Wände und die Kapitele der Säulen, hängst Lampen an silbernen Ketten auf, und ihn selbst, der im Kerker gefesselt liegt, willst du nicht einmal sehen"[254]?

Vorschriften über den Werkstoff, aus dem Kelche und Patenen zu fertigen waren, gab es nicht; Glas, Holz, Ton oder verschiedene Metalle konnten benutzt werden. Noch im Jahre 895 erwähnt die Synode in Tibur eine moralisch gemeinte und Bonifatius zugeschriebene Äußerung: „Einst zelebrierten goldene Priester mit hölzernen Kelchen, jetzt dagegen hölzerne Priester mit goldenen Kelchen"[255]. Der Aufwand wird im Regelfall den Möglichkeiten der jeweiligen Gemeinde entsprochen haben. Wertvolle und künstlerisch bedeutende Kelche in der Form von *calices literati* und *imaginati*, d.h. mit Weiheinschriften oder figürlichen Darstellungen versehene Exemplare, sind seit dem sogenannten Antiochener Kelch aus der Zeit um 500 bekannt; als frühes Beispiel einer aufwendig gestalteten Patene gilt die des Bischofs Paternus, ebenfalls um 500[256].

Bis in frühchristliche Zeit reichen weitere Gerätschaften zurück: Pyxiden und andere Gefäße zur Aufbewahrung der Eucharistie[257], Stempel zur Bereitung des eucharistischen Brotes, desgleichen Kannen, Schöpfer und Löffel für die Darreichung von Brot und Wein, Altarkreuze und Fächer (*flabellum*), Lampen, Leuchter und Lichtkronen. Große Bedeutung erlangte vor allem das *thuribulum* (Weihrauchfaß). Weihrauch erschloß den Geruchssinn für das liturgische Erleben und versinnbildete das aufsteigende Gebet der gottesdienstlichen Versammlung. Nach dem Patriarchen Germanus (8. Jh.) zeigt das Rauchfaß die Menschheit Christi an, das Feuer darin seine Gottheit, der duftende Rauch den Wohlgeruch, der dem Heiligen Geist vorausgeht[258].

– Einflüsse aus Kaiserkult und paganer Umwelt

Im Vergleich mit dem nüchternen Wortgottesdienst und der schlichten Mahlfeier der ersten Jahrhunderte gewann die Liturgie in der Friedenszeit zunehmend an äußerem Gepränge und zeremoniellem Reichtum. Eine Entwicklung, die nicht selten negativ beurteilt und als Rückfall des christlichen Glaubens in eine archaische Religiosität bewertet wird[259]. Man beklagt: Die zunächst als Versammlungsraum für die Gemeinde bestimmten Basiliken erhielten durch Triumphbögen und bischöfliche Thronsitze kaiserlichen Glanz und wurden durch Kirchweihe und Reliquienübertragungen zu sakralen Tempeln aufgewertet. Beim feierlichen Einzug zum Gottesdienst mit Weihrauch und Lichtern, beim Überreichen der liturgischen Gegenstände mit verhüllten Händen, bei Altar- und Fußkuß: überall schimmerte kaiserliches Hofzeremoniell durch die liturgischen Vollzüge hindurch[260]. In dem Maß, in dem der christliche Glaube den heidnischen Götzendienst überwand, begann die Kirche das religiös verbrämte Repräsentationsbedürfnis des Staates ebenso zu erfüllen wie die kultischen Erwartungen der Menschen, denen ihre bisherigen religiösen Ausdrucksformen genommen worden waren. Vormals in Kultvereinen und Mysterienzirkeln praktizierte zeremonielle Bäder und Mähler wurden durch die Sakramente ersetzt; die Anrufung der Heiligen trat an die Stelle der Bittrufe zu den heidnischen Nahgöttern (vgl. S. 200f). Besonders korrumpierend wirkte sich das magische Mißverständnis und der entsprechende Gebrauch kultischer Handlungen und religiöser Gegenstände aus, von dem auch die Eucharistie nicht verschont blieb, wenn z.B. das konsekrierte Brot nicht nur als Wegzehrung, sondern als Reiseschutz mit auf eine gefährliche Seefahrt genommen wurde[261].

Die hier angeprangerten Mißstände könnten um zahlreiche Beispiele vermehrt werden. Unverkennbar ist aber auch das Bemühen vieler kirchlicher Autoritäten, naives Vertrauen in die übelabwehrende Kraft heiliger Gegenstände und Verrichtungen zu korrigieren. Als Beispiel sei das Verhalten des christlichen Rennstallbesitzers Italicus aus Maiuma bei Gaza angeführt. Weil sein Kontrahent einen Zauberer zur Rennvorbereitung engagiert hatte, wollte sich Italicus beim heiligen Hilarion geweihtes Wasser für seine Pferde und Fahrer besorgen, um sie vor Schaden zu bewahren und seinen Gegner besiegen zu können. Dieser primitiv anmutende magische Aberglaube gewinnt eine andere Qualität, wenn man sich den kritischen Bericht des Hieronymus über die Affäre genauer anschaut.

„[Doch] geradezu einfältig erschien es dem Greis [Hilarion], für solche Possen sein Gebet zu vergeuden. Er lächelte und sprach: ‚Warum wendest du nicht vielmehr den Preis der Pferde für die Armen auf zum Heil deiner Seele?' Jener antwortete, es sei eine öffentliche Veranstaltung, sie geschehe mehr aus Zwang als nach seinem freien Willen; auch könne er als christlicher Mann sich nicht der Zauberkunst bedienen. Er erbitte sich lieber von dem Diener Christi Hilfe, besonders (in diesem Fall) gegen die Feinde Gottes in Gaza, die nicht sowohl ihn als die Kirche Christi verhöhnten.

Da er auch von den anwesenden Brüdern gebeten wurde, ließ Hilarion den irdenen Becher, aus dem er zu trinken pflegte, mit Wasser füllen und ihm geben. Italicus nahm ihn und besprengte damit den Stall und die Pferde und seine Wagenlenker, den Rennwagen und den Schlagbaum der Rennbahnschranken"[262].

Versteht sich, daß Italicus siegte und viele Rennfahrer zum Glauben kamen. Der Bericht des Hieronymus zeigt, daß Italicus auf einen Zauberer verzichtete und stattdessen die fürbittende Hilfe eines Mönches erbat. Daran ist wenig auszusetzen, zumal nicht Gewinnsucht, sondern ein religiöses Motiv den Rennstallbesitzer leitete. Das Versprengen des Wassers würde ein aufgeklärter Christ zwar bleibenlassen, muß aber nicht magisch verstanden werden, insofern es sich mit der Fürbitte des Heiligen verbindet und nicht beansprucht, das göttliche Eingreifen herbeizwingen zu können. Wie eine magische Beschwörung sich anhört, verrät ein Fluchtäfelchen aus Afrika, dessen Text lautet:

„Ich beschwöre dich Dämon, wer du auch bist, von dieser Stunde, diesem Tage, diesem Moment ab, quäle und töte die Pferde des Grünen und Weißen, töte und zerschmettere die Lenker

Clarus, Felix, Primulus, Romanus, laß ihnen keinen Hauch. Ich beschwöre dich bei dem, der dich zu seiner Zeit losgemacht hat, dem Gott des Meeres, und der Luft Jao Jasdao ..."[263].

Gewiß sind Zauber und Magie auch von Christen oftmals angewandt worden, doch stärker war das Bemühen vieler kirchlicher Lehrer, durch Aufklärung und Unterweisung magischen Mißbrauch zu verhindern. Nicht nur Bischof Martin von Braga (gest. 579), der in seiner Schrift „De correctione rusticorum" einen umfangreichen Überblick über die Verbreitung heidnischen Aberglaubens vor allem unter der ländlichen Bevölkerung und Hilfen zu seiner Überwindung gibt, ist hier zu nennen; auch die sermones vieler Prediger in Ost und West und die Kanones zahlreicher Provinzialsynoden haben sich mit dem Problem befaßt[264].

Entsprechend differenziert ist der Vorwurf der Paganisierung des christlichen Kults zu beurteilen. Tatsächlich trat die kirchliche Liturgie in zunehmenden Maße an die Stelle der überwundenen Kulte; sie konnte dem religiösen Bedürfnis der Menschen nur gerecht werden, wenn sie Feierformen übernahm, die auch die menschlichen Sinne ansprachen. Ebenfalls hat sich das urmenschliche religiöse Verlangen ausgewirkt, Gott nicht nur unsichtbar durch die Hingabe des eigenen Herzens zu dienen, sondern ihn sichtbar zu verehren und ihm das Beste aus den Gaben der Schöpfung und den Werken menschlicher Kunstfertigkeit darzubringen. Die Prediger und Bischöfe haben diesen Drang nicht ganz und gar verurteilt, wohl beständig gemahnt, über dem Kult die Karitas nicht zu vergessen. Schließlich waren Anleihen an pagane Ausdrucksformen unvermeidlich, da die Möglichkeiten, religiöse Gefühle und Gesinnungen auszudrücken, beschränkt sind und in allen Kulturen und Religionen weithin übereinstimmen. Kultische Pracht entfaltete sich nur in wenigen kirchlichen Zentren und kaiserlichen Residenzen. Der Gottesdienst in den einfachen Bischofskirchen und den später entstehenden ländlichen Seelsorgestellen blieb weiterhin äußerst bescheiden. Auch die christlichen Eliten – z.B. die Mönche – begnügten sich mit einer kargen Liturgie, in der das Wort in Lesung und Gebet Vorrang besaß.

1.4 Taufe und Buße

– Katechumenat

Die tiefgreifenden Veränderungen, welche das kirchliche Leben durch den politischen Umschwung Anfang des 4. Jh.s erfuhr, wirkten sich auch auf Taufvorbereitung und Taufempfang aus. In den Jahrhunderten der Verfolgung erforderte der Entschluß, Christ zu werden, eine persönliche Entscheidung, die nicht leichtfertig getroffen werden konnte. Jeder Kandidat wurde durch ein Gemeindemitglied, das sich als Pate für seine Glaubwürdigkeit verbürgte, dem Bischof vorgeführt. Fiel die Prüfung, die angesichts der Kleinheit der Gemeinden und der geringen Zahl der Bewerber die Gefahr von Fehlurteilen weithin ausschloß, positiv aus, begann ein in der Regel dreijähriges Katechumenat, in dem die Taufanwärter durch intensive Glaubensunterweisung, die Einübung christlicher Lebensnormen und die Teilnahme am Leben und dem Gottesdienst der Gemeinde (mit Ausnahme der Eucharistiefeier) auf den Empfang des Sakramentes in der Osternacht vorbereitet wurden.

Die Situation wandelte sich, als nach der „Konstantinischen Wende" in den Städten und in bestimmten sozialen Schichten der Übertritt zum Christentum aus unterschiedlichen Gründen – Überzeugung, Trend, Opportunismus – üblich wurde. Gemeindeleitung und Klerus waren mit einer gründlichen Prüfung und Vorbereitung der Taufbewerber vielfach überfordert. Als noch schwerwiegender erwies sich der Umstand, daß viele der Herandrängenden an einer Vollmitgliedschaft in der Kirche, die sie zwang, das ganze Joch des Herrn zu tragen, gar nicht interessiert waren. Die Kirche hatte nämlich entgegen ethischen Abschwächungen, die den Möglichkeiten vieler Beitrittswilliger entgegengekommen wären, an den ursprünglichen Forderungen der Bergpredigt festgehalten. Deshalb begnügten sich viele Sympathisanten mit dem Status des Katechumenen, der zur Führung des Christennamens berechtigte.

Um eine große Zahl von Katechumenatsanwärtern nicht von vornherein abweisen zu müssen, teilte man die Taufvorbereitung in zwei Abschnitte. In einem ersten Schritt erhielten die Kandidaten einen unterschiedlich ausführlichen Einführungsunterricht, der es ihnen ermöglichen sollte, mit Gewinn die sonntägliche Predigt zu hören. Zwei Musterbeispiele für eine längere oder kürzere Einführungskatechese bietet Augustinus in De catechizandis rudibus, die der karthagische Diakon Deogratias sich für seinen Katechumenenunterricht erbeten hatte. Wegen seiner gründlichen theologischen Kenntnisse und seiner pädagogischen Begabung war er häufig mit der Erteilung der Erstunterweisung beauftragt worden. Gleichwohl plagten ihn Zweifel ob seiner Methode und Überzeugungskraft, was angesichts mäßiger Bekehrungserfolge, die er sich eingestehen mußte, gut verständlich ist. Augustins Ausführungen bieten eine Fundgrube an Informationen über eine Kirche, die dabei ist, Volkskirche zu werden. Augustinus rät Deogratias, sich zunächst über die Beweggründe seiner Schüler Klarheit zu verschaffen.

„Will einer nur deshalb Christ werden, weil er gewisse Vorteile von jemand erhofft, dessen Wohlgefallen er auf andere Weise nicht erwerben zu können glaubt, so ... will er nicht Christ, vielmehr bloß Scheinchrist werden... Aber selbst in solchen Fällen greift oft die Barmherzigkeit Gottes vermittels des Katecheten ein, so daß der Betreffende infolge des Unterrichts das nun im Ernst werden will, was er eigentlich nur zum Schein hatte auf sich nehmen wollen"[265].

Welche Inhalte hält Augustinus in der Einführungskatechese für besonders wichtig? Das muß der Katechet letzten Endes selbst entscheiden. Auf jeden Fall soll er dem Glaubensanfänger die ganze Heilsgeschichte erzählen, beginnend mit dem *Im Anfang schuf Gott Himmel und Erde* (Gen 1,1) bis zur kirchlichen Gegenwart, jedoch indem er auswählt und nur das Bemerkenswerteste so ausführlich darstellt, daß es der Hörer „betrachten und bewundern kann" (cat.rud. 3,5; 6,10). Natürlich soll der Vortrag nicht nur unterhalten. Der Katechet darf nie das Ziel aus dem Auge verlieren, das Doppelgebot der Gottes- und Nächstenliebe seinem Hörer als praktische Handlungsmaxime nahezubringen (ebd. 4,7f; 6,10). An die Erzählung der Heilsgeschichte kann sich eine besondere Belehrung über die Auferstehung, das Gericht und die Vorschriften für einen christlichen Lebenswandel anschließen. Nicht zuletzt muß der Katechumene darauf vorbereitet werden, sich durch den „großen Haufen jener Verkehrten, die bloß dem Körper nach die Kirchen füllen", nicht irritieren zu lassen (ebd. 7,11).

Im weiteren Verlauf erörtert Augustinus besondere Probleme, die hochgebildete oder halbgebildete, gelangweilte oder verdrossene Zuhörer sowie typisch volkskirchliche Mißstände dem Unterricht bereiten. Großen Wert legt der Bischof auf die Motivierung des Katecheten, der durch die ständige Wiederholung desselben Lehrstoffs vor manchmal gelangweilten oder begriffsstutzigen Zuhörern die Freude an der Unterweisung und damit auch seine Überzeugungskraft verlieren kann (ebd. 10,14/14,22). Im zweiten Teil seiner Ausführungen bietet Augustinus dann noch zwei Beispiele einer ausführlicheren und einer verkürzten Einführungskatechese (ebd. 16/27).

Die Erstunterweisung wurde mit einem Aufnahmeritus beendet, der aus einer Handauflegung, der Bezeichnung mit dem Kreuz (*consignatio*) und – für Nordafrika und Rom bezeugt – in der Darreichung des Salzes bestand. Wenn der Katechumene sich nicht für den nächsten Termin zum Taufempfang meldete, waren die Bemühungen der Kirche um ihn fürs erste beendet.

Eine zweite Phase des Katechumenats begann mit der Einschreibung in die Liste der Taufbewerber am Beginn der Quadragesima; sie machte aus den anonymen Katechumenen die Gruppe der *phōtizomenoi, competentes* oder *electi*. Sie absolvierten im Verlauf der Fastenzeit einen Intensivkurs in Glaubensunterweisung. Aus Ost und West haben sich zahlreiche Taufkatechesen erhalten, die z.T. noch nach dem Taufempfang in der Osterwoche fortgesetzt wurden. Diese früher gern mit der sogenannten Arkandisziplin begründete Unterscheidung zwischen prae- und postbaptismalen Katechesen trifft so nicht zu. Texte und Gebete aus Heiliger Schrift und Liturgie sind nie geheimgehalten worden. Es war Unberufenen – Heiden und Ungetauften – nur verboten, an der Mitfeier der heiligen Mysterien teilzunehmen. Die sogenannten nachösterlichen mystagogischen Katechesen wurden nach dem Taufempfang gehalten, weil einige Väter davon überzeugt waren, daß erst die in der Taufe sakramental begründete Gotteskindschaft ein angemessenes Verständnis der göttlichen Geheimnisse möglich machte[266].

Verschiedene liturgische Aktivitäten unterstützten den Taufunterricht: Die Übergabe des Taufbekenntnisses und des Vaterunsers (*traditio symboli*), die auswendig gelernt werden und bei der Tauffeier „wiedergegeben", d.h. auswendig aufgesagt werden mußten, mehrere Skrutinien – Befragungen und Prüfungen durch den Bischof – und Exorzismen, die den Kandidaten stärken und vor dämonischen Einflüssen schützen sollten. Die Vorbereitungszeit in der Quadragesima war für die Bewerber gewiß eine Zeit intensiver Unterweisung und spiritueller Erfahrungen, dürfte aber in vielen Fällen für ein innerliches Ergreifen des Glaubens und die Einübung in einen christlichen Lebensstil nicht ausgereicht haben.

Noch schwieriger war es, hartgesottene Katechumenen zur Taufanmeldung zu bewegen. Ambrosius gibt die Erfahrung vieler Bischöfe wieder, wenn er bei der Auslegung des vergeblichen Fischfangs der Jünger (Lk 5,5) klagt:

„Auch ich, Herr, weiß, daß es Nacht um mich ist, wenn du nicht gebietest. Noch meldete sich niemand *[nemo dedit nomen suum]* ... Ich warf der Rede Angel an Epiphanie aus und fing bisher noch immer nichts" (Exp. Luc. 4,76).

Die Schwierigkeiten bei der Taufvorbereitung verringerten sich auf natürliche Weise durch die Kindertaufe, die im Osten und Westen im Lauf der Zeit zunahm. Augustinus hatte sie als alten Brauch gegenüber den Pelagianern mit dem Hinweis auf die Erbsünde verteidigt[267]. Ein eigener Ritus für die Kindertaufe entstand jedoch nicht; die Katechumenatsriten für Erwachsene – Handauflegung, Kreuzzeichen, Salz – behielt man bei, Abschwörung des Teufels und Glaubensbekenntnis übernahmen die Paten bzw. die Eltern. Die zunehmenden Kindertaufen führten dazu, daß Ostern als einziger oder doch wichtigster Tauftermin aufgegeben wurde. Nicht wenige Kinder wurden von den Eltern aber nicht zur Taufe gebracht aus denselben Gründen, welche die Erwachsenen bewegten, den Taufempfang hinauszuzögern (vgl. S. 144).

– Tauffeier

Die Taufe als Höhepunkt der Eingliederung neuer Mitglieder in die christliche Gemeinde war im Laufe der Zeit zu einer eindrucksvollen Feier gestaltet worden. Die vielen Baptisterien mit ihrer aufwendigen Gestaltung und Ausschmückung bezeugen die Bedeutung, die dem Initiationssakrament von der Kirche beigemessen wurde[268]. Bei zahlreichen zeitlichen Entwicklungen und örtlichen Besonderheiten nahm die Taufspendung, die in einer langen, vom Samstagabend bis in den Ostersonntagmorgen dauernden Vigilfeier stattfand, in etwa folgenden Verlauf[269]: Sie begann mit dem *mysterium apertionis*, der Öffnung der Ohren und der Nase – entsprechend der Heilung des Taubstummen durch Christus (Mk 7,32/5) auch *effeta*-Ritus genannt. Diese seit langem bezeugte und ursprünglich wohl in der Katechumenenzeit vollzogene Handlung hatte meist einen exorzistischen Charakter, konnte aber auch als ein gnadenvermittelnder Akt verstanden werden. Ambrosius erklärt ihn den Täuflingen folgendermaßen:

„Öffnet also die Ohren und atmet den Wohlgeruch des ewigen Lebens ein, der euch durch den Vollzug der Geheimnisse zugehaucht wurde. Das haben wir euch zu verstehen gegeben, als wir beim Vollzug des Geheimnisses der Öffnung sprachen: *effeta*, d.h. tu dich auf" (myst. 1,3).

In Mailand zogen erst nach dem Vollzug dieses Ritus' die Täuflinge in das Baptisterium ein, wo der Bischof mit der Taufwasserweihe begann, bei der sich wiederum eine exorzistische Reinigung des Elementes mit konsekratorischer Heiligung verband. Da das Taufwasser nicht nur den Schmutz der Sünde abwaschen, sondern göttliches Leben vermitteln sollte, mußte der Heilige Geist in feierlicher Epiklese auf das Wasser herabgerufen werden.

Ebenfalls noch zu den Vorbereitungsriten gehörte die Salbung der Täuflinge. Es handelte sich dabei um eine von Priestern oder Diakonen vollzogene Ganzkörpersalbung. Wie der Athlet durch die Salbung mit Öl auf den Kampf vorbereitet wurde, so mußte der Täufling gesalbt werden, damit er den Kampf gegen die Versuchungen des Bösen bestehen konnte. Johannes Chrysostomus erklärt: Nachdem der Täufling die Kleider abgelegt hat, wird er

„gesalbt wie die Wettkämpfer, die in die Arena treten; nicht wie die Priester des Alten Bundes bloß am Haupt, sondern in viel größerem Maße. Dort wurden nur das Haupt, das rechte Ohr und die Hand gesalbt, um den Priester zu Gehorsam und guten Werken anzuspornen; hier dagegen wird der ganze Leib gesalbt"[270].

Die Nacktheit von Männern und Frauen – die mancherorts das Tragen eines Leibrockes allerdings nicht ausschloß – bei der Salbung wie bei der Taufe selbst scheint keine Bedenken erregt zu haben. Wohl besitzen spätere Baptisterien aus dem 5. Jh. – wie z.B. Djemila (Cuicul) in Nordafrika – kleine Nischen, die möglicherweise zum Umkleiden gedient haben.

Nachdem der Täufling durch die Salbung Athlet Christi geworden war, wandte er sich mit einem feierlichen Schwur vom Teufel, seinem ehemaligen „Dienstherrn", ab und Christus zu[271]. Die Formel, mit der die Abschwörung (*abrenuntiatio*) erfolgte, ist in zahlreichen Varianten überliefert. Nach Ambrosius, sacr. 1,2,5, enthielt sie zwei Fragen: „Widersagst du dem Teufel und seinen Werken"? Und: „Widersagst du der Welt und ihren Vergnügungen (*voluptatibus*)?", die der Täufling jeweils mit „Ich widersage" beantwortete. Der Ritus gewann dadurch an Eindringlichkeit, daß sich der Täufling an vielen Orten bei der *abrenuntiatio* zum dunklen Westen hin richtete und ausspuckte, um dem Satan ins Angesicht zu widerstehen. Dann wandte er sich nach Osten, um seinen Glauben zu bekennen und das Taufbecken zu durchschreiten. War der Vorgang zeitlich geschickt gewählt und brach in diesem Augenblick alles Dunkel vertreibend das Morgenlicht des Ostersonntags durch die Fenster des Baptisteriums, entstand ein Eindruck, dem sich wohl keiner der Teilnehmer zu entziehen vermochte.

Doch zuvor stellte der Bischof dem Täufling – wiederum mit kleinen örtlichen Unterschieden in der Formulierung – die drei entscheidenden Fragen: „Glaubst du an Gott Vater, den Allmächtigen? Glaubst du an unseren Herrn Jesus Christus und sein Kreuz[272]? Glaubst du auch an den Heiligen Geist?", worauf der Täufling mit „Ich glaube" antwortete und mit dem geweihten Taufwasser übergossen wurde. Die liturgiegeschichtlich vielverhandelte Frage, ob die Taufe durch Untertauchen oder Übergießen gespendet wurde, soll hier nicht vertieft werden. Die geringe Tiefe der meisten frühchristlichen Taufpiscinen spricht für das Übergießen.

An die Taufe schloß sich die Chrisam-Salbung des Hauptes oder der Stirn durch den Bischof an. Ambrosius begleitete sie mit den Worten: „Gott, der allmächtige Vater, der dich wiedergeboren aus dem Wasser und dem Geist und dir deine Sünden vergeben hat, salbt dich selbst zum ewigen Leben" (sacr. 2,7,24). Andere Salbungsformeln weisen auf die Priester-, Propheten- und Königswürde des Neugetauften hin. Der eigentliche Taufakt schloß dann mit dem Anlegen des weißen Taufkleides, das die ganze Osterwoche hindurch getragen wurde, und der Besiegelung (*consignatio, sphragis*) durch den Bischof. Sie geschah in unterschiedlicher Weise durch die Bezeichnung der Stirn mit dem Kreuzzeichen, Salbung und Handauflegung. Aus ihr entwickelte sich die Firmung, die als eine von der Taufe abgelöste eigene liturgische Handlung wohl im 5. Jh. in Gallien aufgekommen ist[273].

– Taufaufschub und Bußpraxis

Das pastorale Problem des Taufaufschubs wurde schon im Zusammenhang mit der Krise des frühkirchlichen Katechumenats und den Bemühungen des Ambrosius um Taufbewerber erwähnt (vgl. S. 142). In Predigten, Briefen und Gesprächen warb der Mailänder Bischof unermüdlich um Täuflinge. Eindringlich stellte er den Leuten die Folgen vor Augen, die ein plötzlicher Tod für sie haben würde, wenn er sie ungetauft überraschte[274]. Aber war Ambrosius bei seiner Wahl zum Bischof von Mailand nicht selbst noch Katechumene gewesen – genauso wie Basilius, Gregor von Nazianz, Chrysostomus und Augustinus? Hatten nicht viele Kaiser – angefangen von Konstantin dem Großen – die Taufe hinausgezögert, weil sie sich den Anforderungen konsequenten Christseins nicht gewachsen fühlten oder es mit den Notwendigkeiten ihres weltlichen Amtes nicht glaubten in Einklang bringen zu können? Manchem schien die sogenannte Klinikertaufe, d.h. die Taufe auf dem Sterbebett, der gangbarere Weg zum Heil zu sein. Die kirchliche Pastoral reagierte vielerorts – wie z.B. in Rom[275] – mit der Dezentralisation der Seelsorge und der Delegation der Taufspendung an mehrere Kleriker, um „Nottaufen" flächendeckend zu erleichtern. Als der junge Kaiser Valentinian II. ungetauft eines frühzeitigen Todes starb, suchte Ambrosius nach einem Ausweg und überlegte, ob nicht wie die Bluttaufe (Martyrium) auch das Verlangen nach der Taufe (Begierdetaufe) die sakramentale Wassertaufe ersetzen könne[276].

Daß der Erfolg aller Bitten und Mahnungen zum Taufempfang dürftig blieb, war Folge einer vor allem im Westen geübten Praxis, die nur eine einmalige Bußvergebung nach der Taufe vorsah. Wollte man nach der Rekonziliation nicht als ein Christ minderen Rechtes leben und bei nochmaligem Fehltritt den endgültigen Ausschluß aus der Kirche riskieren, war es besser, lebenslang im Stand des Büßers oder – noch angenehmer – des Katechumenen zu bleiben. So hängen Taufaufschub und Bußpraxis unverkennbar zusammen.

– Buße und Rekonziliation

Der Auftrag, am Ethos der Bergpredigt festzuhalten und doch möglichst alle Menschen zu gewinnen, hat die Kirche von Anfang an in einen kaum lösbaren Konflikt gestürzt[277]. Die nachkonstantinische Reichskirche hielt daran fest, daß „Todsünden", die im einzelnen unterschiedlich definiert und gewichtet wurden, nur einmal nach Ableistung einer öffentlichen Buße vergeben werden konnten. Diese dogmatisch-disziplinäre Entscheidung führte zwangsläufig in eine pastorale Sackgasse.

Schwierig gestaltete sich auch das Bußverfahren. Der Büßer bekannte aufgrund eigener Entscheidung oder öffentlichen Drucks vor dem Bischof seine Schuld. Es erfolgte die Aufnahme in den Büßerstand (*ordo paenitentium*) sowie die Festlegung der Bußfrist und der Bußwerke. Der Büßer war in dieser Zeit exkommuniziert, d.h. von der Teilnahme an der Eucharistie ausgeschlossen. In einzelnen Regionen – vor allem im Osten – kannte man Bußstufen, in denen die Büßer nach und nach aufstiegen, bis ihre feierliche Rekonziliation durch den Bischof am Gründonnerstag oder an einem anderen geeigneten Tag erfolgte. Weltweites Aufsehen erregte damals die öffentliche Kirchenbuße Kaiser Theodosius II., nach deren Ableistung er Weihnachten 390 von Ambrosius wieder in die Kirche aufgenommen und zum Empfang der Eucharistie zugelassen wurde[278].

Östliche und westliche Kirche hielten unterschiedlich lange an der öffentlichen Kirchenbuße fest. Nachdem Bischof Nektarius von Konstantinopel 391 auf die Öffentlichkeit der Buße verzichtet hatte, folgten viele östliche Kirchen dem neuen Trend und bevorzugten eine spirituell ausgerichtete Bußpastoral, wie sie schon von Origenes entwickelt worden war und zunehmend von den Mönchen gepflegt wurde. In der westlichen Kirche blieb die öffentliche Kirchenbuße zwar grundsätzlich erhalten, wurde aber nach Möglichkeit eingeschränkt und nur bei Vergehen gefordert, die auch zivilrechtlicher Bestrafung unterlagen. Bei jugendlichen Sündern wurde die Übernahme der Buße verboten bzw. bis ins hohe Alter hinein verschoben. Entsprechend der Klinikertaufe (vgl. S. 144) entwickelte sich eine Klinikerbuße, die zu einer Art Sterbesakrament wurde. Weitsichtige Bischöfe wie Augustinus setzten auf eine geheime und freiwillige Buße, verbunden mit einer *correctio fraterna* oder *secreta*, ohne allerdings den Grad ihrer Wirksamkeit dogmatisch festzulegen.

Noch eine Schwierigkeit belastete das frühchristliche Bußwesen vor allem in der westlichen Kirche. Während der Bußzeit und auch nach der Rekonziliation wurde vom Büßer ein quasi mönchisches Leben der Enthaltsamkeit erwartet. Zudem blieb er nach der Wiederaufnahme ein Christ minderen Rechts, der von kirchlichen Ehrenämtern, der Übernahme von Patenschaften oder dem Eintritt in den Klerikerstand ausgeschlossen war. Diese Diskriminierungen verstärkten den Trend zum Bußaufschub. Die öffentliche Buße konnte auch in die sogenannte Konversenbuße umgewandelt werden, bei welcher der öffentlich erklärte Entschluß zur Übernahme der mönchisch-asketischen Lebensform die Übernahme genau geregelter Bußwerke ersetzte.

Die kanonisch geregelte Exkommunikationsbuße setzt eine bischöflich geführte überschaubare Gemeinde voraus, in welcher der in einer wichtigen Sache schuldig gewordene Christ sein Unrecht, das die Gemeinschaft der Mitgläubigen belastet, einsieht, und die Gemeinde die Last des sündig gewordenen Mitglieds mitzutragen und durch Gebet, Fasten und Werke der Liebe wiedergutzumachen bereit ist. Als diese Voraussetzungen in den volkskirchlich angewachsenen Gemeinden nicht mehr gegeben waren, wurde die bisherige Praxis undurchführbar. Das frühchristliche Bußinstitut wurde zwar nie offiziell aufgegeben, aber die von den Iroschotten ausgehende privat erbetene und auferlegte sogenannte Tarifbuße, die Sündenbekenntnis und sakramentale Lossprechung zeitlich verknüpfte, für einzelne Sünden bestimmte Bußwerke festlegte und beliebig oft wiederholt werden konnte, wurde zunächst von den germanischen Völkern übernommen und fand bald allgemeine Anerkennung. Sie bestimmte die Bußfrömmigkeit der lateinischen Kirche bis zum 2. Vatikanischen Konzil.

Da in der nachkonziliaren Zeit in manchen Gebieten die sakramentale Einzelbeichte nicht nur zurückgegangen, sondern nahezu verschwunden ist und der kollektiven Bußandacht keine sakramentale Vergebungsvollmacht zuerkannt wurde, steckt die Bußpraxis z.Zt. wieder in einer schweren Krise. Will die Kirche sowohl die vom Evangelium vorgegebenen ethischen Forderungen als auch ihren Anspruch, heilige Kirche zu sein, aufrechterhalten, gewinnt die Erneuerung einer von den Gläubigen angenommenen Bußpraxis größte Dringlichkeit.

1.5 Die übrigen Sakramente

Für die Sakramente der Krankensalbung, Ehe und Ordination gibt es in frühchristlicher Zeit nur wenige Hinweise. Die liturgische Ausgestaltung vor allem der beiden erstgenannten ist noch kaum entwickelt.

– Krankensalbung

Der zwischen *unctio infirmorum* (Krankensalbung) und *extrema unctio* (Letzte Ölung) schwankende Ritus der Salbung war an das vom Bischof geweihte Öl gebunden und konnte nicht nur von kirchlichen Amtsträgern, sondern auch von anderen Christen und sogar in Form der Selbstsalbung vorgenommen werden. Die dem Öl schon im natürlichen Bereich innewohnende Heilkraft wurde durch Weihe und Gebet zum Wohl des Kranken verstärkt. Caesarius von Arles rät seinen Gläubigen, bei Krankheit nicht zu heidnischen und abergläubischen Mitteln zu greifen, sondern zur Kirche zu eilen, sich und die Seinen mit heiligem Öl zu salben, um auf diese Weise gemäß dem Wort des Apostels Jakobus (Jak 5,14/6) nicht nur leibliche Gesundung, sondern auch Sündennachlaß zu empfangen (sermo 279,5). Als später die Lossprechung der Büßer bis an das Lebensende aufgeschoben wurde (vgl. S. 145), erhielt die Krankensalbung den Charakter einer „Letzten Ölung"[279].

– Eheschließung

Auch die Eheschließung hat bis zum Ausgang der Spätantike keine verbindlich vorgeschriebene kirchliche Form besessen. Zwar sollte die Ehe mit dem Einverständnis des Bischofs geschlossen werden, der Bischof oder sein Stellvertreter kamen auch gern in das Haus der Brautleute, um durch ein besonderes Gebet für die Ehe Fruchtbarkeit zu erflehen, aber die eheliche Verbindung an sich erfolgte entsprechend der staatlichen Ordnung und den ortsüblichen Bräuchen, die kirchlicherseits nur kritisiert wurden, wenn sie christlichem Empfinden als ungeziemend erscheinen mußten. Einen breiten Raum nehmen Ehe und Familie selbstverständlich in der kirchlichen Verkündigung und Pastoral unter ethischen und gesellschaftlichen Gesichtspunkten ein (vgl. S. 233/40).

– Ordination

Ordination und Weihe haben im Vergleich mit dem am Beginn des 3. Jh.s in der Traditio Apostolica Hippolyts dokumentierten Stand keine wesentlichen Veränderungen erfahren. Das Gleiche gilt für die Bischofsbestellung, bei der das bereits früh entwickelte Verfahren, das ein Zusammenwirken von Volk, Ortsklerus, Metropoliten und Bischöfen der Provinz vorsah, erhalten blieb. Verstärkten Einfluß auf die Bischofswahl besonders der Hauptkirchen nahmen ab dem 5./6. Jh. staatliche Stellen[280].

– – Stufen und Aufnahmebedingungen

Klar unterschieden wurden die beiden Stufen der höheren und niederen Kleriker; zur ersten gehörten immer und überall Bischöfe, Presbyter und Diakone; Anzahl und Funktionen der niederen Kleriker, der Subdiakone, Akolythen, Exorzisten, Ostiarier und Lektoren, waren dagegen uneinheitlich und unterlagen starken regionalen und zeitlichen Schwankungen. Die Weihe eines Ostiariers, der für den Kirchenraum zu sorgen hatte, wurde mancherorts für unnötig, die Weihe eines Exorzisten für unangemessen erachtet, weil die Fähigkeit, dämonische Kräfte bannen zu können, ein Charisma ist und nicht als amtliche Befugnis übertragen werden kann. Das Lektorenamt setzte bei den meist jugendlichen Inhabern einen gewissen Bildungsstand voraus und wurde so zur Vorstufe für den Aufstieg in die Ränge des höheren Klerus. Später werden Presbyter auf dem Land angehalten, nach geeigneten Jungen auszuschauen und sich um ihre Ausbildung zu kümmern. Über die moralischen und intellektuellen Voraussetzungen, die wünschenswerte gesellschaftliche Stellung – können Sklaven oder Freigelassene in den Klerikerstand aufgenommen werden? – sowie das notwendige Alter für die Aufnahme in den Klerikerstand ergingen auf den Synoden zahlreiche Bestimmungen, die aber häufig mißachtet wurden.

– – Zölibat

Einschneidender als disziplinäre Reglementierungen und als bedeutsame Neuerung für die spirituelle und gesellschaftliche Entwicklung des Klerus erwies sich der im Westen gegen Ende des 4. Jh.s geforderte und schrittweise durchgesetzte Zölibat für Bischöfe, Priester und Diakone. Eine in der gesamten Kirche weit verbreitete Hochschätzung sexueller Enthaltsamkeit bei allen Personen, die im sakralen Bereich tätig waren, hatte den Boden für die Zölibatsforderung bereitet. Sexuelle Tabus und kultische Keuschheit waren im gesamten hellenistisch-römischen Kulturkreis weit verbreitet. Wenn aber schon jüdische Priester und Leviten, Vestalinnen und heidnische Tempeldiener sexuellen Beschränkungen unterschiedlicher Art unterworfen waren, um wieviel mehr (*quanto magis*) ziemte es sich für die christlichen Kultdiener, sexuelle Abstinenz zu üben[281].

Bereits um 303 verbot die Synode von Elvira in Kanon 33 Bischöfen, Presbytern und Diakonen nach der Amtsübernahme weiter mit ihren Frauen zu verkehren und Kinder zu zeugen. Kanon 2 der 2. Synode von Karthago (um 390) verlangte eheliche Enthaltsamkeit von allen, die den göttlichen Geheimnissen dienen und sie berühren, wenn sie den Altardienst versehen. Das hier anklingende kultische Motiv hatte eine 386 in Rom abgehaltene Synode herausgestellt, deren Entscheidung im fünften Brief des Papstes Siricius (384–399) den Nordafrikanern mitgeteilt worden war. Bischöfe, Presbyter und Diakone müssen enthaltsam leben, weil sie beim göttlichen Opfer zugegen sind, die Taufgnade weitergeben und durch sie der Leib Christi hervorgebracht (*conficitur*) wird[282]. Sogar die Subdiakone wurden vielerorts in die Enthaltsamkeitsvorschriften für die höheren Kleriker einbezogen, weil sie bei der Liturgie den Altar und die heiligen Gefäße berührten.

Das Motiv der kultischen Reinheit, das in vielen kirchenrechtlichen Entscheidungen als Zölibatsgrund anklingt, wird in den Vätertexten voll entfaltet. Ambrosius schreibt seinen Klerikern:

„Ihr, die ihr in leiblicher Unversehrtheit, in unverletzter Reinheit, selbst in ehelicher Enthaltsamkeit das Gnadenamt eures heiligen Dienstes empfangen habt, begreift wohl, daß dieser Dienst ohne Tadel und Makel geleistet werden muß. Das ließ ich deshalb nicht unerwähnt, weil vielfach an abgelegeneren Orten Kleriker, da sie den Kirchendienst oder selbst das Priesteramt bekleideten, Kinder bekamen. Sie wollen dies gleichsam mit einem alten Herkommen beschönigen aus einer Zeit, da man nach tagelangen Unterbrechungen das Opfer darbrachte. Und doch beobachtete, wie wir im Alten Testament lesen, das gewöhnliche Volk, um rein zum Opfer zu treten, durch zwei oder drei Tage hindurch keusche Enthaltsamkeit und wusch sich die Kleider. Wenn schon im vorbildlichen Kult so strenge Observanz herrschte, wie streng muß sie im wahren sein! ... Wenn es dem Volk verboten war, ohne Reinwaschung seiner Kleider zum Opfer hinzutreten: Du wolltest es wagen, unreinen Geistes und Leibes zugleich für andere zu beten, für andere des Dienstes zu walten"[283]?

Ehelicher Umgang hebt die kultische Reinheit auf und verbietet es, das eucharistische Opfer zu vollziehen. Daraus ergibt sich, daß sobald die tägliche Meßfeier üblich wird – spätestens ab Ambrosius in Mailand und Siricius in Rom –, es keine freien Tage mehr gibt, in denen die kultische Reinheit wiedergewonnen werden könnte. Folgerichtig ergeht die Verpflichtung zu beständiger Enthaltsamkeit an die höheren Kleriker, denn sie „sind durch die Pflichten eines täglichen Dienstes gebunden" (Siricius, ep. 2,12). Möglicherweise hat das Fehlen der täglichen Meßfeier in der östlichen Kirche dazu beigetragen, auf eine Zölibatsverpflichtung zu verzichten. Die im Codex Iustinianus 1,3,41 (42) für den Bischof vorgeschriebene Kinderlosigkeit hat keinen asketisch-kultischen Grund, sondern ist vermögensrechtlicher Natur: Kirchengut soll nicht an leibliche Nachkommen vererbt werden müssen.

Neben der kultischen Reinheit haben andere Motive die Begründung des Zölibats unterstützt. Die allgemein getroffene Feststellung Pauli in 1 Kor 7,32/4: „Der Unverheiratete sorgt sich um die Sache des Herrn, wie er dem Herrn gefalle; der Verheiratete sorgt sich um die Sache der Welt, wie er der Frau gefalle, und ist geteilt", schien in besonderer Weise für die Amtsträger zu gelten. Sollten sie, die das Charisma des Amtes besaßen, ihren Geistbesitz nicht auch erfahrbar machen durch ein geistliches Leben – entsprechend den charismatisch legitimierten Asketen und Mönchen? Daß diese und andere Angemessenheitsgründe zum gesetzlich geforderten Zölibat geführt haben, dürfte jedoch auf die in der spätantiken Mentalität tief verwurzelte Vorstellung von der kultischen

Reinheit zurückgehen, die von allen verlangt wurde, die dem Göttlichen in besonderer Weise nahestanden.

Die Diskussion um Notwendigkeit und Berechtigung des Zölibats hat in der westlichen Kirche nie aufgehört. Nachdem das Motiv der kultischen Reinheit heute aus guten Gründen weggefallen ist – verheiratete Männer und Frauen werden als Kommunionhelfer beauftragt und bringen den Kranken die heilige Kommunion – und das 2. Vatikanische Konzil die seit Elvira bestehende Tradition der Zölibatspflicht für Diakone aufgegeben hat, ist die argumentative Begründung für die gesetzliche Verpflichtung des Zölibats für Priester zusätzlich erschwert worden.

1.6 Gebet und Askese

– Gebet

Das Gebet als bevorzugter Versuch des Menschen, mit dem Göttlichen in Verbindung zu treten, spielt in allen Religionen im öffentlichen wie im privaten Bereich eine überragende Rolle. Die frühe Kirche konnte an einen reichen Gebetsschatz für gemeinschaftliches Beten und vielfältige Erfahrungen für das private Gebet im Judentum anknüpfen, auch wenn schon früh Versuche gemacht worden sind, sich von der jüdischen Gebetspraxis zu unterscheiden[284]. Aus der Theorie und Praxis des Betens und dem unerschöpflichen Reichtum frühchristlicher Gebete können hier nur einige kirchengeschichtlich bemerkenswerte Entwicklungen erwähnt werden.

– – Ort, Zeit und Umstände des Gebets

Beten kann man überall und jederzeit. Das hatten bereits die Kirchenschriftsteller des 3. Jh.s so eindringlich begründet[285], daß die Väter des 4./5. Jh.s dem keine weiteren Argumente hinzufügen mußten. Schon früh waren bevorzugte Gebetszeiten aufgekommen, die gern mit besonderen Ereignissen aus der Heilsgeschichte und biblischen Vorbildern verknüpft wurden. Neben dem seit jeher gepflegten Morgen- und Abendgebet waren es Gebete in der dritten, sechsten und neunten Stunde. Erstere entsprachen bereits antikhellenistischem Brauch, letztere der jüdischen Gebetstradition. Tertullian schreibt:

„Hinsichtlich der Zeiten aber dürfte die äußerliche Beobachtung bestimmter Stunden nichts Überflüssiges sein, jener gemeinschaftlichen Stunden nämlich, welche die Hauptabschnitte des Tages bezeichnen, die dritte, sechste und neunte, welche man auch in der Heiligen Schrift als die ausgezeichneteren genannt findet. Zum ersten Mal wurde der Heilige Geist auf die versammelten Jünger ausgegossen um die dritte Stunde (Apg 2,15). An dem Tage, als Petrus ... die Vision von der Gemeinsamkeit [zwischen Juden und Heiden] hatte, war er um die sechste Stunde in das obere Stockwerk hinaufgestiegen, um zu beten (Apg 10,9). Derselbe ging mit Johannes um die neunte Stunde nach dem Tempel, wo er dem Gelähmten seine Gesundheit wiedergab (Apg 3,1). [Hinzu kommen Gebete,] welche wir auch ohne besondere Ermahnung beim Beginn des Tages und der Nacht schuldig sind"[286].

Erstaunlich häufig wird von den Vätern des 4./5. Jh.s das mitternächtliche Gebet erwähnt, wenngleich nicht ganz klar wird, wie häufig es verrichtet wurde. Augustinus weiß von Christen, die schon vor dem Hahnenschrei aufstehen, weil es sie zum Gebet drängt wie die Frommen in den Psalmen (in Ps. 118,29,3f). Nach Johannes Chrysostomus sollen die Eltern sogar die Kinder für das nächtliche Gebet wecken. Das Haus des Christen soll in der Nacht zu einer Kirche werden (hom. in Act. 26,4). Ist das Gebet um Mitternacht nicht möglich, soll es wenigstens frühmorgens stattfinden. Vielleicht war das die einzige Tageszeit, in der alle Familienmitglieder anwesend und angesichts der mittelmeerischen Lebensgewohnheiten die Voraussetzungen für ein gemeinsames Gebet am ehesten gegeben waren[287].

Alle Ereignisse des Tages, der Empfang und die Verabschiedung von Besuchern, die Erquickung eines Bades und vor allem die Einnahme der Mahlzeiten sollen vom Gebet begleitet werden.

Augustins Predigten vermitteln den Eindruck, daß viel und gern gebetet wurde. Die Bedrängnisse des täglichen Lebens durch Krankheit und vielfältige Bedrohungen waren so zahlreich, daß genügend Anlässe zum Gebet vorhanden waren. In welchem Maße unerleuchtete Erwartungen das Gebet prägten und die Praxis hinter den von den Vätern vorgegebenen Normen zurückblieb, läßt sich nur schwer quantifizieren. Augustinus muß häufiger zwischen dem scheinbaren Widerspruch vermitteln, allezeit zu beten und beim Gebet nicht viele Worte zu machen, weil der himmlische Vater schon im voraus weiß, worum wir ihn bitten. Ebenso warnt Augustinus vor falschen Erwartungen beim Bittgebet und vor Enttäuschungen, wenn es Ungerechten und Gottlosen anscheinend besser geht als den Frommen. Manche Leute pflegten in der Kirche laut und vernehmlich zu beten, mit lebhaften Gebärden und Tränen in den Augen. Wenn in der Kirche das Wort *confiteor* erklang, begannen sie automatisch an die Brust zu schlagen. „Sündenpflastern" nannte Augustinus betrübt-erheitert diesen seinen Gläubigen teuren Mechanismus.

Zahlreiche Bräuche und Gebärden begleiteten das Gebet. Erwähnt werden Waschungen, Knien und Stehen, Verhüllen des Hauptes, Ausstrecken und Erheben der Hände, Gebetsrichtung nach Osten, Bekreuzigung der Stirn und der Augen sowie der Friedenskuß[288]. Der an sich geistige Akt des Gebetes hat in allen Religionen nach Formen der Verleiblichung gesucht. Den Vätern kam es vor allem darauf an, den christlichen Sinn allgemeinreligiöser Gesten und Gebärden herauszustellen und vor einer Überschätzung von Äußerlichkeiten zu warnen.

– – Gebetsformen

Neben dem spontanen und privaten Gebet, das ohne Vorlagen auskam, bedurfte das von den Vätern eindringlich empfohlene gemeinsame Gebet vorformulierter Texte, die allen bekannt waren. Überragende Bedeutung besaß das Vaterunser. Es galt als das vollkommenste Gebet, in dem das ganze Evangelium enthalten ist. Nach Tertullian, Cyprian und Origenes[289] haben auch etliche Väter der nachkonstantinischen Zeit ihre Gebetslehre aus der Auslegung des Vaterunsers entwickelt. Da ihre Unterweisungen meist an Katechumenen oder Neugetaufte gerichtet sind – das Vaterunser ist ein Jüngergebet, das nur von Gläubigen sinnvoll gesprochen werden kann –, wurden Christen von Anfang an mit dem Verständnis und dem Gebrauch des Herrengebetes vertraut gemacht.

Cyrill von Jerusalem erklärt es in der fünften mystagogischen Katechese (11/8) im Anschluß an Origenes als Teil der Eucharistiefeier. Er bemüht sich um ein geistiges Verständnis, das die Souveränität Gottes bei der Erfüllung der Bitten wahrt. Der Himmel, in dem Gott wohnt, ist sowohl überirdisch-transzendent als auch im Inneren des Menschen, wenn er Gott in sich aufnimmt; die Heiligung seines Namens ist Gottes eigenes Werk und hängt nicht vom Menschen ab, der sich jedoch bemühen soll, eine Entheiligung des

Gottesnamens durch sein Handeln zu vermeiden. Gottes Wille erfüllt sich vollkommen bei den Engeln; erst in einem zweiten Schritt ist seine Erfüllung den Menschen aufgetragen. Das tägliche Brot ist für Cyrill die Eucharistie, deren tägliche Feier durch diese Auslegung gefördert werden soll. In der Vergebungsbitte vergleicht Cyrill die geringe Schuld, die wir zu vergeben haben, mit der umfassenden Verzeihung, die wir dafür von Gott erhalten. Die Bitte um Bewahrung vor der Versuchung macht Cyrill gewisse Schwierigkeiten, weil die Heilige Schrift an anderen Stellen Versuchungen für notwendig hält. Gemeint sein kann daher nur, daß Gott vor dem Untergang in der Versuchung bewahren soll ebenso wie vor dem – personal verstandenen – Bösen. Weitere, z.T. umfangreiche Vaterunser-Erklärungen sind von Gregor von Nazianz, Johannes Chrysostomus, Theodor von Mopsuestia im Osten sowie Ambrosius, Augustinus, Johannes Cassian und Petrus Chrysologus im Westen erhalten[290].

Quelle gemeinschaftlichen Gebetes dürften ebenfalls die Psalmen gewesen sein, die insbesondere im klösterlichen Stundengebet eine überragende Rolle spielten. Johannes Chrysostomus empfiehlt besonders das häusliche Psalmensingen. Es soll stehend vor und nach dem Essen geschehen und mit einem Gebet beendet werden (exp. in Ps. 41,2). Niemand braucht sich auszuschließen, auch wenn er nicht besonders gut singen kann; schon die Kinder sollen Psalmen lernen, damit sie innerlich zur Ruhe kommen und sich die Zeit nicht mit anstößigen Liedern vertreiben (educ. lib. 34,60; hom. in Col. 9,2). Wie verbreitet die Psalmenkenntnis bei den einfachen Gläubigen war, ist schwer abzuschätzen; vielleicht entsprach sie in etwa dem Umfang an Kirchenliedern, die ein heutiger Gottesdienstbesucher auswendig weiß. Wie beim Vaterunser unterstreichen die zahlreichen Predigten über Psalmtexte die Verbreitung dieser Gebetsform.

Schon früh ist auch die Verwendung von Not- oder Stoßgebeten verbreitet, mit denen Gott und die Heiligen um schnelle Hilfe angegangen werden. Lehrer der christlichen Vollkommenheit empfehlen es darüber hinaus, um beständig in der Gegenwart Gottes zu verweilen und das Gebot des unablässigen Betens zu erfüllen. Es kann sich bei den Stoßgebeten um kurze Gebetsrufe, die Wiederholung eines Psalmverses, eines anderen Schriftwortes oder auch nur um die andächtige Wiederholung des Jesusnamens handeln[291].

– – Kirchliches Stundengebet

Nicht nur die koinobitischen Mönche pflegten das Stundengebet. Im Laufe des 4. Jh.s wurde es auch in den Bischofskirchen eingeführt und dem Klerus übertragen. Die Gläubigen waren zur Teilnahme eingeladen. Es fand zunächst vor allem am Morgen und am Abend statt (Laudes und Vesper). Neben Hymnen, Psalmen, Schriftlesung, verschiedenen Gebeten und an besonderen Tagen auch einer eigenen Homilie verlieh eine ausgeprägte Lichtsymbolik, welche am Beginn und am Ende des Tages Christus als *sol salutis* und Licht der Welt feierte, diesen Gottesdiensten einen ansprechenden Charakter. Bei der abendlichen Liturgie genoß besonders im Osten der Hymnus *Phōs hilaron* hohes Ansehn:

> „Heiteres Licht vom herrlichen Glanze
> deines unsterblichen, heiligen, sel'gen
> himmlischen Vaters : Jesus Christus.
> Dich verherrlichen alle Geschöpfe.

> Siehe, wir kommen beim Sinken der Sonne,
> grüßen das freundliche Licht des Abends,
> singen in Hymnen Gott dem Vater,
> singen dem Sohn und dem Heiligen Geist.
>
> Würdig bist du, daß wir dich feiern
> zu allen Zeiten mit heiligen Liedern,
> Christus, Sohn Gottes, Bringer des Lebens:
> dich lobpreise die ganze Erde. Amen."

Als Abendpsalm diente meist Ps 141, dessen Vers: „Wie ein Rauchopfer steige mein Gebet vor dir auf; als Abendopfer gelte vor dir, wenn ich meine Hände erhebe", durch Weihrauchinzens unterstrichen wurde. Das Morgengebet besaß entsprechende Elemente. Als Psalmen dienten mit Vorliebe Ps 51 oder 148/50, dazu ein Morgenhymnus oder das *Gloria in exelsis Deo*. Ostern, besondere Feste, Märtyrergedächtnisse, Kirchweihen und Taufspendung wurden häufig mit einem Vigilgottesdienst eingeleitet.

Den Schriften der Kirchenväter lassen sich interessante Einzelheiten über Form und Gestaltung des Stundengebets in den Bischofskirchen entnehmen[292]. Besonders ausführlich hat die Pilgerin Egeria über die Jerusalemer Liturgie an Wochen-, Sonn- und Festtagen berichtet. Der Abendgottesdienst an einem gewöhnlichen Werktag verlief folgendermaßen:

„Zur zehnten Stunde aber, die man hier *lychnikon* nennt – wir sagen *lucernar* –, versammelt sich die ganze Menge in der Anastasis [Auferstehungskirche]; es werden alle Leuchter und Kerzen angezündet, und es erstrahlt unendliches Licht … Man rezitiert sowohl die Lucernarpsalmen als auch, lange Zeit hindurch, Antiphonen. Jetzt wird der Bischof gerufen, er steigt herab und setzt sich auf einen erhöhten Platz. Dann setzen sich auch die Priester auf ihre Plätze, und es werden Hymnen und Antiphonen rezitiert. [Gegen Schluß des Gottesdienstes] wird der Bischof mit Hymnen von der Anastasis bis zum Kreuz [am Golgothafelsen] geführt, ebenso kommt auch das ganze Volk mit … Dort hängen überall sehr viele, außerordentlich große Lampen aus Glas, und zahlreiche Kerzenleuchter stehen vor der Anastasis, vor dem Kreuz und hinter dem Kreuz. Das Ganze endet in der Dunkelheit. So wird dieser Gottedienst täglich an sechs Tagen am Kreuz und in der Anastasis gefeiert"[293].

Die Jerusalemer Liturgie war wegen der örtlichen Besonderheiten und der großen Zahl der Pilger besonders aufwendig gestaltet. Aber auch das Kathedraloffizium in anderen kirchlichen Zentren entbehrte nicht der Faszination für die Gläubigen. Schlichter, aber zugleich ausgedehnter war das Stundengebet der Mönche, das weniger auf die einzelnen Tageszeiten bezogen war als vielmehr das ununterbrochene Gebet in Gang halten sollte. Es bestand aus dem Rezitieren nicht nur ausgewählter, sondern aller Psalmen meist in der im Psalter festgelegten Reihenfolge. Einzelne Psalmen oder Psalmgruppen konnten durch privates Beten und ein abschließendes allgemeines Gebet (*collecta*) unterbrochen werden. Schriftlesungen ergänzten das gottesdienstliche Offizium. Der genaue Verlauf (*cursus*) wurde von den einzelnen Klöstern festgelegt, bevor sich die benediktinische Ordnung im Westen durchsetzte (vgl. S. 189).

– Askese

– – Motivation

Nahrungs-, Geschlechts- und Besitzaskese waren in vielen Kulten, religiösen Vereinigungen und philosophischen Zirkeln in der Umwelt des Christentums verbreitet (vgl. S.

159)²⁹⁴. Was die christliche von der heidnischen Askese unterschied, lag weniger im Inhalt der asketischen Übungen als vielmehr in ihrer Motivation. Ausgeschlossen werden mußte christlicherseits vor allem jede dualistische Begründung, welche die irdischen Güter als widergöttlich und böse verurteilte oder einen unversöhnlichen Gegensatz zwischen Geist und Leib postulierte. Christlich verstanden stellte der Verzicht keinen Wert an sich dar – warum sollten Gott Hunger und Armut wohlgefälliger sein als Fülle und Reichtum? –, sondern nur Mittel zum Zweck. Die Askese sollte den Menschen von ungeordneten Bindungen an die Haupttriebe freimachen und bereit, Gott und dem Nächsten zu dienen. Da über Jungfräulichkeit und das Verhältnis zu Reichtum und Besitz an anderer Stelle gesprochen werden wird (vgl. S. 155f und 226f), sei hier nur auf das Fasten eingegangen, das im 4. Jh. auch zunehmend liturgische Bedeutung erlangte.

– – Fasten²⁹⁵

Schon früh galten der Mittwoch und der Freitag, im Westen zeitweise auch der Samstag als Fasttage in Erinnerung an einzelne Stationen der Passion Christi. Liturgischen Rang erhielt das Fasten, als es zur Unterstützung des Gebets an bestimmten Zeiten des Kirchenjahres eingeführt wurde. In Anlehnung an das Fasten Jesu in der Wüste (Mk 1,12f) setzte sich – mit zahlreichen räumlichen und zeitlichen Abweichungen – ein vierzigtägiges Fasten durch, das, je nachdem ob man den Samstag als Fasttag akzeptierte oder ablehnte, verschieden früh beginnen mußte. Im Westen wurde ein sechswöchiges Fasten geübt, das allerdings an Aschermittwoch vor dem ersten Fastensonntag begann, um auf volle vierzig Tage zu kommen. Nicht mit gleicher Strenge wurde mancherorts ein Adventsfasten gebräuchlich. Im Osten kannte man ein Pfingstfasten, das nach dem Fest begann und die Christen nach den Freuden der Osterfestzeit wieder an den Ernst des Christenlebens gewöhnen sollte. Über die allgemeinen Fastenzeiten hinaus wurden auch wichtige örtliche Ereignisse wie Reliquientranslationen oder Kirchweihen von Vigilfasten begleitet. Desgleichen besaß das Fasten als Taufvorbereitung einen hohen Rang.

Stadtrömischen Ursprungs waren die von Leo dem Großen erwähnten Quatemberfasten (sermo 19,2), welche die Jahreszeiten in den liturgischen Ablauf des sonst rein heilsgeschichtlich ausgerichteten Kirchenjahres einbeziehen sollten (vgl. S. 136). Der naturangepaßte Charakter der Quatemberfasten scheint Bedenken erregt zu haben und wurde von Bischof Filastrius von Brescia ausdrücklich kritisiert (div. haeres. 149,3). Große Akzeptanz fanden dagegen die Rogations- oder Bittfasten, in denen die schon in heidnischer Zeit bekannten Flurprozessionen (*ambarvalia, robigalia*) weiterlebten. Durch Fasten und Gebet unterstützte Umgänge – regelmäßig vor dem Himmelfahrtsfest oder anläßlich besonderer Ereignisse wie Hungersnot oder Seuchen – entsprachen offensichtlich einem Bedürfnis vieler Christen.

Die Fasten wurden streng durchgeführt. Man verzichtete in den vierzig Tagen vor Ostern auf Fleisch und Wein und – für manche eine nicht zu unterschätzende Entsagung – auf den Besuch der Bäder. Den Eheleuten wurde nahegelegt, sexuelle Abstinenz zu üben. Normalerweise enthielt man sich bis zur 9. Stunde, d.h. bis gegen drei Uhr nachmittags, jeglicher Speise. Eifrige Christen dehnten das Fasten aber auch bis zum Abend aus. Besonders in den Klöstern wurde es bis zum Sonnenuntergang gehalten. Viele Mönche steigerten das Fasten zu einer *superstitio ieunii*, die zwei, drei Tage oder eine ganze Woche dauern konnte. Auch hinsichtlich der Fastenspeisen gab es mannigfaltige monastische Verschärfungen. *Xerophagie* nannte man die Beschränkung auf Wasser,

Brot und Salz. Epiphanius von Salamis bezeugt, daß sie in der Karwoche auch von normalen Kirchenchristen beobachtet wurde (fid. 22,10). Aus gesundheitlichen Gründen mußten zuweilen Kräuter, Gemüse oder Hülsenfrüchte hinzugegeben und die Zubereitung der Speisen mit ein wenig Öl gestattet werden. Geteilter Meinung war man beim Fisch. Für die meisten galt er als Bestandteil einer üppigen Mahlzeit und keinesfalls als kärglicher Ersatz für Fleisch, das gänzlich tabu war.

Die heute fast nur noch unter diätetischen Gesichtspunkten plausibel erscheinende spätantike Fastenpraxis war damals vorwiegend religiös motiviert. Sie wurde in vielen Religionen zur Erlangung kultischer Reinheit, zur Unterstützung von Zauber und Magie, als Zeichen von Trauer oder in philosophischen Zirkeln zur Befreiung des Geistes von den Fesseln der leiblichen Bedürfnisse geübt. Der kirchlichen Verkündigung lag häufig die prophetische Mahnung aus Joel 1,13/5 und 2, 12/7 zugrunde[296]:

„Bekehrt euch zu mir von ganzem Herzen mit Fasten, Weinen, Klagen! Zerreißt dabei euer Herz und nicht eure Kleider, bekehrt euch zum Herrn, eurem Gott. Denn gnädig ist er und barmherzig, langmütig und reich an Güte; er läßt sich des Unheils gereuen."

Mit dem Propheten betonen die Väter, daß das Fasten in rechter Gesinnung zu erfolgen hat, nicht Selbstzweck sein darf und mit guten Werken verbunden werden muß. Erst die Beobachtung der Gerechtigkeit macht die Kasteiung zu einem Gott wohlgefälligen Fasten. Fasten, Gebet und Almosengeben sind die drei Waffen, welche die Dämonen vertreiben und die Sünde überwinden. Sie verstärken die Buße und unterstützen die Fürbitte. In seinem Traktat De Helia et ieiunio, in dem er Gedanken von Origenes und vor allem von Basilius dem Großen wiedergibt, läßt Ambrosius die Geschichte des Fastens im Paradies beginnen. Was durch das Verlangen nach der verbotenen Frucht verlorengegangen ist, muß durch das Fasten wiedergewonnen werden, „damit wer durch Adam zugrunde ging, durch Christus wiederhergestellt werde" (expl. Ps. 40,1). Welche heilsamen Wirkungen das Fasten besitzt, wird Ambrosius nicht müde aufzuzählen, wobei er sogar den diätetisch-medizinischen Aspekt nicht unterschlägt:

„Das Fasten ist die Schule der Enthaltsamkeit, die Unterweisung der Schamhaftigkeit, die Demut des Geistes, die Züchtigung des Fleisches, Form der Nüchternheit, Norm der Tugend, Reinigung der Seele, Ausbreitung der Barmherzigkeit, die Einrichtung der Gelassenheit, die Lokkung der Liebe, Zierde des Alters und Schutz der Jugend, das Fasten ist Erleichterung der Krankheit und Nahrung der Gesundheit" (Hel. 10,34).

2. Mönchtum

Literatur:

ST. SCHIWIETZ, Das morgenländische Mönchtum 1/2 (Mainz 1904/13), 3 (Mödling 1938); A. VÖÖBUS, History of Ascetism in the Syrian Orient 1 = CSCO.Sub. 14 (Louvain 1958); H. VON CAMPENHAUSEN, Die Askese im Urchristentum: DERS., Tradition und Leben (Tübingen 1960) 290/317; H. CHADWICK, Enkrateia: RAC 5 (1962) 343/65; K.S. FRANK, *Aggelikos bios* = BGAM 26 (Münster 1964); R. LORENZ, Die Anfänge des abendländischen Mönchtums im IV. Jahrhundert: ZKG 77 (1966) 1/61; P. NAGEL, Die Motivierung der Askese in der alten Kirche und der Ursprung des Mönchtums = TU 95 (Berlin 1966); B. LOHSE, Askese und Mönchtum in der Antike und in der Alten Kirche = RKAMW 1 (München 1969); C.C. WALTERS, Monastic archeology in Egypt (Warminster 1974); Askese und Mönchtum in der Alten Kirche. Hrsg. von K.S. FRANK = Wege der Forschung 409 (Darmstadt 1975); TH. BAUMEISTER, Die Mentalität des ägyptischen Mönchtums: ZKG 88 (1977) 145/60; E.A. JUDGE, The Earliest Use of Monachos for ‚Monk' (P. Coll. Youtie 77) and the Origins of Monasticism: JbAC 29 (1977) 72/89; J.T. LIENHARD, Paulinus of Nola and early western monasticism = Theophaneia 28 (Köln/Bonn 1977); A. GUILLAUMONT, Aux origines du monachisme chrétien (Bégrolles-en-Mauges 1979); A. SOLIGNAC, Monachisme féminin: DSp 10 (1980) 1603/9; K. HEUSSI, Der Ursprung des Mönchtums (Nachdruck Aalen 1981); K.S. FRANK, Grundzüge der Geschichte des christlichen Mönchtums = Grundzüge 25 (Darmstadt ^{4}1983); H. BACHT, Vermächtnis des Ursprungs, 2 Bde. (Würzburg 1972/83); D. KÖNIG, Amt und Askese = RegBenSt.Suppl. 12 (St. Ottilien 1985); P. BROWN, Die Keuschheit der Engel (Wien 1991); K. KOSCHORKE, Spuren der alten Liebe. Studien zum Kirchenbegriff des Basilius von Caesarea = Paradosis 32 (Freiburg / Schweiz 1991); F. PRINZ, Frühes Mönchtum in Frankreich (München / Wien ^{2}1988); A. DE VOGÜÉ, Histoire littéraire du mouvement monastique dans l'antiquité, 3 Bde. (Paris 1991/93/96); H. HOLZE, Erfahrung und Theologie im frühen Mönchtum = FKDG 48 (Göttingen 1992); G. GOULD, The desert fathers on monastic community (Oxford 1993); M.-E. BRUNERT, Das Ideal der Wüstenaskese und seine Rezeption in Gallien bis zum Ende des 6. Jh.s = BGAM 42 (Münster 1994); E. DASSMANN, Christusnachfolge durch Weltflucht: Die koptische Kirche. Hrsg. A. GERHARDS/H. BRAKMANN = Urban Taschenbücher 451 (Stuttgart 1994) 28/45; F. VON LILIENFELD, Mönchtum II: TRE 23 (1994) 150/93; G. JENAL, Italia ascetiqua atque monastica = Monographien zur Geschichte des Mittelalters 39 (Stuttgart 1995) S. ELM, ‚Virgins of God' (New York 1994).

2.1 Askese und Jungfräulichkeit in vormonastischer Zeit

– Früheste Nachrichten

Mit dem Mönchtum tritt eine besondere Form christlichen Lebens in Erscheinung, die von ihren Anfängen an bis auf den heutigen Tag aus der Kirche nicht mehr wegzudenken ist. Naturgemäß ist es unmöglich, für ein Phänomen wie das Mönchtum einen exakten Anfang zu benennen. Man kennt zwar Väter und Begründer des Mönchtums; von den frühesten, Antonius und Pachomius, wird gleich gesprochen werden; noch älter soll ein Eremit Paulus aus Theben gewesen sein, der aber nur aus einer Vita des Hieronymus bekannt ist, die so legendarisch anmutet, daß an der Historizität dieses Paulus begründete Zweifel angebracht erscheinen. Aber letztlich sind sie alle nur hervorragende Personen in der historisch längst in Erscheinung getretenen monastischen Bewegung, wobei ihre Bedeutung nicht zuletzt vom Rang der Biographen abhängt, die sie gefunden haben.

Die mönchische Bewegung entstand, als zu dem breiten asketischen Strom, der in der Kirche stetig wachsend von ihren urkirchlichen Anfängen an festgestellt werden kann, als neues Moment hinzukommt, daß die Askese nicht mehr innerhalb der eigenen Familie oder Gemeinde, sondern fernab von menschlichen Siedlungen und Behausungen in der Einsamkeit der Wüste gelebt wird. Bis dahin waren Christen, die Nahrungs-, Besitz- und Geschlechtsaskese zur freiwilligen Lebensform erwählt hatten, in ihrem gewohnten Lebenskreis geblieben. Sie genossen in den Gemeinden hohes Ansehen und besaßen vor allem innerhalb des Gottesdienstes besondere Vorrechte. So nahmen z.B. die gottgeweihten Jungfrauen nach Ausweis des Tertullian, exh. cast. 11, ihren Platz neben den Presbytern ein. Als das Presbyterium einer Gemeinde noch nicht mit dem späteren ordinierten Priesterkollegium gleichgesetzt werden darf, werden die männlichen Asketen vielfach zu den Presbytern gehört haben. Nach den Apostolischen Konstitutionen 8,13 empfangen die Asketen unmittelbar nach dem Klerus die Eucharistie. Origenes, hom. in Num. 2,1, zählt die kirchlichen *ordines* in folgender Reihenfolge auf: Bischof, Presbyter, Diakone, Jungfrauen und Asketen. Schon bald legen die Asketen ein Gelübde ab. Ihre Ehelosigkeit sollte kein zufälliger und vorübergehender Zustand sein; ohne gewollte und gelobte Dauer hätte die Jungfräulichkeit kein kirchlicher Stand werden können. Welche rechtlichen und moralischen Verbindlichkeiten dem Jungfräulichkeitsgelübde zukamen, ab wann es öffentlich in der Kirche abgelegt und zeremoniell – z.B. mit der Überreichung des Jungfrauenschleiers – gestaltet wurde, ob es auf Zeit oder in jedem Fall für immer galt, unterlag der Entwicklung, die räumlich und zeitlich verschieden verlaufen ist[297].

Doch schon bald wurde erkannt, daß Askese in der Form bleibender Jungfräulichkeit bestimmte Lebens- bzw. Verhaltensweisen notwendig macht. Sie war ohne ein zurückgezogenes Leben nicht durchzuhalten. Darum wurden Jungfrauen und Asketen zur Einsamkeit ermahnt; Teilnahme an Gelagen und der Besuch öffentlicher Bäder galten als unvereinbar mit dem erwählten Stand. Die männlichen und weiblichen Asketen konnten zwar im Familienverband wohnen bleiben, aber naheliegender war es, in einer *vita communis* das asketische Ideal zu verwirklichen. Man brauchte deswegen nicht aus der Stadt und der Gemeinde auszuziehen; ein Haus, eine Villa auf dem Land genügten, um sich zurückziehen zu können. Von der Kirche abgelehnt und bekämpft wurde allerdings die extravagante Form des Zusammenlebens von männlichen und weiblichen Asketen zum Zwecke der geistlichen Förderung, das sogenannte Syneisaktentum. Zahlreiche Väter und Synoden bis ins 6. Jh. warnen und verbieten es, vor allem wenn Kleriker daran beteiligt sind[298].

Eine besondere Kleidung kannten die Asketen nicht. Bei den Jungfrauen wurde allerdings bereits um die Mitte des 3. Jh.s das Tragen eines Schleiers üblich. An und für sich war der Schleier das Kennzeichen der verheirateten bzw. der fest verlobten Frau. Da die gottgeweihte Jungfrau aber nicht mehr frei ist für die Vermählung mit einem Mann, soll sie sich für Christus als ihren Bräutigam bewahren. Daher erschien es angemessen, daß sie sich in der Öffentlichkeit mit einem Schleier verhüllte. Entsprechend mahnt Tertullian:

„Ich bitte dich [Jungfrau], verhülle mit dem Schleier das Haupt ... Ergreife die Waffe der Zucht, umgib dich mit dem Walle der Schamhaftigkeit, baue deinem Geschlecht eine Mauer, welche weder deine eigenen Blicke noch die Vorübergehenden hindurchläßt. Trage das Gewand der (verheirateten) Frau, damit du den Stand der Jungfrau bewahrst. Gib dir den Schein, als wärest du das, was du in Wirklichkeit nicht bist, und sei zufrieden, daß Gott allein dich kennt. Übrigens bist du ja wirklich verheiratet, denn du hast dich mit Christus vermählt; ihm hast du dich übergeben, ihm dich verlobt. Kleide dich nun auch so, wie dein Bräutigam es will. Christus verlangt aber, daß die weltlichen Bräute und Frauen den Schleier tragen, um wieviel mehr sollen dies erst seine Bräute tun"[299].

So lebten denn die Asketen, der Menge zumeist unbekannt, ein Leben des Gebetes und des Verzichtes. In der Gemeinde genossen sie hohes Ansehen, im Gottesdienst wurden sie durch eine besondere Stellung ausgezeichnet, waren aber nicht an der Gemeindeleitung im eigentlichen Sinn beteiligt. Gewisse liturgische und seelsorgliche Hilfsdienste versahen zwar Gemeindewitwen oder Diakonissen, aber für sie gab es bestimmte Altersvorschriften, und die Zahl der mit besonderen Aufgaben betrauten Frauen wird nicht groß gewesen sein[300]. Ähnliches gilt für die männlichen Asketen. Die zuweilen geäußerte Vermutung, in den ersten Jahrhunderten seien vorzugsweise ehelos lebende Männer zu den Gemeindeämtern herangezogen worden, mag teilweise zutreffen, läßt sich aber nicht allgemein nachweisen (vgl. S. 147/9).

– Monastische Vorformen

Umstritten ist die Frage, ob es asketisch lebende Gemeinschaften gegeben hat, die auf das Anachoreten- und Koinobitentum, wie es bei Antonius und Pachomius erscheint, anregend gewirkt haben. Entsprechende Nachrichten sind spärlich. Bei Irenäus findet sich eine schwer verständliche Stelle, die auf Einsiedler hinweisen könnte[301]. Allerdings müßte es sich dabei eher um heidnische denn um christliche Eremiten gehandelt haben. Natürlich lag der Versuch, allein oder zu mehreren ein Leben in völliger Abgeschiedenheit zu wagen, immer nahe. Der erste, von dem man sicher weiß, daß er in die Einsamkeit gezogen ist, war Bischof Narcissus von Jerusalem im 3. Jh. Er verließ seine Gemeinde jedoch nicht allein aus asketischem Antrieb, sondern wegen übler Verleumdungen. Er lebte nach Eusebius, Kirchengeschichte 6,9,4/8, viele Jahre in wüsten und entlegenen Gegenden, bis die Verleumder, von schweren göttlichen Strafen getroffen, dahingerafft worden waren.

Anhänger oder Gefährten hat Narcissus offensichtlich weder gewollt noch tatsächlich gefunden, im Gegensatz zu einem gewissen Hierakas, von dem Epiphanius, haer. 67, berichtet, daß er gegen Ausgang des 3. Jh.s in der Nähe von Leontopolis in einer Einsiedelei gelebt habe. In seinem Umkreis versammelten sich Asketen und Witwen zu besonderen Gottesdiensten, für die Hierakas, der zwar Kopte war, aber griechische Bildung genossen hatte, Hymnen dichtete. Hauptpunkt des von ihm vertretenen Rigorismus war die Forderung nach Enthaltsamkeit und Ehelosigkeit, die er nicht nur von seinen Anhängern, sondern von allen Jüngern Jesu forderte, denn sie stellt für ihn das Zentrum der Verkündigung Jesu dar. Nur Ehelose finden Eingang ins Himmelreich. Weinverbot und andere Nahrungseinschränkungen nehmen sich diesem Rigorismus gegenüber geradezu harmlos aus[302].

In diesem Zusammenhang erscheint die Beobachtung bemerkenswert, daß nicht nur aus leibfeindlichen Tendenzen oder gnostisch-dualistischen Motiven in häretischen Bewegungen, sondern um der Nachfolge Christi und des Eintritts ins Himmelreich willen hin und wieder auch in der Kirche der Ruf nach Enthaltsamkeit für alle laut geworden ist. In Syrien, einer für religiöse Extreme anfälligen Region, wurde eine Zeitlang versucht, Taufe und Eucharistieempfang allein den ehelos lebenden Asketen vorzubehalten. Die als Konkurrenz empfundene markionitische Kirche[303] mag diese Bestrebungen gefördert haben. Ehelosigkeit erschien manchen kirchlichen Gruppen als das eigentlich anzustrebende Ideal eines Christen, selbst wenn es sich nicht verwirklichen ließ. Bis ins 4. Jh. hinein hat sich in kleinen Kreisen Syriens diese rigorose Taufpraxis erhalten. In einem Traktat Aphrahats über die Büßer aus dem Jahr 367, in dem Reste einer alten syrischen Taufliturgie verarbeitet sind, heißt es:

„Wer sich fürchtet, ziehe sich aus dem Kampfe zurück, damit er nicht den Mut seiner Brüder breche wie den eigenen. Wenn jemand einen Weinberg anpflanzt, gehe er zu seiner Bebauung, damit er nicht, wenn er an ihn denkt, im Kampf unterliegt. Wer sich eine Frau erworben hat und sie heiraten will, kehre zu ihr zurück und habe seine Freude mit ihr. Wer ein Haus baut, kehre dahin zurück, damit das Haus ihm nicht plötzlich in den Sinn kommt und er nicht mit vollem Einsatz kämpfen kann. Für die Einzelnen schickt sich der Kampf"[304].

Hier taucht das Kampfmotiv auf, das die radikale Umsetzung des Pauluswortes: „Ich vergesse, was hinter mir liegt, und schaue aus nach dem, was vor mir liegt" (Phil 3,19f), und des synoptischen Jesuswortes: „Keiner, der die Hand an den Pflug gelegt hat und nochmals zurückblickt, taugt für das Reich Gottes" (Lk 9,62), erreichen will. Die Vorstellung vom Christenleben als einer *militia Christi* war weit verbreitet. Der Hang zu einem asketischen Rigorismus, das Verlangen, einzelne Sätze der Heiligen Schrift wortwörtlich zu leben, war nicht nur in häretischen, gnostischen oder montanistischen Gemeinden virulent, sondern tauchte auch in der Großkirche auf[305]. Die große Gefolgschaft, die Hierakas fand – sei es, daß seine Anhänger in der Einöde draußen lebten, sei es, daß sie in Leontopolis blieben und sich nur gelegentlich zu Versammlungen in die Wüste zurückzogen – zeigt, daß es gegen Ende des 3. Jh.s nicht wenige Christen gab, die zu einem konsequenten asketischen Leben bereit waren. Da es aber nicht von allen gefordert werden konnte, lag es für die Asketen nahe, aus der Gemeinde auszuziehen, um allein oder gemeinsam vor den Toren der Städte zu leben. Der Übergang vom Asketen zum Mönch war fließend; er verstärkte sich, je größer die Zahl der Asketen wurde.

Hierakas und seine Anhänger trennten sich von der Kirche, um ihren asketischen Idealen treu bleiben zu können. Andere Asketenvereinigungen blieben dagegen in der kirchlichen Gemeinschaft. So z.B. die „Söhne und Töchter des Bundes", die sich in Syrien zusammenschlossen, als die Forderung der Ehelosigkeit für alle Getauften aufgegeben werden mußte. Sie verließen nicht die Gemeinde und zogen auch nicht aus den Städten aus. In Ägypten dagegen scheint es schon früh Asketen gegeben zu haben, die in der Einsamkeit als Einsiedler lebten. Das beweist z.B. Paphnutius, der nach Sokrates, Kirchengeschichte 1,11, in einem *askētērion* aufgewachsen war. 325 soll er als betagter und hochangesehener Bischof am Konzil von Nizäa teilgenommen und, obwohl er selbst ehelos lebte, dafür gesorgt haben, daß nicht alle Bischöfe, Priester und Diakone durch eine Konzilsentscheidung zu einem zölibatären Leben verpflichtet wurden[306]. Sokrates, Kirchengeschichte 4,23, berichtet ebenfalls über einen gewissen Amun, der um 300 in der Sketis und in der nitrischen Wüste südwestlich von Alexandrien viele Anhänger fand, dort selbst aber schon ältere Asketengemeinschaften vorgefunden hatte. Weitere Nachrichten stammen aus Kleinasien und Syrien, wo es neben den schon erwähnten „Söhnen und Töchtern des Bundes" bereits im 3. Jh. andere Versuche asketisch-anachoretischer Lebensweise gegeben haben soll.

Aus allen diesen Beobachtungen ergibt sich die grundsätzliche Frage: Wie kommt es, daß ungefähr gleichzeitig und größtenteils unabhängig voneinander in verschiedenen Landschaften Christen begannen, außerhalb der Ortschaften und fernab von ihren Gemeinden, doch ohne eine grundsätzliche Trennung von der Kirche zu beabsichtigen, asketisches Leben in der Einsamkeit der Wüste zu praktizieren? Welche Motive haben die Anachorese entstehen und das frühchristliche Mönchtum aufblühen lassen? Verschiedene Gründe sind genannt worden.

1. Häufig wurde angenommen, das Mönchtum sei als innerkirchlicher Protest gegen die verweltlichte konstantinische Reichskirche entstanden. Bereits die Chronologie widerlegt diese Behauptung. Es gibt nicht nur einzelne Asketen und asketische Gemeinschaften vor Konstantin, auch die Anfänge organisierten Mönchtums gehen der konstantinischen Reichskirche voraus.

2. Eine andere Begründung geht von der wirtschaftlichen Notlage aus, die im 3. Jh. weite Teile der Bevölkerung bedrückte, vor allem in Ägypten, wo dementsprechend eine starke Mönchsbewegung aufgebrochen sei. Angesichts ausweglosen Verhältnisse hätten sich viele gesagt, wenn schon Hungern, dann als Gott wohlgefälliges Fasten. Daß im Einzelfall unerträglicher Steuerdruck jemanden in die Anachorese geführt oder der Mangel am Notwendigsten zum Eintritt ins Kloster bewogen hat, mag zutreffen. Aber daß äußere

Not in einem solchen Umfang spirituell fruchtbar wird, muß füglich bezweifelt werden. Äußere Not führt eher zu gewalttätigen Aktionen als zu spirituellen Aufbrüchen.

3. Als plausibelster Grund darf angenommen werden, was verschiedentlich schon anklang: Je mehr die asketische Lebensform sich ausbreitete, um so stärker drängte sie zur Verwirklichung außerhalb der normalen bürgerlichen Existenz. Vor allem als immer klarer wurde, daß die Großkirche den Weg vollkommener Enthaltsamkeit und anderer Höchstformen der Nahrungs- und Besitzaskese in ihrer Gesamtheit nicht mitgehen konnte und durfte. Ihre missionarischen Bemühungen, ihr Werben um neue Volksgruppen und gesellschaftliche Schichten forderten einen zwar vom Evangelium geprägten, aber doch in das normale Leben integrierbaren Lebensstil. Wollte die Kirche weder ein Konventikel werden – wie so manche enkratitische Sondergruppe – noch die ausgrenzen, die sich zu einem Leben strenger Askese berufen fühlten, dann bot sich die räumliche Trennung an, die beiden Lebensformen Raum schaffte und eine glaubensmäßige Abspaltung unnötig machte.

– Außerchristliche Vorbilder?

Da es nur schwer gelingt, exakte Vorläufer des organisierten Mönchtums im kirchlichen Bereich zu finden, ist auch versucht worden, außerchristliche Parallelerscheinungen aufzuspüren. Hingewiesen wurde auf die *Katochoi*, Männer, die in Einzelzellen lebten und dem Gott Serapis dienten, ebenso auf die Therapeuten, die Philo von Alexandrien beschrieben hat. Mönchische Neigungen glaubte man ebenfalls in den philosophischen Strömungen des Neuplatonismus und des Neupythagoreismus feststellen zu können.

Mit Nachdruck ist schließlich auf den Einfluß hingewiesen worden, der vom Manichäismus[307] und indirekt über ihn sogar vom damaligen Buddhismus auf das frühchristliche Mönchtum ausgegangen sein soll. Die Grundstimmung im Manichäismus ist stark pessimistisch gefärbt und durch einen krassen Dualismus bestimmt. Die materielle Welt ist dunkel und böse. Will man durch Erkenntnis erlöst werden, ist es notwendig, strengste Askese zu üben. Die Vollmanichäer verzichteten auf die Ehe, lebten in Armut, aßen kein Fleisch, keinen Fisch und tranken keinen Wein. Man hat daher von einem „manichäischen Mönchtum" gesprochen[308]. Doch lassen sich auch erhebliche Unterschiede nicht übersehen. Im Manichäismus ist die mönchisch anmutende Askese das Normale, im Christentum die Ausnahme. Wollte der Manichäer Vollmitglied sein, mußte er die eben skizzierte Askese beobachten; andernfalls konnte er nur den niederen Rang der *audientes* (Hörenden) einnehmen. Daß es zur Zeit des entstehenden christlichen Mönchtums vor allem in Syrien mönchsähnliche außerchristliche oder häretisch-christliche Gruppierungen gegeben hat – Manichäer, Markioniten, gnostische Valentinianer und verschiedene enkratitisch ausgerichtete Sekten –, soll nicht bestritten werden. Ein direkter Zusammenhang mit dem christlichen Mönchtum im Sinne einer Abhängigkeit kann nach beiden Seiten hin jedoch kaum angenommen werden[309].

2.2 Das Mönchtum im Osten

– Antonius und die Anachoreten

– – Vita Antonii

Wer der erste gewesen ist, der gegen Ende des 3. Jh.s in Ägypten aufbrach, um sich am Rande des bewohnten Gebietes als Anachoret in der Wüste niederzulassen, läßt sich nicht mehr feststellen, wohl wer als erster bekannt geworden ist: Antonius (um 256–etwa 356). Sein Ruf war bereits nach Spanien, Rom und Afrika gedrungen, noch bevor der Alexandriner Bischof Athanasius (295–373) mit seiner Vita sancti Antonii das Andenken an den großen Wüstenvater unvergeßlich gemacht hat.

Nach dieser Lebensbeschreibung war Antonius Sohn angesehener koptischer Eltern im mittelägyptischen Kome. Als sie starben, übernahm Antonius die Sorge für den Hof und seine jüngere Schwester. Schon damals sollen die Berichte vom „Liebeskommunismus" in Apg 2 und 4 ihn tief beeindruckt haben. Als er eines Sonntags in der Kirche wieder einmal das Evangelium vom reichen Jüngling hörte, in dem es heißt, wer vollkommen sein wolle, der gebe seinen Besitz den Armen, entschloß er sich, sein Erbe zu verkaufen und das Geld den Bedürftigen zu geben. Nur für die Versorgung seiner Schwester hielt er etwas zurück (vita 2), bis er auch diesen Rest weggab, eingedenk des Wortes: „Sorget euch nicht um morgen" (Mt 6,34), und seine Schwester der Obhut bewährter Asketinnen übergab (vita 3). Zunächst entfernte Antonius sich noch nicht weit von seinem Heimatort und ging bei verschiedenen Einsiedlern gleichsam in die Lehre.

„Bei dem einen beobachtete er die Freundlichkeit, bei dem anderen den Gebetseifer, an diesem sah er seine Ruhe, an jenem Menschlichkeit; bei dem einen merkte er auf das Wachen, bei dem anderen auf die Wißbegierde; den bewunderte er wegen seiner Standhaftigkeit, jenen wegen des Fastens und des Schlafens auf bloßer Erde; an dem einen beobachtete er die Sanftmut, an dem andern seine Hochherzigkeit; an allen zusammen aber fiel ihm auf die fromme Verehrung für Christus und ihre wechselseitige Liebe; erfüllt von all diesem, kehrte er an seinen eigenen Asketensitz zurück"[310].

Während die Anachoreten sich bisher nicht weit vom Kulturland entfernt hatten, drang Antonius immer tiefer in die Wüste vor. Zunächst fand er Unterschlupf in einer aufgegebenen Nekropole. Nur hin und wieder versorgte ihn ein Bekannter mit den notwendigsten Lebensmitteln. Antonius hauste in einer Grabhöhle und hatte furchtbare Kämpfe mit bösen Geistern und Dämonen zu bestehen (vita 8f). Als er sich noch weiter in die Wüste zurückzog und ein verlassenes Kastell bezog, verstärkten die Dämonen ihre Peinigungen. Antonius lebte in völliger Einsamkeit. Trockenes Brot, das er mitgenommen hatte, reichte für ein halbes Jahr und länger, so daß er auf den Umgang mit Menschen nicht mehr angewiesen war. Nur strömten sie jetzt in Scharen herbei, um ihn zu sehen und sein Wort zu hören. Aber er kam aus seiner Verschanzung nicht hervor. Zwanzig Jahre soll er in ihr zugebracht haben, bis die Menge, die seine Askese bewunderte, ihn stürmisch bedrängte und schließlich sogar die Tür aufstieß. „Da trat Antonius wie aus einem Heiligtum hervor, eingeweiht in tiefe Geheimnisse als ein von Gott Erfüllter" (vita 14).

Von jetzt ab schildert Athanasius den Antonius als begeisternden Redner, der viele Eremitenschüler in das Leben der Askese und Anachorese einführt. Er soll auch nach Alexandrien gegangen sein, um in der diokletianischen Verfolgung die Brüder zu stärken und – womöglich – selbst Märtyrer zu werden (vita 46). Später soll er dem Bischof gegen die Arianer geholfen haben. Wie weit alle diese Nachrichten zutreffen, ist schwer auszumachen. Zuverlässig dürfte Athanasius' Hinweis sein, daß Antonius, um sich nicht zu überheben, in der oberen Thebais nochmals tiefer in die Wüste hineingezogen sei bis zu einem hohen Berg. Dort habe er ein paar Dattelpalmen und frisches Wasser gefunden; um ganz unabhängig zu werden, habe er ein wenig Land bebaut und bewässert und sich seinen Lebensunterhalt selbst bereitet (vita 49f). Doch auch hier blieb er nicht allein; Kleriker und Laien kamen von weit her, um seinen Rat zu hören. Vor allem aber kümmerte er sich um die Mönchsbrüder, die auf dem sogenannten äußeren Berg wohnten, während er sich immer wieder auf den „inneren Berg" – was immer damit gemeint sein mag – zurückzog (vita 91). Dort soll er 356 im Alter von einhundertfünf Jahren verstorben und von zwei Brüdern begraben worden sein. „Und niemand weiß bis jetzt, wo er verborgen ist, außer den beiden allein" (vita 92).

Wie genau dieser Lebensabriß in der Vita des Athanasius mit der historischen Wirklichkeit übereinstimmt, ist schwer zu bestimmen, denn der Bischof wollte nicht nur eine Biographie, sondern eine monastische Werbeschrift verfassen. Er zeichnet Antonius als vollkommenen Christen nach dem Vorbild des vollkommenen Gnostikers, wie ihn Klemens von Alexandrien beschrieben hatte. Sogar Züge einer heidnischen Pythagorasvita sollen eingeflossen sein. Besonderen Wert legt Athanasius auf die Rechtgläubigkeit des Antonius. Damit macht er ihn sich zum Bundesgenossen gegen die Arianer. Die zahlreichen – hier gar nicht erwähnten – Wundertaten weisen Antonius als einen *theios anēr* (Gottesmann) aus, wie er in der spätantiken Vorstellung lebte[311].

– – Dämonenkampf

Wichtiger als die Lösung der historisch-kritischen Probleme der Antoniusvita ist die Frage nach dem besonderen Motiv seiner Askese. Nach Athanasius ist es der Kampf mit den Dämonen. Nicht nur um die Entsagung zu steigern, dringt Antonius immer tiefer in die Wüste vor, er sucht den Kampf mit den Dämonen; er scheucht sie aus ihren Schlupfwinkeln auf und überwindet sie durch seine überlegene Askese. Die Formen, die dieser Kampf annimmt, muten heute seltsam an. Was Matthias Grünewald auf dem Isenheimer Altar gemalt hat, wie der Wüstenvater auf dem Rücken liegt, alle Viere von sich streckt und von einem Schwarm vogel- und drachenartiger Tiere umringt wird, die peinigend auf ihn eindringen, ist nicht der Phantasie des Malers entsprungen, sondern stammt aus der Vita des Athanasius. Bei der Schilderung des Dämonenkampfes in der Grabhöhle heißt es:

„Denn leicht ist es für den Teufel, alle möglichen Gestalten zur Sünde anzunehmen. Da machten sie [die Dämonen] nachts einen solchen Lärm, daß der ganze Ort zu erbeben schien. Es war, als ob die Dämonen die vier Mauern des kleinen Baues durchbrechen und eindringen wollten; dazu verwandelten sie sich in die Gestalten von wilden Tieren und Schlangen; und gar bald erfüllte sich der Platz mit Erscheinungen von Löwen, Bären, Leoparden, Stieren, Nattern, Aspisschlangen, Skorpionen und Wölfen... Antonius, von ihnen zerpeitscht und zerstochen, fühlte zwar heftigen körperlichen Schmerz, aber ohne Zittern und wachsam in seiner Seele lag er da"[312].

Auch in der Weisung der Väter, den Apophthegmata Patrum, einer Sammlung von Sprüchen berühmter Mönche, die zur Erbauung und Belehrung der Schüler lange Zeit weitererzählt worden sind, bevor sie gegen Ende des 5. und im Verlauf des 6. Jh.s gesammelt und schriftlich fixiert wurden, kommen einige sehr handgreifliche Dämonengeschichten vor. So erzählt Altvater Elias:

„Ein Greis verweilte einst in einem Tempel, da kamen die Dämonen und sagten zu ihm: ‚Geh weg von diesem unserem Ort'! Der Greis entgegnete: ‚Ihr seid nicht Besitzer eines Ortes'! Da begannen sie seine Palmzweige zu zerstreuen, er aber blieb und sammelte sie auf. Hernach faßte ihn der Dämon bei der Hand und zerrte ihn hinaus. Als der Greis an der Türe war, hielt er sich mit einer Hand daran fest und rief: ‚Jesus, komm mir zu Hilfe'! Auf der Stelle floh der Dämon. Da begann der Greis zu weinen. Der Herr aber sprach zu ihm: ‚Warum weinst Du'? Der Greis antwortete: ‚Weil sie es wagen, gegen den Menschen Gewalt zu brauchen und es auch ausführen'. Er aber erklärte ihm: ‚Du bist nachlässig gewesen. Als du nämlich nach mir suchtest, ließ ich mich finden. Das aber sage ich dir: Es ist viel Mühe nötig, und ohne Anstrengung kann keiner seinen Gott haben; denn er ließ sich für euch kreuzigen'"[313].

Was ist von solchen massiven Auseinandersetzungen mit den Dämonen zu halten? Handelt es sich um literarische Erfindungen oder die Ausgeburt einer krankhaften Phantasie? Zunächst einmal ist festzustellen, daß Berichte mit grob-sinnlichen Dämonenerscheinungen selten sind. Dämonen sind Geistwesen und verfügen über feinere Mittel der Einwirkung auf den Menschen als Poltern, Kratzen oder Schlagen. Normalerweise ist der Dämon unsichtbar und macht sich durch Einflüsterungen bemerkbar. Häufig ist in den Vätersprüchen die Rede vom *logismos*, d.h. von versucherischen Gedanken. Manchmal läßt sich zwischen Gedanken und Dämonen überhaupt nicht unterscheiden. Der Mönch spricht mit seinen eigenen Eingebungen wie mit einer anderen Person. So wurde über den Altvater Isidorus berichtet:

„Seine Gedanken sagten zu ihm: ‚Du bist ein großer Mensch'! Und er sprach zu sich: ‚Bin ich etwa von der Art des Antonius? Oder bin ich vollkommen geworden wie Abbas Pambo? Oder wie die übrigen Väter, die das Wohlgefallen Gottes hatten'? Sooft er sich das vorführte, hatte er Ruhe. Wenn aber die Feindschaft der Dämonen [d.h. seiner Gedanken] ihn mit Kleinmut erfüllen wollte, daß er nach all dem doch in die Strafe eingehen werde, sagte er zu ihnen: ‚Auch wenn ich in die Strafe geworfen werde, werde ich euch doch unter mir finden'"[314].

In vielen Fällen sind also Dämonen die bösen und trägen Gedanken. Des weiteren erscheinen sie den Vätern in der *pathē*, in den Leidenschaften. Als ein Mönch fragt, warum ihn die Dämonen bekämpfen, antwortet ihm Abbas Poimen:

„Sie kämpfen nicht mit uns, solange wir unseren Willen tun. Denn unsere Willensneigungen sind die Dämonen, und sie sind es, die uns bedrängen, unseren Willen zu tun. Wenn du aber sehen willst, mit wem die [wirklichen] Dämonen kämpfen: mit [Abbas] Moses und seinesgleichen"[315].

D.h. was der Anfänger für dämonische Versuchung hält, ist nichts anderes als sein noch unkontrollierter Wille. Andererseits gibt es ihn wirklich, den Dämonenkampf. Die Großen, wie Abba Moses und Antonius, haben ihn durchgestanden.

Bei genauerem Zusehen zeigt sich, daß die Mönchsväter ein durchaus differenziertes Verständnis des Dämonischen hatten. Nicht alle Versuchungen gehen auf den Teufel als direkte Ursache zurück. Antonius hat einmal drei Arten körperlicher Regungen unterschieden: Die einen sind natürlich, die anderen entstehen aus dem übermäßigen Genuß von Speisen (Alpträume), die wenigsten haben Dämonen verursacht, sind also geistigen Ursprungs (Weisung 22). Doch auch wenn nicht alle Versuchungen dämonisch sind, die Mönche haben die Macht der Dämonen sehr ernst genommen; sie haben in ihnen die Geister des Luftreiches gesehen, die sich verschiedener Mittel bis hin zu grob-sinnlichem Auftreten bedienen, um den Menschen zu verderben. Letztlich verbarg sich für die Mönche hinter den Dämonen und ihren Einwirkungen der böse Geist schlechthin. Deshalb sind sie in die Wüste gegangen und haben sich der Auseinandersetzung gestellt entsprechend dem Pauluswort: „Unser Kampf geht nicht gegen Fleisch und Blut, sondern gegen die Mächte, die Gewalten, gegen die Weltbeherrscher der Finsternis, gegen die Geistwesen der Bosheit in den Himmeln" (Eph 6,12). Der von Christus überwundene Fürst dieser Welt versucht bis zur Parusie mit aller Kraft, seine Herrschaft auszuüben. Der Kampf des Mönches gegen den Teufel ist sein Beitrag zur Missionierung der Welt.

Auch wenn es nicht ausreicht, die Entstehung des Mönchtums als einen Protest gegen die verweltlichte konstantinische Reichskirche zu betrachten (vgl. S. 158), läßt sich nicht übersehen, daß in einer Zeit, da die Kirche schnell wuchs und unvermeidbar von ihrem Elitecharakter einbüßte, die Mönche, welche die Macht der Sünde und des Teufels ernst nahmen und den Kampf gegen die Versuchung exemplarisch vorlebten, für die Kirche von unschätzbarem Wert waren. Nicht von ungefähr liefen die Menschen zu den Mönchen, die als Charismatiker und Pneumatophoren galten, weil sie dem bösen Geist widerstanden hatten. Sie traten bei Fürbitte und Sündenvergebung in die Fußstapfen der Märtyrer. Das unbedingte Ernstnehmen des Bösen in der Versuchung zur Sünde und die Bereitschaft, kompromißlos in der Nachfolge Christi als *miles Christi* dem Teufel zu widerstehen, ist der Kern des mönchischen Dämonenkampfes. Anachorese, Askese, Fasten, Wachen und Beten sind seine Waffen.

Angesichts dieses spirituellen Kerns ist es von peripherer Bedeutung, daß bei nüchterner Betrachtung manche der in der Mönchsliteratur geschilderten Phänomene als Einbildungen oder Halluzinationen erklärt werden können. Die ägyptischen Mönche waren einfache Leute, Fellachen aus den Dörfern und Oasen. Viele konnten weder schreiben noch lesen. Sie lebten im Dämonenglauben bzw. -aberglauben ihrer Zeit und heidnischen Umwelt. Hinzu kamen die Einsamkeit in der gleißenden Helle und Hitze der Wüste, das strenge Fasten und der Schlafverzicht. Man braucht keine pathologische Veranlagung zu haben, um bei solcher Lebensweise zu einer gesteigerten seelischen Empfindsamkeit zu gelangen, die geistige Vorgänge auch sinnenhaft erfährt. Nur ist mit der Qualifizierung einer Dämonenerscheinung als Halluzination die Bedeutung des Vorgangs nicht erklärt. Mit oder ohne Halluzination haben die Anachoreten mit den Ausdrucksmöglichkeiten ihrer Zeit die Wirklichkeit des Bösen bezeugt und gezeigt, daß ihm mit Hilfe von Askese und Gebet widerstanden werden kann[316].

– – Ausbreitung

Mönchssiedlungen breiteten sich in großer Schnelligkeit in der oberägyptischen Thebais, in der Libyschen Wüste mit ihren drei Siedlungen der Nitria, Kellia und Sketis (Wadi Natrun), etwa 100 km nordwestlich des heutigen Kairo, sowie an anderen geeigneten Plätzen aus. Die Zellen der Mönche lagen meist soweit voneinander entfernt, daß sie sich nicht gegenseitig störten. Niemand sollte von seiner Zelle aus den anderen Mönch sehen oder hören können. Andererseits entwickelten sich lockere Formen der Gemeinschaft. Die Mönche trugen die Melote, einen Mantel aus grobem Gewebe, als gemeinsame Tracht. Samstags und sonntags versammelten sie sich zum Gottesdienst. In einigen Mönchssiedlungen wurden auch gemeinsame Agapen gehalten. Es gab ein Synedrion von älteren Mönchen, die in schweren Fällen einen Anachoreten aus der Siedlung ausweisen konnten. Je nachdem bestellten die Mönche ein Stückchen Land, besaßen eigenes Vermögen oder verdienten sich durch das Flechten von Matten, die verkauft wurden, ihren Lebensunterhalt. Im übrigen aber lebte und kämpfte jeder für sich. Es gab kein Gelübde, das den einzelnen an die Mönchsgemeinschaft gebunden hätte. Man konnte den Anachoretenstand jederzeit aufgeben. Es gab auch keine institutionalisierten Autoritäten, wohl die Anhänglichkeit der jüngeren Mönche an die älteren Väter, von denen man Hilfe und Unterweisung erbat und denen man sich – so sie sich als geisterfüllte Männer erwiesen – unterstellte. Die schon verschiedentlich herangezogenen Apophthegmata Patrum enthalten solche Unterweisungen (*logoi, rhēmata*), die sich jüngere Mönche von den Altvätern erbeten hatten. Das theologische Interesse der meisten Mönche dürfte gering gewesen sein. Es gab aber auch Ausnahmen, wie Euagrius Ponticus (etwa 345–399), ein Schüler des Gregor von Nazianz (vgl. S. 51), beweist, der als Priester mit den Mönchen in der Kellia Eucharistie feierte und Gedanken des Origenes über Mystik und Askese zu einer monastischen Vollkommenheitslehre weiterentwickelte.

– Pachomius und die Koinobiten

Es kann nicht übersehen werden, daß das anachoretische Leben – sei es in völliger Einsamkeit, sei es in der Eremitenkolonie – Gefahren in sich schloß. Ein spirituelles Leben unter den extremen Bedingungen der Wüstenaskese konnte auch scheitern. Es gab Mönche, die sich in einer Art asketischen Olympiade selbst zugrunde richteten (vgl. S. 174f). Die Apophthegmata sind voll von Mahnungen zur Mäßigung. Andererseits konnte das geistliche Leben ohne Anregungen und Kontrolle auch versanden und fruchtlos werden. Zudem stellte sich die grundsätzliche Frage, ob nicht wesentliche Seiten sittlicher Vervollkommnung ausfallen, wenn die soziale Komponente fehlt. Die meisten menschlichen Tugenden liegen ja brach, wenn sie sich nicht in der Gemeinschaft bewähren müssen.

– – Leben des Pachomius

All das gesehen und zukunftsweisend geändert zu haben, ist das Verdienst des Pachomius (um 292–346), der den *monachos* in das *koinobion* eingegliedert hat. Gewiß ist er nicht der Erfinder des Klosters, genausowenig wie Antonius der Erfinder des Einsiedlerwesens ist. Versuche monastischen Gemeinschaftslebens hat es schon vorher gegeben. Aber Pachomius gelang es doch, vermöge seines Organisationstalentes und seiner Tatkraft eine Organisation zu schaffen, die für das Klosterleben richtungweisend geworden ist. Noch Benedikt steht unter seiner Nachwirkung.

Pachomius, Kopte wie Antonius, wurde als Sohn heidnischer Eltern in der oberen Thebais gegen Ende des 3. Jh.s geboren. Er wurde Soldat und soll durch Christen, deren barmherzige Unterstützung er erfuhr, zum Christentum bekehrt worden sein. Nach seiner Entlassung aus dem Heer empfing er die Taufe und wurde Asket, zuerst unter der Leitung des erfahrenen Altvaters Palamon. Nach der Überlieferung der Vita graeca prima soll er auf dem Weg in das Dorf Tabennisi die himmlische Weisung erhalten haben: „Bleibe hier und baue ein *monasterion*, denn es werden viele zu dir kommen, um Mönch zu werden"[317]. Neu an der von Pachomius ins Leben gerufenen Gemeinschaft war vor allem die Regel, welche die Mönche eines Klosters zu einem geordneten Leben unter der Leitung eines Oberen verpflichtete.

Wie die Regel des Pachomius ursprünglich ausgesehen haben mag, ist schwer zu beurteilen. Es finden sich zahlreiche Bruchstücke in verschiedenen ägyptischen Dialekten, daneben griechische und lateinische Übersetzungen. Wahrscheinlich hat es nie eine Urregel gegeben; sie war vielmehr von Anfang an ein wachsendes Gebilde, bei dem sich die Vorstellungen des Pachomius in den Einzelheiten erst langsam herausgebildet haben und das von der nachpachomianischen Überlieferung weitergeformt wurde. Die Regel ist eine kunstlose Sammlung, bestehend aus lose aneinandergereihten Vorschriften in einhundertzweiundneunzig Abschnitten mit vielen Wiederholungen und Überschneidungen.

Als zuverlässigster Text gilt heute die lateinische Übersetzung des Hieronymus aus dem Jahr 404. Durch diese Übersetzung hat die Regel auch im Westen großen Einfluß ausgeübt[318].

– – Kloster und Klosterleben

Wie sahen die pachomianischen Klöster aus? Schon die äußere Anlage läßt die neue Konzeption gegenüber der anachoretischen Lebensweise erkennen. Der gesamte Klosterbereich war von einer Mauer umgeben und konnte nur durch das Pförtnerhaus betreten werden. In der Mitte lag die *synaxis*, der Raum für den gemeinsamen Gottesdienst. Gemeinsam für alle Mönche war auch der Speisesaal. An der Spitze der Kommunität stand der *patēr tēs monēs* mit seinem Stellvertreter. Die Mönche wohnten in kleineren Gruppen, geordnet nach verschiedenen Berufen in eigenen Häusern, denen jeweils ein Hausoberer vorstand. Handarbeit wurde ausgeübt, um den Lebensunterhalt des Klosters zu sichern.

Grundgesetz des pachomianischen Klosters war die *hiera koinōnia*. Pachomius selbst knüpfte bewußt an das Gemeinschaftsideal der Urkirche an (Apg 4,32/5). Dem Bruder dienen, seinem Heile förderlich sein war oberste Regel allen Verhaltens. Sorgfältig wurde jeder Neueintretende in den Geist der Regel und in das pachomianische Grundgesetz eingeführt. Der Bewerber meldete sich beim Pförtner und wohnte einige Tage im Fremdenhaus beim Tor. Er mußte das Vaterunser auswendig lernen, dazu zwanzig Psalmen, zwei neutestamentliche Briefe oder sonst einen Teil der Heiligen Schrift. War die charakterliche Prüfung eines Neulings zufriedenstellend ausgefallen, bekam er das Mönchsgewand und wurde in den Kreis der Brüder eingeführt. Die Bibelferne, die bei manchen Eremiten zu beobachten war, gilt für die Pachomianer nicht mehr. Pachomius selbst verrät in seinen Aussprüchen eine solide Bibelkenntnis. Alle Mönche sollten nicht nur Teile der Heiligen Schrift auswendig kennen, sondern auch Lesen lernen, selbst wenn sie nicht wollten. Unkenntnis und Bildungslosigkeit sind für Pachomius kein mönchisches Ideal. Im Tagesablauf des Klosters sind Zeiten für Schriftlesung und Meditation eingeplant.

Es entsprach dem Grundgedanken des pachomianischen Koinobitentums, daß alle Mönche gleich waren – mit gleichen Rechten und Pflichten. Das galt nicht nur für Kleidung, Essen und Trinken, Arbeit und geistliche Übungen, sondern auch für die asketischen Liebhabereien, die bei den Anachoreten oft seltsam ins Kraut geschossen waren; sie wurden beschnitten und auf ein erträgliches Maß zurückgeschraubt. Ein solcher Gleichklang der Lebensform bis in die Einzelheiten hinein hatte die völlige Besitzlosigkeit des einzelnen und unbedingten Gehorsam gegenüber den Oberen zur Voraussetzung. Beide Forderungen besaßen bei den Anachoreten noch keine Dringlichkeit. Zwar lebten auch viele Eremiten in extremer Armut, trotzdem mußte der einzelne Mönch für sich aufkommen und daher mit dem Notwendigsten an Besitz ausgestattet sein, einer kleinen Hütte, dem Kellion, ein wenig Ackergerät und Hausrat. Pachomius machte allen Klosterbesitz zum Eigentum Christi, von dem jedem einzelnen das Notwendige zugeteilt wurde. Noch weniger kannten die Anachoreten ein Gehorsamsgelübde. Ein junger Mönch unterstellte sich zwar für eine bestimmte Zeit der Leitung eines Älteren; aber das geschah freiwillig und um des geistlichen Trainings willen. Sobald er ausgelernt hatte, ging er fort und versuchte das Eremitenleben aus eigener Kraft (vgl. S. 163f). Daß auch die pachomianische Konzeption Gefahren in sich barg – das Kloster wird reich durch die

Armut des einzelnen, und das Ideal des blinden Gehorsams erstickt die Selbstverantwortung –, kann nicht verschwiegen werden. Sie spielten am Anfang der koinobitischen Bewegung aber noch keine große Rolle. Was die kolportierten Beispiele sinnloser mönchischer Gehorsamsproben angeht, so kehren einige wenige Geschichten – wie z.B. die von Johannes Kolobos – immer wieder.

Der „zog sich zu einem thebaischen Greis in die Sketis zurück und führte ein Einsiedlerleben in der Wüste. Da nahm der Abbas ein dürres Stück Holz, pflanzte es ein und sagte: ‚Begieße es täglich mit einem Eimer Wasser, bis es Frucht bringt'. Sie waren so weit vom Wasser entfernt, daß er spät abends fortgehen mußte, um in der Frühe wieder zurück zu sein. Nach drei Jahren kam Leben in das Holz und es brachte Frucht. Der Alte nahm die Frucht, brachte sie in die Versammlung und sprach zu den Brüdern: ‚Nehmt und eßt die Frucht des Gehorsams'"[319].

– – Ausbreitung

Noch zu Lebzeiten des Pachomius breitete sich die neue Form des Klostermönchtums schnell aus. Bald wurde Tabennisi zu klein, und ein Teil der Mönche wanderte aus, flußabwärts nach Pabau. Fremde Klöster baten um Aufnahme in den pachomianischen Klosterverband. Damit war ein weiterer Schritt getan. Indem sie sich der Pachomiusregel unterstellten und auch organisatorisch miteinander in Beziehung traten, entstand so etwas wie ein Orden, der beim Tode des Pachomius bereits elf Niederlassungen umfaßte – darunter zwei Frauenklöster unter der Leitung der Schwester des Pachomius. Noch zu seinen Lebzeiten sollen siebentausend Mönche in seinen Klöstern gelebt haben[320].

Für die wachsende Verbreitung koinobitischer Klöster war wichtig, daß Pachomius in Horsiesius und Theodor ebenbürtige Helfer und Nachfolger fand. Ihre geschichtliche Wirkung wurde noch übertroffen von Schenute von Atripe (gest. 466), dem Abt des – z.T. heute noch erhaltenen – „Weißen Klosters" bei Sohag in Mittelägypten, der die Pachomianerregel in erweiterter Form für seine Mönche übernahm. Schenute selber war ein ungestümer Prediger und strenger Asket. Die Anziehungskraft seines Klosters beruhte nicht zuletzt darauf, daß es frei von griechischen Einflüssen koptisch geprägt war und in den späteren christologischen Auseinandersetzungen zum Sammelpunkt des bodenständigen Christentums werden konnte.

Bald schon griff das Mönchtum auf andere Regionen über. In Alexandrien und in Unterägypten entstanden neben großkirchlichen Einrichtungen die gut organisierten Klöster der Melitianer. Als die Pilgerin Egeria das Heilige Land besuchte und zum Berg Sinai kam (vgl. S. 219), stieß sie dort auf zahlreiche Anachoretenhütten am Abhang des Berges sowie auf ein kleines Kirchlein auf dem Mosesberg. Bereits um 330 errichtete Chariton aus Ikonium in Pharan, nordöstlich von Jerusalem, eine Mönchsniederlassung, aus der sich die für den palästinischen Raum typische *laura* entwickelte, eine Mischform zwischen koinobitischem Kloster und anachoretischer Einsiedelei. In der *laura* umschließen die einzelnen Mönchszellen innerhalb eines ummauerten Bezirks einen gemeinsamen Mittelpunkt mit der Kirche, in der sich die Mönche zum gemeinsamen Gottesdienst versammeln. Zwei weitere palästinische Lauren gehen auf Euthymius aus Metilene und seinen Schüler Sabas zurück. Im Einflußgebiet zwischen Ägypten und Palästina enstand schon früh eine Mönchssiedlung in Maiuma (Gaza) durch den Mönch Hilarion, über den Hieronymus berichtet hat. Auf dem Ölberg in Jerusalem gründeten Rufinus und in Bethlehem Hieronymus zusammen mit den sie begleitenden Römerinnen, den beiden Melanien, Paula und Eustochium, westlich geprägte Klöster[321]. Auch in Syrien entfaltete sich ein regional geprägtes Mönchtum (vgl. S. 172/5).

– Basilius von Caesarea

– – Die asketische Bewegung des Eustathius

Das organisierte Asketentum in Kleinasien weist turbulente Anfänge auf. Es beginnt mit Eustathius (etwa 300–380), dem späteren Bischof von Sebaste (Siva), der auch an den nacharianischen theologischen Auseinandersetzungen der Zeit beteiligt war (vgl. S. 58). Eustathius' asketische Lebensweise muß schon früh aufsehenerregend gewesen sein, denn noch als Priester wurde er von seinem bischöflichen Vater aus der kirchlichen Gemeinschaft ausgeschlossen. Man warf ihm vor, ein Asketengewand zu tragen, das eines Priesters unwürdig sei. Anscheinend hatte sich schon damals ein Amtsträger entsprechend der gesellschaftlichen Stellung seines Amtes zu verhalten.

Trotz seines Ausschlusses fand Eustathius zahlreiche Anhänger. Er soll nach Sozomenus, Kirchengeschichte 3,14,31, das Mönchtum in Paphlagonien, im römischen Armenien und Pontus begründet haben. Seine asketischen Maximen sind im einzelnen schwer auszumachen. Einen gewissen Eindruck vermittelt der Synodalbrief einer Synode von Gangra (um 340), in dem ausgeführt wird, daß „die um Eustathius" viel Unerlaubtes getan hätten. Sie verwürfen die Ehe und lehrten, daß kein Verheirateter selig werden könne, wodurch viele Frauen verleitet worden seien, ihre Männer und Kinder zu verlassen. Des weiteren wird ihnen vorgeworfen, sie hätten Konventikel abgehalten – wohl weil die kirchlichen Gottesdienste ihnen zu wenig spirituell erschienen. Auch die Asketenkleidung wird erneut gerügt. Es wird ihnen vorgeworfen, sie machten die Sklaven ihren Herren abspenstig – weil sie die etablierten sozialen Ordnungen nicht mehr respektierten. Sie hätten eine eigene Fastenordnung eingeführt und die kirchliche abgelehnt, die verheirateten Priester verachtet und die von ihnen gespendeten Sakramente für ungültig erklärt – die amtlichen Priester erscheinen ihnen ohne pneumatische Begabung; wie sollen sie den Heiligen Geist in den Sakramenten spenden können, wenn sie ihn selbst so wenig erfahrbar besitzen? Schließlich wird ihnen vorgeworfen, sie tadelten die (volksfestartigen) Feiern in den Märtyrerkirchen, forderten von den Reichen Verzicht auf ihren gesamten Besitz und täten auch sonst noch vieles, was der Kirche fremd sei. Aus allen Anklagen wird deutlich, die Eustathianer wollen eine zeit- und weltentrückte Kirche. Wenn die Frauen der Eustathianer Männerkleidung tragen, tun sie es, weil die von Paulus Gal 3,28 vorausgesagte eschatologische Aufhebung des Unterschiedes zwischen den Geschlechtern schon Gegenwart sein soll[322]. Bewegungen, die eine gesellschafts- und kirchensprengende Askese zu leben versuchten, gab es vorwiegend im syrischen und kleinasiatischen Raum (vgl. S. 157f).

Wie zu erwarten hat die Synode von Gangra die Eigenbröteleien der Eustathianer verurteilt. Aber sie hat keine namentlichen Exkommunikationen ausgesprochen. Hellsichtige Bischöfe befanden sich in einem Zwiespalt. Sie konnten ihre Gemeinden durch Radikalismen, wie sie die Eustathianer vertraten, nicht spalten lassen; andererseits spürten sie deutlich, daß die eschatologische Unruhe, die durch asketische und nunmehr auch mönchisch organisierte Gruppen lebendig erhalten wurde, für eine in die Dimensionen der theodosianischen Reichskirche hineinwachsende Gemeinschaft unentbehrlich war. Es kam alles darauf an, das Mönchtum nicht zu unterdrücken, sondern ihm die Anmaßung zu nehmen, exklusiv christlich zu sein. Es mußte zum Vorbild exemplarischer Christusnachfolge und zum Sauerteig für die Gesamtkirche werden, durfte jedoch nicht der Gefahr erliegen, das normale christliche Leben als grundsätzlich minderwertig zu verwerfen. Es mußte eine Vielfalt christlicher Lebensformen möglich bleiben, bei der die

Vollkommenheit vor Gott nicht von vornherein mit der Wahl eines Standes verbunden war.

Einsichtigen Mönchsvätern und Bischöfen war klar, daß der Mönch auf Grund seines Standes nicht höher steht als irgendein Christ. Das zeigen mehrere Geschichten, in denen ein Mönch Gott bittet, ihm zu zeigen, welchen Grad von Vollkommenheit er erreicht hat. Als Antwort wird er auf einen Christen verwiesen, der täglich seiner Arbeit nachgeht, verheiratet ist und durch nichts auffällt. Dieser Mann, so wird dem Mönch bedeutet, ist nicht weniger vollkommen als du[323].

Aufschlußreich sind die Varianten dieser Wandergeschichte, welche die Dringlichkeit des Problems dokumentieren. In einer ersten Version erkennt der Mönch zu seinem Erstaunen, daß ein Christ in der Welt tatsächlich heilig sein kann wie ein Eremit, der jahrelang in der Wüste auf alle Genüsse der Welt verzichtet hat. In einer zweiten Version ist der Weltchrist durch das Gespräch mit dem Mönch so beeindruckt, daß er beschließt, das vollkommene Leben eines Asketen zu führen. Am bezeichnendsten ist die dritte Fassung, in welcher der Hirt Eucharistus zwei Mönchsvätern bekennt:

„Seht, die Schafe da haben wir von unseren Eltern. Wenn es uns Gott gut gehen läßt, so daß wir einen Gewinn von ihnen haben, dann machen wir drei Teile: einen für die Armen, einen für die Gastfreundschaft, den dritten für unseren Bedarf. Seit ich mein Weib genommen habe, haben wir nicht verkehrt, ich nicht und sie nicht – sie ist Jungfrau. Jeder von uns schläft für sich gesondert. Die Nacht über tragen wir Sackhemden, am Tage unsere Kleider. Bis jetzt weiß es niemand von den Leuten"[324].

In dieser letzten Version, in welcher Eucharistus bekennt, daß er und seine Frau von Anfang an enthaltsam gelebt haben, werden nicht mehr Normalchrist und Mönch, sondern verstecktes und offenes Mönchtum miteinander verglichen. Die richtige Einordnung und Integration des Mönchtums in die christlichen Stände, nicht zuletzt auch seine Verbindung mit der kirchlichen Hierarchie war eine Notwendigkeit, die um so dringlicher wurde, je mehr die Zahl der Mönche wuchs.

– – Basilius' asketischer Beginn

Ein gut Teil dieser Eingliederung zuwege gebracht zu haben, ist das Verdienst Basilius' des Großen, der auch als Bischof von Caesarea und Metropolit von Kappadokien, als Trinitätstheologe und kirchenpolitischer Verfechter des Nizänums Hervorragendes geleistet hat (vgl. S. 48/51). Der aus einer adeligen, begüterten Familie stammende und hochgebildete Philosoph, Theologe und Kirchenpolitiker ist in tiefster Seele Asket und Mönch gewesen und immer geblieben. Nach umfassender Ausbildung standen ihm in seiner Heimat alle Möglichkeiten einer glänzenden Karriere offen. Er schlug sie aus, ließ sich taufen und begann mit gleichgesinnten Freunden ein zurückgezogenes Leben auf den Ländereien seiner Familie am Iris (Yeşil). Vielleicht hat eine längere Reise zu den Mönchen Ägyptens, Palästinas und Syriens, sicher aber der Einfluß des Eustathius Basilius zu diesem Schritt bestimmt. Auch wenn er den Radikalismus des Eustathius nicht geteilt und sich wegen dogmatischer Differenzen später von ihm losgesagt hat (vgl. S. 58), vieles von dem, was er über klösterliches Leben und Seelenführung gelehrt hat, dürfte von Eustathius angeregt worden sein.

In einem Brief an seinen Freund Gregor von Nazianz beschreibt Basilius den Ort seiner Zurückgezogenheit als einen Ort idyllischer Ruhe.

„Ein hoher Berg ist da, mit dichtem Wald bedeckt, gegen Norden von kaltem und klarem Wasser bewässert. Unten am Fuß des Berges breitet sich eine flache Ebene aus, immer fruchtbar infolge der Feuchtigkeit des Berges. Der sie umgebende Urwald mit den verschiedenen und mannigfaltigen Bäumen dient ihr fast gar als Zaun, so daß im Vergleich zu ihr sogar die Insel der Kalypso, die Homer wegen ihrer Schönheit mehr als alle Inseln bewunderte, unansehnlich erscheint. Ja, es fehlt gar nicht viel, so ist die Ebene eine Insel, weil sie auf allen Seiten mit Schutzwehren umgeben ist. Tiefe Schluchten schneiden die Einöde auf zwei Seiten von der Umgebung ab. Auf der anderen Seite bildet der Fluß, wo er schäumend vom Berge herabstürzt, auch eine fortlaufende und schwer zu ersteigende Mauer ..."[325].

Man hat diese Beschreibung die erste in der Tiefe empfundene Schilderung einer Landschaft genannt, welche die abendländische Literatur kennt, und dem Basilius ein fast romantisches Naturgefühl zugesprochen[326]. Aber die idyllische Einsamkeit erfüllt bei Basilius nicht die momentane Sehnsucht eines Romantikers. Sie ermöglichte vielmehr ein dauerhaftes Verlassen der Welt, einen Verzicht auf Heimat, Haus, Eigentum, Besitz, Gesellschaft und weltliche Wissenschaft, der die Seele frei machen sollte für die göttliche Wahrheit. Wie man eine Wachstafel nur beschreiben kann, wenn vorher alle „Eindrücke" ausgelöscht sind, so muß die Seele sich von allen irdischen Verstrickungen lösen, bevor sie Gottes inne werden kann. Damit erhält die basilianische Askese bei aller Strenge eine pointiert positive Motivierung, wie sie bereits im Neuplatonismus grundgelegt und auch von Klemens von Alexandrien und Origenes vertreten worden war. Jede Spur von manichäischem oder markionitischem Dualismus fehlt. Körperlichkeit und Welt sind nicht böse, sondern nur Anreiz zum Bösen und zur Verstrickung des Menschen.

Man würde den Kern der basilianischen Askese mißverstehen, wenn man sie als schmerzlichen Verzicht auffassen würde, den der Mönch um des himmlischen Verdienstes willen stöhnend auf sich nimmt. Die Askese hat schon auf Erden eine befreiende Kraft; sie befähigt nicht nur zur Gotteserkenntnis, sondern auch – und das hat Basilius betont wie kaum jemand zuvor – zur Gottes- und Nächstenliebe. Wobei diese Liebe sich nicht nur im esoterischen Kreis der mönchischen Freundesgruppe bewähren muß, sondern eine stark soziale Ausrichtung bekommt. Als späterer Bischof von Cäsarea schuf Basilius um Kirche und Kloster gruppierte Herbergen, Armenhäuser, Hospitäler und Seuchenbaracken, eine ganze Stadt der Nächstenliebe und sozialen Fürsorge, in der seine Mönche ein angemessenes Betätigungsfeld fanden und in der auch der Bischof Wohnung nahm (vgl. S. 233). Das waren zukunftsweisende Anstöße – sowohl im Mönchtum als auch in der Entwicklung der frühchristlichen Karitas.

– – Monastische Innovationen

Das Mönchsleben, das Basilius in Annesi am Iris begonnen hatte, war keine romantische Schwärmerei, sondern ernstes religiöses Bemühen. Asketische Zucht und vollkommener Gehorsam prägten auch die später nach seiner Regel lebenden Mönchsgemeinschaften. Die Handarbeit wurde gepflegt, vor allem als die Mönche in Karitas und Krankenpflege eingesetzt wurden. Eine Rückkehr in die Welt war ausgeschlossen, denn als neues stabilisierendes Element hat Basilius das Gelübde eingeführt, mit dem sich der Mönch auf Lebenszeit bindet, ebenso eine Art Noviziat, in dem der Anwärter seine Eignung erproben kann.

Dabei will Basilius – und je älter er wird um so mehr – keine übertriebene Strenge, vor allem nicht in den peripheren Dingen. Die Gemeinschaft soll nicht gesetzlich leben, sondern in innerer Freiheit. Grundlage des mönchischen Lebens sind Gebet, Psalmengesang und Liturgie, die den Tagesablauf rhythmisch gliedern. Unverzichtbar ist die Pflege der brüderlichen Gemeinschaft. Nur in ihr entfalten sich Liebe und Tugenden. Die Urgemeinde von Jerusalem, in der alle ein Herz und eine Seele waren (Apg 4,23), wird noch eindringlicher als bei Pachomius als Leitbild des Klosterlebens beschworen.

In der Vereinsamung sah Basilius den Schwachpunkt des Anachoretentums. Auf die Frage, ob es besser sei, allein zu leben oder sich Brüdern mit gleicher Gesinnung und gleichem Ziel anzuschließen, antwortet er:

„Ich bin überzeugt, daß das Zusammenleben ... sehr viele Vorteile bringt.
Erstens ist keiner von uns in der Lage, für die körperlichen Bedürfnisse allein zu sorgen... Abgesehen davon erlaubt uns das Gebot über die Liebe zu Christus nicht, daß jeder nur auf seinen eigenen Vorteil aus ist... Zweitens ist es für den, der in der Einsamkeit lebt, schwierig, seine Fehler zu erkennen. Denn keiner ist da, der ihn zurechtweist und ihn in Milde und Mitleid zur Besserung führt... Von mehreren können auch leichter mehrere Gebote beobachtet werden, von einem einzelnen aber niemals. Denn wenn er das eine Gebot erfüllt [z.B. Krankenbesuch], ist er an der Beobachtung des anderen verhindert [z.B. Gewährung von Gastfreundschaft] ...
Wenn wir alle, die durch die Berufung in einer Hoffnung vereinigt sind, einen Leib bilden und Christus zum Haupt haben, dann sind wir auch untereinander Glieder. Das aber nur, wenn wir durch die Eintracht zur Harmonie eines Leibes im Heiligen Geist zusammengeführt werden... Außerdem ist einer allein nicht in der Lage, alle geistlichen Gaben zu empfangen; denn die Gabe des Heiligen Geistes wird ja einem jeden nach dem Maß des Glaubens geschenkt. Im gemeinsamen Leben aber wird die besondere Gabe eines jeden zum gemeinsamen Besitz aller, die zusammenleben"[327].

Neben dem Leitbild aus der Apostelgeschichte und praktischen Erwägungen spricht das paulinische Bild vom *sōma Christou* für die koinobitische Lebensweise. Sie entbindet alle Charismen, die für den geistlichen Fortschritt nötig sind. Bei den Zusammenkünften können die Brüder ihre Sorgen, Anliegen und Fragen vorbringen. Auf Basilius geht die regelmäßige Klosterbeichte zurück. Erst in der *correctio fraterna* gewinnt der einzelne verläßliche Auskunft über das Maß seiner Tugenden. Wer allein lebt, täuscht sich leicht. Bei lebenslanger Bindung an das Kloster bekommt jetzt die Seelsorge an den Brüdern besonderes Gewicht. Jeder Mönch hat seinen Ratgeber und nimmt sich später selbst der jüngeren Brüder als Seelsorger an. Schließlich ist für das basilianische Mönchsideal charakteristisch die Freude an geistiger Arbeit und theologischer Erkenntnis. Unabdingbar für jeden Mönch ist die ständige Beschäftigung mit der Heiligen Schrift.

– – Die Regeln

Basilius hat über seine Zeit hinaus das griechische Mönchtum durch seine aszetischen Schriften geprägt. Zu ihnen gehören die sogenannten Moralia[328], achtzig Stichworte mit ethischen Unterweisungen, die jeweils durch neutestamentliche Schriftworte belegt werden und im Grunde von allen Christen zu befolgen sind, weil die Heilige Schrift Maßstab für alle sein muß. Praktisch auf das Leben der Mönche werden sie in den Regeln angewandt, die in einer kürzeren und einer längeren Fassung vorliegen[329]. Die verschiedenen Rezensionen zeigen, wie die Regeln gewachsen sind und immer mehr Basilius' Ideal des monastischen Lebens entsprechen. Offenkundig werden auch die zunehmend stärker werdenden Reserven gegenüber dem ägyptischen Eremitentum.

Basilius' Regeln haben nach und nach alle anderen verdrängt und sind für das gesamte Klostermönchtum der griechischen Kirche vorbildlich geworden. Ordensgründungen mit so charakteristischen Unterschieden wie sie im Westen – von den Benediktinern über die Franziskaner bis zu den Jesuiten – bestehen, hat es in der griechischen Kirche nicht gegeben. Alle Mönche sind gewissermaßen „Basilianer". Neben dem koinobitischen Mönchtum hat dafür im Osten das Eremitentum immer ein größeres Gewicht behalten als im Westen. Für nicht wenige Mönche ist das Kloster eine Stätte der Ausbildung und Erprobung, die auf die Anachorese als Höchstform des asketischen Lebens vorbereitet. Bis auf den heutigen Tag gibt es Einsiedler auf dem heiligen Berg Athos in Griechenland, im ägyptischen Wadi Natrun und an vielen anderen Orten.

– – Mönchtum und Kirche

Als Bischof hat Basilius versucht, zwei Gefahren zu begegnen, die durch das Mönchtum drohten. Zum einen mußte die Trennung zwischen normalen Christen und Mönchen im Sinne eines mönchischen Ausschließlichkeitsanspruches auf das wahre und eigentliche Christsein sowie eine prinzipielle Disqualifizierung der verheirateten, nicht asketisch lebenden Christen vermieden werden (vgl. S. 167f). Zum anderen galt es, eine Entfremdung zwischen Mönchtum und Kirche zu verhindern. Schon Pachomius hatte ihr entgegenzuwirken versucht; Basilius wollte darüber hinaus das Nebeneinander in eine Zusammenarbeit im Bereich von Karitas, Krankenfürsorge und Verkündigung umgestalten. Auch aus diesem Grund förderte er die Gelübde, wie sie für die Jungfrauen seit langem bestanden. Sie besaßen den Charakter eines öffentlichen Rechtsaktes. Ähnlich wie die Jungfrauen sollten die Mönche bei Verfehlungen kirchlich zur Rechenschaft gezogen werden können.

Wie ist das Verhältnis zwischen Mönchtum und Kirche in frühchristlicher Zeit zu bewerten? Gab es einen Gegensatz? Daß das Eremitentum an der hierarchischen Kirche nicht sonderlich interessiert war, ist zuzugeben; ebenso gilt, daß die priesterliche und liturgische Betreuung der Klöster nicht immer optimal war. Die These vom Mönchtum als Protest gegen die verweltlichte Kirche jedoch bleibt eine Konstruktion (vgl. S. 158). Zwischen einzelnen Mönchen – insbesondere ihren hervorragenden Vertretern – und Bischöfen gab es zahlreiche Kontakte. Das Zusammenwirken konnte sogar ungute Formen annehmen, wenn Mönche ihren Bischof als schlagkräftige Truppe auf den Konzilien bei der Durchsetzung seiner Interessen lautstark unterstützten. Eine endgültige Regelung für das östliche Mönchtum erging auf dem Konzil von Chalkedon (451), wobei ein reservierter Ton gegenüber monastischer Umtriebigkeit in der Konzilsentscheidung deutlich hörbar bleibt.

„Jenen, die wirklich und aufrichtig ein Mönchsleben führen, soll die geziemende Achtung erwiesen werden. Es gibt aber manche, die unter dem Vorwand ihres Mönchtums Verwirrung in die Angelegenheiten der Kirche und des Staates hineintragen, sich in unkluger Weise in den Städten herumtreiben und sogar die Absicht haben, für sich persönlich Klöster zu bauen. Darum hat das Konzil bestimmt, daß niemand irgendwo ein Kloster oder ein Bethaus bauen oder einrichten darf ohne Zustimmung des Bischofs der Stadt. Auch sollen die Mönche jeder Stadt und jedes Landes dem Bischof unterstellt sein. Sie mögen die Zurückgezogenheit lieben, sich nur mit Fasten und Gebet abgeben und an dem Ort bleiben, der ihnen zugewiesen worden ist. Sie sollen sich auch nicht mit kirchlichen oder weltlichen Dingen belasten oder befassen und zu diesem Zweck ihr Kloster verlassen, es sei denn, daß der Bischof der Stadt sie aus einem dringenden Grund damit betraut ..."[330].

Insgesamt gesehen nahm das Mönchtum im griechisch-byzantinischen Bereich einen raschen Aufschwung. In der zweiten Hälfte des 4. Jh.s entstanden die ersten Klöster in

Konstantinopel. Häufig waren Hospitäler und Herbergen mit ihnen verbunden. Auch die theologische Wissenschaft wurde in vielen Klöstern intensiv gepflegt; hervorzuheben sind in der Hauptstadt das Akoimetenkloster (vgl. S. 175) sowie das vom Konsul Studios 463 mit Hilfe der Akoimeten gestiftete Johanneskloster, das mit seiner durch Theodor Studites (759–826) erneuerten Basiliusregel das byzantinische Mönchtum maßgeblich geformt hat.

Auch im Abendland gestaltete sich das Verhältnis zwischen Mönchtum und Kirche nicht immer spannungsfrei. Die Exemption, die Klöster und Orden dem Weisungsrecht und der Verfügungsgewalt des Diözesanbischofs entzog, was dazu führen konnte, daß der Ordensklerus den Diözesanklerus zahlenmäßig übertraf und der Bischof den pastoralen Notwendigkeiten nur mit Hilfe des Wohlwollens verschiedener Ordensoberer gerecht werden konnte, ist bis auf den heutigen Tag nicht problemlos. Umgekehrt hat die Kirche nie den besonderen Wert der Askese und eines Lebens nach den evangelischen Räten bestritten. Der Weg ins Kloster ist eben doch die *via perfectior*.

– Syrisches Mönchtum – Extreme und Gefahren

– – Messalianer

Enkratitische Neigungen zeigten sich schon früh in der syrischen Kirche. Nach den bereits erwähnten „Bundessöhnen und -töchtern" (vgl. S. 158) verbanden die nach einem Audius benannten Audianer asketisch-monastische Lebensweise mit herber Kritik am großkirchlichen Klerus[331].

Eine größere Wirkung erzielten die Messalianer (Euchiten), d.h. Christen, die allezeit beten wollten. Sie beriefen sich dafür auf Jesus (Lk 18,1) und die Mahnung des Paulus in 1 Thess 5,17: „Betet ohne Unterlaß!" Hinter ihrer asketischen Praxis stand eine besondere Lehre vom Heiligen Geist, dessen Gottgleichheit in den Dezennien zwischen Nizäa und Konstantinopel vehement vertreten, verteidigt, aber auch angegriffen wurde (vgl. S. 57f). Wohl nicht zufällig war Basilius einer der konsequentesten Vorkämpfer in der Geistlehre. Wer so wie er ein Leben vollkommenen Christseins im Mönchtum verwirklicht sah, konnte die Kraft, die ein solches Leben bewirkte, den Heiligen Geist, schwerlich als ein untergeordnetes Wesen unter Vater und Sohn akzeptieren. Vom Geist ergriffen, steht der Mönch immer in einer gewissen Spannung zur hierarchischen Amtskirche. Im Mönchtum ist ein amtlich nie ganz zu ordnendes charismatisches Element in der Kirche erhalten geblieben. Ordensgründungen, die wichtige Beiträge zur Erneuerung des kirchlichen Lebens geleistet haben, mußten nicht selten gegen die kirchenamtliche Skepsis durchgesetzt werden.

Was die Messalianer angeht, so scheinen sie der spürbaren Wirkung des Gebetes und der wahrnehmbaren Anwesenheit des Heiligen Geistes mehr vertraut zu haben als der Wirksamkeit der Sakramente. Eine Synode in Side (Pamphylien) wirft ihnen kurz vor 400 folgende Lehren vor: Nur das anhaltende Gebet und nicht die Taufe tilge die Wurzel der Sünde. Allein das beständige Gebet vertreibe den in der Menschenseele wohnenden bösen Geist. Um immer beten zu können, müsse man die Erwerbsarbeit ablehnen. Die Messalianer beanspruchten, die Zukunft vorauszusagen, mit leiblichen Augen die Trinität schauen sowie die Herabkunft des Heiligen Geistes in der Seele sinnlich wahrnehmen zu können[332]. Weil sie nicht arbeiteten, bettelten sie zusammen, was sie zum Leben brauchten; sie blieben also in den Städten und zogen sich nicht in die Wüste zurück. Allnächtlich konnte man sie auf den Straßen und Plätzen der Städte schlafen sehen, Männer und Frauen durcheinander. Sie lebten mit ihren Gedanken und Gefühlen schon in einer anderen Welt; sie waren des Geistes voll in einer Art Dauerrausch.

Als Haupttheologe der Messalianer gilt ein um 400 wirkender Symeon von Mesopotamien (um 370–430), der ein Schüler der Kappadokier gewesen sein könnte und dessen Schriften sich zum Teil unter den „Geistlichen Homilien" erhalten haben, die lange Zeit Makarius dem Ägypter zugeschrieben wurden[333]. Bei Symeon sind die Vergröberungen des frühen Messalianismus getilgt. Der Wert der Handarbeit, die Wirkung der Sakramente wird anerkannt; vor Phantastereien und Träumen wird gewarnt. Was bleibt, könnte eine verfeinerte „Erlebnistheologie" genannt werden, verbunden mit einer gewissen Sucht nach „Fühlbarkeit" der Gottesliebe und „Erfahrbarkeit" der Gnade, alles Elemente des Religiösen, die heute wieder zu faszinieren beginnen[334]. Die an Origenes und die Kappadokier anknüpfende Lichttheologie des Symeon und der Messalianer hat sich nicht nur auf die byzantinische, sondern auch auf die abendländisch-mittelalterliche Mystik ausgewirkt. Sie ist aber immer auch kritisch betrachtet worden und hat sich besonders in der mehr Verstand und Willen betonenden Theologie der Scholastik nicht durchsetzen können.

Trotz verschiedener Verurteilungen – zuletzt auf dem allgemeinen Konzil von Ephesus 431 – wirkten die Messalianer besonders in Syrien (Mesopotamien) und Kleinasien (Kappadokien) weiter und beeinflußten nicht zuletzt die Spiritualität des Akoimetenklosters in Konstantinopel (vgl. S. 175).

– – Styliten

Aufsehen und Bewunderung haben in Syrien die Styliten als auffälligste Variante mönchischen Eremitentums erregt. Erster und zugleich bedeutendster Säulensteher war Symeon der Ältere (um 390–459). Von ihm berichtet Theodoret in seiner Mönchsgeschichte 26, daß Symeon in dem Dorf Sisan aufwuchs, in dessen Umgebung er das Vieh hütete. Als einmal viel Schnee gefallen war und das Vieh Zuhause bleiben mußte, hatte er Muße, den Gottesdienst in der Kirche zu besuchen. Dort hörte er das Wort von der Seligpreisung der Weinenden und Trauernden, das ihn bestimmte, Mönch zu werden. Zunächst wohnte er zwei Jahre bei einigen Asketen in der Nachbarschaft, dann mehrere Jahre im Kloster des Heliodor, wo er mit seinen maßlosen asketischen Taten viel Unruhe stiftete. Während die Brüder alle zwei Tage aßen, fastete er oft die ganze Woche; dazu trug er einen rauhen Palmstrick, bis ihm das Blut durch das Gewand sickerte. Man verwies ihn des Klosters, damit er nicht den schwächeren Mitbrüdern zum Verderben würde. Daraufhin ging Symeon tiefer in die Einsamkeit in die Nähe des Dorfes Telanissus (Tellneši) zwischen Antiochia und Beröa (Aleppo). Um es Mose und Elija gleichzutun, wollte er vierzig Tage ohne Nahrung bleiben. Dazu ließ er sich in eine Zelle einmauern. Erst nach solchen asketischen Vorbereitungen kam es zu der Tat, die ihn in der ganzen Ökumene berühmt gemacht hat: das Leben auf der Säule.

Dabei war das Besteigen der Säule nicht eigentlich geplant. Nachdem Symeon drei Jahre in der Zelle gelebt hatte, ließ er sich auf einem Berg unter freiem Himmel mit einer zwanzig Ellen langen Eisenkette an einen Felsen schmieden. Eines Tages besuchte ihn Bischof Meletius von Antiochien und sagte ihm, das Eisen sei doch überflüssig; wenn sein Geist stark genug sei, genüge der Wille, um ihn für immer an einen Ort zu binden. Also ließ Symeon die Fessel abnehmen. Inzwischen hatte sich der Ruf seiner unglaublichen Taten so verbreitet, daß eine Wallfahrt zum Berg des Symeon einsetzte (vgl. S. 220f). Um von der Masse nicht erdrückt zu werden, die ihm buchstäblich das Mönchsgewand als Souvenir (Reliquie) vom Leibe zupfte, kletterte er auf einen Säulenstumpf, der erst nur sechs Ellen hoch war, dann immer höher wurde, bis die Säule zuletzt sechzehn bis achtzehn Meter hoch in den Himmel ragte.

Auf ihr kämpfte der heilige Mann seinen heroischen Kampf gegen die freiwillig übernommenen und unfreiwilligen Leiden, nächtelang stehend und mit erhobenen Händen betend, dann wieder predigend und die Pilger unterweisend, fast wie ein Wesen aus einer anderen Welt, ein Schauspiel, das die Menge ehrfürchtig erschauern ließ. Die Leute fragten sich, ob das noch ein Mensch sei, der solche Entsagungen zu ertragen vermochte. Dreißig Jahre hat Symeon auf der Säule ausgeharrt; bereits ein Menschenalter nach seinem Tod entstand um sie herum eine der großartigsten spätantiken Kirchenanlagen Syriens, das berühmte Qal'at Sem'an (Säule Symeons), eine der größten Wallfahrtsstätten der Spätantike.

Theodoret, der häufig darauf hinweist, daß er Augenzeuge der berichteten Vorgänge gewesen ist, fürchtet,

„es möchte die Erzählung den Späteren als ein Mythos erscheinen, der jeglicher Wahrheit bar ist. Denn was Symeon getan, geht über die menschliche Natur. Die Menschen aber pflegen Erzählungen nach dem Maßstab der Natur zu beurteilen, und wird etwas berichtet, was darüber hinausgeht, so erscheint es Leuten, welche in göttliche Dinge nicht eingeweiht sind, als Märchen"[335].

Man wird Theodoret beipflichten müssen. Mit dem Maßstab des Vernünftigen ist einem Mann wie Symeon nicht beizukommen. Er weist Grenzen auf, bis zu der die Gottessehnsucht einen Menschen treiben kann, von denen der Normalbürger nichts ahnt. Andererseits darf die missionarische und pastorale Wirkung, die Symeon und andere syrische Asketen gesucht und erreicht haben, nicht übersehen werden. In diesem Zusammenhang ist auch die Säule zu betrachten; sie war kein Gag, sondern zunächst ganz spontan gewählt worden, um dem Andrang der Leute standhalten zu können.

Das änderte sich bei manchen Nachfolgern, die Symeon schon bald fand, so daß die Säulenheiligen zu einer syrischen Spezialität wurden, von den Mönchen anderer Regionen nicht selten bekrittelt oder mit Neid betrachtet. Ebenfalls großen Einfluß gewannen Daniel, ein Schüler Symeons, der vor den Toren Konstantinopels eine Säule bestieg, sowie Symeon der Jüngere (521–592), der in der Nähe von Antiochien als Wundertäter und Prediger große Menschenmengen anzog. Das Säulenstehen ist sogar im Abendland versucht worden. In den Ardennen wollte der langobardische Einsiedler Wulfilaich auf einer Säule leben; der Trierer Bischof Magnerich (gest. nach 587) hat ihn jedoch wegen des unzuträglichen Klimas mit leichtem Druck von seinem Hochsitz herunterholen lassen[336].

Natürlich hat es auch Nachahmer gegeben, deren Vollkommenheitsakrobatik auf der Säulenplattform eher bizarr wirkte. Einige Asketen verfielen auf absonderliche Kasteiungen. Ihre Eisenketten wurden immer schwerer, so daß sie am Ende nur noch gebückt gehen konnten. Theodoret berichtet von einem Baradatos, der sich erst einmauern ließ und später seine Wohnung in einer für Sonne und Regen gleichmäßig durchlässigen Lattenkiste nahm, die für seinen Körper zu klein war und ihn zu einer ständig gebückten Haltung zwang. Er wurde noch von Thalelaius übertroffen, der sich in eine aus Latten und zwei Rädern gebildete Walze mit hochgezogenen Knien hineinzwängte und die ganze Apparatur an einem Gestell frei aufhängen ließ[337].

In einem dem syrischen Theologen Ephraem (306–373) zugeschriebenen Werk De monachis wird von Asketen ohne festen Wohnsitz berichtet, die wie das liebe Vieh nur Gras, Wurzeln und Früchte aßen und *boskoi* genannt wurden. Daß sich Heimatlosigkeit und unstetes Umherwandern als Motiv für die Jesusnachfolge ausbauen ließen, liegt nahe. Auch Jesus hatte nichts, wohin er sein Haupt legen konnte (Mt 8,20). Diese rastlos umherziehenden Gyrovagen bildeten das extreme Gegenteil zur *stabilitas loci* auf der Säule. Die tierähnlich grasenden Mönche schreckten auch vor Schmutz nicht zurück. Sie wuschen sich nicht, trugen lange, verwilderte Haare, und ihre Köpfe glichen mehr Adlersflügeln als Menschenköpfen. Statt mit Öl und Salbe bedeckten sie sich mit Schmutz. „Der Schmutz ist ein Gewand, er webt dir das Kleid der Glorie", belehrt Ephraem die Mönche (monach. 5). Sogar der tierähnliche Nabuchodonosor aus Dan 4,30 wird zum asketischen Vorbild. „Er fraß Gras wie die Rinder; es war sein Leib vom Tau des Himmels benetzt, bis sein Haar so lang geworden war wie Adlerfedern und seine Nägel wie Vogelkrallen". Der Mönch will mit der Welt nichts mehr gemein haben; seine Weltverachtung steigert sich zum Welthaß[338].

– – Akoimeten

Historisch faßbar wird das Gyrovagentum in Alexander (355–430), dem Begründer der Akoimeten, der Schlaflosen. Er stammte von den Prinzeninseln im Marmarameer, ging aber schon in jungen Jahren in ein syrisches Kloster, wo er genügend Strenge zu finden hoffte. Weil sie ihm noch nicht genügte, lebte er als Eremit am Euphrat. Viele Jünger scharten sich um ihn, die er zum Psalmodieren in Chöre einteilte. Im ständigen Streben nach biblischer Vollkommenheit kam ihm der Gedanke, das ununterbrochene Gotteslob der Engel im Himmel auf Erden nachzuahmen. Darum ließ er seine Mönche jeden Tag 70-mal 7-mal das Gloria singen und dazu die Knie beugen. Auf diese Weise ertönte 490-mal jeden Tag und mehr als 20-mal in der Stunde das „Ehre sei Gott in der Höhe"[339].

Irgendwann packte Alexander der asketische Wandertrieb. Mit einer ausgewählten Schar von Getreuen zog er durch die Wüste an den Kastellen des persischen Limes entlang bis nach Palmyra, das die Tore vor den singenden Mönchen schnellstens verschloß. Auch in Antiochien war der Empfang nicht gerade überschwenglich. Alexander mischte sich so lange in die öffentlichen Angelegenheiten ein, bis er von der Militärbehörde ausgewiesen wurde. Schließlich ließ er sich in Konstantinopel nieder, wo das von ihm gegründete Akoimetenkloster noch lange Zeit liturgischen und theologischen Einfluß ausübte (vgl. S. 172).

– – Beurteilungskriterien

Es hat im östlichen Mönchtum gewiß Asketen gegeben, die auf eine schwer verständliche Weise ihrer Sucht nach Vollkommenheit gefrönt haben. Die wenigen genannten Beispiele, die leicht vermehrt werden könnten, sollten aber nicht dazu verleiten, heutige ästhetische oder hygienische Vorstellungen zum Wertmaßstab mönchischer Verhaltensweisen zu machen. Um vollkommene Gottesliebe und Christusnachfolge verwirklichen zu können, hat das östliche Mönchtum Formen des Weltverzichts ausgebildet, die sich rationaler Plausibilität entziehen. Die strikte Befolgung der evangelischen Räte durch die Beobachtung strengster Askese verlangt eine erhebliche Portion eschatologischer Erregung und pneumatischer Ergriffenheit. Soll das Kloster als Seelsorgszentrum oder Bildungsstätte dienen, bilden eine zweckorientierte Regel und wohlüberlegte Askese die besten Voraussetzungen für effektives Teamwork. Wo aber Mönche nicht auf eine nach außen gerichtete Aufgabe bezogen, vielmehr ganz auf Reinigung und Läuterung des eigenen Ich konzentriert sind, um in mystischer Versenkung Gott nahezukommen, wird alles menschliche Maß gesprengt. Da lebt der Mönch aus einem hymnischen und mortifikatorischen Überschwang, der Außenstehenden unverständlch bleiben muß. Der Mönch als Nachfolger der Propheten, Apostel und Märtyrer entzieht sich vernünftigem Begreifen.

Damit soll nicht behauptet werden, daß jede asketische Exaltiertheit auf direkte Einsprechung des Heiligen Geistes zurückzuführen ist. Häufig mußten weitsichtige Mönchsväter, verständige Bischöfe und einzelne Synoden mäßigend eingreifen, vor allem wenn extreme Positionen zum Gesetz für alle gemacht werden sollten. Bejaht man jedoch das Mönchtum als charismatische Bewegung in der Kirche, müssen auch unvorhergesehene, ja sogar provozierende Verwirklichungen des mönchischen Charismas akzeptiert werden. Die Kirche hat gut daran getan, daß sie das Mönchtum nicht reglementiert und für amtliche Funktionen vereinnahmt hat – wenn im Osten auch viele Bischöfe aus dem Mönchsstand hervorgegangen sind (und gehen). Sie hat nur eingegriffen, wenn das Zusammenleben zwischen Ortsgemeinde und Kloster geregelt werden mußte oder wenn nicht die Gemeinden den Mönchen, sondern die Mönche den Gemeinden vollgültiges Christsein absprechen wollten. Umgekehrt hat das Mönchtum vielen ernsthaft gesinnten Christen die Möglichkeit geboten, in der Kirche zu bleiben, weil sie trotz reichskirchlicher Verhärtungen diejenigen in ihren Reihen behielt, die das Ideal einer Kirche der Heiligen radikal verwirklichen wollten.

2.3. Das Mönchtum im Westen

Ist das abendländische und nordafrikanische Mönchtum ein eigenes Gewächs oder nur ein Ableger des östlichen? Sowohl-als-auch. Vor allem in Rom und in Nordafrika gab es ein eigenständiges Asketentum in den Gemeinden. Andererseits erfolgte seine Weiterentwicklung zum Mönchtum zeitverschoben, so daß durchaus mit einer Einwirkung des bereits blühenden östlichen Mönchtums gerechnet werden kann. Welche Faszination von den asketischen Heldentaten der ägyptischen Mönche ausging, beweisen die Confessiones Augustins. Den letzten Anstoß zu seiner Bekehrung empfing der junge Rhetor in Mailand, als er von Antonius hörte und von jungen Hofbeamten in Trier, die ihre Karriere aufgegeben hatten, um wie Antonius in der Einsamkeit zu leben[340]. Die wiederholten Verbannungen des Athanasius in den Westen (vgl. S. 37; 44) und besonders seine Vita Antonii, die ab 360 in mehreren lateinischen Übersetzungen einem größeren Leserkreis zugänglich wurde, haben viel zum Bekanntwerden des östlichen Mönchtums im Westen beigetragen. Sosehr es Helferdienste geleistet und die Entwicklung beschleunigt haben mag, das westliche Mönchtum ist trotzdem nicht nur eine Kopie des östlichen. Es ist aber auch in sich nicht homogen; der Westen hat sehr unterschiedliche Mönchslandschaften hervorgebracht.

– Vorbenediktinisches Mönchtum

– – Rom

In Rom fand das asketische Ideal zuerst Eingang bei den Frauen des Adels[341]. Vornehme Damen wie Marcellina, die Schwester des Ambrosius, und Irene, die Schwester des Papstes Damasus, führten in ihren Familien ein jungfräulich-asketisches Leben oder schlossen sich, wie die vornehme Paula, die jüngere Melania und Proba zu Gruppen zusammen. Zentrum dieses später von Hieronymus spirituell-theologisch betreuten Zirkels war das Haus der reichen Witwe Marcella auf dem Aventin. Als Hieronymus Rom verlassen mußte, verlegte Marcella ihren Wohnsitz auf eine ihrer Besitzungen auf dem Lande, um dort mit gleichgesinnten Damen abgeschieden zu leben. Um für dieses gegenüber den Stadtpalästen alternative Leben zu werben, schrieb Hieronymus an mögliche Kandidatinnen eine Art Werbebrief:

„Selbstgebackenes Brot, Gemüse aus dem eigenen Garten, frische Milch, alle diese Köstlichkeiten des Landes bieten uns bescheidene aber bekömmliche Nahrung. Wenn wir so leben, wird uns der Schlaf nicht vom Gebet, die Übersättigung nicht von der Lesung abhalten. Im Sommer wird uns der Schatten eines Baumes Schutz bieten. Im Herbst wird die milde Luft und das Laub, das den Boden bedeckt, uns zur Ruhe einladen. Im Frühling sind die Wiesen mit Blumen übersät. Zum Zwitschern der Vögel singen sich die Psalmen noch einmal so schön. Wenn der Winter kommt, wenn Frost und Schnee einsetzen, dann brauch ich doch kein Holz: Ich werde wachen, bis ich warm werde, oder werde schlafen. Sicher aber, das weiß ich, werde ich nicht frieren" (ep. 43,3).

Hier wird das altrömische Ideal bukolischen Lebens, einer *vita rustica*, zur poetischen Beschreibung des Klosterlebens benutzt. Die Abgeschiedenheit des Landaufenthaltes soll die Einsamkeit der Wüste ersetzen. Daß es sich dabei um einen Kompromiß handelte, scheinen manche gespürt zu haben, die wie Paula und Eustochium Hieronymus nach Bethlehem folgten, um dort nicht nur ein asketisch geprägtes Gemeinschaftsleben zu pflegen, sondern wirklich monastisch zu leben (vgl. S. 166)[342]. Andere gingen den umgekehrten Weg. Wenn schon keine wirkliche Wüste vorhanden ist, läßt sich künstliche Einsamkeit nicht nur auf dem Lande, sondern auch in der Stadt schaffen. Damit war der Weg zum Stadtkloster frei. Augustinus will auf seiner Heimreise von Mailand nach Tagaste (387) in Rom solche Klöster angetroffen haben (mor. eccl. 1,70).

Die geographischen und klimatischen Bedingungen haben die Entwicklung des westlichen Mönchtums vielfältig beeinflußt. Im Westen gab es keine Wüsten. Einöden fanden sich nur an felsigen, unbewohnten Küsten und auf kleinen Inseln im Tyrrhenischen Meer. Doch auch sie boten keine geeigneten Voraussetzungen für eine anachoretische Lebensweise. Das Wetter erschwerte das Eremitenleben, je weiter man nach Norden – Gallien, Britannien, später Irland – kam. Hier plagte statt Dämonen Rheuma den Einsiedler. Nicht zuletzt aus diesem Grund hat das Anachoretentum im Westen nie die Bedeutung gewonnen wie in den östlichen Provinzen des Reiches. Um so wichtiger wurde das klösterlichen Leben in den Städten, das sich häufig an eine Kirche anschloß.

– – Italien

Frühestes Beispiel einer solchen Verbindung ist die Klostergründung des Bischofs Eusebius von Vercelli in Oberitalien. Eusebius hatte sich schon als Lektor in Rom für die asketische Lebensweise entschieden. Wegen seiner Treue zum nizänischen Bekenntnis wurde er 355 in den Osten verbannt. Nach seiner Rückkehr faßte er den Klerus seiner Bischofskirche als erster (*primus in occidentis partibus*[343]) zu einer *vita communis* in klösterlichem Stil zusammen, für die es im Osten kein Vorbild gegeben hatte. Die Tätigkeit der Kleriker-Mönche bestand in Psalmengesang, gemeinsamem Gebet, Studium der Heiligen Schrift und Handarbeit. Was mit Eusebius begann, wurde bald darauf von Augustinus in Nordafrika fortgesetzt und weiterentwickelt (vgl. S. 179).

Einer der größten Förderer des Mönchtums – ohne selbst Mönch gewesen zu sein – war Ambrosius von Mailand. In der Umgebung Mailands gab es mehrere Klöster, die der besonderen Obhut des Bischofs unterstanden. Noch wichtiger wurde sein asketisches Schrifttum, das weniger eine allgemeine Entbehrungsaskese, sondern vor allem das Virginitätsideal propagierte. Ambrosius hatte mit seiner in Predigt und Schrift vorgetragenen Propaganda großen Erfolg. Von überall her – selbst aus dem fernen Mauretanien – kamen junge Mädchen, um aus seiner Hand den Jungfrauenschleier entgegenzunehmen[344].

Man hat Ambrosius nicht selten den Vorwurf gemacht, sein Lobpreis der Jungfräulichkeit geschehe auf Kosten von Ehe und Familie, er mißachte den Leib und fürchte das Geschlecht. Zugegeben, seine Virginitätsschriften enthalten Wendungen, die einen solchen Verdacht nahelegen könnten. Zwar lehrt Ambrosius korrekt über die Ehe, und seine Schriften enthalten viele kluge Ratschläge zu Gattenwahl, Kindererziehung und anderen Familienproblemen. Wenn er jedoch in Eifer gerät und das Ideal jungfräulichen Lebens gegen offene oder versteckte Angriffe verteidigen muß, wenn er erfährt, daß Eltern ihren Töchtern den jungfräulichen Schleier verbieten und den flammenroten Hochzeitsschleier aufzwingen wollen, können deutlich abfällige Worte über Ehe und Kinderzeugung fallen.

Das muß nicht aus manichäischer Leibfeindlichkeit, stoischer Sexualverdrossenheit, neuplatonischer Reinheitssehnsucht, paulinischer Geschlechterfurcht oder mönchischer Werkgerechtigkeit geschehen – alle diese Schlagworte sind als Motive für die ambrosianische Verherrlichung der Jungfräulichkeit angeführt worden. Das Werben des Ambrosius erklärt sich viel eher aus der seelsorglichen Situation Mailands. Der Bischof hat das Jungfräulichkeitsideal mit seinem Bild von der Kirche und mit der Märtyrerfrömmigkeit verknüpft. Bedrückt vom Zustand einer großen Gemeinde, in die seit dem Konstantinischen Frieden viele Menschen auch aus Opportunitätsgründen Einlaß begehrten, trotzdem zeitlich noch nah verbunden mit der glanzvollen Periode der Märtyrerkirche – die man allerdings schon in verklärtem Licht zu sehen begann –, warb Ambrosius um Menschen, die zu einer kompromißlosen Christusnachfolge bereit waren. Seinem ekklesiologischen Verständnis entsprechend muß die Kirche nicht nur in der theologischen Theorie, sondern auch in ihrer konkreten Gestalt und alltäglichen Wirklichkeit eine heilige Kirche sein. Nach den Märtyrern boten die Jungfrauen am ehesten die Chance, den Brautcharakter der Kirche zu verwirklichen und ihr heiliges Antlitz ohne Makel und Runzel (vgl. Eph 5,27) sichtbar werden zu lassen. Daß sexuelle Abstinenz keinen Wert hat, wenn sie nicht fruchtbar wird in einem umfassenden Streben nach Vollkommenheit, hat Ambrosius nachdrücklich betont[345].

Weitere Nachrichten über klösterliche Gemeinschaften bis zum Beginn des 5. Jh.s gibt es in Oberitalien aus Aquileia (unter Bischof Chromatius), Bologna, Brescia, Como, Pavia, Piacenza, Rimini, Turin, Verona (unter Bischof Zeno) und Vicenza. In Mittel- und Unteritalien sind asketisch lebende Gemeinschaften in Florenz, Spoleto, Pinetum (bei Terracina), Lecce, Otranto und vor allem in Nola bekannt. Hier begründete der aus Bordeaux stammende Paulinus am Grab des heiligen Felix ein *monasterium* für eine *fraternitas monacha*[346]. Melania die Jüngere stiftete Hausklöster auf ihren Besitzungen in Sizilien.

Es gab auch theologische Gegner des Mönchtums und der Virginität, die ebenso die Jungfräulichkeit Mariens bei und nach der Geburt Jesu bestritten. Mit eigenen Schriften traten Jovinian (gest. vor 406) und Helvidius (um 380) und etwas später Vigilantius hervor, die von Ambrosius, Hieronymus und Augustinus bekämpft wurden[347].

– – Nordafrika

Wie verlief die Entwicklung außerhalb Italiens in den anderen westlichen Provinzen? Für Nordafrika genügt ein Blick auf Augustinus, wenngleich er hier nicht der einzige Klostergründer gewesen ist. In Karthago z.B. gab es um 400 einige Klöster, die nicht auf ihn zurückgehen. Auf Bitten des karthagischen Primas Aurelius hat er sich in der Schrift De opera monachorum scharf gegen dort lebende Mönche gewandt, die ihre früheren weltlichen Standesprivilegien behalten wollten, aus Müßiggang eine religiöse Tugend machten und beanspruchten, von den Opfergaben frommer Leute leben zu dürfen (retr. 2,21). Hauptanliegen Augustins war es, Askese, mönchische Lebensform und kirchlichen Dienst miteinander zu verbinden. Was Eusebius von Vercelli und Paulinus von Nola bereits versucht hatten, das geistliche Potential asketisch lebender Männer für den kirchlichen Dienst zu nutzen bzw. durch eine mönchische *vita communis* den Seelsorgsklerus spirituell zu formen, wird von Augustinus energisch und erfolgreich weitergeführt.

Er selbst hatte schon früh asketische Neigungen verspürt. Seine Bekehrung zu einem kompromißlos gelebten Christentum in Mailand (386/87) war von Anfang an mit dem Entschluß zu asketischer Enthaltsamkeit verbunden gewesen. Er entsagte einer glänzenden Berufskarriere, verzichtete auf Ehe und Familie und zog sich mit Freunden und Gleichgesinnten zunächst zur Taufvorbereitung nach Cassiciacum (am Comer-See) und später dann nach Tagaste (seiner nordafrikanischen Geburtsstadt) zu einem zuerst noch philosophisch verbrämten, zunehmend aber klösterlich geformten Leben zurück.

Als er in den kirchlichen Dienst nach Hippo Regius berufen wurde, gründete er zunächst ein Laienkloster, dem er als Presbyter vorstand, später dann das bischöfliche *monasterium clericorum*. Eine *vita communis* nach ein und derselben Regel erschien ihm für seinen Klerus das Gegebene zu sein. In vielen Gemeinden fehlte es an geeigneten Kandidaten für das Bischofs- und Presbyteramt. Augustinus konnte der Kirche Nordafrikas keinen größeren Dienst erweisen, als wenn er für einen gut ausgebildeten und spirituell geformten Klerus sorgte. Augustinus, der selbst ein Meister der Freundschaft war und nach Gemeinschaft verlangte, warb um Mitbrüder, die bereit waren, auf ihren Besitz zu verzichten und in einem Leben vollkommener Armut und Enthaltsamkeit Haus, Tisch und Altar mit ihm zu teilen. Sein Versuch bewährte sich glänzend; immer wieder verließen Presbyter und Diakone die Gemeinschaft, weil sie auf freie Stellen in der Umgebung berufen wurden.

Es war Augustinus sehr ernst mit der *vita communis* seiner Kleriker. Bei selten vorkommenden Verstößen gegen die gelobte Armut, wenn ein Presbyter seine häuslichen Vermögensverhältnisse nicht geregelt, seinen Besitz nicht vererbt oder weggegeben, sondern wenigstens zum Teil behalten hatte, schritt der Bischof unerwartet streng ein[348]. Sonst ging es in der Gemeinschaft sachbezogen und freundschaftlich zu. Nicht übertriebenes Fasten oder andere Kasteiungen standen im Vordergrund, sondern Gebet, seelsorgliche Tätigkeiten und vor allem das Studium der Heiligen Schrift. Für asketische Leistungen als verdienstvolle Werke besaß Augustinus als *doctor gratiae* verständlicherweise wenig Verständnis.

Augustins Mönchsideal hat weitergewirkt, zum einen durch die vielen Freunde und Schüler, die aus dem Klerikerkloster in Hippo Regius hervorgegangen waren und ihrerseits klösterliche Gemeinschaften im Sinn ihres Lehrers gründeten. Nach vorsichtigen Schätzungen sollen etwa dreißig Männerklöster und eine Anzahl Frauenklöster bis zu Augustins Tod entstanden sein, die nach seinem Modell lebten. Zum anderen wirkte seine Regel weiter. Nach intensiven Forschungen dürfte heute feststehen, daß Augustinus in der Tat eine Klosterregel verfaßt hat, die in einer ganzen Reihe von Texten und in verschiedenen Fassungen tradiert worden ist, aber auf eine Grundform, das sogenannte *praeceptum* (früher *regula tertia* genannt) zurückgeführt werden kann; sie ist weitgehend mit den für ein Frauenkloster bestimmten Vorschriften in Augustins ep. 211,5/16 identisch. Die Regel ordnet nicht nur den äußeren Tagesablauf, sondern will das urchristliche Ideal von *caritas* und *unitas* verwirklichen; der Einfluß der paulinischen Gnadenlehre ist deutlich in ihr spürbar. Sie hat auf Caesarius von Arles, Benedikt und mehrere Mönchsregeln eingewirkt und bis ins Mittelalter hinein die Reformversuche von Kleriker- und Ordenskommunitäten befruchtet, die z.T. bis heute fortleben[349].

– – Spanien

Vormonastische und frühe klösterliche Mönchsaktivitäten in Spanien bringen keine neuen spirituellen Akzente, so daß die wenigen Nachrichten, die es gibt, vernachlässigt werden können. Erwähnenswert ist höchstens am Ausgang des 4. Jh.s ein Mönch Bachiarius, der die dauernde *peregrinatio* als asketische Lebensform wählte[350]. Heimatlosigkeit und unstetes Umherwandern hatte es schon im östlichen Mönchtum gegeben. Im Westen wurde dieses Gyrovagentum – wiederum durch klimatische Gründe mitbedingt – von den entsprechenden kirchlichen Instanzen noch skeptischer beurteilt als im Osten. Insofern war Bachiarius für den Westen kein in die Zukunft weisendes Vorbild.

Die Entwicklung des spanischen Mönchtums wurde durch die Bewegung des Priszillian gebremst, die wegen ihrer dualistischen Grundstimmung von der Kirche verboten wurde[351]. Wegen ihres Rigorismus färbte die Verurteilung des Priszillianismus auch auf das asketische Bemühen der Mönche ab, das von den Bischöfen mißtrauisch beobachtet wurde. Am Beginn des 5. Jh.s geriet Spanien dann in die unruhige Zeit der Völkerwanderung mit ihren Heerzügen und Besetzungen durch Wandalen, Sueben und Westgoten. So kommt es erst im 6.Jh. zu einem Wiederaufleben des Mönchtums in größerem Umfang.

– – Gallien

Als Gründer des gallischen Mönchtums gilt Martin, der spätere Bischof von Tours (gest. 397). Über sein Leben und Wirken unterrichtet ausführlich Sulpicius Severus, ein Mann aus vornehmer aquitanischer Familie, der nach dem frühen Tod seiner Frau selber Asket wurde (gest. um 420). Natürlich darf man in seinen Martinusschriften[352] nicht alle Nachrichten für bare Münze nehmen, wollte Sulpicius doch zeigen, daß Martin die ägyptischen Wüstenväter an Heiligkeit und Wundermacht noch übertroffen hat. Viele Geschichten sind legendär. Eine hat besonders Furore gemacht: Wie Martin vor den Toren von Amiens seinen Soldatenmantel mit einem Bettler teilt (vita Mart. 3).

Von der Herkunft Martins und seinem Leben vor der Taufe, die er 334 im Alter von 18 Jahren empfing, berichtet Sulpicius:

„Martinus stammte aus Sabaria, einer Stadt in Pannonien (Ungarn). Er wuchs in Italien zu Ticinum (Pavia) auf. Seine Eltern waren nach ihrer Stellung in der Welt von nicht geringem Rang, aber Heiden. Sein Vater war zuerst gewöhnlicher Soldat, dann Militärtribun"[353].

Martin durchlief eine erfolgreiche Militärkarriere und diente unter den Kaisern Konstantius und Julian in der kaiserlichen Garde. Folgt man Sulpicius, hatte er aber immer schon davon geträumt, Mönch zu werden. Nach seinem Ausscheiden aus dem Militärdienst am Vorabend einer Schlacht an der Rheingrenze errichtete er sich in der Nähe Mailands eine Eremitenzelle, mußte aber wegen des arianischen Bischofs Auxentius weichen und sich auf die Insel Gallinaria zurückziehen. Die Bewunderung, die er für Bischof Hilarius, den Vorkämpfer des nizänischen Bekenntnisses (vgl. S. 46), hegte, führte ihn jedoch nach Gallien zurück, als Hilarius 360 aus der Verbannung im Osten nach Poitiers zurückkehren konnte.

Hilarius hätte Martin, den er schon früher zum Exorzisten bestellt hatte, gern zum Diakon der Kirche von Poitiers geweiht. Aber Martin wollte Mönch bleiben und bezog eine Einsiedelei in Ligugé südlich von Poitiers. Zehn Jahre vergingen, in denen sein Ruf beständig wuchs. Viele Schüler gesellten sich zu ihm, die aber nicht klösterlich zusammenlebten, sondern eine Anachoretensiedlung bildeten, wie sie aus Ägypten bekannt war. Auch als Martin 371 als Bischof nach Tours berufen wurde, hielt er am Ideal des anachoretischen Lebens fest. Er wollte kein Klerikerkloster, wie es Eusebius von Vercelli und Augustinus angestrebt hatten, sondern ungestörte Einsamkeit.

Zunächst glaubte er, sich diese Einsamkeit in einer Zelle neben der Kirche erhalten zu können. Da er aber ständig von Besuchern gestört wurde, zog er sich an einen Ort zurück, der nach Sulpicius an Abgeschiedenheit der Wüste in nichts nachstand. Auf der einen Seite war er von der steilen Felswand eines Berges abgeschlossen; die Ebene auf der anderen Seite umfloß die Loire in sanfter Krümmung. Zur aus Holz erbauten Zelle des Bischofs gab es nur einen schmalen Zugang. Doch auch hier entstand eine Mönchsgemeinschaft, aus der später das berühmte Kloster Marmutier erwuchs. Sulpicius berichtet:

„Sie suchten sich nach dem Vorbild des heiligen Meisters zu bilden. Keiner besaß dort Eigentum, alles war Gemeingut. Keiner durfte etwas kaufen oder verkaufen, wie dies bei Mönchen vielfach üblich ist. Handarbeit wurde nicht betrieben, das Bücherschreiben ausgenommen; für dieses Geschäft wurden jedoch nur die Jüngeren verwendet, die Älteren oblagen ausschließlich dem Gebet. Selten verließ einer seine Zelle, es sei denn, man ging gemeinschaftlich zum Gotteshaus. Ihre Mahlzeiten nahmen sie zusammen erst nach der Stunde des Fastens [nach 3.00 Uhr] ein. Alle enthielten sich des Weines, außer wenn Krankheit es anders verlangte. Die meisten trugen ein Gewand aus Kamelhaaren; feinere Kleider zu tragen galt als Vergehen. Diese Strenge ist um so bewundernswerter, als viele Vornehme unter ihnen waren. Obwohl ganz anders erzogen, hatten sie sich freiwillig zu jener Übung von Demut und Geduld verpflichtet. Gar manche von ihnen sahen wir später auf Bischofsstühlen. Welche Stadt oder welche Kirche hätte sich nicht auch einen Oberhirten aus dem Kloster des Martinus gewünscht"[354]?

Besitz, Arbeit und Erwerb, ohne die die ägyptischen Anachoreten nicht auskamen, weil sie für ihren Lebensunterhalt aufkommen mußten, waren bei Martin verpönt. Die von den Wohlhabenden eingebrachten Vermögen scheinen für die Versorgung des Klosters ausgereicht zu haben, das zudem von der Kirche unterstützt wurde. Auch die theologische Wissenschaft wurde nicht gepflegt mit Ausnahme der Abschrift von Texten für Liturgie und Bibellesung. Auf die Wirkung Martins und des martinischen Mönchtums hat Sulpicius eigens aufmerksam gemacht. Er, die Bischöfe Victricius von Rouen, Maximinus von Chinon, Lazarus und Heros von Arles, Maurilius von Angers, Victorius von Le Mans und viele Mönche lebten im Geiste Martins, doch ohne feste Bindung und verbindliche Regel – so wie Martin selbst durch keine dauerhafte Institution oder schriftliche Unterweisung weiterwirken wollte. Die charismatischen Anfänge sollten erhalten bleiben. Trotzdem – oder gerade deshalb, jedenfalls rational schwer erklärbar – ist Martin wie kaum ein anderer im Gedächtnis und in der Verehrung der Menschen lebendig geblieben. Bereits gegen Ende des 6. Jh.s ist er zum maßgeblichen Heiligen und Fürbitter Galliens und des Frankenreiches aufgestiegen. Die Wallfahrt zu seinem Grab konnte im frühen Mittelalter mit den anderen großen Wallfahrtszentren Jerusalem, Rom oder Santiago di Compostella mithalten (vgl. S. 221/3). Auswirkungen auf die Ausgestaltung des abendländischen Mönchtums sind dagegen von Martin nicht ausgegangen.

Darum darf ein Blick auf Gallien über Martin hinaus nicht fehlen. Im Süden des Landes bildeten sich monastische Zentren im Rhônetal, in Marseille und auf den vor der Küste liegenden Inseln. Großen Einfluß erreichte Lérins (St. Honorat vor Cannes), das 405–410 von Honoratus gegründet worden war. Viele Lériner Mönche entstammten der gallo-römischen Aristokratie; sie hatten sich vor den germanischen Einfällen auf die Insel zurückgezogen und in einer Art Flüchtlingskloster eine neue geistliche Heimat gefunden. Neben ernsthafter Askese wurden Wissenschaft und Kultur gepflegt. Diese von vornehmer Geburt, Bildung und monastischer Spiritualität geprägten Mönche waren für die Erhebung auf südgallische Bischofsstühle geradezu prädestiniert. Entsprechend ausgeprägt ist der monastische Einfluß, der sich in der Verkündigung und Verwaltungstätigkeit des südgallischen Episkopats dieser Zeit bemerkbar macht[355]. Honoratus selbst wurde 428 Bischof von Arles; auch die Arleser Bischöfe Hilarius (gest. 449) und Caesarius (gest. 542) waren zuvor Lériner Mönche gewesen. Zwei Lériner Äbte, Maximus und Faustus, wurden Bischöfe von Riez.

In Marseille ließ sich der wahrscheinlich aus der Dobrudscha (oder Provence) stammende Johannes Cassian (gest. um 430–35) nieder. Er war in Bethlehem Mönch gewesen und hatte eingehend das ägyptische Mönchtum studiert. So wurde er zum bedeutenden Theoretiker des Rhônemönchtums und zum Vermittler östlicher Mönchsspiritualität für die westlichen Mönche.

Die schnelle Ausbreitung des abendländischen Mönchtums, seine Wirkungen und Besonderheiten haben mehrere Gründe[356]. Das mönchische Ideal fand im Westen breite Zustimmung in der spätantiken Oberschicht, die im zurückgezogenen klösterlichen Leben einen neuen Lebensinhalt fand. Der traditionelle *secessus in villam* wurde zum *recessus in monasterium*, die *vita rustica* zur *vita monastica*. Das Kloster wurde zum Hort eines gehobenen, vergeistigten Lebensstils, der aber auch viele anzog, für die der Eintritt ins Kloster einen sozialen Aufstieg bedeutete. Bedeutsam wurde vielerorts die enge Verbindung von Bischof und Kloster, durch die das abendländische Mönchtum in die Wandlungen des kirchlichen Lebens und die theologischen Entwicklungen einbezogen und nicht selten sogar deren Träger wurde.

Ernsthafte Christen und Bischöfe erkannten die ekklesiologische Bedeutung von Askese und Jungfräulichkeit als Gegengewicht zur schnellen und teilweise oberflächlichen Christianisierung des Römischen Reiches. Entsprechend bedeutete *conversio* im 4. Jh. nicht mehr die Bekehrung zum christlichen Glauben, sondern zur asketischen Lebensweise. Ähnlich wurde das frühchristliche Bild von der *militia Christi* in der Welt auf das Leben im Kloster übertragen.

Um antimonastischer Kritik den Wind aus den Segeln zu nehmen und dem gerade auf dem Gebiet enthusiastischer Spiritualität immer drohenden Wildwuchs zu begegnen, waren im Verlauf des 5. Jh.s zahlreiche Klosterregeln geschaffen worden, die auf bestimmte Gruppen oder Gegenden zugeschnitten waren. Sie erlangten keine umfassende Wirkung mit Ausnahme der Regel Benedikts, welche die Kultur und Frömmigkeit des Abendlandes tiefgreifend geprägt hat.

– Benedikt und seine Regel

Ein Überblick über das abendländische Mönchtum zeigt, daß Benedikt nicht uneingeschränkt der „Vater des abendländischen Möchtums" genannt werden kann. Auch seine Regel entstand nicht voraussetzungslos als einmaliges Werk eines monastischen Genies. Inzwischen dürfte als sicher gelten, daß die Benediktsregel literarisch und theologisch von der von einem Unbekannten stammenden *Regula Magistri* abhängt und nicht umgekehrt[357]. Diese Erkenntnis veränderte die Beurteilung Benedikts und führte dazu, ihn in der neueren Kirchengeschichtsschreibung eher stiefmütterlich zu behandeln[358]. Doch selbst wenn man ihm so volltönende Titel wie „Vater des Abendlandes" oder „Patriarch der abendländischen Mönche" nicht mehr unbefangen beizulegen bereit ist, besteht kein Anlaß, seine frömmigkeitsgeschichtliche Bedeutung zu schmälern. Sie ist aufgrund der neueren Forschungsergebnisse nicht geringer, sondern anders einzuschätzen.

Es gab zur Zeit Benedikts an die dreißig Klosterregeln meist anonymer Autoren. Benedikts Regel war zunächst eine unter vielen und nicht als Regel für das abendländische Mönchtum, sondern für die Mönchsgemeinschaft in Monte Cassino konzipiert. Aber sie stieg als einzige zu wahrhaft abendländischer Bedeutung auf. Neben Augustins Anweisungen war sie vom 8. bis zum franziskanischen Aufbruch im 13. Jh. die allein maßgebende abendländische Klosterregel. Von ihr fällt ein Licht auf den Rang ihres Urhebers.

– – Leben Benedikts

Über die Daten und näheren Umstände von Benedikts Werdegang bis zum Abt von Monte Cassino ist wenig Sicheres bekannt. Als Hauptquelle dient Papst Gregors des Großen (590–604) zweites Buch der Dialoge. Es besitzt für Benedikt eine ähnliche Bedeutung wie die Vita Antonii des Athanasius für Antonius. Nur ist Gregor noch wundersüchtiger als Athanasius. Wie Sulpicius Severus für Martin (vgl. S. 180) will Gregor beweisen, daß die geistgewirkten Taten und asketischen Leistungen Benedikts nicht hinter den Beispielen der mönchischen Vorbilder aus dem Osten zurückstehen. Eine solche Absicht ist nüchterner historischer Berichterstattung nicht gerade förderlich. Vor Gregor wird Benedikt nirgendwo erwähnt. Das liegt nicht nur am Quellenmangel im 6. Jh., sondern auch daran, daß Benedikts Name mit keinem der maßgebenden politischen Ereignisse der Zeit verbunden ist. Sein Ruhm beginnt erst nach seinem Tode.

Benedikt stammte aus Nursia (Norcia) an der Grenze des Sabinerlandes. Bei den Römern waren Charakterfestigkeit und Strenge, die *Nursia duritia,* der Menschen dieser Gegend sprichwörtlich. Geboren wurde Benedikt um 480–490 als Kind einer vornehmen, begüterten Familie (*ex liberiore genere*). Im entsprechenden Alter kam er zum Studium der Rhetorik und Rechtswissenschaft nach Rom. Kein Benedikt-Biograph versäumt es, wortreich den Eindruck zu schildern, den die Stadt mit ihrer immer noch imponierenden Pracht, zugleich mit den unübersehbaren Anzeichen von Zerfall und Dekadenz auf Benedikt gemacht haben muß. Benedikt verabscheute das Treiben der Großstadt, brach seine Studien ab und begab sich mit seiner Amme nach Enfide, in den heimischen Bergen gelegen.

Was er dort gewollt hat, scheint Gregor nicht klar geworden zu sein. Dabei geht Benedikt genau den Weg vieler Asketenschüler, indem er sich zunächst einer Gruppe von Mönchen anschließt, um die Grundlagen des asketischen Lebens zu lernen. Gregor weiß nur von einem spektakulären Schüsselwunder, das Benedikt nach einiger Zeit bekannt machte und veranlaßte, den Ort und seine Amme zu verlassen, um als Anachoret in der Einsamkeit des Anio-Tales bei Subiaco zu leben. Auf dem Weg dorthin traf er einen Mönch, Romanus, der ihn einlud, Mönch in einem benachbarten Kloster zu werden. Doch Benedikt lehnte ab; er wollte in völliger Einsamkeit strengste Askese üben, wie sie die ägyptischen Anachoreten vorgelebt hatten. Romanus respektierte den Wunsch, gab Benedikt die Melote, ein Mönchsgewand aus Fell oder grobem Stoff, und zeigte ihm eine Höhle, in der Benedikt Unterschlupf fand.

Wahrscheinlich hatte Benedikt geplant, Zeit seines Lebens in dieser Einöde auszuharren. Doch Gregor berichtet, daß nach ungefähr drei Jahren ein Priester, als er sich am Osterfest zu einem reichlichen Mahl niederlassen wollte, die Stimme des Herrn vernahm: „Du lässest dir Leckerbissen auftragen, und mein Diener wird in seiner Höhle von Hunger gequält". Sofort machte der Priester sich auf und fand nach mühseligem Umherirren Benedikt.

„Nach lieblichen Gesprächen über das geistliche Leben sagte der Presbyter: ‚Komm, wir wollen Speise zu uns nehmen, denn heute ist Ostern'. Darauf erwiderte der Mann Gottes: ‚Ich weiß, daß Ostern ist, weil ich dich heute sehen durfte'. Denn da er so weit von den Menschen entfernt war, wußte er nicht, daß auf jenen Tag Ostern fiel. Der ehrwürdige Presbyter aber versicherte es ihm aufs neue mit den Worten: ‚Wahrhaftig, heute ist Ostern, der Tag der Auferstehung des Herrn; da darfst du nicht fasten; denn dazu bin ich gesandt, daß wir zusammen die Gaben des allmächtigen Gottes genießen'"[359].

Nicht einmal das Osterfest hatte der Eremit von sich aus wahrgenommen; seine Einsamkeit erstreckte sich auch auf die totale Abstinenz vom kirchlichen, liturgischen und sakramentalen Leben. Später wird Benedikt über die Bedeutung der Liturgie für das monastische Leben wesentlich anders denken.

Der Fortgang der *vita* verläuft in den für Biographien von Mönchsvätern typischen Bahnen. Auf die Dauer konnte sich Benedikt seine Einsamkeit nicht erhalten. Zuerst waren es – wie bei der Geburt Jesu in Bethlehem – Hirten, die durch Zufall auf seine Behausung stießen und von seinem frommen Leben erzählten; schon bald hatten die Leute, die Trost und Rat suchten, einen ausgetretenen Pfad zu seiner Höhle gebahnt. Auch die Mönche eines Klosters in Vicovaro bei Tivoli machten sich auf den Weg und baten Benedikt, ihr Vorsteher zu werden. Benedikt weigerte sich zunächst, seine Einsamkeit aufzugeben, doch dann überwog die Verantwortung gegenüber den suchenden Mönchen. Schweren Herzens ging er mit ihnen und scheiterte. Er vermochte die Zustände im Kloster nicht in seinem Sinn zu bessern. Er verließ das Kloster und kehrte in seine Einöde zurück. Die Erfahrungen, die er machen mußte, dürften für den jungen Asketen schmerzlich, für den späteren Verfasser einer Regel jedoch wertvoll gewesen sein.

Um Benedikt sammelten sich zahlreiche Schüler, die er in einer Art Mönchssiedlung zusammenfaßte, die aus zwölf kleineren Gemeinschaften mit jeweils zwölf Mönchen und einem eigenen Vorsteher bestand. Die Gründung scheint ein Provisorium und noch nicht Benedikts Endziel gewesen zu sein. Denn eines Tages verließ er mit einigen Mönchen die Kolonie und machte sich auf den Weg nach Süden. Wiederum erzählt Gregor eine wundersam-schaurige Geschichte, um den Auszug zu erklären: Benedikts Ruf als Wundertäter und geistlicher Lehrer sei so gewachsen, daß er den Neid des in der Nähe lebenden Priesters Florentius erregt habe. Der habe versucht, Benedikt auf vielerlei Weise zu schaden, ihn sogar zu ermorden, und, als das mißglückte, die Seelen seiner Mönche zu verderben. Um das Heil seiner Brüder nicht zu gefährden, habe Benedikt nachgegeben und sich auf die Suche nach einem neuen Ort für eine Niederlassung aufgemacht. Allerdings ist Benedikt kaum ein paar Meilen von Subiaco entfernt, als ihm berichtet wird, Florentius sei vom Söller seines Hauses herabgestürzt und habe sich den Hals gebrochen (Dial. 2, 8). Eigentlich hätte Benedikt umkehren können. Doch er zog weiter. Der Aufbruch von Subiaco war doch wohl mehr gewesen als das Zurückweichen vor einem neidischen Priester.

Ungefähr halbwegs zwischen Rom und Neapel schmiegt sich die Stadt Cassino an den Felsabhang eines Berges, der sich ungefähr 500 m hoch eindrucksvoll aus der Ebene erhebt[360]. Es war zweifellos ein eindrucksvoller Ort. Warum Benedikt hier haltmachte, bleibt dennoch unklar. Sollte die Klostergründung in das – allerdings ohne zwingenden Beweis – meist angegebene Jahr 529 fallen, deckt sich der Zeitpunkt mit der Schließung der Athener Akademie durch Kaiser Justinian. D.h. die Hohe Schule der antiken Philosophie schließt für immer ihre Pforte, als die christliche *Dominici schola servitii* eröffnet wird. Vielleicht hat der Symbolgehalt des Zusammentreffens der beiden Ereignisse das Datum suggeriert.

– – Die Regel

Die Benediktsregel gehört zu den großen Dokumenten der spirituellen Literatur, ganz gleich wieviel Abhängigkeiten von älteren Regeln, Kirchenvätern und anderen Texten festgestellt worden sind. Sie ist darüber hinaus nicht nur ein Stück spätantiker Literatur, das nach allen Regeln der Literarkritik stilistisch, psychologisch, mentalitäts-, geistes- und religionsgeschichtlich untersucht werden kann, sondern eine Anweisung, nach der viele tausend Menschen Jahrhunderte hindurch bis auf den heutigen Tag ihr Leben ausgerichtet haben und weiter ausrichten[361].

Die Regel beginnt mit einem Prolog, der sich eindringlich an einen möglichen Mönchsanwärter richtet.

„Obsculta, o fili, praecepta magistri – Vernimm, mein Sohn, die Lehren des Meisters und neige das Ohr deines Herzens... An dich, wer immer du auch sein magst, richtet sich darum jetzt mein Wort, an dich, der du deinem Eigenwillen entsagst und die starken und herrlichen Waffen des Gehorsams ergreifst, um Christus, dem Herrn, dem wahren König, Kriegsdienst zu leisten"[362].

Dicht mit Schriftzitaten durchsetzt, entfaltet der Prolog dann weiter in Form einer geistlichen Mahnrede Vorbereitung, Durchführung und Motive dieses geistlichen Kriegsdienstes. So nüchtern und allgemein anwendbar sich die einzelnen Bestimmungen der Regel geben werden, im Prolog schwingt ein gefühlsbetontes Moment persönlich werbender Zuneigung mit. Zum Schluß heißt es:

„Wir wollen also eine Schule, in der man dem Herrn dient, gründen. Wir hoffen, bei dieser Einrichtung nichts Rauhes, nichts Drückendes vorzuschreiben. Wenn jedoch gleichwohl ... zur Reinigung von Fehlern oder zur Bewahrung der Liebe etwas größere Strenge nötig schien, so lasse dich nicht, durch plötzliche Furcht erschreckt, vom Wege des Heils abbringen, der im Anfang immer beschwerlich ist. Denn beim Fortschreiten im klösterlichen Wandel und im Glauben erweitert sich das Herz, und man eilt in unaussprechlicher Wonne der Liebe auf dem Weg der Gebote Gottes dahin. Entziehen wir uns niemals seiner Unterweisung, und verharren wir in der Übung seiner Lehre bis zum Tode im Kloster, damit wir durch die Geduld an dem Leiden Christi teilhaben und würdig werden, einen Platz in seinem Reiche zu empfangen. Amen"[363].

Nach dem Prolog beginnen die einzelnen Kapitel. Ihre Überschriften erwecken auf den ersten Blick den Anschein planloser Vielfalt. Die ersten zehn z.B. lauten: 1. Von den verschiedenen Arten von Mönchen; 2. Wie der Abt sein soll; 3. Über die Beziehung der Brüder zur Beratung; 4. Welches die Werkzeuge der guten Werke sind; 5. Vom Gehorsam; 6. Von der Schweigsamkeit; 7. Von der Demut; 8. Vom nächtlichen Chorgebet; 9. Wieviele Psalmen beim Nachtgottesdienst zu beten sind; 10. Wie zur Sommerzeit der Nachtgottesdienst zu feiern ist. So geht es weiter, dreiundsiebzig Kapitel lang. Bei genauerem Zusehen ergibt sich gleichwohl eine überlegte Ordnung. Die Kap. 1–3 enthalten die grundlegende Verfassung. Als erstes behandelt Benedikt die unterschiedlichen Arten von Mönchen.

„Es ist bekannt, daß es vier Arten von Mönchen gibt. Die erste ist die der Zönobiten, das heißt jener, die in einer Gemeinschaft in einem Kloster leben und unter einer Regel und einem Abt kämpfen"[364].

Ihnen gehört Benedikts Zuneigung; für sie schreibt er seine Regel. Hochachtung bringt er aber auch den Anachoreten entgegen. Er weiß um die mystisch-ekstatischen Erhebungen, die die Begegnung des Mönches mit Gott in völliger Einsamkeit zu gewähren vermag; doch ebenso kennt er die Gefahren einer nur auf sich selbst gestellten Lebensweise. Dann nennt er die beiden Mönchsarten, die erkennen lassen, welche Fehlformen und Abirrungen auch im Westen das monastische Leben bedrohten. Zunächst die Sarabaïten, Mönche, die ohne Regel oder Magister in kleineren Gruppen zusammenlebten, „denen die Befriedigung ihrer Gelüste als Gesetz dient". Für noch verwerflicher hält Benedikt die Gyrovagen, die unstet durchs Land ziehen, „immer unterwegs, nirgends beständig, Sklaven ihres Eigenwillens und ihrer Gaumenlust" (Kap. 1). Dagegen setzt er seine Forderung nach der *stabilitas loci*, „das ständige Beharren in der Gemeinschaft", worunter die dauernde Bindung des Mönchs an sein Kloster gemeint ist. Die *stabilitas* entspricht römischem Wertempfinden, dem Benedikt vielfältig verbunden ist; sie hat sich in der Zeit der Auflösung spätantiker Kultur und in den Verschiebungen der Völkerwanderung als außerordentlich segensreich ausgewirkt.

Nach den grundlegenden Eingangskapiteln beschreiben die Kap. 4–7 die mönchischen Tugendübungen, neben einem allgemeinen Überblick namentlich Gehorsam, Schweigen und Demut. Kap. 8–20 regeln das *opus Dei*, den Grundpfeiler benediktinischen Mönchtums. Kap. 21–30 bestimmen die Strafen für mönchische Vergehen bis hin zum Ausschluß eines nicht mehr tragbaren Bruders. Kap. 31–57 handeln über die Verwaltung des Klosters und regeln Essen, Trinken und Arbeiten der Mönche, die Behandlung der Kranken und die Aufnahme von Gästen. Kap. 58–66 enthalten die für den Fortbestand des Klosters wichtigen Bestimmungen über die Erneuerung der klösterlichen Gemeinschaft durch die Aufnahme neuer Brüder, sie seien reich oder arm, Priester oder Laien. Dabei wird deutlich, daß der Abt selber kein Priester war und nach Bedarf einen Mönch für dieses Amt vorschlug, um die liturgische und sakramentale Selbständigkeit des Klosters zu sichern. Anweisungen über feierlich gestaltete Gottesdienste fehlen. Mit *opus Dei* ist immer das gemeinsame Chorgebet mit Psalmen und Lesungen gemeint. Kap. 67–72 gelten als Nachträge. Kap. 73 ist ein Epilog. Eigenart und Qualität der Regel seien noch an drei Beispielen erläutert.

-- Der Abt

Für jede zönobitische Gemeinschaft, die auf Gehorsam gründet, ist die Regelung der Führung von entscheidender Bedeutung. Pachomius, der ehemalige Soldat, setzte auf die Befehlsgewalt des *princeps monasterii* und die militärische Gliederung der Bruderschaft; Basilius, der gebildete Philosoph, sah das Verhältnis des Oberen zu seinen Mönchen gern als eine geistliche Lehrer-Schüler-Beziehung. Benedikt, der Römer, gründete die Verfassung seiner Mönchsgemeinschaft auf die *paternitas*. Die *omnipotestas*, die in der römischen Gesellschaft dem *pater familias* zukam, übertrug Benedikt auf den Abt. Trotzdem erscheint der benediktinische Abt – anders als in der Magisterregel (vgl. S. 183), die seine hierarchische Würde herauskehrt – mehr als *primus inter pares*. Darüber hinaus enthält die Bestellung des Abtes ein starkes demokratisches Element. Der Abt wird von allen Brüdern des Klosters gewählt. Auf diese Weise erneuert sich die Befehlsgewalt von unten und wird nicht von oben durchgesetzt. Im Gegensatz zu Bischofserhebungen wird der Abt, der Gehorsam fordern muß, durch die ihm Untergebenen dazu autorisiert. So sehr Benedikt die Gehorsamsverpflichtung der Mönche gegenüber dem Abt einschärft, so sehr betont er die Verantwortlichkeit des Abtes gegenüber der Regel und dem Gericht Gottes. Benedikt mahnt:

„Der erwählte Abt denke immer daran, welche Bürde er übernommen hat und wem er Rechenschaft über seine Verwaltung ablegen muß. Er wisse, daß er mehr fürsorgen als vorstehen soll. Er muß also bewandert sein im göttlichen Gesetz, damit er einen Schatz von Wissen besitze, aus dem er Altes und Neues schöpfen kann (Mt 13,52). Er sei ferner keusch, nüchtern, milde; stets ziehe er Barmherzigkeit strengem Gerichte vor, damit er das Gleiche erlange. Er hasse die Fehler, liebe aber die Brüder. Bei Zurechtweisung handle er klug und ohne Übertreibung, damit nicht das Gefäß, das er allzu sauber vom Rost reinigen will, zerbreche... Damit sagen wir nicht, er solle Fehler weiterwuchern lassen. Vielmehr rotte er sie, wie wir schon gesagt haben, in kluger und liebevoller Art aus, wie er es für jeden einzelnen am zuträglichsten findet. Er trachte auch danach, mehr geliebt als gefürchtet zu werden. Er sei nicht ungestüm noch ängstlich, er soll nicht übertreiben und sei nicht hartnäckig, nicht eifersüchtig und argwöhnisch; sonst hat er nie Ruhe"[365].

Auf eine Schwierigkeit, die sich bei der Abtswahl ergeben kann, geht Benedikt besonders ein. Das Amt soll übernehmen, wen die ganze Klostergemeinschaft einmütig dazu bestimmt hat „oder ein, wenn auch kleinerer Teil nach besserer Einsicht". D.h. die Stimmen der Wähler werden nicht nur gezählt, sondern auch gewogen. Es kann ja vorkommen, daß die Mehrheit eines Konvents sich auf einen schwachen Kandidaten einigt, von dem sie eine Lockerung der Disziplin erwartet. Dann gilt die Wahl der *sanior pars*, auch wenn sie zahlenmäßig geringer ist. Die Regelung ist vernünftig, enthält aber ein charismatisches Element, das sich einer exakten Reglementierung entzieht. „Sollte", schreibt Benedikt, „was Gott verhüten möge, die ganze Klostergemeinschaft einhelligen Sinnes einen wählen, der mit ihren Fehlern einverstanden wäre" (Kap. 64), dann müsse der Bischof, müßten die benachbarten Äbte oder sogar die Gläubigen eingreifen und Abhilfe schaffen.

-- Arbeit

Neben dem *ora* gilt von jeher das *labora* als Charakteristikum benediktinischen Lebens. Auch wenn das Schlagwort *ora et labora* keine Sprachschöpfung der Regel ist, trifft gewiß zu, daß Benedikt auf die Arbeit – auch die Handarbeit – großen Wert gelegt hat. Aber zu welchem Zweck? Die östlichen Mönche haben sich mit Mattenflechten und Kornanbau abgeplagt, um etwas verkaufen und ihr Leben fristen zu können; auch Almosengeben erforderte die Beschaffung der notwendigen Mittel durch Arbeit. Auf der anderen Seite gab es Versuche, alle Arbeit abzuwerten zugunsten reiner Kontemplation (vgl. S. 172). Für Benedikt scheint die Arbeit der Mönche nicht in erster Linie dem Erwerb für den Lebensunterhalt der Klostergemeinschaft einschließlich der Gäste und Armenfürsorge gedient zu haben – jedenfalls wird sie niemals damit begründet. Benedikts Klostergemeinschaft besaß offensichtlich genügend Erbteile und Schenkungen, aus denen die bescheidenen Ansprüche der Brüder bestritten werden konnten. Bemerkenswert ist sodann, daß die Mönche wohl in der Verwaltung des Klosters, in Küche, Keller, Krankenzimmer, Gästeflügel, Bäckerei, Mühle und Garten beschäftigt werden durften, nicht aber bei der Feldarbeit, es sei denn in besonderen Notfällen (Kap. 48). Feldarbeit leisteten Sklaven bzw. dem Kloster unterstellte Pächter[366].

Warum schließt Benedikt Feldarbeit aus? Ist sie zu schwer oder zu niedrig für Mönche? Als Hauptgrund gilt – gemäß dem Grundsatz, daß nichts dem *opus Dei* vorgezogen werden darf –, daß Feldarbeit den Brüdern nicht genügend Zeit läßt, am Stundengebet teilzunehmen. Eine Arbeit aber, die einen würdig vollzogenen Gottesdienst hindert, ist zu vermeiden.

Andererseits weiß Benedikt, daß nichts so sehr das geistliche Leben beeinträchtigt wie Müßiggang. Und so gibt es eigentlich nur die Warnung vor diesem Laster, das als Motiv in der Regel immer wiederkehrt:

„Müßiggang ist ein Feind der Seele. Deshalb müssen sich die Brüder zu bestimmten Zeiten der Handarbeit und zu bestimmten Zeiten wiederum der Lesung göttlicher Dinge widmen" (Kap. 48)

Wenn die Benediktinerklöster des beginnenden Mittelalters für lange Zeit Hauptträger der kulturellen Entwicklung waren, wenn sie die neubekehrten Völker zu geregelter Arbeit und Seßhaftigkeit erziehen konnten, wenn sie ein abendländisches Arbeitsethos etablierten, das der morgenländischen Mentalität immer suspekt geblieben ist, so mag das den Tatsachen entsprechen; ob es in der bewußten Absicht Benedikts gelegen hat, ist eher fraglich.

– – *Discretio*

Discretio, das Bemühen, alle Bereiche des mönchischen Lebens maßvoll zu ordnen, ist in der Regel überall spürbar. So bestimmt Benedikt über den Weingenuß:

„,Jeder hat seine besondere Gabe von Gott, der eine von dieser, der andere von jener Art' (1 Kor 7,7). Deshalb bestimmen wir nur mit einer gewissen Ängstlichkeit das Maß der Nahrung für andere. Indes glauben wir mit Rücksicht auf die Schwachen, es genüge für jeden im Tag eine Hemina Wein [0,27 oder nach anderer Maßeinheit 0,5 l]. Wem Gott aber die Kraft gibt, sich davon zu enthalten, der darf wissen, daß er besonderen Lohn empfangen wird. Wenn Ortsverhältnisse, Arbeit oder Sommerhitze mehr erheischen, so stehe es im Ermessen des Abtes, mehr zu geben. Doch soll er stets darauf achten, daß keine volle Sättigung oder Trunkenheit vorkomme. Wir lesen freilich, daß der Wein für Mönche überhaupt nicht passe; doch da die Mönche unserer Tage sich davon nicht überzeugen lassen, wollen wir uns wenigstens dazu verstehen, nicht bis zur vollen Befriedigung zu trinken... Wenn es die örtliche Armut mit sich bringt, daß sich das oben erwähnte Maß nicht oder viel weniger oder überhaupt gar nichts beschaffen läßt, dann mögen die dort Wohnenden Gott preisen und nicht murren. Vor allem warnen wir alle vor dem Murren"[367].

Diese maßvolle Einstellung, verbunden mit einer bestimmten Anpassungsfähigkeit und einem Kompetenzspielraum für die Oberen, hat Benedikts Regel geeignet gemacht, nicht nur die Kommunität von Monte Cassino zu formen, sondern auch in geographisch und kulturell andere Gegenden übertragen zu werden.

– – Zusammenfassung

Noch wirksamer und folgenreicher als die Regeln Basilius', Augustins und etlicher anonymer Mönchsväter hat sich die *regula Benedicti* erwiesen. Nicht vorhergeplant, aber faktisch wurde sie am Ende der Völkerwanderungszeit und in den heranwachsenden germanischen Reichen zur Richtschnur des erstarkenden Mönchtums. Sie ist ein Meisterwerk, ausgezeichnet durch ein wohldurchdachtes Maß in allen Forderungen. Sie ist keine bloße Aneinanderreihung von Vorschriften, sondern verbindet spirituelle und praktische Anordnungen auf wirkungsvolle Weise. Das Mönchsleben ist der Ernstfall des Christenlebens, wie er sich in der Liebesgemeinschaft der Urkirche verwirklicht hat, jedoch von der Kirche in ihrer Gesamtheit nicht durchgehalten werden konnte. Trotzdem atmet die Regel Milde. Der monastische Weg der *perfectio* soll jedem offenstehen und nicht nur wenigen besonders starken Charakteren vorbehalten sein. Darum hat Benedikt sie auf die Möglichkeiten einer größeren Zahl von Mönchsanwärtern herabgestimmt. Im Epilog nennt er sie selbst *initium conversationis*. Sie beschreibt nicht die am Ende zu erreichende Vollkommenheit, sondern die ersten Schritte zu ihr hin.

„Wenn immer du also dem himmlischen Vaterlande zueilst, befolge mit der Hilfe Christi diese einfache Regel für Anfänger. Dann wirst du schließlich unter Gottes Schutz zu den oben erwähnten höheren Gipfeln der Weisheit und der Tugenden gelangen"[368].

Wer sind die *maiora culmina doctrinae virtutumque*? Benedikt hat sie kurz vorher erwähnt. Es sind die Collationes des Cassian, die Viten der Wüstenväter, Basilius, alle die Quellen, aus denen Benedikt geschöpft hat. Damit stehen er und mit ihm das westliche Mönchtum des 5. und 6. Jh.s noch immer vor dem Mönchsideal, wie es aus dem Osten vererbt worden ist. Benedikt hat es weithin übernommen. Sein Vollkommenheitsideal bleibt individuell ausgerichtet. Die Sorgen des Mönchs gelten nicht der Kirche oder der Gesellschaft, nicht dem Werthaften in Schöpfung und Welt, sondern dem Heil der Seele – allerdings nicht mehr unbesonnen asketisch-ekstatisch gesucht, sondern angestrebt und gebändigt durch die Disziplin der Tugend und die römischen Ideale der *discretio*, *gravitas* und *honestas*.

Auf Benedikt selbst, dessen Todesjahr 547 gewesen sein kann, gehen nur die Gründungen von Subiaco (das später seine Regel angenommen zu haben scheint), Monte Cassino und wohl auch Terracina zurück. Die *regula* ist erst seit dem 7. Jh. häufiger bezeugt. Gewiß hat das Bild, das Gregor in seinen Dialogen von Benedikt gezeichnet hat, zu ihrer Verbreitung beigetragen. Schon früh tauchte sie im Merowingerreich auf, zuweilen als eine *regula mixta* zusammen mit der Regel Columbans. Im Verlauf des 8. Jh.s gewann sie an Bedeutung und erlangte schließlich mit Hilfe der Karolinger durch Abt Benedikt von Aniane in Kornelimünster (gest. 821) ausschließliche Geltung.

2.4 Asketinnen und weibliches Mönchtum

– Anfänge

Da charismatische Berufungen nicht geschlechtsspezifisch verteilt sind, hat es von Anfang an enthaltsam lebende Männer und Frauen in den Gemeinden gegeben. Sie wohnten in ihren Familien, bildeten nach Tertullian, exhort. cast. 13,4, einen eigenen kirchlichen Stand und besaßen einen besonderen Platz im Gottesdienst. Die Hochschätzung der Jungfräulichkeit hatte besonders für Jungfrauen und in abgeschwächtem Maße auch für (jüngere) Witwen einen emanzipatorischen Effekt, insofern sie in den Gemeinden eine Wertschätzung genossen, die ihnen als unverheiratete Frauen in der spätantiken Gesellschaft nicht zugekommen wäre[369]. Auch in den neben und außerhalb der Großkirche aufkommenden rigorosen asketischen Bewegungen, bei Hierakas, den Messalianern und Priszillianern sind Frauen selbstverständlich vertreten (vgl. S. 157; 173; 180).

Schon bald stellte sich heraus, daß die jungfräulich-enthaltsame Daseinsweise einen besonderen Lebensstil erforderte, der besonders von den Asketinnen ein hohes Maß an Zurückhaltung im öffentlichen Leben und im Umgang mit anderen Personen erforderte. Er ließ sich vor allem für Frauen am besten durch Wohngemeinschaften in separaten Häusern sichern. So entstanden wohl schon gegen Ende des 3. Jh.s die ersten Jungfrauenhäuser (*parthenōnes*), auch wenn Athanasius, vita 3, noch nicht als sicheres Zeugnis für ihr Vorhandensein in Ägypten gelten kann. Theodoret, Kirchengeschichte 3,14, berichtet von einem Jungfrauenhaus in Antiochien unter der Leitung der Witwe Publia, dessen Einwohnerinnen Kaiser Julian Apostata im Winter 362/63 mit ihrem Psalmengesang störten. Basilius' ältere Schwester Makrina hatte eine asketische Gemeinschaft auf einem der Familiengüter gegründet, auf die der Bischof auch in seinen Regeln Bezug nimmt[370]. Erhebliche Ausstrahlung besaßen die von vornehmen Römerinnen in ihren Stadthäusern oder auf Landgütern eingerichteten Frauenvereinigungen (vgl. S. 176f). Die Pilgerin Egeria, peregr. 23, 2/5, berichtet von Niederlassungen für Mönche und Nonnen in Seleukia (Selefke) in Isaurien am Grab der heiligen Thekla.

Die Verantwortung für die Jungfrauenhäuser oblag dem Bischof. Ambrosius von Mailand förderte sie nach Kräften; seine Einrichtungen vor den Toren der Stadt waren weitbekannt und zogen junge Frauen von nah und fern an (vgl. S. 178). Johannes Chrysostomus, sacerd. 3,17, schildert lebhaft die Sorgen, welche die Jungfrauenhäuser nicht selten dem Bischof machten. Eine besondere Tracht, öffentliche Gelübde und Verhaltensregeln sollten helfen, das spirituelle Niveau der Hausgemeinschaft zu sichern. Welche Hoffnungen ein Bischof auf seine Jungfrauen setzte und welche Forderungen er an sie stellte, hat Ambrosius in seinem umfangreichen asketischen Schrifttum eindringlich ausgeführt[371].

– Frauenklöster

Der Übergang von den *parthenōnes* zu Nonnenklöstern im eigentlichen Sinn war fließend. Er verlief parallel zur Entstehung des koinobitischen Mönchtums der Männer; der anachoretisch-eremitische Zweig der monastischen Entwicklung fehlte zwar nicht, besaß für die Frauen dagegen eine geringere Bedeutung. Sowohl die Historia Lausiaca des Palladius (vgl. S. 259) als auch die „Weisung der Väter" (vgl. S. 161) kennen zwar Anachoretinnen, die in den Apophthegmata Patrum aufgenommenen Sprüche der „Mütter"

Theodora, Sarrha und Synkletia beziehen sich jedoch mehr auf koinobitisches als auf eremitisches Mönchtum und unterscheiden sich kaum von den Mahnungen der Altväter. Eremitische Einsamkeit und unstetes Umherwandern kamen vor, schienen für Frauen aber unpassend zu sein. Amma Synkletika fordert darum:

„Wenn du in ein Koinobion gekommen bist, so ändere deinen Aufenthalt nicht. Denn du würdest großen Schaden nehmen. Wenn der Vogel von seinen Eiern aufsteht, dann werden sie Windeier und unfruchtbar – so auch der Mönch oder die Jungfrau: wenn sie von Ort zu Ort wandern, erkalten sie und ersterben im Glauben"[372].

Um wirkliche Frauenklöster mit Oberinnen und Regeln handelt es sich bei den beiden von Pachomius eingerichteten Häusern, deren Leitung er seiner Schwester anvertraute (vgl. S. 166). Bedeutsam wurden vor allem die Initiativen adeliger Römerinnen in Palästina. So gründete Melania die Ältere (geb. 341–342) zusammen mit Rufinus von Aquileia ein Doppelkloster für Männer und Frauen am Ölberg in Jerusalem, für das sie die Mittel zur Verfügung stellte (vgl. S. 166). Paula entschied sich 386 für Bethlehem, wo sie zusammen mit Hieronymus neben einem Männerkloster und einem Pilgerhospiz ein Frauenkloster einrichtete, in dem die Nonnen entsprechend ihrer sozialen Herkunft in drei Abteilungen jeweils unter einer Oberin lebten. Die dritte Gründung zunächst eines Frauenklosters und anschließend eines Männerklosters – wiederum in Jerusalem – geht auf Melania die Jüngere, eine Enkelin der älteren Melania, zurück. Neben theologischen Interessen zeichnete eine umfangreiche karitative Tätigkeit diese „lateinischen Klöster" in Palästina aus.

Die Frauenklöster folgten normalerweise den in ihrem Einzugsgebiet geltenden Mönchsregeln, die – wenn es notwendig erschien – den weiblichen Bedürfnissen angepaßt wurden. Caesarius, 502–542 Bischof von Arles, schuf mit den Statuta sanctarum virginum eine eigene Regel für Nonnen, die auch von anderen Frauenkommunitäten Galliens rezipiert wurde. Eine weitere Regula ad virgines stammt von Bischof Donatus von Besançon (gest. um 660), die er für ein zusammen mit seiner Mutter gegründetes Kloster verfaßte. Zu weltkirchlicher Bedeutung ist keine der Frauenregeln gelangt.

Das Frauenmönchtum wurde von den kirchlichen Autoritäten lebhaft unterstützt. Bedenken erhoben sich nur gegen Doppelklöster, in denen ohne räumliche Distanz Männer und Frauen unter einer gemeinsamen ökonomischen und spirituellen Leitung zusammenlebten. Sie erregten dasselbe Mißtrauen, das schon gegenüber dem Syneisaktentum laut geworden war (vgl. S. 156). Staatliche und kirchliche Verbote blieben nicht aus[373]. Ebenfalls scharf abgelehnt wurden – vor allem im Westen – alle Handlungen von Klosterfrauen, die auch nur den Anschein erweckten, sie könnten amtlich-liturgischer Art sein. In einer Dekretale des Papstes Gelasius I. an die Bischöfe Lukaniens aus dem Jahre 494 heißt es:

„Dessen ungeachtet vernahmen wir die unerträgliche Kunde, es hätte sich eine solche Mißachtung der göttlichen Angelegenheiten eingeschlichen, daß Frauen zum Dienst bei den Altären eingestellt werden und alle den Männern ausschließlich übertragenen Dienstleistungen jenes Geschlecht verrichtet, dem sie nicht zustehen"[374].

Fragt man nach den Mißständen, die eine so scharfe Verurteilung erforderlich machten, erfährt man:

„Dem Apostolischen Stuhl ist überbracht worden, daß gottgeweihte Frauen oder Nonnen bei euch geweihte Gefäße oder Pallen berühren und Weihrauch um den Altar tragen. Daß dies jeglichen Tadel und Zurechtweisung verdient, daran zweifelt kein wahrhaft Einsichtiger. Daher verordnen wir auf Grund der Autorität dieses Heiligen Stuhles, daß ihr diesem Treiben von Grund auf und so schnell wie möglich ein Ende setzt. Und damit sich diese Seuche nicht weiter in allen Provinzen ausbreitet, befehlen wir, daß sie schnellstens beseitigt wird"[375].

Der Übergang vom Charisma zum Amt wird allen Frauen, auch den Asketinnen und Nonnen, mit allem Nachdruck verwehrt. Nonnenprofeß und Äbtissinnenweihe bleiben Segnungen und erhalten keinen Anteil am kirchlichen Amt und der sakramentalen Weihe.

2.5 Monastische Spiritualität

– Nachfolge und *imitatio*

Erstes und ursprüngliches Ziel monastischen Strebens besteht in der Nachfolge Christi, die sich in der Leidensnachfolge des Herrn konkretisiert. Der Mönch will die Schmach Christi auf sich nehmen, seine Erniedrigung und sein Kreuz. Palladius berichtet, die Pachomianermönche hätten ein purpurrotes Kreuz auf ihrem Gewand getragen, um immer an ihre Berufung erinnert zu werden[376]. Da nach der Himmelfahrt der Mönch nicht mehr direkt hinter Jesus hergehen und ihm das *patibulum* (Querholz des Kreuzes) nachtragen kann, wandelt sich die Nachfolge zur Nachahmung (*mimēsis, imitatio*) des armen, gehorsamen und heimatlosen Jesus. Durch Armut, Keuschheit, Gehorsam, Fasten, Nachtwachen, Schweigen und andere mortifikatorische Übungen wollen die Mönche die Kreuzesnachfolge verwirklichen. Sie haben damit in der Kirche, die in die staatliche Anerkennung hineinzuwachsen und das Kreuz als edelsteingeschmücktes Triumphzeichen des *Christus triumphator* darzustellen begann, das Kreuz als Zeichen der Schmach und das Bild des leidenden Christus wachgehalten.

Die Nachfolge bzw. Nachahmung Jesu wird durch das Beispiel derer ergänzt, die den Mönchen auf diesem Weg vorangegangen sind. Aus vorchristlicher Zeit dienten die Patriarchen und Propheten als Vorbilder der Christusnachfolge. Abbas Johannes Persa sagt:

„Ich bin gastfreundlich gewesen wie Abraham, sanftmütig wie Moses, heilig wie Aaron, geduldig wie Job, demütig wie David, ein Einsiedler wie Johannes, trauernd wie Jeremias ..."[377].

Vor allem die Propheten wurden zu Vorbildern der Mönche. Dabei wandelte sich die Nachahmung zur Gleichstellung; der vollkommene Mönch lebt nicht nur wie der Prophet, er tritt an seine Stelle. Wenn die Mönchshagiographen den Wüstenvätern Wunder zuschreiben, wie sie die Bibel von den Propheten erzählt, zeigen sie mit diesem literarischen Stilmittel den Übertritt des Mönches in die prophetische Existenz.

Zum Vorbild aus christlicher Zeit wurden die Apostel. Da über ihr wirkliches Leben so gut wie nichts bekannt geblieben war, hatte man sie typisiert und spiritualisiert und zu großen Glaubensheroen und wahrhaft vollkommenen Pneumatikern stilisiert. Die Ideale des apostolischen Lebens, Armut, Heimatlosigkeit, rastlose Wanderschaft zur Verkündigung des Evangeliums, urchristliche Liebesgemeinschaft, wurden zum Leitbild asketisch-monastischen Lebens. Mit dem Ruf nach der *vita apostolica* hat sich durch die Jahrhunderte hindurch die Forderung nach kirchlicher Erneuerung verbunden – man denke nur an die frühmittelalterlichen Armutsbewegungen, die mit dem Anspruch, apostolisch zu leben, gegen die etablierte Kirche antraten.

– Martyrium und Zweite Taufe

Starke Impulse hat das Mönchtum aus dem Vergleich mit dem Martyrium empfangen. Als das blutige Glaubenszeugnis aufhörte, wurde der Mönch zum unblutigen Märtyrer und erhielt damit der Kirche die pneumatischen Kräfte, die vom Bekenntnis der Märtyrer ausgegangen waren. Als Antonius vergeblich versucht hatte, in Alexandrien das Martyrium zu erlangen, kehrte er in seine Zelle zurück, um ein „Herzensmartyrium" zu vollbringen (vita 46f). Mit den Waffen der Askese ficht der Mönch gegen einen Feind, der immer derselbe geblieben ist und nur den Schauplatz des Kampfes verlegt hat.

Dabei gilt die monastische Askese nicht nur als notdürftiger Ersatz, sondern im Gegenteil als ein weitaus schwereres und verdienstvolleres Werk im Vergleich mit dem kurzen Augenblick der Standhaftigkeit beim blutigen Glaubenszeugnis. Der Mönch verachtet das Irdische nicht nur in einem hochherzigen Augenblick, sondern in den Versuchungen eines langen Lebens. So wird er, wie vorher der Märtyrer, zum Zeugen (*martys*) für die Wahrheit des Glaubens, der solchen Heroismus zu wecken vermag. Wie der Märtyrer bereitet jetzt der Mönch dem Teufel Niederlagen und schwächt die dämonischen Kräfte. Die Annäherung der Mönche an die Märtyrer erklärt auch die hohe Wertschätzung, die sie beim Volk genossen. Sie wurden die Nachfolger der Märtyrer als Fürbitter und Wundertäter.

Eine weitere Aufwertung erfuhr der Mönch durch die Interpretation des Eintritts in den Mönchsstand – in der Mönchsweihe oder durch die Gelübdeablegung – als neue oder eine zweite Taufe. Diese Interpretation war theologisch nicht ungefährlich, insofern sie die erste, sakramentale Taufe abwertete und ein simples, mit Wasser getauftes Kirchenchristentum dem pneumatischen, mit Geist getauften Mönchtum gegenüberstellte. Aber diese Zweiteilung war alt und bereits durch die alexandrinischen Vollkommenheitslehrer Klemens und Origenes grundgelegt worden, die den wahren Gnostiker vom einfachen Kirchenchristen abgehoben hatten. Auch die Unterscheidung zwischen Geratenem und Gebotenem hatte Stufen der Nachfolge Christi geschaffen. Noch später wurde das Mönchsversprechen nicht nur als Tauferneuerung im Sinn einer vermehrten Taufverpflichtung verstanden, sondern als ein reales sakramentales Zeichen. Die Mönchsweihe galt als Zweite Taufe, die wie die erste Taufe vollständige Sündenvergebung gewährte.

Die Bedeutung der Taufinterpretation des Mönchsgelübdes für das mönchische Selbstverständnis liegt auf der Hand. Der Eintritt in den Mönchsstand bewirkt eine Neuschöpfung. Der Mönch verwirklicht, was Paulus mit dem Christwerden verbunden hatte, im normalen Kirchenchristentum beim Nachlassen der eschatologischen Spannung aber verblaßt war. Er lebt in einer Art präsentischen Eschatologie, welche die Lebensweise der zukünftigen Welt schon vorwegnimmt.

– *Vita angelica*

Die Evangelien berichten nicht viel über die Lebensform der zukünftigen Welt. Jesus spricht vom himmlischen Hochzeitsmahl oder davon, daß die Gerechten leuchten werden wie die Sonne (Mt 13,43). Ein andermal bemerkt er, es gebe in der zukünftigen Welt kein Heiraten und Hochzeithalten mehr, denn die Auferstandenen lebten wie die Engel Gottes (Mk 12,25). Dieser Hinweis hat die monastische Spiritualität wie kaum ein anderer Gedanke befruchtet. Der *bios aggelikos*, das engelgleiche Leben, wurde zu einem

Leitbild, nach dem sich das ganze Mönchsleben gestalten ließ. Antonius ißt und trinkt nicht, da er sich „der geistigen Natur der Seele" erinnert und den Körper in die leiblose Substanz der Engel verwandeln will (vita 60; 45). Bei Pachomius bekam das asketische Leben den Charakter einer leiblosen Existenzweise. Als Pachomius beim Fehlen eines Priesters den Dienst des Vorlesers beim Gottesdienst übernahm, hielten ihn die Gläubigen in der Kirche für einen Engel (vita 193,18/20).

Der zunächst nur auf die geschlechtliche Enthaltsamkeit angewandte Begriff von der *vita angelica* wurde bald umfassend ethisiert. Wer vollkommen in der Tugend ist und alle Begierden des Leibes überwunden hat, lebt engelgleich. So schreibt der Verfasser des Berichtes über eine Reise zu den ägyptischen Mönchen:

„Viele Väter sah ich dort das engelgleiche Leben leben ... Wahre Diener Gottes sind sie, die an nichts Irdisches denken, noch sich um die vergänglichen Dinge dieser Welt kümmern. Sie sind in der Tat vielmehr Bürger des Himmels, obgleich sie auf dieser Welt leben. Tatsächlich gibt es unter ihnen Männer, die nicht einmal wissen, daß es auf dieser Erde eine Welt gibt, die von der ihrigen verschieden ist, noch daß die Bosheit sich eingebürgert hat in den Städten... Viele von ihnen sind ganz befremdet, wenn sie Neuigkeiten dieser Welt hören, so sehr haben sie das Interesse an irdischen Dingen aufgegeben"[378].

Die Beschreibung des Mönchslebens als *vita angelica* war eine dichte und werbende Zusammenfassung dessen, was mit der Askese erreicht werden sollte. Andererseits ergaben sich nicht geringe Schwierigkeiten, wenn man die Nachahmung des engelgleichen Lebens zu wörtlich nahm. Die Apophthegmata Patrum berichten:

„Man erzählte vom Altvater Johannes Kolobos, daß er einmal zu seinem älteren Bruder sagte: ‚Ich will ohne Sorgen sein, so wie die Engel sorglos sind und nicht arbeiten, sondern unaufhörlich Gott dienen'. Er legte sein Kleid ab und ging in die Wüste. Nachdem er eine Woche dort verbracht hatte, kehrte er zu seinem Bruder zurück. Als er an die Tür klopfte, erkannte ihn sein Bruder, bevor er öffnete, und sprach: ‚Wer bist du'? Er antwortete: ‚Ich bin Johannes, dein Bruder'! Der Bruder antwortete: ‚Johannes ist ein Engel geworden und gehört nicht mehr zu den Menschen'. Da flehte er ihn an und sagte: ‚Ich bin es doch'! Der andere aber öffnete ihm nicht, sondern ließ ihn bis zum Morgen in dieser unbequemen Lage. Erst später öffnete er und sagte: ‚Wenn du ein Mensch bist, dann mußt du arbeiten, damit du deine Nahrung findest'. Da bereute Johannes und sagte: ‚Verzeih mir'"[379]!

Das Leben der Engel ließ sich nicht einfach kopieren. Engel essen und trinken nicht; der Mönch kann zwar das Fasten steigern bis zum Exzess, aber schwerlich ganz ohne Nahrung leben. Trotzdem schämt sich der alternde und in der Vollkommenheit fortgeschrittene Antonius, daß er überhaupt noch hin und wieder essen muß (vita 45). In der Konsequenz übertriebener Sehnsüchte liegen schließlich Berichte, die von einem Einsiedler erzählen, der drei Jahre überhaupt nicht gegessen und getrunken habe und jeden dritten Tag von einem Engel mit himmlischer Speise ernährt worden sei (Hist. Mon. 2,9).

Eine andere engelgleiche Entsagung war der Verzicht auf Schlaf. Wie die Engel wachend und anbetend vor Gottes Thron stehen, soll auch die Schlaflosigkeit der Mönche ein engelgleicher Kriegsdienst sein (Hist. Mon. 10,4). Arsenius verlangte, der Mönch müsse mit einer Stunde Schlaf auskommen.

„Die ganze Nacht durchwachte er, und wenn gegen Morgen die Natur nach Schlaf verlangte, sprach er zum Schlaf: ‚Auf, du schlechter Knecht'! Und sitzend ruhte er ein wenig. Aber auf der Stelle war er wieder wach"[380].

Es gab wenige asketische Übungen, die nicht mit dem engelgleichen Leben motiviert werden konnten bis hin zu Einseitigkeiten oder Verirrungen; so wenn z.B. die Vernachlässigung der Kleidung oder die Scheu vor dem Waschen mit der Leiblosigkeit der Engel verteidigt wurde. Der Punkt, an dem der Verzicht auf die Befriedigung leiblicher Bedürfnisse in Verachtung und Haß des Leiblichen umschlägt, ist vor allem im anachoretischen Mönchtum nicht immer vermieden worden. Im koinobitischen Mönchtum wurde dagegen stärker versucht, die Konkurrenz mit der leiblichen Bedürfnislosigkeit der Engel, bei der der Mönch notwendig unterliegen mußte, umzuwandeln und auf die Tugenden des Gehorsams und der Liebe zu verlagern. Angesichts der Übertreibungen, zu denen die Nachahmung der *vita angelica* führen konnte, sollte jedoch nicht vergessen werden, daß sich in ihr ein elementares mönchisches Verlangen ausspricht: Die Vorwegnahme der zukünftigen Welt durch Askese.

– Anticipatio paradisi

Der Antizipationsgedanke verleiht der mönchischen Askese eine zutiefst positive Motivierung; vor allem das Fasten bekommt durch ihn seine eigentliche Begründung (vgl. S. 154). Es kann wiederherstellen, was im Paradies durch Adams Unenthaltsamkeit verlorengegangen ist. Natürlich hat Gott das Heilmittel des Fastens allen Menschen angeboten, aber wohl nur die Mönche haben die Kraft, es voll zu gebrauchen. Basilius schreibt:

„Weil wir nicht fasteten, verloren wir das Paradies. Fasten wir also, damit wir dahin zurückkehren. Siehst du nicht den Lazarus, wie er durch Fasten in das Paradies eingegangen ist? Habe also Ehrfurcht vor dem hohen Alter des Fastens! Es ist so alt wie das Menschengeschlecht, schon im Paradies wurde es befohlen" (sermo 1,3f).

Die Antizipation des Paradieses durch Askese wirkt schon in diese Welt hinein. Die Historia Monachorum erzählt:

„Einmal hatte Makarius sich in einer Höhle in der Wüste niedergelassen, um zu beten. Ganz in der Nähe befand sich die Höhle einer Hyäne. Während er betete, kam sie zu ihm und stieß an seine Füße. Dann packte sie sanft den Saum seines Gewandes und zog ihn zu ihrer eigenen Höhle. Er folgte ihr und sprach: ‚Was will das Tier wohl tun'? Die Hyäne führte ihn zu ihrer Höhle. Dann ging sie hinein und brachte ihre Jungen, die blind geboren waren, heraus. Makarius betete für sie, heilte sie und gab sie der Hyäne zurück. Aus Dankbarkeit brachte die Hyäne dem Mann ein großes Löwenfell als Geschenk und legte es zu seinen Füßen. Er lächelte ihr zu wie einer ganz freundlichen und höflichen Person. Dann nahm er das Fell und gebrauchte es als Teppich. Dieses Fell hat ein Bruder bis heute aufbewahrt"[381].

Wo Friede herrscht zwischen Mensch und Tier, ist das Paradies zurückgekehrt. Viele Geschichten berichten von Mönchen, die mit den wilden Tieren zusammenleben. Als Paulus aus der Thebais Schlangen und Skorpione mit bloßen Händen anfaßte und die Brüder ihn fragten, wie solches möglich sei, antwortete er: „Wenn einer die Herzensreinheit erlangt hat, dann ordnet sich ihm alles unter wie dem Adam im Paradies, bevor er das Gebot übertrat"[382].

– Verdienst und Lohn

Man braucht das Streben nach Verdienst und die Erwartung von himmlischem Lohn nicht grundsätzlich zu verdächtigen. Das widerspräche dem Evangelium ebenso wie die

Überzeugung, daß der Lohn nach dem Tun bemessen wird. Die frühchristliche Schrift De centesima, sexagesima, tricesima unterscheidet im Anschluß an das Sämanngleichnis (Mk 4,8) drei Gruppen von Christen: Die Märtyrer bringen hundertfältige, die Asketen sechzigfältige und die Normalchristen dreißigfältige Frucht hervor, die zu entsprechenden Wohnungen im Hause des himmlischen Vaters berechtigt (Joh 14,2)[383]. Es ist jedoch bezeichnend, daß sich das Pochen auf Verdienst und Lohn viel stärker in der Gemeindepredigt des 3. und 4. Jh.s bemerkbar macht als in der Mönchsliteratur. Die Askese, selbst wenn sie als Leistung begriffen wird, ist für den Mönch nicht Verdienst, sondern Pflicht. So heißt es in der Vita Antonii:

„Aus all dem soll man die Überzeugung in sich festigen, daß man nicht nachlassen darf, ganz besonders dann, wenn man erwägt, daß man ein Diener des Herrn ist. Auch ein Knecht dürfte nicht wagen, so zu sprechen: ‚Da ich gestern gearbeitet habe, arbeite ich heute nichts'; nicht mißt er die vergangene Zeit und hört auf in den folgenden Tagen, sondern Tag für Tag, wie es im Evangelium heißt (Lk. 12,47), zeigt er die gleiche Willfährigkeit, damit er seinem Herrn gefalle und nicht ins Verderben gerate. So sollen auch wir Tag für Tag in der Askese verharren; denn wir wissen, daß uns der Herr, wenn wir auch nur einen Tag nachlässig sind, nicht wegen der vergangenen Zeit verzeiht, sondern wegen der Nachlässigkeit zürnt"[384].

Der Mönch versteht die Askese auch deshalb nicht als Verdienst, weil sie keinen Selbstwert besitzt, sondern Mittel zum Zweck ist. Sie schafft die äußeren Bedingungen, um die ersehnte Vollkommenheit und Gottähnlichkeit zu erreichen. Der Mönch spekuliert nicht auf zukünftigen Lohn, weil ihm im Sinne der *anticipatio* schon hier gewährt wird, was er im Jenseits erwartet. Zudem dämpfte ein ausgeprägtes Sündenbewußtsein überhandnehmendes Verdienstdenken. Die Mönche weinen über die eigenen Sünden, nicht über die der Mitmenschen. Von Makarius wird erzählt, wie er vor seinem Ende auf einen Berg ging, um von den Brüdern Abschied zu nehmen. Als man ihn um ein letztes Wort bat, sagte er:

‚„Weinen wir, Brüder, unsere Augen sollen Tränen hervorbrechen lassen, bevor wir dahin abscheiden, wo die Tränen unsere Leiber verbrennen'. Und alle weinten und fielen vor ihm nieder und flehten: ‚Vater, bete für uns'"[385].

An zahlreichen Stellen beteuern die Mönche ihre Furcht vor dem ewigen Gericht. Sie entspringt nicht einem skrupulösen Gewissen, sondern dem durch die *via purgativa* geschärften Gespür für die Heiligkeit Gottes. Nicht eigenes Verdienst, nur Gottes Gnade kann den Menschen mit einem Gewand ausstatten, das der sengenden Glut dieser Heiligkeit standhält. Angst vor der ewigen Verdammnis haben die Heiligen, nicht die Lauen. Darum stehen religiöses Leistungsdenken und Spekulationen auf himmlischen Lohn nicht am Beginn der monastischen Bewegung; sie haben die mönchische Askese nicht motiviert.

Als es mit Altvater Agathon zum Sterben kam, „verharrte er drei Tage mit offenen Augen und bewegte sich nicht. Da zupften ihn die Brüder und fragten: ‚Altvater Agathon, wo bist du'? Er antwortete: ‚Ich stehe im Angesicht des Richterstuhles Gottes'. Sie sagten zu ihm: ‚Fürchtest auch du dich, Vater'? Er antwortete ihnen: ‚Bisher habe ich meine Kraft eingesetzt, um die Gebote Gottes zu halten, aber ich bin ein Mensch! Woher kann ich wissen, ob mein Wirken gottgefällig war'? Da sagten die Brüder zu ihm: ‚Hast du kein Vertrauen auf dein Werk, daß es im Sinne Gottes war'? Der Greis erwiderte: ‚Ich habe keine Zuversicht, bis ich Gott gegenüberstehe. Denn anders ist das Gericht Gottes und anders das der Menschen'"[386].

Der Mönch verläßt nicht diese Welt und gibt ihre Güter hin, weil er ein Heros, sondern weil er Jünger Christi sein will. Problematisch ist dieses Selbstverständnis nicht für das Mönchtum, sondern für die *kosmikoi*, die Weltchristen. Denn wenn man Mönch werden muß, um kompromißlose Nachfolge zu üben, sind die Nichtmönche keine Vollchristen. Die große Faszination, die das Mönchtum zu allen Zeiten ausgeübt hat, hängt nicht zuletzt damit zusammen, daß immer eine innere Verwandtschaft zwischen Mönchsein und konsequentem Christsein gesehen und die Weltflucht als ein tief im Christentum steckender Impuls empfunden worden ist.

– Sozialer Aspekt

Neben dem Vorwurf der Werkgerechtigkeit ist vor allem das östliche Mönchtum seines mangelnden sozialen Engagements wegen kritisiert worden[387]. Rein theoretisch betrachtet, kann der soziale Aspekt im Mönchtum in der Tat keine große Rolle spielen, solange das Lebensideal außerhalb der Welt in der Einsamkeit verwirklicht werden soll. Denn dann werden Kultur und Weltgestaltung zu Nebensächlichkeiten, die das Vollkommenheitsstreben des Mönches nur hindern. Doch steht – wie so oft – auch hier die Theorie gegen die Praxis. Das östliche Mönchtum hat sich durchaus massiv in theologische und kirchenpolitische Auseinandersetzungen eingemischt, das abendländische darüber hinaus die wissenschaftliche und kulturelle Entwicklung befruchtet. Beide haben sich vor allem im sozialen Bereich und in der konkreten Nächstenliebe engagiert.

Zwar fliehen die Mönche die Menschen, sie verschließen die Türen ihrer Zellen und lassen nicht einmal wartende Verwandte herein, um nicht in ihrer Gottversunkenheit gestört zu werden. Sie wollen durch die Bewunderung ihrer Besucher nicht zum Stolz verleitet werden und sich gegen die zudringliche Neugier von Pilgern schützen. Dennoch hat die Nächstenliebe für den wirklichen Mönch Vorrang vor allen Übungen der Selbstheiligung. Eine nüchterne Geschichte über Hilfsbereitschaft im mönchischen Alltag erzählt Altvater Theodor Ennatu:

„Als ich noch jünger war, lebte ich in der Wüste. Einmal kam ich in die Bäckerei, um mir zwei Brote zu backen. Dort fand ich einen Bruder, der auch Brot backen wollte, aber niemand hatte, der ihm half. Ich ließ meine Sachen liegen und half ihm. Kaum hatte ich wieder Muße, da kam schon ein anderer Bruder, und auch ihm leistete ich Dienst mit der Hand und machte das Gebäck. Und wieder kam ein Dritter, und ich tat ebenso. Und so tat ich jedem der Kommenden, ich fertigte sechs Brote. Hernach machte ich meine zwei, als keiner mehr kam"[388].

Die Mönchsliteratur ist voll von Beispielen selbstloser Nächstenliebe. Von Altvater Agathon wird berichtet:

„Er kam einmal in die Stadt, um Ware zu verkaufen. Da fand er einen Fremden, der auf die Straße geworfen worden war. Er war ohne alle Kraft, und niemand nahm sich seiner an. So blieb denn der Greis bei ihm, suchte für ihn eine Wohnung und bezahlte von seiner Handarbeit die Miete, und den Rest verwendete er für den Bedarf des Kranken. Vier Monate blieb er bei ihm, bis der Kranke gesund war. Dann kehrte der Alte in sein Kellion zurück in Frieden"[389].

Der Mönch bemüht sich, die Forderung der Bergpredigt noch zu überbieten.

„Ein Bruder sah, daß Abbas Nisteroos zwei Gewänder trug. Und er fragte ihn: ‚Wenn ein Bettler kommt und dich um ein Gewand bittet, welches gibst du ihm dann'? Er antwortete: ‚Das schönere'! Der Bruder fragte weiter: ‚Und wenn ein zweiter dich bittet, was gibst du ihm dann'? Er antwortete: ‚Die Hälfte des anderen Gewandes'. Der Bruder: ‚Und wenn dich noch einer bittet? Was gibst du ihm'? Er entgegnete: ‚Ich zerschneide den Rest und gebe ihm die Hälfte, mit dem übrigen gürte ich mich'. Und weiter drängte er: ‚Wenn einer nun auch dies von dir erbittet, was wirst du tun'? Der Greis antwortete: ‚Ich gebe ihm den Rest, dann gehe ich fort und lasse mich an einem Ort nieder, bis Gott mir [einen helfenden Menschen] schickt und mich bedeckt'"[390].

Was die Anachoreten an Nächstenliebe leisten können, bleibt naturgemäß begrenzt; größer sind die Möglichkeiten im koinobitischen Mönchtum. Die Verpflichtung, zu arbeiten, um den Bedürftigen geben zu können, wird in der Basiliusregel deutlich ausgesprochen:

„Wir müssen auch daran denken, daß der Arbeiter nicht arbeiten soll, um sich durch seine Arbeit seinen Lebensunterhalt zu beschaffen, sondern um das Gebot des Herrn zu erfüllen, der gesagt hat: ‚Ich war hungrig, und ihr habt mir zu essen gegeben' (Mt 25,35) ... Wer nach der Vollkommenheit strebt, muß deshalb Tag und Nacht arbeiten, damit er dem geben kann, der Mangel leidet"[391].

Daß Basilius nach dem Vorbild des Eustathius (vgl. S. 169) mit Hilfe seiner Mönche die ersten Hospize und Krankenhäuser errichtet hat, liegt in der Konsequenz dieser Einstellung. Insgesamt wird man trotzdem sagen dürfen, daß der soziale Aspekt im östlichen Mönchtum nicht das Gewicht gehabt hat wie im abendländischen. Hier waren die Mönche des Mittelalters an der Gestaltung von Reich und Kirche beteiligt. Sie entwickelten die abendländische Kultur – vom Ackerbau angefangen bis zu Bildung und Kunst. Der Welt abgewandt und dem Irdischen entsagend, haben sie trotzdem das Antlitz ihrer Welt mitgeprägt. Doch geht das zusammen, Weltflucht und Weltgestaltung? Die Geschichte der abendländischen Orden, die auch eine Geschichte ihrer Niedergänge und Reformen ist, macht das Problem offenkundig.

3. Volksfrömmigkeit

Literatur:

E. LUCIUS / G. ANRICH, Die Anfänge des Heiligenkultes in der christlichen Kirche (Tübingen 1904); H. KELLNER, Heortologie (Freiburg ³1911); F. PFISTER, Brandeum: RAC 2 (1954) 522f; B. KÖTTING, Devotionalien: RAC 3 (1957) 862/71; TH. KLAUSER, Christlicher Märtyrerkult, heidnischer Heroenkult und spätjüdische Heiligenverehrung: DERS., Gesammelte Aufsätze = JbAC Erg.-Bd. 3 (1974) 221/9; E. DASSMANN, Ambrosius und die Märtyrer: JbAC 18 (1975) 49/68; Aspekte frühchristlicher Heiligenverehrung. Hrsg. von F. VON LILIENFELD = Oikonomia 6 (Erlangen 1977); W. GESSEL, Reform von Märtyrerkult und Totengedächtnis: Reformatio Ecclesiae. Hrsg. von R. BÄUMER (Paderborn 1980) 63/73; B. KÖTTING, Peregrinatio religiosa. Wallfahrten in der Antike und das Pilgerwesen in der alten Kirche = Forschungen zur Volkskunde 33/5 (Münster ²1980); P. BROWN, The Cult of the Saints (Chikago 1981); P. MARAVAL, Lieux saints et pèlerinages d'Orient (Paris 1985); B. KÖTTING, Reliquienverehrung, ihre Entstehung und ihre Formen: DERS., Ecclesia peregrinans 2 = MBTh 54,2 (Münster 1988) 61/74; DERS., Heiligenverehrung: ebd. 75/84; DERS., Der frühchristliche Reliquienkult und die Bestattung im Kirchengebäude: ebd. 90/119; DERS., Entstehung der Wallfahrt im frühen Christentum: ebd. 303/14; CH. BELTING-IHM, Heiligenbild: RAC 14 (1988) 66/96; TH. BAUMEISTER, Heiligenverehrung I: ebd. 96/150; M. VAN UYTFANGHE, Heiligenverehrung II (Hagiographie): ebd. 150/83; ST. HEID, Der Ursprung der Helenalegende im Pilgerbetrieb Jerusalems: JbAC 32 (1989) 41/71; TH. BAUMEISTER, Genese und Entfaltung der altkirchlichen Theologie des Martyriums = Traditio Christiana 8 (Bern 1991); P. BROWN, Die Heiligenverehrung. Ihre Entstehung und Funktion in der lateinischen Christenheit (Leipzig 1991); DERS, Aufstieg und Funktion der

Heiligen in der Spätantike: DERS., Die Gesellschaft und das Übernatürliche (Berlin 1993); A. ANGENENDT, Heilige und Reliquien. Die Geschichte ihres Kultes vom frühen Christentum bis zur Gegenwart (München 1994); AKTEN DES XII. INTERNATIONALEN KONGRESSES FÜR CHRISTLICHE ARCHÄOLOGIE = JbAC Erg.-Bd. 20,1/2 (Münster 1995); H. HEINEN, Helena, Konstantin und die Überlieferung der Kreuzauffindung im 4. Jahrhundert: Der Heilige Rock zu Trier. Hrsg. von E. ARETZ (Trier 1995) 83/114; H.-J. KLAUCK, Die religiöse Umwelt des Urchristentums 1 = Studienbücher Theologie 9,1 (Stuttgart 1995); E. DASSMANN, Reliquien und Reliquienverehrung. Geschichte und Motive: Schwarz auf Weiß (1996) 3/13; W. SPEYER, Der kirchliche Heilige als religiöses Leitbild in der Kirchengeschichte: Personenkult und Heiligenverehrung = Fragen einer neuen Weltkultur 14 (München 1997) 57/99.

3.1 Was bedeutet Volksfrömmigkeit?

Der häufig benutzte und nur schwer zu definierende Begriff der Volksfrömmigkeit ist nicht abwertend gemeint in dem Sinne, als ob es sich dabei um religiöse Betätigungen handele, die das helle Licht der Theologie zu scheuen hätten. Gerade die gleich zu erörternde Märtyrer- und Heiligenverehrung samt ihren Nebenprodukten Reliquienkult und Bilderfrömmigkeit besitzt einen durchaus theologisch reflektierten Hintergrund. Umgekehrt gibt es zentrale Glaubenswirklichkeiten, die sich stark auf die Volksfrömmigkeit ausgewirkt haben; man denke an die Sakramenten-, insbesondere die Eucharistiefrömmigkeit. Theologie und Volksfrömmigkeit müssen nicht Gegensätze sein; es gibt zwischen ihnen fruchtbare Wechselwirkungen.

Wertneutral betrachtet sind zwei Merkmale für die Volksfrömmigkeit charakteristisch. Als erstes gehört zu ihr die Sinnenhaftigkeit ihrer Ausdrucksformen. Insofern Gott „im Geist und in der Wahrheit" (Joh 4,23) angebetet werden muß, würde eine Erhebung des Herzens genügen, um ihm nahezukommen. Eigentlich bedarf es keiner Festtage oder -zeiten, um wirksam beten zu können; weder Räume noch Orte, Kirchen oder heilige Stätten sind notwendig, um Gottes Gegenwart zu erfahren. Wo auch immer ein Mensch im stillen Kämmerlein betet oder in weltlicher Umgebung in der durch einen geistigen, unanschaulichen Akt erweckten rechten Gesinnung ein gutes Werk verrichtet, kann sich eine innige Gottesbegegnung vollziehen. Da aber der Mensch nicht nur in geistigen Akten lebt, vielmehr mit Körper und Sinnen, ist es nur natürlich, daß auch sein religiöses Tun sich nicht allein in der unanschaulichen Sphäre des reinen Gedankens abspielen will, sondern nach Leibwerdung verlangt. Dem tragen die Sakramente Rechnung, die neben ihrer unanschaulichen Gnadenwirkung eine sichtbare, zeichenhafte Seite besitzen. Bemerkenswerterweise ist das im Zentrum der Gnadenvermittlung stehende, sozusagen geistigste Sakrament zugleich das dinglichste: die Eucharistie, welche die pneumatische Gegenwart Christi unter den Gestalten von Brot und Wein wirkt. Die Volksfrömmigkeit gestaltet die Leibhaftigkeit und Sichtbarkeit der Sakramente weiter aus, die Eucharistie z.B. durch die „Aussetzung des Allerheiligsten" in der Monstranz oder durch theophorische Prozessionen. Solche Entfaltungen entbehren nicht des theologischen Grundes. Sie fußen im Falle der eucharistischen Frömmigkeit auf dem Glauben an die Realpräsenz Christi unter den Gestalten von Brot und Wein; sie entstehen aber nicht zwingend aus ihren theologischen Voraussetzungen, sondern entsprechen bestimmten religiösen Bedürfnissen und geschichtlichen Veränderungen.

Daraus ergibt sich als zweites Charakteristikum der Volksfrömmigkeit, daß sie in ihrer Vielgestaltigkeit wandelbar ist, Übungen hervorbringen (z.B. Rosenkranz, Angelusgebet oder die Übung des Herz-Jesu-Freitags) und auch wieder in Vergessenheit geraten lassen kann, ebenso daß keine ihrer Hervorbringungen verbindlich ist und den einzelnen Gläubigen verpflichten würde, es sei denn, man würde zusammen mit der Ablehnung einer Frömmigkeitsübung ihren offenbarungsmäßigen und theologisch geklärten Grund verwerfen wollen. Unter den volksfrommen Übungen, welche die Jahrhunderte überdauert und eine große Menge von Formen mit zahllosen Nebenwirkungen hervorgebracht haben, nimmt die Heiligenverehrung einen überragenden Platz ein. Da sie auch innerhalb der ökumenischen Bewegung ein Diskussionsgegenstand ist – wenn auch kein erbittert umkämpfter Streitpunkt zwischen den Konfessionen mehr[392] –, verdient sie ein besonderes Interesse.

3.2 Märtyrer- und Heiligenverehrung

– Dogmatische Klärungen

Die öffentliche oder private, kultische oder individuelle Verehrung herausragender Verstorbener stellt ein Phänomen dar, das nicht nur innerhalb der christlichen Religion anzutreffen ist. Es gibt kaum eine menschliche Gemeinschaft, die nicht einzelne ihrer verstorbenen Mitglieder besonders hervorhebt und zu Vorbildern für die nachfolgenden Generationen erklärt. Wie das geschieht, hängt von den Vorstellungen ab, die über die Daseinsweise der Toten herrschen. Man kann herausragende Verstorbene ehren, indem man ihnen ein Denkmal setzt, ihre Taten aufschreibt oder in Liedern besingt. Andere Formen ergeben sich, wenn man von einem jenseitigen Weiterleben der Verstorbenen ausgeht, in dem zwar ihre Sichtbarkeit, nicht aber ihre Wirksamkeit aufgehoben ist. Letzteres entspricht dem christlichen Glauben. Christliche Heiligenverehrung gehört in das Bekenntnis von der Gemeinschaft der Heiligen, d.h. aller Getauften und in der Gnade Gottes lebenden und verstorbenen Menschen. Dogmatisch gesehen ist sie Teil der Lehre von der Kirche. Schon früh wurden die Begriffe entwickelt, mit denen die Heiligenverehrung theologisch beschrieben und vor einem falschen Verständnis geschützt wurde. So wurde z.B. die *veneratio* (*duleia*, Verehrung) der Heiligen von der *adoratio* (*latreia*, Anbetung) Gottes unterschieden; es wurde präzisiert, daß die *invocatio* (Anrufung) der Heiligen nur auf dem Wege der *intercessio* (Fürbitte) wirksam werden kann, weil die Heiligen nicht aus eigener Kraft, sondern durch ihre Fürsprache bei Gott dem Bittflehenden helfen können.

Diese an sich einfachen und klaren Unterscheidungen können die Heiligenverehrung vor jedem Mißbrauch bewahren, falls sie nicht nur theoretisch akzeptiert, sondern auch in der religiösen Praxis beachtet werden. Hier ist es immer wieder zu Übertreibungen gekommen. Auch in der dogmatischen Theorie blieben Fragen offen: In welcher Weise vermag z.B. das fürbittende Gebet Gottes Vorsehung zu beeinflussen? Hilft Gott weniger, wenn er direkt und nicht auf dem Weg über die Vermittlung eines Heiligen angegangen wird? In welcher Beziehung steht die einzige und einzigartige Mittlerschaft Christi zum vermittelnden Tun der Märtyrer? Angesichts mancher Widerstände, die sich der Heiligenverehrung von der neutestamentlichen Offenbarung her entgegenstellen, wundert es fast, wie es zu ihrer frühen Entstehung und weiten Verbreitung gekommen ist. Wichtige Impulse gingen von der religiösen Umwelt aus.

– Entstehung

Lange Zeit galt der christliche Märtyrerkult, mit dem die Heiligenverehrung beginnt, als direkter Nachfolger des antiken Heroenkultes. Wie hellenistische Städte ihres Gründers gedachten, wie man sich der Gräber von Staatsmännern, Gesetzgebern, Philosophen, Wundertätern, Kriegshelden oder Familienhäuptern kultisch erinnerte, so sollen christliche Gemeinden ihre Märtyrer – sowohl ihre eigenen als auch die durch Reliquien gleichsam ortsansässig gewordenen – vor dem Vergessen bewahrt haben. Diese glatte Ableitung ist inzwischen dahingehend modifiziert worden, daß nicht nur die heidnische Heroenverehrung, sondern stärker noch die frühjüdische Heiligenverehrung – die aber auch nicht unbeeinflußt von heidnischen Vorbildern entstanden sein dürfte – auf die Entstehung des christlichen Märtyrerkultes eingewirkt haben soll[393].

Tatsächlich kannte die zeitgenössische jüdische Theologie zahlreiche Heilige als Helfer und Mittler. Der Fromme bedurfte ihrer, wenn er zum Altar Gottes hinzutreten wollte. Zu den Fürbittern zählten – neben dem lebenden Hohenpriester – vor allem die Engel, die z.Zt. Jesu eine so starke Verehrung genossen, daß die Rabbinen um die Reinheit des monotheistischen Glaubens zu fürchten begannen[394]. Sie favorisierten daher die Gottesmänner der Vorzeit – allen voran Mose und Elija, von denen feststand, daß sie Menschen und nicht göttliche Erscheinungen gewesen waren. Beide zeichneten sich zudem dadurch aus, daß sie in den Himmel entrückt worden waren und man sich über ihren Aufenthaltsort keine Gedanken zu machen brauchte. Seit der Makkabäerzeit rückten sodann jüdische Märtyrer als Fürbitter für die Lebenden auf. Die sieben makkabäischen Brüder flehten während der Folter zu Gott, er möge seinem Volk bald wieder gnädig sein (2 Makk 7,37). Schließlich wurden auch die Begräbnisstätten der Propheten und anderer Gerechter geschmückt und in Ehren gehalten (Mt 23,29).

Menschliche und engelhafte Fürbitter und Mittler waren in Jesu Umwelt so stark verbreitet, daß es anfangs schwergefallen sein dürfte, einem aus dem Judentum stammenden Christen die alleinige Mittlerschaft Christi verständlich zu machen. Jedenfalls wird besonders im Hebräerbrief auf die Tatsache, daß Jesus der einzige Hohepriester ist, der für die Sünder eintritt und Genugtuung leistet, mit besonderem Nachdruck hingewiesen (Hebr 9,15/28; 7,25). Auch Joh 17,9 und 1 Joh 2,1f unterstreichen die Einzigartigkeit und Einmaligkeit des hohenpriesterlichen Wirkens Jesu. Ähnlich betont 1 Tim 2,5: „Einer ist Gott, einer auch Mittler zwischen Gott und den Menschen, der Mensch Christus Jesus, der sich als Lösegeld hingegeben hat für alle". Daß sich in den ersten Jahrzehnten der christlichen Verkündigung keine Anzeichen für eine Anrufung und Verehrung der Heiligen finden, wird von daher verständlich.

Trotz anfänglicher Zurückhaltung dürften heidnischer Toten- und Heroenkult sowie jüdische Heiligenverehrung auf die Entstehung und Befriedigung entsprechender Bedürfnisse in den christlichen Gemeinden dennoch stimulierend eingewirkt haben. Hemmungen wegen der einzigen Mittlerschaft Christi konnten schon bald theologisch ausgeräumt werden. Daß die subsidiäre Mittlerschaft der Heiligen der universalen Mittlerschaft Jesu keinen Abbruch tut, ergab sich aus einigen Jesusworten selbst. Seinen Aposteln, die ihm nachgefolgt waren, hatte Jesus verheißen, daß sie ebenfalls auf Thronen sitzen und zusammen mit ihm die Stämme Israels richten würden (Mt 19,28). Das Richten des Weltenrichters Christus wird demnach durch das Mitrichten der Apostel nicht geschmälert. Warum sollte es beim Fürbitten anders sein?

Auch die Unsicherheit über den Aufenthaltsort der Verstorbenen, die ihre Anrufung hätte erschweren können, ließ sich zumindet für eine Gruppe schon bald beheben. Von den um des Zeugnisses für Jesus willen gewaltsam Hingemordeten hieß es in der Offenbarung des Johannes:

„Als das Lamm das fünfte Siegel öffnete, sah ich unter dem Altar die Seelen aller, die hingeschlachtet worden waren wegen des Wortes Gottes und wegen des Zeugnisses, das sie abgelegt hatten. Sie riefen mit lauter Stimme: Wie lange zögerst du noch, Herr, du Heiliger und Wahrhaftiger, Gericht zu halten und unser Blut an den Bewohnern der Erde zu rächen" (Offb 6,9f)?

Diese frühe Stelle bezeugt noch keine Märtyrerverehrung. Die Hingemordeten leisten auch keine Fürbitte; sie rufen um Rache. Aber sie befinden sich, weil sie Zeugnis abgelegt haben und *martyres* sind, bei Gott, denn sie sind Christus, dem wahrhaftigen Zeugen, in besonderer Weise ähnlich geworden. Wie das Zeugnis von der Liebe des himmlischen Vaters den Teufel herausgefordert und Christus in den Tod geführt hat, so müssen auch seine Zeugen, zuerst die Apostel und dann alle Christen, die in ihre Fußstapfen treten, damit rechnen, daß ihnen widerfährt, was von Jesus vorausgesagt wurde: „Sie werden euch vor die Gerichte bringen und in ihren Synagogen auspeitschen" (Mt 10,17). Die enge Verbindung von Zeugenschaft und Verfolgung hat dazu geführt, daß schon bald Zeugenschaft zu Blutzeugenschaft wurde. Bedeutet *martys* bis um etwa 150 noch Zeuge, Missionar, Prediger allgemein, so danach nur noch Märtyrer, d.h. Blutzeuge. Um ungefähr dieselbe Zeit begann man sie anzurufen und nicht nur privat, sondern auch kultisch zu verehren.

Das früheste Zeugnis findet sich im Brief der Gemeinde von Smyrna an die Gemeinde von Philomelium über das Martyrium ihres Bischofs Polykarp im Jahre 156 (oder 167). Nachdem Polykarp zum Feuertod verurteilt worden war, sprach er auf dem Scheiterhaufen stehend zunächst ein großes – wie eine Präfation gestaltetes – Lobgebet.

Dann „zündeten die Leute, die den Brand besorgten, das Feuer an. Als die Flamme mächtig emporloderte, schauten wir ein Wunder... Das Feuer, das sich gleich einem vom Winde geschwellten Segel wölbte, umgab rings den Leib des Märtyrers wie eine [schützende] Mauer. Sein Fleisch verbrannte nicht darin, sondern es war wie Gold und Silber in einem Schmelzofen. Auch empfanden wir einen Wohlgeruch wie von duftendem Weihrauch oder anderen kostbaren Gewürzen. Als schließlich die Gottlosen merkten, daß sein Leib vom Feuer nicht verzehrt werden könne, befahlen sie dem Konfektor [der im Amphitheater verwundeten Menschen und Tieren den Todesstoß zu geben hatte], er solle zu Polykarp hingehen und ihm das Schwert in die Brust stoßen. Er tat dies, worauf eine solche Menge Blutes floß, daß es das Feuer auslöschte und die ganze Menschenmenge sich wunderte über den großen Unterschied, der zwischen den Ungläubigen und den Auserwählten besteht ...

Als aber der eifersüchtige und verleumderische Böse, der gegen das Geschlecht der Gerechten kämpft, die Größe seines [Polykarps] Martyriums, seinen von Anfang an unbefleckten Lebenswandel, seine Krönung mit dem Kranze der Unvergänglichkeit und seine Auszeichnung mit einem unbeschreiblichen Kampfpreis sah, da suchte er sogar zu verhindern, daß wir seine leiblichen Überreste wegtrugen, wonach doch viele verlangt hatten, um mit seinem heiligen Fleisch in Berührung zu kommen. Einige veranlaßten daher [einen gewissen] Niketes, ... den Prokonsul zu ersuchen, daß er den Leichnam nicht herausgäbe, ‚damit nicht die Christen den Gekreuzigten verlassen und anfangen, den Polykarp zu verehren'. So sagten sie auf Veranlassung und Drängen der Juden, welche schon auf uns achtgegeben hatten, als wir Polykarp aus dem Feuer holen wollten. Sie sahen nicht ein, daß wir weder Christus, der für das Heil aller, die auf Erden erlöst werden, gelitten hat, verlassen [Christus als universaler Heilsmittler] noch einen anderen anbeten können. Christus beten wir an, weil er der Sohn Gottes ist, den Märtyrern aber erweisen wir als Jüngern und Nachahmern des Herrn würdige Verehrung, wegen ihrer unübertrefflichen Liebe zu ihrem König und Lehrer ...

Als der Hauptmann die Bosheit der Juden merkte, ließ er Polykarp aufbahren und dem Brauch gemäß verbrennen. Auf solche Weise kamen wir hernach in den Besitz [der Reste] seiner Gebeine, die wertvoller sind als Edelsteine und kostbares Gold. Wir bestatteten dieselben an geeigneter Stelle. Dort werden wir uns wo möglich in Jubel und Freude versammeln, um mit der Gnade des Herrn den Tag seines Martyriums und seiner Geburt [Tag des Martyriums als *dies natalis*] zu feiern zur Erinnerung an die, welche uns im Kampf vorangegangen sind, und zur Übung und Vorbereitung für die, welche im Kampfe folgen"[395].

Es hatte seit dem Martyrium des Stephanus schon vor Polykarp christliche Blutzeugen gegeben – ungefähr um dieselbe Zeit wurde in Rom Justin hingerichtet –, aber sie waren von den Gemeinden noch nicht kultisch verehrt worden. Andererseits haftete die seit Polykarp dann nachweisbare Verehrung hervorragender Gemeindemitglieder so sehr an der Vorstellung vom Märtyrer, daß Märtyrer- und Heiligenverehrung für lange Zeit in eins fallen. Wer als Heiliger verehrt werden sollte, mußte ein Märtyrer gewesen sein. Darum wurde bis ins 4. Jh. hinein verehrten Männern und Frauen in einer Art „Heiligsprechung" der Rang eines Märtyrers verliehen, auch wenn man über ihren Lebensausgang nichts Bestimmtes wußte. Klemens von Rom oder Irenäus von Lyon sind auf diese Weise zu Märtyrern geworden. Dasselbe gilt von den Aposteln. Sie wurden – als die *martyres* schlechthin – mit Ausnahme des Johannes ebenfalls zu Märtyrern. Die Apostel als Erstzeugen des Herrn waren selbstverständlich auch seine ersten Blutzeugen gewesen. Die Identifizierung von Heiligen und Märtyrern hat mit dazu beigetragen, daß die Marienverehrung erst relativ spät eingesetzt hat. Sie konnte erst aufkommen, als nach dem Konstantinischen Frieden die Heiligenverehrung auf Nichtmärtyrer ausgedehnt wurde (vgl. S. 215).

Die Verehrung der Märtyrer nahm im Verlauf der Zeit einen außerordentlichen Aufschwung. War es in der Verfolgungszeit vor allem ihre Funktion als Helfer bei der Rekonziliation und Sündenvergebung gewesen, die ihre Anrufung gefördert hatte[396], begann man sie nach dem Abklingen der Verfolgungen in allen möglichen geistlichen, aber auch irdischen Anliegen anzurufen. Sie wurden zu Patronen einzelner Gemeinden, Städte und Landschaften; in ihnen konkretisierte sich die Erwartung der Gläubigen auf Schutz und Hilfe. Gott kümmert sich um alle Menschen; er straft und verzeiht gleichermaßen nach übergeordneten Gesichtspunkten. Der Märtyrer dagegen sorgt für seine Stadt: Demetrius für Thessalonich, Januarius für Neapel, Thekla für Seleukia und Agatha für Catania. Häufig waren es besonders gefährdete Städte, die ihren Spezialheiligen „kultivierten". Thessalonich im mazedonischen Flachland war immer von kriegerischen Einfällen aus dem Balkangebiet bedroht, Neapel stand unter der drohenden Gefahr des Vesuv, Thekla mußte die wilden Isaurier zähmen und Agatha mit ihrem Schleier wedeln, um die glühenden Lavaströme des Ätna an der Stadt vorbei ins Meer zu lenken. Auch wo eine Stadt viele oder mehrere Märtyrer besaß, wurde einer herausgestellt und zum eigentlichen Schutzheiligen bestimmt. So wurde Laurentius der Stadtpatron Roms – wobei bemerkenswert ist, daß nicht Bischof Sixtus, mit dem zusammen Laurentius 258 den Martertod erlitt, in der Gunst der Gläubigen an die erste Stelle rückte, sondern der Diakon, der die Kirchenschätze an die Armen verteilte, weil er der Meinung war, die Armen seien der größte Schatz der Kirche (vgl. S. 231).

– Elemente der Verehrung

– – Märtyrer und Grab

Die nach dem Friedensschluß machtvoll aufblühende Märtyrerverehrung gründete auf der einen Seite im Gedanken von der *imitatio* der Zeugen- und Mittlerschaft Christi durch die christlichen Glaubenszeugen. Daneben aber flossen Vorstellungen aus der hellenistischen Heroenverehrung in den Märtyrerkult ein. Zu letzteren gehörte die Vorstellung vom Grab als dem Haus des Toten[397]. Auch wenn theologisch klar war, daß sich die Seele des Heiligen und damit im wirksamen Sinne er selbst bei Gott befand, das Volk (be)suchte seine Märtyrer an ihrem Grab, bei ihrer *memoria*, wo die Überreste ihrer sterblichen Leiber aufbewahrt wurden. Die religiöse Vorstellungskraft der Gläubigen, Nährboden für die Ausdrucksformen der Verehrung, mochte sich von dieser Anschauung nicht lösen. Insofern die Gebeine dereinst aus dem Todesschlaf auferweckt und mit der unsterblichen Seele – wie auch immer – zu einer neuen Lebenseinheit verbunden würden, ließ sich die Wertschätzung des Grabes und der darin ruhenden Gebeine auch theologisch rechtfertigen.

Wie sehr man die Wirksamkeit der Märtyrer mit ihrer irdischen Ruhestätte verband, belegen zahlreiche Graffiti (Kritzelinschriften) an den Märtyrermemorien[398]. Die sogenannte Triklia unter S. Sebastiano in Rom (Mitte 3. Jh.) z.B. ist voll von Anrufungen an Petrus und Paulus. Besonders am Tag des Jahresgedächtnisses strömten die Gläubigen zu den Märtyrergräbern, nicht nur um zu beten, sondern auch um das *refrigerium* zu halten, d.h. um zur Ehre der Märtyrer und auf das eigene Wohl eine Weinspende darzubringen. Der Brauch erreichte im 4./5. Jh. vor allem in Nordafrika Volksfestcharakter und war, nicht zuletzt wenn zahlreiche Märtyrer oder Märtyrergruppen – wie z.B vierzig Märtyrer von Sebaste – verehrt werden mußten, nicht selten mit unangenehmen Nebenwirkungen verbunden. In Mailand hatte Bischof Ambrosius den Brauch deswegen verboten. Augustins Mutter Monika war dem Verbot ohne Widerspruch gefolgt, obwohl es ihr – wie Augustinus sich beeilt zu betonen – bei der Märtyrerverehrung allein um die Frömmigkeit, nicht um den Weingenuß gegangen war[399].

Eine andere Folge des Glaubens an die besondere Wirksamkeit des Märtyrers bei seinem Grabe war das Bemühen vieler Christen, *retro sanctos*, d.h. möglichst nahe bei einem Märtyrergrab, begraben zu werden. Wenn man konnte, erwartete man den Tod in der Nähe eines Märtyrergrabes oder verfügte seine eigene Beisetzung beim verehrten Märtyrer. Manche Märtyrergräber – Trophimus in Arles, die Jungfrau Salsa in Tipasa (Nordafrika), vor allem die Grotte der Siebenschläfer in Ephesus – sind geradezu umlagert von Sarkophagen und Grüften mit christlichen Bestattungen. Ein Platz in der Nähe der Siebenschläfer war so begehrt, weil diese nach langer Grabesruhe unter Theodosius II. (408/50) zur Bezeugung der Auferstehung wieder aufgewacht waren. Auch um den als Petrusgrab verehrten Platz unter St. Peter in Rom drängen sich zahlreiche Gräber, so daß das verehrte Grab direkt angeschnitten wird. Gräberdrängen ist häufig ein sicherer Hinweis auf ein zu vermutendes Märtyrergrab wie z.B. bei S. Agnese in Rom an der Via Nomentana oder – hierzulande – bei Cassius und Florentius in Bonn oder Viktor in Xanten. Wenn sich im Mittelalter viele Nationen bemühten, einen Friedhof in der Nähe von St. Peter zu erwerben – von denen der Campo Santo Teutonico der Deutschen bis heute erhalten ist –, entspricht das demselben Verlangen.

Was den Nutzen der Beisetzung in einer Märtyrerkirche oder auf einem Friedhof in der Nähe einer Märtyrermemoria angeht, so hat Augustinus dem Bischof Paulinus von Nola, der dem heiligen Felix eine prachtvolle Basilika errichten ließ, um für sich und die Seinen eine vorteilhafte Grabstätte zu besitzen, in einem kleinen Büchlein De cura pro mortuis 5,7; 18,22, zwar warmherzig, aber nüchtern geantwortet, der Seele des Verstorbenen nütze nicht der Platz, wo der Leichnam ruhe, sondern der durch den Ort immer wieder angefachte Gebetseifer der Lebenden, die ihn dem Schutz der Märtyrer empfehlen würden.

Augustinus will die Erwartung aus der Vorstellung eines magisch begründeten Sicherheitsgefühls auf die Höhe einer durch die pneumatische Verbundenheit des Toten mit dem Märtyrer bewirkten Hoffnung führen. Ein Diakon der Basilika Lorenzo fuori le mura in Rom ließ sich um 400 auf seinen Grabstein die vernünftige Einsicht meißeln: „Zwecklos ist's, ja eine Last, an den Gräbern der Heiligen zu hängen. Ihnen nähert man sich, wenn man vorbildlich lebt"[400]. Ob sie der Mehrzahl der Leute eingeleuchtet hat, bleibt fraglich.

Die Vorstellung vom Grab als Haus des Toten bzw. die Bindung des Märtyrerkultes an seine Grabmemoria hatte noch weitere Auswirkungen im Gefolge. Um der Märtyrerfürbitte und -hilfe teilhaftig zu werden, mußte man Märtyrergräber erst einmal haben. Fehlten sie in einer Gemeinde, mußte man entweder Gräber finden (*inventiones*), Märtyrer herbeischaffen und von einem Ort zu einem anderen überführen (*translationes*) oder sich bei zunehmender Knappheit von auffindbaren oder überführbaren Gebeinen um andere Reliquien bemühen.

– – Inventionen

Eine der frühesten und spektakulärsten Inventionen war die Auffindung der Gebeine der heiligen Gervasius und Protasius in Mailand durch Ambrosius im Sommer 386. Der Bischof hat selbst seiner Schwester Marcellina in Rom darüber ausführlich berichtet. Als im Zuge notwendig gewordener Kirchbauten eine neu errichtete Kultstätte, die sogenannte *Basilica Ambrosiana* (auch *Basilica Martyrum* genannt) eingeweiht werden mußte, verlangte das Volk stürmisch von Ambrosius: „Weihe diese Kirche auf die nämliche Weise ein, wie du die andere, die ‚römische', eingeweiht hast"[401]. Aus der Antwort des Bischofs, er sei dazu bereit, wenn er Märtyrergebeine fände, ergibt sich, daß die Ingebrauchnahme der neuen Kirche nicht in der sonst bezeugten Weise durch Eucharistiefeier und eine besondere Kirchweihpredigt erfolgen sollte, sondern – wie bereits bei der *Basilica Romana* (oder *Basilica Portiana*) geschehen – durch die Beisetzung von Märtyrerreliquien. Ambrosius berichtet weiter:

„Es ergriff mich ein Geist der Ahnung (*ardor praesagii*)... Der Herr gab Gnade, und obgleich die Geistlichen selbst Furcht und Scheu verrieten, so ließ ich doch die Erde ausgraben nahe vor dem Gitter der heiligen Felix und Narbor. Es zeigten sich bald merkwürdige Spuren (*signa convenientia*), und da ich auch andere mitarbeiten ließ, denen ich erst die Hände auflegen mußte, so ragten auf einmal die heiligen Märtyrer hervor, so daß die Urne sogleich erfaßt und vor der Stätte des heiligen Grabes auf den Boden hingelagert werden konnte. Da fanden wir zwei Männer von wunderbarer Größe (*mirae magnitudinis*), genau nach dem Kraftmaß der alten Zeiten. Alle Gebeine waren noch ganz und noch dazu viel Blut zu sehen. Zwei Tage strömte das Volk in großen Haufen zusammen. Wir legten die Gebeine zuerst in ihre natürliche Lage und dann in das Behältnis und übertrugen sie bei kommender Abenddämmerung in die Kirche der Fausta. Da hielten wir Nachtwache bis an den Morgen und legten vielen die Hände auf. Den folgenden Tag überführten wir die Gebeine in die neue Kirche, die sie die *Ambrosianische* nennen. Indem wir die Gebeine übertrugen, wurde ein Blinder geheilt" [als Zeichen für die Echtheit der Gebeine][402].

Die Auffindung ereignete sich auf einem großen Zömeterium außerhalb der Stadt, auf dem Heiden und Christen begraben lagen. In kleinen, über den ganzen Friedhof verstreuten Memorien wurden die Gräber von Glaubenszeugen aus der Verfolgungszeit, die ja noch nicht lange zurücklag, besonders verehrt. In einem dieser Grabhäuschen, in dem man der Märtyrer Felix und Nabor gedachte, ließ Ambrosius im Fußboden vor dem Gitter graben, das die Gräber der verehrten Märtyrer schützen sollte, obwohl seine Kleriker davor zurückscheuten. Sie fürchteten sich, ein durch das römische Recht geschütztes Grab anzutasten; auch die grabenden Arbeiter mußte der Bischof beruhigen und durch Handauflegung vor möglichen Folgen der Verletzung der Grabesruhe schützen.

Als guter Seelsorger ließ sich Ambrosius nicht die Gelegenheit entgehen, den Vorgang zu deuten, der einen eminent kirchenpolitischen Hintergrund besaß. Ambrosius hatte im selben Jahr eine heftige Auseinandersetzung mit dem Kaiserhof über die Herausgabe einer Kirche für den arianischen Kult gehabt[403]. Jetzt kommt ihm die Auffindung der heiligen Märtyrer als Zeugen gegen die häretischen Verehrer Gottes am Kaiserhof gerade recht. Wichtig hinsichtlich der bald mächtig aufblühenden Märtyrerverehrung ist der Schluß seiner Ausführungen, in denen der Bischof die neue Ruhestätte der erhobenen Gebeine begründet:

„Diese triumphierenden Schlachtopfer sollen [am Altar der neuen Kirche] an die Stätte kommen, wo Christus das große Versöhnungsopfer ist. Christus über dem Altar, weil er für alle gelitten hat, diese unter dem Altar, weil sie durch sein Leiden erlöst wurden. Diese Grabstätte hatte ich mir ausgesucht; denn es schien nur billig zu sein, daß der Priester dort seinen Ruheplatz finden sollte, wo er zu opfern pflegte. Aber ich trete nun meine Grabstätte diesen geweihten Schlachtopfern willig ab; denn sie haben als heilige Märtyrer lange vor mir das strengste Vorrecht dazu"[404].

Bedeutsam an dieser Interpretation ist die Verbindung von Märtyrergrab und Altar. Es geht Ambrosius nicht darum, den Altar durch die Beisetzung von Märtyrerreliquien aufzuwerten[405], die Märtyrerverehrung soll vielmehr in geordnete Bahnen gelenkt werden. Schon vorher hatte Ambrosius private Totenmähler an vereinzelt gelegenen Märtyrergrüften verboten, weil sie leicht in Gelage ausarten konnten (vgl. S. 204). Jetzt läßt er die Märtyrergebeine in eine neu auf dem Friedhofsgelände errichtete Kirche beim Altar bestatten, auf dem die Eucharistie gefeiert wird. Will man zu den Märtyrern gehen, muß man an den Altar der Kirche treten, wo das Opfer Christi gefeiert wird. Die Märtyrerreliquien erhöhen nicht die Würde des Altars, sondern das auf dem Altar dargebrachte eucharistische Opfer integriert die Märtyrerverehrung in die sakramentale Frömmigkeit.

Bei der Auffindung der Gräber von Gervasius und Protasius wurden nicht zum ersten Mal Märtyrergebeine erhoben. Ihre feierliche Übertragung hat jedoch Aufsehen erregt und eine ganze Welle weiterer Inventionen ausgelöst. In Bologna erfolgte die Auffindung der Märtyrer Agricola und Vitalis, nochmals in Mailand die der heiligen Nazarius und Celsus. Durch Wiederentdeckung aufgrund von Visionen konnte man nun auch der Gräber alttestamentlicher oder bisher verschollener Heiliger habhaft werden. So fand man in Palästina das Grab Johannes' des Täufers in Sebaste, den Propheten Zacharias in dem Dorf Kaphar Zacharia, den Apostel Barnabas auf Cypern.

Unbeschreibliche Begeisterung rief die Auffindung der Gebeine des heiligen Stephanus in dem Dorf Beth Gamla zwanzig Meilen von Jerusalem entfernt durch den Priester Lukian im Jahr 415 hervor. Nachdem das Fest des Erzmärtyrers schon in vielen Gemeinden gefeiert wurde, konnten nun endlich auch seine Gebeine nach langer Verborgenheit ihre Segenskraft entfalten. Sie traten geradezu einen Siegeszug durch die ganze christliche Welt an. Auf der Insel Minorka sollen sie im Jahr 418 innerhalb von nur acht Tagen die Bekehrung von fünfhundertvierzig Juden bewirkt haben. In Nordafrika häuften sich in vielen Städten die Wunderheilungen, und auch Augustinus in Hippo schätzte sich glücklich, Anteil an den Stephanusreliquien erhalten zu haben. Er baute für sie eine eigene Kapelle und bestimmte einen Kleriker, die durch die Anrufung des heiligen Stephanus geschehenen Wunderheilungen aufzuzeichnen.

Die berühmteste aller Inventionen betraf die Auffindung des heiligen Kreuzes[406]. Sie hat insofern mit dem Märtyrerkult zu tun, als im 4. Jh. der Tod Christi als Martyrium betrachtet wurde und das Kreuzesholz als Marterwerkzeug, an dem der Herr gelitten hatte. Da es von Christus keine leiblichen Reliquien auf Erden geben konnte, die Volksfrömmigkeit jedoch stark an sinnenfälligen Überresten interessiert war, läßt sich die Bedeutung der Kreuzauffindung leicht ermessen. Wann und durch wen sie geschah, liegt im dunkeln. Eusebius von Caesarea (gest. 339), Kirchenhistoriker und bewährter Lobredner Konstantins, der die vom Kaiser erbaute Grabeskirche in Jerusalem ausführlich beschrieben und ihre Einweihung überschwenglich gefeiert hat, weiß noch nichts von diesem Ereignis, was zugleich bedeutet, daß die Überlieferung von der Auffindung des Kreuzes durch die Kaiserinmutter Helena nicht stimmen kann. Wie hätte Eusebius, der Panegyriker des Kaiserhauses, ein solches Ereignis übergehen können? Gründe für ein absichtliches Verschweigen sind nicht ersichtlich.

Die erste sichere Erwähnung des wiederaufgefundenen Kreuzes stammt aus der Zeit um 350 von Cyrill von Jerusalem. Der Bischof versichert, daß Splitter, die Pilger vom heiligen Kreuz abgelöst hätten, auf der ganzen Erde verbreitet seien. Bei Ambrosius von Mailand begegnet dann in seiner Trauerrede auf den Tod des Kaisers Theodosius (gest. 395) zum ersten Mal der Hinweis auf Helena. Wie es zu dieser Verbindung kommen konnte, erhellt vielleicht eine nur in der syrischen Literatur erhaltene Legende, welche die Kreuzauffindung mit Protonike, der Gemahlin des Kaisers Claudius (41–54) verbindet. Protonike hatte sich nach der Bekehrung durch den Apostel Petrus entschlossen, nach Jerusalem zu ziehen, um Golgotha, das Grab des Herrn und sein Kreuz zu verehren. Da sich die heiligen Orte im Besitz der Juden befanden, die den Christen den Zutritt verweigerten, befahl Protonike den Vorstehern der Juden, Grab und Kreuzesholz herauszugeben.

„Sie selbst aber ging in das Grab und fand daselbst drei Kreuze. An welchem der drei aber Christus gehangen hatte, wußte sie nicht. Da fiel plötzlich ihre Tochter, eine Jungfrau, zu Boden und starb. Durch ihren Sohn bewogen, legte die Königin der Reihe nach die drei Kreuze auf den Leib der Verstorbenen. Und als das dritte Kreuz der Toten nahe kam, wurde dieselbe wieder lebendig und stand auf. Darauf nahm die Königin das Kreuz, das sich durch seine Wunderkraft als dasjenige des Herrn erwiesen, gab es dem Jakobus, dem Leiter der Gemeinde von Jerusalem, daß es in Ehren gehalten würde, und befahl, daß ein herrliches Gebäude auf Golgotha und dem Grabe erbaut werde. Ihre Tat wurde in der ganzen Welt bekannt, und viele Heiden und Juden in Jerusalem wurden gläubig. Als aber die seligen Apostel aus der Welt gegangen, legten die Juden zur Zeit des Kaisers Trajan die Hände an die Christen, töteten ihren Bischof, nahmen das Holz des Kreuzes, gruben in der Erde gegen zwanzig Ellen tief und verbargen es, damit die Christen Christus nicht mehr anbeten sollten"[407].

Wahrscheinlich diente im aufstrebenden Pilgerbetrieb Jerusalems die Legende dazu, begreiflich zu machen, warum das Kreuz so lange in Vergessenheit geraten war. Sie ließ sich mühelos aktualisieren, indem wieder eine Kaiserin, nunmehr die weit berühmtere Helena, das Kreuz aufspürte, es in Gold und Edelsteine fassen und eine prachtvolle Kirche über Golgotha erbauen ließ.

Als Beweis für die Echtheit des Kreuzes ist in den verschiedenen Überlieferungen neben Wunderheilungen und Gebetserhörungen sowie der Tafel mit der Pilatusinschrift immer auch der Umstand herangezogen worden, daß trotz der vielen Teilchen und Splitter, die offiziell oder unerlaubt als begehrte Reliquien abgetrennt worden sind, das

Kreuzesholz nicht abgenommen hat. Tatsächlich ist die Menge der z.T. bis heute erhaltenen und verehrten Kreuzreliquien beträchtlich. Wie dieses Phänomen zu erklären ist, wird noch zu behandeln sein (vgl. S. 212).

– – Translationen

Eine weitere Maßnahme, welche die Verbreitung der Märtyrerverehrung erleichtert hat, war die Translation von Märtyrergebeinen. Oft lagen ihre Kultstätten, die von den Gläubigen gern besucht worden wären, an abgelegenen Plätzen. Umgekehrt gab es bedeutende Orte – wie etwa Konstantinopel – oder ganze Gegenden – etwa das nördliche Gallien –, die ohne Martyrien geblieben waren oder die Erinnerung an sie verloren hatten. In allen diesen Fällen half die Überführung von Gebeinen. Als wichtigste Translationsmotive – wobei *translatio* und *inventio* oftmals nicht getrennt werden können, weil sie zwei Akte desselben Vorgangs sind: Man findet Gebeine, um sie übertragen zu können – lassen sich nennen:

1. Die Verdrängung eines heidnischen Kultes.
2. Die Übertragung berühmter Märtyrerleiber in bedeutende Städte nach Art der heidnischen Heroenübertragung.
3. Die Erhebung unbekannter Märtyrer aus unwürdigen Grabstätten.
4. Die Aufwertung von Stadtkirchen durch die Beisetzung von Märtyrerreliquien beim Altar.

1. Um die Verdrängung eines heidnischen Kultes ging es bei der Translation des Märtyrers Babylas im Jahre 354 von einem Friedhof bei Antiochien nach Daphne. Dort hatte man gegenüber einer viel frequentierten Orakelstätte des Apollo eine kleine Kirche errichtet, welche die Gebeine des Heiligen aufnahm. Babylas mußte noch mehrmals umziehen. 362 verfügte Kaiser Julian Apostata die Entfernung der Gebeine; nach dem Tod des Kaisers im Jahr darauf wurden sie von den Christen in feierlicher Prozession wieder zurückgebracht. 381 ließ dann Bischof Meletius unweit der Orontesbrücke eine prachtvolle Grabkirche errichten, in der er später neben dem Sarkophag des Babylas selbst beigesetzt wurde.

Dieses früheste Beispiel einer Kultverdrängung durch Translation ist häufig nachgeahmt worden. So konnte Cyrill von Alexandrien die Verehrung der Heilgöttin Isis in Menuthis nur dadurch überwinden, daß er zwei von ihm eigens dazu aufgefundene Märtyrer, Cyrus und Johannes, von denen der erste ein Arzt gewesen war, nach Menuthis bringen ließ. Der Märtyrerarzt *Kyros* sollte die *Kyria* Isis verdrängen. Der Bischof wußte, daß es wenig nützen würde, den Isiskult zu verbieten, wenn man den Leuten keinen Ersatzhelfer anbot, zu dem sie in ihren Nöten gehen konnten[408]. Cyrus und Johannes, Kosmas und Damian und viele andere Märtyrer besaßen gegenüber den heidnischen Heilgöttern noch den Vorzug, daß sie als *anargyroi* kostenlos halfen, wie die christliche Propaganda versicherte (vgl. S. 222).

2. Nach Art der Übertragung berühmter Heroen in bedeutende Städte kam auch die märtyrerlose neue Kaiserstadt Konstantinopel in den Besitz von Märtyrergebeinen. Konstantin der Große hatte sich in der Apostelkirche noch mit den Kenotaphen – d.h. mit leeren, nur der Erinnerung dienenden Sarkophagen – der Apostel begnügt. Sein Sohn

Konstantius ließ die Gebeine des heiligen Timotheus und bald darauf die der heiligen Andreas und Lukas in die Apostelkirche bringen. Die Gebeine des Andreas besaßen über ihren martyrologischen Wert hinaus noch eine besondere kirchenpolitische Bedeutung. Andreas war vor seinem Bruder Petrus berufen worden, und er hatte diesen zu Jesus geführt (Joh 1,40/2). Folglich gebührte ihm (Konstantinopel) der Vorrang vor Petrus (Rom).

Daß zunächst nur der Kaiser Translationen, die der politischen oder religiösen Aufwertung besonderer Orte dienten, veranlassen konnte, hatte mehrere Gründe. Einmal galt im römischen Recht jedes Grab als unantastbar. Entsprechende Schutzbestimmungen sind immer wieder eingeschärft und auch weithin beachtet worden. Nur die *pontifices*, im 4. Jh. die Kaiser, konnten aus triftigem Grund die Erlaubnis zur Veränderung oder Zerstörung eines Grabes geben. Noch 349 haben Konstans und Konstantius Gesetze zum Grabschutz erlassen. Zum anderen gab wohl kaum eine Gemeinde Märtyrerreliquien freiwillig her. Wenn man nicht kaiserliche Autorität besaß, mußte man zu politischer List oder sogar zu Raub und anderen Druckmitteln greifen, um an solche wertvollen Schätze zu kommen. Auf diese Weise gelangten Markus nach Venedig und die Heiligen Drei Könige nach Köln[409]. Später nahmen die Bischöfe gleichsam als Nachfolger der heidnischen *pontifices* für sich das Recht in Anspruch, Translationen vorzunehmen, wie das Beispiel des Ambrosius gezeigt hat (vgl. S. 205).

3. Am leichtesten ließen sich Translationen rechtfertigen, wenn unbekannte Märtyrer aus einem unwürdigen Grab erhoben und geziemend beigesetzt werden mußten. Darum versäumte es auch Ambrosius nicht, darauf hinzuweisen, daß die von ihm übertragenen Leiber der heiligen Gervasius und Protasius bisher unbeachtet unter dem Fußboden vor den Schranken der Felixmemoria gelegen hatten. Es gab zahlreiche solcher vergessenen und unwürdigen Grabstätten, da die kultische Verehrung der Märtyrer nicht sofort einsetzte und manche Gemeinden lange Zeit nur einen Märtyrer als ihren besonderen Patron verehrt, andere Grabstätten dagegen vernachlässigt hatten.

4. In einem letzten Schritt brachte man Gebeine in die Nähe des Altars nicht nur von Friedhofskirchen, sondern auch von Stadtkirchen in der Überzeugung, daß das Opfer Christi und das seiner Nachahmer im Martyrium zusammengehören. In Apk 6,9 spricht der Apokalyptiker von den Seelen derjenigen, die um des Wortes Gottes und des Zeugnisses willen hingeschlachtet worden sind und sich nun unter dem Altar befinden. Der Verfasser denkt dabei an den himmlischen Altar vor dem Thron Gottes; die Christen des 4. Jh.s folgerten daraus, daß die Leiber der Märtyrer in der Nähe – wobei Nähe verschieden eng verstanden werden konnte – des Altares ruhen sollten. Bereits Ambrosius hatte diesen Gedanken bei der Auffindung von Gervasius und Protasius geäußert (vgl. S. 206). Noch deutlicher erscheint er bei Ps.-Maximus von Turin, sermo 78:

„Mit Recht werden die Märtyrer unter dem Altar niedergelegt, weil auf dem Altar Christus niedergelegt wird... Passend ist den Märtyrern dort das Begräbnis angewiesen worden, wo täglich der Tod des Herrn gefeiert wird... Zu Recht ist also dort das Grab der Getöteten angelegt worden, wo die Glieder des getöteten Herrn niedergelegt werden".

Danach sollte es eigentlich kein Märtyrergrab mehr geben, ohne einen ihm zugeordneten Altar, aber auch keinen Altar, der nicht durch ein in der Nähe befindliches Märtyrergrab an die enge Beziehung zwischen dem Zeugentod der Märtyrer und dem Opfer Christi erinnerte[410].

Diese Gedanken wurden bald Allgemeingut. Zunächst setzte man die Märtyrergebeine in der Nähe des Altares bei oder errichtete in ihrer unmittelbaren Nähe eine Kirche – wie z.B. S. Agnese oder S. Lorenzo fuori le mura in Rom. Wenn möglich baute man die Kirche auch direkt über das Märtyrergrab – frühestens 315 in Salona (bei Split) in der Provinz Dalmatia nachzuweisen, wo sich eine wohlhabende Dame namens Asklepia die Gebeine des Märtyrers Anastasius zu verschaffen wußte und über dem Ort seiner Bestattung einen Kultbau errichten ließ. Auch Konstantin der Große baute die Peterskirche am Vatikan direkt über dem Grab des Apostels und nahm dafür die Zerstörung der Gräber eines heidnischen Friedhofs in Kauf. Noch später wurden die Gebeine im Stipes und schließlich in der Mensa des Altares beigesetzt. Gegen Ende des 6. Jh.s ist der Vorgang nahezu abgeschlossen. Gregor von Tours, In gloria martyrum 30, berichtet, daß es auch im märtyrerarmen Gallien kaum noch eine Kirche gebe, deren Altar keine Reliquien enthalte. Schließlich wurde durch Synoden die Beisetzung von Märtyrerreliquien in jedem Altar vorgeschrieben[411].

3.3 Reliquien

– Reliquienbedarf

Dem großen Bedarf an Reliquien konnte durch Auffindung und Translation von Märtyrergebeinen bald nicht mehr entsprochen werden. Das Verlangen nach leiblichen Überresten der Märtyrer ging über die offizielle Verwendung Gebeinen im Kult weit hinaus. Im privaten Bereich war der Wunsch nach Reliquien unermeßlich. Das allgemein menschliche Bedürfnis nach übernatürlichem Schutz, das im heidnischen Bereich durch Amulette befriedigt worden war, lebte im Christentum weiter. Amulette und andere magische Schutzmittel waren als Werkzeuge der Dämonen den Christen verwehrt – wenngleich es genügend Zeugnisse dafür gibt, daß sich auch Christen ihrer mißbräuchlich bedient haben. An die Stelle der Amulette traten die Phylakterien, kleine Kreuze, Medaillen, Papierstreifchen mit Evangelientexten, die durch kirchlichen Segen oder Kontakt mit heiligen Personen oder Gegenständen eine besondere Schutzkraft empfangen hatten.

Einen hervorragenden Platz unter den Phylakterien nahmen verständlicherweise die Märtyrerreliquien ein. Bisher wurde meist angenommen, sie seien durch Teilung nach Belieben vermehrt worden. Die frühchristlichen Theologen sollen den Prozeß gefördert haben, indem sie nachwiesen, daß die Zerteilung der Märtyrerkörper dem geistigen Auferstehungsleib nichts anzuhaben vermöchte, und versicherten, daß die Wirkkraft des Märtyrers in vollem Umfang auch in den kleinsten Partikeln vorhanden sei. So schreibt Gaudentius von Brescia (gest. nach 406):

„Wir haben einen kleinen Teil der Reliquien der vierzig Märtyrer von Sebaste erhalten; aber wir glauben, daß wir nun doch nicht weniger besitzen, als wenn wir ihre gesamten Überreste empfangen hätten. Es ist wie bei jener Frau im Evangelium (Mt 9,20/2), die nur den Saum des Gewandes Christi berührte und durch ihren Glauben das Heil erlangte. So enthält auch das Teilchen, das wir empfangen haben, die Fülle des Ganzen" (Tract. 17,35).

Auch das Blut der Märtyrer, das man – angeblich oder tatsächlich – in Tüchern aufgefangen hatte, konnte auf viele Empfänger verteilt werden. Wie klein die einzelnen Teile gewesen sein mögen, glaubt man dem Bericht des Victricius von Rouen (gest. 407) entnehmen zu können, der eine ganze Anzahl von Reliquien in einer kleinen Kapsel bei sich trug (De laude sanct.6). Wobei allerdings nicht bekannt ist, worin die von ihm gesammelten Reliquien im einzelnen bestanden haben.

Hinter dem Verlangen nach möglichst vielen und verschiedenen Reliquien steckte massives quantitatives Denken. Wenn ein Märtyrer im Himmel viel vermag, dann vermögen viele Märtyrer noch mehr. Beliebt wurden daher schon früh Märtyrergruppen, deren Anrufung von vornherein Anteil an mehr Märtyrerfürbitte garantierte: die achtzehn Märtyrer von Saragossa, die vierzig Märtyrer von Sebaste, die sechshundert Mitglieder der Thebäischen Legion, nicht zu vergessen die elftausend Jungfrauen in Köln mit Ursula und am Ende die unzählbare *massa candida* der im Himmel weilenden heiligen Märtyrer.

– Reliquienteilung?

In der wissenschaftlichen Literatur wurde häufig der Eindruck erweckt, als ob von Anfang an oder doch sehr bald die Gebeine der Märtyrer in immer kleinere Partikelchen geteilt worden seien, um dem volksfrommen Verlangen nach Märtyrerhilfe mittels Reliquien nachkommen zu können. Dagegen sprechen eindeutig die Quellen, die vehement darauf bestehen, daß der Märtyrerleib nicht angetastet werden darf. Das *corpus incorruptum* des Märtyrers wird nachdrücklich verteidigt, nicht seine Zerstückelung[412]. So drohte der Märtyrerbischof Fructuosus (gest. 259) seinen Brüdern schwere Strafen an, wenn sie seine Asche, von der sie aus Liebe einen Teil an sich genommen hatten, nicht unverzüglich zurückgeben und zusammen mit den übrigen Resten seines Leichnams an einem einzigen Ort bestatten würden[413]. Weder Papst Gregor der Große (590/604) noch der wundergläubige und reliquienbegeisterte Gregor von Tours (gest. 594) kennen eine Reliquienteilung. Viele Auffindungsberichte betonen, wie unverwest, wunderbar erhalten und gleichsam schon für die ewige Herrlichkeit bereitet die Körper der Märtyrer bei ihrer Erhebung angetroffen wurden.

Wenn in den Quellen von Partikeln die Rede ist, scheint es sich in der Frühzeit um Teile zu handeln, die bereits vorgefunden worden oder auf natürliche Weise zustande gekommen waren. So konnte der Kopf eines Enthaupteten als eigene Reliquie verehrt werden. Ähnliches darf man vielleicht von anderen beim Martyrium gewaltsam abgetrennten Körperteilen annehmen, wenngleich Ambrosius bei der Erhebung von Gervasius und Protasius betont, sie hätten die verstreuten Gebeine wieder zusammengefügt (vgl. S. 205). Auch Cyrill von Alexandrien, der in Menuthis als Ersatz für die Isis eigentlich nur den Arzt und Märtyrer Cyrus gebraucht hätte (vgl. S. 208), transferierte zusammen mit ihm auch den Johannes, weil beide so aufgefunden worden waren, daß ihre Gebeine nicht ohne Beschädigungen voneinander hätten gelöst werden können.

Haare, Zähne und Nägel, d.h. alle nachwachsenden Köperteile, konnten dagegen getrennt aufbewahrt werden. Es dauerte bis zum Frühmittelalter, ehe die Scheu vor der Zerteilung des Leichnams überwunden werden konnte und die Teilung von wirklichen Körperreliquien üblich wurde[414]. Bis es soweit war, mußte man nach anderen Möglichkeiten suchen, mit den Märtyrern in körperlichen Kontakt zu treten.

– Berührungsreliquien und Phylakterien

So kam es zur Herstellung und Verbreitung von Berührungsreliquien. Ihnen liegt die Vorstellung zugrunde, daß Gegenstände, die zum täglichen Gebrauch – etwa zur Kleidung – des Märtyrers gehört haben oder mit Körperreliquien in Berührung gekommen sind, selbst wirksame Kräfte empfangen haben. Als biblische Begründung verwies man gern auf die Perikope über die Heilung der blutflüssigen Frau. Als sie den Gewandsaum Jesu berührte, fragte der Herr: „Wer hat mich berührt, denn eine Kraft ist von mir ausgegangen" (Lk 8,46)? Oder man erinnerte an Apg 5,15 und 19,11f, wo berichtet wird, wie man Kranken die Schweißtücher der Apostel auflegte, damit sie geheilt würden. Ab wann Berührungsreliquien in Übung kommen, läßt sich nicht genau sagen; um die Mitte des 4. Jh.s sind sie überall verbreitet.

Nicht alle Berührungsreliquien galten als gleich wertvoll. Den ersten Rang nahmen die Gegenstände ein, die der Märtyrer in seiner Lebenszeit direkt kontaktiert hatte. Da Berührungsreliquien gleichsam Sekundärobjekte kultischer oder privater Verehrung waren, konnten sie nicht in Erscheinung treten, bevor das Primärobjekt, d.h. der Märtyrer selbst, aufgefunden worden war. Deshalb tauchen z.B. die Steine, mit denen Stephanus gesteinigt wurde, erst nach der *inventio* des Erzmärtyrers auf – dann allerdings in Mengen. Auch das späte Vorkommen von Marienreliquien hängt mit dem relativ späten Beginn der Marienverehrung im 5. Jh. zusammen (vgl. S. 215).

Zu den vornehmsten Berührungsreliquien zählten die Marterwerkzeuge, wie z.B. der Gitterrost, auf dem Laurentius gelitten hatte. Als ehrwürdigstes Marterwerkzeug der gesamten Heilsgeschichte galt natürlich das Kreuz Christi. Cyrill von Jerusalem hatte bezeugt, wenige Jahre nach seiner Auffindung seien Splitter des Kreuzes über die ganze Welt verstreut gewesen (vgl. S. 207). Sollte die Verbreitung durch Teilung zustande gekommen sein, mußte sie bald eingeschränkt bzw. ganz eingestellt werden, wollte man nicht den Totalverlust des Kreuzes riskieren. Tatsächlich gab es für einen einfachen Gläubigen kaum eine Möglichkeit, an eine wirkliche Kreuzreliquie zu kommen. Die Pilgerin Egeria (vgl. S. 219) weiß zu berichten, daß es einem Mann trotzdem gelungen sein soll, ein Partikelchen zu ergattern. Er hatte, als er sich zum Kuß über das Kreuz beugte, kräftig zugebissen und einen winzigen Splitter vom Kreuzesholz ablösen können. Daraufhin wurden Diakone abgestellt, die das Kreuz zu bewachen und weiterem Mißbrauch zu verhindern hatten (Peregr. 37,2). Bei den zahlreichen Kreuzreliquien, die bis auf den heutigen Tag an vielen Orten verehrt werden, dürfte es sich um Holzteilchen handeln, die mit dem Kreuzesholz in Berührung gebracht worden sind. Viele von ihnen sind durch die Kreuzfahrer ins Abendland gebracht worden. Eine Hauptreliquie des Kreuzes gelangte im 7. Jh. nach Konstantinopel und wurde im Kaiserpalast verwahrt.

Mit großem Abstand nach den Marterwerkzeugen folgten in der Gunst der Gläubigen andere Gegenstände, die Christus und die Heiligen in ihrem Leben benutzt hatten, z.B. der ungenähte Rock des Herrn, Kleider und Gewandstücke von Maria und anderen Heiligen. Doch auch diese unmittelbaren Berührungsreliquien gestatten nur eine begrenzte Verbreitung. So mußte man schließlich auf Reliquien noch minderer Ordnung ausweichen, die nicht durch den Kontakt mit dem Märtyrer selbst, sondern nur mit seinem Grab zustande gekommen waren.

Berührungsreliquien dieser Art konnten nach Bedarf hergestellt werden. Sie werden zuerst dort in Übung gekommen sein, wo man sich hartnäckig gegen die Teilung und Weitergabe echter Reliquien sträubte. Das galt für Rom, das die hochberühmten Gräber von Petrus, Paulus und Laurentius sorgsam hütete; ebenso eifersüchtig wachte Thessalonich über die Gebeine seines Patrons Demetrius. Daß nicht nur Pietätsgründe, sondern auch politische Überlegungen für die Weigerung verantwortlich gewesen sein können, wurde schon erwähnt. Rom z.B. gründete seinen Primatsanspruch nicht zuletzt auf den Besitz der Apostelgräber, was Kaiser Konstantius (337–361) nötigte, die Gebeine von

Timotheus, Andreas und Lukas in die neue Hauptstadt übertragen zu lassen (vgl. S. 209). In Thessalonich dürfte eine Rolle gespielt haben, daß Demetrius die Stadt gegen ihre vielfältigen Feinde beschützen mußte. Hätte man Reliquien abgegeben, wären sie womöglich in die Hände der Feinde gelangt, und man hätte Demetrius gegen Demetrius ausgespielt.

Andererseits konnten Reliquien auch enge Bindungen zwischen Reliquiengeber und Reliquienempfänger herstellen, was nicht zuletzt von Rom zu einem sorgfältigen Mittel der Kirchenpolitik ausgebaut wurde. Man nahm dazu Reliquien, die den eigenen Besitz nicht schmälerten. Ein instruktives Beispiel für die römische Reliquienpolitik liefert der byzantinische Kronprinz und nachmalige Kaiser Justinian. Als er im Jahr 520 offiziell über die päpstlichen Legaten in Konstantinopel von Papst Hormisdas Reliquien der Apostelfürsten sowie des Laurentius erbat, gelang es den Gesandten, Justinian, der gewiß an Körperreliquien gedacht hatte, klarzumachen, daß in Rom unter Reliquien etwas anderes verstanden werde als in Konstantinopel. Um dem Thronprätendenten entgegenzukommen, baten sie jedoch in ihrem Gesuch an den Papst um die Zusendung von *sanctuaria* der Apostel Petrus und Paulus darum, man möge die Tücher an den Gräbern beim zweiten Katarakt niederlegen. Die erbetenen *sanctuaria*, auch *brandea, palliola, memoriae, benedictiones* oder *eulogiae* genannt, sind also Tücher, die mit den Apostelgräbern in Kontakt gebracht wurden, im vorliegenden Fall durch den sogenannten zweiten Katarakt, wahrscheinlich eine Röhre oder ein kleiner Schacht, der tiefer in das Grab und näher an die Gebeine der Apostel führte als der erste Katarakt. Es gab demnach noch in der untersten Kategorie der Berührungsreliquien feine Unterschiede.

Etwas Ähnliches ereignete sich achtzig Jahre später, als Kaiserin Konstantina, die Gattin des byzantinischen Kaisers Mauritius, bei Gregor dem Großen das Haupt des Apostels Paulus oder einen anderen Teil seines Körpers erbat. Auch sie bekam nur Tücher. Weil man großzügig sein wollte, wurden noch Spuren von Berührungsreliquien höherer Ordnung hinzugefügt: etwas abgeschabter Rost vom Gitter des heiligen Laurentius und Staub von Petri Ketten.

Über die massiven Vorstellungen, die man von der Segenskraft des in Gallien verehrten heiligen Martin besaß, gibt es eine amüsante Geschichte bei Gregor von Tours, De virtutibus s. Martini 1,11, der den zugrundeliegenden Vorgang natürlich sehr ernst genommen hat. Gesandte des westgotischen Königs Chararich hatten in Tours um Martinsreliquien gebeten. Daß sie keine Körperreliquien oder Stoffreste vom übriggebliebenen Mantelteil bekommen würden, war ihnen klar. Als man ihnen jedoch routinemäßig ihre mitgebrachten Tücher gegen schon fertige Kontakttücher austauschen wollte, wehrten sie sich. Sie bestanden darauf, ihre eigenen Tücher beim Grab niederlegen und wieder mitnehmen zu dürfen. Es wurde ihnen gestattet. Als sie am anderen Morgen ihre Tücher wogen, stellte sich heraus, daß sie durch den Gnadenstaub, der vom Heiligengrab aufgestiegen war, an Gewicht zugenommen hatten. Voll Freude zogen sie von dannen, froh darüber, sich gegen die schematische Abfertigung mit Erfolg gewehrt zu haben.

Es blieb nicht aus, daß mit der Auffindung und Fabrikation von Berührungsreliquien irgendwann der Punkt erreicht wurde, an dem eine an sich sinnvolle, theologisch zu rechtfertigende und spirituell zu verantwortende Reliquienverehrung in kommerzialisiertes Andenkensammeln überging und im Bereich des Ärgerniserregenden endete. Schon in frühchristlicher Zeit produzierte man mengenweise Nägel, die durch Kontakt mit der Kreuzreliquie zu Nägeln des Kreuzes Christi wurden. In Ägypten leitete man Wasser am Grab des Märtyrers Menas vorbei und verfrachtete das „Lourdeswasser des Altertums" – zunächst in Ampullen, später in großen Mengen abgefüllt – in alle Welt.

Im Mittelalter gab es dann nichts mehr, was man frommen Pilgern nicht zeigen konnte, einschließlich der Vorhaut Jesu oder – weniger peinlich, aber noch phantastischer – des Steins, den die Bauleute verworfen hatten (Mt 21,42) (vgl. S. 218). Welchen ernsten Hintergrund diese komisch-makabre Seite des Reliquienwesens besitzt, wird deutlich, wenn man daran erinnert, daß Kurfürst Friedrich der Weise nicht zuletzt deshalb auf die Seite Luthers trat, weil er mit den Ablässen nicht zufrieden war, die ihm der Papst auf seine neu erworbenen Reliquien erteilt hatte. In der Schloßkirche zu Wittenberg befanden sich damals 5005 Reliquienteile, darunter:

„Zwey Zähne von der heiligen Elisabeth ... Von S. Lazari Gebein zwölf Particel – von einer Zehen S. Lazari ein Particel. Ein gantz Glied S. Lazari ... Von den Häuten der unschuldigen Kindlein zwey große Particel... Von dem Gürtel S. Pauli ein Particel ... Ein ganzer Daum[en] der rechten Hand S. Annae ... Vom Stroh, darauff der Herr als er gebohren, gelegen ist, ein Particel... Vom Stein, da Christus stund und über Jerusalem weinet ein Particel ... Vom Himmelbrodt, den Kindern Israel geregnet in der Wüsten ein Particel ... Vom Busch, den Moses sahe brennen und nicht versehret ward, ein Particel ... Von einem Corporal besprenget mit Blut Christi ein Particel ... Vom Strick, damit der Herr Jesus gebunden ein Particel ... Acht ganzer Dornen von der Kron des Herrn Jesu"[415].

Daß die Verehrung solcher Reliquiensammlungen, noch dazu wenn sie mit der Gewährung von Ablässen verbunden war, in die Krise geraten mußte, war unvermeidlich. Reformatorische Kritik und Aufklärung haben – abgesehen von ihrem historischen Erinnerungswert – die religiöse Bedeutung der Reliquien bis heute verblassen lassen.

– Ausblick

Die frühchristliche Heiligenverehrung begann mit der Verehrung der Märtyrer, ihrer Gräber und Reliquien, wobei verschiedene Wege gegangen wurden, um möglichst vielen Gemeinden und Privatpersonen Anteil an der wirksamen Nähe der Märtyrer zu ermöglichen. Als nach dem Friedensschluß unter Konstantin – von kleineren Zwischenfällen abgesehen – die Martyrien aufhörten, mußten neue Leitbilder der Heiligkeit geschaffen werden. So kam es zu einem Typenwandel in der Heiligenverehrung, in welche zunächst die Bischöfe, Mönche und Asketen, sodann Maria und schließlich Kaiser und Könige einbezogen wurden.

Nach den Aposteln als den Gründern der Kirche und ersten *martyres* des Glaubens und den Märtyrern als Blutzeugen wurden bedeutende Bischöfe verehrt und angerufen – im Osten zuerst der um 270 in Neocaesarea gestorbene Gregor Thaumaturgus, im Westen die in der Verbannung märtyrerähnlich gestorbenen Bischöfe Paulinus von Trier und Dionysius von Mailand. Ihre Verehrung vollzog sich wie bei den Märtyrern durch die Feier des Jahresgedächtnisses, den Besuch ihrer Gräber sowie die Errichtung eigener Grabbasiliken. Bei Martin von Tours setzte die kultische Verehrung sofort nach seinem Tod (397) ein, nicht unbeeinflußt von der Tatsache, daß Westgallien arm war an echten Märtyrern und ursprünglichen Grabstätten. Allerdings galt bei Martin die Verehrung weniger dem Bischof als vielmehr dem charismatischen Asketen und Wundertäter. Bald darauf wurden dann bedeutende Bischöfe wie Hilarius von Poitiers, Ambrosius von Mailand, Augustinus und Leo der Große im Westen, im Osten allen voran Johannes Chrysostomus und zahlreiche andere Bischöfe spontan in den Kreis der verehrten Heiligen aufgenommen. Warum die Volksfrömmigkeit sich den Bischöfen zuwandte, ist schwer zu entscheiden. Einige – Ambrosius oder Leo – besaßen eine große politische

Bedeutung, andere – Augustinus oder Johannes Chrysostomus – kaum. Ihre Verehrung als Heilige dürfte eher darauf zurückzuführen sein, daß die Zeugenschaft (*martyria*) für Christus für damaliges Empfinden am deutlichsten in der Hirtensorge der Bischöfe erfahren wurde.

Gleichzeitig mit den Bischöfen – im Osten eher noch ein wenig früher – kam es zur Verehrung herausragender Mönche. Ihr asketisches Leben galt als ein lebenslanges unblutiges Martyrium. Im Westen kam vor allem durch den Einfluß des Ambrosius die Hochschätzung der Jungfräulichkeit hinzu, die als Aufgipfelung des Strebens nach Vollkommenheit galt.

Relativ spät begann die Marienverehrung. Unter die Apostel und Märtyrer konnte Maria nicht eingereiht werden, auch fehlten Grab oder Körperreliquien – alles Voraussetzungen für eine frühe Verehrung. Sie konnte erst beginnen, als sich der Glaube an die Gottesmutterschaft mit der Lehre von der *virginitas perpetua* Mariens verband. Als dann auch die Unsicherheit über das Mariengrab und der Mangel an Reliquien mit dem Aufkommen der Bilderverehrung durch Ikonen wettgemacht werden konnte, verbreitete sich der Marienkult in Windeseile. Die Möglichkeit der Bilderverehrung dürfte auf der anderen Seite mitgeholfen haben, daß das Auftauchen von Körperreliquien – Gürtel, Gewandstücke, Sessel, auf denen Maria gesessen, Wolle, die sie gesponnen hatte – nicht ausgeufert ist. Das Bedürfnis nach sinnenfälligem Kontakt konnte nunmehr durch Bilder befriedigt werden.

Die unsicheren Traditionen über ein Mariengrab und den Ort, an dem Maria in ihren letzten Lebensjahren gelebt hatte und gestorben war[416], haben ebenfalls dazu geführt, daß es auch später als bei den Märtyrern zur Errichtung von Marienkirchen gekommen ist. Die früheste entstand in Ephesus; wahrscheinlich fand in ihr 431 das 3. Ökumenische Konzil statt; nur wenig später bekam die Basilika Liberiana auf dem Esquilin in Rom nach Umbau und mosaizistischer Verschönerung (Triumphbogen) den Namen S. Maria Maggiore.

Nach einzelnen Beispielen von Herrscherverehrung in Konstantinopel und Jerusalem bereits in spätantiker Zeit wurde im Mittelalter die Heiligenverehrung gezielt auf bestimmte Kaiser, Könige und Fürsten nebst ihren Gemahlinnen ausgedehnt: Heinrich II., Ludwig der Heilige, Stephan von Ungarn, Mathilde, Kunigunde und Elisabeth, in Aachen auch Karl der Große. Sie galten als Förderer und Beschützer der Kirche und in diesem Sinne als hervorragende Zeugen (*martyres*) des Glaubens[417].

Bis ins Mittelalter hinein entstand die Heiligenverehrung spontan. Um Wildwuchs zu vermeiden, hat die katholische Kirche im Lauf der Zeit versucht, sie an feste Regeln zu binden und den öffentlichen Kult der Heiligen von der Erlaubnis des Römischen Stuhles abhängig zu machen. Der erste im modernen Sinn heiliggesprochene und „zur Ehre der Altäre erhobene" Glaubenszeuge ist Bischof Ulrich von Augsburg. Er war der Lehrer Ottos III., der 993 durch Papst Johannes XV. die Kanonisation Ulrichs vornehmen ließ[418].

3.4 Wallfahrten

– Das Phänomen

Die Wallfahrt gehört zu den Urgebärden der Menschheit; es gab sie zu allen Zeiten und in allen Kulturen. Die religiös motivierte Wallfahrt beruht auf der Überzeugung, daß das

Göttliche an bestimmten Orten stärker oder direkter zugänglich ist als an anderen; daß es darum hilfreich ist, heilige Stätten aufzusuchen, an denen numinose Kräfte wirksam und erfahrbar sind. Rein verstandesmäßig trifft diese Vorstellung nach christlicher Überzeugung nicht zu. Ich kann beim Gebet im sprichwörtlichen stillen Kämmerlein oder im Verkehr der Großstadt Gott genauso nahe sein wie im berühmtesten Wallfahrtsort. Da der Mensch aber nicht nur rational geprägt ist, können die äußeren Eindrücke eines Wallfahrtsortes oder die lokal verdichteten Erinnerungen an heilswirksame Ereignisse helfen, die Empfänglichkeit für die Begegnung mit dem Göttlichen zu verstärken. Schon das Sich-auf-den-Weg-machen, Zeit und Kraft, die man aufwendet, um das Wallfahrtsziel zu erreichen, sensibilisieren für transzendente Erfahrungen. Darum möchte Augustinus nicht ausschließen, daß Gottes Gegenwart an einem Ort spürbarer ist als an einem anderen:

„Gott ist zwar überall, und er, der alles gemacht hat, wird durch keinen Raum umschlossen oder begrenzt und muß von den wahren Anbetern im Geist und in der Wahrheit angebetet werden, damit er, der sie im Verborgenen hört, sie im Verborgenen auch rechtfertigen könne. Was nun aber die dem Auge des Menschen sichtbaren Dinge anbetrifft, wer kann da seinen Plan durchschauen, weshalb solche Wunder an dem einen Ort geschehen, an dem anderen aber nicht"[419]?

Während die romanischen Sprachen auf das lateinische *peregrinatio* zurückgehend nur von pellegrinaggio oder pèlerinage sprechen, lassen sich im Deutschen Pilgerfahrt und Wallfahrt unterscheiden. Beides ist nicht dasselbe. Der Unterschied wird klar, wenn man auf den Sprachgebrauch achtet. Man kann z.B. das Leben eine Pilgerschaft nennen, nicht aber eine Wallfahrt. Von einer Wallfahrt spricht man, wenn einer oder mehrere sich zum Besuch einer heiligen Stätte aufmachen mit der Absicht, in die Heimat zurückzukehren. Eine Pilgerfahrt dagegen kann sich aus asketischen Gründen mit Heimatlosigkeit verbinden und ein Leben lang dauern. Noch etwas anderes ist eine Prozession. Sie ist ein Rundgang, der kein eigentliches Ziel hat, sondern im gemeinsamen Dahinziehen und Schreiten seinen Zweck erfüllt[420].

– Außerchristliche Wallfahrten

– – Heidnische Antike

Wallfahrten zu heidnischen Göttern und Tempeln gab es schon in vorchristlicher Zeit. Da man sich einzelne Götter für bestimmte Anliegen als zuständig dachte – wie später die Heiligen und Nothelfer –, gab es verschiedene Wallfahrtsziele. Als Helfer in Krankheit galt vor allem der Heilgott Asklepius. Er besaß Heiligtümer auf der Tiberinsel in Rom, auf Kos sowie in Pergamon in Kleinasien. Besonders ausgedehnt und berühmt war Epidauros auf der Halbinsel Peloponnes. Neben dem großen Tempel, in dem dreimal am Tag ein gemeinsames Gebet stattfand, gab es einen Rundtempel mit tiefen Gewölben, in denen allerdings nicht – wie früher gern angenommen wurde – die heiligen Schlangen gehalten wurden. Ein großes Theater mit hervorragender Akustik vervollständigte die Bauten; hinzu kamen umfangreiche Herbergen, in denen die Pilger wohnen konnten, die oft Wochen und Monate verweilten und auf Heilung hofften. In bestimmten Nächten schliefen die Kranken im Tempel. Der Gott offenbarte sich ihnen im Traum, den die Priester deuteten und für therapeutische Anweisungen nutzten.

Die Heilerfolge müssen erheblich gewesen sein. Pilger haben aus Dankbarkeit Inschriften mit dem Bericht ihrer Heilung, Gedenksteine oder Abbilder der geheilten Glieder – oft aus kostbarem Material gefertigt – am Wallfahrtsort zurückgelassen. Häufig kamen Frauen nach Epidauros, um Kindersegen zu erbitten. Auch für das Wiederfinden verlorengegangener wichtiger Gegenstände war Epidauros zuständig[421].

Von ganz anderer Art war die Wallfahrt zur Artemis von Ephesus. Der Tempel der Göttin, wie er zur Zeit Jesu bestand, war etwa 110 m lang und 50 m breit und gehörte zu den sieben Weltwundern. Der Vorraum war angefüllt mit Weihegeschenken aus Gold und Silber. Paulus hat ihn noch in seiner ganzen Pracht und Schönheit gesehen. Durch die Goten wurde er im Jahre 263 n. Chr. geplündert; mit der Zeit verfiel er, weil er mit der Ausbreitung des Christentums seine Aufgabe verloren hatte.

Artemis galt als hilfreiche Segenspenderin, „von der alles Gute kommt". Sie wurde besonders angerufen als Schützerin des Lebens und als Helferin in Geburtsnöten. Ihr war ein eigener Festmonat geweiht, der zeitlich in etwa dem Monat April entsprach. In dieser Festzeit trafen sich in Ephesus Pilger aus aller Welt. Höhepunkt war die feierliche Prozession, in der die Statue der Göttin vom Tempel in das Große Theater getragen wurde, wo ihr die Bürger der Stadt und die Pilger als Stadtherrin huldigten[422].

Das Pilgerwesen besaß für die Stadt eine nicht unbeträchtliche wirtschaftliche Bedeutung. Die Wallfahrer nahmen beim Abschied silberne Figürchen der Artemis mit nach Hause. Wie groß der Umsatz von solchen Pilgerandenken gewesen sein muß, erfuhr Paulus, als er sich gegen den Kult der Göttin wandte und dadurch dem Demetrius und den anderen Silberschmieden das Geschäft zu verderben drohte. Demetrius rief zum Aufstand auf:

„Männer, ihr wißt, daß wir unseren Wohlstand diesem Gewerbe verdanken. Nun seht und hört ihr, daß dieser Paulus nicht nur in Ephesus, sondern fast in der ganzen Provinz Asien viele Leute verführt und aufgehetzt hat mit seiner Behauptung, die mit Händen gemachten Götter seien keine Götter. So kommt nicht nur unser Geschäft in Verruf, sondern auch dem Heiligtum der großen Göttin Artemis droht Gefahr... Als sie das hörten, wurden sie wütend und schrieen: Groß ist die Artemis von Ephesus" (Apg 19,25/8)!

– – Israel

Auch Israel besaß seit alter Zeit ein weitverbreitetes und -verzweigtes Wallfahrtswesen, in dem noch die nomadische Vergangenheit des Volkes weiterlebte. Dan im Norden, Sichem, Schilo und Bethel waren wichtige Wallfahrtsorte und nationale Sammelpunkte, als Israel seßhaft wurde. Mit der zunehmenden Monotheisierung und Konzentrierung des Jahwekultes wurde dann Jerusalem der privilegierte und schließlich einzig legitime Wallfahrtsort. Nur hier durfte dem Gott Israels geopfert werden. Eine Fülle von Wallfahrtsfesten, -bräuchen, -psalmen und -liedern unterstreicht die Bedeutung der Jerusalemer Wallfahrt bis zur Zerstörung des Tempels. Schon der zwölfjährige Jesus zieht mit seinen Eltern nach Jerusalem hinauf, um dem Gesetz des Mose zu entsprechen.

– Christliche Wallfahrten

Die wenigen Bemerkungen zur heidnischen und jüdischen Wallfahrt zeigen, daß die frühchristliche Wallfahrt an zahlreiche Vorbilder anknüpfen konnte. Allerdings verging einige Zeit, ehe es in nennenswertem Umfang zu christlichen Pilgerreisen kam. Erst nach dem konstantinischen Frieden und als die christliche Bevölkerung anwuchs, konnten sie sich entwickeln. Im allgemeinen lassen sich drei Typen von Wallfahrten unterscheiden, die sich bis heute erhalten haben:

1. Man pilgerte zu den Stätten im Heiligen Land, wo Gott in Christus unter den Menschen gelebt und ihnen durch die Erscheinungen von Engeln und Heiligen seine Hilfe gewährt hatte.
2. Da manche herausragenden Menschen schon zu ihren Lebzeiten über „göttliche Kräfte" zu verfügen schienen, pilgerte man zu lebenden Personen.
3. Ein beliebtes Wallfahrtsziel waren die Gräber der Märtyrer und anderer vielverehrter Heiliger; später schlossen sich Wallfahrten zu Bildern Christi, der Gottesmutter und der Heiligen nach der Beendigung des Bilderstreites an.

– – Wallfahrten zu den biblischen Stätten

Erstes Ziel christlicher Wallfahrer war das Heilige Land. Schon vor dem Ende der Verfolgungen zog es einzelne Christen, meist Bischöfe und Presbyter, zu den Stätten, an denen Jesus gelebt hatte. Um das Jahr 315 berichtet Eusebius von Pilgern, die aus allen Ländern des Orients nach Jerusalem kommen (Demonstr. ev. 6,18,23). Neben den Orten der Kreuzigung und Himmelfahrt in Jerusalem waren vor allem Bethlehem, wo man die Geburtsgrotte zeigte, und Nazareth, wo Jesus den größten Teil seines Lebens verbracht hatte, die beliebtesten Wallfahrtsziele. Bald wurden aber auch alttestamentliche Plätze in das Besuchsprogramm aufgenommen, so z.B. die Stelle der Gotteserscheinung vor Mose am Sinai oder der Begegnung Abrahams mit den drei Männern in Mamre bei Hebron.
Einen enormen Auftrieb erlebte die Heilig-Land-Wallfahrt verständlicherweise durch den Besuch der Kaiserinmutter Helena und die damit in Verbindung gebrachten Ereignisse um die Kreuzauffindung (vgl. S. 207). Zahlreiche Pilgerberichte zwischen 330 und 680 vermitteln eine genaue Kenntnis dessen, was den Pilgern gezeigt wurde und was sie sehen wollten. Ein namentlich nicht bekannter Pilger aus Bordeaux berichtet im Jahr 333:

„In Jerusalem gibt es zwei große Teiche zur Seite des Tempels, ... die Salomo angelegt hat. Mehr nach dem Stadtinnern befindet sich ein Doppelteich mit fünf Säulenhallen, der Bethsaida heißt ... Ferner ist dort das Gewölbe, wo Salomo die Dämonen beschwor. Dann gibt es dort den sehr hohen Eckturm, auf den der Herr hinaufstieg; da sprach der Versucher zu ihm, der Herr aber antwortete: ‚Du sollst Gott, deinen Herrn, nicht versuchen, sondern ihm allein dienen'! Dort ist auch der große Eckstein, von dem es heißt: ‚Der Stein, den die Bauleute verworfen haben, ist zum Eckstein gemacht worden'. Und unter der Zinne des Turms sind viele Räume, wo Salomo seinen Palast hatte. Dort gibt es auch noch das Gemach, in dem er saß und die Weisheit schrieb ...
Wenn du außerhalb von Jerusalem zum Zion hinaufsteigst, befindet sich auf der linken Seite ein Teich mit Namen Siloa. Er hat einen vierfachen Säulenumgang, und ein weiterer großer Teich ist weiter draußen. Diese Quelle fließt sechs Tage und Nächte; am siebten Tage aber ist Sabbath, da fließt sie weder am Tage noch bei Nacht. Auf derselben Seite steigt man zum Zion hinauf, und es wird sichtbar, wo das Haus des Hohenpriesters Kaiphas stand. Dort ist noch die Säule, an der sie Christus mit Geißeln schlugen. Drinnen aber innerhalb der Zionsmauer ist die Stätte zu sehen, wo David seinen Palast hatte. Von den sieben Synagogen, die sich dort befanden, ist nur eine übriggeblieben; die anderen sind umgepflügt und besät, wie der Prophet Jesaja gesagt hat.
Wenn du von da aus, außerhalb der Mauer, den Zion verläßt, in Richtung auf das neapolitanische Tor, sind auf der rechten Seite unten im Tal Wände, wo das Haus oder Prätorium des Pila-

tus stand; dort wurde der Herr vor seiner Passion verhört. Auf der linken Seite aber ist der kleine Hügel Golgotha, wo der Herr gekreuzigt wurde. Ungefähr einen Steinwurf davon entfernt befindet sich die Höhle, wo sein Leib bestattet war und am dritten Tag auferstand. Dort ist auf Befehl des Kaisers Konstantin eine Basilika, d.h. eine Kirche von wunderbarer Schönheit errichtet worden. Sie hat Becken an der Seite, aus denen Wasser entnommen wird, und hinten ein Bad [Taufbrunnen], in dem die Kinder getauft werden"[423].

Im Tal Josaphat konnte der Pilger den Stein betrachten, bei dem Judas den Herrn verraten hatte, daneben die Palme, von der die Zweige beim Einzug in Jerusalem abgeschnitten worden waren, und am Ölberg die Stelle, wo Jesus die Apostel belehrt hatte, sowie die ebenfalls von Konstantin erbaute Basilika. Der Pilger von Bordeaux besuchte noch Bethanien, Jericho, Bethlehem, Mamre und Hebron, bevor er in seine ferne Heimat zurückkehrte. Sein Bericht ist knapp und nüchtern, auffällig sein Interesse für Wasser und Teiche. Die zahlreichen Hinweise auf alttestamentliche Gedenkstätten und jüdische Gebräuche könnten auf seine judenchristliche Herkunft deuten. Sein Rundgang in Jerusalem beginnt beim Tempel, nicht bei Golgatha und der Grabeskirche, die noch nicht vollendet war, jedoch schon als eine „Kirche von wunderbarer Schönheit" bezeichnet wird. Von Wallfahrtsliturgien und -andenken weiß der Pilger noch nichts. Sehr interessiert ist er an den Entfernungen, die er zurückgelegt hat; sie werden unter genauer Angabe der Meilen, Pferdewechsel und Übernachtungsstationen aufgelistet[424].

Welchen Aufschwung der Wallfahrtsbetrieb im weiteren Verlauf nahm, zeigt der um 400 verfaßte Pilgerbericht der Nonne Egeria, den sie nach Beendigung ihrer über dreijährigen Wallfahrt von Konstantinopel aus an ihre Mitschwestern im fernen Aquitanien schrieb. Von unschätzbarem Wert ist ihre ausführliche Beschreibung der Liturgie in den Kirchen Jerusalems, die sie der Schilderung der Reiserouten und der besuchten heiligen Stätten anfügte (24/49). Egeria hat sich nicht nur für die heilsgeschichtlich hervorragenden Orte des heiligen Landes und Jerusalems interessiert. Schon auf der Hinreise auf dem Landweg besuchte sie die Kirche der Märtyrerin Euphemia in Chalkedon (23,7). Zweimal machte sie einen Abstecher nach Ägypten, das erste Mal nach Alexandrien und in die Thebais (9,1.6), ein zweites Mal zum Sinai, um den Gottesberg zu besteigen, zu dem es sie – wie sie selbst wiederholt erwähnt – mit besonderer Sehnsucht hingezogen hat. Voller Ergriffenheit berichtet sie:

„Der Berg scheint ringsum zwar nur ein einziger zu sein; trittst du aber näher, sind es mehrere, aber alles heißt Berg Gottes; aber jener besondere, auf dessen Gipfelhöhe jener Ort ist, da herabstieg die Herrlichkeit Gottes, liegt in der Mitte. Und obwohl hier alle Berge ringsum so hoch sind, wie ich sie noch nie gesehen zu haben glaube, so ist doch jener Berg in der Mitte, auf den herabstieg die Herrlichkeit Gottes, so viel höher als jene, daß, da wir ihn erstiegen hatten, alle jene Berge, die wir als so hoch erblickt hatten, so tief unter uns lagen, als wären sie ganz kleine Hügelchen"[425].

Hier trübt die religiöse Begeisterung den sonst so scharfen Blick der Pilgerin. Der Moseberg (2292 m) ist nicht der höchste im Sinaimassiv, und die umliegenden Berge mit dem Katharinenberg (2606 m) sind keine Hügelchen; die religiöse Phantasie der Pilgerin überdeckt hier den geographischen Augenschein[426].

Nach Jerusalem zurückgekehrt, besuchte Egeria noch den Berg Nebo, von dem aus Mose das Gelobte Land sehen durfte, bevor er sterben mußte, und das Grab Hiobs in Carneas (10,1; 13,1). Auch ihre Rückreise unterbrach sie, um Märtyrergräber in Mesopotamien, den Apostel Thomas in Edessa (17,2), Thekla in Seleukia (23,2/6) und Johannes in Ephesus zu besuchen (23,10). Egeria hat sich alle Sehenswürdigkeiten von Bischöfen und Mönchen erklären lassen und sie ungeniert ausgefragt nach allem, was ihr wissenswert zu sein schien. Trotzdem war sie nicht touristisch interessiert; ihr Hauptreiseführer war die Heilige Schrift. Das gilt auch für die übrigen frühchristlichen Pilgerberichte über das Heilige Land, die von Bischof Eucherius (nach 444), dem Archidiakon Theodosius (zwischen 518 und 530) und dem sogenannten Pilger von Piacenza (um 570) verfaßt worden sind.

Hauptanziehungspunkt aller Palästina- und Jerusalempilger blieb das wiederaufgefundene Kreuz Christi, das an besonderen Festtagen – Karfreitag, Weihetag der Grabeskirche, Fest der Kreuzerhöhung am 14. September – den Gläubigen gezeigt wurde. Es wurde schon erwähnt (vgl. S. 212), daß eigens bestellte Wächter darauf zu achten hatten, daß die Substanz des Kreuzesholzes unversehrt blieb. Da die Pilger aber nicht darauf verzichten wollten, Andenken an ihre Wallfahrt mit nach Hause zu nehmen, berührten sie das „wahre Kreuz Christi" mit Nachbildungen oder nahmen in kleinen Ampullen Öl von den Lampen mit, die an den Gedenkstätten des Leidens und Sterbens Christi brannten. Ähnliches geschah in der Geburtsgrotte von Bethlehem.

Nach der Eroberung Jerusalems durch die Perser im 7. Jh. und dem Einzug der inzwischen islamisch gewordenen Araber wurde die Wallfahrt zwar schwieriger, doch nicht unmöglich. Es wurden Vereinbarungen getroffen, die den Wallfahrern auch weiterhin den Zugang zu den heiligen Stätten eröffneten. Erst der Mameluckeneinfall unterband den Zustrom christlicher Wallfahrer nach Jerusalem und in das Heilige Land und provozierte damit den Aufstand des christlichen Abendlandes in den Kreuzzügen.

Neben den alttestamentlichen Gedächtnisstätten und den Orten der Erinnerung an das Leben Jesu besuchte man – nun auch außerhalb Palästinas – Orte von Erscheinungen Gottes und seiner heiligen Engel, allen voran des Erzengels Michael. Sein wichtigster Wallfahrtsort wurde Chonai in Kleinasien. Der Apostel Philippus, der in der Gegend gepredigt haben soll, soll Johannes aus Ephesus zum Kampf gegen die Muttergöttin Artemis herbeigerufen haben. Beide kündigten dem Volk an, daß in Chonai eine Quelle entspringen und der Erzengel Michael Heilungswunder wirken würde. Im Osten ist Michael immer mit Wasser, Quellen und Heilungen verbunden geblieben; im Westen besetzte er die Berge und vertrieb die Götterkulte von den Höhen. In Rom war durch eine Erscheinung Michaels, der Papst Gregor dem Großen das Ende der Pest angekündigt haben soll, aus dem Hadriansmausoleum die Engelsburg geworden; in Apulien wurde Michael seit dem 5. Jh. auf dem Monte Gargano verehrt; in der Bretagne besaß er ab dem 8. Jh. eine weitbekannte Kultstätte auf dem Mont Saint-Michel[427].

– – Wallfahrten zu lebenden Personen

Schon in der heidnischen Antike ist man zu gotterfüllten Menschen gewallfahrtet, von denen man sich Heilung und Zukunftsdeutung erhoffte. Ein bekanntes Beispiel ist Alexander von Abonuteichos an der Schwarzmeerküste, dessen Machenschaften Lukian von Samosata (um 180) in einer Streitschrift aufgedeckt hat. Zu Alexander kamen die Leute in solchen Scharen, daß er eine lukrative Orakelpraxis einrichten konnte[428].

In christlicher Zeit galten vor allem die Mönchsasketen als *theoi anēres* (Gottesmänner). Von Antonius wurde schon berichtet, daß zahlreiche Menschen ihn aufsuchten, um seinen Rat zu erfahren (vgl. S. 160). Ein regelrechter Wallfahrtsbetrieb entwickelte sich um Symeon den Älteren, noch bevor er auf die Säule gestiegen war (vgl. S. 173f). Theodoret berichtet:

„Als nun sein Ruf nach allen Seiten drang, lief alles zusammen... Die einen brachten Gichtbrüchige herbei, die anderen baten für Kranke um Gesundheit, andere wünschten Väter zu werden ... So kommen sie von allen Seiten, und jeglicher Weg gleicht einem Fluß, und um seine Stätte glaubt man ein brandendes Menschenmeer zu schauen, das die Ströme von allerwärts aufnimmt. Nicht nur die Bewohner unseres Landes drängen sich dort zusammen, sondern auch Ismaeliten, Perser und die von ihnen unterjochten Armenier, Iberer, Homeriten und Völkerschaften, die noch weiter im Inneren wohnen. Es kommen auch viele vom äußersten Westen, Spanier und Briten und Gallier, welche zwischen diesen wohnen. Von Italien brauchen wir nicht zu sprechen. Denn so berühmt soll der Mann in dem großen Rom geworden sein, daß man in allen Vorräumen von Werkstätten kleine Bilder von ihm aufstellt, die Schutz und Sicherheit verschaffen sollen"[429].

Die Breitenwirkung Symeons wird durch den Hinweis auf seine Bilder unterstrichen, die von römischen Handwerkern als Schutzmittel aufgestellt wurden. Weil auch nach seinem Tode der Pilgerzustrom nicht aufhörte, entstanden bereits ein Menschenalter später um die Säule herum eine der großartigsten spätantiken Kirchenanlagen Syriens und einer der größten Wallfahrtsorte der Spätantike, das berühmte Qal'at Sem'an (vgl. S. 174)[430].

Symeon fand viele Nachahmer. Sein Schüler Daniel bestieg eine Säule in der Nähe von Konstantinopel. Er hatte einen so großen Zulauf, daß Kaiser Leo I. (457–474) eine große Pilgerherberge bauen ließ. Es kamen viele Kranke, und die Pilger wurden zornig, als die Schüler Daniels den Ansturm auf ihren Meister abwehren wollten. „Mißgönnt doch den Kranken die Heilung nicht", riefen sie aufgebracht (vita 78).

Einen weiteren Höhepunkt erreichten die Pilgerfahrten zu den Styliten bei Symeon dem Jüngeren, der auf dem Wunderberg (*thaumasion oros*) seine Säule stehen hatte. Mit zwölf Jahren war er zum Diakon, mit dreiunddreißig auf der Säule zum Priester geweiht worden. Anfängliche Spannungen zwischen Mönchen und Klerus waren um diese Zeit – Symeon lebte von 521–592, davon 45 Jahre auf der Säule – längst ausgeräumt. Aus aller Welt kamen Pilger zum Wunderberg, einfache und vornehme, einzeln und in Gruppen. Symeon wurde auch in öffentlichen Angelegenheiten angegangen. Er betete mit Erfolg um Sieg und Frieden und betätigte sich als Krankenheiler. Um seine Säule herum, die nach seinem Tode Wallfahrtsziel blieb, wurde eine weiträumige kirchliche Anlage zusammen mit einem Kloster errichtet[431].

Im Westen war die Wallfahrt zu lebenden Personen geringer als im Osten verbreitet, weil es wegen der geographischen und klimatischen Verhältnisse weniger anachoretisch lebende Asketen gab als in den Wüsten Ägyptens, Palästinas und Syriens. Die abendländischen Mönche lebten überwiegend im Klosterverband, aus dem einzelne verständlicherweise nicht im gleichen Maße hervortreten konnten wie östliche Einsiedler und Säulensteher. Daß die Wallfahrt zu lebenden Personen im Westen nicht ganz unbekannt war, zeigt das Beispiel des Martin von Tours. Vielen erging es wie seinem Biographen Sulpicius Severus, der bekennt:

„Da mir vieles über seinen Glauben und seinen Tugendwandel zu Ohren gekommen war, brannte ich vor Verlangen nach ihm. Deshalb unternahm ich eine mir höchst willkommene Pilgerfahrt zu ihm"[432].

– – Wallfahrten zu Heiligengräbern und Reliquien[433]

Dieser Wallfahrtsaspekt, der schon im Zusammenhang mit der Märtyrerverehrung behandelt wurde (vgl. S. 207f), soll noch durch einige Hinweise auf die wichtigsten frühchristlichen Wallfahrtszentren ergänzt werden.

Bedeutendster Wallfahrtsort im Abendland war Rom mit den Gräbern der Apostelfürsten und vieler anderer Märtyrer. Bereits Konstantin hatte außer den Apostelkirchen prachtvolle Memorialbauten über bzw. neben den Gräbern des heiligen Laurentius sowie der heiligen Marcellinus und Petrus, seine Tochter Constantina eine Basilika und ein Mausoleum beim Grab der heiligen Agnes errichten lassen[434]. Auch in den Katakomben fanden sich zahlreiche Märtyrergedenkstätten. Papst Damasus (366–384) hatte für eine würdige Ausstattung der Papstgruft und anderer Märtyrergräber gesorgt. Die Prozession der Pilger am 13. August, dem Jahrgedächtnis des heiligen Hippolyt, beschreibt der christliche Dichter Prudentius so:

„Die Hauptstadt entsendet ihre Bürger, Patrizier und Plebejer, vom gleichen Glauben getrieben. In langer Reihe ziehen die Prozessionen außerhalb der Stadt über die Straße, und die verschiedensten Wege führen heran die festliche Menge: Einheimische, Picener, Etrusker, Samniter und aus Campanien Bewohner von Capua und Nola. Alle kommen sie eilends mit Frauen und Kindern. Kaum faßt der Raum die Menge des Volkes" (Peristephanon 11,198/201).

Von Paulinus, dem Bischof von Nola, ist bekannt, daß er sich jedes Jahr zur Wallfahrt nach Rom zu den Gräbern von Petrus und Paulus aufmachte. Viele andere berühmte Leute, weltliche Herrscher und Bischöfe, Menschen aus entfernten Ländern, aus Nordafrika, Britannien und Irland, von Gallien und Italien ganz zu schweigen, kamen nach Rom. Wie groß die Zahl der verehrten Märtyrergräber im 5./6. Jh. gewesen ist, kann man nur schätzen. Der Katalog der Monzaampullen – das sind kleine mit Öl von römischen Märtyrergräbern gefüllte Fläschchen, die aus Anlaß der Vollendung des Domes nach Monza gebracht worden waren – zählt fünfundsechzig verehrte römische Grabstätten auf. Fehlende Namen beweisen, daß die Liste nicht vollständig ist und die Zahl noch größer gewesen sein muß[435].

Konstantinopel spielte als Wallfahrtsziel zunächst keine Rolle, denn es fehlten Märtyrergräber. Die Kaiser mußten erst durch Reliquientranslationen von auswärts den Mangel beheben, wenn sie ihrer Hauptstadt auch religiösen Glanz verleihen wollten (vgl. S. 208f). Für die Bevölkerung war eine schon um die Mitte des 5. Jh.s erbaute und von Justinian erneuerte Kirche der beiden Ärzte Kosmas und Damian wichtig, die als *anargyroi* – d.h. als solche, die auf Silber als Honorar verzichteten – hohe Verehrung genossen. Die Kranken schliefen – wie in Epidaurus bei Asklepius – in der Kirche oder in Nebenräumen. Als Pilgerandenken nahmen sie Öl von den Lampen und Wachs von den Kerzen mit, die am Reliquiensarkophag der beiden Märtyrer brannten.

Kosmas und Damian waren unter Diokletian hingerichtet und in der Nähe von Cyrus bestattet worden. Ihr Kult verbreitete sich an vielen Orten, wie die zahlreichen Patrozinien – darunter in Rom – beweisen. Für ihre Beliebtheit spricht auch, daß sie als die beiden einzigen orientalischen Heiligen in das Heiligenverzeichnis des römischen Meßkanons aufgenommen worden sind. Wahrscheinlich kamen beide nicht zufällig nach Konstantinopel, sondern um eine Kult- und Heilstätte der Dioskuren Castor und Pollux zu verdrängen. In einem Wunderbericht wird erzählt, wie ein Heide zu den Märtyrern kommt und um Hilfe fleht. Sie weisen ihn ab mit der Bemerkung: „Freund, was rufst du uns …? Wir sind nicht Kastor und Polydeukes, sondern Diener Christi, des unsterblichen Königs"[436]. Daß christliche Märtyrer an die Stelle von heidnischen Heilgöttern traten, um eine heidnische Wallfahrt durch eine christliche abzulösen, geschah an vielen Orten (vgl. S. 208).

Neben Rom und Konstantinopel besaßen bald alle wichtigen kirchlichen Regionen ihre Wallfahrtszentren. In Ägypten ist neben dem Heiligtum von Cyrus und Johannes in

Abukir (Menuthis) vor allem das Heiligtum mit dem Grab des heiligen Menas zu nennen, um das herum eine ganze Wallfahrtsstadt entstand. Menas war als Soldat unter Diokletian den Märtyrertod gestorben. Heilkräftiges Wasser, das einer Quelle in der Nähe seines Grabes entströmte, wurde in kleinen Tonfläschchen, die das Bild des Heiligen zwischen zwei Kamelen zeigen, in der ganzen christlichen Welt verbreitet (vgl. S. 213). In Nordafrika wallfahrtete man zum Märtyrerbischof Cyprian nach Karthago, zu den Reliquien des heiligen Stephanus, die unter Augustinus nach Hippo Regius gekommen waren, und zu den Märtyrerinnen Salsa in Tipasa und Crispina in Tebessa.

In Kleinasien ist vor allem Ephesus zu nennen, das auch nach dem Untergang des Artemistempels Wallfahrtszentrum blieb; hier besuchte man das Grab des Apostels Johannes, über das Kaiser Justinian eine großartige Kuppelkirche hatte bauen lassen. Aus einem Schacht am Grab quoll Staub, den die Pilger als „heiliges Manna" mitnahmen. Nicht weniger attraktiv war die Grotte der sogenannten Siebenschläfer. Und später kam noch das Haus der Gottesmutter außerhalb der Stadt auf dem Panaya Kapalu dazu. Andere viel frequentierte Wallfahrtsziele waren Nikolaus in Myra und später in Bari, Thekla in Seleukia und Theodor in Euchaïta. In Griechenland übertraf die Wallfahrt zum heiligen Demetrius in Thessalonich alle anderen Gedenkstätten.

Außer Rom besuchte man in Italien Felix in Nola, Felix und Nabor sowie Gervasius und Protasius in Mailand (vgl. S. 205f), Januarius in Neapel, Agatha in Catania, Lucia in Syrakus und viele andere. In Spanien wurden der Diakon Vinzentius in Saragossa und Eulalia in Merida verehrt. Alle spanischen Wallfahrtsorte wurden später durch das Grab des Apostels Jakobus in Santiago di Compostella – *in campo stellae* (auf dem Sternenfeld) – in den Schatten gestellt.

Eine ähnliche Situation entstand in Gallien. Viele Pilger zogen zum Grab des heiligen Julian in Brioude in der Auvergne, ebenso wurden Genesius in Arles, die Bischöfe Dionysius in Paris, Maximin in Trier sowie Viktor in Marseille durch Wallfahrten geehrt. Doch alle überragte Martin von Tours, zu dem die Pilger in Scharen strömten. Die Wallfahrt steigerte sich noch nach seinem Tode. Chlodwig hatte ihn zum Schutzherrn des fränkischen Volkes erklärt; Martins Mantel galt als nationales Symbol und wurde sorgfältig bewacht. Vor allem an seinen Festtagen, am 4. Juli, dem Gedenktag seiner Bischofsweihe, und am 11. November, seinem Todestag, häuften sich die Wunder. Mit allen möglichen Anliegen kamen die Pilger nach Tours. Staub vom Martinsgrab, mit Wasser und Wein vermischt, wurde als Heilmittel eingenommen. Wenn möglich, nahm man vom heiligen Staub auch in einer kleinen Kapsel mit, um die Hilfe Martins außerhalb von Tours in Anspruch nehmen zu können. Begehrt war ebenfalls Öl von den Lampen, die am Martinsgrab brannten. Die am meisten verbreiteten Reliquien dürften Tücher gewesen sein, die man mit dem Grab in Kontakt gebracht hatte (vgl. S. 213).

Einen weißen Fleck auf der Landkarte der Wallfahrtsorte weist in frühchristlicher Zeit unsere engere Heimat auf. Neben Trier ließe sich höchstens noch Augsburg nennen, wo auf einer Insel im Lech nach dem Zeugnis des Venantius Fortunatus, Vita s. Martini 4,640/3, das Grab der heiligen Afra besucht wurde. Die Verehrung Afras ist niemals unterbrochen worden, während die kirchliche Organisation Augsburgs in den Wirren der Völkerwanderungszeit untergegangen bzw. verlegt worden zu sein scheint, so daß die Afraverehrung die Kontinuität zwischen Spätantike und Mittelalter begründet[437].

– Wallfahrtsmotive und Wallfahrtskritik

Das frühchristliche Wallfahrtswesen berührt viele technische und praktische Probleme hinsichtlich Reiserouten, Itinerarien, Transportmittel, Wallfahrtszeiten, Herbergen, Unterkünfte und Behandlungseinrichtungen für Krankheiten. Welche Aktivitäten entfalteten sich am Wallfahrtsort: Gebete, Gottesdienste, Kontakte mit der heiligen Stätte oder Reliquie, Inkubation, Fasten und Bäder? Was wurde als Opfergabe mitgebracht, als Exvoto zurückgelassen oder an Eulogien und anderen Andenken nach Hause mitgenommen? Einzelheiten sind schon angeklungen, die hier nicht weiter vertieft werden sollen[438].

Vielfältig waren die Motive, die einzeln oder gebündelt einen Pilger aufbrechen ließen. Bei vielen wird es schlicht der Wunsch gewesen sein, das Märtyrergrab oder die heilige Stätte zu besuchen und dort zu beten. Daß sich mit diesem frommen Verlangen die Hoffnung verband, Hilfe in Not, Heilung von Krankheit und Rat in persönlichen Schwierigkeiten zu erfahren, ist nur natürlich. Nicht selten diente die Wallfahrt dem Zweck, in den Besitz von Reliquien oder Phylakterien (Schutzmittel) zu gelangen, zu denen Wasser, Öl, Wachs oder Staub von den verehrten Stätten, dazu zahllose Kontaktreliquien in verschiedensten Formen und Materialien gehörten. Devotionswallfahrten dienten der Erfüllung eines Gelübdes, Dankwallfahrten reagierten auf Gebetserhörungen und empfangene Wohltaten. Bußwallfahrten zur Tilgung von Sündenstrafen – eines der Hauptmotive mittelalterlicher Pilger – hat es in frühchristlicher Zeit noch nicht gegeben. Wohl konnten asketische Beweggründe eine Wallfahrt veranlassen, deren Mühsal der Abtötung durch Fasten und Schlafentzug gleichkam. Am Ende wurde die Wallfahrt selbst zur asketischen Übung und das Pilgern zur asketischen Lebensform.

Schließlich gab es schon in frühchristlicher Zeit kritische Stimmen zur Wallfahrt, insbesondere zu den damit verbundenen Mißbräuchen, wobei die Wallfahrt an sich nie völlig in Frage gestellt oder verboten worden ist. Bischof Maximus von Tours hält es für unnötig, in die Ferne zu schweifen, wenn einheimische Märtyrer vorhanden sind.

„Darum sollen wir alle Märtyrer andächtig verehren, besonders aber die, deren Reliquien wir besitzen ..., denn mit ihnen verbindet uns eine Familiengemeinschaft, sie sind immer bei uns, bleiben bei uns, sie behüten uns, wenn wir leben, und wenn wir sterben, nehmen sie uns auf" (hom. 81).

Gregor von Nyssa, ep. 2, weist darauf hin, daß die Ortsveränderung an sich nicht näher zu Gott bringt. Wer voll schlechter Gedanken ist, ist weit von Christus entfernt, mag er sich auch auf dem Ölberg oder in der Auferstehungskirche befinden. Christus wandelt heute nicht mehr leibhaftig in Jerusalem umher, und sein Heiliger Geist ist anderswo nicht weniger wirksam als dort. Bedenken hat Gregor vor allem gegen die Fernwallfahrten von Frauen, besonders von Nonnen, wegen der mit den Reisen verbundenen sittlichen Gefahren. Gregor ist selber anläßlich einer Reise zu einem Konzil in Arabien in Jerusalem gewesen; geschadet habe es ihm nicht, meint er, frömmer sei er dadurch aber auch nicht geworden[439].

Viele abendländische Kirchenväter haben sich gegen Auswüchse wie Trinkgelage und Schmausereien bei den großen Wallfahrtsfesten gewendet. Die Kritik verschärfte sich, als sich die Romwallfahrt bei Franken, Germanen und Angelsachsen stark verbreitete. Bei manchen Wallfahrern entartete das Pilgern zum Herumvagabundieren; sie fanden überhaupt nicht wieder nach Hause zurück. Bonifatius hat gegen Ärgernis erregende Mißstände ankämpfen müssen, und noch später meint Thomas v. Kempen lapidar: „Die viel wallfahren, gelangen selten zur Heiligkeit" (Imitatio Christi 1,23). Mißstände und Kritik widerlegen natürlich nicht grundsätzlich Wert und Nutzen der Wallfahrt. Wie alle an sich guten volksfrommen Bräuche bedarf sie jedoch immer wieder – und das gilt bis heute – der Erneuerung aus dem richtigen Glaubensgeist.

4. Kirche und Gesellschaft

Literatur:

G. UHLHORN, Die christliche Liebestätigkeit in der alten Kirche (Stuttgart 1882); G. RATZINGER, Geschichte der kirchlichen Armenpflege (Freiburg ²1884); W. LIESE, Geschichte der Caritas, 2 Bd. (Freiburg 1922); H. BOLKESTEIN, Wohltätigkeit und Armenpflege im vorchristlichen Altertum (Utrecht 1939); H. FUCHS, Bildung: RAC 2 (1954) 346/62; H.-I. MARROU, Geschichte der Erziehung im klassischen Altertum. Hrsg. von R. HARDER (Freiburg 1957); A. OEPKE, Ehe I (Institution): RAC 4 (1959) 650/666; G. DELLING, Eheleben: RAC ebd. 691/707; DERS., Ehescheidung: RAC ebd. 707/19; A. LUMPE / H. KARPP, Eltern: RAC ebd. 1190/1219; H. FUCHS, Enkyklios Paideia: RAC 5 (1962) 365/98; A. HAMMAN / ST. RICHTER, Arm und reich in der Urkirche (Paderborn 1964); P. BLOMENKAMP, Erziehung: RAC 6 (1966) 502/59; T. HAARHOFF, Schools of Gaul. A study of pagan and christian education in the last century of the Western Empire (Johannesburg ²1966); G. WILLE, Musica Romana (Amsterdam 1967); O. HILTBRUNNER, Gastfreundschaft: RAC 8 (1972) 1061/1123; W. WEISMANN, Kirche und Schauspiele (Würzburg 1972); G. RUHBACH, Bildung in der Alten Kirche: Kirchengeschichte als Missionsgeschichte 1. Hrsg. von H. FROHNES / U.W. KNORR (München 1974) 293/310; Erziehung und Bildung in der heidnischen und christlichen Antike. Hrsg. von H.-TH. JOHANN = Wege der Forschung 377 (Darmstadt 1976); M. PUZICHA, Christus peregrinus = MBTh 47 (Münster 1980); H.-I. MARROU, Augustinus und das Ende der antiken Bildung (Paderborn 1982); M. MAZZA, Poveri e povertà nel mondo bizantino (IV–VII secolo): Studi storici 23 (1982) 283/315; B. RAMSEY, Almsgiving in the Latin Church: ThSt 43 (1982) 226/59; F.W. DEICHMANN, Einführung in die Christliche Archäologie (Darmstadt 1983); CH. GNILKA, Chrêsis. Die Methode der Kirchenväter im Umgang mit der antiken Kultur. 1. Der Begriff des ‚rechten Gebrauchs' (Basel 1984); M. GÄRTNER, Die Familienerziehung in der alten Kirche = Kölner Veröffentlichungen zur Religionsgeschichte 7 (Köln 1985); E. DASSMANN / G. SCHÖLLGEN, Haus II (Hausgemeinschaft): RAC 13 (1986) 801/905; B.D. SHAW, The family in late antiquity. The experience of Augustine: Past and present 115 (1987) 3/51; B. KÖTTING, Die Bewertung der Wiederverheiratung (der zweiten Ehe) in der Antike und in der frühen Kirche = Rheinisch-Westfälische Akademie der Wissenschaften, Vorträge G 292 (Opladen 1988); E. PACK, Sozialgeschichtliche Aspekte des Fehlens einer „christlichen" Schule in der römischen Kaiserzeit: Religion und Gesellschaft in der römischen Kaiserzeit. Hrsg. von W. ECK (Köln 1989) 185/263; K. THRAEDE, Diakonie und Kirchenfinanzen im Frühchristentum: Die Finanzen der Kirche. Hrsg. von W. Lienemann (München 1989) 555/73; R. KLEIN, Christlicher Glaube und heidnische Bildung: Laverna 1 (1990) 50/100; W. LIEBESCHUETZ, Hochschule: RAC 15 (1991) 858/911; E. PAUL, Geschichte der christlichen Erziehung 1 (Freiburg 1993); G. KOCH, Frühchristliche Kunst = Urban Taschenbücher 453 (Stuttgart 1995); H. SCHLANGE-SCHÖNINGEN, Kaisertum und Bildungswesen im spätantiken Konstantinopel = Historia 94 (Stuttgart 1995); E. DASSMANN, Fuga saeculi. Aspekte frühchristlicher Kulturkritik bei Ambrosius und Augustinus: Wege der Theologie. FS H. WALDENFELS. Hrsg. von G. RISSE / H. SONNEMANS (Paderborn 1996) 941/50; P. WEITMANN, Sukzession und Gegenwart. Zu theoretischen Äußerungen über bildende Künste und Musik von Basileios bis Hrabanus Maurus = Kunst im ersten Jahrtausend B 2 (Wiesbaden 1997); E. DASSMANN, Nächstenliebe unter den Bedingungen der Knappheit: Wissenschaftl. Abhandlungen und Reden zur Philosophie, Politik und Geistesgeschichte 20 (Berlin 1998) 9/40; G. SCHÖLLGEN, Die Anfänge der Professionalisierung des Klerus und das kirchliche Amt in der Syrischen Didaskalie = JbAC Erg.-Bd. 26 Münster 1998); O. HILTBRUNNER, Krankenhaus: RAC (erscheint demnächst).

4.1 Karitas

Die Sorge für den Nächsten in allen denkbaren Formen, die Betreuung der Armen, Witwen und Waisen, die Versorgung der Kranken und Fremden, ebenso die Verantwortung für die Bestattung der Toten, hat von Anfang an das Leben der Gemeinden bestimmt und nicht wenig zur Verbreitung des christlichen Glaubens in den ersten Jahrhunderten beigetragen. Wohltätigkeit wurde nicht nur privat geübt, es gab schon früh eine organisierte Karitas im Rahmen der Gemeinde, geleitet vom Bischof und durchgeführt von den Diakonen und anderen Helfern. Auch die wesentlichen Motive für private und kirchenamtliche Wohltätigkeit, die Ineinssetzung von Gottes- und Nächstenliebe sowie die Verbindung von Armenfürsorge und Gottesdienst, stehen von Anfang an fest[440].

Die Grundzüge frühchristlicher Liebestätigkeit blieben nach der „Konstantinischen Wende" erhalten, mußten aber weiterentwickelt und den neuen Verhältnissen angepaßt werden. Die nach allgemeiner Auffassung im 4. Jh. zu beobachtende Verarmung weiter Teile der Bevölkerung in Stadt und Land durch staatliche Mißwirtschaft und unerträglichen Steuerdruck[441] sowie das schnelle Wachstum vieler Gemeinden stellten die kirchliche Karitas vor neue Herausforderungen, die mit den Geboten der Heiligen Schrift in Übereinstimmung gebracht werden mußten. Wie ließ sich z.B. die eindeutige Weisung der Bergpredigt, die verlangte: *„Wer dich bittet, dem gib, und wer von dir borgen will, den weise nicht ab"* (Mt 5,42) auf die Dauer durchhalten? Wem mußte geholfen werden, den bedürftigen Glaubensbrüdern oder allen Mitbürgern, nachdem die staatlichen Hilfsmaßnahmen zusammengebrochen waren und die Bischöfe häufig die Rolle der früheren staatlichen und privaten Wohltäter übernehmen mußten? Wie konnte andererseits dem wachsenden Mißbrauch der kirchlichen Hilfsmaßnahmen gesteuert werden? Schließlich bekam auch das theologisch-theoretische Problem der Vereinbarkeit von Reichtum und Besitz mit den Armutsforderungen Jesu wachsende Brisanz.

– Reichtum und Besitz als Problem

Viele Bischöfe und Kirchenväter der nachkonstantinischen Zeit haben unter den sozialen Verhältnissen ihrer Zeit mit ihren krassen Gegensätzen zwischen Armut und Reichtum, Elend und Luxus gelitten. Sie wurden zu einer unerträglichen Belastung, wenn sie in die Gemeinde hineinreichten. Bitter klagt Ambrosius:

Die Reichen sind traurig, „wenn sie fremdes Gut nicht rauben können; sie verweigern die Nahrung, sie fasten, aber nicht um ihre Sünden zu verringern, sondern um Verbrechen zu begehen. Und dann kann man sie zur Kirche kommen sehen, eifrig, demütig, beharrlich, ausdauernd, um die Frucht ihres Frevels zu ernten"[442].

Sieht man einmal von einigen sarkastischen Zuspitzungen ab, bleibt die kirchliche Beurteilung von Besitz und Reichtum trotzdem moderat und auf Praktikabilität ausgerichtet. Zwar wollte Gott die Erde als Allgemeinbesitz für alle Menschen, und erst die Habsucht schuf die Besitzansprüche einzelner (Ambrosius, Exp. Ps. 118,8,22), zwar ist jeder nackt in die Welt gekommen, und nackt wird er sie wieder verlassen (Basilius, hom. in destruam 7), zwar geht jeder Gewinn, den der eine einstreicht, auf Kosten eines anderen (Hieronymus, ep. 120), dennoch wird die grundsätzliche Berechtigung von Privatbesitz nicht in Frage gestellt. Das revolutionäre Schlagwort vom Eigentum als Diebstahl entspricht nicht der Meinung der Kirchenväter. Zweifel hegen sie höchstens hinsichtlich des

Grundbesitzes, weil Land unvermehrbar ist und daher allen gehören sollte[443]. Reichtum an sich ist ebensowenig eine Sünde, wie Armut eine Tugend (Hieronymus, ep. 79). Wohl bestehen sie mit allem Nachdruck – und darin liegt das Neue der christlichen Botschaft – auf dem, was man heute die „soziale Verpflichtung des Eigentums" nennen würde. Wohltun und Teilen sind nicht in das Belieben der Reichen gestellt, sondern strenge Pflicht. Auf den rechten Gebrauch der Besitztümer kommt es an. Die Bischöfe fordern und werben zugleich um einen Ausgleich zwischen den sozialen Gegensätzen. Mit Argumenten, die der stoischen Philosophie, der Vernunft und nicht zuletzt der Heiligen Schrift entnommen sind, entlarven sie die Unsinnigkeit ungehemmten Besitzstrebens und unterstreichen die Vorzüge des Almosengebens, das allerdings nicht reglementiert wird und keiner kirchlichen Kontrolle unterliegt. Wohl geben sie Anhaltspunkte und fordern – je nach Temperament und situationsbedingter Notlage – die Hälfte, ein Drittel, den Zehnten oder einen Sohnesanteil, d.h. das Erbteil, das jedes berechtigte Kind bekommt, für Christus und die Armen. Am weitesten geht Salvian von Marseille (gest. nach 480), der angesichts der Nöte der Völkerwanderungszeit den Verzicht auf sämtliche Güter nicht nur von Mönchen und Klerikern, sondern am liebsten bei allen Reichen durchsetzen möchte, die ernsthaft als Christen leben wollen (ad eccl. 4,42/4). Umgekehrt haben die Kirchenväter auch nicht versäumt, die Notleidenden zu ermutigen, ihre Lage anzunehmen, indem sie die Chancen betonen, die eine in rechter Gesinnung gelebte Armut für den geistlichen Fortschritt bietet.

– Praktische Fragen

Manche Kritiker haben die Behandlung der sozialen Frage durch die frühchristlichen Bischöfe und Theologen einen faulen Kompromiß genannt und als ungenügend betrachtet, wenn sie die Pflichten der Reichen auf Wohltun und Almosengeben reduzieren, an die Barmherzigkeit appellieren und nicht auf der Verwirklichung sozialer Gerechtigkeit bestehen. Tatsächlich haben die Bischöfe den sozialen Umbau der Gesellschaft nicht vordringlich als kirchliche Aufgabe gesehen – so innovativ sich die karitativen Aktivitäten der Gemeinden in der Folgezeit auch sozialgesetzgeberisch ausgewirkt haben – und das vollendete Gottesreich der Gerechtigkeit und Liebe als eine eschatologische Größe betrachtet.

Im Alltag stellten sich ihnen andere handgreifliche Probleme. Eines betraf die Frage, wem zu helfen ist und angesichts der großen Zahl der Bedürftigen der Vorzug gebührt. Wie ließen sich klare Weisungen der Heiligen Schrift mit den tatsächlichen Möglichkeiten in Einklang bringen? Durfte sich die Fürsorge gemäß dem Wort des Paulus: „Tut allen Gutes, vornehmlich aber den Glaubensgenossen" (Gal 6,10) auf die Gemeindemitglieder beschränken, oder mußte allen Menschen geholfen werden? Wem war z.B. Gastfreundschaft zu gewähren, die den Gläubigen an vielen Stellen der Schrift als hohes Gut und selbstverständliche Pflicht eingeschärft worden war (Röm 12,23; 1 Petr 4,9; Hebr 13,2)? Wenn der endzeitliche Richter Jesus sich mit dem geringsten der Brüder identifiziert und sagt: „Ich war fremd und obdachlos, und ihr habt mich aufgenommen" (Mt 25,35), scheint er keine Einschränkung zu machen. Dennoch wurde Gastfreundschaft von Anfang an nur den Mitchristen gewährt. Jedenfalls wird nirgendwo auf die Beherbergung von Juden, Heiden oder Häretikern gedrängt. Unmöglich konnte sich Christus mit ihnen gleichgesetzt haben, wenn er von den geringsten der Brüder sprach. Wie sollten Christen in ihnen Christus erkennen können? Nur Johannes Chrysostomus, der insgesamt die Karitaspflicht strenger vertritt als seine kirchlichen Zeitgenossen, beharrt darauf, auch gegenüber Juden und Heiden Wohltätigkeit zu üben, wenngleich die von Paulus empfohlene Rangordnung beachtet werden darf[444].

Nun bestand die Mehrzahl der Hilfsbedürftigen nicht aus Juden und Häretikern, sondern aus Gemeindemitgliedern, die als Arme, Kranke, Verkrüppelte, Witwen und Waisen sich nicht selbst helfen konnten. Gab es für sie Auswahlkriterien bzw. Dringlichkeitsstufen? Für einen Anspruch auf Witwenversorgung hatte es schon früh Altersbegrenzungen und moralische Voraussetzungen gegeben. Witwen mußten – entsprechend einzelnen Kirchenordnungen – 40, 50 oder 60 Jahre alt, alleinstehend und gut beleumundet sein, wenn sie in den *ordo viduarum* aufgenommen und in den Genuß der Gemeindehilfe kommen wollten. War es denkbar, in ähnlicher Weise die Armenpflege auf die guten Armen als die „Armen im Geiste" zu reduzieren? Hieronymus scheint in diese Richtung zu argumentieren (comm. in Matth. 4,25,40). Er hält es nicht für unbillig, vom Armen zu verlangen, sich durch moralisches Verhalten der Hilfe würdig zu erweisen.

Johannes Chrysostomus sind solche Überlegungen eher suspekt. Allerdings muß auch er zugeben, daß viele Schmarotzer an christliche Türen klopfen. Doch nicht auf Verdacht hin, sondern nur wenn man positiv weiß, daß es sich um einen Betrüger handelt, ist es erlaubt, einem Obdachlosen die Unterkunft im eigenen Haus zu verweigern; man soll ihn dann ins Xenodochium schicken, wo sich die Gemeindekaritas um ihn kümmern kann (hom. in Acta 45,4). Keinesfalls darf jedoch die Rechtsvermutung, ein Armer sei auch ein Betrüger, einfach übernommen werden. Desgleichen darf die von der Stoa empfohlene Einschränkung der Wohltätigkeit auf die dankbaren Armen oder der im jüdischen Schrifttum faßbare Ausschluß der Sünder von der Gemeindehilfe nicht als christliches Regulativ dienen[445].

Daß sich mit der Ausweitung der Karitas das Mißbrauchsproblem verschärfte, läßt sich nicht bestreiten. Bischof Basilius, dem man gewiß nicht mangelnde Sensibilität gegenüber sozialer Not vorwerfen kann, gibt zu bedenken:

„Man soll dem Bittenden gern entgegenkommen, aber auch das Bedürfnis der einzelnen beachten. Weil viele über die Not hinausgehend Betteln zu einem Geschäft machen und die Gaben zur Üppigkeit mißbrauchen, daher muß man klug und vorsichtig austeilen, je nach Bedürfnis. Solchen, die schmutzige Liebeslieder machen, um die Frauen damit zu gewinnen, oder die Wunden und Verstümmelungen vorgeben, nützen keine reichen Gaben, dienen ihnen vielmehr nur zur Schlechtigkeit. Mit einer Kleinigkeit muß man das Gebelfer solcher Menschen von sich ablenken; Barmherzigkeit und Liebe aber gebühren nur jenen, die geduldig schwere Not tragen. Es bedarf daher der Erfahrung, um den wahren Armen vom habgierigen Bettler zu unterscheiden. Wer einem Armen gibt, leiht dem Herrn und erhält seinen Lohn; wer aber jeden Hergelaufenen unterstützt, wirft an Hunde weg, die ob ihres Ungestüms lästig, aber nicht als Arme zu bedauern sind"[446].

Auch Ambrosius warnt davor, „daß der Teil, der den Bedürftigen gehört, eine Beute von Schurken wird" (off. 2,10). Aber genauso gibt er zu bedenken – und viele Väter sind ihm darin gefolgt –, daß die Liebe nicht lange abwägt und vor allem darauf sieht, Not zu lindern (Nab. 8). Es ist besser, um der Würdigen willen auch einigen Unwürdigen zu geben, als auf Hilfeleistung zu verzichten (Gregor von Naz., oratio 19). Schwerwiegender, als leichtfertig zu spenden, ist es, wirkliche Not zu übersehen. Gregor der Große soll sich tagelang gegrämt und als Mörder gefühlt haben, weil zu seiner Zeit in Rom ein Armer verhungert war (Johannes Diaconus, vita Gregorii 6, 29).

Während die Bischöfe um die Spendenbereitschaft der Gemeindemitglieder besorgt waren, fühlten sich manche Angehörige der Oberschicht durch aggressives Betteln belästigt. Tatsächlich wuchs die Zahl der Bettler im 4. Jh., in dem die ersten staatlichen Gesetze gegen Bettelei ergehen. Unter Kaiser Theodosius wurde bestimmt, daß erst nach Untersuchung von Stand, Gesundheit und Alter jemand die Bettelerlaubnis erhält; wer arbeitsfähig ist und trotzdem bettelt, verliert die Freiheit[447]. Ob die Zunahme der Bettelei mit wachsenden Bevölkerungszahlen, wirtschaftlicher Verschlechterung oder der christlichen Liebestätigkeit zusammenhängt, die arbeitsscheuen Zeitgenossen die Sorge um den Lebensunterhalt abnahm, ist schwer zu entscheiden – wie umgekehrt das Ausmaß der Not nicht genau bestimmt werden kann. Abgesehen von lokalen Katastrophen mit einhergehenden Hungersnöten[448], die dann aber nicht nur die Bettler, sondern weite Bevölkerungsteile betrafen, scheint die Armut in den spätantiken mittelmeerischen Ländern nicht mit der Verelendung der Menschen in heutigen Krisengebieten vergleichbar zu sein. Johannes Chrysostomus jedenfalls meint, wenn jeder Wohlhabende auch nur ein Brot abgäbe, brauchte niemand zu hungern, und wenn jeder einen Heller schenkte, gäbe es keine Armen mehr[449].

– Karitative Maßnahmen und Einrichtungen

– – Zahl der Hilfsbedürftigen

Zahlreiche Predigten der Zeit sind voll massiver Klagen über die Not der Armen und die Hartherzigkeit der Reichen. Vor allem Habsucht, Wucher und erbarmungsloses Zinsnehmen werden angeprangert[450]. Aus den heftigen Anklagen schließen zu wollen, durch das Wirken der Kirche habe sich in der spätantiken Gesellschaft tatsächlich und mentalitätsmäßig nichts geändert, wäre falsch, weil die Mahn- und Bußpredigten ein besonderes *genus literarium* bilden, das sich nur bedingt für sozialethische Rückschlüsse eignet. Schwierigkeiten bereitet nicht nur die Definition von Armut sowie die Unterscheidung von *egentes, inopes* und *pauperes* – ein Armer kann nach damaligem Verständnis einen bescheidenen Wohlstand besitzen und Herr über Frau, Kinder und Knechte sein[451] –, sondern auch die Erfassung des Anteils der wirklich Hilfsbedürftigen an der Bevölkerung allgemein und in den Gemeinden im besonderen. Wenn hin und wieder Zahlen auftauchen, darf nicht vergessen werden, daß es sich um Momentaufnahmen handelt, die zeitlich und räumlich ganz verschieden ausfallen können. Die Angabe des römischen Bischofs Kornelius, daß um die Mitte des 3. Jh.s über 1500 Witwen und Hilfsbedürftige von der Gemeinde versorgt würden, bildet eine Ausnahme, der nur wenige ähnlich exakte Angaben in nachkonstantinischer Zeit entsprechen. Einer Predigt des Johannes Chrysostomus lassen sich einige Bemerkungen zum zahlenmäßigen Verhältnis der sozialen Gruppen in Antiochien entnehmen:

„Ungefähr ein Zehntel sind reich und ein Zehntel so arm, daß sie gar nichts besitzen; die übrigen gehören zum Mittelstand. Verteilen wir nun die Bedürftigen auf die ganze Einwohnerschaft der Stadt, so werdet ihr sehen, wie groß unsere Schande ist. Ganz Reiche sind wenig; viele dagegen gehören zur Mittelklasse, ganz Arme sind wieder weit weniger als diese... Wenn man diejenigen, welche Nahrung und Kleidung brauchen, auf die Reichen und mittelmäßig Begüterten aufteilte, dürfte auf fünfzig oder gar hundert Bewohner kaum ein einziger Armer entfallen"[452].

Trotz der verhältnismäßig geringen Belastung für die Reichen gelang es in Antiochien nicht, die Armut durch freie Wohltätigkeit zu beheben. Die Kirche mußte einspringen und viele Witwen und Jungfrauen unterstützen. Die Liste (Matrikel) umfaßte mehr als 3000 Personen. Hinzu kamen zahlreiche Gefängnisinsassen, die Kranken in den Xenodochien, Aussätzige und Fremde, „die an den Stufen des Altares auf Nahrung und Kleidung warteten", dazu die Gelegenheitsbettler, die keine regelmäßige Unterstützung erhielten. Für die Kirchenmatrikel von Alexandrien werden zur Zeit Johannes' des Almosengebers (612–617) 7500 Namen angegeben. Die Namensliste in Rom füllte zur Zeit Gregors des Großen (590–604) ein ganzes Buch[453].

Die Zahlen, die in anderen Gemeinden ähnlich groß gewesen sein dürften, machten eine umfangreiche Organisation der Armenfürsorge erforderlich. Der Bischof als Hauptverantwortlicher brauchte zahlreiche Mitarbeiter. Wo sieben Diakone nicht ausreichten, wurden Subdiakone bestellt oder die durch die Synode von Neocaesarea (314) festgesetzte Siebenerzahl nach Bedarf überschritten. In Konstantinopel reduzierte Kaiser Justinian (527–565) allein an der Hagia Sophia die Zahl der Diakone, die vorher noch größer gewesen sein muß, auf einhundert und die der Diakonissen auf vierzig. Dabei ist allerdings fraglich, ob und in welchem Umfang die Diakone neben oder an Stelle von karitativen auch liturgische Aufgaben zu erfüllen hatten. Im Lauf der Zeit bekam der Vermögensverwalter (Ökonom) des Bischofs, der die für die Armenpflege notwendigen Mittel bereitzustellen hatte, wachsende Bedeutung. Papst Gregor beschäftigte einen ganzen Stab von *defensores* genannten Beamten zur Verwaltung seiner bis Gallien und Sizilien reichenden Güter[454].

Die bischöfliche Armenfürsorge überschritt in den Jahrhunderten nach Konstantin das Maß an Hilfe, die früher von den einzelnen Gemeinden den notleidenden Glaubensbrüdern geleistet wurde, weil man sich mit ihnen solidarisch fühlte. Ohne Ansehen der Person oder Rücksicht auf die Glaubenszugehörigkeit übernahmen die Bischöfe die Versorgung der Bevölkerung anstelle der nicht mehr funktionierenden staatlichen *annona*. Gregor der Große z.B. ließ alle Monate Korn, Öl, Wein und Fleisch von Wagen austeilen, die durch die Straßen fuhren[455]. Bei Armenküchen und Lebensmittelverteilungen, wie sie vielerorts üblich und notwendig wurden, ließen sich Würdigkeit und Bedürftigkeit der Empfänger nicht mehr prüfen. Auf eine Kontrolle konnte auch wohl verzichtet werden, denn an dieser beschämenden Form der Armenversorgung nahm niemand teil, der nicht auf sie angewiesen war. Man kann die Anonymität der organisierten Nächstenliebe, wie sie in der nachkonstantinischen Zeit üblich wurde, bedauern, ganz zu vermeiden war sie nicht. Persönliche Zuwendung und spontane Hilfsbereitschaft hat es auch weiterhin gegeben – sie entzieht sich jedoch einer genaueren Dokumentation. Die Bischöfe waren sich der Gefahren einer bürokratisch geplanten Versorgung sehr wohl bewußt. Zahlreich sind ihre Mahnungen – vornehmlich an die Diakone –, über aller karitativen Betriebsamkeit die „verschämten Armen" nicht zu vergessen[456].

– – Bereitstellung der Mittel

In den ersten drei Jahrhunderten wurden die für die Gemeindekaritas benötigten Mittel zum größten Teil aus den Oblationen bestritten, die von den Gläubigen zur sonntäglichen Eucharistiefeier mitgebracht wurden. Sie reichten inzwischen längst nicht mehr aus, und die Bischöfe waren auch nicht auf sie angewiesen. Seit Konstantin hatten staatliche Zuwendungen, die einst den heidnischen Tempeln und Priestertümern zugeflossen waren, eigenes Vermögen und vor allem reiche Erbschaften, die durch die gesetzlich zugestandene Testierfähigkeit der Kirche möglich geworden waren, den Bischöfen erhebliche finanzielle Mittel in die Hand gegeben[457].

Die altgläubigen Heiden hatten gegen die neue Verteilung der Zuwendungen heftig protestiert. Im Streit um den Altar der Victoria in der römischen Kurie beklagte der römische Stadtpräfekt Symmachus, daß die Tempel zunehmend leer ausgingen. Doch Ambrosius konterte:

„Niemand hat den Tempeln ihre Weihegeschenke und niemand hat den Haruspices (Opferbeschauern) ihre Legate weggenommen. Nur ihre Grundstücke sind eingezogen worden, weil sie den Besitz, den sie im Namen der Religion in Anspruch nahmen, nicht für religiöse Zwecke verwendeten. Wenn sie schon unseren Anspruch (*exemplum*) übernehmen, warum haben sie nicht unsere Aufgabe übernommen? Nichts besitzt die Kirche für sich außer dem Glauben. Das sind die Einkünfte, das sind die Gewinne, die sie anzubieten hat. Der Besitz der Kirche dient dazu, die Armen zu unterstützen. Die Heiden sollen einmal aufzählen, wie viele Gefangene ihre Tempel losgekauft, wieviel Nahrung sie den Notleidenden verschafft und wie vielen Verbannten sie Zuflucht für ihr Leben besorgt haben"[458].

Gewiß kann nicht ausgeschlossen werden, daß habgierige und verschwenderische Bischöfe und Kleriker kirchliches Vermögen mißbräuchlich benutzt haben. Aber von gelegentlichen Veruntreuungen abgesehen, entsprach es allgemeiner Überzeugung, die auch als Handlungsnorm galt, daß Kirchengut Armengut ist. Für den eigenen Bedarf sollte der Bischof nur soviel nehmen, wie es dem Lebensstil eines Armen entsprach. Auch notleidende Verwandte durfte er nur im Rahmen der allgemeinen Armenfürsorge unterstützen (Synode von Antiochien 341, can. 25). Es war den Bischöfen verboten, Kirchengut zu vererben, und sie brauchten es auch nicht, da immer mehr von ihnen ehelos lebten und keine Kinder zu versorgen hatten (vgl. S. 148). Viele Synoden schärften den Grundsatz vom Kirchengut als Armengut ein und gaben Bischöfen in kleineren Gemeinden genaue Anweisungen, wie sie das kirchliche Eigentum zu verwalten hatten. Die Synode von Agde (Südgallien) im Jahre 506 bestimmte:

„Was einem Bischof überlassen oder geschenkt wird, sei es ihm und der Kirche zugleich oder ihm allein, das gehört nicht dem Bischof als Eigentum, sondern ist Kirchengut, denn der Schenkende will für das Heil seiner Seele, nicht für den Nutzen des Bischofs sorgen ... Kein Bischof darf die der Kirche gehörenden Gebäude, Sklaven und Gerätschaften veräußern, weil es Armengut ist. Gebietet aber die Notwendigkeit, etwas im Interesse der Kirche zu verkaufen oder in Nutznießung zu geben, so kann er es nur mit Zustimmung und Mitunterschrift von zwei oder drei benachbarten Provinzbischöfen tun. Schenkt der Bischof jedoch einigen Sklaven, die sich verdient gemacht haben, die Freiheit, so muß sein Nachfolger dies respektieren ..."[459].

Wie ernst es der Kirche mit dem Grundsatz vom Kirchengut als Armengut war, zeigt die Veräußerung wertvoller liturgischer Geräte, die erlaubt war, wenn Gefangene losgekauft oder andere Notlagen behoben werden mußten und die dafür notwendigen Mittel anders nicht aufgebracht werden konnten. Die Maßnahme war nicht unangefochten, wurde aber von Ambrosius und anderen westlichen und östlichen Vätern vehement verteidigt[460]. Später erfolgten Regelungen, welche die kirchlichen Einkünfte vierteilten und jeweils einen Teil dem Bischof, dem Klerus sowie dem Unterhalt der kirchlichen Gebäude und Einrichtungen zuwiesen, das letzte Viertel für die Karitas reservierten. Daß diese Aufteilung nicht eine Benachteiligung der Armen bedeutete, zeigt Papst Gregor, der sie befürwortete; und es wäre abwegig, ihm mangelnde Armenfürsorge vorwerfen zu wollen.

Wenngleich den Bischöfen aus verschiedenen Einkünften Mittel für ihre sozialen Aufgaben zuflossen, versäumten sie es nicht, die Bereitschaft der Gottesdienstbesucher zum Almosengeben zu wecken. Oft hat sie das Elend, dem sie auf dem Weg zur Kirche begegneten, spontan dazu verleitet, in der Predigt an die Mildtätigkeit der Gottesdienstbesucher zu appellieren[461]. In Rom gab es unter Papst Leo bestimmte Tage im Jahr, an denen die Gläubigen zu besonderen Kollekten aufgerufen waren[462]. Massiv warben die Prediger mit der sündenvergebenden Kraft des Almosens. Gott hat einzelnen Reichtum geschenkt, damit der Arme von Not und Bedrängnis, der Spender aber von seinen Sünden befreit werde. Leo der Große erläutert:

„Viele Zeugnisse der göttlichen Schriften belehren uns eingehend über die Verdienstlichkeit des Almosens und die ihm innewohnende Kraft. Erweist doch sicherlich ein jeder von uns seiner eigenen Seele einen Dienst, so oft er sich fremder Not erbarmt ... Erkenne also im Almosen eine gütige Einrichtung der göttlichen Liebe! Hat sie ja nur deshalb deinen Überfluß gewollt, damit ein anderer durch deine Unterstützung nicht darbe, nur deshalb, um durch deine werktätige Hilfe den Armen aus bitterer Not und dich von den vielen Sünden zu befreien"[463].

Das Almosengeben gewann noch an Gewicht, als man seine Wirkung auch den Verstorbenen zuzuwenden begann. Mancher Erblasser hoffte, sich nach seinem Tod die Verdienste sichern zu können, die im Leben zu sammeln er versäumt hatte; Angehörige wünschten, geliebten Toten auf diese Weise über das Grab hinaus zu helfen. Bedenken, daß bei solcher Argumentation die Not der Armen instrumentalisiert und der Werkgerechtigkeit Vorschub geleistet wird, haben die meisten Väter nicht sonderlich gekümmert. Sie wurden zudem durch die ebenfalls deutlich ausgesprochene Überzeugung gemildert, daß alle der Sündenvergebung bedürftig sind, Buße ohne Umkehr nichts nützt und das Almosen die Verzeihung Gottes nicht erkaufen, sondern nur die Bitte um sie unterstützen kann.

– – Xenodochien und Hospitäler

Die Bischöfe waren mit ihren Gemeinden nicht nur für die Armenfürsorge, sondern für zahlreiche andere soziale Bereiche verantwortlich. Dazu gehörte der Rechtsschutz für Witwen, Waisen, Sklaven und von staatlichen Behörden Unterdrückten, Asylgewährung für Verfolgte, Befreiung und Betreuung von Gefangenen, Sorge für die Bestattung der Toten und nicht zuletzt Hilfe für Kranke und Fremde[464].

Vor allem die kirchlich geförderte und organisierte Betreuung der Fremden und Kranken wurde zukunftsweisend. Die ersten karitativen Anstalten waren Herbergen für durchreisende Christen. Sie gastfreundlich aufzunehmen war seit apostolischer Zeit eine immer wieder eingeschärfte Pflicht (vgl. S. 227). Bei zunehmendem Reiseverkehr, an dem ab Mitte des 4. Jh.s der Wallfahrtsbetrieb einen nicht geringen Anteil hatte, war es naturgemäß schwierig, für alle Durchreisenden private Gastgeber zu finden. Die Aufnahme von Fremden – auch wenn es sich um Glaubensgenossen handelte – in die Familie war neben der finanziellen Belastung auch sonst nicht problemlos. So entstanden schon bald nicht selten in Verbindung mit dem Bischofshaus oder einem Kloster Fremdenheime (Xenodochien), um die einzelnen Familien von der Aufnahme zu entlasten und trotzdem auswärtigen Christen nicht die Unterkunft in gewerblichen Wirtshäusern zumuten zu müssen.

Da nicht nur Reisende, sondern auch andere Bedürftige, Kranke, Alte, Witwen und Waisen Hilfe brauchten, erweiterten sich sehr bald die Aufgaben der Xenodochien. In kleineren Gemeinden genügte meistens ein einziges Haus für alle Notfälle; in den großstädtischen Gemeinden dagegen entstanden Spezialeinrichtungen wie Armenhäuser (*ptōchotropheion*), Krankenhäuser (*nosokomeion*), Alten- (*gerontokomeion*) und Witwenheime (*chērotropheion*) oder sogar Häuser für Säuglinge und Findelkinder (*brephotropheion*)[465]. Bereits um 356 gab es in Sebaste ein Haus, das neben durchreisenden Fremden Kranke und Aussätzige aufnahm (Epiphanius, haer. 3,55). In Edessa entstand auf Initiative Ephraems ein Nothospital, in dem auch ländliche Bewohner versorgt wurden (Sozomenus, Kirchengeschichte 3,16,12/5). Ein Fremdenhospiz in Antiochien erwähnt Johannes Chrysostomus (vgl. S. 228). Die vielfältigen karitativen Aktivitäten des Bischofs Basilius in Caesarea wurden schon erwähnt (vgl. S. 169). Im Westen entstanden entsprechende Einrichtungen nach östlichem Vorbild (*orientalium more secutus*) etwas später. In Rom errichtete die vornehme, aus dem Geschlecht der Fabier stammende Fabiola ein Siechenhaus, in dem sie die Aussätzigen und Verstümmelten selbst pflegte; der Senator Pammachius gründete in der Hafenstadt Ostia ein Fremdenheim, Paulinus ein solches in Nola, das auch als Altenheim diente; für Südgallien lassen sich bis zum Ende des 7. Jh.s über dreißig Xenodochien nachweisen[466].

Unter den vielfältigen karitativen Aktivitäten kam der Krankenbetreuung besondere Bedeutung zu, denn ein Kranker, der nicht von seiner Familie versorgt werden konnte, lag damals buchstäblich auf der Straße. Krankenhäuser oder Hospize hat es in der Antike nicht gegeben. Alle Einrichtungen, die man bisher dafür gehalten hat, entsprechen nicht den Aufgaben eines Krankenhauses. Pilgerherbergen neben ägyptischen Tempeln oder in Verbindung mit hellenistischen oder römischen Asklepiusheiligtümern waren keine sozialen Einrichtungen, sondern Heilstätten, die vermögende Leute aufsuchten, wenn sie sich vom Heilgott und von der Kunst der Priesterärzte Hilfe versprachen. Votivtafeln und andere Nachrichten z.B. aus Epidaurus zeigen, daß Heilungen an spätantiken Wallfahrtsstätten nicht billig waren.

Es gab keine Krankenhäuser, wohl dagegen Lazarette, sogenannte Valetudinarien. Bei Castra Vetera (Xanten) wurde ein Valetudinarium ausgegraben, das die Gestalt einer solchen Anlage noch gut erkennen läßt[467]. Eines der ältesten wurde im Römerlager bei Haltern/Westfalen gefunden. Ähnliche Einrichtungen gab es auf italienischen Latifundien und in großen Stadthaushalten. D.h. die Valetudinarien dienten im Interesse ihrer Besitzer der Wiederherstellung der Arbeitskraft der Sklaven bzw. der Erhaltung der Gesundheit und Einsatzfähigkeit der Legionen. Zivile Valetudinarien in großen Städten, in Rom oder Alexandrien, die der kranken Bevölkerung gedient hätten, sind dagegen bisher nicht gefunden worden[468]. Wirkliche, uneigennützige Krankenbetreuung begann erst mit der christlichen Karitas auf Grund bischöflicher oder klösterlicher Initiativen. Sie wird nach Anfängen bei Eustathius deutlich faßbar um 370, als Basilius in Caesarea eine mit einer eigenen Mauer umgebene regelrechte „Stadt der Nächstenliebe" bauen ließ, in der die Kranken von den Mönchen betreut wurden[469]. Wie überhaupt das karitative Engagement des koinobitischen Mönchtums in Ägypten, Syrien und Kleinasien kaum überschätzt werden kann[470].

4.2 Ehe und Familie

Die entscheidenden Weichen zur Gestaltung eines christlichen Ehe- und Familienlebens – Verpflichtung zu lebenslanger ehelicher Treue von Mann und Frau, Verbot des Ehebruchs, Lebensrecht aller Kinder, auch der ungeborenen – wurden bereits in vorkonstantinischer Zeit gestellt[471]. Abgesehen von einigen christlich inspirierten Veränderungen in der konstantinischen Gesetzgebung[472], blieben andererseits die Regelungen des staatlichen Rechts weiterhin gültig. Die prägenden Familienstrukturen, die herausragende

Stellung des *pater familias,* die Bestimmungen des Erbrechtes wurden nicht angetastet. Entsprechend gering war – auch im liturgischen Bereich (vgl. S. 146f) – der kirchliche Einfluß auf Eheschließung, Hochzeit und die Gestaltung des Familienlebens.

Bei aller Übereinstimmung in den ethischen Grundlagen ergaben sich in der kirchlichen Praxis doch viele Fragen hinsichtlich der Beurteilung einzelner Verstöße gegen die eheliche Treue oder die Verpflichtung der Eltern gegenüber Kindern und Hausgenossen. Das christliche Ehe- und Familienethos, das in der Verfolgungszeit entstanden und auf eine kleine Elite zugeschnitten war, sollte nicht aufgegeben werden, mußte aber an die durch das schnelle Wachsen der Gemeinden geschaffene neue Situation und die Möglichkeiten der vorgegebenen Bußpraxis angepaßt werden[473]. Wie haben kirchliche Synoden und bischöfliche Unterweisung versucht, die spätantiken Lebensgewohnheiten mit den Forderungen des Evangeliums in Übereinstimmung zu bringen?

– Synodale Regelungen

– – Eheschließung

Die frühchristlichen Synoden gehen nur selten auf die für die Alltagsbewältigung vordringlichen Ehe- und Familienfragen ein. Sie gestalten kein Ethos, sondern reagieren auf Mißstände. Wie die kirchliche Strafe auszusehen hat, wenn ein Christ ein oder mehrmals die Ehe bricht, ein Katechumene oder eine Katechumena, vielleicht sogar ein Diakon oder Presbyter sich dieses Vergehens schuldig macht, wie gottgeweihte Jungfrauen, Witwen, Häretiker, heidnische Kultdiener oder Dirnen zu behandeln sind, wenn sie eine christliche Ehe eingehen wollen, ob und wann Sündern nach einer bestimmten Bußzeit auf dem Totenbett oder überhaupt nicht Rekonziliation und Kommunionempfang gewährt werden soll, darüber erläßt schon die Synode von Elvira zahlreiche Kanones[474], die insgesamt den Eindruck erwecken, daß das Leben zu vielfältig ist, als daß es (kirchen)rechtlich in allen Einzelheiten geregelt werden könnte. Entsprechend unterschiedlich ist auch das Strafmaß, das einzelne Synoden – im Westen strenger als im Osten – verhängen. Bei den Strafen handelt es sich immer um Exkommunikation, d.h. den Ausschluß von der Kommunion. Dieser Ausschluß kann für einige Jahre, aber auch lebenslänglich verhängt werden. Das insgesamt rigoros entscheidende Konzil von Elvira zählt nicht wenige Fälle auf (can. 7f; 12; 17f u.a.m.), bei denen sogar auf dem Totenbett der Kirchenfriede verweigert werden soll. Allgemein verpönt war die Wiederheirat verwitweter Eheleute – besonders von der Frau wurde erwartet, daß sie als *univira* über den Tod hinaus ihrem Ehegatten die Treue hielt (ILS 8444) – oder der Eheschluß mit Heiden, Juden oder Häretikern, ohne daß es zu übereinstimmenden kirchenrechtlichen Ahndungen gekommen wäre. Deutlich erkennbar ist das Bemühen, Männer und Frauen gleich zu behandeln und die den Männern in der heidnischen Gesellschaft zugebilligten Freiheiten zu untersagen. So bestimmt can. 20 der Synode von Ankyra (314):

„Wenn jemandes Frau sich zum Ehebruch verführen ließ oder ein Mann die Ehe gebrochen hat, soll der schuldige Teil nach sieben Jahren entsprechend den dazu hinführenden Stufen der Buße die Kommunion wieder erhalten"[475].

Breiten Raum nehmen die Kleriker ein, deren eheliches Verhalten besonders strengen Maßstäben unterlag und die im Zusammenhang mit der Hochschätzung der Enthaltsamkeit in der Gesamtkirche und zunehmenden zölibatären Forderungen im Westen (vgl. S.

147/9) zahlreiche synodale Sonderregelungen notwendig machten. Häufig muß das Verbot wiederholt werden, daß Frauen im Hause von Klerikern leben, wenn sie nicht deren Mutter, Schwester oder Personen sind, „die sich jedem Verdacht entziehen" (can. 3 von Nizäa 325) (vgl. S. 156).

－－ Ehescheidung und Ehebruch

Ein schwieriges und lange Zeit uneinheitlich geregeltes Kapitel betraf die Ehescheidung sowie die Rechte und Möglichkeiten eines unschuldig verlassenen Ehepartners hinsichtlich einer Wiederverheiratung. So wird die Frage, ob ein Mann oder eine Frau sich bei Ehebruch des Partners von diesem trennen darf oder sogar muß, verschieden beantwortet mit der Tendenz, den Ehebruch der Frau schwerer zu beurteilen als den des Mannes. Aus dem Zugeständnis von Mt 5,32 und 19,9, die Frau entlassen zu dürfen im Fall von Unzucht, entstand vielerorts kirchliches Gewohnheitsrecht (Basilius, ep. 188,9; Theodoret von Cyrus, Graec. aff. cur. 9; Asterius von Amasea, hom. in Mt 5).

Unterschiedlich in Ost und West wurde auch die Möglichkeit einer Wiederverheiratung beurteilt. Basilius beklagt den Widerspruch zwischen den Weisungen des Evangeliums und der kirchlichen Praxis. Der von einer ehebrecherischen Frau verlassene Ehemann kann eine neue Ehe eingehen; auch wenn die Ehescheidung von ihm ausgeht, kann er nach sieben Jahren Kirchenbuße wieder heiraten (ep. 217,77). Hin und wieder wird auch im kirchlichen Bereich die Möglichkeit anderer, vom staatlichen Recht anerkannter Ehescheidungsgründe erwogen (Ambrosiaster, comm. in 1 Kor. 7,10f; Augustinus, serm. Dom. 1,45f). Doch insgesamt gesehen wird der Grundsatz: *Aliae sunt leges Caesarum, aliae Christi* (Hieronymus, ep. 77,3,3) nicht aufgegeben, und die Ablehnung der Wiederverheiratung vor dem Tod des ehemaligen Ehepartners setzt sich zunehmend durch. Kirchliche Synoden reagieren entsprechend[476].

－ Ethische Forderungen und paränetische Unterweisung

－－ Christlicher Lebensstil

Die kirchliche Unterweisung richtete sich in den ersten Jahrhunderten hauptsächlich an die einzelnen Mitglieder der Familie, den *pater familias*, die Frau des Hauses, an Kinder, Dienstboten und Sklaven. Mit Ausnahme von Klemens von Alexandrien haben die Väter in vorkonstantinischer Zeit kaum versucht, für eine christlich geprägte Familienkultur zu werben[477]. Christliche Häuser, welche die wirtschaftlichen und bildungsmäßigen Voraussetzungen besaßen, einen eigenen Lebensstil zu entwickeln, waren in den ersten Jahrhunderten noch selten. Der Glaubensübertritt einzelner Familienmitglieder hatte darüber hinaus viele Häuser gespalten.

Obwohl sich die Situation im 4. Jh. änderte, bleiben familienethische Belehrungen und Nachrichten, aus denen sich konkrete Hinweise auf den Zustand christlicher Familien ziehen ließen, eher spärlich. Im Westen berührt Ambrosius von Mailand verschiedentlich das Thema, wobei allerdings zu beachten ist, daß seine persönliche Vorliebe für die Jungfräulichkeit ihn zuweilen an einer unbefangenen Wertschätzung der Familie hindert. Positiv würdigt Ambrosius den Kindersegen als Frucht der Ehe. Gottes erster Auftrag an die Menschen lautete, sich zu vermehren. Zu diesem Zweck gab Gott dem Adam Eva als

Gehilfin; Gott nahm die Sünde in Kauf, weil er lieber viele erlösen, als Adam allein lassen wollte (parad. 17). Natürlich liegt die Gewährung von Kindersegen in Gottes Hand; darum brauchen sich Eltern nicht zu schämen, wenn ihre Ehe kinderlos bleibt (fid. 4,8,81). Die hausrechtliche Stellung der Familienmitglieder beschreibt der Bischof im traditionellen Sinn: Der Mann vertritt die Familie nach außen, die Frau wirkt in der Stille und schafft im häuslichen Bereich. Wichtiger als rechtliche Vorschriften ist jedoch die Gesinnung gegenseitiger Liebe (parad. 10,50; Abrah. 1,5,37). Anrührend sind die Beispiele, die Ambrosius aus der Natur, besonders aus dem Tierreich heranzieht, um seine ethischen Appelle zu würzen. So wird ihm die Nachtigall zum Vorbild der Mutterliebe.

„Was soll ich aber erst von der Nachtigall sagen, der stets wachen Wächterin, die, während sie mit des Leibes Busen und Schoß über den Eiern brütet, über das schlaflose Mühen der langen Nacht mit ihrem lieblichen Sange sich tröstet. Es scheint mir ihre Hauptabsicht hierbei gerade die zu sein, die Bruteier womöglich nicht weniger mit ihren süßen Weisen denn mit ihrer Lebenswärme zu beseelen"[478].

Rückschlüsse auf den wirklichen Zustand der Familien lassen sich den Mahnungen des Ambrosius kaum entnehmen. Das gilt auch für Salvian von Marseille. Wenn er die Verkommenheit christlicher Familienväter geißelt (gub. 7,3f), ist zu berücksichtigen, daß er die Sittenreinheit der Barbaren gegen die Lasterhaftigkeit der christlichen Bevölkerung ausspielt, um die Schrecken der Germaneneinfälle als Strafe Gottes zu erweisen.

Ergiebiger ist Augustinus, der im 19. Buch von De civitate Dei wiederholt auf die Familie zu sprechen kommt. Die hierarchische Struktur der Familie gilt auch für ihn unbestritten, jedoch nur in dieser Weltzeit. Zur Gottesverehrung, durch die man die ewigen Güter zu erwarten hat, sind alle Mitglieder des Hauses in gleicher Weise aufgerufen (19,16). Eindringlich wirbt Augustinus für den häuslichen Frieden. Angesichts der Feindseligkeiten draußen müssen wenigsten diejenigen, „welche dem nämlichen Haus angehören, untereinander freundschaftliche Gesinnung pflegen und tun es auch in der Regel" (19,5). Nicht Mauern und Einrichtungen, allein die Güte seiner Bewohner machen die Qualität eines Hauses aus (comm. in Joh. 2,11). Augustinus weiß, daß Mißstände in der Stadt nicht mehr den Heiden zur Last gelegt werden können, denn es gibt inzwischen viele Häuser, in denen kein einziger Heide mehr wohnt, und kein einziges, in dem überhaupt keine Christen leben (sermo 302,21). Augustinus betrachtet die Familie nüchtern als den Lebensraum, in dem die meisten Christen ihre Tugenden entfalten müssen. Eine theologische Überhöhung gibt er der Familie nicht. Auffassungen, die in der Familiengemeinschaft von Vater, Mutter und Kind eine *imago Trinitatis* erblicken wollen, lehnt er ausdrücklich ab[479].

Im Osten ist besonders der der praktischen Pastoral zugewandte Johannes Chrysostomus eine ergiebige Quelle für die von der Kirche vertretene Ehe- und Familienethik. Gern vergleicht er die Familie mit einer Stadt, in der alle – führend oder gehorchend – entsprechend ihrer Stellung zur Harmonie innerhalb der Gemeinschaft beitragen müssen. Andere Bilder beschwören ein Heer, in dem Befehle erteilt und Gehorsam gefordert wird, oder eine Palästra, in der die Familienmitglieder sich als *athlētēs tou Xristou* heranbilden sollen[480]. Häufig beschwört Johannes Chrysostomus die Familie als Kirche im kleinen, was für die religiöse Erziehung bedeutsam wird, die weithin in der Familie geleistet werden muß (vgl. S. 239).

Andere östliche Väter sprechen nur selten über die Familie. Bei den Äußerungen des Basilius und seiner Freunde ist zu beachten, daß sie die besondere wirtschaftliche, hauptsächlich agrarisch geprägte Lage Kappadokiens voraussetzen. Wenige reiche Familien, die vielfach untereinander verwandt und aus denen bereits zahlreiche Bischöfe hervorgegangen waren, besaßen große Latifundien und trugen die Verantwortung für die Versorgung der Bevölkerung. Die karitativen Aktivitäten vor allem der Frauen werden häufig lobend erwähnt. Ein von der (stoischen) Philosophie vorgegebenes ethisches Ideal verband sich mit christlichen Antrieben. Im täglichen Verkehr zwischen heidnischen und christlichen Familienmitgliedern hatten sich vor allem in vornehmen Kreisen eigene Verhaltensregeln im Umgang miteinander herausgebildet. Jedoch lobt Gregor von Nazianz seine Mutter Nonna,

„daß sie niemals einer Heidin, auch wenn sie noch so vornehmen Standes und noch so nahe mit ihr verwandt war, die rechte Hand oder den Kuß bot, wodurch sie sich mit heidnischen Händen oder heidnischen Lippen befleckt hätte"[481].

Im Zuge zunehmender Christianisierung entschärfte sich das Problem des Zusammenlebens zwischen Heiden und Christen. Gleichwohl warnen die Kirchenväter weiterhin eindringlich vor der Mischehe nicht nur mit einem Heiden, sondern auch mit Juden und Häretikern. Bischof Zeno von Verona hat die damit verbundenen religiösen Probleme lebhaft erörtert (tract. 1,5,7/9). Mischehen belasteten vor allem die Kindererziehung (Augustinus, conf. 1,11,17).

Während das Mischehenproblem eher abnahm, wuchsen die Schwierigkeiten, die sich aus der Konkurrenz zwischen ehelichem und enthaltsamem Leben ergaben. Selbst wo häretisch-rigorose Forderungen vermieden wurden, bedurfte es besonderen Feingefühls und sprachlicher Genauigkeit, sollte der Lobpreis der Jungfräulichkeit nicht auf Kosten einer positiven Beurteilung von Ehe und Kinderfreudigkeit gehen. Zu Konflikten konnte es kommen, wenn Eltern ihren Kindern den Eintritt in den jungfräulichen Stand verweigerten und mit Enterbung drohten. Kirchlicherseits war unbestritten, daß ein Christ um Gottes willen seine Familie verlassen darf und damit der Sorge für seine Angehörigen enthoben ist, selbst wenn sie deswegen Mangel leiden müßten (Palladius, hist. Laus. 6,3; Basilius, ep. 42,3). Die Witwe Paula dachte nicht mehr an Familie und Besitz, als sie in die Einsamkeit ging. Nicht unbedenklich erscheint das Lob, das Hieronymus ihrem Verhalten zollte: „Sie besiegte durch ihre Hinneigung zu Gott ihre Zuneigung zu den Kindern, sie vergaß ihre Mutterliebe, um sich als Magd Christi zu bewähren" (ep. 108,6). Die Meinungen waren geteilt. Nicht selten wurden die Mühen des Ehelebens und die Enttäuschungen bei der Kindererziehung beschworen und als Motiv für Ehelosigkeit und zölibatäre Enthaltsamkeit angeführt. Auf der anderen Seite weigerte sich Bischof Synesius von Cyrene[482], seine Ehe aufzugeben, und Bischof Paulinus von Nola sehnt sich in den Schrecken des vergehenden Imperiums nach der Geborgenheit eines glücklichen Zuhause:

„Daß ich doch niemals jemanden beneide oder belüge, ein üppiges Haus besitze, in dem sich bei Mählern mit selbsterzeugten Produkten ein satter Sklave und ein treuer Freund, ein wohlgenährter Diener, eine aufmerksame Gattin und Kinder von dieser geliebten Frau erfreuen" (carmen 4).

– – Eltern und Kinder

Das christliche Verhältnis zu Kindern steht zwischen der uneingeschränkten Kinderfreundlichkeit des Alten Testaments und der stark verbreiteten Kinderfeindlichkeit in der spätantiken Gesellschaft. Das Gebot „Wachset und mehret euch" aus Gen 1,28 verpflichtet nicht jeden einzelnen und kann um höherer Ziele willen unbeachtet bleiben. Der Vorrang der Ehelosigkeit um des Himmelreiches willen und die Mühsal der Kindererziehung werden von vielen Kirchenvätern eindringlich beschworen. Dessen ungeachtet sind Kinder Gottes Geschenk, und ist Kinderlosigkeit für viele Eltern ein schweres Los. Ebenso werden die Pflichten der Eltern ihren Kindern gegenüber eingeschärft. Sie sollen die Erziehung nicht einfach dem Klerus oder den Sklaven überlassen (Johannes Chrysostomus, hom. in Col. 9,2). Für das Gedeihen der Kinder ist wichtig, daß ihnen weder die Fürbitte noch das gute Beispiel der Eltern fehlen (Gregor von Nazianz, or. 7,5.8). Die Eltern sollen kein Kind bevorzugen, sondern allen die gleiche Liebe entgegenbringen. Wer seine Kinder vernachlässigt, erfährt harte Strafe (Johannes Chrysostomus, adv. opp. v. mon. 3,3). Leben, Aufzucht und Fürsorge gewähren auch die Tiere ihrem Nachwuchs, erst durch umfassende Bildung und religiöse Erziehung verdienen sich die Eltern den Dank ihrer Kinder (Gregor von Nazianz, cant. 2,2,4).

Wie bei vielen anderen gesellschaftlichen Fragen setzen die Mahnungen der Prediger die Verhältnisse in wohlhabenden und großen Haushaltungen voraus und gestatten keinen Einblick in das Zusammenleben einfacher und abhängiger Familien. Auch die Entfaltungsmöglichkeiten von Sklavenfamilien bleiben weitgehend unbekannt. Ebensowenig läßt sich quantifizieren, ob sich natürliche Elternliebe oder Trägheit in der Kindererziehung in heidnischen und christlichen Familien unterschieden. Über mangelndes Verantwortungsbewußtsein und fehlendes pädagogisches Verständnis auch christlicher Eltern klagen viele Kirchenväter (z.B. Johannes Chrysostomus, in glor. 18/8; hom. in Matth. 50,6). Dabei sollten die Eltern nicht vergessen, daß ihre erzieherischen Bemühungen nicht nur den eigenen Kindern, sondern auch den nachkommenden Generationen zugute kommen. Denn was Kinder von ihren Eltern empfangen haben, werden sie ihrerseits an ihre Nachkommen weitergeben (Gregor von Nazianz, or. 7,4; Johannes Chrysostomus, hom. in 1 Tim. 9,2).

Umgekehrt betonen die Väter ebenso eindringlich die Pflichten der Kinder gegenüber ihren Eltern, ein Thema, das in der gesamten spätantiken Ethik einen breiten Raum einnimmt. *Pietas*, die Tugend, die das Verhalten der Jüngeren den Vorfahren gegenüber zum Gegenstand hatte, besaß eine überragende Bedeutung. Für Ambrosius ist die Ehrung der Eltern die erste Stufe der *pietas*. Die Unterstützung der alten Eltern geht allen Spenden an die Kirche oder andere Notleidende vor; wer diese Fürsorge nicht aus Dankbarkeit leistet, soll sie wenigstens aus Schamgefühl beobachten (Exp. Luc. 8,74/9). Erfreut erkennt Augustinus an, daß die Ehrfurcht der Kinder vor ihren Eltern nur selten verletzt wird. Junge Leute rackern sich ab, wenn sie arm sind, um ihre Eltern unterstützen zu können (sermo 9,4; 45,2). Selbstverständlich sind die Kinder verpflichtet, für eine würdige Bestattung und das Totengedächtnis der Eltern zu sorgen[483].

Die meisten der dem Umkreis der *pietas* zugehörigen Rechte und Pflichten von Eltern und Kindern sind nicht genuin christlich, sondern Allgemeingut spätantiker Familienethik. Neu ist die von den Kirchenvätern eingeführte religiöse Motivation. Zwar kann ein literarisch gebildeter Bischof auch Vergils Aeneas als Vorbild von Sohnesfürsorge für den hilfsbedürftigen Vater anführen (Gregor von Nazianz, carmen 2,2,5), aber häufiger dient doch Jesu Gehorsam und Liebe gegenüber seinen irdischen Eltern und seinem himmlischen Vater als Vorbild kindlicher Ergebenheit. Christlich gefärbt sind natürlich auch die Erwägungen über das richtige Verhalten von Eltern und Kindern bei geistlichen Berufungen. So sehr die besondere Nachfolge Christi in Askese und Jungfräulichkeit weltlichen Bindungen vorzuziehen ist, so fehlen doch nicht eindringliche Mahnungen, unnötige Verletzungen zu vermeiden und sich den familiären Pflichten nicht unter religiösen Vorwänden zu entziehen. Die einzelnen Ratschläge und Reaktionen der Betroffenen sind dabei so vielfältig wie das Leben selbst[484].

Die gegenwärtig im abendländischen Kulturkreis oft sentimental gefärbte Verherrlichung des unschuldigen Kindes war der Spätantike fremd. Das Kind war ein noch unfertiger Mensch und weithin der Verfügungsgewalt der Erwachsenen unterworfen. Entsprechend schwach war die rechtliche Stellung der Kinder. So war nicht nur die Verantwortung christlicher Eltern, sondern auch die der Gemeinden gefragt, damit bei Armut und Elternlosigkeit nicht die Aussetzung und der Verkauf von Kindern drohte. Die schwankende staatliche Gesetzgebung von Konstantin bis Justinian zeigt, wie schwer die mit den Kindern verbundenen ökonomischen und sozialen Probleme bewältigt werden konnten. Um Kindesaussetzung aus Armut unnötig zu machen, gewährte Konstantin bedürftigen Eltern Unterstützung (Cod. Theod. 11,27,1f). Doch erst Justinian (527–567) konnte die Kindesaussetzung generell unter Strafe stellen und den Verkauf von Kindern wenigstens einschränken[485].

– – Religiöses Leben

In nachkonstantinischer Zeit hat vor allem Johannes Chrysostomus das religiöse Leben in der Familie beschrieben und zu formen versucht. Er ermuntert zum gemeinsamen Gottesdienstbesuch von Eltern und Kindern und wirbt für das häusliche Gebet aller Familienmitglieder. Jeder Ort und jede Zeit sind dafür geeignet. Besonders günstig ist die Nacht. „Dein Haus werde in der Nacht eine Kirche", mahnt Johannes (hom. in Act. 26,4) (vgl. S. 149f). Neben dem nächtlichen Gebet erwähnt er häufig das Tischgebet. Er erklärt seinen Zuhörern im Gottesdienst das lange Tischgebet der Mönche, damit sie daraus Anregungen schöpfen können. Empfehlenswert erscheint ebenfalls das Psalmensingen, das vor und nach dem Essen stehend geschehen soll. Auch wer nicht singen kann, braucht sich davon nicht auszuschließen. Wichtig ist die Kenntnis wenigstens einiger Psalmen für die Kinder, damit sie innerlich zur Ruhe kommen und sich die Zeit nicht mit anstößigen Liedern und Gedichten vertreiben.

Großen Wert legt Johannes Chrysostomus schließlich auf die häusliche Schriftlesung. In der Predigt stellt er Fragen, die seine Hörer zu Hause mit Hilfe der Heiligen Schrift selbst lösen sollen. Ebenso ermuntert er sie, sich durch Schriftlesung auf den Gottesdienst vorzubereiten. Aus der gemeinsamen Schriftlesung kann sich ein religiöses Gespräch ergeben, zu dem auch die Nachbarn eingeladen werden sollen. Schon die Kinder müssen von den Eltern in der Heiligen Schrift unterwiesen werden. Leider muß der Prediger beklagen, daß nicht wenige Christen zwar Würfelspiele und Spielsteine besitzen, aber nicht ein einziges Buch der Heiligen Schrift. Oder wenn sie die Heilige Schrift besitzen, dann ihres kostbaren Einbands wegen. Andere hängen sich Bibelverse als Phylakterien ans Bett oder als Amulett um den Hals, nur lesen tun sie sie nicht.

Johannes Chrysostomus war darauf bedacht, die religiösen Impulse, die vom Gottesdienst ausgingen, im häuslichen Alltag weiterwirken zu lassen. Darum soll sich der Hausvater mit Frau und Kindern nach dem Gottesdienst zusammensetzen und über das in der Predigt Gehörte sprechen. „Von dem, was dort gesagt und vorgelesen wurde, frage der Mann zu Hause die Frau einen Teil und die Frau den Mann" (hom. in Eph. 20,6). Werden auch noch die Sklaven in das Gespräch einbezogen, wird das ganze Haus zur Kirche. Die Gnade des Heiligen Geistes läßt sich nieder und beschützt Frieden und Eintracht des Hauses (hom. in Gen. 2,4)[486]. Ähnlich weist Augustinus dem Hausvater, der sich um den Glauben der Familienmitglieder kümmert, ein „kirchliches und gewissermaßen bischöfliches Amt" zu. Vor allem durch ihr Leben haben viele Väter und Mütter Zeugnis für Christus abgelegt (tract. in Joh. 51,13). Wohl allen Bischöfen dürfte bewußt gewesen sein, daß eine Verchristlichung der Gesellschaft ohne religiöses Leben in den Familien nicht gelingen konnte.

– Zeugnisse der Papyri und Inschriften

Die wenigen Streiflichter, die von den kirchlichen Schriftstellern auf das frühchristliche Familienleben geworfen werden, kranken daran, daß sich ihr Augenmerk vornehmlich auf größere Haushalte richtet und das Familienleben der ärmeren Bevölkerung kaum in den Blick kommt – falls Lohnarbeiter, Sklaven oder mittellose Bürger überhaupt in der Lage waren, eine eigene Familienkultur zu entwickeln. Darum sei kurz auf das Zeugnis der Papyri und Inschriften hingewiesen, in denen literarisch sonst nicht in Erscheinung tretende Bevölkerungsschichten wenigstens in bescheidenem Maße zu Worte kommen. In den Papyri mit Resten christlicher Briefe fällt der warmherzige Ton auf, wenn Eltern ihren Kindern schreiben, und die ehrfurchtsvolle und vertrauensvolle Haltung der Kinder in ihren Briefen an die Eltern. Ob sich darin gegenüber dem Inhalt heidnischer Briefe ein neues, christlich geprägtes Verhältnis zwischen Eltern und Kindern artikuliert[487], ist jedoch schwer nachzuweisen. Ähnliches gilt für die religiösen Bezüge und Hinweise. Wohl ändert sich der Sprachgebrauch, wenn an Stelle heidnischer Glücksbringer die Märtyrer angerufen werden. Umgekehrt bleiben pagane Gewohnheiten – wie z.B. Warnungen vor dem Bösen Blick, wenn Kinder erwähnt werden – in heidnischen und christlichen Briefen gleich.

Familiäre Verbindungen werden vor allem in den Grabinschriften angesprochen. Auch sie bezeugen die zärtlichen Gefühle der Eltern gegenüber ihren Kindern, die kindliche Ehrfurcht der Kinder vor ihren Eltern und ebenfalls das gute und vertrauensvolle Verhältnis zwischen Herrschaft und Dienerschaft. Beziehungen, die über den engsten Familienkreis hinausgehen, kommen auf christlichen im Gegensatz zu heidnischen Grabinschriften unabhängig vom sozialen Status der Bestatteten kaum vor[488].

4.3 Bildung und Kultur

– Stellung der Kirchenväter

– – Kulturkritische Grundstimmung

Für abendländisches Denken sind Christentum und Kultur eine unlösbare Bindung eingegangen; das Abendland ist ohne Christentum nicht denkbar; die bildenden Künste, Musik und Literatur wurden gespeist aus der Quelle der Heiligen Schrift. Daß diese Verbindung – nicht nur in den Ausprägungen der großen Kunst, sondern auch in der Gestaltung des menschlichen Umfeldes durch Feste und kirchliches Brauchtum – dabei ist zu zerreißen, sorgt gegenwärtig für Ängste und Irritationen. Angesichts dieser Entwicklung muß daran erinnert werden, daß die christliche Verkündigung am Anfang nicht mit dem Anspruch aufgetreten ist, die antike durch eine christliche Kultur zu ersetzen. Sie ist vielmehr geprägt durch eine ausgesprochene Weltverachtung. Bei Paulus wird sie häufig ausgesprochen und steht unter dem eschatologischen Vorbehalt der nahe bevorstehenden Parusie (1 Kor 7,31). Die Evangelien sind voll von weltverneinenden Zügen. Die Jünger sollen heimatlos sein und auf ihren Besitz verzichten (Mt 8,20). Sogar die Bestattung des eigenen Vaters ist ihnen untersagt (Mt 8,22), obwohl die Sorge für die Toten zu den ältesten kulturstiftenden menschlichen Regungen gehört. Welt- und kulturverachtende Tendenzen sind in den Jahrhunderten vor Konstantin allenthalben spürbar[489].

Die frühchristliche Reserve gegenüber der idololatrisch durchsetzten spätantiken Kultur blieb aber auch nach der „Konstantinischen Wende" erhalten, als die Kirche neben der religiösen Freiheit Einflußmöglichkeiten auf die Gestaltung des öffentlichen Lebens erhielt. Ein Mann wie Ambrosius von Mailand, der hohem stadtrömischem Adel entstammte, von Kind an die beste Ausbildung genossen hatte und mit der neuplatonischen Philosophie, die zur Zeit seiner bischöflichen Tätigkeit das geistige Klima Mailands prägte, bestens vertraut war, stand der Philosophie insgesamt skeptisch gegenüber. Mit Paulus warnt er davor, sich in den Schlingen der Philosophie zu fangen. Die wenigen Wahrheiten, welche die Schriften der heidnischen Philosophen enthalten, haben sie den Büchern der Heiligen Schrift entnommen und mit ihren überflüssigen und unnützen Meinungen vermischt (bon. mort. 10,45). In Anlehnung an Philo von Alexandrien hat Ambrosius eine eigene Schrift De fuga saeculi verfaßt, in der er Gedanken über die Weltflucht entfaltet, die in seinem gesamten Schrifttum anzutreffen sind. Auf Erden sollen die Christen Fremdlinge bleiben, damit sie *cives sanctorum* und *domestici Dei* werden können. Aus der Dunkelheit und Scheinwirklichkeit dieser Welt soll die Flucht den Christen zur wahren Heimat des Himmels zurückführen (Exp. ps. 118,22,24).

Ähnlich urteilt Augustinus. Er kennt nur einen absoluten Wert: Gott. Allen anderen Gütern und kulturellen Errungenschaften gegenüber gilt das Prinzip des *uti*, nicht des *frui*; man kann sie in geregelten Grenzen gebrauchen. Ruhe finden darf das menschliche Herz nur in Gott; alle anderen Güter müssen es unerfüllt lassen (conf. 1,1). Gegenüber der Philosophie besitzt Augustinus ein differenzierteres Verhältnis als Ambrosius. Gewiß enthält Ciceros Schrift Hortensius Weisheit und die *Libri Platonicorum* vermitteln Wahrheit als Ausfluß der Wahrheit, die im *logos* Gottes Fleisch geworden ist. Doch je älter er wurde, um so mehr war er davon überzeugt, daß das griechische Ideal der *paideia* den Menschen nicht retten kann. Erlösung geschieht nicht durch den kulturellen oder moralischen Aufstieg der Menschen, sondern durch den Abstieg Christi in die menschliche Niedrigkeit. In einem ergreifenden Text stellt er auf dem Höhepunkt seines Schaffens die Demut der Heiligen Schrift dem Hochmut der Philosophen gegenüber. In den Confessiones erinnert er sich an die Stunde seiner „Bekehrung":

„Allmählich fand ich, daß alles Wahre, was ich bei den Platonikern gelesen hatte, auch hier [in den Paulusbriefen] gesagt werde, aber nicht ohne Preisung deiner Gnade... Denn gerecht bist du, Herr, wir aber haben gesündigt, haben übel getan, gottlos gehandelt, und schwer liegt auf uns deine Hand, und zu Recht sind wir dem Ursünder, dem Fürsten des Todes, überliefert worden, weil er unseren Willen dazu gebracht hat, es seinem Willen gleichzutun, mit dem er in der Wahrheit nicht bestanden hat. Was wird er machen, der unselige Mensch? Wer macht ihn frei vom Leib dieses sterblichen Lebens als allein deine Gnade?

Davon liest man nichts bei jenen Philosophen. Ihren Blättern fehlt das Gesicht der *pietas*, sie kennen nicht die Tränen der Beichte (*confessionis*), das Opfer, wie du es willst, den zerbrochenen Geist, das zerknirschte und zerschlagene Herz, nicht das Heil für das Volk, nicht die bräutliche Stadt, nicht das Unterpfand des Heiligen Geistes, nicht den Kelch, der unser Kaufpreis ist.

Etwas anderes ist es, von waldiger Höhe aus die Heimat des Friedens zu sehen und den Weg dahin nicht zu finden [wie die Philosophen] ..., ein anderes, den Weg dorthin einzuhalten, den die Liebessorge des himmlischen Herrschers [Christus] gebahnt hat... Das alles durchdrang mich, ich weiß nicht wie, bis ins Innerste, als ich den geringsten unter deinen Aposteln las"[490].

So sehr Augustinus die abendländische Kultur philosophisch und literarisch bereichert hat, den religiösen Wert jeglicher Bildung hat er ebenso kritisch beurteilt wie die Hohlheit seiner eigenen, hauptsächlich rhetorischen Ausbildung. Er hat seinen Bildungsstand und seine rhetorischen Fähigkeiten später nicht verleugnet, sich aber auch nie auf sie berufen.

Die bei vielen Vätern zu spürende grundsätzlich skeptische Haltung gegenüber der antiken Bildung hat trotzdem nicht verhindert, daß christliche Schriftsteller und Gelehrte das antike Bildungsgut weitertradiert und damit vor dem Untergang in den Völkerwanderungswirren gerettet haben. Nach Augustinus, dessen bereits 387 in Mailand begonnene Enzyklopädie der *artes liberales* allerdings in den Anfängen steckengeblieben ist, haben Staatsbeamte und Philosophen wie Boëthius (um 480–524) und Cassiodor (gest. um 580) oder Bischof Isidor von Sevilla (gest. 636) das antike Wissen gesammelt und an das Mittelalter weitergegeben.

– – Verhältnis zur Literatur

Das ambivalente Verhältnis der Kirchenväter zur antiken Kultur konkretisiert sich in ihrer Stellung zur Literatur. Den in wohlhabenden Häusern gepflegten Lebensstil aufzugeben und auf die Freuden der Unterhaltung in Theater und Gymnasium zu verzichten, fiel der asketisch-monastisch ausgerichteten christlichen Elite nicht schwer. Anders verhielt es sich mit den unvergänglichen Büchern der heidnischen Dichter und Philosophen. Das illustriert Hieronymus mit seiner von melodramatischen Zügen nicht freien Schilderung eines Jugenderlebnisses. Als er schon das strenge Leben eines Mönches führte, überkam ihn auf der Reise nach Jerusalem eine Vision:

„Plötzlich fühlte ich mich im Geiste vor den Richterstuhl [Gottes] geschleppt. Dort umstrahlte mich soviel Licht, ... daß ich zu Boden fiel und nicht aufzublicken wagte. Nach meinem Stande befragt, gab ich zur Antwort, ich sei Christ. Der auf dem Richterstuhl saß, sprach zu mir: ‚Du lügst, du bist ein Ciceronianer, aber kein Christ. Wo nämlich dein Schatz ist, da ist auch dein Herz'. Darauf verstummte ich. Er aber gab Befehl, mich zu schlagen. Mehr noch als die Schläge peinigten mich die Gewissensqualen...

Schließlich warfen sich die Umstehenden dem Richter zu Füßen und baten, er möge meinem jugendlichen Leichtsinn verzeihen. Er möge mir Gelegenheit geben, meinen Irrtum zu büßen, jedoch die Strafe weiter an mir vollziehen, falls ich mir erneut einfallen lassen sollte, Werke der heidnischen Literatur zur Hand zu nehmen. In meiner unglücklichen Lage hätte ich noch viel mehr versprochen. Ich fing an, bei seinem Namen zu schwören: ‚Herr, wenn ich je wieder weltliche Handschriften besitze oder aus ihnen lese, dann will ich dich verleugnet haben'. Nach diesem heiligen Eide entließ man mich, und ich kehre wieder zur Erde zurück"[491].

Nicht so dramatisch, aber in abgemilderter Form mußten sich alle Kirchenväter mit dem Problem von Nutzen oder Gefahr der heidnischen Literatur auseinandersetzen, wobei die östlichen Väter der griechischen Bildung insgesamt und damit auch der Literatur unbefangener gegenüberstanden als die westlichen. Vor allem die drei Kappadokier, die eine umfassende literarische Bildung an den heidnischen Hochschulen in Konstantinopel und Athen genossen, aber ebenso in den Zentren kirchlicher Wissenschaft von Caesarea in Palästina und Alexandrien studiert hatten, vermochten in souveräner Weise mit den unvergänglichen Werken der Literatur umzugehen. Basilius der Große hat in einer kleinen

Schrift „Mahnworte an die Jugend über den nützlichen Gebrauch der heidnischen Literatur" den angemessenen Umgang mit ihr dargelegt. Wie die Bienen nicht alle Blumen anfliegen und nur den für sie bekömmlichen Honig saugen, so sollen die heidnischen Schriften selektiv gelesen und ausgewertet werden (3). Vor allem Lehrer der Tugend wie Homer und Solon, zumal wenn ihre Lehre mit ihrem Leben übereinstimmt – wie bei Sokrates und Perikles – sind nachahmenswert (4)[492]. Im Westen war Vergil mit seiner adventlich anmutenden 4. Ekloge – bei aller Kritik an einzelnen Stellen der Aeneis[493] – fast schon zum Rang eines „anonymen Christen" aufgestiegen.

Ein kritischer und zugleich unverkrampfter Umgang mit der heidnischen Literatur wurde dadurch erleichtert, daß bereits im 4. und 5. Jh. eine nicht geringe Zahl christlicher Autoren auf der Höhe der Bildung ihrer Zeit stand und sich mit ihren Schriften vor den literarischen Erzeugnissen ihrer Zeitgenossen nicht zu verstecken brauchte. Ambrosius von Mailand muß den formalen Vergleich mit Symmachus[494], Basilius den mit Libanius nicht scheuen. An Gedankenreichtum, Sinntiefe und Zukunftshoffnung waren die christlichen Schriftsteller den heidnischen sowieso überlegen. Wenn die klassische Tradition helfen konnte, christliche Inhalte gebildeten Heiden zu vermitteln, die für den Glauben gewonnen werden sollten, wurde sie dankbar übernommen. Wo sie inhaltlich versagte, trat der Reichtum der Heiligen Schrift an ihre Stelle.

– – Bibelkultur und Schriftfrömmigkeit

Für einige Gebildete war die Heilige Schrift zunächst allerdings nicht Brücke, sondern Hindernis zur Annahme des Glaubens. Die Schwierigkeiten eines literaturbeflissenen Intellektuellen mit der Bibel hat Augustinus exemplarisch für viele andere vorgelebt. Als Ciceros Hortensius in ihm die Liebe zur „Weisheit" entflammt hatte, griff er zur Heiligen Schrift und scheiterte, weil sie seinen literarischen Ansprüchen nicht genügte. In den Confessiones bekennt der Bischof:

„Daher beschloß ich, mich der Heiligen Schrift zu widmen, um zu sehen, wie es mit ihr wäre. Und siehe! Da ist etwas,was die Hochmütigen nicht heranläßt und sich auch den Kleinen nicht enthüllt, sondern nieder ist fürs Eingehen, beim Voranschreiten erst erhaben wird und sich ins Geheimnis verschleiert; und ich, wie ich damals war, hätte nicht vermocht hineinzugelangen und den Nacken zu beugen, um in der Sache voranzukommen. Denn nicht so, wie ich jetzt davon rede, urteilte ich damals, als ich mich der Schrift zuwandte, vielmehr erschien sie mir unwürdig, mit der Würde des Ciceronischen in Vergleich zu treten; ja mein geschwelltes Pathos sträubte sich wider ihre unscheinbare Weise, und meine Sehkraft reichte nicht in ihr Innerstes hinein. Und gerade ihre Art wäre es gewesen, zu wachsen mit den Kleinen. Ich aber hielt es unter meiner Würde, ein Kleiner zu sein; von Hochmut nur geschwollen, deuchte ich mich groß"[495].

Es hat nicht an Versuchen gefehlt, die als minderwertig empfundene literarische Qualität der Heiligen Schrift aufzuwerten. Der spanische Priester Juvencus verfaßte um 330 die Evangeliorum libri IV, eine Evangelienharmonie in 3211 Hexametern. Eine vornehme Römerin, Proba, goß die biblische Urgeschichte bis zur Sintflut und andere biblische Texte in einen *Cento* (ein Flickgedicht) um, der aus 694 Vergil entlehnten Hexametern bestand. Es gab Gedichte, welche die Jonasgeschichte und das Ende von Sodom nacherzählten. Noch gegen Ende des 5. Jh.s versuchten Bischöfe wie Avitus von Vienne oder Rusticus Helpidius von Lyon mit der dichterischen Umsetzung biblischer Stoffe Anschluß an die klassische Literatur zu gewinnen. Im Nachhinein müssen alle diese Versuche als Irrweg bezeichnet werden. Das Ärgernis der Heiligen Schrift besteht nicht in ihrem ästhetischen Ungenügen, sondern darin, daß sich Gottes Wort überhaupt in menschliche Sprache entäußert hat.

Die führenden Theologen haben den exzeptionellen und unüberbietbaren Rang der Heiligen Schrift nie bezweifelt. Nachdem Origenes die Zugänge zu einem geistlichen Verständnis der Heiligen Schrift eröffnet und die hermeneutischen Grundlagen einer verantwortlichen Schriftauslegung festgelegt hatte[496], wurde die Heilige Schrift in der ganzen Breite ihrer Auslegung zum Fundament christlicher Bildung und Lebensgestaltung. Für Ambrosius wandelt Gott „durch die Reihe der göttlichen Schriften, in denen seine Anwesenheit fortdauert" (parad. 14,68). Menschen, die Jesus leibhaftig sahen, haben keinen Vorteil gegenüber den gegenwärtig Lebenden, denn auch sie können mit ihm verkehren, wenn sie im Evangelium von seinen Taten lesen (vid. 10,612). Die Heilige Schrift hat Teil an der Unbegreiflichkeit und Unermeßlichkeit Gottes. Für jede Zeit und Gelegenheit besitzt sie das richtige Wasser in reicher Fülle, um das Land der Seelen befruchten zu können (ep. 2,3). Ähnlich ist Augustinus davon überzeugt, wenn er die Heilige Schrift studierte von Kindheit an bis ins hinfällige Alter, mit äußerster Konzentration und unermüdlichem Eifer und mit größerem Talent, als es ihm gegeben sei, er käme an kein Ende mit dem Entdecken ihrer Schätze (ep. 137,3). Im Vergleich mit der Heiligen Schrift schrumpft weltliches Wissen zu einem Hilfsmittel für das Verständnis der Bibel zusammen. In De doctrina christiana hat Augustinus ein christliches Bildungsprogramm entworfen, das allein diesem Zweck dient. Gregor der Große kann in Evangelienhomilien, in den Erklärungen zu Ezechiel und in dem umfangreichen Hiobkommentar sein christliches Bildungsideal vollständig entfalten. Gregor kennt Reiz und Schönheit der Epik Vergils oder der Lyrik des Horaz, aber er übergeht sie in seinen Schriften. Sie sollen die Gläubigen nicht von der Beschäftigung mit der zwar plumperen, aber heilbringenden Heiligen Schrift abhalten. Sie eröffnet eine neue Kultur, die auf die antike Vergangenheit nicht mehr angewiesen ist.

Eine noch größere kulturelle Wirkung kam der Heiligen Schrift in Ländern und Völkerschaften außerhalb des hellenistisch-römischen Kulturraumes zu. Wo es bislang keine schriftliche Tradition und eigenständige Literatur gegeben hatte, wurde die Heilige Schrift, um sie übersetzen zu können, zum Ursprung einer nationalen Literatursprache. Armenische, vielleicht sogar hunnische und später slawische Bibelübersetzungen markieren den Beginn der Schriftlichkeit in den entsprechenden Ländern und Völkerschaften. Für die sich herausbildenden germanischen Herrschaftsbereiche war die gotische Bibelübersetzung des Bischofs Wulfila von überragender Bedeutung.

Natürlich hat die antike Kultur weitergewirkt und vor allem in den heidnischen und christlichen Schulen des Ostens sowie in den Schriften griechischer und syrischer Theologen Spuren hinterlassen. Die abendländische Kultur der kommenden Jahrhunderte ist dagegen auf allen Gebieten der Literatur, Kunst und Musik weitgehend von der Bibel geprägt. Überragende Werke der antiken Kultur wurden vergessen und mußten in der Renaissance erst wiederentdeckt werden. Noch heute ist eine abendländische Kulturgeschichte ohne umfassende Bibelkenntnis weder zu gestalten noch zu rezipieren.

– Schule und Erziehung

Das Verhältnis von Kirche und Kultur bzw. Glaube und *paideia* beschäftigte nicht nur gebildete Christen, Bischöfe und Kirchenschriftsteller, sondern wurde vor allem im Bereich von Schule und Erziehung akut. Ging es hier doch um die Weitergabe und Vermittlung des Glaubens an die kommenden Generationen.

– – Verzicht auf christliche Schulen

Als unproblematisch galten die Elementarschulen, in denen den Kindern Lesen und Schreiben beigebracht wurden. Als verderblich dagegen erschienen die weiterführenden Bildungseinrichtungen, besonders die Rhetorikschulen, die mit ihren Fabeln, Irrtümern und unsittlichen Göttergeschichten den jugendlichen Geist verdarben. Nach der Meinung des in dieser Hinsicht allerdings besonders streng urteilenden Augustinus hat Homer

„lasterhaften Menschen Göttliches beigelegt, damit man Schandtaten nicht für Schandtaten halte und jeder, der sie begeht, nicht verkommenen Menschen, sondern himmlischen Göttern es gleichzutun sich schmeichele. Und dennoch, Strom du aus der Hölle, wirft man in deine Fluten Menschenkinder und das Schulgeld noch dazu, damit sie diese Dinge lernen"[497].

Dürfen Christen einen idololatrisch verseuchten Lehrstoff lehren oder lernen? Tertullian an der Wende zum 3. Jh. hatte das Lehren kategorisch verboten, nicht mit gleicher Schärfe das Lernen, d.h. den Schulbesuch christlicher Kinder, weil ohne schulische Bildung kein Beruf zu ergreifen ist und ohne weltliches Wissen auch Schriftstudium und religiöse Erkenntnis unmöglich sind. Wenig später mußte die Traditio Apostolica am Beginn des 3. Jh.s auch das Lehren erlauben, wenn ein Lehrer keinen anderen angemessenen Beruf finden konnte. Christliche Lehrer versuchten, dichterische Form und mythologischen Inhalt zu trennen. An der Form sollten christliche Schüler literarischen Stil und rhetorischen Ausdruck lernen, ohne den Inhalt zu beachten. Daß die Unterscheidung gelang, könnte Kaiser Julian Apostata (361–363) bestätigen, der christlichen Lehrern die Benutzung heidnischer Dichter und Philosophen im Unterricht verbot und befahl, sie sollten sich auf ihren Matthäus und Lukas beschränken[498].

In vornehmen christlichen Häusern wird der vom Hausherrn angestellte Lehrer sich bemüht haben, die richtige Auswahl aus dem heidnischen Lektürekanon zu treffen. So wie es schon Gregor Thaumaturgus von Origenes gerühmt hatte, er habe von den Philosophen nur das Brauchbare und Wahre ausgewählt und alles ausgeschieden, was der Gottesverehrung abträglich war[499].

Es hätte nahegelegen, auf diesem Wege weiterzugehen und eigene Schulen einzurichten, in denen christliche Lehrer einen ausgewählten und durch biblische Abschnitte ergänzten Lehrstoff vermittelten. Das ist nicht geschehen[500]. Zwar wird von dem unter Kaiser Valens nach Antinoë in Ägypten verbannten Presbyter Protogenes berichtet, er habe eine Unterrichtsanstalt aufgemacht und die Knaben im Schnellschreiben und in der Heiligen Schrift unterrichtet, indem er ihnen Psalmen diktierte und sie Stücke aus den Apostelschriften auswendig lernen ließ (Theodoret von Cyrus, Kirchengeschichte 4,18). Aber hier handelt es sich um einen Einzelfall, von dem aus nicht auf das allmähliche Entstehen christlicher Schulen geschlossen werden kann. Auch die klösterliche Unterweisung einzelner Jugendlicher in der Heiligen Schrift und der asketischen Lebensweise (Johannes Chrysostomus, oppugn. 3,10) beschränkte sich in aller Regel auf solche, die als Mönche oder Nonnen in ein Kloster eintreten wollten. Bis zum Ausgang der Spätantike ist kein eigenes christliches Schulsystem entstanden; die religiöse Bildung verlief neben der klassischen Erziehung. Erst nach dem Zusammenbruch des antiken Erziehungssystems entstanden im frühen Mittelalter Kloster- und Bischofsschulen, die zunächst zwar auch der Ausbildung des eigenen Nachwuchses dienten, darüber hinaus ein Mindestmaß an Bildung aber auch anderen adeligen und sogar bäuerlichen Interessenten vermittelten, die nicht in den geistlichen Stand traten[501]. Im Osten nahm die Entwicklung einen annähernd ähnlichen Verlauf.

– – Christliche Hochschulen oder Katechetenschulen?

Wenn von christlichen Schulen die Rede ist, fehlt nie der Hinweis auf die Schule von Alexandrien. Doch diese Bildungsstätte war weder eine christliche Grammatik- oder Rhetorikschule, noch diente sie als sogenannte Katechetenschule der Vorbereitung der Taufbewerber. Die seit Pantaenus und Klemens bekannte, von Origenes zu wissenschaftlicher Blüte geführte Einrichtung, an der noch Didymus der Blinde (gest. 398) tätig war, verband das Studium der Heiligen Schrift mit den säkularen Wissenschaften und stand allen Bildungsbeflissenen offen. Auf Hochschulebene, nicht in den allgemeinbildenden Schulen mußte nach Meinung der kirchlichen Lehrer die Auseinandersetzung zwischen Glauben und Wissen stattfinden.[502]

Nicht viel anders liegen die Verhältnisse bei der sogenannten „antiochenischen Schule". Antiochien, das zweite intellektuelle Zentrum christlicher Wissenschaft im Osten, besaß ebenfalls keine institutionalisierte Schule, sondern steht für die Sukzession bedeutender Lehrer, die eine bestimmte, mit der alexandrinischen konkurrierende theologisch-exegetische Tradition pflegten (vgl. S. 77f). Wirkliche Schulen dagegen entstanden im mesopotamischen Raum in Edessa, Nisibis und Seleukia-Ktesiphon. Sie vermittelten nicht nur theologisches Wissen, sondern dienten auch der Verbreitung einer eigenständigen syrischen und später dazu nestorianisch ausgerichteten Theologie. Bedeutsam wurden sie darüber hinaus für die Entstehung einer eigenen syrischen Literatur[503].

– Theater und Musik

Die kirchliche Reserve beschränkte sich nicht auf die Literatur, sondern umfaßte auch die meisten anderen kulturellen Hervorbringungen. Ausgesprochen ablehnend standen die verantwortlichen Kirchenführer dem spätantiken Theater gegenüber, dessen Unsittlichkeit, Roheit und verderblichen Einfluß auf die Zuschauer sie ständig beklagten (vgl. S. 132). An die szenische Gestaltung religiös-biblischer Stoffe hat niemand gedacht; erst die mittelalterlichen Mysterienspiele in Ost und West sowie das Jesuitentheater des Barock haben diese Möglichkeit der Verkündigung und Glaubenspropaganda aufgegriffen[504].

Auch der Musik vermochten die führenden Bischöfe und Kirchenlehrer nur wenig Geschmack abzugewinnen. In der Liturgie war der einstimmige Gesang von Liedern und das Rezitieren von Psalmen zwar schon früh heimisch geworden (vgl. S. 130f), profane Lieder und der Gebrauch von Musikinstrumenten – gleich ob bei geistlicher oder weltlicher Musik – wurden jedoch weiterhin abgelehnt. Viele Väter warnen vor allem bei der Jugenderziehung vor dem verderblichen Einfluß unanständiger Lieder und ausgelassener Musik[505].

Außerhalb des Gottesdienstes und enger liturgischer Grenzen entsteht bis zum Ausgang der Spätantike weder vokale noch instrumentale christlich inspirierte Musik.

– Bildende Kunst

– – Entstehung und Verbreitung

Von der Reserve – wenn nicht gar Verweigerung – gegenüber der spätantiken Kultur scheint es eine Ausnahme gegeben zu haben: die bildende Kunst. Nachdem der Damm des Bilderverbots aus dem Dekalog Anfang des 3. Jh.s gebrochen war (vgl. S. 117f), stieg die Flut religiöser Bilder unaufhörlich. Eingrenzungen oder Beschränkungen, die von der Forschung vielfach behauptet wurden, scheinen in Wirklichkeit nicht bestanden zu haben. Daß die Bilder und anderen Kunstwerke lange Zeit Laienkunst gewesen seien, die sich erst langsam gegen die Reserve der offiziellen Kirche habe durchsetzten können, trifft ebensowenig zu[506] wie die Behauptung, die ersten Denkmäler seien in der Verborgenheit der Katakomben entstanden und erst allmählich ans Licht der Öffentlichkeit getreten. Wenn es örtliche oder zeitliche Verschiebungen beim Auftreten der Monumente gegeben hat, dann waren praktische Gründe dafür verantwortlich. Daß die meisten Katakombenbilder aus Rom stammen, hängt mit der geologischen Struktur der Umgebung der Stadt zusammen, welche die Anlage unterirdischer Friedhöfe begünstigte. Wo ähnliche natürliche Voraussetzungen bestanden – in Neapel, Syrakus, Hadrumetum (Sousse in Tunis) oder Alexandrien –, finden sich ähnlich ausgemalte unterirdische Kammern. Daß die Mehrzahl der Bilder in vorkonstantinischer Zeit dem sepulkralen Umfeld zugehört, hängt mit dem Fehlen bzw. mit der Zerstörung oberirdischer Kirchenräume in der Zeit vor Konstantin zusammen (vgl. S. 136). Wo durch glücklichen Zufall Reste gottesdienstlicher Räume aus der Frühzeit erhalten geblieben sind – z.B. in Dura-Europos oder die Hauskirche am *Clivus Scauri* in Rom[507] –, zeigen sie auch Spuren bildlicher Ausmalung.

Andere Einschränkungen – wie z.B. die Annahme, die frühchristliche Ikonographie habe zunächst jüdische Vorbilder mit alttestamentlichen Motiven aufgegriffen und erst allmählich zu neutestamentlichen Themen gefunden, oder am Anfang stünden chiffrenartig verkürzte Motive, wie man sie aus der Gemmenkunst kennt, die erst allmählich zu richtigen Szenen ausgestaltet worden wären – haben sich ebenfalls als falsch erwiesen. Von Anfang an – in Dura-Europos ebenso wie in den sogenannten Sakramentskapellen der Katakombe von S. Callisto um die Mittes des 3. Jh.s – tauchen alttestamentliche und neutestamentliche Szenen in annähernd gleicher Anzahl im Bildprogramm auf, an vielen Stellen noch ergänzt durch „neutrale" Motive wie Oranten, Hirten, Jahreszeitenköpfe und andere dekorative Details[508]. Was schließlich die Herleitung der frühesten Bilder aus verkürzten Symboldarstellungen angeht, so spricht dagegen, daß es schon am Beginn der christlichen Kunst nicht nur mehrfigurige Szenen gegeben hat, sondern darüber hinaus mehrszenig ausgestaltete Bildfolgen wie die Heilung des Gichtbrüchigen wiederum in Dura-Europos, die Adam-Eva-Bilder in Nola und vor allem die drei- und später sogar viergliedrigen Darstellungen der Jonasgeschichte[509].

Die frühchristliche Bildkunst begann in der Malerei; einfache Bilder auf Decken oder Wände zu malen bedurfte des geringsten Aufwandes. Gegen Ende des 3. Jh.s tauchen dann auf den Sarkophagen die ersten in Stein gearbeiteten Szenen auf. Im weiteren Verlauf des 4. und 5. Jh.s bedienten sich die Künstler neben Farbe und Stein jedes geeigneten Materials einschließlich von Holz, Elfenbein, Metall, Stoff, Pergament, Papier und Mosaik-Tesserae zur Herstellung ihrer Produkte. Neben Katakomben und Sarkophagen, Kirchen und Baptisterien wurden Kästchen und Behälter, Möbelstücke und Gebrauchsgegenstände mit religiösen Motiven versehen. Die Verbreitung christlicher Kunstwerke war schon bald umfassend und ließ keine Möglichkeit künstlerischer Gestaltung aus. Ausgespart blieben aus bereits erwähnten Gründen (vgl. S. 123) allein rundplastische Denkmäler – von wenigen Ausnahmen wie z.B. den Jonas-Statuetten im Cleveland-Museum und einigen Standbildern des „Guten Hirten" abgesehen, bei denen allerdings die christliche Provenienz bzw. Deutung der Monumente nicht ganz sicher ist. Frühe Statuen eines Schaftträgers dürften im Regelfall nicht den Guten Hirten Jesus dargestellt haben, sondern Symbolfiguren gewesen sein, welche die Hoffnung auf eine eleusinische (himmlische) *felicitas* vergegenwärtigten[510].

– – Herkunft und Abhängigkeiten

Wenn auf frühen Sarkophagen der Hirte durch die Einfügung in biblische Szenen in einem christlichen Kontext erscheint, erfährt er selbst ebenfalls eine christliche Sinndeutung, die von den synoptischen und johanneischen Hirtenparabeln (vgl. Lk 15,3/7; Joh 10) inspiriert ist. Seine formale Herkunft aus der paganen Bildkunst wird davon jedoch nicht berührt. Neben dem Hirten, der Orante oder dem Angler, sozusagen idolatrisch unbelasteten und gleichsam „neutralen" Motiven, gab es zahlreiche weitere pagane Vorbilder, die in der christlichen Kunst aufgegriffen worden sind. Am bekanntesten ist das Bild der Ruhe des Jonas unter der Kürbislaube, das mit der paganen Darstellung des schlafenden Endymion oder Dionysus übereinstimmt[511]. Zusammen mit anderen maritimen Versatzstücken ließ sich die ganze Jonasgeschichte in einem heidnischen Formengewand erzählen. Mit geringen Veränderungen konnte aus einer philosophischen Lehrszene in der Domitilla-Katakombe ein Bild Christi im Kreis seiner Apostel[512] oder aus einem lyraspielenden Orpheus ein königlicher Christushirte im Mausoleum der Galla Placidia in Ravenna werden[513]. Die ikonographische Forschung hat zahlreiche Abhängigkeiten der frühchristlichen von der paganen spätantiken Kunst aufgedeckt.

Die Gründe dafür sind vielschichtig. Der am wenigsten relevante dürfte das Bemühen um Kulturkontinuität gewesen sein. Von den frühesten Katakombenbildern bis hin zu den grandiosen ravennatischen Mosaiken hat die christlichen Künstler das ästhetische Ideal der klassischen Kunst nur wenig gekümmert. Die flüchtig, im flackernden Licht von Öllämpchen an die Decken und Wände der Sakramentskapellen hingeworfenen alt- und neutestamentlichen Szenen, Mahlbilder, Symbolfiguren und Dekorationsstücke machen einen völlig unklassischen, flüchtigen, illusionistischen Eindruck. Die Figuren sind unplastisch, entmaterialisiert, in die Sphäre des Begrifflichen erhoben; sie erscheinen transzendentalisiert. Der Betrachter wird nicht durch die Kunstfertigkeit und Schönheit der Bilder gefangengenommen; wenn er will, kann er ihnen eine aus dem Glauben gespeiste Hoffnung entnehmen[514].

Ist diese unklassische Form der frühchristlichen Bildwerke durch Absicht oder Unvermögen verursacht? An den Prozessionen der Märtyrer und Märtyrerinnen auf den Langhauswänden von S. Apollinare Nuovo in Ravenna wurde die Starre und Eintönigkeit der Figuren bekrittelt und bemängelt, daß die Gesichter keine Individualität ausstrahlten, alle Märtyrerinnen sähen aus wie Schwestern. Doch die Typisierung kann durchaus gewollt sein. Der einzelne Märtyrer ist Glied einer rhythmischen Kette, vergeistigt und verinnerlicht mit einem in eine unbestimmte Weite gerichteten Blick, der keine sichtbare Realität fixiert, sondern Transzendentes wahrnimmt[515].

Anders stellt sich das Abhängigkeitsproblem bei den Sarkophagen dar. Neben grob und sehr flach gearbeiteten Exemplaren wie dem Sarkophag von Velletri[516] treten künstlerisch anspruchsvolle Stücke wie die Sarkophagwanne von S. Maria Antiqua in Rom, deren einzelne Bildelemente nahezu ausschließlich einem neutralen Musterkatalog entnommen sein könnten und erst durch ihre Komposition einen christlichen Sinnzusammenhang verraten[517]. Bei einem qualitätvollen Sarkophag handelte es sich – anders als bei einem flüchtig gemalten Katakombenbild – um eine aufwendige Arbeit, die nur von entsprechend qualifizierten Werkstätten geleistet werden konnte. Die Bildhauer griffen dabei anfangs auf bekannte Bildelemente zurück, die erst allmählich durch Zusätze und Gruppierungen einen durchgehend christlichen Charakter erhielten.

Ein Aufgeben antiker Traditionen geschieht aber auch hier schon bald. Bereits die Friessarkophage des frühen 4. Jh.s reihen biblische Szenen in einer Weise, wie sie in der paganen Grabplastik unbekannt war. Auf den christlichen Sarkophagen verliert die einzelne Szene ihr Gewicht; sie wird wiederum Glied in einer Bildreihe, welche die Rettung aus dem Tod und die Hoffnung auf Erlösung vergegenwärtigt[518]. Trotzdem bleiben die Sarkophage der antiken Formensprache stärker verpflichtet als Malereien und Mosaiken. Ein Sarkophag wie der des Junius Bassus aus dem Jahr 359 in Rom genügt höchsten ästhetischen Ansprüchen klassischer Kunst und besitzt ebenso ein wohlüberlegtes, ganz und gar christliches Bildprogramm[519]. Zusammen mit einer Anzahl weiterer Sarkophage – wie z.B. dem sogenannten Dogmatischen Sarkophag oder dem Brüdersarkophag[520] – bilden sie aber auch schon so etwas wie eine Ausnahme. Aufs Ganze gesehen wird die Reliefkunst der Sarkophage graphisch flächiger und mißt der formal-künstlerischen Qualität immer geringere Bedeutung zu. Wichtig ist allen frühchristlichen Monumenten die Spiritualisierung und Transzendierung ihrer Bildinhalte.

– – Themen und Gestaltungsmerkmale

Trotz zahlloser Übereinstimmungen setzt die frühchristliche Kunst die paganen Traditionen nicht einfach fort. Das gilt zunächst für die Inhalte. Alle mythologischen und eindeutig idololatrischen Themen werden vermieden; Jahreszeitensymbole oder kosmische Zeichen (Sonne, Mond und Sterne) werden in einen heilsgeschichtlichen Zusammenhang eingebunden. Wie schon bei der Literatur wird die Heilige Schrift – einschließlich der Apokryphen – zum Musterbuch für die Auswahl der Themen. Die Darstellungen in der frühen Sepulkralkunst hat man mit guten Gründen als Rettungsbilder gedeutet, welche die Hoffnung auf *sōtēria* wecken sollen. Häufig verbergen sich in biblischen Szenen (Quellwunder des Moses, Brot- und Weinvermehrung, Heilung des Gichtbrüchigen) Anspielungen auf die Sakramente, die das Heil vermitteln.

Bei der Ausschmückung der Kirchenräume erweiterte sich der Themenkatalog in starkem Maße. Thron-, Huldigungs- und Maiestaskompositionen schmücken vor allem die Apsiden, die Langhauswände bleiben in vielen Kirchen alt- und neutestamentlichen Zyklen reserviert, wobei sich bei den neutestamentlichen Reihen Jugend-, Wunder- und Passionszyklen unterscheiden lassen. Themen aus der Leidensgeschichte Christi (und seiner Apostel) finden sich allerdings schon im 4. Jh. in der Gruppe der Passionssarkophage – mit einer bemerkenswerten Zurückhaltung gegenüber einer realistischen Darstellung des Kreuzes. Bei den Throndarstellungen ergeben sich ebenso wie bei Präsentationsszenen, in denen Apostel oder Märtyrer einzelne Personen Christus empfehlen oder die Heiligen selbst mitsamt der Gottesmutter in die Mitte der Apsis rücken und zum Zielpunkt der Huldigung bzw. *praesentatio* werden, zahlreiche Überschneidungen mit der imperialen Kunst, welche die Verherrlichung der inzwischen selbst christlich gewordenen Kaiser zum Inhalt hat. Die formale Beeinflussung dürfte hier wechselseitig erfolgt sein.

Am Ende der frühchristlichen Entwicklung stehen Bildkompositionen, die einen ebenso hohen künstlerischen wie theologischen Rang verraten. Im Presbyterium von S. Vitale oder in der Apsis von S. Apollinare in Classe in Ravenna verbinden sich biblische Motive mit Darstellungen der Huldigung und Präsentation in einer Weise, welche die Funktion der biblischen Szenen als katechetisch brauchbare *biblia pauperum* und eine simple Übereinstimmung zwischen Christus- und Kaiserbildern weit übersteigt.

Auch in der formalen Gestaltung bricht die frühchristliche Kunst – trotz bleibender Abhängigkeiten – mit einzelnen paganen Vorgaben. Vor allem der Versuch, durch Steigerung der ikonographischen Details die Erhabenheit Christi und seines göttlichen Heilswerkes angemessen ins Bild setzen zu können, wird zunehmend aufgegeben. In Rom erscheint das Christusbild in der Apsis von SS. Cosma e Damiano aus dem 6. Jh. weitaus schlichter als die Darstellung des Christusthrones in S. Pudentiana aus dem 5. Jh. Die Künstler dürften gespürt haben, daß die Darstellung der göttlichen Wirklichkeit Christi nicht durch eine Steigerung der imperialen Pracht erreicht werden konnte. Noch verschlüsselter präsentiert sich das ikonographische Programm in Ravenna. In S. Apollinare in Classe schrumpft das Christusbild in der Apsis zu einem kaum noch erkennbaren Medaillon im Schnittpunkt des gemmengeschmückten Kreuzsymbols zusammen. Auch die biblische Verklärungsszene auf dem Tabor wird allegorisch verhüllt – Petrus, Jakobus und Johannes werden als Lämmer dargestellt –, und nur noch der Märtyrer und Fürsprecherbischof Apollinaris erscheint in menschlicher Gestalt. Selbst etliche der späten ravennatischen Sarkophage verlieren den Mut zur prunkvollen realistischen Darstellung biblischer Szenen oder Personen und ziehen sich in dekorative und symbolische Andeutungen zurück. Spürbar bleibt das Bemühen, die letztlich nicht darstellbare transzendentale Wirklichkeit des Glaubens durch formale künstlerische Fertigkeiten nicht zu verdecken.

– Fazit

Das Problem „Antike und Christentum", näherhin die Frage nach dem Verhältnis von Kirche und Kultur, konnte nur in einigen Aspekten, und die wiederum nur an Hand weniger Beobachtungen, gestreift werden. Herangezogen wurden nahezu ausschließlich Zeugnisse aus dem lateinischen Westen und dem griechischen Osten. Dabei gibt es in Wirklichkeit eine Vielzahl von spätantiken Christentümern, die nur wegen der Dominanz der hellenistisch geprägten griechisch-römischen Kultur nicht ausreichend in den Blick kommen. Äthiopische, koptische, syrische, armenische, georgische Gemeinden und später auch solche in den nördlichen Ländern waren mentalitätsmäßig und in ihren liturgischen, literarischen und künstlerischen Äußerungen mehr oder weniger selbständig. Kulturelle Überfremdungen, die der neuzeitlichen Mission zu schaffen machen, waren in frühchristlicher Zeit noch von geringer Bedeutung.

Das Ausmaß der Anpassung der frühen Kirche an die pagane Philosophie, Frömmigkeit und Kultur wird verschieden beurteilt. Hier wurde besonders auf die christliche Reserve gegenüber der kulturellen Umwelt hingewiesen, die auch nach dem konstantinischen Frieden für viele Kirchenführer bestimmend blieb. Um kulturell-humanitären Einfluß hat sich die Kirche – mit wechselndem Erfolg und vielfältigem Versagen – vor allem im ethischen Bereich von Ehe und Familie, in der Karitas und bei der Rechtspflege bemüht.

Wenn heute über den schwindenden kulturellen Einfluß des Christentums auf die moderne Welt geklagt wird, sollte man daran erinnern, daß die Kirche nicht durch die Anpassung an ihre Umwelt, sondern mehr durch die Abstinenz gegenüber den sie umgebenden Verhaltensweisen gewachsen ist. Der Auszug – oder die Vertreibung – der Kirche aus der europäischen Kultur muß darum nicht nur ein Unglück sein. Die Verchristlichung der Welt ist nicht selten umgeschlagen in eine Verweltlichung der Kirche. Der mögliche Verlust beherrschender Positionen in Kunst, Literatur, Politik und Wissenschaft muß die Kirche nicht notwendigerweise verarmen lassen, sondern kann auch dazu führen, daß sie sich intensiver auf ihren eigentlichen Auftrag besinnt. Wenn sich die Kirche nicht als eine das kulturelle Gesicht der Welt verändernde Organisation versteht, sondern als das in Anfechtung pilgernde und die Versöhnung mit Gott bezeugende Gottesvolk, hat sie für die Legitimität dieser Auffassung die ersten Jahrhunderte ihrer Geschichte auf ihrer Seite.

Anmerkungen

Die Abkürzungen von Zeitschriften, Reihen, Lexika und Quellensammlungen folgen S. Schwertner, IATG. Internationales Abkürzungsverzeichnis für Theologie und Grenzgebiete (Berlin ²1992).

1   Belege bei J. HESSEN, Griechische oder biblische Theologie? Das Problem der Hellenisierung des Christentums in neuer Beleuchtung (München ²1962) 13f; F. NIETZSCHE, Jenseits von Gut und Böse, Vorrede: DERS, Werke – Kritische Gesamtausgabe. Hrsg. von G. COLLI / M. MONTINARI, VI,2 (Berlin 1968), 4; A. GRILLMEIER, Hellenisierung – Judaisierung des Christentums als Deuteprinzipien der Geschichte des kirchlichen Dogmas: Mit ihm und in ihm 423/88.
2   Praescr. haer.7; Übersetzung nach BKV², Tertullian 2, 313f.
3   Praescr. haer.9; Übersetzung ebd. 316f; vgl. BROX, Der einfache Glaube 161/87; BACHT, Einfalt 821/40; G. SCHÖLLGEN, Ecclesia sordida = JbAC, Erg.-Bd. 12 (Münster 1984) 270/86.
4   Praescr. haer. 14,2/5; Übersetzung (o. Anm. 2) 320f.
5   O. HILTBRUNNER, Latina Graeca (Bern 1958) 85/105; BROX (o. Anm. 3) 173.
6   P. ANTES, Islam: Lexikon der Religionen. Hrsg. von F. KÖNIG / H. WALDENFELS (Freiburg 1987) 314.
7   E. HAENCHEN, Die Apostelgeschichte = KEK 3 (Göttingen ¹⁶1977) 103f; 204; L. SCHENKE, Die Urgemeinde (Stuttgart 1990) 24f.
8   W. MARXSEN, Anfangsprobleme der Christologie (Gütersloh 1960) 20/34; H. MERKLEIN, Jesu Botschaft von der Gottesherrschaft = SBS 111 (Stuttgart ³1989) 154/67.
9   W. THÜSING, Die neutestamentlichen Theologien und Jesus Christus 1 (Düsseldorf 1981); DERS., Die Erhöhung und Verherrlichung Jesu im Johannesevangelium = NTA 21 (Münster ³1979).
10 C. SCHNEIDER, Geistesgeschichte der christlichen Antike (München 1970) 233f.
11 R. SCHNACKENBURG, Das Johannesevangelium 1 = HThK 4,1 (Freiburg ⁴1979) 205/7; 257/69.
12 C. COLPE, Hypsistos (Theos): RAC 16 (1994) 1051/5.
13 RICKEN, Homousios 82/5.
14 Zur schwierigen Frage, was unter Judenchristentum zu verstehen ist, vgl. J. BARBEL, Christos Angelos = Theophaneia 3 (Bonn 1941); J. DANIÉLOU, Theologie du Judéo-Christianisme (Tournai 1958); DERS., Das Judenchristentum und die Anfänge der Kirche = Arbeitsgemeinschaft des Landes Nordrhein-Westfalen, Geisteswissenschaften 121 (Köln 1964); A. GRILLMEIER, Hellenisierung – Judaisierung (o. Anm. 1); ST.K. RIEGEL, Jewish Christianity. Definitions and Terminology: NTS 24 (1978) 410/5; N. BROX, Jüdische Wege des altkirchlichen Dogmas: Kairos 26 (1984) 1/16.
15 P. BRUNS, Das Christusbild Aphrahats, des Persischen Weisen = Hereditas 4 (Bonn 1990) bes. 207/21; N. BROX, Patrologie: Neues Handbuch theologischer Grundbegriffe 3. Hrsg. von P. EICHER (München 1985) 338.
16 Sim. 9,14,6; vgl. BARBEL (o. Anm. 14) 47/9.
17 Ad Autol. 2,10; Übersetzung nach BKV², Frühchristliche Apologeten 2,38.
18 Dial. 56,4; Übersetzung nach BARBEL (o. Anm. 14) 52.
19 Danielkommentar 2,32; Übersetzung ebd. 69f.
20 Carn. Christi 14; Übersetzung ebd.; zu christologischen Engelvorstellungen in judenchristlichen Quellen vgl. noch Ebionäerevangelium Frgm. 6; Hebräerevangelium Frgm. 1f; Elkesaiten bei Hippolyt, ref. 9,14,1.
21 Vgl. S. 63f und E. DASSMANN, Kirchengeschichte I = Studienbücher Theologie 10 (Stuttgart 1991) [KG I] 152/5.
22 Princ. 1,2,13; Übersetzung nach H. GÖRGEMANNS / H. KARPP, Origenes. Vier Bücher von den Prinzipien = TzF 24 (Darmstadt 1976) 155; zur Authentizität der Stelle vgl. ebd. Anm. 43.
23 Tract. in Ioh. 2,10,75f; Übersetzung nach R. GÖGLER, Origenes. Das Evangelium nach Johannes (Zürich 1959) 150; vgl. 180f; ADAM 180f; STUDER, Gott und unsere Erlösung 109/11.
24 HAMMERSTAEDT 12/20.
25 Nach anderer Sprachregelung wird der Modalismus nicht als Form des Monarchianismus verstanden; vgl. H.CH. BRENNECKE / CH. MARKSCHIES / W. WISCHMEYER: Zeitschrift für Antikes Christentum 1 (1997) 134.
26 EUSEBIUS, Kirchengeschichte 7,30,8/10; Übersetzung nach KRAFT / HÄUSER, Eusebius. Kirchengeschichte (Darmstadt 1967) 348f; vgl. R.L. SAMPLE, The Messias as Prophet (Evaston 1977).
27 HILARIUS, Liber de synodis 81; vgl. H.CH. BRENNECKE, Prozeß 270/90.
28 Ref. 9,10,9f; Übersetzung nach HÜBNER, Glaubensregel 283.

29 ANDRESEN / RITTER, Lehrentwicklung 133.
30 HÜBNER, Melito 224; 232.
31 Für die hier übergangenen historischen und kirchenpolitischen Aspekte des Konzils von Nizäa vgl. E. DASSMANN, Kirchengeschichte II/1 = Studienbücher Theologie 11,1 (Stuttgart 1996) [KG II/1] 51/7.
32 Die Chronologie folgt im wesentlichen H.G. OPITZ, Die Zeitfolge des arianischen Streites von den Anfängen bis 328: ZNW 33 (1934) 131/59; vgl. W. SCHNEEMELCHER, Zur Chronologie des arianischen Streites: ThLZ 79 (1954) 393/400; K. LOOSE, Zur Chronologie des arianischen Streites: ZKG 101 (1990) 88/92; anders datiert R. WILLIAMS 49/53.
33 OPITZ, Urkunden 4b; Übersetzung nach RITTER, Alte Kirche 131f.
34 Nach H.CH. BRENNECKE, Lucian von Antiochien: TRE 21 (1991) 475f, kann Lukian allerdings weder als Begründer der antiochenischen Schule noch als „Arius vor Arius" (Harnack) betrachtet werden.
35 L. ABRAMOWSKI, Die Synode von Antiochien 324/25 und ihr Symbol: ZKG 86 (1975) 356/65, hält gegen verschiedene Einwände an der Existenz der Synode fest.
36 ORTIZ DE URBINA 61f.
37 Athanasius' Anwesenheit auf dem Konzil stellt in Frage KANNENGIESSER, Athanasius von Alexandrien 266f.
38 Zu Markell vgl. FRANK, Lehrbuch 249; W.A. LÖHR, Markellos v. Ankyra: LThK 6 ([3]1997) 1302f.
39 Alle Nachweise bei LORENZ, Arius judaizans 23/36.
40 RITTER, Arius redivivus 156/61.
41 Ebd. 171.
42 OPITZ, Urkunden 6; vgl. GRILLMEIER, Jesus der Christus 364f; RITTER, Arianismus 700.
43 SCHNEIDER (o. Anm. 10) 233.
44 P. BROWN, Macht und Rhetorik in der Spätantike = dtv Wissenschaft 4650 (München 1995) 118.
45 H. VON CAMPENHAUSEN, Griechische Kirchenväter = Urban Taschenbuch 14 (Stuttgart [8]1993) 75; vgl. STUDER, Gott und unsere Erlösung 147.
46 Contra Arianos 2,70; Übersetzung nach BKV[2], Athanasius 1,218.
47 ANDRESEN / RITTER, Lehrentwicklung 181f.
48 So A. VON HARNACK, Lehrbuch der Dogmengeschichte 2 (Tübingen [4]1909; Darmstadt 1964) 224.
49 Zur Textgestalt und Überlieferung vgl. ORTIZ DE URBINA 79/100; Übersetzung nach WOHLMUTH, Dekrete 5.
50 Gregor. Thaumaturgus, exp. fidei (PG 10,985); vgl. ORTIZ DE URBINA 83.
51 Theodoret, Kirchengeschichte 1,12; Übersetzung nach BKV[2], Theodoret 2,49f.
52 H. LIETZMANN, Symbolstudien 13: ZNW 24 (1925) 193/202.
53 KELLY 219.
54 Theodoret, Kirchengeschichte 1,12; Übersetzung nach BKV[2], Theodoret 2,50f.
55 W. BIENERT, Das vornicänische homousios als Ausdruck der Rechtgläubigkeit: ZKG 90 (1979) 151/75; doch ablehnend ULRICH 12/8.
56 ADAM 225.
57 H. DALLMAYR, Die großen vier Konzilien (München [2]1963) 46.
58 H. KRAFT, Ὁμοούσιος: ZKG 66 (1954) 1/24; G.C. STEAD, The significance of the homousios: StPatr 3 = TU 78 (Berlin 1978) 397/412; ORTIZ DE URBINA 94/100; A.M. RITTER, Zum Homoousios 404/23.
59 Das Folgende wird ausführlich dargestellt und belegt bei ORTIZ DE URBINA 135/56; KELLY 260/93; ANDRESEN / RITTER, Lehrentwicklung 170/8; 185/98; vgl. KG II/1 (o. Anm. 31) 70/8. A. MARTIN, Athanase d'Alexandrie et l'église d'Egypte au IVe siècle (Rom 1996) 387/9, setzt die Rehabilitation des Arius nicht vor 334 an.
60 KG II/1 (o. Anm. 31) 72f.
61 Übersetzung nach KELLY 286f.
62 P. BRUNS, Arius hellenizans? – Ephräm der Syrer und die neoarianischen Kontroversen seiner Zeit: ZKG 101 (1990) 21/57.
63 M. SIMONETTI, Melezio di Antiochia: Dizionario Patristico 2 (1983) 2205f; eine detaillierte Schilderung des Arianismus nach 361 bietet H. LIETZMANN, Geschichte der Alten Kirche 4 (Berlin [3]1961); für die östliche Kirche vgl. BRENNECKE, Homöer 158/42.
64 Text bei ORTIZ DE URBINA 297/303; vgl. Basilius von Caesarea, De Spiritu Sancto. Übers. u. eingel. von H.J. SIEBEN = Fontes Christiani 12 (1993) 20f; R. LORENZ, Das vierte Jahrhundert (Osten) = KIG 1,C2 (Göttingen 1992) 180f.
65 W.D. HAUSCHILD, Basilius von Caesarea = Gestalten der Kirchengeschichte 2. Hrsg. von M. GRESCHAT (Stuttgart 1994) 7/19; VON CAMPENHAUSEN, Griechische Kirchenväter (o. Anm. 45) 86/100.
66 E. DASSMANN, Die Frömmigkeit des Kirchenvaters Ambrosius von Mailand = MBTh 29 (Münster 1965) 81/3.

67 VON CAMPENHAUSEN, Griechische Kirchenväter (o. Anm. 45) 94f; R.M. HÜBNER, Basilius der Große, Theologe der Ökumene, damals und heute: Der Dienst für den Menschen. FS A. BREMS. Hrsg. von R.M. HÜBNER (Regensburg 1981) 207/16.
68 F.J. DÖLGER, Sonne und Sonnenstrahl als Gleichnis in der Logostheologie des christlichen Altertums: AuC 1 (1929) 271/90.
69 R. STAATS, Die Basilianische Verherrlichung des Heiligen Geistes auf dem Konzil zu Konstantinopel 381: Kerygma und Dogma 25 (1979) 236f.
70 B. WYSS, Gregor von Nazianz: Gestalten der Kirchengeschichte 2 (o. Anm. 65) 21/35; DERS., Gregor von Nazianz: RAC 12 (1983) 793/863.
71 Or. 39,12; vgl. Or. 5,8; WYSS (o. Anm. 70) 33.
72 BEYSCHLAG 294f; ADAM 239.
73 Or. 31,9; Übersetzung nach WYSS (o. Anm. 70) 33.
74 E. MÜHLENBERG, Gregor von Nyssa: Gestalten der Kirchengeschichte 2 (o. Anm. 65) 49/62; H. DÖRRIE, Gregor von Nyssa: RAC 12 (1983) 863/95.
75 Zu den z.T. unsicheren biographischen Angaben vgl. DÖRRIE ebd. 866/70.
76 De or. dom. 3; vgl. MAI, Nova Patrum Biliotheca 4,1 S. 52f.
77 ANDRESEN / RITTER, Lehrentwicklung 205; zur Enthellenisierung der Trinitätslehre durch die Kappadokier vgl. RITTER, Zum Homousios (o. Anm. 58) 420/2.
78 STAATS, Verherrlichung (o. Anm. 69) 233.
79 Übersetzung nach ORTIZ DE URBINA 313.
80 Theodoret, Kirchengeschichte 5,9; Übersetzung ebd. 315.
81 G.L. DOSSETTI, Il simbolo di Nicea e di Costantinopoli (Rom 1967) 244/51; Übersetzung nach WOHLMUTH, Dekrete 24.
82 Überblick bei W. SCHNEEMELCHER, Die Entstehung des Glaubensbekenntnisses von Konstantinopel (381): Le IIe Concile Oecumenique = Études théologiques 2 (Chambesy 1982) 175/91; HAUSCHILD, Nicäno 444/56.
83 So A. VON HARNACK mit Berufung auf ältere Arbeiten; vgl. SCHNEEMELCHER, Entstehung ebd. 176f.
84 So E. SCHWARTZ, Das Nicaenum und das Constantinopolitanum auf der Synode von Chalkedon: ZNW 25 (1926) 38/88.
85 Diese mittlere Position vertritt RITTER, Das Konzil von Konstantinopel bes. 182/208; DERS., Zum Homousios (o. Anm. 58) 407/21; DERS., Konstantinopel. Ökumenische Synoden (I): TRE 19 (1989) 518/24; DERS., Noch einmal 553/60.
86 RITTER, Das Konzil von Konstantinopel 253/70.
87 R. STAATS, Die römische Tradition im Symbol von 381 (NC) und seine Entstehung auf der Synode von 379: VigChr 44 (1990) 209/21; L. ABRAMOWSKI, Was hat das Nicaeno-Constantinopolitanum (C) mit dem Konzil von Konstantinopel zu tun?: ThPh 67 (1992) 481/513; bes. 500/3.
88 ORTIZ DE URBINA 230/2.
89 STUDER, Gott und unsere Erlösung 156f; H. DÖRRIES, Basilius und das Dogma vom Heiligen Geist: Wort und Stunde 1 (Göttingen 1966) 130f; DERS., De Spiritu Sancto 159; ANDRESEN / RITTER, Lehrentwicklung 194f.
90 Zum Verhältnis Basilius und Eustathius vgl. Basilius von Caesarea, De Spiritu Sancto (o. Anm. 64) 21/9.
91 WOHLMUTH, Dekrete 24, Anm. b; vgl. die textkritischen Hinweise bei DOSSETTI (o. Anm. 81) 248.
92 Spir.s. 21,52; Übersetzung nach SIEBEN (o. Anm. 64) 233.
93 Or. 5,8; Übersetzung nach ORTIZ DE URBINA 224.
94 Zur Unterscheidung von Kerygma und Dogma bei Basilius vgl. ANDRESEN / RITTER, Lehrentwicklung 204.
95 LORENZ (o. Anm. 64) 204f; KELLY 339/61; RAMOS-LISSÓN 286/99.
96 Fischer Bücherei 473/4 (Frankfurt 1962) 116.
97 J. RATZINGER, Einführung in das Christentum = dtv Wissenschaftliche Reihe 4094 (München [3]1977) 110/32.
98 ADAM 119/24.
99 C. COLPE, Problem Islam (Frankfurt/Main 1989) 99f.
100 Versuche mittelalterlicher Reformtheologen wie Al-Ghazzali (gest. 1111), den Monotheismus trinitarisch-modalistisch zu verstehen, sind nicht fortgesetzt worden; vgl. M.S. ABDULLAH, Islam für das Gespräch mit Christen (Gütersloh 1992) 145.
101 KG I (o. Anm. 21) 105.
102 HAUSCHILD, Basilius (o. Anm. 65) 17; ANDRESEN/RITTER, Lehrentwicklung 218f.
103 H. VON CAMPENHAUSEN, Lateinische Kirchenväter = Urban Taschenbücher 50 (Stuttgart [7]1995) 14f; G. SCHÖLLGEN, Der Adressatenkreis der griechischen Schauspielschrift Tertullians: JbAC 25 (1982) 22/7.

104 Adv. Prax. 25; ADAM 166; zum Folgenden BEYSCHLAG 1,203/5.
105 BEYSCHLAG 1,205, Anm. 28.
106 15,28,51; Übersetzung nach M. SCHMAUS, Über den dreieinigen Gott (München ²1951) 291.
107 W. GEERLINGS, Christus Exemplum = TThSt 13 (Mainz 1978) 21/50; E. DASSMANN, Augustinus. Heiliger und Kirchenlehrer (Stuttgart 1993) 109/17.
108 5,9,10; Übersetzung nach BKV², Augustinus 11,201.
109 7,6,11; Übersetzung ebd. 254.
110 Zum Folgenden vgl. W. VON LOEWENICH, Augustin = Siebenstern Taschenbuch 56 (München 1965) 127f; zum Relationenverständnis FLASCH, 335f; 353/5; ANDRESEN / MÜHLENBERG, Lehrentwicklung 429/32.
111 5,5,6; Übersetzung nach BKV², Augustinus 11, 193.
112 DENZINGER / SCHÖNMETZER 1330 [703] (³⁶1976) 337.
113 GEERLINGS (o. Anm. 107) 54.
114 CAMPENHAUSEN, Lateinische Kirchenväter (o. Anm. 103) 184; FLASCH 342.
115 9,5,8; Übersetzung nach BKV², Augustinus 12,52f.
116 9,7,12; Übersetzung ebd. 57.
117 9,10,15; Übersetzung ebd. 61.
118 Zur Datierung der Ignatius-Briefe vgl. R.M. HÜBNER, Thesen zur Echtheit und Datierung der sieben Briefe des Ignatius von Antiochien: Zeitschrift für Antikes Christentum 1 (1997) 44/72; A. LINDEMANN, Antwort auf die „Thesen zur Echtheit und Datierung der sieben Briefe des Ignatius von Antiochien": ebd. 2 (1997) 185/94.
119 7,1; Übersetzung nach J. FISCHER, Die Apostolischen Väter = Schriften des Urchristentums 1 (Darmstadt ⁶1966) 147.
120 Ebd.7,2; Übersetzung ebd. 147f.
121 G.L. MÜLLER, Idiomenkommunikation: LThK 5 (³1996) 403/6.
122 Adv. haer. 3,16,2.8; vgl. Irenäus von Lyon 3. Übers. u. eingel. von N. BROX = Fontes Christiani 8,3 (Freiburg 1995) 186/207.
123 Vgl. z.B. R.M. HÜBNER, Die Schrift des Apollinarius von Laodicea gegen Photin = PTS 30 (Berlin 1989).
124 Frgm. 113; LIETZMANN, Apollinaris 1, 234.
125 Zu Person u. Werk vgl. A. RADDATZ, Theodor von Mopsuestia 167/77.
126 DALLMAYR (o. Anm. 57) 145f.
127 Theodor von Mopsuestia 1. Übers. u. eingel. von P. BRUNS = Fontes Christiani 17,1 (Freiburg 1994) 59.
128 Kirchengeschichte 7,29,32; vgl. G. PODSKALSKY, Nestorius 215/24.
129 NACKE, bes. 103/9.
130 1. Predigt gegen *theotokos* (ACO I,5,5. S. 30); Übersetzung nach Dallmayr (o. Anm. 57) 138.
131 Zu dem Gebet „Unter deinen Schutz und Schirm fliehen wir o heilige Gottesgebärerin" und zur Entstehung des Titels *theotokos* vgl. TH. KLAUSER, Gottesgebärerin 1074/9; ANDRESEN / RITTER, Lehrentwicklung 247.
132 Brief an Cyrill (ACO I,1,1 S. 31).
133 Brief an Alexander, in: Severus von Antiochien, Contra Grammaticum 2,37 (CSCO 112, 227).
134 Nestorius. Le livre d'Héraclide de Damas. Trad. F. NAU (Paris 1910) XVII/XXVI; vgl. J.J. O'KEEFE, A historic-systematic study of the Christology of Nestorius (Diss. Münster 1987) 43/108.
135 GRILLMEIER, Mit ihm und in ihm 279/82.
136 KG II/1 (o. Anm. 31) 103; CH. LACOMBRADE, Hypatia: RAC 16 (1994) 956/67; zu Cyrill insgesamt VOGT, Cyrill von Alexandrien 227/38.
137 KG II/1 (o. Anm. 31) 202f.
138 ACO I,1/5. Hrsg. von E. SCHWARTZ (Berlin / Leipzig 1922/9).
139 ACO I,1,1 S. 28; Übersetzung nach CAMELOT 228.
140 ACO I,4 S. 25.
141 E. DASSMANN, Leporius: Marienlexikon 4 (1992) 104f.
142 VOGT, Papst Coelestin 90/6.
143 ACO I,1,1 S. 40f; Übersetzung nach CAMELOT 241.
144 ACO I,1,2 S. 54; Übersetzung ebd. 243.
145 KG II/1 (o. Anm. 31) 89f; C.D.G. MÜLLER, Geschichte der orientalischen Nationalkirchen = KIG 1,D2 (Göttingen 1981) 294/303; H. BRAKMANN, Kirche des Ostens: LThK 5 (³1996) 1493/5.
146 CAMELOT 82f.
147 KG II/1 (o. Anm. 31) 174/80.
148 Ep. 120,2; vgl. CAMELOT 119/24.

[149] Le livre d'Héraclide (o. Anm. 134) 294.
[150] Ebd.
[151] Nach DALLMAYR (o. Anm. 57) 201f.
[152] Ebd. 206.
[153] KG II/1 (o. Anm. 31) 176f.
[154] E. CASPAR, Geschichte des Papsttums 1 (Tübingen 1930) 471/73.
[155] So bereits in Arles (vgl. KG II/1 [o. Anm. 31] 32) und in Nizäa (ebd. 51f); CAMELOT 143.
[156] KG II/1 (o. Anm. 31) 169/71.
[157] ACO II,1,2 S.81; vgl. CAMELOT 142; CASPAR (o. Anm. 154) 513.
[158] CASPAR, ebd. 478f.
[159] ACO II,2,1 S. 24/33; Übersetzung nach CASPAR (o. Anm. 154) 480.
[160] Mansi 6,953; vgl. CASPAR (o. Anm. 154) 513.
[161] Mansi 7,32; vgl. C.J. VON HEFELE, Conciliengeschichte 2 (Freiburg ^{2}1875) 454.
[162] CAMELOT 142; HEFELE, ebd. 465.
[163] CAMELOT 150f; CASPAR (o. Anm. 154) 517; HEFELE (o. Anm. 161) 464f.
[164] ACO II,1,2 S. 126; Übersetzung nach WOHLMUTH, Dekrete 83.
[165] Ebd. S. 129f; Übersetzung nach WOHLMUTH, Dekrete 86f.
[166] A. SCHILSON, Christologie: LThK 2 (^{3}1994) 1171f.
[167] KG II/1 (o. Anm. 31) 185.
[168] KG II/1 (ebd.) 185f.
[169] RITTER, Alte Kirche 222.
[170] Ebd.
[171] KG II/1 (o. Anm. 31) 179.
[172] FRANK, Lehrbuch 297.
[173] FRANK ebd.; ANDRESEN / RITTER, Lehrentwicklung 276.
[174] A. SCHINDLER: Alte Kirche und Ostkirche = Ökumenische Kirchengeschichte 1. Hrsg. von R. KOTTJE / B. MÖLLER (Mainz / München 1970) 186.
[175] FRANK, Lehrbuch 301; HAUSCHILD, Lehrbuch 192.
[176] In Ägypten leben zwischen 5 bis 12 Millionen koptische und etwa 60 000 unierte Christen. Zu Geschichte und Gegenwart der koptischen Kirche vgl. H. BRAKMANN, Die Kopten – Kirche Jesu Christi in Ägypten: Die koptische Kirche. Hrsg. von A. GERHARDS / H. BRAKMANN = Urban Taschenbücher 451 (Stuttgart 1994) 9/27; 196/221; A. BUDDE, Kopten IX: Statistik: LThK 6 (^{3}1997) 363.
[177] KG II/1, (o. Anm. 31) 88/90.
[178] Ebd. 205/7.
[179] Ebd. 202f.
[180] Hom. in Luc. 16; vgl. E. DASSMANN, Identifikation mit der Kirche: MThZ 40 (1989) 324.
[181] KG II/1 (o. Anm. 31) 94; 152.
[182] H. RAHNER, Kirche und Staat im frühen Christentum (München 1961) 301/3.
[183] KG II/1 (o. Anm. 31) 190/2.
[184] RITTER, Alte Kirche 223.
[185] H.-G. BECK. Geschichte der orthodoxen Kirche im byzantinischen Reich = KIG 1, D1 (Göttingen 1980) 55f. u. Anm. 7; FRANK, Lehrbuch 303.
[186] ANDRESEN / RITTER, Lehrentwicklung 280 u. Anm. 327.
[187] RITTER, Alte Kirche 224f.
[188] E. CASPAR, Geschichte des Papsttums 2 (Tübingen 1933) 612, Anm. 6; zur Honoriusfrage vgl. G. KREUZER, Honorius I.: LThK 5 (^{3}1996) 206/8.
[189] Zu den überwundenen Lehrunterschieden vgl. H. JORISSEN, Wiederentdeckung des Gemeinsamen: Die koptische Kirche (o. Anm. 176) 132/6.
[190] Brief an Johannes, Bischof von Jerusalem; lateinisch von Hieronymus, ep. 51,9; vgl. H. KOCH, Die altchristliche Bilderfrage nach den literarischen Quellen = FRLANT 10 (Göttingen 1917) 58/64.
[191] Zitiert bei Nicephorus, Adv. Epiphanidem 9,35/7; vgl. DUMEIGE 45; FRANK, Lehrbuch 357.
[192] Nicephorus, Adv. Epiphanidem 9,46; 10,48; 11,51;13,56; zitiert nach KOCH (o. Anm. 190) 61.
[193] DASSMANN, Sündenvergebung 39/45.
[194] Ebd. 40, Anm. 305; L. EIZENHÖFER, Die Siegelbildvorschläge des Clemens von Alexandrien und die älteste christliche Literatur: JbAC 3 (1960) 51/69.
[195] Die Barlaam-Homilie ist vielleicht nicht basilianisch, sondern stammt von Johannes Chrysostomus oder aus seinem Umkreis; vgl. DUMEIGE 38.
[196] Gregor von Nyssa, Oratio laudatoria sancti ac magni martyris Theodori (PG 46,737).
[197] Belege bei DUMEIGE 52/4.
[198] Ep. 1,7 (PG 99,961).

199 Mansi 13, 377 C-E; Übersetzung nach ANDRESEN / WESSEL, Lehrentwicklung 311.
200 H. FUHRMANN, Konstantinische Schenkung: LThK 6 (^{3}1997) 302/4.
201 KG I (o. Anm. 21) 218f.
202 Vgl. das Gebet: *Supra quae propitio ac sereno vultu respicere digneris* ... im Römischen Kanon.
203 HAUSCHILD, Lehrbuch 98.
204 Sacr. 4,23; Übersetzung nach Ambrosius, De sacramentis. Übers. und eingel. von J. SCHMITZ = Fontes Christiani 3 (Freiburg 1990) 149f.
205 Myst. 52; Übersetzung ebd. 247.
206 Gregor, Dial. 4,55; vgl. E. DASSMANN, Jenseits, Christlich: RAC 17 (1996) 376f.
207 Vgl. das Gebet des Römischen Kanons *Quam oblationem* vor dem Einsetzungsbericht.
208 KG II/1 (o. Anm. 31) 89f.
209 A. GERHARDS, Eucharistisches Beten in Kontinuität und Wandel: ThQu 177 (1997) 271/83.
210 Übersicht bei H.-J. FEULNER, Liturgien: LThK 6 (^{3}1997) 972/80.
211 KLAUSER, Liturgiegeschichte 34.
212 Hippo 393, can. 21; Karthago 397, can. 23; vgl. KLAUSER, Liturgiegeschichte 35.
213 FRANK, Lehrbuch 343.
214 Anders G. BÜRKE, Gregor der Große. Homilien zu Ezechiel = Christliche Meister 21 (Einsiedeln 1983) 13; vgl. E. DASSMANN, Hiob: RAC 15 (1991) 406f.
215 F. VAN DER MEER, Augustinus der Seelsorger (Köln 1951) 491/9.
216 KG II/1 (o. Anm. 31) 107/11.
217 Weiteres Material und Belege bei M. SACHOT, Homilie: RAC 16 (1994) 156f; VAN DER MEER (o. Anm. 215) 473/544; C. PASINI, Ambrogio di Milano (Milano 1996) 185/95.
218 Kirchengeschichte 7,30,10; vgl. KG I (o. Anm. 21) 154f.
219 J. FONTAINE, Ambroise de Milan. Hymnes (Paris 1992) 18f.
220 KG II/1 (o. Anm. 31) 79/81.
221 9,7,15; Übersetzung nach BERNHART, Augustinus. Confessiones (München 1955) 447/9; vgl. Paulinus, Vita Ambrosii 13.
222 FONTAINE (o. Anm. 219) 46/50; E. DASSMANN, Pastorale Anliegen bei Ambrosius von Mailand: *Nec timeo mori*. Atti del Congresso internazionale di studi ambrosiani nel XVI centenario della morte di sant'Ambrogio = Studia Patristica Mediolanensia 21 (Milano 1998) 198f.
223 Conf. 9,12,32; Übersetzung nach BERNHART (o. Anm. 221) 477.
224 Ausführliche Schilderung bei VAN DER MEER (o. Anm. 215) 391/7.
225 A. HAUG, Gregorianischer Gesang: LThK 4 (^{3}1995) 1033f.
226 V. MONACHINO, La cura pastorale a Milano, Cartagine e Roma nel secolo IV = AnGr 41 (Rom 1947); VAN DER MEER (o. Anm. 215); P. RENTINCK, La cura pastorale in Antiochia nel IV sec. = AnGr 178 (Rom 1970); J. RICHARDS, Gregor der Große (Graz 1983) bes. 115/32; V. MONACHINO, La cura pastorale a Milano nel secolo IV (Mailand 1973); R. KACZYNSKI, Das Wort Gottes in Liturgie und Alltag der Gemeinden des Johannes Chrysostomus = FThSt 94 (Freiburg 1974); DASSMANN, Pastorale Anliegen (o. Anm. 222) 179/204.
227 Nach DENIS 17,8f; vgl. VAN DER MEER (o. Anm. 215) 697; ähnliche Klagen bei Ambrosius, expl. Ps. 16,45.
228 3,1,1; Übersetzung nach BKV^2, Ambrosius 1,72.
229 Hom. 2,1 de mutatione nominum; vgl. CH. BAUR, Johannes Chrysostomus und seine Zeit 1 (München 1929) 175f.
230 Für Mailand kann es definitiv ausgeschlossen werden; vgl. J. MESOT, Die Heidenbekehrung bei Ambrosius von Mailand (Schöneck/Beckenried 1958) 56/73.
231 J. WAGNER, Altkirchliche Eucharistiefeiern im kleinen Kreis (Diss. Bonn 1949); E. DASSMANN, Ämter und Dienste in den frühchristlichen Gemeinden = Hereditas 8 (Bonn 1994) 91f.
232 KG II/1 (o. Anm. 31) 44f.
233 KG I (o. Anm. 21) 221f.
234 HARNONCOURT / AUF DER MAUR 33f.
235 H. FRANK, Ambrosius und die Büßeraussöhnung in Mailand. Ein Beitrag zur Geschichte der mailändischen Gründonnerstagsliturgie = Heilige Überlieferung. FS I. HERWEGEN (Münster 1938) 136/73.
236 E. DASSMANN, Jenseitsfahrt I (Himmelfahrt): RAC 17 (1996) 456.
237 KLAUSER, Liturgiegeschichte 756/9; BRAKMANN, Jahr 1108f; Auf der Maur, Feiern 1,70/83.
238 AUF DER MAUR, Feiern 1,155/61.
239 W. PAX / H. BRAKMANN, Hypapante: RAC 16 (1994) 946/56.
240 H. KELLNER, Heortologie (Freiburg ^{3}1911) 175/7; AUF DER MAUR, Feiern 1,193.
241 AUF DER MAUR, Feiern 1,189.
242 Belege und Literatur bei AUF DER MAUR, Feiern 2/1,87/134.

243 Ebd. 109f.
244 BRAKMANN, Jahr 1113/5.
245 E. DASSMANN, Haus II (Hausgemeinschaft): RAC 13 (1986) 900f.
246 DASSMANN, Pastorale Anliegen (o. Anm. 222) 192/6.
247 Klemens von Alexandrien, strom. 4,22,141f; paed. 3,11; E. DASSMANN, Zur Entstehung von liturgischen Gewändern und Geräten: Klerusblatt 66 (1986) 182.
248 In Hes. 13,44.
249 Adv. Pelag. 1,29.
250 KG II,1 (o. Anm. 31) 46f.
251 Liber Pontif. 1,293; TH. KLAUSER, Pallium: LThK 8 (^{2}1963) 8.
252 KLAUSER, Insignien 204/6.
253 TH. STERNBERG, „Aurum utile". Zu einem Topos vom Vorrang der Caritas über Kirchenschätze seit Ambrosius: JbAC 39 (1996) 128/48.
254 Hom. in Matth. 50,4; Übersetzung nach BKV^2, Johannes Chrysostomus 3,108f.
255 F.X. KRAUS, Kelch: Real-Encyklopädie der christl. Alterthümer 2 (1868) 163.
256 V.H. ELBERN, Über die Entwicklung des liturgischen Geräts von der Antike bis ins späte Mittelalter: Schwarz auf Weiß 16 (1984) 6f; 9.
257 O. NUSSBAUM, Die Aufbewahrung der Eucharistie = Theophaneia 29 (Bonn 1979).
258 ELBERN (o. Anm. 256) 13.
259 Unter den unüberschaubar zahlreichen Untersuchungen über frühchristliche magische Vorstellungen und Praktiken seien nur genannt R. HERNEGGER, Macht ohne Auftrag (Olten 1963) 340/56; ENGEMANN, Deutung (o. S. 114) 156/71.
260 H. BRAKMANN, Hofzeremoniell: RAC 16 (1994) 1/4.
261 F.J. DÖLGER, Die Eucharistie als Reiseschutz: AuC 5 (1936) 232/47.
262 Vita Hilarionis 20; Übersetzung nach F.J. DÖLGER, Ein christlicher Rennstallbesitzer aus Maiuma beim heiligen Hilarion: AuC 1 (1929) 215f.
263 DÖLGER, ebd. 220; vgl. K. PREISENDANZ, Fluchtafel (Defixion): RAC 8 (1972) 1/29; D.E. AUNE, Iao: RAC 17 (1996) 1/12.
264 Z.B. Johannes Chrysostomus, Taufkatechese 1,20/3; A.A. BARB, The Survival of Magic Arts: The Conflict between Paganism and Christianity in the fourth Century. Ed. by A. MOMIGLIANO (Oxford 1963) 100/25.
265 Cat. rud. 1,5,9; Übersetzung nach BKV^2, Augustinus 8,244f.
266 CH. JACOB, „Arkandisziplin", Allegorese, Mystagogie = Theophaneia 32 (Frankfurt a.M. 1990) passim.
267 KG II,1 (o. Anm. 31) 131.
268 Einen Überblick bietet S. RISTOW, Frühchristliche Baptisterien = JbAC Erg.Bd. 27 (Münster 1998).
269 Für das Folgende vgl. J. SCHMITZ, Gottesdienst im altchristlichen Mailand = Theophaneia 25 (Köln / Bonn 1975) 77/213.
270 Comm. in Col. 6,4; Übersetzung nach BKV^2, Johannes Chrysostomus 7,321.
271 SCHMITZ, Gottesdienst (o. Anm. 269) 113; F. KIRSTEN, Abrenuntiatio diaboli (Diss. Heidelberg 1952); H. RAHNER, Pompa diaboli: ZKTh 55 (1931) 239/73.
272 Das Bekenntnis zum Kreuz Christi ist eine Mailänder Hinzufügung.
273 SCHMITZ, Gottesdienst (o. Anm. 269) 182/98.
274 Belege bei MESOT (o. Anm. 230) 74/88.
275 KG I (o. Anm. 21) 213; DASSMANN, Ämter (o. Anm. 231) 177.
276 Ob.Val. 51;53.
277 KG I (o. Anm. 21) 202/14; FRANK, Lehrbuch 346/9.
278 KG II,1 (o. Anm. 31) 82f.
279 G. GRESHAKE, Krankensalbung II: LThK 6 (^{3}1997).
280 DASSMANN, Ämter (o. Anm. 231) 190/211; vgl. KG I (o. Anm. 21) 161/72.
281 ST. HEID, Zölibat in der frühen Kirche (Paderborn 1997) 214; B. KÖTTING, Der Zölibat in der Alten Kirche: Ecclesia peregrinans 1 = MBTh 54,1 (Münster 1988) 448/66.
282 DASSMANN, Ämter (o. Anm. 231) 164; 168f.
283 Off. 1,50,249; Übersetzung nach BKV^2 32, 129.
284 Vgl. KG I (o. Anm. 21) 67f.
285 Ebd. 224/7.
286 Orat. 25; Übersetzung nach BKV^2, Tertullian 1, 269f.
287 KG I (o. Anm. 21) 225; E. DASSMANN, Zeugnis des Glaubens. Familienleben in frühchristlicher Zeit: Lebendiges Zeugnis 49 (1994) 35; H. CHADWICK, Prayer at Midnight: Epektasis. FS J. DANIÉLOU (Paris 1972) 47/9.

288 VON SEVERUS 1226/34.
289 M.-B. VON STRITZKY, Studien zur Überlieferung und Interpretation des Vaterunsers in der frühchristlichen Literatur = MBTh 57 (Münster 1989).
290 A. HAMMAN, Le Pater expliqué par les Pères (Paris 1962); W. RORDORF, The Lord's Prayer in the Light of its Liturgical Use in the Early Church: Lex orandi lex credendi = Paradosis 36 (Freiburg / Schweiz 1993) 86/104.
291 M. VILLER / K. RAHNER, Aszese und Mystik in der Väterzeit (Freiburg 1939) 192; 301f.
292 Für Mailand vgl. A. FRANZ, Die Tagzeitenliturgie der Mailänder Kirche im 4. Jh. Ein Beitrag zur Geschichte des Kathedraloffiziums im Westen: ALW 34 (1992) 23/83.
293 24,4/7; Übersetzung nach G. RÖWEKAMP = Fontes Christiani 20 (Freiburg 1995) 229/31.
294 LOHSE, Askese (u. S. 154) 17/78.
295 Zum Folgenden vgl. neben ARBESMANN noch A. GRÜN, Fasten: LThK 3 (^{3}1995) 1187/92.
296 E. DASSMANN, Frühchristliche Prophetenexegese = Nordrhein-Westfälische Akademie der Wissenschaften. Vorträge G 339 (Opladen 1996) 23/5; M. STARK, Joel: RAC 18 (1998) 388/414.
297 B. KÖTTING, Gelübde: RAC 9 (1976) 1084/95.
298 Z.B. Cyprian, hab. virg.; ep. 4 u. 13; Hieronymus, ep. 117; Nizäa, can. 3; Toledo (531), can. 3; weitere Belege und Lit. bei VILLER-RAHNER (o. Anm. 291) 48f; SCHIWIETZ, 1,22f; ELM 47/51.
299 Virg. vel. 16; vgl. CH. STÜCKLIN, Tertullian. De virginibus velandis = Europ. Hochschulschriften 23,26 (Frankfurt 1974) 150/9.
300 DASSMANN, Ämter (o. Anm. 231) 142/56.
301 Adv. haer. 4,30,3; vgl. LOHSE, Askese 174f.
302 LOHSE ebd. 179/81.
303 KG I (o. Anm. 21) 187/92.
304 Unterweisungen 7,18; Übersetzung nach P. BRUNS = Fontes Christiani 5,1 (Freiburg 1991) 226f; A. VÖÖBUS, Celibacy – A Requirement for Admission to Baptism in the Early Syrian Church (Stockholm 1951); LOHSE, Askese 183.
305 K. NIEDERWIMMER, Askese und Mysterium. Über Ehe, Ehescheidung und Eheverzicht in den Anfängen des christlichen Glaubens = FRLANT 113 (Göttingen 1975) 176/86.
306 HEID, Zölibat (o. Anm. 281) 13/7, hält die Paphnutius-Erzählung für legendarisch.
307 KG II/1 (o. Anm. 31) 132f.
308 VÖÖBUS, Asceticism 1,109/37.
309 Weiteres Material bei LOHSE, Askese 133/89.
310 Vita 4; Übersetzung nach BKV^2, Athanasius 2,17.
311 H. DÖRRIES, Die *Vita Antonii* als Geschichtsquelle: DERS., Wort und Stunde 1 (Göttingen 1966) 145/224.
312 Vita 9; Übersetzung nach BKV^2, Athanasius 2,24.
313 Weisung 265*; Übersetzung nach B. MILLER, Weisung der Väter = Sophia 6 (Freiburg 1965) 99. Neben den Apophthegmata Patrum geben die Historia monachorum in Aegypto, der vielleicht von einem Diakon Timotheus verfaßte Reisebericht einer Jerusalemer Reisegruppe (vgl. K.S. FRANK, Mönche im frühchristlichen Ägypten [Düsseldorf 1967]) sowie die auf eigener Anschauung beruhende Beschreibung nicht nur des ägyptischen, sondern auch des palästinensischen, syrischen und kleinasiatischen Mönchtums in der Historia Lausiaca des Bischofs Palladius um 420 (vgl. C. BUTLER, The Lausiac History of Palladius [Cambridge 1898]) über die anachoretische Lebensweise Auskunft.
314 Weisung 362; Übersetzung nach MILLER (o. Anm. 313) 129.
315 Weisung 641; Übersetzung ebd. 223.
316 W. SCHNEEMELCHER, Das Kreuz Christi und die Dämonen: Pietas. FS B. KÖTTING = JbAC Erg.-Bd. 8 (Münster 1980) 381/92.
317 12 (F. HALKIN, S. Pachomii Vitae Graecae [Brüssel 1932] 8). Zur schwierigen Überlieferungsgeschichte der Pachomiusviten vgl. J. GRIBOMONT, Pacomio: Dizionario Patristico 2 (1984) 2561f.
318 BACHT, Vermächtnis 2,43/7.
319 Weisung 316*; Übersetzung nach Miller (o. Anm. 313) 115; vgl. F. RUPPERT, Das pachomianische Mönchtum und die Anfänge des klösterlichen Gehorsams (Münsterschwarzach 1971).
320 Historia Lausiaca 32 (o. Anm. 313).
321 Einzelheiten und Belege bei FRANK, Lehrbuch 370/2.
322 C.J. HEFELE, Conciliengeschichte 1 (Freiburg 1873) 779f; LOHSE, Askese 206; W.-D. HAUSCHILD, Eustathius von Sebaste: TRE 10 (1982) 547/50.
323 Weisung 24; 683; 1039/41; vgl. MILLER (o. Anm. 313) 462; 471f; 483; ähnlich Johannes Chrysostomus, hom. in Gen. 43,1.
324 Weisung 216*; Übersetzung nach MILLER (o. Anm. 313) 87.

325 Ep. 14,2; Übersetzung nach BKV², Basilius 1,47f.
326 H. VON CAMPENHAUSEN, Griechische Kirchenväter (o. Anm. 45) 90f.
327 Reg. fus. tract. 7,1f; Übersetzung nach K.S. FRANK, Basilius von Caesarea. Die Mönchsregeln (St. Ottilien 1981) 100/3.
328 FRANK, Mönchsregeln (o. Anm. 327) 7/9; P.J. FEDWICK, A brief analysis of Basil's two Prefaces to the Moralia: Mémorial F. GRIBOMONT = Stud. Ephem. „Augustinianum" 27 (Rom 1988) 223/31.
329 Einführung u. Übersetzung bei FRANK, Mönchsregeln (o. Anm. 327).
330 Can. 4; Übersetzung nach CAMELOT, Ephesus und Chalcedon 265.
331 Epiphanius, haer. 70,1; anc. 14,1/3; dazu H.-CH. PUECH, Audianer: RAC 1 (1950) 910/5.
332 Belege bei BAUS 2,1,386.
333 Ebd. 387; R. STAATS, Messalianer: TRE 22 (1992) 607/13.
334 Vgl. die Prognose von K. Rahner: „Der Fromme von morgen wird ein Mystiker sein ... oder er wird nicht mehr sein". Dazu J. SUDBRACK, Große und kleine Stunden im Leben des Christen: Christliche Spiritualität für unsere Zeit. Hrsg. von J. THOMASSEN (Würzburg 1991) 11.
335 Mönchsgeschichte 26; Übersetzung nach BKV², Theodoret 156.
336 E. DASSMANN, Die Anfänge der Kirche in Deutschland = Urban Taschenbücher 444 (Stuttgart 1993) 85.
337 H. LIETZMANN, Geschichte der alten Kirche 4 (Berlin ³1961) 161 unter Berufung auf Theodoret, Mönchsgeschichte 27f.
338 FRANK, Aggelikos bios 142/4; zur Bedeutung, welche Mönche und Asketen gleichwohl für die Missionierung und die Auseinandersetzung mit dem Polytheismus auch auf dem Lande gehabt haben, vgl. F.R. TROMBLEY, Hellenic religion and Christianization 370–529. 2 Bde. (Leiden 1994).
339 Vita et institutum piissimi patris nostri Alexandri 30 (PO 6,5,680f); vgl. Lietzmann (o. Anm. 337) 163; R. RIEDINGER, Akoimeten: TRE 2 (1978) 148/53.
340 Conf. 8,6,14f.
341 G. PETERSEN-SZEMERÉDY, Zwischen Weltstadt und Wüste. Römische Asketinnen in der Spätantike = FKDG 54 (Göttingen 1993); CH. KRUMEICH, Hieronymus und die christlichen feminae clarissimae = Habelts Dissertationsdrucke. Alte Geschichte 36 (Bonn 1994); G. DISSELKAMP, „Christiani Senatus Lumina". Zum Anteil römischer Frauen der Oberschicht im 4. und 5. Jahrhundert an der Christianisierung der römischen Senatsaristokratie = Theophaneia 34 (Bodenheim 1997).
342 An eine anachoretische Lebensweise war nicht gedacht; auch Hieronymus hat in Bethlehem oder in der Chalkis nicht als Einsiedler gelebt; vgl. ST. REBENICH, Hieronymus und sein Kreis: Hist Erg.-Bd.72 (1992) 85/98.
343 Ambrosius, Ep. 63,66.
344 Virgb. 1,57/60; vgl. JENAL 16/20.
345 Virgt. 4,15; vgl. DASSMANN, Pastorale Anliegen (o. Anm. 222) 193f.
346 Genaue Angaben bei JENAL 12/110; für Paulinus vgl. LIENHARD 70/81.
347 ST. FRERICH. Hieronymus: Marienlexikon 3 (1991) 186f; L. SCHEFFCZYK, Jovinian: ebd. 445; B. FEICHTINGER, Apostolae apostolorum = Stud. zur klass. Phil. 94 (Frankfurt 1995) 38/72.
348 Sermones 355f; vgl. VAN DER MEER (o. Anm. 215) 241/9.
349 FRANK, Lehrbuch 377.
350 Über seine literarischen Tätigkeiten vgl. A. VICIANO, Bachiarius: LThK 1 (³1993) 1343.
351 Kirchengeschichte II/1 (o. Anm. 31) 121/4.
352 Es handelt sich um die Vita Martini, drei Briefe und zwei Bücher Dialogi; vgl. J. FONTAINE, Sulpicio Severo: Dizionario Patristico 2 (1984) 3333/6.
353 Vita Mart. 2; Übersetzung nach BKV², Sulpicius 20.
354 Ebd. 10; 32f.
355 Zu dieser Wechselwirkung vgl. R. NÜRNBERG, Askese als sozialer Impuls = Hereditas 2 (Bonn 1988) 97/140.
356 Nach FRANK, Grundzüge 47/50.
357 Text und Forschungsgeschichte bei K.S. FRANK, Die Magisterregel (St. Ottilien 1989).
358 B. JASPERT, Die Regula Benedicti-Regula Magistri-Kontroverse (Hildesheim 1975) 1; vgl. auch die kurze Behandlung Benedikts in HKG 2,2, (vgl. KG II/1 [o. Anm. 31] 13) 270/2.
359 Dial. 2,1; Übersetzung nach BKV², Gregor der Große 2,53.
360 Dial. 2,8; A. PANTONI, L'acropoli di Montecassino e il primitivo monastero di S. Benedetto: Miscellanea Cassinese 43 (1980).
361 Text bei B. STEIDLE, Die Benediktusregel. Lateinisch – deutsch (Beuron ³1978); H.U. VON BALTHASAR, Die großen Ordensregeln = Lectio spiritualis 12 (Einsiedeln ³1974); Regula Benedicti. Die Benediktregel lateinisch – deutsch. Hrsg. im Auftrag der Salzburger Äbtekonferenz (Beuron 1992).

362 Prolog; Übersetzung nach BALTHASAR (o. Anm. 361) 187.
363 Übersetzung ebd. 190.
364 Kap. 1; Übersetzung ebd. 191.
365 Aus Kap. 64; Übersetzung ebd. 251f.
366 Dazu mit unterschiedlichen Wertungen R. WISSKIRCHEN, Das monastische Verbot der Feldarbeit und ihre rechtliche Gestaltung bei Benedikt von Nursia: JbAC 38 (1995) 91/7; K.S. FRANK, Zum Arbeitsethos der Regula Magistri: ThPh 54 (1979) 360/78.
367 Kap. 40; Übersetzung nach BALTHASAR (o. Anm. 361) 229.
368 Kap. 73; Übersetzung ebd. 259.
369 KG I (o. Anm. 21) 235.
370 Reg. fus. tract. 33; reg. brev. 108/11; vgl. Frank, Lehrbuch 375.
371 DASSMANN, Ambrosius und die Märtyrer (u. S. 198) 67f.
372 Weisung 897; Übersetzung nach MILLER (o. Anm. 313) 292.
373 K.S. FRANK, Doppelkloster: LThK 3 (^{3}1995) 338.
374 Nach DASSMANN, Ämter (o. Anm. 231) 220.
375 Ebd.
376 Historia Lausiaca 32 (o. Anm. 313). Die Zuverlässigkeit der Information ist nicht ganz sicher.
377 Weisung 419 ; Übersetzung nach MILLER (o. Anm. 313) 144.
378 Hist. monachorum, Prol. 5f; Übersetzung nach FRANK, Historia (o. Anm. 313) 30f.
379 Weisung 317; Übersetzung nach MILLER (o. Anm. 313) 115f.
380 Weisung 52; Übersetzung ebd. 27.
381 21,15; Übersetzung nach FRANK, Historia (o. Anm. 313) 126.
382 Weisung 791, Übersetzung nach MILLER (o. Anm. 313) 259.
383 R. REITZENSTEIN, Eine frühchristliche Schrift von den dreierlei Früchten des christlichen Lebens: ZNW 15 (1914) 60/90; H. VON CAMPENHAUSEN, Die Idee des Martyriums in der alten Kirche (Göttingen ^{2}1964) 140f.
384 18; Übersetzung nach BKV^2, Athanasius 2, 32f.
385 Weisung 487; Übersetzung nach MILLER (o. Anm. 313) 175.
386 Weisung 111; Übersetzung ebd. 46f.
387 A. VON HARNACK, Das Mönchtum (Gießen $^{8/10}$1921) 29/31.
388 Weisung 297; Übersetzung nach MILLER (o. Anm. 313) 109.
389 Weisung 108f; Übersetzung ebd. 46.
390 Weisung 559; Übersetzung ebd. 199.
391 Reg. fus. tract. 42,1; Übersetzung nach FRANK (o. Anm. 327) 173f.
392 Vgl. die verdienstvollen Arbeiten von W. NIGG, z.B. sein vielbeachtetes Werk: Große Heilige (Zürich / Stuttgart ^{9}1974) oder die von ihm mitherausgegebene Reihe: Heilige der ungeteilten Christenheit.
393 KLAUSER, Christlicher Märtyrerkult 221/9.
394 J. MICHL, Engel II (jüdisch) RAC 5 (1962) 75; 84; 89.
395 Eusebius, Kirchengeschichte 4,15,36/44; Übersetzung nach KRAFT / HÄUSER (o. Anm. 26) 213f.
396 KG I (o. Anm. 21) 210/2.
397 DASSMANN, Reliquien und Reliquienverehrung 4, Anm. 3.
398 CH. PIETRI, Graffito I (lateinisch): RAC 12 (1983) 657/66.
399 Augustinus, conf. 6,2,2.
400 ILCV 1194; vgl. B. KÖTTING, Grab: RAC 12 (1983) 388.
401 Ep. 77 [22], 1.
402 Ebd. 1f; Übersetzung nach L. SCHLÄPFER: Das Leben des heiligen Ambrosius = Heilige der ungeteilten Christenheit (Düsseldorf 1967) 119f.
403 KG II/1 (o. Anm. 31) 79/81.
404 Ep. 77 [22], 13; Übersetzung nach SCHLÄPFER (o. Anm. 402) 124.
405 So z.B. P. KIRSCH, Altar III (christlich): RAC 1 (1950) 343f.
406 HEID, Ursprung; weitere Lit. ebd. 41; HEINEN, 83/114; J. ENGEMANN, Das Jerusalem der Pilger, Kreuzauffindung und Wallfahrt: AKTEN DES 12. INTERNATIONALEN KONGRESSES 24/35.
407 Nach LUCIUS / ANRICH 169.
408 KG II/1 (o. Anm. 31) 91.
409 DASSMANN, Reliquien und Reliquienverehrung 7, Anm. 21f.
410 KÖTTING, Bestattung im Kirchengebäude 104f.
411 Z.B. 2. Konzil von Nizäa (787) can. 7.
412 ANGENENDT, Heilige und Reliquien 152/4; DERS., Corpus incorruptum: Saeculum 42 (1991) 320/48.
413 ANGENENDT, Heilige und Reliquien 152.
414 Ebd. 155.

415 Dokumente zur Geschichte der Kirche. Hrsg. von M. PFLIEGLER (Innsbruck ²1957) 233/7.
416 Epiphanius, haer. 78,11f; 24; ST. HEID, Epiphanius: Marienlexikon 2 (1989) 375f; U. LIEBE, Tod Mariens: ebd. 6 (1994) 437f.
417 B. KÖTTING, Heiligkeit und Heiligentypen in den ersten christlichen Jahrhunderten: Ecclesia peregrinans 2,43/60; DERS., Entwicklung der Heiligenverehrung und Geschichte der Heiligsprechung: ebd. 120/36.
418 ANGENENDT, Heilige und Reliquien 179/82; W. SCHULZ, Heiligsprechung: LThK 4 (³1995) 1328/31.
419 Ep. 78,3; Übersetzung nach KÖTTING, Peregrinatio religiosa 1.
420 KÖTTING, ebd. 7/11.
421 KLAUCK, Umwelt 1, 130/9.
422 KÖTTING, Entstehung der Wallfahrt 76.
423 Itinerarium Burdigalense 14/7; Übersetzung nach H. DONNER, Pilgerfahrt ins Heilige Land (Stuttgart 1979) 54/9.
424 Charakterisierung des Berichts und Kommentierung aller vom Pilger erwähnten Orte bei DONNER ebd. 36/68.
425 Itinerarium [oder Peregrinatio] 2,5f; Übersetzung nach DONNER ebd. 84.
426 DONNER, ebd. 84, Anm.12.
427 J.MICHL, Engel VII (Michael): RAC 5 (1962) 243/51; TH. BAUMEISTER, Höhenkult: RAC 15 (1991) 1009/14.
428 KÖTTING, Entstehung der Wallfahrt 80; KLAUCK, Umwelt 1, 160/3.
429 Theodoret, Mönchsgeschichte 26; Übersetzung nach BKV², Theodoret 1,161f.
430 Neueste Beobachtungen bei J.P. SODINI, Qal'at Sem'an: Quelques données nouvelles: AKTEN DES 12. INTERNATIONALEN KONGRESSES 348/68.
431 KÖTTING, Wallfahrten zu lebenden Personen 284f; MARAVAL 344f.
432 Vita Martini 25,1; vgl. KÖTTING, Wallfahrten zu lebenden Personen 285f.
433 Vgl. zu diesem Abschnitt die detaillierte Schilderung bei KÖTTING, Peregrinatio 111/286, der die meisten der hier mitgeteilten historischen Fakten entnommen sind.
434 H. BRANDENBURG, Roms frühchristliche Basiliken des 4. Jahrhunderts = Heyne Stilkunde 14 (München 1979).
435 KÖTTING, Peregrinatio 239f.
436 Mirakel 9; vgl. KÖTTING, Peregrinatio 218f.
437 DASSMANN, Anfänge (o. Anm. 336) 27/30.
438 KÖTTING, Peregrinatio 343/413; MARAVAL 163/43.
439 KÖTTING, Wallfahrtskritik 245/51.
440 KG I (o. Anm. 21) 243/50.
441 UHLHORN 227/38; Baus II,1, 418/20.
442 Nab. 10,44; vgl. Dassmann, Frömmigkeit (o. Anm. 66) 247/50.
443 M.-B. VON STRITZKY, Grundbesitz II (ethisch): RAC 12 (1983) 1196/1204.
444 Hom. in Röm. 30,4; vgl. PUZICHA 20f.
445 PUZICHA 64.
446 Sermo 4 de eleem.; Übersetzung nach Liese 1,85.
447 UHLHORN 264f.
448 Reichhaltiges Material bei H.P. KOHNS, Hungersnot: RAC 16 (1994) 828/93; Naturkatastrophen in der antiken Welt. Hrsg. E. OLSHAUSEN / H. SONNABEND (Stuttgart 1998).
449 Hom. in Matth. 85(86),4; PUZICHA 38.
450 K.S. FRANK, Habsucht (Geiz): RAC 13 (1986) 226/47; BAUS II,1, 425f.
451 Johannes Chrysostomus, hom. in Eph. 22,2; vgl. BOLKESTEIN 326/32.
452 Hom. in Matth. 66,3; Übersetzung nach BKV², Johannes Chrysostomus 3,347.
453 DASSMANN, Nächstenliebe 97.
454 J. RICHARDS, Gregor der Große (Graz 1983) 133/46; KG II/1 196f.
455 RICHARDS ebd. 102f.
456 Z.B. Ambrosius, off. 2,15; UHLHORN 241.
457 E. BRUCK, Kirchenväter und soziales Erbrecht (Berlin 1956); P. LANDAU, Kirchengut: TRE 18 (1989) 560/75; H. KRUMPHOLZ, Über sozialstaatliche Aspekte in der Novellengesetzgebung Justinians (Diss. Bonn 1992).
458 Ep. 73 (18),16; Übersetzung nach R. KLEIN, Der Streit um den Victoriaaltar = Texte zur Forschung 7 (Darmstadt 1972) 143; A. DIHLE, Zum Streit um den Altar der Viktoria: Romanitas et Christianitas. FS I.H. WASZINK (Amsterdam 1973) 88f.
459 Can. 6f; Übersetzung nach HEFELE 2 (o. Anm. 161) 651f.
460 STERNBERG, „Aurum utile" (o. Anm. 253) 128/48.

461 Belege bei UHLHORN 266/9.
462 Vgl. BKV², Leo der Große 1,22f, Anm. 1.
463 Sermo 6 (1. Predigt über die Kollekten); Übersetzung ebd. 22f.
464 KG I (o. Anm. 21) 244/8; L. WENGER, Asylrecht: RAC 1 (1950) 836/44; LIESE 100/3; UHLHORN 361/85; BAUS 2,1,420/4; 426/9.
465 O. HILTBRUNNER, Herberge: RAC 14 (1988) 618.
466 TH. STERNBERG, Orientalium more secutus. Räume und Institutionen der Caritas des 5. bis 7. Jahrhunderts in Gallien = JbAC Erg.-Bd. 16 (Münster 1991) 287/91; UHLHORN 316/31.
467 H. VON PETRIKOVITS, Die Innenaufbauten römischer Legionslager während der Prinzipatszeit = Abhandlungen der Rheinisch-Westfälischen Akademie 56 (1975) 98/102.
468 D. JETTER, Grundzüge der Hospitalsgeschichte = Grundzüge 22 (Darmstadt 1973) 4f.
469 Ebd. 69.
470 BAUS 2,1,427, Anm. 78.
471 KG I (o. Anm. 21) 236f.
472 KG II/1 (o. Anm. 31) 43f.
473 Vgl. KG I (o. Anm. 21) 212f.
474 CH. MUNIER, Ehe und Ehelosigkeit in der Alten Kirche = TC 6 (Bern 1987) 297/307.
475 Ebd. 309; vgl. J. GROTZ, Die Entwicklung des Bußstufenwesens in der vornicänischen Kirche (Freiburg 1954) 428f.
476 Weitere Belege bei G. DELLING, Ehescheidung 714/7.
477 E. DASSMANN, Klemens von Alexandrien und eine christliche Familienkultur in nichtchristlicher Umwelt: Christlicher Glaube als Lebensstil = Praktische Theologie heute 24 (Stuttgart 1996) 145/58.
478 Ex. 5,24,85; Übersetzung nach BKV², Ambrosius 1, 228f; vgl. DASSMANN, Haus II (Hausgemeinschaft) 866.
479 Ebd. 867f.
480 Belege bei C. SCAGLIONI, Ideale coniugale e familiare in San Giovanni Crisostomo: Etica sessuale e matrimonio nel cristianesimo delle origini = Studia Patristica Mediolanensia 5 (Milano 1975) 273/422.
481 Or. 18,10; vgl. F.J. DÖLGER, Nonna: AuC 5 (1936) 51/9.
482 Vgl. KG II/1 (o. Anm. 31) 116/8.
483 KARPP, Eltern 1213.
484 DASSMANN, Haus II (Hausgemeinschaft) 884f.
485 KARPP, Eltern 1214f.
486 Weitere Belege und Literaturangaben bei DASSMANN, Haus II (Hausgemeinschaft) 875/7.
487 Ebd. 870/f; F. JOXE, Le christianisme et l'évolution des sentiments familiaux dans les lettres privées sur papyrus: ActAntAcadHung 7 (1959) 413/8.
488 DASSMANN, Haus II (Hausgemeinschaft) 871f.
489 DERS., Weltflucht oder Weltverantwortung: Jahrbuch für Biblische Theologie 7 (1992) 191/7; DERS., Fuga saeculi 939/50.
490 Conf. 7,21,27; vgl. E. DASSMANN, Christus und Sokrates: JbAC 36 (1993) 44f.
491 Ep. 22,30; Übersetzung nach BKV², Hieronymus 2, 100f.
492 CH. GNILKA, *CHRĒSIS*. Die Methode der Kirchenväter im Umgang mit der antiken Kultur 1 (Basel 1984) 111/5.
493 Augustinus, conf. 1,14,23; ANDRESEN, Kirchen 346; vgl. KG I (o. Anm. 21) 72/4.
494 KG II/1 (o. Anm. 31) 113f.
495 3,5,9; Übersetzung nach BERNHART (o. Anm. 221) 109.
496 KG I (o. Anm. 21) 194/7.
497 Conf. 1,16,25f; Übersetzung nach PAUL, Erziehung 21.
498 KG II/1 (o. Anm. 31) 109/11.
499 GNILKA (o. Anm. 492) 56.
500 MARROU, Geschichte 455/86.
501 SCHLANGE-SCHÖNINGEN 155f.
502 SCHOLTEN, Katechetenschule 37.
503 LIEBESCHUETZ 900/3; Centres of Learning. Ed. by H.J.W. DRIJVERS / A.A. MACDONALD (Leiden 1995).
504 WEISMANN, Schauspiel; Theater und Gesellschaft im Imperium Romanum. Hrsg. von J. BLÄNSDORF = Mainzer Forschungen zu Drama und Theater 4 (Tübingen 1990); R.A. MARKUS, Die spectacula als religiöses Konfliktfeld städtischen Lebens in der Spätantike: FZPhTh 38 (1991) 253/71.
505 J. QUASTEN, Musik und Gesang in den Kulten der heidnischen Antike und christlichen Frühzeit = LQF 25 (Münster 1930) 156/94; WILLE 367/405; A. GERHARDS / E. KOHLHAAS, Musik: LThK 7 (³1998) 546/50.

506 ENGEMANN, Deutung (o. S. 114) 8.
507 DASSMANN, Sündenvergebung (o. S. 114) 39/45; F. COARELLI, Rom. Ein archäologischer Führer (Freiburg 1981) 183/5.
508 The Excavations at Dura-Europos VIII,2: The Christian Building. Ed. by H. KRAELING (New York 1967); J. WILPERT, Die Malereien der Sacramentskapellen in der Katakombe des hl. Callistus (Freiburg 1897) 26f; 33f; DASSMANN, Sündenvergebung (o. S. 114) 11f.
509 D. KOROL, Die frühchristlichen Wandmalereien aus den Grabbauten in Cimitile/Nola = JbAC Erg.-Bd. 13 (Münster 1987) 38/61; DASSMANN, Sündenvergebung (o. S. 114) 385/97.
510 Age of Spirituality (New York 1977) 60/3; zur Deutung des Hirten vgl. N. HIMMELMANN, Über Hirten-Genre in der antiken Kunst = Abhandlungen der Rheinisch-Westfälischen Akademie der Wissenschaften 65 (Opladen 1980).
511 E. STOMMEL, Zum Problem der frühchristlichen Jonasdarstellungen: JbAC 1 (1958) 114f.
512 E. DASSMANN, Das Apsismosaik von S. Pudentiana in Rom: RQ 65 (1970) 70f.
513 F.W. DEICHMANN, Ravenna II,1 (Wiesbaden 1974) 74f.
514 F. WIRTH, Römische Wandmalerei (Darmstadt ²1968) 165/96.
515 F.W. DEICHMANN, Ravenna I (Wiesbaden 1969) 200.
516 TH. KLAUSER, Frühchristliche Sarkophage in Bild und Wort: „Antike Kunst", Beiheft 3 (Oltern 1966) 53 u. Taf 7.
517 ENGEMANN, Deutung (o. S. 114) 114f.
518 E. KITZINGER, Byzantinische Kunst im Werden (Köln 1984) 45/7.
519 Repertorium der christlich-antiken Sarkophage 1. Hrsg. von F.W. DEICHMANN (Wiebaden 1967) Nr. 680.
520 Ebd. Nr. 43; 45.

Register

Aachen 215
Aaron 192
Abraham 23, 30, 192, 218
Absalon v. St. Viktor 15
Abu Bakr 110
Adam 195, 235f
Adrianopel (Edirne) 29, 46
Aëtius v. Antiochien 45
Afra 223
Afrika 108, 139, 160
Agatha 203, 223
Agatho, Bf. v. Rom 111f
Agathon 196f
Agde 231
Agnes 222
Agricola u. Vitalis 206
Ägypten 49, 83f, 88, 91, 102f, 105, 110, 114, 126, 158f, 166, 168, 181, 190, 219, 221f, 233, 245
Akacius, Bf. v. Beröa 87
Akacius, Bf. v. Konstantinopel 103
Alexander, Begründer d. Akoimeten 175
Alexander, Bf. v. Alexandrien 29/33
Alexander v. Abonuteichos 220
Alexander v. Hierapolis 81, 88
Alexandrien 30f, 37f, 42, 47, 51, 54, 77f, 83, 85, 87f, 90, 92, 94, 97, 100, 102f, 110, 120, 126, 133f, 158, 160, 166, 193, 219, 230, 233, 242, 246f
Ambrosiaster 235
Ambrosius v. Mailand 16, 40, 46, 49, 64f, 94f, 124f, 127f, 130/3, 142/5, 148, 151, 154, 176, 178, 190, 204/7, 209, 211, 214f, 226, 228, 231, 235f, 238, 241, 243f
Amiens 180
Amphilochius v. Ikonium 53f
Amun 158
Anablata 116
Anastasius, Kaiser 104
Anastasius, Märt. 210
Anatolius, Bf. v. Konstantinopel 96/8
Andreas u. Lukas 209, 213
Anio-Tal 184
Ankyra 30, 44, 234
Annesi 169
Anselm v. Canterbury 68
Antinoë 245
Antiochien 26f, 30, 39, 44f, 47, 54/6, 65, 77f, 80/2, 88/90, 100, 102, 120, 126f, 132f, 138, 173/5, 190, 208, 229, 231, 233, 246

Antonius 37, 155, 157, 159/62, 164, 176, 183, 193f, 220
Aphrahat 22, 157
Apollinaris, Märt. 250
Apollinaris v. Laodicea 36, 75/7, 81, 83, 91
Apollo 208
Apollonius v. Tyana 119
Apulien 220
Aquileia 109, 178
Aquitanien 219
Arabien 224
Aristoteles 15, 32
Arius 29/38, 40/3, 50, 79, 81
Arles 45, 182, 204, 223
Armenien 105, 126, 167
Arsenius 194
Artemas 32
Artemis 217, 220
Asklepia 210
Asklepiodot 63
Asklepius 216, 222
Asklepius v. Gaza 44
Asterius Sophistes 32
Asterius v. Amasea 128, 235
Athanasius 30/2, 35/7, 41, 44f, 47, 50f, 58, 76f, 83f, 91, 131, 160f, 176, 183, 190
Athen 51, 185, 242
Äthiopien 105, 126
Athos 171
Audius 172
Augsburg 223
Augustinus 17, 28, 49f, 62, 66/72, 85f, 94, 118, 125, 127/32, 141f, 144f, 149/51, 176/81, 183, 189, 204, 206, 214/6, 223, 235/9, 241/5
Aurelius, Primas v. Karthago 179
Auxentius 181
Avitus v. Vienne 243
Azarias 24

Babylas 208
Bachiarius 180
Baradatos 174
Bari 223
Barlaam, Märt. 117
Barnabas 206
Basiliscus 103
Basilius v. Caesarea 16, 45, 48/52, 58f, 64f, 95, 117, 126, 128, 130, 144, 154, 167/72, 187, 189f, 195, 198, 226, 228, 233, 235f, 242f

Belisar 108
Benedikt v. Aniane 189
Benedikt v. Nursia 164, 180, 182/9
Bernard v. Clairvaux 123
Beröa (Aleppo) 173
Beth Gamla 206
Bethanien 219
Bethel 116, 217
Bethlehem 134, 166, 177, 182, 184, 191, 218/20
Bithynien 30, 55, 98, 130
Boëthius 242
Bologna 178, 206
Bonifatius 114f, 138, 224
Bonifaz IV., Bf. v. Rom 135
Bonn 204
Bordeaux 178, 218f
Bosporus 84, 94, 120
Brescia 178
Bretagne 220
Britannien 126, 177, 222
Bulla Regia 132
Byzanz 115, 121f, 135

Caesarea Kappadokia 48, 169, 233
Caesarea Maritima 38/40, 242
Caesarea Philippi 72
Caesarius v. Arles 146, 180, 182, 191
Capua 222
Carneas 219
Cassiciacum 179
Cassino 185
Cassiodor 242
Cassius u. Florentius 204
Castor u. Pollux 222
Catania 203, 223
Chalkedon 19, 54/6, 72, 74, 78f, 82, 85, 88f, 94, 98f, 101/5, 107, 109/13, 126, 171, 219
Chararich 213
Chariton v. Ikonium 166
China 88
Chlodwig 223
Chonai 220
Chromatius v. Aquileia 128, 178
Chrysaphius 91
Cicero 241, 243
Claudius, Kaiser 207
Coelestin I., Bf. v. Rom 84/6, 92
Columban 189
Como 178
Constantina, Tochter Konstantins d. Gr. 222
Crispina 223
Cypern 206
Cyprian 135, 150, 223

Cyrill v. Alexandrien 76, 81, 83/91, 95f, 98, 103, 105, 125, 128, 208, 211
Cyrill v. Jerusalem 54, 56f, 150f, 207, 212
Cyrus, Ort 222
Cyrus u. Johannes 208, 211, 222

Dalmatia 210
Damasus, Bf. v. Rom 54, 64f, 177, 222
Dan 217
Daniel, Säulensteher 174, 221
Daphne 208
David 192, 218
Demetrius (Apg 19,24) 217
Demetrius, Märt. 118, 203, 212f, 223
Demophilus 55
Deogratias 141
Didymus der Blinde 53, 246
Dio Chrysostomus 119
Diodor v. Tarsus 54, 78
Diokletian 19, 222f
Dionysius Areopagita 110
Dionysius Exiguus 104, 134
Dionysius v. Alexandrien 32, 40, 42
Dionysius v. Mailand 214
Dionysius v. Rom 26, 40
Dionysus 248
Dioskur 90/4, 96f, 102
Djemila 143
Dobrudscha 182
Domnus, Bf. v. Antiochien 93, 96
Donatus, Bf. v. Besançon 191
Dura-Europos 117, 247

Ebion 32
Edessa 88, 126, 219, 233, 246
Egeria 127, 152, 166, 190, 212, 219
Eleusis, Bf. v. Cyzicus 60
Elias, Altvater 161
Elija 125, 173, 201
Elisabeth 215
Elvira 115, 119, 148f, 234
Endymion 248
Enfide 183
Ephesus 19, 34, 71f, 74, 78, 82, 84, 86/91, 93, 98, 107, 173, 204, 215, 217, 219f, 223
Ephraem 22, 47, 130, 135, 175, 233
Epidauros 216f, 222, 233
Epigonus 27
Epiphanius v. Salamis 32, 56, 116f, 119, 154, 157, 233
Euagrius Ponticus 107, 164
Eucharistus 168
Eucherius 220
Eudoxius v. Konstantinopel 47

Eulalia 223
Eunomius, Bf. v. Cyzicus 45, 58
Euphemia 98, 219
Euphrat 26f, 175
Euphrates, Bf. v. Köln 45
Eusebius v. Caesarea 26f, 30, 39f, 63, 119, 130, 157, 207, 218
Eusebius v. Nikomedien 30, 33, 40f, 43f
Eusebius v. Vercelli 177, 179, 181
Eustathius v. Antiochien 31, 44
Eustathius v. Sebaste 45, 58, 167f, 198, 233
Eustochium 166, 177
Euthymius v. Metilene 166
Eutyches 91/3, 96, 104, 108
Euzoius v. Antiochien 47
Eva 235

Fabiola 233
Facundus v. Hermiane 108
Fausta 205
Faustus, Bf. v. Riez 182
Felix, hl. 178, 204, 223
Felix III., Bf. v. Rom 103
Felix u. Nabor 205, 223
Felizitas 135
Filastrius, Bf. v. Brescia 153
Flavian, Bf. v. Antiochien 55
Flavian, Bf. v. Konstantinopel 91/3, 96, 99
Florentius, Bf. v. Sardes 96
Florentius, Priester 184f
Florenz 68, 178
Frankfurt 122
Friedrich der Weise 214
Fructuosus 211

Galla Placida 248
Gallien 46, 108, 126, 144, 177, 180/2, 191, 208, 210, 213f, 222f, 230f, 233
Gallinaria 181
Gangra 167
Gaudentius v. Brescia 210
Gelasius I., Bf. v. Rom 126, 191
Genesius 223
Georgien 126
Germanus, Bf. v. Konstantinopel 119, 138
Gervasius u. Protasius 205f, 209, 211, 223
Grass, Günter 60
Gratian, Kaiser 47, 54
Gregor, Bf. v. Alexandrien 45
Gregor der Gr. 119, 122, 125f, 129, 131f, 183f, 189, 211, 213, 220, 228, 230f, 244
Gregor Thaumaturgus 38, 49, 214, 245
Gregor v. Nazianz 48, 51f, 54/6, 59, 128, 144, 151, 164, 168, 228, 237f

Gregor v. Nyssa 34, 48, 52, 54, 117, 125, 224
Gregor v. Tours 210f, 213
Grünewald, Matthias 161

Hadrian, Bf. v. Rom 120/2
Hadrumetum (Sousse) 247
Haltern (Westfalen) 233
Hebron 218f
Heinrich II. 215
Helena 207, 218
Heliodor 173
Helvidius 178
Heraklides v. Damaskus (Nestorius) 82
Heraklit 27f
Heraklius, Kaiser 110
Heros v. Arles 181
Hierakas 157f, 190
Hiereia 120
Hieronymus 32, 54, 65, 107, 128, 130, 137, 139, 155, 165f, 177f, 191, 226/8, 235, 237, 242
Hilarion 139, 166
Hilarius v. Arles 182
Hilarius v. Poitiers 46, 58, 128, 130, 181, 214
Hilarus 92
Hiob 219
Hippo Regius 86, 131f, 179, 206, 223
Hippolyt v. Rom 24f, 27, 64, 126, 147, 222
Homer 169, 243
Honoratus 182
Honorius, Bf. v. Rom 110/2
Horaz 244
Hormisdas, Bf. v. Rom 104, 213
Horsiesius 166
Hypatia 83

Ibas v. Edessa 93, 96, 107
Ignatius 74f
Illyricum 96
Indien 88
Irak 88
Iran 88
Irenäus v. Lyon 15, 18, 28, 36, 57, 75, 77, 130, 157, 203
Irene, Kaiserin 120
Irene, Schwester d. Damasus 176
Iris 168f
Irland 177, 222
Isaak 42
Isaurien 51
Isidor, Bf. v. Sevilla 242
Isidor, Altvater 162
Isis 208, 211

Italicus v. Maiuma 139
Italien 111, 122, 179, 222

Jakob 42
Jakobus, Ap. 146, 223, 250
Jakobus Baradai 106
Jakobus, Herrenbruder 207
Jamblich 119
Januarius 203, 223
Jeremia 192
Jericho 219
Jerusalem 39, 56f, 59, 110, 119f, 126f, 132, 134/6, 152, 166, 170, 182, 191, 206f, 215, 217/20, 224, 242
Jesaja 24, 218
Job 192
Johannes, Ap. 203, 219f, 223, 250
Johannes, Bf. v. Antiochien 86/8
Johannes, Bf. v. Jerusalem 116
Johannes Cassianus 84, 151, 182, 189
Johannes Chrysostomus 78, 83, 107, 119, 125, 127f, 132f, 138, 143f, 149, 151, 190, 214f, 227/9, 233, 236, 238f, 245
Johannes Damascenus 120, 125
Johannes der Almosengeber 230
Johannes der Täufer 95, 135, 192, 206
Johannes Diaconus 228
Johannes, Evang. 20/2, 59, 61, 72f, 75f, 116, 201
Johannes, Kaiserl. Kommissar 87
Johannes Kolobos 166, 194
Johannes Maxentius, Mönch 104
Johannes Persa, Mönch 192
Johannes II., Bf. v. Konstantinopel 104
Johannes IV., Bf. v. Rom 111
Johannes XV., Bf. v. Rom 215
Jonas 248
Jordan 26
Josaphat 219
Jovinian 178
Judas 219
Julian Apostata 46, 129, 181, 190, 208, 245
Julian, Bf. v. Puteoli 92
Julian v. Brioude 223
Julian v. Halikarnaß 104
Julius, Bf. v. Rom 44
Junius Bassus 249
Justin, Apologet 21, 23, 126, 128, 130, 203
Justinus I., Kaiser 106
Justinian I., Kaiser 104, 106/8, 111, 131, 185, 213, 222f, 230, 239
Justinian II., Kaiser 112
Juvencus 243

Kaiphas 218

Kairo 163
Kallist, Bf. v. Rom 27, 64
Kalypso 169
Kana 134
Kaphar Zacharia 206
Kappadokien 47f, 126, 173, 236
Karl der Gr. 114f, 122, 126, 215
Karthago 132, 148, 179
Kellia 163f
Kerinth 73
Kleinasien 158, 167, 173, 216, 220, 233
Klemens v. Alexandrien 117, 128, 130, 161, 169, 193, 235, 246
Klemens v. Rom 203
Kleomenes 27
Köln 209, 211
Kome 160
Konstans I. 44f, 209
Konstans II. 111
Konstantin der Gr. 29/31, 33, 39f, 43f, 114, 122, 133, 136, 144, 158, 207f, 210, 214, 219, 222, 230, 239, 241, 247
Konstantin IV. 111
Konstantin V. 120
Konstantin VI. 120
Konstantina, Gattin d. Mauritius 213
Konstantinopel 18, 34, 43, 47, 51/61, 64, 67, 77f, 80, 83, 85f, 88, 90/3, 96, 98/100, 103/6, 108f, 111, 114, 120, 122, 126, 131, 137, 172, 174f, 208f, 212f, 215, 219, 221f, 230, 242
Konstantius 44/7, 181, 209, 212
Kornelius, Bf. v. Rom 135, 229
Kornelimünster 189
Kos 216
Kosmas u. Damian 208, 222
Kreta 135
Kunigunde 215

Laodicea 76f
Lateran 111
Laurentius 203, 212f, 222
Lazarus 195
Lazarus v. Arles 181
Lecce 178
Leo I., Bf. v. Rom 90/8, 126, 153, 214, 232
Leo II., Bf. v. Rom 112
Leo I., Kaiser 221
Leo III., Kaiser 119
Leo IV., Kaiser 120
Leo V., Kaiser 123
Leontius v. Byzanz 105
Leontopolis 157f
Leporius 85
Lérins 182

Libanius 243
Libyen 31
Licinius 29f
Ligugé 181
Loire 181
Lucia 223
Lucifer v. Calaris 65
Ludwig der Heilige 215
Lukanien 191
Lukas 118, 245
Lukian, Priester 206
Lukian v. Antiochien 30/2
Lukian v. Samosata 119f
Luther 15, 214

Magnerich 174
Mailand 45f, 95, 109, 126f, 130/4, 136, 143f, 148, 176/9, 181, 204/6, 223, 241f
Maiuma 166
Makarius der Ägypter 173
Makarius, Mönch 195f
Makedonius, Bf. von Konstantinopel 54, 58
Makrina d.Ä. 49
Makrina d.J. 190
Malchus 26
Mamre 218f
Marcella 177
Marcellina 176, 205
Marcellinus u. Petrus, Märt. 222
Marcian 94, 98, 111
Marcianus, Bf. v. Lampsacus 60
Maria, Mutter Jesu 26, 57, 69, 73, 80f, 84, 89, 99, 100, 135, 178, 212, 214f
Markell v. Ankyra 31, 44f, 57, 66
Markion 63
Markus 209
Marmutier 181
Marseille 182, 223
Martin v. Braga 140
Martin v. Tours 180/3, 213f, 221, 223
Martin I., Bf. v. Rom 111
Mathilde 215
Matthäus 245
Mauretanien 178
Maurilius v. Angers 181
Mauritius, Kaiser 213
Maximin, Bf. v. Trier 223
Maximinus v. Chinon 181
Maximus, Bf. v. Riez 182
Maximus, Bf. v. Tours 224
Maximus Confessor 106, 111
Maximus v. Alexandrien 26
Ps.- Maximus v. Turin 209
Mekka 18
Melania d.Ä. 166, 191

Melania d.J. 166, 177f, 191
Meletius v. Antiochien 45, 47, 54f, 58, 65, 173, 208
Meliton v. Sardes 28, 128
Memnon, Bf. v. Ephesus 86f
Menas 119, 213, 223
Menuthis (Abukir) 208, 211, 223
Merida 223
Mesopotamien 219
Michael, Erzengel 135, 220
Minorka 206
Mohammed 110
Monika 204
Monte Cassino 183, 189
Monza 222
Mose 26, 116, 173, 192, 201, 217/9, 249
Moses, Mönch 162
Myra 223

Nabuchodonosor 175
Narcissus, Bf. v. Jerusalem 157
Natalius 63
Nazareth 218
Nazarius u. Celsus 206
Nazianz 51
Neapel 185, 203, 223, 247
Nektarius, Bf. v. Konstantinopel 145
Neocaesarea 214, 230
Nestorius 34, 78, 80/9, 92, 96, 103, 107
Newman, John Henry 90
Nietzsche, Friedrich 15
Nike 46
Niketes (Mart. Polyk.) 202
Nikolaus 223
Nisibis 88, 135, 246
Nisteroos 197
Nitria 163
Nizäa 18f, 22, 27, 29/31, 33, 38/47, 49, 53f, 56, 60f, 64, 72, 75f, 84, 86, 88f, 91, 93f, 96, 98, 100, 114, 119f, 122, 134, 158, 172, 235
Noët v. Smyrna 27f, 64
Nola 178, 222f, 233, 247
Nonna 237
Nordafrika 17, 27, 105, 114, 126f, 142f, 176f, 179, 204, 206, 222f
Nord-/Oberitalien 46, 126, 177f
Novatian 25, 94
Nubien 105, 126
Nursia 183
Nyssa 52

Omar 110
Origenes 25f, 28, 32, 34, 49f, 64, 78, 81, 83, 107, 130, 145, 150, 154f, 164, 169, 173, 193, 244/6

Orpheus 248
Ossius v. Corduba 30, 40
Ostia 233
Otranto 178
Otto III. 215

Pabau 166
Pachomius 155, 157, 164/6, 170f, 187, 191, 194
Palamon, Altvater 164
Palästina 30, 49, 96, 105, 110, 114, 166, 168, 191, 206, 220f
Palladius 190, 192, 237
Palmyra 175
Pambo 162
Pammachius 233
Pannonien (Ungarn) 180
Pantaenus 246
Paphlagonien 167
Paphnutius 158
Paris 223
Paschasinus 96f
Paternus 138
Paul v. Samosata 26f, 32, 42, 73, 130
Paula 166, 177, 191, 237
Paulinus, Bf. v. Antiochien 47, 55 65
Paulinus v. Nola 117, 135, 178f, 204, 222, 233, 237
Paulinus v. Trier 214
Paulus, Ap. 15f, 20, 37, 72, 80, 116, 135, 148, 162, 167, 172, 193, 204, 212f, 217, 222, 227f, 240f
Paulus v. Theben 155, 195
Pavia (Ticinum) 178, 180
Pelagius I., Bf. v. Rom 109
Pergamon 216
Perikles 243
Perpetua 135
Persien 110, 114
Petrus, Ap. 94, 135, 204, 207, 209, 212f, 222, 250
Petrus Chrysologus, Bf. v. Ravenna 128, 151
Petrus der Iberer 106
Petrus Fullo 102, 104, 106
Petrus Mongus 103
Pharan 166
Pharisäer 17
Philippopel i. Thrakien 44
Philippus, Ap. 220
Philo 159, 241
Philomelium 202
Philostrat 119
Philoxenus v. Mabbug 103, 106
Photinus 45
Piacenza 178, 220

Pinetum 178
Pippin 122
Platon 22
Plinius d.J. 130
Plotin 119
Poimen 162
Poitiers 181
Polykarp 202f
Pontius Pilatus 69, 218f
Pontus 49, 52, 167
Porphyrius 119
Poseidonius, Diakon i. Alexandrien 84
Poseidonius, Stoiker 119
Praxeas 17, 27, 65
Prinzeninseln i. Marmarameer 175
Priszillian 180
Proba 177, 243
Proklus 119
Proterius 102
Protogenes 245
Protonike 207
Prudentius 118, 135, 222
Publia 190
Pulcheria 85, 94

Qal'at Sem'an 174, 221

Ravenna 137, 248, 250
Renatus 92f
Rhônetal 182
Riez 182
Rimini 45f, 178
Rom 27, 54f, 57, 63f, 77, 84f, 90, 92, 94, 103, 107, 109, 115, 120/2, 126f, 132/4, 136, 142, 144, 148, 160, 176f, 182f, 185, 203/5, 209f, 212f, 215f, 220/2, 230, 232f, 247, 249f
Romanus, Mönch 184
Rufinus 54, 166, 191
Rusticus Helpidius, Bf. v. Lyon 243

Sabaria 180
Sabas 166
Sabellius 27f, 33, 42, 50, 64f
Salomo 130, 218
Salona 210
Salsa 204, 223
Salvian v. Marseille 227, 236
Santiago di Compostella 182, 223
Saragossa 211, 223
Sarrha 191
Sasima 51
Schenute v. Atripe 166
Schilo 217
Sebaste 52, 167, 204, 206, 210f, 233

Seleukia i. Isaurien (Selifke) 45f, 51, 190, 203, 219, 223
Seleukia-Ktesiphon 88, 246
Serapion v. Thmuis 58
Serapis 159
Serdica 44/6
Sergius, Bf. v. Konstantinopel 110/2
Sergius, Bf. v. Rom 109, 112
Severian v. Gabala 128
Severus, Bf. v. Antiochien 104, 106, 110
Sichem 217
Side (Pamphylien) 172
Sinai 110, 166, 218f
Siricius, Bf. v. Rom 148
Sirmium 46
Sisan 173
Sixtus II., Bf. v. Rom 203
Sixtus III., Bf. v. Rom 88
Sizilien 178, 230
Sketis (Wadi Natrun) 158, 163, 166, 171
Smyrna 202
Sodom 24, 243
Sohag 166
Sokrates, Kirchenhistoriker 32, 47, 54, 80, 158
Sokrates, Philos. 243
Solon 243
Sophronius 110
Sozomenus 31f, 167, 233
Sozon, Bf. v. Philippi 96
Spanien 114, 126, 160, 180, 223
Spoleto 178
Stephan v. Ungarn 215
Stephan II., Bf. v. Rom 122
Stephanus 135, 203, 206f, 212, 223
Studios, Konsul 172
Subiaco 184f, 189
Süd-/Unteritalien 120
Sulpicius Severus 180f, 183, 221
Symeon d.Ä. 87, 118, 173f, 220f
Symeon d.J. 174, 221
Symeon v. Mesopotamien 173
Symmachus 231, 243
Synesius v. Cyrene 237
Synkletia 191
Syrakus 109, 223, 247
Syrien 49, 88, 102, 105, 110, 114, 126, 157/9, 166, 168, 173f, 221, 233

Tabennisi 164, 166
Tabor 250
Tagaste 177, 179
Tarasius 120f
Tebessa 223
Telanissus 173
Terracina 189
Tertullian 15f, 24f, 27f, 65f, 94, 130, 149f, 155f, 190, 245
Thalelaius 174
Thebais 160, 163f, 219
Thekla 190, 203, 219, 223
Theodor Askidas 108
Theodor Ennatu 197
Theodor, Märt. 117, 223
Theodor, Nachfolger d. Pachomius 166
Theodor v. Mopsuestia 56, 78f, 107, 151
Theodor v. Pharan 110
Theodor v. Studion 118, 123, 172
Theodora, Anachoretin 191
Theodora, Kaiserin 106, 108
Theodora, Gattin d. Kaisers Theophilus 123
Theodoret v. Cyrus 31, 41, 56, 88, 93, 96, 107, 173f, 190, 220, 235, 245
Theodosius, Archidiakon 220
Theodosius I. 47, 54, 114, 207, 229,
Theodosius II. 84, 87, 91/3, 145, 204
Theodot der Gerber 63f
Theodulf v. Orléans 122
Theophilus, Kaiser 123
Theophilus v. Alexandrien 83
Theophilus v. Antiochien 23
Thessalonich 203, 212f, 223
Thomas, Ap. 219
Thomas v. Kempen 224
Tibur 138
Tigris 88
Timotheus Ailuros 102
Timotheus, hl. 209, 213
Tipasa 204, 223
Toledo 115
Tours 181, 213, 223
Trajan 207
Trient 123
Trier 174, 176, 223
Trophimus 204
Tryphon 23
Turin 178
Tyros 44

Ulrich, Bf. v. Augsburg 215
Ursacius, Hofbischof 45
Ursula 211

Valens, Hofbischof 45
Valens, Kaiser 47f, 51, 245
Valentin 33
Valentinian I. 46
Valentinian II. 54, 144
Valentinian III. 98
Velletri 248

Venantius Fortunatus 223
Venedig 209
Vergil 238, 243
Verona 178
Vicenza 178
Vicovaro bei Tivoli 184
Victorius v. Le Mans 181
Victricius v. Rouen 181, 210
Vigilantius 178
Vigilius, Bf. v. Rom 107/9
Viktor, Bf. v. Marseille 223
Viktor, Bf. v. Rom 63f
Viktor, Märt. 204
Vincentius, Bf. v. Capua 45

Vinzentius 223

Wittenberg 214
Wulfila 244
Wulfilaich 174

Xanten (Castra Vetera) 204, 233

Zacharias 206
Zeno, Bf. v. Verona 178, 237
Zenon, Kaiser 103
Zephyrin, Bf. v. Rom 27, 63f
Zönobia v. Palmyra 27